중국 시민의 한국전쟁

CHUGOKU SHIMIN NO CHOSEN SENSO: KAIGAI HAKEN O MEGURU SHOMONDAI
by Zhaobin Chen
ⓒ 2020 by Zhaobin Chen
Originally published in 2020 by Iwanami Shoten, Publishers, Tokyo.
Korean Translation ⓒ 2025 by RedsaltBooks
All rights reserved.
The Korean language edition is published by arrangement with Iwanami Shoten, Publishers, Tokyo through MOMO Agency, Seoul.

이 책의 한국어판 저작권은 모모에이전시를 통해 Iwanami Shoten, Publishers, Tokyo사와의 독점계약으로 '빨간소금'에 있습니다. 저작권법에 의해 한국 내에서 보호를 받는 저작물이므로 무단전재와 무단복제를 금합니다.

중국 시민의 한국전쟁

해외파병을 둘러싼 문제들

천자오빈 지음 | 박철현 옮김

| 한국의 독자들에게 |

 이 책이 한국어로 번역·출판된 것을 지은이로서 매우 영광스럽게 생각합니다.
 제가 처음 한국과 직접적인 인연을 맺은 것은 서울올림픽이 열린 37년 전 여름이었습니다. 짧은 체류 기간이었지만, 전쟁의 폐허에서 힘차게 일어나 급속한 경제성장을 이룩한 한국 시민들의 에너지에 깊이 감탄했습니다. 또 제가 묵었던 친구의 고향 집에서 열린 연례행사에 참여하는 등 시민들의 일상생활을 알 수 있는 좋은 기회를 얻었습니다.
 그 집에서 소중히 간직하고 있던 병풍에는 해서체로 〈程氏兄弟道德, 蘇氏父子文章〉(유학자 정호(鄭顥)·정이(程頤) 형제의 도덕과 문인 소순(蘇洵)·소식(蘇軾)·소철(蘇轍) 부자의 문장)이라는 대구(對句)가 쓰여 있었습니다. 그것을 보며 한국이 근대화 추진과 전통문화 보존을 조화롭게 병행하고 있다는 인상을 받았고, 동시에 동아시아 각국 간 문화 교류의 오랜 역사를 새삼 실감했습니다. 그때의 감동을 지금도 잊을 수 없습니다. 돌이켜보면 그 귀중한 체험이 바로 이 책을 쓰게 된 동기 가운데 하나가 아니었을까 합니다.
 이 책이 출판된 지 꼭 1년이 지난 어느 날, 뜻밖에도 서울에 있는 빨간

소금 출판사가 일본 출판사를 통해 한국어판 출판을 제안했습니다. 저에게는 무척 기쁜 소식이었습니다. 그 뒤 국민대학교 중국인문사회연구소의 박철현 박사님께서 바쁜 연구 생활 중에도 귀중한 시간을 내 번역해 주셨습니다. 덕분에 이렇게 많은 한글 사용자가 이 책을 접할 수 있게 됐습니다.

  이 과정에서 도움을 주신 많은 분들께 깊이 감사드립니다. 이 책이 동아시아 시민들 간의 상호 이해를 한층 진전시키고 동아시아 지역의 평화에 이바지하는 계기가 되기를 바랍니다. 짧게나마 이 글로 인사말을 대신합니다.

2025년 늦가을
일본 도쿄도 서쪽 교외 미나미오사와에서
천자오빈(陳肇斌)

| 책을 펴내며 |

2005년 여름에 홍콩에서 〈신화사통신(新華社通信)〉의 《내부참고(內部參考)》[1]와 마주쳤을 때만 해도, 그것이 책으로 이어지리라고는 전혀 예상하지 못했다. 당시 나는 기존의 연구 틀을 유지하면서, 앞으로 10여 년 동안 미국과 영국의 공문서관에서 새로운 자료를 발굴해 주장을 반복적으로 재생산하는 작업에는 더 이상 흥미가 없었다. 그렇다고 내 주장을 근본적으로 뒤집고 연구 틀을 새로 짜야 할 만큼 새로운 시각을 가진 것도 아니었다. 다만, 그동안 정면으로 다루지 않았던 중국 쪽에 초점을 맞춰 전후 일본 외교사를 다시 분석할 수 있지 않을까 하는 문제의식을 품고 있었다. 그러던 중 《내부참고》에서 새로운 "요시다(吉田) 서한"을 발견하고, 중국 외교부 당안관(檔案館)에 소장된 1차 자료를 활용해 전후 외교사 실증 연구에서 드러난 "중국의 부재"를 메우고자 시도했다. 그렇게 두 편의 소논문이 나왔다.[2]

그러나 여전히 뭔가 부족하다는 감각을 떨칠 수 없었다. 나는 이미

[1] 국가 통신사인 〈신화사통신〉이 중앙과 지방에 있는 각급 지도 기관의 정책 결정을 돕기 위해 사회 여론이나 상황을 수집해 보고하는 내부 간행물(옮긴이).

[2] 〈新発見の「吉田書簡F」-戦後日中関係における「経済要因」〉, 《法学会雑誌》 第49巻 第2号, 2009年 1月. 〈米と鉄鉱石をめぐる日·中·米の連動関係―一九五〇年代アジア太平洋地域において〉, 《法学会雑誌》 第51巻 第1号, 2010年 7月.

2001년 무렵부터 중·일 관계 연구가 국가권력에 지나치게 치우쳐 있었다는 반성을 하고, 1987년 이후 중·일 관계에서 "시민의 부재"를 해소하기 위해 시민의 역할을 조사해 왔다. 그 전사(前史)로서 1950년까지 거슬러 올라갈 필요가 있었고, 이런 상황에서 《내부참고》와 마주친 것이다. 《내부참고》는 〈신화사통신〉 기자들이 각지 시민의 목소리를 수집해 그중 중공중앙(中共中央)3 최고지도부에 전달할 가치가 있다고 판단한 것만 골라 실은 일종의 내부용 일간지다. 나는 즉시 '좋은 기회를 얻었다'라고 직감했다. 이 자료를 활용하면 지금까지의 연구에서 놓쳤던 두 가지 "부재"를 동시에 해소할 수 있으리라고 생각했기 때문이다. 1956년 일본인 전범 석방 문제를 중국의 대일 여론과 연결해 분석한 소논문도 이런 맥락에서 정리한 것이었다.4

특히 내 관심을 강하게 끈 주제는 한국전쟁에 대한 중국 시민의 반응이었다. 시민들의 단편적인 발언을 살펴보는 과정에서 내가 이 문제에 주목하는 학문적 이유를 자각하게 됐다. 즉 매년 담당하는 〈일본정치외교사〉 수업에서 영일동맹, 삼국동맹, 미일안보조약 등을 관통하는 "휘말림론(論)"을 설명해 왔는데, 이는 중소동맹 아래서 조선 파병을 둘러싸고 중국 시민들 사이에서 전개된 논의와 성격상 다르지 않다는 사실을 깨달은 것이다. 그 뒤 〈집단적자위권에 관한 각의 결정〉(2014년 7월 1일)에 이르는 일련의 논의를 지켜보면서 내 인식에 확신을 가졌고, 이 책 제1부의 기초가 되는 논문의 초고를 집필하기 시작했다. 그런 의미에서 이 책은 좁게 구분된 '일본정치외교사'와 '중국정치외교사'가 만나 섞인 결과물이라 할 수 있다.

처음에는 중국어 자료라서 1~2년이면 정리하고 다음 과제로 넘어갈

---

3 중국공산당 중앙위원회의 약칭으로 중국공산당의 핵심 권력 기구(옮긴이).
4 〈中国の対日外交と世論-日本人戦犯の釈放·日本商品展覧会の開催をめぐって〉,《法学会雑誌》第53巻 第1号, 2012년 7월.

수 있으리라 생각했다. 그러나 작업에 들어가니 기자가 포착한 시민들의 발언 대부분이 맥락 없는 "중얼거림"처럼 보였다. 글자를 읽을 수는 있어도 화자의 마음을 이해하기는 어려웠다. 역사의 현장을 재구성하는 작업은 난항을 거듭했고, 예상보다 훨씬 긴 시간이 필요했다. 나는 "메마른" 짧은 문구를 실마리 삼아 홍콩을 비롯해 푸저우(福州), 상하이(上海), 톈진(天津), 베이징(北京), 창춘(長春), 우한(武漢), 충칭(重慶), 청두(成都), 타이베이(臺北) 등지의 공문서관과 도서관을 두루 찾아다녔다.

1949년 이후 중국 대륙에서 공문서 이용은 엄격히 제한돼 허탕 치는 날이 많았다. 하지만 얼핏 보기에 관계없을 것 같은 파일이나 문서, 책자, 도서 문헌에 산재해 있는 흥미로운 자료를 뜻밖에 만나기도 했다. 그럴 때의 기쁨은 각별했고, 이 자료가 나를 기다려 줬다고 생각하니 모든 걸 보상받은 느낌이 들었다. 청나라 말기와 중화민국 초기를 살았던 학자 왕국유(王國維)가 남송 시대 신기질(辛棄疾)의 사구(詞句)[5]를 인용해 학문적 탐구를 표현했던 "삼매경"이 바로 이런 순간을 두고 한 말일 것이다. 동시에 대학원 시절 은사 미타니 타이치로(三谷太一郞) 도쿄대학 명예교수의 "자료는 찾는 것이 아니라 저절로 나타나는 것이다"라는 말씀이 떠올랐다. 다양한 자료와 마주하면서 나는 과거 역사에 등장한 한 사람 한 사람의 시민과 대화를 나눈 셈이다. 이 책에서 만에 하나라도 독자에게 와닿는 바가 있다면 그것은 전적으로 모여든 자료 자체의 힘 덕분일 것이다.

또 이 책은 내 어린 시절 기억과의 "재회"이기도 하다. 1차 자료가 부족해 번번이 좌절 직전까지 몰렸지만 어설픈 논문 형태로라도 꾸준히 정리할 수 있었던 것은 "문화대혁명" 시기의 개인적 경험이 뒷받침됐기 때문이다. 그중 하나는 중국사회과학원의 전신인 중국과학원 철학사회과학

---

[5] "인파 속에서 천 번 백 번 그대를 찾다가 문득 고개 돌려 보니 그 사람 뜻밖에도 등잔불 쇠잔한 곳에 서 있구나."

부에서 허난성 신양현(信陽縣) 밍강진(明港鎭)으로 하방됐을 때의 체류 경험이다. 당시 우리의 집단생활 공간은 비어 있던 병영의 일부였는데, 훗날 조사 과정에서 그곳이 바로 "상감령 전역(上甘嶺戰役)"**6**을 담당했던 인민지원군 제3병단 15군 45사단이 귀국 뒤 주둔한 막사였음을 알게 됐다.**7** 이 기억과의 해후를 통해 한국전쟁 파견 장병에 관한 자료와 나 사이에 있던 거리가 단숨에 좁혀졌다. 각기 다른 시간이었지만, 우연히 같은 공간을 공유했다는 인연을 생각하면 이 연구를 중단할 수 없었다. 그들과 전쟁터의 산야에 뼈를 묻은 그들의 전우들, 그리고 각국 희생자들의 마음을 가능한 한 밝혀내 후세에 전해야 한다는 사명감 같은 것을 느끼지 않을 수 없었다.

두 번째 "재회"는 베이징으로 돌아온 뒤 머물렀던 과학원 법학연구소와 관련 있다. 사탄베이가(沙灘北街)의 길 하나를 사이에 두고 동쪽에 자리한 붉은 벽돌 건물 '홍루(紅樓)'가 5·4운동 당시 베이징대학을 상징하던 존재임을 어린 시절부터 알고 있었다. 하지만 법학연구소 부지가 옛 베이징대학 이학원의 일부였다는 사실은 이번 연구에서 알게 됐다. 그 당시의 기억은 언론에 실린 후스나 "지식분자" 등의 기록을 조사하고, 청년 학생들의 시위나 거리 선전 경로를 지도나 문헌을 통해 추적하는 과정에서 되살아났다.

이 책은 정책 결정자가 아니라 이름 없는 시민을 주인공으로 삼는다. 과거 황제는 천기불순(변천(變天))을 막기 위해 베이징의 천단(天壇)에서

---

6 1952년 10월 14일부터 11월 25일까지 강원도 철원과 김화 일대의 오성산 능선에서 유엔군과 중국인민지원군·조선인민군 사이에 치열한 고지 쟁탈전이 벌어졌다. 전투는 인민지원군이 고지를 점령하면서 끝났고, 중국은 이를 "불요불굴의 정신으로 미국에 맞서 승리한" 대표적 항전 사례로 선전했다(옮긴이).

7 信阳地区地方史志编纂委员会 编,《信阳地区志》, 生活·读书·新知三聯書店, 1992, 393. 向守志,《向守志回忆录》, 解放军出版社, 2006, 264.

기도하곤 했는데, 그때마다 자신이 낸 소리를 "회음벽(回音壁)"이라는 인공 장치를 한 바퀴 돌려 다시 자기 귀로 돌아오게 하는 방법을 썼다. 그러나 내가 택한 방식은 그러한 인위적 울림이 아니라, 끝없이 이어지는 군산(群山)을 향해 계속 질문하고 아득한 산야를 넘어 차례로 메아리쳐 돌아오는 다양한 소리에 귀를 기울이는 것이었다. 21세기 동아시아의 기슭에서 이런 문답을 반복하며, 안개 낀 심연에서 "전쟁과 평화"에 관한 역사의 파편을 건져 올려 그 일부를 정리한 것이 이 책이다.

이 책은 초출일람에 있는 논문 8편을 대폭 보완·수정하고 서론과 결론을 덧붙여 엮은 것이다. 결론의 중심인물 장둥쑨에 관한 내용은 2014년 10월, 베이징 샹산(香山)에서 열린 국제 심포지엄(이리에 아키라(入江昭) 하버드대학 명예교수 주최)에서 발표한 뒤 회의 사무국에 제출한 미간행 논문 일부를 바탕으로 했다. 연구 과정에서 많은 분의 도움을 받았다. 이름을 일일이 밝히지는 않지만 그 은혜를 잊지 않을 것이다. 끝으로 출판 과정에서 탁월한 편집 역량을 발휘한 이와나미서점의 오다노 코아키 씨께 감사드린다.

2020년 8월

천자오빈(陳肇斌)

| 차례 |

- 한국의 독자들에게 5   • 책을 펴내며 7
- 서론 16

제1부 **관여인가 방치인가** 먹구름 아래서

들어가며 31
제1장 화베이 지역 32
제2장 화둥 지역 46
제3장 둥베이 지역 — 선양, 진저우, 러허 65
제4장 시난 지역 — 충칭, 구이저우 73
나오며 80

제2부 **지식분자** 해외파병, 원자폭탄, 동맹, 조세

들어가며 85
제1장 정치적 스펙트럼 89
제2장 원자폭탄 문제 — 주커전의 경우 106
제3장 친미반소 120
제4장 조세, 동맹 — 구제강의 경우 132
나오며 145

제3부 **상공업자** 톈진, 상하이, 홍콩

들어가며 149
제1장 배후지 151
제2장 톈진 171
제3장 룽이런과 그 주변 184
제4장 홍콩 196
나오며 204

제4부 | **노동자, 농가** 해외파병, 후방지원, 정권 교체

들어가며 209
제1장 화베이 지역 211
제2장 화동 지역 228
제3장 둥베이 지역 240
제4장 소의 운명 255
나오며 278

제5부 | **장병** 대미 감정, 복원, 양심적 병역거부

들어가며 285
제1장 대미 감정 287
제2장 복원 희망 — 결혼, 농사 296
제3장 복원 거부 305
제4장 탈영 319
제5장 양심적 병역거부 345
나오며 256

제6부 | **쉬광야오의 전쟁** 직업관, 생사관

들어가며 365
제1장 직업관 367
제2장 갈등 378
제3장 생사관 388
나오며 406

제7부 | **전국의 전환** 태도 변경, 경제제재. 종군

들어가며 413
제1장 태도 변경 415
제2장 상공업계 437
제3장 종군 458
나오며 473

• 결론 477
• 옮긴이의 말 494 • 초출일람 497 • 찾아보기 498

중화인민공화국(일부)과 한반도

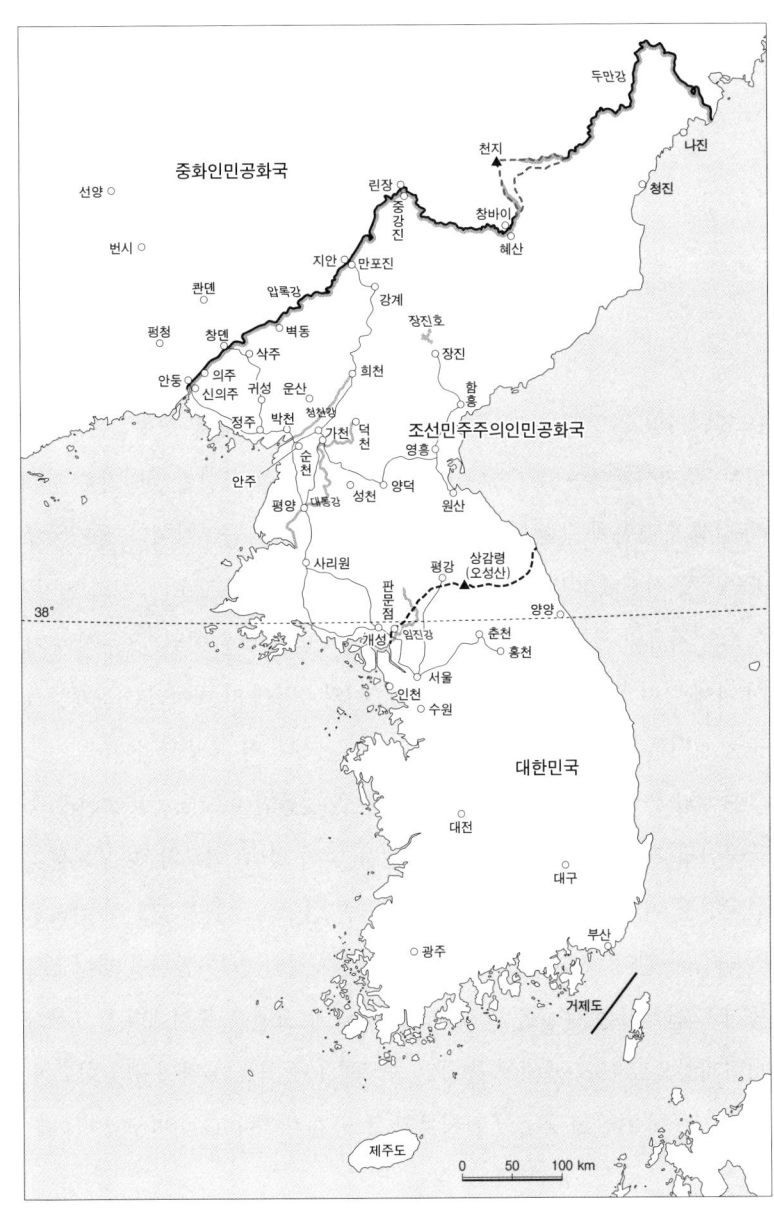

한반도

서론

1950년 6월 25일에 발발한 한국전쟁은 현대 중국에 큰 영향을 끼칠 수 있는 "주변사태(周邊事態)"였다. 이 전쟁에 군사력을 파견할 것인가를 포함해 전쟁과 평화에 관한 여러 문제가 중국 사회에서 급부상했다. 동맹국에 끌려가듯 전쟁에 휘말리는 것은 아닐까? 상대는 정말로 우리의 "적"인가? 우리의 자유와 생활이 참전과 파병으로 압박받는 것은 아닐까? 우리는 어떤 자세로 이 전쟁에 관여해야 하는가? 해외파병에 따른 이러한 문제들을 중국 시민들은 어떻게 생각했을까에 답하는 것이 이 책의 목적이다.

중국의 한국전쟁 참전에 대해 학계는 오랫동안 마오쩌둥(毛澤東)과 중국공산당 지도부의 정책 결정에 초점을 맞춰 왔다. 이른바 "마오쩌둥의 한국전쟁"이라는 시각이 대표적이다. 기존 연구의 흐름을 간단히 살펴보면 다음과 같다. 초기 연구는 한정된 공개 자료와 신문·문헌을 바탕으로 동서 냉전이라는 현실을 반영한 이데올로기 요인을 중시했다.[1] 그러다 개혁개방으로 1980년대에 공개된 중국의 1차 자료와 관계자의 회고록, 취재 기사에 기반해 중국의 안전보장 등 국가 이익에 관한 연구로 나아갔

---

[1]   단, Allen Whiting, *China Crosses the Yalu*, Stanford University Press, 1960.은 이데올로기를 중시하던 시대에 제한된 공개 자료를 기반으로 하면서도 소련과 구별되는 중국공산당 정권의 고유한 관점을 도입해 중국의 정책 결정을 분석한 명저다.

다.² 그 뒤 냉전 종식과 더불어 구소련의 1차 자료에 접근할 수 있게 되면서 중소와 중조(中朝) 관계를 실증적으로 조명하는 연구가 활발해졌다.³

이렇게 자료는 풍부해지고 연구는 깊어졌지만, 여전히 초점은 마오쩌둥 등 권력자에 머무를 뿐 일반 시민으로 나아가지 못했다. 시민은 정부의 정책을 따르는 수동적 존재로만 그려졌으며, 시민의 반응은 "친미(親美) 또는 공미(恐美)⁴" 감정이나 참전을 지지하는 순응적인 태도로 묘사됐다. 이런 시각에서는 시민의 다면적이고 구체적인 모습이 드러날 여지가 없었다. 한국전쟁 당시 중국 시민은 최고 권력자 마오쩌둥이 정책을 결정하는 과정에서 그 존재가 한 번 지워지고, 그 뒤의 연구에서 다시 지워진 셈이다.

최근에는 중국의 보통 사람들이 한국전쟁에 보인 반응이 그동안 미국과 소련의 정책에만 집중해 왔던 기존의 냉전사 연구를 다시 생각하게 하는 계기가 되고 있다. 이런 반응은 특히 한국전쟁 이후 세계 질서가 어떻게 형성됐는지를 살펴보는 과정에서 일부 연구자의 관심을 끌고 있다. 이 연구들은 동원과 참가, 즉 정책 결정 엘리트와 풀뿌리 민중의 상호작용에서 파악한다.⁵ 하지만 중국 시민의 언행을 깊이 파고들어 전면적으로 검

2 대표적으로 주젠룽(朱建榮)의 선구적 연구인 《毛沢東の朝鮮戦争》, 岩波書店, 1991(개정판은 2004년에 岩波現代文庫로 간행)와 Chen Jian, *China's Road to the Korean War: the Making of the Sino-American Confrontation*, Columbia University Press, 1994. 등이 있다. 또한 일본어 문헌으로 平松茂雄, 《中国と朝鮮戦争》, 勁草書房, 1988.과 服部隆行, 《朝鮮戦争と中国 建国初期中国の軍事戦略と安全保障問題の研究》, 渓水社, 2007.이 있다.

3 예를 들어 선즈화(沈志華)의 뛰어난 연구들로 《毛沢東, 斯大林与朝鮮戦争》, 广东人民出版社, 2013., 《冷战在亚洲 : 朝鲜战争与中国出兵朝鲜》, 九州出版社, 2013., 〈出兵朝鲜的决策过程及动机分析〉, 《炎黄春秋》, 2015年 第2号., 朱建榮 譯, 《最後の「天朝」毛沢東・金日成時代の中国と北朝鮮》上・下, 岩波書店, 2016.이 있다.

4 공미는 '미국을 두려워하다'라는 뜻이다(옮긴이).

5 예를 들어 Masuda Hajimu, *Cold War Crucible: The Korean Conflict and the Postwar World* Harvard University Press, 2015.가 있다. 이 연구는 냉전 초기 미·중·일 삼국뿐 아

토했다고는 할 수 없다. 시민을 언급하지만 주역으로는 다루지 않기 때문이다. 역사의 주역으로 시민을 바라보면 그동안 "친미·공미"로만 파악했던 감정, 의견, 행동을 더 섬세하게 살펴볼 수 있다. 이는 평화를 바라는 다양한 표현들—피전(避戰), 부전(不戰), 염전(厭戰),[6] 반전—로 이러한 감정, 의견, 행동을 이해하는 데 도움이 된다는 뜻이기도 하다. 오랜 국내외 전쟁을 겪은 끝에 평화가 찾아온 당시의 시대적 배경을 고려하면, 시민을 이 같은 위치에 놓는 시각이 더욱 자연스럽다.

이 책은 이러한 시각에서 대상 시기와 내용을 구성했다. 마오쩌둥을 중심으로 하는 시각에서 보면, 중국인민지원군(中國人民志願軍) 제1진이 압록강을 건너기 시작한 1950년 10월 19일이나 제1차 전역(戰役)[7]이 시작되는 10월 25일이 "주사위가 던져졌다"라는 의미에서 분기점이다. 그러나 당시의 일반 시민들은 군사 개입 사실을 곧바로 알아차리지 못했다. 초기에는 군사행동이 은밀하게 이뤄졌기 때문이다. 제1차 전역이 끝나고 며칠 뒤인 11월 8일이 돼서야 〈신화사통신〉이 전날 밤의 라디오 방송 뉴스를 전하는 형태로, 중국의 "지원부대(志願部隊)"가 조선 북부에서 북조선군(北朝鮮軍)의 전투에 참여했다고 보도한 정도였다. 이때도 "군"이 아닌 "부대"라고 표현함으로써 소규모의 보조적 개입이라는 인상을 줬다. 12월 6일, 평양 탈환쯤에야 비로소 지원"군"이라고 공식 보도로 인정했다.[8] 유엔군

나라 동남아시아, 남아시아, 중동, 영국 및 유럽 대륙 등 세계 각지의 풀뿌리 사회에서 나타난 대립 양상을 폭넓게 살핀다. 또한 소련 붕괴 이후 등장한 "문명의 충돌"이나 "테러와의 전쟁" 같은 현상을 이해하는 데 냉전사 연구가 여전히 유의미함을 강조한다. 시야가 넓고 통찰력 있는 저작으로 평가할 만하다.

6   피전은 전쟁을 피하는 것, 부전은 전쟁하지 않는 것, 염전은 전쟁을 싫어하는 것을 뜻한다(옮긴이).

7   전역은 특정한 지리·시간적 제한 속에서 벌어지는 특정한 목표를 가진 작전으로 전투보다는 크고 전쟁보다는 작은 단위를 말한다(옮긴이).

8   12월 5일부터 《인민일보》의 공개 기사에서 "지원부대"가 아닌 "지원군"이라는 표현이 처음

또한 제2차 전역이 시작되는 11월 25일까지 중국의 대규모 파병을 믿지 않았다. 당시 중국 내부의 정보 통제 상황을 고려할 때, 일부 시민이 해외 단파 라디오를 통해 정보를 접했더라도 유엔군의 발표를 뛰어넘는 정보를 얻기는 어려웠다.

시민들은 "반미원조(反美援朝)"[9] 선전 기사가 신문 지면을 떠들썩하게 만들기 시작한 10월 하순부터 "항미원조(抗美援朝)"[10] 운동 지지를 호소하는 각 당파 명의의 공동선언이 공표된 11월 5일을 거치면서, 지원부대의 참전 보도와 각종 "항미원조" 동원 집회 소식을 접했다.[11] 그때부터 12월 초까지는 평화에 대한 강한 기대가 있어서 대규모 파병 참전을 반신반의하다가 점차 사실로 받아들였다. 개전에 관한 중국 시민의 반응을 상세히 고찰하기 위해서는 그 시기를 미일개전(美日開戰)[12]처럼 격동을 초래한 12월 8일 하루로 설정해서는 안 된다. 따라서 이 책은 1950년 11월을 중심으로 그 앞뒤 일주일을 포함한 약 한 달 반을 결정적인 시기로 보고 전체 7개 부 가운데 제2~6부를 이 시기에 배치했다. 제1부는 전쟁 초기의 4개

등장했고, 7일에는 "지원군의 정규 부대"가 전날 평양에 진입한 사실이 보도됐다. 그 뒤 중국 신문에서 공식적으로 "지원군"을 사용했지만, 한동안 두 단어가 함께 쓰였다.

9 미국에 반대해서 조선을 돕는다(옮긴이).

10 미국에 맞서 조선을 돕는다(옮긴이).

11 중국의 공식 역사 서술에서 한국전쟁은 "조선전쟁"이라 불리며, 이는 1950년 6월 25일 전쟁 발발부터 1953년 7월 27일 정전협정까지의 시기를 가리킨다. 이에 비해 '항미원조'는 1950년 10월 25일, 평안북도 운산군 온정리에서 중국인민지원군과 한국군 간에 벌어진 첫 교전을 기점으로 한다. 이러한 서술에 따르면, 조선전쟁은 발발 당시에는 남한과 북한 간의 내전이었다. 그러나 6월 27일, 미국이 조선에 파병하고 타이완해협에 제7함대를 파견함으로써 중국의 안전이 위협받고, 전쟁은 곧 국제전으로 비화됐다. 이에 따라 중국은 국가 안전을 수호하고 '미국에 대항해 조선을 돕기 위한' 항미원조 전쟁에 돌입했다. 중국에서 항미원조는 이러한 한국전쟁 참전뿐 아니라 참전을 위한 인력과 자원의 정치·사회적 동원을 포함하는 일종의 '운동'으로 이해된다(옮긴이).

12 1941년 12월 8일 일요일 아침에 일본 해군이 하와이의 미국 해군 기지를 기습함으로써 미국과 일본 사이에 본격적인 전쟁이 일어난 것을 말한다(옮긴이).

월, 제7부는 그 뒤의 4개월을 다룬다.

　이 책은 중국 전역의 시민을 대상으로 하되 도입부에서는 베이징 성내에 거주하던 시민들의 반응을 우선 살핀다. 당시 베이징 시구(市區)는 성벽으로 둘러싸인 내성(內城)과 외성(外城)을 합쳐 약 64km²에 달했고, 크고 작은 길이 바둑판의 눈처럼 펼쳐져 있었다. 톈안먼(天安門)을 중심으로 그 앞에 동서로 뻗어 있는 대로의 서쪽에 신정권의 중추에 해당하는 중난하이(中南海)가, 그 주변에 정부 기관들이 있었다. 톈안먼의 뒤에는 고궁박물원(자금성)이 있었다. 그리고 서북쪽 모서리에는 베이징대학의 문리학원이 있었는데, 5·4운동을 비롯한 학생 시위대는 톈안먼광장 등 목적지로 가기 전에 이 문리학원의 "민주광장"에 집결하곤 했다. 1950년 당시 정비 중이던 톈안먼 앞의 광장 남쪽으로 가면, 그로부터 27년 뒤 마오쩌둥기념당이 들어서는 곳 왼쪽에 그해 봄 지나 폐쇄된 미국총영사관이 있었다. 더 나아가 정양먼(正陽門)을 통과하면 바로 남쪽에 첸먼대가(前門大街), 오른쪽에 번화가인 다자란(大柵欄)과 류리창(琉璃廠) 등 많은 상점과 소규모 공장이 빽빽이 들어선 서민 지역이 있었다.[13]

　정치적 공간이라는 측면에서 톈안먼을 다른 나라의 도시 공간과 비교하면,[14] 미국 뉴욕의 타임스스퀘어(Times Square)를 중심으로 좌우 4개 대로의 폭을 기준으로 구역을 정비하고 상하로 각각 5개 거리(street) 떨어진 북서쪽에 백악관, 남쪽에 링컨기념관을 배치하는 것과 같다.[15] 또 러일전쟁강화회의에 반대하는 방화 사건과 나중에 미일안보조약 개정에 항의하는 운동의 무대가 된 일본의 히비야(日比谷)공원에 겹쳐 보면, 그

---

[13]　中國旅行社,《北京 附天津》1950年 11月 1日.

[14]　정치적 공간으로서 톈안먼에 관한 흥미로운 연구로는 ウー·ホン(中野美代子監訳·大谷通順訳),《北京をつくりなおす政治空間としての天安門廣場》, 国書刊行会, 2015.가 있다.

[15]　史景迁(夏俊霞译),《中国纵横：一个汉学家的学术探索之旅》, 上海远东出版社, 2005, 347.

직사각형의 밑변을 토라노몬산초메(虎ノ門三丁目)까지 늘려서 미국대사관 근처에 아사쿠사(浅草)를 옮겨 놓은 이미지가 된다.[16]

1950년 10월 1일, 톈안먼에서 신정권 수립 1주년을 기념하는 행진과 불꽃놀이가 펼쳐졌다. 저우언라이(周恩來)가 정치협상회의 보고에서 "이웃에 대한 제국주의자의 자의적인 침략을 방치할 수 없다"라며 한국전쟁 개입 의지를 내비친 다음 날(9월 30일)이었다. 이 보고는 10월 1일 자《인민일보(人民日報)》에 실렸다.[17] 그러나 당시 지식인을 포함한 시민들은 한국전쟁 관여에 소극적이었다. 11월 3일 저우언라이의 연설에서도 이를 엿볼 수 있다.

저우언라이에 따르면 신중한 대응을 바라는 의견은 세 가지로 나뉘었다. 첫째, 중국은 당면한 국가 건설 활동에 전념해야 하므로 한국전쟁에 관여해서는 안 된다(不理). 둘째, 가벼운 관여(少理)에 그쳐야 한다. 즉 어쩔 수 없이 관여하더라도 북조선에 대한 정신·물질적 지원에 그쳐야 해외 파병까지 해서는 안 된다. 셋째, 정말로 외적이 중국을 침입할 때는 항전하되 그전까지는 관여를 미뤄야 한다(緩理).[18] 즉 국경선 밖에서 벌이는 예방전쟁[19]을 해서는 안 된다. 세 가지 의견 모두 중대한 희생을 낳을 수 있는 "해외파병"에 신중한 태도를 보였다.

그러나 정권의 개입 방침에 따라 11월 5일, 항미원조를 호소하는 각 당파 명의의 공동선언이《인민일보》에 실렸다. 그 뒤 공동선언에 호응하는

16 일본의 독자에게는 사족이지만, 히비야공원의 서쪽과 북쪽은 카스미가세키(霞ヵ関), 나가타초(永田町), 황거(皇居)가 있고 황거로부터 떨어진 북쪽에는 도쿄대학의 캠퍼스가 펼쳐진다. 히비야공원과 정치 및 전쟁의 관계에 대해서는 進士五十八,《日比谷公園 一〇〇年の矜持に学ぶ》, 鹿島出版会, 2011, 84-107.을 참조.
17 周恩来,〈爲鞏固和發展人民的勝利而奮鬪〉,《人民日報》1950年 10月 1日.
18 宋云彬,《宋云彬日记》, 山西人民出版社, 2002, 208.
19 외적의 중국 침략을 사전에 저지하기 위해 국경선 밖, 즉 조선에서 벌이는 예방적 차원의 전쟁을 가리킨다(옮긴이).

학생들이 활발하게 움직였다. 11월 8일에 베이징대학은 선전 공작을 추진하기 위해 2주간 휴교했다. 학생들은 교내 시사학습(時事學習)에 머물던 항미원조 활동을 학교 밖으로 넓히기 위해 거리 선전 등 다양한 활동을 펼쳤다. 11월 16일, 베이징대학 '세계 평화를 지키고 미국의 침략에 반대하는 위원회'는 충원먼(崇文門) 외곽의 유리 공장 앞 광장에서 베이징시 제8문화관과 함께 〈항미원조, 국가와 가정을 지킨다(保家衛國)〉라는 선전 대회를 열었다. 이 자리에서 "공학원, 의학원, 극단예술사가 항미원조 관련 연설과 공연을 했다." 대회장에는 4,300여 명의 시민이 모였다. 또한 "19일 일요일에는 시 전역의 대학과 중등교육학교 학생들이 선전대를 조직해 성내 각 구역에 들어가 거리 선전을 펼쳤다. 베이징대학에서 2,000여 명의 학생이 참여했다."[20] 이처럼 청년 학생을 비롯한 소위 "지식분자(知識分子)"의 내면에 대해서는 제2부에서 자세히 살핀다.

많은 학생이 파병에 적극적인 태도를 보였지만, 베이징시의 상공업자들과 일반 시민들에게는 전쟁을 기피하는 경향이 뿌리 깊었다. 중앙정부 정무원(政務院) 교제처(交際處)[21]의 조사에 따르면, "최근 신문 지면에 실린 격한 어조의 보도들로 인해 사람들의 전쟁에 관한 관심이 높아졌다. 일반 시민들은 전쟁을 두려워했다. 이들이 특히 주목한 것은 원자폭탄의 파괴력, 그리고 전쟁이 시작되면 오랜 시간 고통스럽게 생활해야 할지 모른다는 두려움이었다. 일반 시민들은 말로는 (항미원조 운동의 논조에 따라) 미제국주의를 증오했지만, 속으로는 전쟁에 대해 달리 생각하고 있었다. 상

---

20   王学珍等 主编,《北京大学纪事(1898-1997)》上册, 北京大学出版社, 1998, 426.

21   정무원은 1949년 10월에 중앙정부의 국가 행정 사무 최고 집행 기구로 설치됐다. 당시 중앙정부에는 정무원 외에 중앙정부위원회, 인민검찰원, 인민혁명군사위원회, 법원 등이 있었다. 1954년 9월에 국무원(國務院)으로 이름이 바뀌면서 중앙정부 전체를 대표하게 된다. 그리고 교제처는 중앙정부와 당의 주요 지도자들의 정무 활동과 출장, 회의 등을 조직·조율하고 관련 연락 및 지원하는 업무를 담당했다(옮긴이).

공업자들도 대체로 비슷했다. 미국에 대한 반감은 컸지만, 전쟁 발발을 바라지는 않았다. 한 상공업자는 이렇게 말했다. '경기가 좀 살아난 지 겨우 반년밖에 안 됐는데 또 전쟁이라뇨? (네온사인을 가리키며) 거리마다 새로 단장한 네온들 좀 보세요. 이제 막 차분하게 장사에 집중하려던 참이었는데!'"**22** 이와 같은 상공업자들의 반응은 제3부에서 톈진, 상하이, 홍콩을 중심으로 자세히 다룬다.

그 "일반 시민"에는 당연히 노동자가 있었다. 생계를 걱정한 노동자들의 태도는 학생들보다 오히려 상공업자에 가까웠다. 실제로 학생들의 항미원조 선전 활동을 지켜보던 페인트공 쏭샹무(宋祥木)는 냉담한 반응을 보였다. 그는 정권에 거리를 두는 "낙후분자(落後分子)"가 아니라 오히려 "열심히 하는 적극분자(積極分子)"였다. 그런데도 그는 이렇게 말했다. "학생들이 하는 말을 믿겠나? 시민들은 '또 학생들이 소란을 피우고 있다'라고 한다." 쏭샹무는 그 이유를 이렇게 설명했다. "학생들이 소란을 피우는 건 좋은 징조가 아니다. 소란을 피우면 사고가 일어난다. 그리고 사고가 일어나면 그들은 어디론가 숨거나 도망친다. 돤치루이(段祺瑞) 정권**23** 시절에도 학생들이 소란을 피웠다. 정권이 총을 쏘자, 그다음 날부터 소란

---

22 〈首都部分群衆對時局的反映〉,《内部參考》1950년 11월 11日.

23 돤치루이(1865~1936)는 안후이성(安徽省) 출신의 청말·중화민국 시기 군벌이자 정치인이다. 1899년, 독일로 군사 유학을 다녀온 뒤 위안스카이(袁世凱)의 발탁으로 신식 군대인 북양군을 양성하는 데 중요한 역할을 했다. 1916년, 위안스카이가 죽은 뒤에는 중화민국 국무총리로서 정권의 실세가 됐다. 1924년에 중화민국 임시 집정(정부 수장)으로 취임했다. 1926년, 또 다른 군벌인 펑위샹(馮玉祥)의 국민군이 봉천 군벌과 전쟁을 벌이는 과정에서 봉천 군벌을 지원하던 일본군과 충돌이 발생했고, 국민군은 일본 군함을 몰아낸 뒤 톈진 항구로 진입했다. 이에 일본을 비롯해 영국, 미국 등 8개국이 국민군의 즉각 철수를 요구하는 최후통첩을 발표하자 이를 제국주의적 침략으로 인식한 베이징 민중이 3월 18일에 시위를 벌였다. 돤치루이 정부는 시위대에 대한 발포를 명령했고, 이에 따라 수십 명이 사망하는 3·18 사건이 발생했다(옮긴이).

은 사라졌다. 루거우차오사변(盧溝橋事變)²⁴ 때도 마찬가지였다. 학생들이 소란을 피우더니 일본군이 들어오자 결국 도망쳤다. 게다가 학생들이 떠드는 말은 우리와 다르다. 어쩐지 버터 냄새가 나고 무슨 말을 하는지 도무지 이해가 안 된다."²⁵

쑹샹무가 말한 돤치루이 정권 시절의 "소란"은 1926년 3월 18일에 학생과 노동자가 정부를 비판하며 벌인 시위에서 당국이 총을 쏴 많은 희생자가 발생한 "3·18" 사건을 가리킨다. 사건의 발단은 지난해부터 계속된 노동운동에 대한 열강의 탄압과 돤치루이 정권의 부패였다.²⁶ 항미원조운동을 3·18 사건이나 루거우차오사변 전의 학생운동과 동일시하는 것이 적절한지는 따로 논의가 필요하다. 하지만 쑹샹무가 학생들의 "소란"에서 불길한 전쟁의 징후를 예감한 것은 틀림없다. 그는 톈안먼의 서남쪽에 있는 둥류리창(東琉璃廠)에 살고 있었다. 첸먼(前門)을 비롯한 외성 지역은 허베이(河北) 농촌에 가족을 두고 베이징에 돈 벌러 온 노동자들이 밀집해 사는 곳이었다.²⁷ 그들의 고향을 비롯한 전국 각지의 농민들과 노

---

24 1937년 7월 7일에 중국과 일본 군대가 충돌해 중일전쟁의 발단이 된 사건이다. 베이징 남서쪽 교외에 있는 융딩허(永定河)를 가로지르는 루거우차오를 사이에 두고 양국 군대가 대치하는 상황에서 일본군은 중국군의 발포를 구실로 군대를 출동시켜 루거우차오를 점령한다. 그 뒤 사건 처리를 위한 양국 간 협상이 결렬되고 일본군의 전면적인 공격으로 중일전쟁이 일어난다. 루거우차오는 1189년, 금나라 시기에 만들어진 아치형 석조교다(옮긴이).

25 〈北京市第六區委有關抗美援朝的群衆反映及宣傳指揮站工作計劃(1950년)〉 080-001-00023, 北京市档案館所藏資料. 여기서 "학생들이 소란을 피운다"라는 표현은 "鬧學生(료학생)"의 번역이다. "료"는 사람에 따라 긍정적·부정적 의미로 쓰일 수 있다. 쑹샹무는 "鬧鬼子(귀신이 나오다)"나 "鬧肚子(배탈이 나다)"처럼 부정의 의미로 쓰고 있다. 긍정의 의미로 쓴 것으로는 "鬧元宵(정월 대보름 활동)"과 "鬧洞房(신혼부부 방에 몰려가 놀리기)" 등이 있다. 흥미롭게도 이 단어는 송대 사구인 〈붉은 살구꽃 가지에 봄기운이 한창이네(紅杏枝頭春意鬧)〉〈宋祁,《玉楼春·春景》)처럼 "아름다움"의 세계를 승화한 표현으로도 쓰인다.

26 루쉰(魯迅)의 〈류허전 군을 기념하며(記念劉和珍君)〉에 등장하는 주인공도 이 사건에서 희생된 40여 명 중 하나다. 魯迅,《魯迅全集》第三卷, 人民文學出版社, 2005, 289-295.

27 熊遠報·陳捷, 〈二〇世紀北京前門地區居民的歷史記憶調查〉, 熊遠報·陳捷, 〈二〇世紀北京前門地區居民的歷史記憶調查(2)〉,《人文社會科學研究》, 早稻田大學創造理

동자들이 한국전쟁에 어떻게 반응했는지는 제4부에서 검토한다.

1950년 10월 24일 오후 7시쯤에 인민해방군 제복을 입은 젊은 연인이 남쪽에서부터 "첸먼 옆을 지나 둥자오민샹(東交民巷)으로 들어갔다. 잠시 뒤 이들은 북쪽으로 뻗은 대로에서 좌회전해 둥창안제(東長安街)로 접어드는 곳에서 되돌아왔다." 둘은 나란히 어깨를 맞대고 산책하면서 이야기를 나눴다. 여성은 그날 낮에 병원에서 받은 진찰 결과를 비롯해 형제자매의 일과 자신의 입대 경위에 관해 이야기했다. 남성은 망설이다가 스웨터를 선물하고 싶다고 했지만, 결국 손목시계가 더 낫겠다는 여성의 말을 따랐다.[28]

남성은 다음 날부터 인민지원군이 조선에서 유엔군과 본격적인 전투를 벌이게 될 줄도, 열흘 뒤에 자신이 전선에 나서는 선택을 강요받게 될 줄도 전혀 알지 못했다. 그가 산책길로 외교 시설이 밀집한 이곳을 택한 데는 그 일대에 풍기는 무언가 이국적인 분위기에 끌렸기 때문이었을 것이다. 그러나 둥자오민샹 서쪽 입구로 들어선 뒤 오른쪽에 있는 미국총영사관에는 별다른 관심을 보이지 않았다. 그는 20일 전 고궁박물원에서 리다자오(李大釗)를 처형할 때 사용한 교수대 전시를 관람했다. 하지만 소련대사관 앞을 지나면서, 리다자오가 그곳에서 장쭤린(張作霖)의 부하에게 체포됐다는 사실을 떠올린 흔적을 그의 일기 어디에서도 찾아볼 수 없다. 그날 밤 남성의 관심은 오로지 연애에 쏠려 있었다.

그의 이름은 쉬광야오(徐光耀)로 화베이군구(華北軍區) 정치부 소속의 25세 대대장급 간부였다. 소년병 시절부터 10년 넘게 전쟁의 고난을 겪었고, 마침내 평화를 맞이해 오랫동안 꿈꿔 온 작가의 길을 걷기 시작했다. 결혼하기 위해 여러모로 노력한 끝에 열흘쯤 전 한 여성을 소개받았다.

工学部, 2010年 3月, 2011年 3月.

28 徐光耀, 《徐光耀日記》第4卷, 河北教育出版社, 2015, 34-35.

그녀는 68군 문화공작단 소속의 22세 선원(申芸)으로 자금성 오문(午門)에서 열린 인민해방군 전적전람회(戰績展覽會)의 해설원으로 일하고 있었다.

10월 2일에 소개자가 선원의 사진을 보여 줬고, 이틀 뒤 쉬광야오는 설레는 마음으로 전람회를 찾았다. 그는 일기에 이렇게 썼다. "오문으로 들어가 리다자오 교수대에서 방향을 꺾었다." 그는 상대방이 눈치채지 못하도록 소개자를 그곳에 두고 혼자 조심스럽게 전람회장 안을 들여다봤다. "처음에는 그 아이가 아닌 줄 알았다. 하지만 곧 닮았다는 생각이 들었다. 다시 한번 봤다. 역시 그녀였다. (중략) 상대도 내가 올지 모른다는 얘기를 들은 터라 긴장한 채 군인들 동향에 유난히 신경 쓰고 있었던 것 같다. 내가 들어서자마자 그녀는 나를 눈치챈 듯했다. 두 번째 봤을 때 눈이 마주치고 말았다. 그녀는 패널 앞에 서 있었지만, 더 이상 집중하지 못했다. 부끄러워 뭔가로부터 숨으려 했다."**29**

그때부터 두 사람은 몇 차례 데이트를 거듭하며 빠르게 연인 관계로 발전했다. 그런데 선원은 11월 5일, 조선으로 파견될 후속 부대인 68군의 주둔지 장자커우(張家口) 부근으로 복귀하기 위해 베이징을 떠나야 했다. 전화로 이 소식을 들은 쉬광야오는 오전에 서둘러 선원을 배웅하러 갔다. 하지만 직장에서 열리는 "항미원조" 집회 시간에 맞추느라 선원과의 만남을 20분 만에 마칠 수밖에 없었다.**30** 나중에 두 사람은 잇따라 한반도로 건너갔다. 쉬광야오와 인민지원군 장병들의 한국전쟁에 대한 반응에 관해서는 제5부와 제6부에서 검토한다. 이 책은 군인을 다룰 때 종군(從軍)**31**과 복원(復員)**32** 사이, 즉 '어제의 시민'과 '내일의 시민' 사이의 연속

---

29 徐光耀, 같은 책 第3卷, 382-383.

30 徐光耀, 같은 책 第4卷, 54-55.

31 전시에 군에 들어가 복무하는 것(옮긴이).

32 군대의 체제를 전시에서 평시로 되돌리고 병사를 동원 상태에서 복무 대기로 되돌리는 것.

성에 주목한다. 군대를 구성하는 하나의 부품으로서가 아니라 전쟁 중에도 끊임없이 유지되는 '개인'으로서의 인간성에 초점을 맞추는 것이다.

이 책은 한국전쟁 발발 이후 한 달 반을 중심으로 그 앞뒤 8개월 동안 중국 각지 시민들의 "목소리 없는 목소리"를 복원하려는 시도다. 전체 7개 부 중 제1부와 제7부는 각각 전쟁 초기 4개월과 그 뒤 4개월을 다룬다. 각 부는 독립적인 논문 형식으로 돼 있어 이 서론을 읽은 뒤 어느 부부터 읽어도 전체 내용을 이해할 수 있다. 또한 제2~5부는 시민사회 내 다양한 계층을 다루는데, 순서는 분석의 편의를 고려한 배열일 뿐이다. 책 전체가 하나의 유기적인 구조로 짜여 있어 어느 부부터 읽어도 주제를 명확히 파악할 수 있다.

이 책의 주제는 동서고금을 막론하고 동맹국 또는 준동맹국의 요청에 따라 군사력을 해외에 파병하면, 그 사회 내부에서 정치, 경제, 사회, 시민 생활에 영향을 끼치는 문제들이 발생한다는 것이다. 요컨대 집단적자위권 행사의 정당성, 긴급사태를 명분으로 한 개인의 자유와 권리 침해, 방위력 증강이 평화 산업과 시민의 일상에 미치는 압력, 징병과 생사의 문제 등이다. 이러한 문제들은 당시 중국 시민들에게도 예외 없이 심각한 고민거리였다. 특히 중소우호동맹조약(中蘇友好同盟條約)이라는 국제 정세 속에서 중국 시민은 권력자와는 다른 위치에서 현실적 위기와 마주해야 했다. 이 책은 권력자가 아니라 일반 시민에 초점을 맞춤으로써 지금까지 간과돼 온 중요한 문제들에 접근하고자 한다.

군무를 마친 병사가 귀향하는 것을 뜻하기도 한다(옮긴이).

제1부

관여인가 방치인가
먹구름 아래서

| 들어가며 |

한국전쟁이 발발하고 10월 중하순까지 중국 각지의 시민들은 전쟁터와의 거리, 문화·역사적 배경, 경제적 여건과 관계없이, 한반도에서 시작된 이 전쟁이 핵전쟁을 포함한 세계대전으로 확산될 가능성을 대체로 인식하고 있었다. 국공내전(國共內戰)이라는 국내 정치에 기인한 일부 예외적[1] 상황을 제외하면, 대부분의 시민은 평화를 간절히 희망했다. 그리고 동맹국이나 가치관을 공유하는 준동맹국 때문에 자신들이 전쟁에 휘말릴 수 있음을 염려했다.

제1부에서는 화베이, 화둥(華東), 둥베이(東北), 시난(西南) 등의 주요 도시를 중심으로 시민들의 반응을 살펴본다. 일반 시민들의 반응을 넓은 시야에서 점묘하듯 제시하면서 필요에 따라 특정 인물을 클로즈업해 더욱 자세히 조명한다. 이처럼 서술의 강약을 조절하며 전체 논의를 전개하고자 한다.

---

[1] 1949년 10월 건국 이후에도 인민해방군이 "타이완 해방"과 잔존 국민당 세력 등의 '반혁명 집단' 진압을 위해 국지전을 벌이고 있었다(옮긴이).

제1장
화베이 지역

베이징

한국전쟁이 발발하자 베이징 시민들은 동요하기 시작했다. 반응은 우선, 시장의 변화로 먼저 나타났다. 1950년 7월 26일 자 〈신화사통신〉의 보고에 따르면, 베이징 시장에서 "투기 상인이 다시 활약하기 시작했고, 시민들은 무턱대고 그들을 따랐다." 그 결과 시민 생활과 직결된 식량 시장의 "거래량, 쌀과 보리 이외의 곡물 가격, 소매 판매량 모두에서 변화가 일어났다." 그리고 전통적으로 난세에 강한 품목으로 알려진 금값은 전쟁 발발 전날인 6월 24일에 1량(약 31.25g)당 117만 위안에서 30일에 135만 위안으로 한 주 사이에 15.4% 급등했다. 수입에 의존하던 항생물질 페니실린의 가격도 1병당 1만 500위안에서 1만 4,000위안으로 33.3%나 치솟았다. 반면 수출품이었던 양모는 "6월 26일에 수출을 일시 정지하는 행정지도가 통보되자, 모피 상인들은 이를 국제시장의 변동과 관련해 시장 분위기가 긴장된 것으로 해석하고 매수를 보류했다. 그 결과 양모 가격이 급락했다."

5개월 전에 문을 연 베이징증권거래소의 주가는 "6월 24일의 158만 위안에서 떨어지기 시작해 같은 달 28일에 97만 6,000위안으로 최저가를 기록했고, 그 뒤 약간 회복된 정도였다."**2** 투자자의 불안은 8월 28일에 미국 공군기가 중국과 조선의 국경을 침범한 뒤 더욱 심해졌다. 8월 30일 자〈신화사통신〉베이징지사의 보고에 따르면, 주요 품목이었던 치신(啓新)시멘트회사의 주식은 85만 위안에서 77만 위안으로 하락했고, 일시적으로 71만 위안까지 떨어졌다. 그리고 금값은 상승세를 이어가 1량당 131만 위안까지 올랐다.**3**

이러한 물가 상승은 시민의 일상생활에 직격탄을 날렸다. 당시 중앙정부의 출판총서 편집심사국 제1처장이었던 쑹윈빈(宋雲彬)은 일기에 그 영향을 생생하게 기록했다. 그의 일기에 따르면, 1950년 53세의 쑹윈빈이 6월 19일에 받은 같은 달 후반 치 급여는 53만 3,000위안이었다. 그 가운데 집세, 수도료 등을 공제한 뒤 지급된 실수령액은 46만 6,400위안이었다. 그러나 8월 전반 치 실수령액은 42만 9,850위안으로 전쟁 발발 직전과 비교해 약 7.8% 줄어들었다. 그는 급여 지급일인 8월 4일 일기에 "요즘 좁쌀값은 떨어졌지만, 돼지고기, 백설탕, 일용품은 일제히 올랐다. 매달 살림이 빠듯하다"라고 썼다. 급여액을 산정하는 기준인 좁쌀값은 떨어졌지만, 급여로 사야만 하는 생활용품 가격은 오히려 올랐다. 예를 들어 5월 초순에 쑹윈빈이 산 "중고 대나무 발(竹簾) 3장은 18만 위안"**4**으로 같은 달 급여의 16.3%를 차지했다. 그러나 8월의 생활용품 가격은 그 이상으로 높아졌다. 또 전쟁 발발 직후인 7월 2일, 둥안(東安)시장 매장 선반에 이와나미서점(岩波書店)이 출판한 야스기 사다토시(八杉貞利)의《러일사전(露和

---

2 〈美帝侵略朝鮮後首都市場動態〉,《内部參考》1950年 7月 28日. 중국 각지에서 금 거래에 사용되는 단위인 "량"의 무게에는 차이가 있었다. 둥베이 지역에서는 31.25~35.715g 차이가 났다. 東北解放區財政經濟史編寫組 編,《東北解放區財政經濟史資料選編》第3輯, 黑龍江人民出版社, 1988, 433.

3 〈美機侵犯我領空後首都市場略有波動〉,《内部參考》1950年 8月 30日.

4 宋云彬,《红尘冷眼》, 山西人民出版社, 2002, 191-192, 197, 203.

辭典)》이 진열됐다. 고급 인디아지(India paper)로 된 정본과 복제본이 각각 8만 위안과 4만 위안이었는데, 그중 한 권을 어느 자연과학자가 샀다.[5] 당시 대졸 초임은 "한 달에 좁쌀 120kg"으로 정해져 있었다. 좁쌀 가격이 하락하기 전인 6월 중순에는 1kg당 2,050위안이었으므로, 이를 기준으로 환산하면 대졸 초임은 24만 6,000위안 정도였다.[6]

좁쌀 가격이 하락한 이유는 초여름에 풍작이었던 곡물을 정부가 사들여 도시 지역의 물가 급등을 억제하는 정책을 폈기 때문이다. 7월 6일에 국영무역회사가 식량과 면포를 대량으로 대도시 시장에 풀어 식량 가격은 전쟁 발발 전 수준으로 회복됐고, 면포 가격도 전쟁 발발 전보다 약간 밑돌 정도가 됐다. 하지만 "수입품인 오금류(五金類, 금·은·동·주석·철), 고무, 등유, 휘발유, 서양 의약품의 가격은 계속 급등했다." 예를 들어 표백제는 7월 4일에 16.6%(6월 28일 대비), 7월 12일에 48.2%(7월 4일 대비), 7월 20일에 6.02%(7월 13일 대비)로 계속 올랐고, 타이완산 백설탕은 7월 20일에 83.33%(6월 28일 대비) 올랐다.[7] 의식(衣食) 중 기본적인 요소를 제외한 많은 물품을 수입에 의존하던 당시의 상황은 시장과 시민의 일상생활이 외부 요인에 얼마나 큰 영향을 받았는지를 잘 보여 준다.

이런 상황에서 베이징 시민들은 한국전쟁과 관련한 다양한 활동에 참여하기 시작했다. 베이징 성내 9개 행정구 중 톈탄(天壇) 주변을 관할하는 제9구의 구정부(區政府)에 설치된 '미국의 타이완·조선 침략에 반대하는 선전위원회'의 활동을 기록한 종합 보고서가 남아 있어, 이를 바탕으로 시민 참여 양상을 살펴볼 수 있다. 1950년 8월 5일 자 보고서에 따르면,

---

5 竺可楨,《竺可楨全集》第12卷, 上海科技教育出版社, 2007, 133.

6 宋云彬, 위의 책, 197. 陈明远,《知识人与人民币时代》, 文汇出版社, 2006, 70. 당시 공무원은 "급여제"와 "공급제"로 나뉘었다.

7 〈美帝侵略朝鮮後首都市場動態〉,《內部參考》1950年 7月 28日.

제9구에서는 7월 24일~8월 1일을 "선전 주간"으로 정하고 본격적인 활동에 들어갔다. 첫날, 노동조합이 주도해 중소우호협회, 공산주의청년단, 여성단체 등에 참여를 호소하자 관계자들이 모여 구의 선전위원회를 결성했다. 선전위원회는 "각 조직이 선전 활동을 전개해 어떤 조직에도 속하지 않은 일반 시민들이 최대한 참여하도록 한다"라고 결정함으로써 조직 내부뿐 아니라 광범위한 시민들의 참여를 유도했다.[8]

선전 활동은 몇 개 거점을 중심으로 이뤄졌다. 첫째는 노동조합이다. 7월 24일 밤에 구내의 14개 기업과 단체로부터 19명의 선전교육위원이 모여, 문화궁에서 열린 베이징시 부시장 덩퉈(鄧拓)의 강연 내용을 전달받고 활동을 협의했다. "각 공장에서 게시판, 강연회, 좌담회, 거리 선전 등 모든 매체와 방법을 이용해 반미 선전할 것"이 결정됐고, 그 결과 각 기업과 단체에서 "전체 직원대회가 열려 총 760명이 참여했다. 그 가운데 단화(丹華)공장과 톈탄방역소는 각각 선전팀을 조직하고 거리로 나가 30여 명의 눈길을 끌었다." 또 산업별 노동자와 노동자보습학교[9]에 다니는 노동자를 대상으로 여덟 차례에 걸쳐 시민대회가 열려 1,500여 명이 참가했다. 참가자 직업을 보면 성냥제조업, 철공업, 방적업, 염색업, 전기톱업, 인력운송업, 짐수레운송업, 삼륜차운송업, 행상소매업, 청소업 등 다양했다.[10]

둘째는 지난해 10월에 중소 관계 촉진을 목적으로 창설된 민간 외교단체인 중소우호협회다. 협회는 지부 책임자들이 회의를 열어 비회원에게 참여를 권유하고 각 지부에서 한 차례씩 회원대회를 열기로 결정했다.

[8] 〈反對美帝侵略台灣朝鮮運動宣傳周総結-第九區反對美帝侵略朝鮮宣傳委員會〉 (1950·8·5)〉, 北京市 档案館, 041-002-00017.

[9] 주로 퇴근 뒤 노동자를 대상으로 글자, 정치사상, 문화 교양, 기술 등을 가르치는 학교(옮긴이).

[10] 위의 사료.

이에 따라 열네 차례 시민대회가 열려 4,200여 명이 참가했다. 이어 "영화 상영을 곁들인 야간 강연회가 한 차례 열려 1,200여 명의 회원이 참가했다. 이들은 지부 내 파출소의 게시판을 이용해 선전했다. 교원지부는 아동극단과 함께 거리 공연을 통해 1,000여 명의 시민에게 선전했다. 또한 각 지부는 평화 서명운동을 펼쳐 2,370명의 시민으로부터 서명을 받았다."

셋째는 시민의 식자율(識字率) 향상을 위해 세운 "성인보습학교"다. 우선, 보습학교 교직원과 학생 700여 명을 대상으로 시사강화(時事講話)를 진행했다. "3개의 성인 야간학교는 '요고대(腰鼓隊)'[11]와 '앙가대(秧歌隊)'[12]를 편성하고 나흘 밤에 걸쳐 거리로 나가 선전 활동을 벌여 5,000명 정도의 관객을 모았다." 두 개 가도(街道)[13]에서는 "부인 좌담회"가 열려 50명이 참가했다. 또 공상(工商)중등교육학교의 만화 동아리 회원들은 거리에서 선전 만화를 제작했다.

넷째는 구정부의 공산당위원회와 파출소, 세무서다. 이들 기관에서 좌담회를 열었는데, 특히 파출소에서는 이른 아침 학습 시간을 이용해 한반도와 타이완 문제를 토론했다. 선농단(先農壇)[14]의 행상관리처도 이 문제를 중심으로 행상업자 가운데 적극적인 이들을 모아 좌담회를 열었다. 70명이 참가했다. 각 가도에서는 공산당원과 공산주의청년단원을 대상으로 당의 방침을 전달하는 회의가 열렸다.[15]

베이징은 교육기관이 밀집한 도시로, 특히 대학생들은 각종 동원 활동

---

11 요고는 허리에 차고 양쪽을 두드리는 원통형 북을 말한다(옮긴이).
12 앙가는 모내기 춤을 말한다(옮긴이).
13 중국 도시의 구(區)에 속하는 행정구역(옮긴이).
14 명나라와 청나라의 황제가 산천(山川), 신농(神農) 등 신들에게 제사를 지내던 장소(옮긴이).
15 위의 사료.

의 주요 대상이었다. 그러나 당시는 여름방학이었고, 제9구는 도심 외곽에 있어서 교육기관과의 연관이 크지 않았다. 실제로 공상중등교육학교 만화 동아리 회원들의 활동을 제외하면, 제9구 관련 보고서에는 교육기관과 관련한 언급이 거의 없다. 반면 다른 구에 캠퍼스를 둔 베이징대학에서는 여름방학에도 학교에 머무는 학생들을 중심으로 '하계 활동위원회'가 조직돼 다양한 활동을 펼쳤다. 《베이징대학기사(北京大學紀事)》에 따르면, 7월 15일에 캠퍼스 안 "민주광장"에서 〈가무연극의 밤〉이 열렸다. 이 자리에서 대학 문예 동아리와 베이만(貝滿)여자중등교육학교, 육영(育英)중등교육학교, 화교동창연합회, 청년예술극단 등이 한국전쟁 반대와 혁명 이후 농촌 생활을 주제로 한 작품들을 선보였다. 다음 날에는 '하계 청년 강좌 시리즈'의 첫 번째로 외교부 미국호주사(美國澳洲司)**16**의 사장 커바이녠(柯柏年)이 시사 문제를 강연했다. 이어 8월에는 한 달 동안 러시아어보습반이 개설됐다.

학생들은 학내에만 머물지 않고 거리로 나갔다. 7월 23일에는 "여름방학에 귀향하지 않고 기숙사에 남은 학생 200여 명이 여자제1중등교육학교와 남자제8중등교육학교 학생 100여 명과 함께 고적대를 조직해, 제2구, 제5구, 제6구 등 시내에서 선전 활동을 벌이며" 한국전쟁 반대와 평화 서명운동을 벌였다. 이러한 활동은 대부분 공산당의 지도로 이뤄진 것으로 참여한 학생들 개개인의 목소리를 확인할 수는 없다.

제9구 시민의 구체적인 목소리와 반응은 앞에서 말한 제9구 관련 보고서에 실려 있다. 이 보고서에 따르면, 톈탄인력거꾼대회에서 "조선 인민은 반드시 미국 제국주의를 물리칠 수 있다", "조선 군대는 미군보다 강하다"라고 말한 사람이 있었다. 중소우호협회 회원 중에는 "조선에서 전쟁

---

16 사(司)는 대체로 한국의 국(局)에 해당한다. 미국호주사는 미국과 호주 관련 업무를 담당하는 외교부 기관이다(옮긴이).

이 벌어지고 있는데 우리 물가가 안정된 것만 봐도 반드시 이긴다고 생각한다"라고 말한 사람이 있었다. 연극 공연에서 "조선의 이승만이 곧 중국의 장제스(蔣介石)다"라는 비유를 들은 한 관객은 이승만을 연기한 배우에게 "비정상적인 증오심을 품었다." 배우는 "그 관객의 비판 대상이 될까 봐 공연이 끝난 뒤 혼자 귀가하는 것을 주저"했다. 어린 자식을 안고 대회에 참가한 중년 부인은 "생각한 대로다. 제3차 세계대전이 일어날 리 없다"라고 말했다.**17**

이 중년 부인이 어떻게 "선견지명"을 가질 수 있었는지는 분명하지 않다. 하지만 영국과 미국의 여론에 관한 월터 리프먼(Walter Lippmann)의 멋진 비유를 빌리면, 식료품상은 외교 문제에 대해서는 충분히 "확신"하지만 자기가 다루는 식료품에 대해서는 많은 의구심을 품고, 젊은 여성은 성찬식(聖餐式, Sacrament)**18**에 대해서는 놀라울 정도로 "확신"하지만 그 식료품상과 결혼해도 좋을지는 망설이는 것과 같다.**19** 말할 필요 없이 그것은 동서고금, 직업과 성별, 종교를 막론하고 보통의 인류가 보이는 성향이다. 세계대전 발발 가능성을 부정하려는 태도는 오히려 많은 시민이 불안해하고 있다는 증거였다.

실제로 선전을 듣고 생각이 바뀌었다는 다른 사례에서 이러한 불안을 확인할 수 있다. 톈탄방역소의 일부 관계자는 "그동안 제3차 세계대전이 일어날까 봐 두려웠는데, 좌담회를 거치며 불안이 사라졌다는 사실을 인정했다." 그리고 애초 "한국전쟁은 자기와 별로 관계없다고 생각하던 사람들이 이제는 미 제국주의가 우리의 적이고, 파출소의 간첩 적발에 협력

---

17 〈反對美帝侵略台灣朝鮮運動宣傳周總結-第九區反對美帝侵略台灣朝鮮宣傳委員会(1950·8·5)〉, 北京市檔案館, 041-002-00017.

18 예수가 십자가에서 흘린 피와 찢긴 몸을 상징하는 포도주와 빵을 나누며 그의 희생을 기억하는 의식(옮긴이).

19 월터 리프먼, 이동근 옮김,《여론》, 커뮤니케이션북스, 2021.

하는 것이 곧 미제와 싸우는 것이라고 생각했다. 그때까지 입장을 정하지 못한 시민들도 승리에 강한 자신감을 갖게 됐다." 이들 사례에서 보이는 "변화"를 직접 확인할 수는 없지만, 선전 전에 베이징 시민들에게 불안과 주저가 있었음을 알 수 있다.

더불어 선전 효과가 미미한 사례도 보고됐다. 거리 선전에 대해 "선전 따위를 믿어?"라고 부정하는 사람이 있었고, "미국 밀가루 먹기를 기대하고 있다"라고 비아냥대는 사람이 있었다. 이는 미군의 베이징 점령을 예상한 발언이었다. 더 나아가 "그걸 말하고 있을 때냐? 미국의 원자폭탄 한 개면 끝장이야!"라고 고함치는 사람도 있었다. 보고자는 이러한 시민들의 목소리에 더해 "원자폭탄을 두려워하는 시민은 정말로 많다"라는 의견을 첨부했다.

이와 함께 1년 전 인민해방군에 귀순한 전 베이징 지역 국민당군 사령관 푸쭤이(傅作義)가 신정권에서 이탈해 "산시성(山西省)으로 갔다", 국민정부 총통 대리였던 리쭝런(李宗仁)이 "둥베이 지역까지 공격해 왔다"라는 풍문이 나돌았다. 이 풍문들은 "적대 세력"이 퍼뜨린 유언비어로 평가됐지만,[20] 이를 통해 베이징 시민이 동요하고 있었다는 사실을 알 수 있다.

톈진

이러한 동요는 인근의 톈진(天津)에서도 나타났다. 전쟁 발발 나흘 뒤인 6월 29일 자 《천진일보(天津日報)》의 보고에 따르면, "시민들은 제3차 세계대전을 두려워하며 평화를 진지하게 바라고" 있었다. 그러한 바람에 따라 어느 이발소에서는 "유엔이 삼팔선까지 물러나기를 요구하니 북조선은 그렇게 하면 된다. 그렇지 않으면 제3차 세계대전이 일어날 수 있다"

[20] 〈反對美帝侵略台灣朝鮮運動宣傳周総結-第九區反對美帝侵略台灣朝鮮宣傳委員会 (1950·8·5)〉, 北京市檔案館, 041-002-00017.

라는 말이 나왔다. 미국의 군사 개입으로 타이완 문제의 해결이 곤란해지는 것에 대해서는 "양보하면 되지! 대륙 지역의 건설만으로도 벅차니까"라는 이야기가 오갔다. 정부의 선전에 의문을 제기하는 목소리도 있었다. "전쟁은 대체 남조선과 북조선 중 어느 쪽이 먼저 시작했나? 왜 군사력이 약한 남쪽이 먼저 전쟁을 일으켰다고 하나?", "제3차 세계대전은 일어날까? 일어나지 않을 것이라면서 왜 미군은 개입했나?"와 같은 의문이었다.[21]

시간이 흐르면서 전란에 휘말릴 수 있다는 불안은 더욱 커졌다. 1950년 7월 7일 자 《천진일보》는 "미군기가 평양을 폭격했고, 피난민들은 폭격을 피하려 조선에서 우리 둥베이 지역으로 오기 시작했다. 선양에는 이미 많은 조선인 난민이 있다"라고 보고했다. 또 "이승만을 지원하기 위해 국민당군 2개 사단이 파견됐다. 이미 미국 함정이 부산에 상륙했다"라는 풍문이 퍼졌다.[22] 한국전쟁을 국공내전과 연동해 인식한 듯하다.

톈진 지역 상인들은 조선의 국내 문제로 시작된 전쟁이 한반도에 그치지 않을 것이라 생각했다. 이들은 다음과 같이 분석했다.

> 조선 남쪽은 미국의 영향 아래 있으므로 이승만의 참패는 곧 미국의 패배를 의미한다. 이에 대해 아무런 대응을 하지 않으면 자본주의 진영 내에서 미국의 위신이 땅에 떨어져, 앞으로 다른 자본주의 국가들을 통합할 수 없게 된다. 그래서 미국은 이승만을 무력 지원한 것이다. 만약 이승만이 이기지 못하고 미국이 격분해 사태가 커지면 제3차 세계대전이 일어날 수 있다. 반대로 북조선이 패하면 조선인민군은 반드시 우리 둥베이 지역으로 후퇴할 것이다. 이때 우리나라가 무장 해제에 나선다면

---

21 〈天津出現世界大戰謠言 津市民對朝鮮戰有疑問〉,《內部參考》1950년 7월 1일.
22 〈津市商人議論朝鮮戰爭將有引起第三次大戰的可能〉,《內部參考》1950년 10월 24일.

사회주의 국가 간 상호 협력이라는 원칙은 훼손될 것이다. 그렇다고 무장을 해제하지 않으면 미국은 그걸 구실로 우리 둥베이 지역으로 진격해 올 것이다. 우리 정부는 이에 맞서 반격할 수밖에 없을 것이고, 그러면 전쟁의 규모가 커져 결국 제3차 세계대전으로 이어질 것이다.[23]

상인들은 이처럼 세계대전의 도화선이 될 것이 틀림없다고 봤다. 하지만 북조선의 패잔병이 국경을 넘어 피난 오면 가치관을 공유하는 나라끼리 무장 해제를 요구할 수는 없을 것이라 예측했다. 다시 말해 "해외파병"을 하면서까지 준동맹국을 돕겠다는 식의 선택, 즉 "집단적자위권" 행사는 염두에 두지 않았다.

1950년 10월 초, 미군이 삼팔선을 넘어 북상한 이후 톈진 시민들은 둥베이 지역의 방공(防空) 관련 소식을 듣고 "정세가 긴박해졌다"라고 생각했다. 당시 정부가 추진하던 물가 조정이나 "적대 세력" 탄압 조치 등을 전쟁과 연관된 움직임으로 받아들인 시민들은 세계대전의 가능성을 더욱 높게 봤다. 이들은 임대주택을 구하기 어려운 상황도 "둥베이 지역에 피난민이 급증했기 때문"이라고 분석했다.[24]

이런 상황에서 경제계의 상층부는 정권과 친분이 있다는 점을 고려해서인지 "어려운 상황에서 정권이 들어선 지 얼마 되지 않았지만, 마오 주석이 어떻게든 해결할 것이다. 침착하게 각자의 직분을 다해야 한다고 겉으로는 말했다." 그러나 속내는 달랐다. 한 대기업주는 "지금 전쟁이 나면 미국이 유리하다. 앞으로 10년, 아니 2년이라도 (평화의 시간이) 있으면 좋겠는데"라며 공중폭격을 우려해 신규 공장 설립을 꺼렸다. 어떤 경영자는 노동조합 간부에게 "신문에서는 조선의 전쟁을 어떻게 보도하고 있

---

23   위의 사료.
24   〈津市各界對時局的反映〉, 《內部參考》1950年 10月 24日.

나?"라고 일부러 물은 뒤 "미국은 종이호랑이라고 하더니 요즘 신문엔 그런 말이 잘 안 보이네?"라며 도발했다. 어느 중소기업주는 확전 가능성을 우려하며 "미군이 삼팔선을 넘어 북상했어도 우리는 휘말리지 않는 편이 낫다"라고 말했다.[25]

노동자들과 학생들은 중국과 소련이 북조선을 지원했다는 정보를 자세히 알지 못해 초조해했으며, "항의만 해서 통할 상대가 아니다", 미군이 "삼팔선을 넘었는데 왜 아직 반격하지 않는가"라고 말했다. 또한 전쟁 때문에 도시에서 산촌으로 쫓겨나 "게릴라전을 할 수밖에 없는 상황으로 내몰릴까" 두려워하는 청년이 있었다. 기독교 신자 중에는 한국전쟁을 "신의 뜻"으로 받아들이거나 "미국이 원자폭탄을 사용하지 않는 것은 장제스의 조언 덕분이다", "신문에서는 이긴 건 보도하지만 진 건 보도하지 않는다"라고 말하는 이가 있었다.[26]

다른 시민들 역시 세계대전 발발 가능성을 우려했다. 대학교수들 사이에서는 "제3차 세계대전을 피할 수 없게 됐다"라는 비관론이 만연했다. 그러나 밖으로는 "당국이 신문을 통해 더 많은 설명을 해 주길 바란다"라고 표현하는 수준에 그쳤다. 물론 극소수의 교수들은 "중국 무기로는 (상대가) 안 되고 공군도 안 된다", "대도시는 버틸 수 없을 것이다"라고 말했다. 이를 통해 교수 사회의 속내를 엿볼 수 있다.

세계대전에 대한 불안은 업종을 불문하고 정보 부족에 대한 불만으로 이어졌다. 한국전쟁 관련 보도에 대해 "이제까지는 과장을 너무 많이 하더니 지금은 너무 작게 내고 있다. 내용도 부실하고 시기도 부적절하다"라는 비판이 일었다. 시내 관공서 직원들은 "공장을 다른 곳으로 옮긴다", "철도의 군수 수송이 늘었다", "이미 전역한 전직 장교를 다시 등록하고

[25] 위의 사료.
[26] 위의 사료.

늦어도 내년 1월까지는 충원할 것이다"와 같은 단편적인 이야기들만 들었다. 당황한 공무원들은 상급 간부의 시사 관련 강화를 들을 수 있는 자리가 마련되기를 바랐다.**27**

세계대전에 대한 이러한 불안은 톈진의 경제에 반영됐다. 6월 29일 자 《천진일보》의 보고에 따르면, 신정권에서 겨우 명맥을 유지하던 톈진증권거래소에서 치신시멘트회사의 주가가 60% 폭락했다. 일부 투자자들이 "조선 내전은 미국과 소련의 지지로 벌어진 것이며, 이는 곧 세계대전의 시작이다"라고 해석했기 때문이다.**28** 주가뿐 아니라 금, 은, 의약품 등의 가격도 급변했다. 암시장에서는 금 1량이 158만 위안, 은화 1개가 1만 3,100위안까지 치솟았으며, "페니실린은 1병에 1만 2,000~1만 5,000위안으로, 폐렴 치료 약은 4만 6,000위안까지 상승했다."**29** 수출입 상인들 사이에서는 스위스가 이미 두 달 치 식량을 비축했다는 내용의 영어 신문 보도, 미국과 소련이 "군용 모포 생산에 필요한" 양모 수요를 늘리고 있다는 정보, 제2차 세계대전이 9월에 시작됐다는 사실을 들어 "올해 9월부터 제3차 세계대전이 일어날 것"이라는 예측이 나돌았다.**30** 또한 한국전쟁에 따른 해상운송 차질을 우려해 "조만간 전쟁 관련 보험료가 부과될 것"이라는 예측이 퍼지면서 운송료가 급등했다.**31** 이와 함께 영국이 홍콩발 중국 수출을 금지했다는 외신 보도가 퍼지면서 철판, 와이어로드(wire rod), 베어링, 휘발유 등 11개 품목의 시장가격이 상승했고, 이에 따라 상승 폭이 더 큰 상하이 시장으로 톈진의 철판이 대량 유출됐다. 이 또한 가

27 위의 사료.
28 〈天津出現世界大戰謠言 津市民對朝鮮戰有疑問〉, 《內部參考》 1950年 7月 1日.
29 〈津市商人議論朝鮮戰争將有引起第三次大戰的可能〉, 《內部參考》 1950年 10月 24日.
30 〈天津出現世界大戰謠言 津市民對朝鮮戰有疑問〉, 《內部參考》 1950年 7月 1日.
31 中國社科院·中央档案館 共編, 《经济档案资料(综合卷)》, 中國城市經濟社會出版社, 1990, 399.

격 급등을 부추기는 요인이었다.³²

　같은 시기에 중앙정부 무역부가 수집한 한국전쟁 발발 이후 주요 도시의 수출입품 가격 변동 보고가 이러한 시장 상황을 뒷받침한다. 8월 16일자 보고는 6월 24일부터 7월 7일까지 2주간 톈진시에서 수입에 의존하는 주요 공업 원료의 가격 변동을 기록하고 있다. 이에 따르면, 식품 캔의 재료로 쓰이는 철판은 1상자당 105만 위안에서 120만 위안으로 14.3%, 가죽 산업용 탄닌(tannin) 추출물은 1톤당 1,600만 위안에서 1,880만 위안으로 7.5%, 살충제 제조에 쓰이는 나이트로벤젠(nitrobenzene)은 1킬로그램당 1만7,000위안에서 2만 위안으로 17.6%, 미국의 몬샌토(Monsanto)가 만든 인공감미료 사카린은 1파운드당 15만 위안에서 20만 위안으로 33.3%, 의약품 페니실린은 1병당 1만1,700위안에서 1만4,500위안으로 23.9%, 80파운드짜리 다울링지(Dowling paper)는 71만 위안에서 90만 위안으로 26.8%, 백설탕은 1킬로그램당 1만300위안에서 1만8,000위안으로 74.8%, 금은 1량당 118만 위안에서 149만 위안으로 26% 상승했다.³³

　톈진은 대외무역항이 있는 공업도시로 당시 톈진의 시장 동향은 중국 경제 전반의 향방을 점칠 만큼 중요했다. 따라서 이러한 가격 변동은 톈진에 의존하는 내륙 상공업자뿐 아니라 일반 시민의 불안과 밀접하게 관련돼 있었다. 실제로 각종 물가 급등에는 톈진 기업뿐 아니라 화베이·둥베이 지역 기업들의 매점(買占)이 큰 영향을 끼쳤다. 톈진시의 한 기업은 이미 1,000t의 와이어로드 재고가 있는데도 추가 구매를 계속했다. 이와 비슷하게 "허난성(河南省) 정저우(鄭州), 산시성 타이위안(太原), 랴오닝성 진저우(錦州)의 각 철도국과 둥베이공업부 등 시외 공영기업들 또한 톈진

32　〈津市商人議論朝鮮戰爭將有引起第三次大戰的可能〉,《內部參考》1950年 10月 24日.
33　中國社科院·中央档案館 共編, 위의 책, 397-398.

에서 공업 원료를 조달하고 있었다. 이들 각 기관의 계획에 따르면, 동선(銅線)의 수요가 3,000t에 달했다. 톈진 시장에서 금속류 물자의 공급은 수요를 따라가지 못하고 있었다."[34] 이를 통해 화베이 지역의 일반 시민이 지닌 전쟁 확대에 대한 불안을 읽을 수 있다.

---

[34] 위의 책, 399.

제2장

화둥 지역

상하이, 항저우

화둥 지역의 중심 도시인 상하이에서는 세계대전에 대한 시민들의 불안이 물가 급등으로 나타났다. 전쟁 발발 이후 처음 2주간의 시장 변동을 보면 공작기계용 줄(file)은 1개당 2만 8,000위안에서 3만 5,000위안으로 25%, 톱은 12개 묶음당 28만 위안에서 37만 위안으로 32.1%, 방적 염료의 원료인 황화염료 설퍼블루(sulphur blue)는 1배럴당 125만 위안에서 150만 위안으로 20%, 표백제는 1배럴당 230만 위안에서 250만 위안으로 8.7%, 성냥 생산에 쓰이는 중크롬산칼륨은 1파운드당 6,600위안에서 9,500위안으로 43.9%, 방수 가공용 파라핀왁스는 1포대당 50만 위안에서 70만 위안으로 40% 올랐다. 시민들의 일상생활과 밀접한 관련이 있는 생활필수품도 급등했다. 전구는 1개당 2,150위안에서 3,600위안으로 67.4%, 거즈는 12개 묶음당 63만 위안에서 70만 위안으로 11.1%, 설탕은 1킬로그램당 8,600위안에서 1만 6,000위안으로 86% 폭등했다.[35] 6월부터 7월 말까지 금과 미국 달러의 시세는 23% 정도 상승했는데, 그 원인 중 하나로 "한국전쟁의 영향"이 지목됐다.[36]

---

[35] 위의 책, 397-398.

[36] 〈目前上海工商業存在的幾個問題〉,《內部參考》1950年 8月 8日.

6월 27일에 해리 트루먼(Harry S. Truman)은 미 해군과 공군에 한국 정부를 지원하라는 명령을 내렸다. 그리고 중국공산당군의 타이완 진공과 국민당군의 대륙 반공(反攻)을 억지하기 위해 제7함대를 타이완해협으로 보내겠다고 성명을 발표했다. 다음 날인 28일에 저우언라이는 외교부장 명의의 성명을 통해 이를 중국에 대한 침략으로 규정하고 대항 의지를 밝혔다.**37** 6월 30일 자 〈신화사통신〉 상하이지사의 보고에 따르면, 옛 프랑스 조계에 있던 전기수도전차의 노동조합원들은 트루먼과 저우언라이의 성명은 "너무 강경해서 강경한 자들끼리 부딪치면 세계대전이 일어날 수 있다", "이제는 소련이 나설 차례다. 만약 소련이 북조선을 전면적으로 지원하면 제3차 세계대전은 틀림없을 것이다"라며 불안해했다. 6월 29일에 노동조합원들은 "너도나도 《해방일보(解放日報)》의 배달을 손꼽아 기다렸으며, 작업장과 전차에서는 전쟁이 화제였다."**38**

    중국방적건설공사(中國紡績建設公司) 제10공장에서는 "일부" 공산주의 청년단원과 젊은 노동자가 세계대전을 예상하고, "마오 주석의 말은 틀림없다. 전쟁이 나면 우리는 후방 생산을 통해 해방군을 지원하겠다"라며 대미 강경책을 지지했다. 하지만 "미국은 늘 말로만 계속 외쳐 왔고 이번에도 그럴 것이다"라며 전쟁 가능성을 부인하는 노동자, "우리는 평온하게 일하며 살고 싶다. 가능한 한 싸우지 않는 편이 낫다"라며 "비전(非戰)"을 바라는 노동자가 "일부" 있었다. 여기서 말하는 "일부"가 구체적으로 어느 정도였는지는 불분명하다. 하지만 미국의 군사력에 대한 인식과 관련해서는 그 숫자를 알 수 있다. 이 공장에서 올라온 정보에 따르면, "자

---

37 〈周外長發表声明 杜魯門声明和美海軍行動是對我武裝侵略 我全體人民必將從美侵略者手中解放台灣〉, 《人民日報》 1950년 6월 29일. 世界知識出版社 編, 《朝鮮问题文件汇编》 第1集, 世界知識出版社, 1960, 135-137.

38 〈上海工人, 學生, 教授對杜魯門聲明的反映〉, 《内部参考》 1950년 7월 4일.

신의 경험을 바탕으로 미 제국주의는 '허세뿐이고' '칠칠치 못할' 정도로 병사가 약하며 '타이완 해방은 문제없다'라고 생각하는 나이 든 노동자가 3명 있었다. 하지만 대체로 노동자들은 미국의 힘을 강대하게 평가하고 있었다."39

《해방일보》 통신원의 보고에 따르면, 상하이 푸단(復旦)대학의 "일부 교수들은 전쟁 발발 이후 매일 〈미국의소리(Voice of America)〉 라디오 방송에 귀 기울였다. 그들은 전황이 불리해지면 둥베이 지역에 영향을 끼쳐 제3차 세계대전 발발로 이어질지 모른다고 우려했다." 또 다른 교수들은 트루먼의 성명을 보고 "곧 세계대전이 일어나 상하이는 원폭의 위협에 노출될지 모른다며 두려워했다."40

푸단대학 교수들뿐 아니라 상하이의 교육계 인사들도 미국 라디오 방송을 통해 한국전쟁에 관한 정보를 입수했다. 당시 가톨릭계 대학인 전단(震旦)대학에서 겸임교수로 일하던 역사가 구제강(顧頡剛)의 일기에는 이러한 분위기가 담겨 있다. 그는 6월 26일 일기에 "어제 남조선과 북조선 간 전쟁이 시작됐다. 미국 라디오 방송에서는 북측이 남측을 공격했다고 하지만 중국 신문에서는 남측이 북측을 공격했다고 보도한다"라고 적었다. 이어 "미국은 육해공군을 동원하기 시작했다. 모든 정당이 트루먼을 지지하며 민주국가에 대한 공산주의의 침략에 저항하고 있다"라며, 전쟁의 성격을 "지난해부터 전해지는 대로" 현실이 된 제3차 세계대전의 발단으로 평가했다. 그러면서 "우리는 아무런 힘이 없으니 그저 조용히 천명(天命)을 기다릴 뿐"이라며 무력감을 드러냈다. 이틀 뒤인 6월 28일에는 "상하이에 전화(戰火)가 미치는 것은 시간문제다. 중국인은 또 한 번 곤욕

---

39 위의 일간지.
40 위의 일간지. 이상은 6월 30일 자 〈신화사통신〉 상하이지사의 보고다.

을 치를 것이다"라며 체념했다.**41**

　구제강은 북조선의 공세로 미군이 퇴각한 상황에 대해 "국공내전 당시 쉬저우(徐州) 전투에서 중공이 사용한 인해전술을 북조선이 그대로 따랐다. 미군은 어쩔 수 없이 후퇴했다"라며 낙관적 전망을 경계했다. 이는 특히 8월 23일과 9월 1일 일기에 잘 드러난다. 그는 8월 23일에 "지금까지 미군의 조선 폭격은 하루 700~1,000t에 이른다. 미국과 소련의 갈등 속에 무고한 조선 인민들이 희생되고 있으니 참으로 비극이다", 9월 1일에 "미군기가 북조선의 수많은 마을을 폭격했다. 도로와 철도가 심각하게 파괴돼 수송은 오직 인력에 의존하고 있다"라고 적었다.**42** 또한 8월 27일 일기에서는 전쟁을 준비하기 위해 중국 정부가 추진하는 시책에 대해, 이미 곤궁한 시민의 생활이 더욱더 압박받을 것이라며 다음과 같이 비판했다.

> 상하이의 다창(大場), 룽화(龍華), 장완(江灣) 등지에서 각 공항의 확장 공사가 일제히 진행돼 농가의 논은 1무(약 666.7m^2)당 쌀 70석으로 수용됐다. 전쟁 정세가 날로 긴박해지는 가운데 만약 일본이 유엔에 가입한다면, 그들은 다시 우리 국토를 종횡무진 누빌 것이다. 이러한 국제 정세와 맞물려 국내에서 공채가 발행되면, 인민은 뿔뿔이 흩어진 채 납세의 책임을 떠안고 자살하거나 정신이상에 빠지거나 도망칠 것이다. 이렇게 가난하고 허약한 나라가 과연 세계대전의 소용돌이를 견뎌낼 수 있을까.**43**

41　顾颉刚, 《顾颉刚全集 日记卷6》, 中华书局, 2011, 649, 650. 이하, 《顾颉刚日记》 卷6으로 약칭.
42　위의 책, 661, 677, 682.
43　위의 책, 678.

그렇다면 푸단대학 학생들은 어떤 태도를 보였을까? 정권의 영향을 많이 받은 "진보적 학생들"은 트루먼의 성명에 분개했고, "마오 주석의 호소와 저우언라이 외교부장의 성명, 조선인민군의 진격에 크게 흥분했다." 그 밖의 학생들은 시사 문제에 관심을 보이지 않는가 하면 "제3차 세계대전이 일어날 위험에 대해 의구심을" 가졌다. 트루먼의 성명을 보고 "흥분하는 사람이 일부" 있었는데, 이는 신정권을 받아들이지 않고 미국의 군사 개입을 기회로 국민당이 복귀할지 모른다는 "희망"을 찾은 청년들이 보인 반응 같다. 이러한 학생들의 엇갈리는 태도는 퉁지(同濟)대학과 자오퉁(交通)대학에서도 마찬가지였다.⁴⁴

전쟁은 그해 여름에 졸업하고 진로를 선택해야 하는 대학생들에게 매우 절실한 문제였다. 대부분의 졸업생이 꺼린 취업처는 최소한의 생활필수품밖에 지급되지 않는 "공급제" 방식의 직장, 상하이에서 멀리 떨어진 지역에 있거나 자기 흥미에 맞지 않는 일자리, 그리고 "부대 배속"⁴⁵이었다. 졸업생들은 자신들이 학비를 내고 공부했으므로 "공급제"를 내켜 하지 않았다. 이 제도를 새로운 형태의 착취이자 (노예제로의) 퇴행이라 여겼다. 특히 사립대 졸업생들의 거부감이 컸다. 졸업생들이 특히 꺼린 취업처는 '토지개혁' 운동과 '제3야전군' 참여였던 것 같다. 이 두 분야에 배정됐을 때 많은 학생이 "당국에 구체적인 업무 내용과 기간에 대한 설명을

---

44 〈上海工人, 學生, 教授對杜魯門聲明的反映〉,《内部參考》1950年 7月 4日.

45 군부대 배치를 가리킨다. 건국 이듬해인 1950년 중국의 문맹률은 80%에 달했다. 그리고 4년제 대학, 전문대학, 대학원 등 고등교육 과정을 마친 졸업생은 전체 인구 5억5,200만 명 가운데 1만7,000명으로 전체의 0.003%에 불과했다. 이러한 상황에서 시급한 국가 건설 과제를 해결하기 위해 중국은 고등교육을 받은 희소한 인력자원인 대학 졸업생의 직업을 국가가 주도해 통일적으로 배치하기 시작했다. 또한 한국전쟁 발발 뒤인 1950년 12월 1일에 중국 정부는 〈청년 학생과 청년 노동자의 각종 군사간부학교 참가 모집에 관한 연합 결정〉을 공포하고 중학교 졸업 이상의 학력을 가진 청년들을 대상으로 입대를 적극 독려했다(옮긴이).

요구했다."⁴⁶

이들 중에는 구제강의 조카딸 가오루이란(高瑞蘭)이 있었다. 구제강의 6월 29일, 7월 18일, 7월 22일 일기에 따르면, 푸단대학 4학년생이던 가오루이란은 진로 고민으로 "극심한 고통을 겪어 초췌한" 모습이었다. 그녀는 "어머니나 삼촌을 돌보기 위해 본가에 가까운 곳에서 취업하기를 바랐지만 받아들여지지 않았다." 졸업 뒤 진로 결정에 큰 영향력을 가진 대학의 공산주의청년단이 그녀를 토지개혁 운동에 보내려 했지만, 가오루이란은 지주들의 거센 저항으로 신변이 위협받을까 봐 주저했다. 그러나 참여하지 않으면 조선과 가까운 "둥베이 지역으로 가든가" 타이완 진공 작전을 담당하는 "제3야전군에 입대해야 한다. 모두 거절하고 싶지만, 그러면 장래는 없다"라는 딜레마에 빠졌다.

가오루이란의 말에 따르면, 동원된 "학생들이 일단 토지개혁 운동 참여에 서명하면 솔선해서 서명한 30명 정도의 적극분자는 곧 되돌려보내졌다. 이들은 다른 학생들을 운동에 동원하는 본보기 역할을 맡았다. 기관차처럼 차량을 목적지까지 끌고 갔다가 곧바로 출발점으로 되돌아가는 것이다. 이런 기만적인 수법을 대학의 젊은이들은 혐오했다." 결국 가오루이란은 토지개혁 운동 참여를 택했다.⁴⁷ 더 위험한 대미 전쟁은 피하고 싶었을 것이다. 가오루이란의 "적극분자" 동원 방식에 관한 증언을 통해 당시 대학 안에 "적극분자"가 많지 않았음을 짐작할 수 있다.

7월 18일 자 〈신화사통신〉 화둥총지사의 보고에 따르면, 상하이 지역의 대학과 전문학교 졸업생 가운데 "공산당원과 공산주의청년단원조차 대부분 우울한 심정으로 진로 배정을 받아들이고 있었다. 그들은 내키지 않지만, 그렇다고 반대 의견을 드러낼 용기가 없어서 낙후한 학생들의 뒤

46 〈上海大學, 專科學校畢業生對統一分配工作的意見〉, 《內部參考》 1950년 7월 22일.
47 《顧頡剛日記》 卷6, 651, 661-663.

를 따르는 길을 선택했다. 지금까지는 적극적으로 활동해 왔지만, 앞으로는 더 이상 활약하지 않겠다는 뜻이다. 예를 들어 자오퉁대학의 한 공산주의청년단원은 '조직에 대한 충성심이든, 규율 준수든 이번만큼은 무시하자. 나중에 자기비판을 받더라도 상관없다'라고 말했다. 또 적극적이었던 공산주의청년단원 중 일부는 소극적인 태도를 보였는데, 자신이 원하지 않는 진로가 배정되더라도 결국 그것을 받아들일 수밖에 없다고 체념했기 때문이다."**48** 타이완 진공 준비에 더해 한국전쟁이 진행되면서 많은 공산당원과 공산주의청년단원은 야전군에 배속되는 것을 종종 꺼렸다.

    세계대전 발발에 대한 불안은 상하이시 남서쪽 항저우시(杭州市)에 있는 저장(浙江)대학 교수들에게서도 나타났다. 이 대학 물리학 교수 수싱베이(束星北)가 그중 한 명이었다. 수싱베이의 자녀와 학생들에 따르면, 그는 여러 차례 마오쩌둥 앞으로 편지와 전보를 보내 다음과 같은 이유로 파병의 폐해를 역설했다. 첫째, 신정권이 들어선 지 불과 1년, 오랜 국내외 전쟁의 상처는 아직 치유되지 않았고 재정 사정이 어렵다. "인민에게 가장 필요한 것은 민력(民力)을 휴양하고 생활을 재건하는 것이다." 둘째, 인민해방군은 연이은 전투로 지쳐서 "휴식밖에 당장 할 수 있는 일이 없다." 셋째, 무엇보다 인민해방군은 제공권이 없어서 "병력이 미군보다 몇 배 우세하지 않으면 이길 수 없을 것 같다." 이는 린뱌오((林彪) 등이 주창하는 피전론(避戰論)과 통하는 바가 있었다. 즉 "스스로 불똥을 튕기는 일을 피하고 둥베이 지역 국경선을 따라 대군을 배치하는 데 그쳐야 한다. 설령 앞으로 전쟁을 피할 수 없는 상황이 발생한다 해도 경제가 회복되고 발전하고 나서 움직여야 한다"라는 의견이었다.**49** 해외파병이 현실이 된 뒤에도 수싱베이는 "절대 삼팔선을 넘지 말아야 한다"라고 밝혔다.

48 〈上海大學, 專科學校畢業生對統一分配工作的意見〉, 《内部參考》1950年 7月 22日.
49 刘海军, 《束星北档案 ― 一个天才物理学家的命运》, 作家出版社, 2005, 183.

항저우시 공안국이 작성한 1951년 4월 12일 자 수싱베이의 개인 파일 기록에 따르면, 그는 "사상적으로 (미국) 제국주의를 매우 두려워했고, 세계대전이 다시 발발할 것이라고 울먹이며 말하곤 했다. 마오 주석에게 삼팔선을 넘지 말고 신중하게 대응하기를 바라는 편지를 써 보냈다."**50** 피전에 대한 수싱베이의 진지함이 엿보인다.

수싱베이의 이런 태도에는 젊은 시절의 유학 경험에 기초한 소련에 대한 불신과 미국에 대한 이해가 깔려 있었다. 1907년생인 수싱베이는 1926년 캔자스주립대학에 입학했다가 곧바로 캘리포니아대학으로 옮겼다. 그는 건설 현장에서 가혹한 육체노동에 종사하는 중국인 노동자들이 거주하던 샌프란시스코 화인회관(華人會館)에 임시로 머물며 미국공산당 및 혁명 지향의 중국계 지식인들과 함께 잡지를 발행했다. 그 뒤 자본주의의 폐해가 소련에서 사라졌다는 소식을 듣고 구국의 길을 모색하기 위해 이듬해 소련으로 건너갔다. 그는 모스크바 중국대사관에서 일하며 소련 사회를 관찰했다. 그의 자서전에 따르면, "가는 곳마다 더러운 암시장, 비틀거리는 취객, 무기력한 인력거꾼, (중략)이 있었다. 정권을 공고히 하기 위해 거의 매일 총살형이 이뤄졌다." 스탈린이 자행한 숙청에 실망한 수싱베이는 소련을 떠나 에든버러대학과 케임브리지대학에 이어 매사추세츠공과대학에서 학문에 전념하는 길을 택했다.**51**

1920년대에 미국은 아시아인의 이민을 배척하면서, 한편으로 평화에 이바지하는 국제적 상호이해를 추진했다. 예를 들어 1929년에는 미국 전역의 유학생 1만여 명 가운데 거의 절반이 중국(3,000명)과 일본(2,000명)

---

50 刘海军,《束星北档案 复杂分子登记表》, 作家出版社, 2005, 51-52.
51 刘海军,《束星北档案 束星北先生自己填写的履历表》, 作家出版社, 2005, 9-13. 中国人民政治協商会议邗江県委員会文史资料委員会 編,《物理学家束星北》, 中国人民政治協商会议邗江県委員会文史资料委員会印刷, 1993.

출신이었다.**52** 수싱베이의 미국 유학은 바로 이러한 흐름 속에서 복잡다단한 궤적을 그리며 결실을 본 것이었다. 그런 의미에서 1950년에 수싱베이가 보인 대미 피전 자세는 국제 교육이나 학술·문화 교류를 통해 평화를 촉진하던 1920년대 활동의 유산이었다.

우시, 창저우, 전장, 난징

상하이 인근 우시(無錫)에서도 트루먼의 성명 발표 이후 시민들의 동요로 물가가 급등했다. 금값이 130만 위안에서 150만 위안으로 15.4% 올랐지만, 사람들이 매각을 꺼려 시장에서 금을 사기 어려웠다. 심지어 설탕은 6,000위안에서 1만 위안으로 66.7% 급등했다. 시민들이 "미국의 군사 개입으로 타이완 해방이 불가능해져 설탕 수입이 점점 더 어려워질 것이다. 빨리 사재기해 두는 것이 좋다"라고 생각했기 때문이다. 식용유, 떡, 담배, 등유 등 생활용품 가격도 일제히 올랐다.

7월 5일 자《소남일보(蘇南日報)》의 보고에 따르면, 일부 노동자들과 학생들 사이에서는 "미국 비행기와 군함이 강력하므로 타이완 해방은 불가능하다", "제3차 세계대전이 일어날 것 같다. 남조선과 북조선 간의 전쟁은 세계대전의 도화선이 될 것이다"라는 말이 퍼졌다. 룽(榮)씨 일가가 경영한 선신(申新)방적회사 우시공장에서 근무하는 한 여공은 평소 정치 활동에 열정적이었다. 그러나 어머니로부터 "세계대전이 이미 시작됐으니 당분간 정치 활동을 자제하라"라는 훈계를 들었다. 딩창((鼎昌)제사공장 사장도 상하이에 사는 친구로부터 "전쟁 뒤의 사회체제 변화에 무리 없이 적응하려면 신중하게 처신하라"라는 충고를 들었다.**53**

---

52 入江昭,《二十世紀の戰爭と平和》, 東京大學出版會, 1986, 95. 이 저작에서 나는 많은 것을 배웠다.

53 〈無錫幹部, 工人, 學生對目前時局的反映〉,《內部參考》1950年 7月 11日.

9월 15일 인천상륙작전 이후 우시 시민들의 불안은 더욱 커졌다. 주말을 낀 사흘 뒤인 18일(월요일)부터 21일까지 암시장에서 금 거래가 다시 활발해졌고, 금값은 112만 위안에서 140만 위안으로 급등했다. 10월 초순에는 한국군이 이틀 만에 삼팔선을 돌파하고 북진하면서 금값은 135만 위안 안팎에서 높은 수준을 유지했다. 가을 수확기를 맞아 영업 확대를 계획하던 한 백화점은 "사태의 추이를 지켜보는 것으로 계획을 변경했다." 일부 경영자는 "매일 〈타이완라디오방송〉이나 〈미국의소리〉를 들었으며, 〈신화사통신〉의 보도를 믿지 않았다. 심지어 '점'을 쳐서 신의 뜻을 구하는 사람까지 나타났다."[54]

불투명한 미래에 대한 불안은 우시 인근의 창저우((常州) 시민들에게서도 나타났다. 7월 10일 자 〈신화사통신〉 화둥총지사의 보고에 따르면, 이 지역 우진샤오허구(武進小河區)의 농민들과 간부들 사이에서 "정권 교체' 가능성이 널리 공유되고 있었다." 그래서 신정권의 정책과 활동에 참여하기를 꺼리는 분위기가 퍼졌고, "지금은 마오쩌둥도 있고 장제스도 있어서 통일이 안 되는 상황이다. 하나로 통일했으면 좋겠는데"라는 식의 정세 관망론이 퍼져 나갔다. 한 시민은 "국민당군이 수십만 명밖에 남지 않았다고 해서 패배한다고 단정할 수 없다. 공산당도 처음에는 수십만 명에 불과했다"라고 말했다. 일부 농민은 공산당 간부에게 "당신들은 국민당이 공격해 오면 북쪽으로 갈 수 있겠지만, 우리는 여기가 고향이라 그럴 수 없다"라며 거리감을 드러냈다. 또한 간부를 포함해 교육 수준이 높은 농민들에게는 "원자폭탄에 대한 공포감이 널리 퍼져 있었고, 대다수는 '이미 세계대전이 시작됐다'라고 받아들이고" 있었다.[55]

---

54 〈美軍在仁川登陸後無錫工商界思想混乱黃金暴漲〉,《内部参考》1950年 10月 13日.

55 〈杜魯門反動聲明發表後蘇南武進農民和幹部發生"變天"思想〉,《内部参考》1950年 7月 15日.

일반 시민뿐 아니라 간부까지 세계대전을 피하려는 분위기는 우시에서도 두드러졌다. 우시의 한 간부는 "신문에서 '단결해 미제의 도발을 물리치라고 마오 주석이 호소'한다는 큰 글씨 제목을 볼 때마다 심장이 두근거린다"라고 말했다. 또 다른 간부는 미국의 실력을 높이 평가하며 "소련은 원자폭탄이 없어 미국을 이길 수 없다"라고 굳게 믿었다.**56** 7월 8일자 《소남일보》의 보고에 따르면, 시민 중에는 "세계대전이 일어날까 봐 걱정이다. 이제 타이완 진공을 그만두는 게 좋겠다. 긁어 부스럼이 될 수 있다. 수십 년 동안 일본의 손에 있었지만 되찾지 못했으니, 그냥 두는 게 낫다. 괜히 건드리다 전쟁에 휘말릴 수 있다. 우시처럼 (작은) 도시에 원자폭탄 하나라도 떨어지면 끝장이다"라고 말하는 이가 적지 않았다.**57**

옌안(延安) 시절에 공산당 최고지도자였던 장원톈(張聞天)도 몇 년 뒤 이와 비슷한 의견을 피력했다. 1954년 가을에 마오쩌둥이 한국전쟁 휴전 이후의 활동 중심을 곧바로 타이완 문제로 옮기지 않은 것을 비판했다. 그러자 당시 외교부 제1부장이었던 장원톈은 "타이완 해방을 서두르면서 반미 투쟁의 선봉 역할을 자임해서는 안 된다. 그보다는 우선 대륙 내부의 문제를 잘 처리해야 한다. 타이완은 50년간 일본의 지배를 받았지만, 중국은 그대로 존재해 왔다"라고 응수했다.**58**

장원톈은 1900년 우시에 인접한 장쑤성 난후이현(南匯縣)에서 태어나 1976년 우시에서 사망했다. 그가 우시 시민들과 비슷한 의견을 낸 것은 우연일 수 있다. 하지만 앞서 인용한 시민의 발언이 《내부참고》에 실렸다는 점은 주목할 만하다. 1950년 7월에 장원톈은 유엔 주재 중국 수석대표로 임명돼 외교부에서 대기 중이었고, 당 중앙정치국 위원이었다. 그가 이

56 〈無錫幹部, 工人, 學生對目前時局的反映〉, 《内部参考》 1950年 7月 11日.
57 〈無錫市民對目前時局的疑慮〉, 《内部参考》 1950年 7月 19日.
58 何方, 〈我对张闻天的"忏悔"〉, 《看历史》, 2011年 3月.

보고를 접했을 가능성은 충분하다. 무엇보다 시민들과 비슷한 인식을 공유하며, 국내 통일의 상징인 타이완 해방조차 대미 군사 충돌에 대한 우려로 신중하게 접근했던 그로서는 한국전쟁이라는 해외파병에 회의적일 수밖에 없었다. 그에게 이는 지극히 자연스러운 일이었다.

세계대전과 원자폭탄에 대한 공포는 창저우 북쪽, 난징(南京) 동쪽에 있는 전장(鎭江)에서도 드러났다. 특히 8월 28일에 미군 전투기가 압록강 인근 중국 영공을 침범하고 기총소사했다는 보도가 나오자, 공포는 더욱 확산됐다. 정부의 선전대로 "미 제국주의가 의도적으로 우리를 도발하고 있으나 설령 폭탄을 떨어뜨려도 두렵지 않다"라는 말이 일부 시민에게서 나왔다. 하지만 현실은 달랐다. "일반 시민들은 여전히 미국과 원자폭탄을 두려워했다. '역시 미국은 강하다. 조선을 공중폭격했으니 이번에는 중국일지 모른다. 일반 폭탄은 그나마 괜찮은데 원자폭탄이면 끝장이다. 전장은 원자폭탄 하나면 사라진다. 인민해방군이 막아낼 수 있을까'라는 비관적인 분위기가 가득했다."[59]

이처럼 대전을 피하려는 심리는 단지 원자폭탄에 대한 공포 때문만은 아니었다. 우시의 경영자들 사이에서는 "전쟁이 일어나면 세금이 더 늘어날 것 같다"라는 말이 돌았다. 세금 부담이 늘어나 경제활동이 위축되는 것에 대한 우려였다. 더불어 이 지역의 역사적 경험과 문화도 이런 정서에 영향을 끼친 것 같다. 앞서 말한 7월 8일 자 《소남일보》의 보고에 따르면, 우시의 한 유력자는 "전쟁이 일어나면 다시 시골로 피난 가야 할 수 있다. 그러니 지금 이 순간 잘사는 것보다 더 나은 일은 없다"라고 말했다.[60]

여기서 중요한 점은 이 유력자의 발언에서 드러난 종말론적 인식보다

[59] 〈美機侵犯我東北領空後鎭江群衆反映〉,《內部參考》1950年 9月 12日.
[60] 〈無錫市民對目前時局的疑慮〉,《內部參考》1950年 7月 19日.

시민들이 실제로 시골로의 이주를 고려했다는 사실이다. 창장(長江) 하류 지역에는 "소란(小亂)일 때는 성안에 살고 대란(大亂)이 나면 시골에 산다"라는 속담이 있다. 소규모 비적(匪賊)의 소요는 성벽으로 막을 수 있지만, 정권 교체와 같은 난세에 전화(戰火)를 모면하기 위해서는 전략 거점인 도시를 떠나 외딴 농촌으로 가야 한다는 시민의 지혜다.

물론 이러한 전란 대처법이 중국에만 있었던 것은 아니다. 일본 시민들도 비슷한 모습을 보였다. 모리 오가이(森鷗外)의《시부에 추사이(渋江抽齋)》에는 토막군(討幕軍)**61**이 에도(江戶)로 접근하자, 시부에(渋江) 일가가 히로사키번(弘前藩)으로 이주해 전란을 피하는 장면이 나온다.**62** 그로부터 70여 년 뒤 태평양전쟁 때는 대공습을 당한 도시에서 소개(疏開)하는 현상이 훨씬 광범위하게 나타났다. 이러한 경험은 오늘날까지 널리 구전되고 있다.**63**

중국의 창장 하류 지역에서, 명·청 교체기였던 1645년에 명나라가 수비하던 양저우성(揚州城)이 만주족 군에 함락되는 과정에서 발생한 '양저

---

61 1868년 메이지유신 뒤 에도막부를 타도하기 위해 천황을 지지하는 사츠마번(薩摩藩), 조슈번(長州藩), 토사번(土佐藩)이 주축이 돼 결성한 신정부군을 말한다. 토막군과 막부군 사이에 벌어진 보신전쟁(戊辰戰爭, 1868~1869)에서 토막군이 승리함으로써 기존 막부 체제는 종결을 고하고 메이지 정부가 확립돼 일본의 중앙집권적 근대국가 건설이 본격화됐다(옮긴이).

62 森鴎外,《鴎外歴史文学集》第5巻, 岩波書店, 2000, 246-256. 또한 일본 중세 시기에는 전화를 피해 "성 오르기(城上がり)", "성 들어가기(城入り)", "산 오르기(山上がり)", "산 들어가기(山入り)"와 같은 피난 습속이 존재했으며 이는 "영지 교체" 시 약탈을 피하려는 주민들의 생존 전략이었다. 藤木久志,《新版 雜兵たちの戰場》, 朝日新聞出版, 2012, 151-202.

63 공습과 소개에 관한 출판물도 다양하다. 예를 들어 후쿠오카 지역의 공습과 소개를 무대로 한 요네무라 마사카네(米倉斉加年)의 작품《어른이 되지 못한 동생들에게…(おとなになれなかった弟たちに…)》(偕成社, 1983)은 중학교 국어 교과서에 수록돼 젊은 세대에게 그 경험을 전하고 있다. 樺島忠夫·宮地裕(ほか三一名),《国語一》중학교国語科用, 光村図書, 2015, 100-108. 또한 히로시마 원자폭탄 피해자 나카자와 케이지(中沢啓治)의 자전적 만화《맨발의 겐(はだしのゲン)》은 670만 부 이상 팔린 스테디셀러다.《朝日新聞》2015年 8月 15日.

우 도성(屠城)'**64**이 무려 열흘 동안 이어졌다.**65** 그로부터 약 200년 뒤인 1864년에 태평천국의 수도였던 천경(天京, 난징)을 공격한 증국번(曾國藩) 휘하의 상군(湘軍)도 학살을 저질렀다.**66** 또한 한국전쟁이 발발하기 불과 13년 전인 1937년에 일본군이 저지른 '난징대학살' 역시 시민들에게 트라우마로 남아 있었다.**67** 이러한 참사들과 비슷한 수준의 '대란'이 또다시 발생할 수 있다는 불안감이 앞서 언급한 우시의 유력자를 비롯한 많은 시민의 뇌리를 스쳤던 것 같다.

실제로 그 유력자의 우려에서 볼 수 있는 역사의 교훈이 얼마나 널리 공유됐는가를 뒷받침하듯, 같은 속담은 반세기 가까이 지난 1997년에 리이닝(厲以寧) 베이징대학 경제학 교수가《광명일보(光明日報)》에 실은 논문에서도 언급됐다.**68** 리이닝은 전장과 난징 사이에 있는 이정(儀徵)을 본적지로 두고 1930년에 난징에서 태어났다. 난징대학살이 벌어진 1937년 12월에는 가족이 상하이 외국 조계에 살고 있어서 참사를 피할 수 있었다. 하지만 태평양전쟁 발발 이후 조계마저 일본군에 점령되자 결국 후난성(湖南省) 북서부에 있는 위안링현(沅陵縣)으로 소개됐다. 위안링현은 진(晉)나라 때 전란을 피해 평화롭게 살았다는 도연명이 쓴《도화원기(桃花源記)》의 무대인 타오위안현(桃源縣)보다 더 서쪽에 있는 오지로, 중일전

---

64 양저우성에서 만주족 군이 자행한 학살(옮긴이).

65 王秀楚,〈揚州十日記〉, 松枝茂夫 訳,《蜀碧·揚州十日記 他》東洋文庫三六, 平凡社, 1994, 179-207.

66 趙烈文,《能静居日記(2)》, 岳麓书社, 2013, 805-806. 당시 우시, 창저우, 쑤저우, 자싱 등 주변 도시들도 비슷한 참상을 겪었다. 이에 대한 자세한 기록은 リンドレー, 増井経夫·今村与志雄 訳,《太平天国4 李秀成の幕下にありて》, 東洋文庫56, 平凡社, 1965.에서 확인할 수 있다.

67 秦郁彦,《南京事件》, 中公新書, 1986. 笠原十九司,《南京事件》, 岩波新書, 1997. 藤原彰,《南京の日本軍》, 大月書店, 1997.

68 厉以宁,〈论习惯与道义调节〉,《光明日报》1997年 6月 23日.

쟁 당시 일본의 지상군이 한 번도 진입하지 못한 지역이었다.

전쟁이 끝난 뒤 리이닝은 난징으로 돌아와 고등학교를 뛰어난 성적으로 졸업하고 1949년 말에 진링(金陵)대학 화학공학과에 입시 면제로 입학했다. 그의 제자가 쓴 평전에 따르면, 리이닝은 1951년에 베이징대 경제학부에 진학하고자 후난성 창사(長沙)에서 시험을 치렀다. 그전까지는 "신정권 아래 설립된 위안링현 교육용구소비합작사(敎育用具消費合作社)에서 1년 넘게 회계 담당으로 근무했다." 하지만 평전은 난징에서 면학에 힘써야 할 청년이 왜 갑자기 위안링현의 합작사에 취직했는지는 설명하지 않는다. 단지 "전쟁이 모든 것을 바꿔 버렸다"라는 한 문장으로 정리하고 있다.[69]

국공내전이 계속되던 1949년 4월 21일에 인민해방군은 창장 도하작전을 개시했다.[70] 그리고 같은 해 10월 8일 위안링현 인민정부가 수립됐다. 추측건대 리이닝은 국공 양군이 난징을 두고 전투를 벌일 것을 예감하고 소년 시절을 보냈던 위안링으로 다시 피신했을 가능성이 있다. 그는 1997년 논문에서 앞서 언급한 속담을 다음과 같이 해석했다. "대란 때 사람들은 왜 시골로 피신하는가? 정부의 힘으로는 도시의 질서조차 유지할 수 없기 때문이다. 게다가 피난처가 외질수록 안전할 수 있다."[71] 이 속담은 리이닝과 같은 세대의 중국 시민에게는 고유한 인생 경험이었다.

물론 벽지인 위안링 역시 중일전쟁 당시 후난성 정부 기관들이 소개되면서 전화를 완전히 피하지 못했다. 1939년 8월부터 1944년 9월까지 "일

---

[69] 陆昊, 《厉以宁》, 陕西师范大学出版社, 2002, 1-5. 후난 서부의 차둥(茶峒)을 무대로 한 선충원(沈從文)의 중편소설 《변성(邊城)》(1934)은 오늘날의 독자들에게 20세기 전반 샹시(湘西)에 존재했던 〈도원향(桃園鄕)〉과 같은 삶의 모습을 상상하게 한다.

[70] 〈人民解放军百万大军横渡长江〉, 《毛泽东文集》第5卷, 人民出版社, 1996, 283-284.

[71] 厉以宁, 〈论习惯与道义调节〉, 《光明日报》1997年 6月 23日.

본군 비행기 210대가 총 21차례 공습을 감행했고, 총 1,165발의 폭탄을 투하했다. 가옥 3,099채가 붕괴했고, 사망자 953명, 부상자 1,110명, 재산 피해 180만915위안에 달했다."[72] 이 시기는 리이닝의 위안링 체류 시기와 겹친다. 그가 당시를 기억하는 것으로 볼 때 이 지역을 난징과 같은 대도시보다 "안전"하다고 판단한 듯하다.

리이닝의 평전은 그가 베이징대학을 목표로 삼은 이유를 "일하면서 자기 지식이 빈약함"을 통감했기 때문이라고 전한다. 글을 읽고 쓰는 사람의 비율이 극히 낮았던 당시 중국, 그것도 경제적으로 낙후한 벽지 위안링현의 문방구를 취급하는 작은 합작사의 회계 담당자가 베이징대학에서 경제학을 배우지 않으면 안 된다고 느낄 만큼 절박했던 현실은 무엇이었을까? 이에 대해 그는 1997년 논문에서 벽지 경제의 현실을 다음과 같이 진단했다.

> 그곳에서는 시장에 의한 조절이 불가능하다. 대란 상황에서는 시장 거래 자체가 중단돼 조절 기능이 작동하기 어렵다. 정부에 의한 조절 역시 평상시 산촌에 영향을 거의 끼치지 못하는 수준이라, 대란이 닥치면 완전히 기능을 상실할 가능성이 크다. 그러므로 시골, 특히 외딴 산촌의 경제는 세 번째 조절 방식, 즉 습관과 도의(道義)로 유지된다.[73]

이처럼 리이닝은 벽지 경제에는 '보이지 않는 손'도 '보이는 손'도 작동하지 않으며, 경제는 도덕적 공동체의 질서에 따라 유지된다고 봤다. 이는 계획경제나 신자유주의의 원리를 넘어서는 새로운 조절 방식을 모색하는 그의 사상적 기반이 됐다. 청소년기 위안링에서의 경험은 이러한 이

---

72 沅陵県地方志編纂委員会 編,《沅陵県志》, 中国社会出版社, 1993, 25.

73 厉以宁,〈论习惯与道义调节〉,《光明日报》1997年 6月 23日.

론 형성의 중요한 문화적 자원이 됐다.**74**

만약 위안링의 경제가 복잡했다면 리이닝은 그 전에 대학 진학을 고려했을 것이다. 하지만 왜 그렇게 하지 않았는지에 관해서는 평전에 나와 있지 않다. 알려진 바에 따르면, 위안링으로 피신했던 청년 리이닝은 1951년 봄여름 무렵이 돼서야 비로소 "마음을 먹고" 베이징대학 입시를 준비했다.**75** 그가 1951년에야 입시를 결심한 이유는 중국에 대한 폭격과 원폭 사용을 주장했던 맥아더가 트루먼에 의해 해임된 그해 4월 1일을 계기로 한국전쟁이 국지화되고 신정권과 수도 베이징의 안정성이 높아졌기 때문인 것 같다. 다시 말해 그는 1950년 여름과 가을 내내 국공내전에 이어 제3차 세계대전이 발발할 가능성을 예의주시하고 있었다.

그렇다면 이 시기 벽지에서 정세를 관망하던 청년과 달리 난징 시민들은 한국전쟁을 어떻게 받아들였을까? 1950년 7월 24일 자 〈신화사통신〉 난징지사의 보고에 따르면, 한 노동자는 "왜 소련은 파병해 북조선을 돕지 않는가?"라는 의문을 제기했고, 평화 서명운동에 대해 "상대가 육해공군을 총동원하는 마당에 서명 따위가 무슨 소용인가?"라고 반문했다. 일부 투기 상인은 "미국과 장제스가 복귀할 절호의 기회"라며 백설탕, 식량, 수입품을 사재기하고, "미국인이나 국민당 관계자에게 임대하기 위해 부동산을 사들였다." 실업자 중에는 "이제 뭔가 일이 일어날 것 같다"라며 기대하는 이들이 있었다. 상공업계와 교육계에서는 평소 정치 활동에 적극적이었던 이들조차 "미국인과 장제스가 돌아오면 혹독한 꼴을 당할 수 있다"라며 조심스러운 태도를 보였다. 일반 시민들 사이에서도 "트루먼

---

74 厉以宁,《超越市场与超越政府-论道德力量在经济中的作用》, 经济科学出版社, 1999.

75 陆昊, 위의 책, 5. 1950년 여름, 베이징대학은 후난성에서 신입생을 모집하고 있었다. 나중에 저명한 철학자가 된 리쩌허우(李澤厚)도 그해 여름 후난성에서 응시해 베이징대학에 진학했다. 1950년 9월과 1951년 9월에 베이징대학 신입생은 각각 1,000여 명과 1,240명(그중 경제학과는 50명)이었다. 王学珍 等 主编, 위의 책, 420, 438.

이 남조선으로 출병하고 타이완해협을 봉쇄한 건 미국의 강대함을 보여준다", "미국에 원자폭탄이 있다는 건 사실이고 소련에도 있다는 건 허풍이다", "타이완 해방이 미뤄지는 이유는 제3차 세계대전을 두려워하기 때문이다"라는 인식이 퍼져 있었다. 또한 "장제스와 미국, 일본이 한 달 안에 대륙으로 반격할 계획이다", "국민정부 시절에 난징시장을 지낸 우톄청(吳鐵城)이 일본에서 30만 병력을 끌어왔다", "둥베이는 하이청현(海城縣)까지, 상하이는 우쑹(吳淞)까지 이미 공격받았다"라는 국민당 공작원이 퍼뜨린 것으로 보이는 유언비어가 떠돌며 사회 불안이 고조됐다.**76**

이러한 불안은 한 달여 뒤인 1950년 8월 말, 정부의 선전 활동과 북조선군의 부산 근처까지의 진격으로 다소 완화됐다. 그러나 〈신화사통신〉 난징지사의 보고에 따르면, 소매상인과 일반 시민, 주부에게는 지나친 낙관론과 극단적 비관론이 뒤섞여 있었다. 어떤 이는 "미국이 작은 조선조차 이기지 못하는 걸 보니 별거 아니다"라고 말했고, 어떤 이는 "'그 정도의 재력을 가진 미국이 질 리 없다'라며 여전히 북조선의 승리를 의심했다." 또 정세가 뚜렷해질 때까지 판단을 미루거나, 무관심하거나, 심지어 "미제를 타도하자고 외치지만, 예전에 일제를 타도하자고 외칠 때만큼 의욕이 나지 않는다"라고 말하는 이도 있었다.**77**

여기서 주목할 것은 "항미"와 "항일"에 대한 시민들의 정서적 반응 차이다. 이는 단순히 역사적 배경 때문이 아니라 안전보장에 대한 관점의 차이에서 비롯된다고 할 수 있다. 지난날의 "항일"은 국토 침략에 맞선 직접 저항이었다. 하지만 "항미는 중국 본토에 대한 공격이 아닌 동맹국이나 준동맹국을 지원하기 위한 해외파병이었기에 "자위(自衛)"(保家)로 표

76 〈南京各階層對時局, 調整公私關係與減租繳租問題的反映〉,《內部參考》1950年 7月 24日.

77 〈南京各階層對時局和土改的反映及工商界的思想動態〉,《內部參考》1950年 7月 24日.

현되더라도 시민들은 이를 "자위"로 인식하지 못했다. 당시 압록강 인근의 중국 영공을 미군기가 침범하고 기총소사한 사건은 "반미"와 "항미" 여론 형성의 주요 근거가 됐다. 하지만 시민들의 발언이 실제로 정당방위 개념에 기초하고 있었는지는 불분명하다.[78] 결국 정부가 외쳤던 "미제 타도"는 시민들의 정서에 그다지 영향을 끼치지 못했던 것으로 보인다.

---

[78] 1950년에 난징 시민들이 과잉방위에 대해 어떤 생각을 가졌다면, 그것은 1년 전까지 효력이 있었던 〈중화민국형법〉(1935년 7월 1일 시행) 제23조의 '정당방위' 조항에 대한 이해 덕분일 것이다.

제3장
둥베이 지역
선양, 진저우, 러허

다음으로 가장 전장에 가까웠던 둥베이 지역 시민의 반응을 살펴보자.

1950년 7월 1일 자 〈신화사통신〉 둥베이총지사의 보고에 따르면, 이 지역의 중심 공업도시인 선양(瀋陽)에서는 전쟁 발발 뒤 "이번 전쟁은 제3차 세계대전의 도화선'이라는 인식이 광범위하게" 퍼졌다. 그리고 다음과 같은 소문들이 나돌았다. "미국이 참전하면서 세계대전이 시작됐다." "맥아더가 격분해 일본에서 비행기 500대를 출격시키고 타이완에 군함 3척을 재배치했다." "소련은 이미 무조건 항복했고, 마오쩌둥은 전범으로 체포될 것이다." "장제스가 9개 병단을 이끌고 조선 남부에 상륙했으며, 대전은 임박했다. 미군과 일본군은 모두 참전했다. 해상봉쇄는 물론이고 하늘에서 선양을 폭격하러 올 것이다." "평양은 폭격으로 초토화됐고, 북조선은 이제 끝났다." "북조선을 먼저 공격한 건 잘한 판단이다. 소련 병력을 아시아로 끌어들인 다음 유럽을 치면 쉽게 이길 수 있으니까." "중국은 80만 명의 해방군과 수백 대의 비행기를 북조선에 파견했다." "미국은 장제스와 함께 이미 하이난다오(海南島)를 되찾았다. 린뱌오는 전사했다."[79]

이러한 이야기들은 주로 상공업자들과 행상인들 사이에서 퍼졌다. 하

---

[79] 〈瀋陽各階層對朝鮮戰爭的反映〉, 《內部參考》 1950年 7月 13日.

지만 전쟁에 대한 불안과 두려움은 계층을 가리지 않고 광범위하게 확산됐다. 시민들 사이에서는 "중국이 이제 겨우 평화를 되찾았는데 또다시 전쟁이라니, 정말 지긋지긋하다. 다시 전쟁이 나면 도저히 견딜 수 없다. 도대체 우리는 언제쯤 전란의 고통에서 벗어날 수 있는가"라는 말이 돌았다.[80]

이와 정반대로 "절호의 기회가 왔다"라고 생각하는 시민들이 있었다. 특히 이전 정권 관계자들 중에서 이런 이들이 많았다. 그들은 "이제야 희망이 보인다. 이 정권을 무너뜨리지 않으면 우리에게 미래는 없다"라며 서로 연락하고 모여 집회를 열었다. 신정권으로부터 자수를 요구받았던 일부 인사들은 서류를 미적거리며 제출하지 않았고, "내가 선견지명이 있었다"라며 자랑하기도 했다. 또한 특별 임무를 맡은 일부 인사는 행상인을 조직해 장제스의 군대가 도착하면 백화점과 국영기업, 은행 등을 점거할 계획까지 세웠다. 보고에 따르면, 이들은 "곧 또다시 '8·15'가 온다.[81] 시 정부 청사의 접수 담당자를 정하는 것까지 준비해야 한다. 하늘에서도 지상에서도 일제히 온다. 훌륭하다"라고 말했다.[82]

이와 비슷한 태도를 창춘(長春)에 체류하던 일본인 카지 노부(加地信)의 증언에서 확인할 수 있다. 그는 전쟁 전 일본에서 신징(新京, 창춘의 만주국 시기 이름)으로 이주했고, 종전 뒤에도 계속 머무르며 방역 업무에 종사하고 있었다. 그의 증언에 따르면, 한국전쟁 발발 직후 과거 일본인 마을에서 장사하던 한 중국인이 신정권 아래서 예전처럼 돈을 벌 수 없게 되자 길에서 카지 노부를 불러 세우고 이렇게 말했다. "이제 드디어 우리 시대

---

[80] 위의 일간지.

[81] 1945년 8월 15일 종전으로 일본에서 해방된 것처럼 장제스 군대가 오면 공산당으로부터 해방된다는 뜻이다(옮긴이).

[82] 위의 일간지.

가 왔다. 미국은 강하니까 꼭 이길 것이다. 일본군이 다시 올 것이다. 우리는 반드시 만주국 시절로 돌아간다. 이제 조금만 더 참자."[83]

이처럼 정치적 입장의 차이와 관계없이 전쟁은 시작됐고, 미군이 승리할 것이라는 전망은 널리 퍼졌다. 선양에 체류하는 외국인들도 비슷하게 생각했다. 한 나라의 전 영사 부인은 "이번엔 소련 차례. 그러나 소련은 북조선을 돕기 위해 파병하지 않을 것"이라고 확신했다. 또 따른 외국인 신부(神父)는 "한국전쟁은 소련의 사주로 오래전부터 준비된 것이다. 북조선이 먼저 공격한 건 그 계획의 일부였다"라고 말했다.[84] 이러한 발언들은 둥베이 지역 시민들의 정세 인식에 어떤 식으로든 영향을 끼친 것 같다. 사태가 긴박하게 돌아가면서 신정권에 들러붙은 전 국민당군의 한 사단장은 국민당 쪽에 "용서를 구할까?"라며 안절부절못했다. 공장 등에서 일하던 중국 남부 출신 기술자 몇몇은 "둥베이 지역이 전쟁의 중심지가 될 수 있으며, 특히 공장이 공중폭격의 표적이 될까 봐 불안하다"라고 말했다.[85]

이러한 시민들의 불안은 선양의 시장에서도 드러났다. 시민들이 지폐를 금이나 은으로 바꾸기 위해 귀금속점 등에 몰려들자, 금값은 6월 28일에 1량당 1,420만 둥베이위안(東北元)[86]에서 7월 3일에 1,850만 둥베이위안으로 30.3%나 급등했다. 암시장에서는 시세가 더욱 급등해 2,020만 둥베이위안까지 올랐다. 성내의 국영 귀금속점인 둥샹금가게(東祥金店)에서는 6월 28일 이전, 하루에 100~300량 정도 팔리던 금이 6월 30일 하

---

[83] 加地信, 《中国留用十年》, 岩波新書, 1957, 94-95.
[84] 〈瀋陽各階層對朝鮮戰爭的反映〉, 《内部參考》 1950年 7月 13日.
[85] 위의 일간지.
[86] 둥베이위안은 1945년 11월 5일부터 1951년 12월 31일까지 둥베이은행이 발행해 둥베이 지역에서 유통되던 화폐로 '1런민위안(人民元)=9.5둥베이위안' 비율로 교환됐다(옮긴이).

루에만 1,600량이나 팔렸다. 은화의 매출도 하루 평균 4,000~5,000매(枚)**87**였던 것이 7월 3일에는 4만 매로 10배 이상 늘어났다.

반면 은행의 예금액은 급감했다. 상예(商業)은행 핑허구(平和區)지점의 지배인 왕츠시(王次席)에 따르면, "6월 30일부터 7월 3일까지 이 지점의 예금액은 기존 100억 둥베이위안에서 20억 둥베이위안이나 줄었다. 본점 역시 70억 둥베이위안에서 30억 둥베이위안 가까이 감소했다."**88** 당시 옛 만주 지역에서는 산하이관(山海關)**89** 이남 지역에서 사용되던 '런민위안(人民元)'과 다른 가치를 지닌 '둥베이위안'이 통용되고 있었다.

시민들의 불안은 평화 서명운동에 대한 반응에서도 나타났다. 시민들의 비판은 주로 서명운동의 "비현실성"에 집중됐다. "상대는 원자폭탄을 떨어뜨리려 한다. 우리가 서명한다고 그걸 막을 수 있나?"라고 의문을 제기한 뒤 "원자폭탄이 두려워 서명하는 건 좋지만, 그걸로는 막을 수 없다. 결국엔 이기지 못하니 항복하는 것이나 마찬가지"라고 냉소적인 태도를 보이는 이가 있었다. 또 다른 이는 "천에 이름을 적는다고 원자폭탄이 떨어지지 않겠나. 곧 당하게 돼 있다"라며 체념했고, "서명은 회의에서 한 번, 근무지에 있는 약국에서 한 번, 집이 있는 동네에서 한 번 했다. 사람이 한 명이라도 많아야 힘이 세진다고 하는데 미국이 오면 주먹으로 쫓아낼 수 있겠는가"라고 비아냥거렸다. 심지어는 "할당량을 맞추기 위해 가짜 이름으로 서명하는 시민도 있었다"라고 7월 1일 자 〈신화사통신〉 둥베이총지사는 보고했다.**90**

87 '매'는 은화를 세는 단위(옮긴이).

88 위의 일간지.

89 만리장성의 동쪽 끝에 있는 관문으로, 전통적으로 만리장성 내부인 중원과 외부인 만주를 이어주는 전략적 요충지였다. 현재 허베이성 친황다오시(秦皇島市) 산하이관구에 있다(옮긴이).

90 〈瀋陽各階層對和平運動的反映及反動分子的謠言〉,《内部參考》 1950년 7월 13일.

이와 비슷한 상황은 상하이에서도 벌어졌다. 구제강의 한 친척에 따르면, "집이 있는 츠후난리(慈厚南里)에서 서명을 요청받았다. 단 한 명도 응하지 않았다." 구제강의 근무처에서는 동료들이 "각각 6~7명 분량을 대신 서명"했다. 아이들이 다니는 탁아소의 왕(王) 소장은 "될 수 있으면 많이 서명해 달라"라는 부탁을 받고, "부부가 이미 서명했는데도 세 명의 자녀 이름까지 적어 줬다."[91]

이러한 상황이 벌어진 데는 서명운동 자체와 관련된 몇 가지 구조적인 문제가 있다. 첫째는 자발성이다. 서명은 실제로는 강제적인 분위기 속에서 이뤄지고 시민들로부터 폭넓은 공감을 얻지 못한 듯하다. 혁명 전 소규모 토지 소유 문제로 곤욕을 치른 적이 있는 주원보(朱文波)는 "서명하지 않으면 바로 꼬리표가 붙는다. 안 할 수가 없다"라고 말했다. 둘째는 무관심이다. 상인을 비롯한 많은 시민은 정치에 무관심했으며 "정부에서 하라고 하면 하는 거지", "윗사람들의 일은 우리 같은 서민이 알 바 아니다"라고 생각했다. 여기에 각종 운동에 시달리는 시민들의 피로감도 무시할 수 없었다. 어떤 이는 몸을 쓰는 위생 활동보다 서명운동이 덜 힘들다는 이유로 참여했다. 시내 지둥여행사(極東旅行社)에서 일하는 고령의 짐꾼 리(李) 씨는 "이거 하면 파리 퇴치 활동에 안 나가도 되니까 좋지"라고 말했다.[92]

시민들이 낸 의견 중에는 당시의 전쟁 현실을 반영하는 몇 가지 중요한 주제가 있었다. 첫째는 전쟁과 평화 문제다. "평화를 원한다면서 왜 하이난다오를 해방하려 하나? 진격하지 않으면 평화로울 수 있지 않나?"라는 말에서 내전을 포함한 모든 전쟁에 반대하는 평화 절대주의와 무력 외의 수단으로 정치적 목표를 추구해야 한다는 비폭력주의를 동시에 엿볼 수

---

91 《顧頡剛日記》卷6, 655, 658.
92 〈瀋陽各階層對和平運動的反映及反動分子的謠言〉,《內部參考》1950年 7月 13日.

있다. 둘째는 전쟁, 세금, 경제 부담 증가, 복지의 관계 문제다. 식량 부족과 전쟁 대비 정책이 결합되면서 시민들은 경제적 부담이 더욱 늘어나지 않을까 걱정했다. "지금이 국민당 시절보다 거지가 더 많다", "세금을 너무 많이 뜯기니 그런 것이다"라는 말이 나올 정도였다. 셋째는 징병이라는 "혈세" 부담 문제다. 어떤 시민은 "미국은 소련을 물리치려 하고 소련은 인민해방군에 100개 사단의 병력을 빌리려 한다. 인민해방군은 그에 응하기 위해 서명을 받고 있다. 가을이 되면 그걸 근거로 징병을 시작할 것이다"라며 병역에 대한 깊은 불안을 드러냈다.[93]

대전 발발에 대한 불안은 선양 남쪽에 있는 진저우와 러허(熱河)[94]에서도 광범위하게 나타났다. 〈신화사통신〉 둥베이총지사의 보고에 따르면, 다수의 시민은 조선과 타이완해협에서 미국이 군사적으로 개입한 이상 소련이 북조선의 실패를 그대로 방치하지는 않을 것이라 예상했다. 아울러 "미국이 타이완 해방에 간섭하는 상황에서 중소동맹조약에 따라 소련은 반드시 출병할 것"이라며, 세계대전을 피할 수 없다는 비관적 전망이 퍼졌다. 특히 동맹국에 의한 집단적자위권이라는 안보 장치가 실제로 작동하지 않는 현실에 대한 실망감이 감지됐다. "소련이 원군을 보낼 조짐조차 보이지 않자, 시민들은 소련의 태도에 의문을 품기 시작했다." 일반 시민들뿐 아니라 간부들도 비슷하게 생각하고 있었다. 고위 간부조차 "전쟁에 관한 국민당 반동파의 선동은 인민을 속이는 것이며 전혀 근거 없다"라는 마오쩌둥의 발언에 대해 의구심을 품었다. 몇몇 하급 간부는 "미군이 북상해 압록강을 건너 러허까지 침공해 오면 우리는 다시 게릴라전에 들어갈 수밖에 없을 것"이라며 깊이 우려했다.[95]

93   위의 일간지.
94   오늘날의 청더(承德)로 박지원이 쓴 《열하일기(熱河日記)》의 주요 무대다(옮긴이).
95   〈熱河, 錦州等地幹部群衆對朝鮮戰事的反映〉, 《内部參考》 1950年 7月 22日.

노동자들은 정부의 선전에 어느 정도 영향받은 듯 "인민의 힘이 막강하다'라는 인식을 추상적으로 받아들였고, '제국주의는 싸움에 약해서 일단 전쟁이 나면 모두 해방될 것이다. 그러니 빨리빨리 전쟁이 일어나길 바란다'라고 말하는 자가 많았다." 그러나 "지식층 대부분은 미국이 북조선에 원자폭탄을 투하할까 봐 불안해했다." 7월 중순에 북조선군이 남쪽으로 계속 진격 중인데도 시민들은 "정부가 발표한 북조선군의 승리 소식을 믿지" 않았고, "미국이 평양을 공중폭격으로 초토화시켰다"라고 했다.[96]

이 지역 시민들이 공습에 대한 두려움을 강하게 드러낸 이유는 19년 전 만주사변 당시 겪은 관동군의 폭격 경험과 깊은 관련이 있었다. 시민들이 많이 읽던 《대공보(大公報)》의 1931년 10월 기사에 따르면, 10월 8일 오후에 일본군 비행기 12대가 진저우로 갑자기 날아와 30분 넘게 시내 곳곳에 폭탄을 투하했다. 그리고 기차역을 포함한 주요 지역에서 "저공비행하며 저항할 방법도 없고 마음의 준비도 안 된 시민들을 향해 기총소사를 가했다." 철도차량과 전깃줄, 역전 여관, 과일가게 등 많은 건물이 파괴됐으며, 불완전한 집계 기준으로 "사망자 20~30명, 부상자 40~50명"이 발생했다. 성 안팎의 시민들은 "큰 혼란과 (중략) 극도의 공포에 빠졌다." 이틀 뒤인 건국기념일에 일본군의 폭격으로 "랴오허(遼河) 서쪽 지역 시민들이 우왕좌왕하며 대피하느라" 혼란이 커졌으며, 치안 공백으로 "비적 피해까지 발생했다."[97]

---

96 위의 일간지.

97 《大公報》(天津) 1931年 10月 9日, 11日. 당시 톈진에서 발행된 가장 영향력 있는 신문인 《대공보》의 발행 부수는 3만5,000부였다. 宋蘊璞 輯, 《天津誌略》, 1931(成文出版社有限公司 1969년 영인본), 279-280. 또한 일본군이나 리튼조사단(Lytton Commission)에서 본 "진저우 폭격"은 防衛庁防衛研修所戦史室 編, 《戦史叢書 満洲方面陸軍航空作戦》, 朝雲新聞社, 1972, 24-27.을 참고.

한국전쟁을 계기로 시민들은 "진저우 폭격"과 같은 악몽이 되풀이되는 것이 아닌지 두려워했다. 한편, 국민당군이 광둥(廣東)과 다롄에 상륙했다는 유언비어까지 퍼지며 시민들은 앞다퉈 지폐를 은으로 바꾸고 귀금속을 사들였다. "수십만 위안밖에 가지고 있지 않은 행상인조차 소지금을 몇 장의 은화로 환전해 두었다"라는 보도가 있을 정도였다. 이에 따라 금값은 1량당 1,300여만 위안에서 1,700여만 위안, 은화는 1매당 9만1,000위안에서 13만 위안으로 폭등했다. 일부 시민은 원자폭탄 투하에 대한 불안감으로 마치 종말이 임박한 듯 폭음과 폭식을 일삼았으며, 민심은 크게 요동쳤다.[98]

---

[98] 〈熱河, 錦州等地幹部群衆對朝鮮戰事的反映〉,《內部參考》1950年 7月 22日.

제4장

시난 지역

충칭, 구이저우

마지막으로 한반도에서 가장 멀리 떨어진 시난 지역 시민의 반응을 살펴보자.

시난은 중일전쟁 당시 국민정부의 임시 수도가 충칭(重慶)이었을 정도로 대표적인 대후방(大後方) 지역이었다. 그러나 세계대전 재발에 대한 시민들의 불안은 다른 지역과 다르지 않았다. 몇 년 전까지 일본군의 무차별 공습을 겪은 충칭 시민들은 근대 전쟁이 전방과 후방을 가리지 않는다는 사실을 누구보다 잘 알고 있었다. 1939년 5월 3~4일에 일본군이 중심 시가지에 소이탄을 비롯한 폭탄을 투하해 1만여 명의 사상자가 발생했다. 이듬해에는 5월 18일부터 9월 4일까지 총 80회에 걸쳐 약 1만1,000발의 폭탄을 투하하는 이른바 "101호 작전"이 벌어졌다. 이 기간을 시민들은 각각 "5·3, 5·4의 여름"과 "피로한 여름"이라고 불렀다. 1941년에는 이보다 규모가 큰 "102호 작전"이 벌어졌고, 6월 5일 밤에 공습을 피해 시민들이 방공호로 몰려드는 바람에 수천 명이 압사하는 "방공터널 참사"가 발생했다.[99]

[99] 前田哲男, 《戦略爆撃の思想 ゲルニカ—重慶—広島への軌跡》, 朝日新聞社, 1988, 168, 218-219, 278-281, 296-297, 307, 319. 이 저작은 부제(게르니카-충칭-히로시마로 이어지는 궤적)처럼 넓은 시야에서 제2차 세계대전 당시의 공습을 검증하고 있다. 潘洵·周勇 主編, 《抗战时期重庆大轰炸日志》, 重庆出版社, 2011.

충칭 여성의 전시 기억에 대한 1999~2007년의 조사에 따르면, 취재 대상 50여 명 "대부분이 전쟁 체험 가운데 가장 선명하게 기억한 사건은 일본군의 충칭 폭격이었다." 1925년에 충칭에서 태어난 진중형(金中恒)은 공습으로 다니던 중학교가 파괴되고 사상자를 목격한 뒤 "공포증에 걸린 것처럼 공습이 너무나 두려웠다. 경보가 울릴 때면 무서워서 견딜 수 없었다. 몇 년 동안이나 나는 줄곧 공포 속에서 지냈다. 언제 또 공습이 올지 몰라 매일의 삶은 공습에 지배당한 느낌이었다. 경보가 울리면 바로 방공호로 달려가야 했기 때문"이라고 회고했다. 그는 1949년 해방 뒤 충칭시 정부에서 근무하며 방공위원회 관계자로부터 "전쟁 당시 충칭 당국이 발표한 공습 사망자 수는 정확하지 않다. 실제 사망자 수는 (대책 미비로 비판받을 것을 우려한) 정부의 발표보다 훨씬 많다"라는 말을 들었다. 그는 1950년대에 참사 현장을 다시 찾았을 때 "터널에는 출구가 없고 입구는 하나뿐이라 깊이 들어갈수록 산소가 희박해졌고, 깊은 곳까지 들어가니 호흡 곤란을 느꼈다. 왜 터널 안쪽에 있던 사람이 서로 밀치며 밖으로 나갔는가, 왜 그런 참사가 일어났는가를 충분히 상상할 수 있었다"라고 취재기자에게 말했다.[100]

한국전쟁이 발발하면서 충칭 시민들의 전시 기억은 다시 생생하게 살아났다. 임대주택 시장에서 임차인이 우위였던 상황이 중일전쟁 뒤 임대인이 우위가 된 것은 "과거처럼 창장 하류 지역에서 피난민이 대거 몰려올 가능성에 대비해 임대를 꺼렸기" 때문이었다.[101] 임대주택뿐 아니라 물자 가격도 크게 요동쳤다. 8월 16일 자 중앙정부 무역부의 보고서에 따르면, 6월 24일에서 7월 7일 사이에 충칭시 방적 염색용 원료인 설퍼블루는 1배럴당 140만 위안에서 165만 위안으로 17.9%, 금은 1량당 105만

---

100 李丹柯,《女性, 戰爭, 回憶》, 香港中文大學出版社, 2013, 39, 44, 55, 78-83.
101 〈重慶工商, 文化界對時局的反映〉,《内部參考》1950年 7月 25日.

위안에서 135만 위안으로 28.6%, 주로 수입에 의존하던 설탕은 1킬로그램당 5,920위안에서 7,600위안으로 28.4% 올랐다.[102]

이러한 불안 심리와 그에 따른 물가 변동은 충칭뿐 아니라 쓰촨성(四川省) 동부 지역에서도 나타났다. 충칭을 포함한 쓰촨성 동부 6개 지역을 통합 관할하는 쓰촨동부행정서(川東行政署) 상공업청이 작성한 〈1950년도 상공업 활동에 관한 총괄보고서〉에 따르면, "6월과 7월 이후 (중략) 한국전쟁의 영향으로 수입 물자 가격은 상승하고 수출용 특산품 가격은 하락"했다.[103] 충칭 남쪽의 구이저우성(貴州省)의 성도 구이양(貴陽)에서도 비슷한 양상이 나타났다. 10월 중순 〈신화사통신〉 구이저우지사의 보고에 따르면, "상공업자 대다수와 옛 정권 출신 공무원들, 막 졸업한 신규 공무원들은 이미 제3차 세계대전이 시작됐으며, 강한 실력을 갖춘 미국이 틀림없이 이긴다고 생각해 사상 혼란과 논란이 거셌다." 그리고 그 영향으로 "쌀, 소금, 천의 가격이 불안정해졌다."[104]

충칭시 노동자들의 상황도 마찬가지였다. 610방적공장의 "일부" 노동자는 정도의 차이가 있지만, 일반적으로 공미 감정을 드러내면서 "사상 혼란에 빠졌다. 그리고 공장 내부에 유언비어가 퍼졌다." 예를 들어 공산주의청년단원 페이시비(裴錫碧)는 상하이 연수를 지시받고 기뻤지만, "한국전쟁이 일어난 뒤 상하이가 폭격당할 것이라는 소문 때문에 상하이행을 포기했다."[105] 7월 24일 자 〈신화사통신〉 시난총지사의 보고에 따르면, 노동자뿐 아니라 충칭 상공업계에서도 "한국전쟁은 세계대전의 시작

---

102 中國社科院·中央档案馆 共編, 위의 책, 397.

103 川東行署商業廳,〈工商廳庁五〇年商業工業工作基本總結報告〉, 建東039-2, 四川省档案馆.

104 〈朝鮮戰爭發生後筑市各階層反映〉,《内部参考》1950年 10月 18日.

105 《怎樣在工人中間開展抗美援朝運動？》, 人民出版社, 1951, 105.

이다", "미국이 조선에서 계속 패배한다면 체면을 세우기 위해 원자폭탄을 사용할 수 있고, 그러면 충칭은 무사하지 못할 것"이라는 우려가 나왔다. 교육·문화계 인사들 사이에서는 "아직 대륙 재건을 완성하지 못했는데 왜 서둘러 타이완을 회수하려 하는가. 하물며 타국인 한반도는 더더욱 이해할 수 없다. 미국을 자극해서는 안 된다"라는 의견이 많았다.[106] 이러한 반응은 앞서 언급한 톈진이나 우시 시민들의 의견과 일맥상통하는 면이 있었다.

그해 여름에 졸업한 학생 중 "애초 둥베이 지역 취업이 예정됐던 졸업생은 대전이 일어나면 가장 먼저 둥베이가 당한다는 생각에 둥베이로 가는 것을 주저했다."[107] 특히 북조선군이 서울에서 패퇴한 10월에 들어서자 청년을 중심으로 시민들 사이에 동요가 심해졌다. 10월 10일 자 〈신화사통신〉 시난총지사의 보고에 따르면, 당시 충칭시 청년들을 세 가지 유형으로 나눌 수 있었다.

첫째는 동쪽 "세력의 강함을 과신하는" 유형이었다. 이들은 "어차피 사회주의 진영이 승리할 게 뻔하다는 생각에서 전쟁에 대한 경계심을 낮췄고, 전쟁을 막으려면 평화를 위해 노력해야 한다는 생각이 부족"했다. 둘째는 강경한 의견을 가진 유형이었다. 이들은 소련이 출병하지 않는 것을 비판하며, "저우언라이 외교부장이 항의로 일관하는 이유를 모르겠다"라고 의문을 제기했다. 그러면서 "침략자를 물리칠 힘을 갖고 있다면 차라리 파병해서 해결하면 좋을 텐데"라고 불만을 드러냈다. 그리고 이러한 인식을 바탕으로 "일부 학교에서는 한국전쟁에 대한 실력 행사를 중앙인민정부에 요구하는 서명 활동이 벌어졌다." 이 위세 좋은 주장과 행동을 오로지 정부의 선전에 영향받은 "진보적인 학생들"의 것으로 생각하기

106 〈重慶工商, 文化界對時局的反映〉,《內部參考》1950年 7月 25日.
107 위의 일간지.

쉽다. 그러나 보고는 이러한 주장과 행동을 "경거망동적 경향"으로 봤고, "그 배후에 적대 세력의 교묘한 생각이 있을지 모른다"라고 평가했다. 즉 미군을 이길 수 없다고 전망하면서도 겉으로는 과격한 주장을 해서 그것에 대응하지 못할 정권을 궁지에 빠뜨리려는 것이 그들의 "진의"라고 기자는 생각했다. 셋째는 공산주의"청년단 탈퇴를 요구한" 일부 단원들의 행동에서 알 수 있듯이 신정권의 패배를 예상하고 중립적 태도를 보이기 시작한 유형이었다.[108]

그렇다면 이러한 청년들이 재학한 대학의 교수진은 한국전쟁을 어떻게 생각하고 있었을까? 충칭에 있던 쓰촨성립교육학원(四川省立敎育學院)과 시난사범학원(西南師範學院) 외국어학부에서 교수로 근무하는 우미(吳宓)를 사례로 들어 보자. 우미는 수년 동안 빠짐없이 일기를 썼다. 그런데 1950년의 일기 대부분은 문화대혁명 기간에 "반동적"이라고 간주돼 일기를 임시로 보관하고 있던 친구가 불태워 버렸다. 다행히 1951년 일기가 화를 피한 덕분에 한국전쟁과 대미 관계에 대한 그의 태도를 엿볼 수 있다.

일기에 따르면, 1950년 1월 2일 오후 4시~6시에 이 대학에서 시사 문제에 관한 학습회가 열렸다. 조선에서 1·2차 전역에 이어 미군의 패퇴가 알려진 3차 전역이 한창 진행 중이었으므로 학습회는 반미 열기에 휩싸였다. 하버드대학에서 석사과정을 수료한 우미 교수는 "속으로는 매우 불쾌하지만, 아테네와 스파르타의 싸움에 비유하며 미국이 반드시 진다는 것을 증명하기 위해 무리해서 한 차례 발언하지 않을 수 없었다." 동서 대립에 연관시킨 이 발언은 말할 것도 없이 기원전 5세기 후반에 일어난 그리스 전쟁, 즉 민주정 아테네 진영과 집단 생활하며 군사에 전념한 스

---

108 〈朝鮮人民軍自漢城撤退後重慶青年思想情況〉,《內部參考》1950年 10月 11日.

파르타 진영 사이에서 벌어지고 후자의 승리로 끝난 펠로폰네소스전쟁에 근거하고 있었다. 우미는 다음 날 오전 9시부터 2시간 정도 비슷한 학습회에 참석해 "미국은 약점이 있어서 작전에 실패할 것임을 오래전부터 알고 있으며, 전 아시아의 해방과 평화를 반드시 쟁취할 수 있다는 취지의 발언을 여전히 무리해서 했다." 하지만 "관례에 따라 대중에게 동조해 발언할 수밖에 없어 스스로 양심에 어긋난다. 시국에도 맞지 않아 참으로 부끄럽고 회한을 금할 수 없다"라고 일기에 적었다.**109**

이런 괴로운 마음은 1월 21일 일기에 실린 두 편의 시에서도 나타난다. 〈시사학습일수(時事學習一首)〉는 "마르크스-레닌주의만이 진리이고 천년의 역사를 새롭게 만들어 낸다"라는 당시 유행했던 문구를 인용한 뒤 "미국을 원수로, 소련을 내 친구로, 전쟁은 평화이고 폭력은 인(仁)으로"**110** 라며 시류를 신랄하게 비판했다. 이 시에서 조지 오웰(George Orwell)의 소설 《1984》에 등장하는 '진리성(眞理省, the Minister of Truth)'의 흰 벽에 적힌 "전쟁은 평화다. 자유는 굴종이다. 무지는 힘이다"라는 구호와 통하는 풍자를 읽을 수 있다.**111** 또한 미군이 패퇴한 가운데 쓴 것으로 볼 때, 우미의 평화론은 미국을 이길 수 없으므로 평화를 택한다는 '현실주의'에 기초한 피전론이 아니라 전쟁 자체를 폭력으로 보고 부정하는 평화 절대주의에 가깝다.

같은 시에서 우미는 전통적인 시문을 "봉건적인 독"으로, 서양에서 온 것을 "악마"처럼 비판하는 행태를 꼬집었다. 그는 시의 마지막 구절에서 "매일, 아침부터 둘러앉아 시사를 배우고 공격 대상이 되어 번번이 마음

---

109 吳宓, 《吳宓日記续编》第1册, 生活·读书·新知三联书店, 2006, 24-25.
110 吳宓, 위의 책, 42.
111 조지 오웰, 정회성·강문순 옮김, 《1984》, 민음사, 2020, 38.

을 추궁당한다"**112**라며 번민했다. 〈명교수(名教授)〉라는 또 다른 시에서는 "30년이나 된 교수의 작은 명성도 해방의 물결 속에 모두 떨어지고, 다급히 시서(詩書)를 치워 버리며 함성에 부화(附和)하고, 익숙하지 않은 미소를 지으며 능청스럽게 아첨한다"라고 읊었다. 그러면서 본래 배우는 처지에 있어야 할 학생이 교수의 학문할 자유에 간섭하는 행태를 비판했다. 또한 "과거 미국에 유학한 자가 더욱 그 나라를 미워한다"라고 읊으며 시류에 굴복할 수밖에 없는 교수들의 처지를 자조했다.**113**

우미는 5월 4일 오전 10시부터 저녁 6시 반까지, 참전한 중국 인민지원군 귀국 대표의 전승 보고회에 이어 마르크스주의와 마오쩌둥 사상의 교리에 관한 훈화를 들었다. 이날 일기에는 "지금 한 문학가로서 깊은 고통을 느끼고 있으며, 조만간 자살하지 않더라도 틀림없이 정신적 피로로 답답하고 우울해 죽을 것"이라고 적었다.**114**

여기서 주목해야 할 것은 우미가 대외 전쟁의 승리를 환영하는 내셔널리즘에 전혀 가담하지 않았다는 사실이다. 오히려 그는 그 승리를 계기로 막강해진 국가권력이 개인의 양심과 학문의 자유에 간섭하는 상황을 비판했다.**115**

---

112 吳宓, 위의 책, 42.

113 吳宓, 위의 책, 42.

114 吳宓, 위의 책, 129. 같은 시기 우미의 동생 우셰만(吳協曼, Sherman Wu)은 중국군 포로를 심문하는 미군의 통역으로 한국에서 근무하고 있었다. 黃天才,《我在38°線的回憶》, INK 印刻文學生活雜誌出版, 2010, 134.

115 시류와 양립할 수 없는 가치관으로 인해 생긴 우미의 고뇌와 정치적 비판은 전시 일본의 문인 나가이 카후(永井荷風)의 그것들과 놀라울 정도로 비슷하다. 永井荷風,《斷腸亭日乘》(5), 岩波書店, 1981. 三谷太一郎,《人は時代といかに向き合うか》, 東京大学出版会, 2014, 297-304.

| 나오며 |

중일전쟁 당시 충칭에 머물던 쑤저우 출신 시인 위안수이파이(袁水拍)가 1944년 말에 〈표제음악(標題音樂)〉에서 자신이 경험한 충칭 폭격의 한 장면을 노래했다. 신문 지면에 있던 광고 문구, 기사 제목, 영화 제목 등을 활용해 몽타주 기법으로 구성한 시다.

> 7일 7박, 식사, 배설, 자고 일어나면 자동차 지붕 위
> 터널 출입구에는 백 명이나 삼백 명이나 베어 쓰러지고
> 큰불, 큰불, 큰불
> 사체, 사체, 사체
>   벽에 봄빛이 새어 나오다
>   용사가 활개를 치며 직진하다
>   허벅지, 허벅지, 허벅지
>   곡선, 곡선, 곡선
> 불꽃의 빛에 선명한 눈알
> 눈동자에서 불이 뿜어져 나오고…[116]

---

[116] 袁水拍,《馬凡陀的山歌》,生活·讀書·新知三聯書店, 1950年 9月 第1刷, 15.

위안수이파이는 전후에 상하이로 돌아와 《대공보》 등의 편집자를 거쳐 1949년부터 베이징에서 《인민일보》 편집자로 일했다. 위안수이파이와 마찬가지로 중일전쟁 때 고향에서 쫓겨나 충칭으로 피신했던 많은 시민 가운데 운 좋게 살아남은 이들은 전후에 다시 고향으로 돌아갔다. 1950년 여름과 가을, 그들은 한국전쟁 중 미군기의 공습 소식을 접하며 일본군의 폭격을 겪은 충칭 시절의 경험을 떠올렸을 것이다. 이를 입증할 직접적인 자료는 없다. 다만 우리가 알 수 있는 것은 인천상륙작전이 전개된 1950년 9월에 〈표제음악〉이 들어 있는 위안수이파이의 시집 《마판퉈의 산가(馬凡陀的山歌)》[117]가 싼롄서점(三聯書店)에서 출간됐다는 점이다. 이 시집의 제1쇄 5,000부는 "베이징, 상하이, 선양, 광저우, 톈진, 지난, 시안, 창사, 카이펑, 칭다오, 다롄, 하얼빈, 충칭" 등 싼롄서점의 각 지점을 통해 판매됐으며,[118] 곧 매진돼 6개월 뒤 700부가 증쇄됐다.[119]

---

[117] 이 시집은 1946년과 1948년에 나온 시집들의 정집(正集)과 속집(續集)을 통합한 형태다. 산가(山歌)와 민요 형식을 주로 채택해 중일전쟁 후기와 국공내전 시기의 국민당 통치 구역 시민 생활을 소재로 해서 당시의 정치 부패, 경제 붕괴, 사회 혼란 등을 이야기한다. 마판퉈는 위안수이파이의 고향인 쑤저우 방언으로 '마판퉈(麻煩多, 번거로움이 많다)'를 뜻하며, 그가 주로 정치 풍자시에 사용하는 필명이었다. '산가'는 중국 민간의 문예 형식이다(옮긴이).

[118] 袁水拍, 위의 책, 판권.

[119] 袁水拍, 《馬凡陀的山歌》, 生活·讀書·新知三聯書店, 1951年 3月 第2刷, 판권.

제2부

지식분자

해외파병, 원자폭탄, 동맹, 조세

| 들어가며 |

20세기 전반, 중국에서는 이전의 독서인인 "선비(士)"를 대신해 5·4운동 무렵에 등장한 "지식계급"이 머지않아 좌우로 분화했다. 그중 좌익 계열은 "지식분자"나 "지식계층"을 거쳐 "지식분자"로 불렸다.¹

1950년 당시 이른바 "지식분자"에는 어떤 사람들이 있었을까? 우선 그 시대에 널리 통용되던 정의부터 살펴보자. 1947년 3월에 수신청(舒新城) 등이 책임 편집한 《사해(辭海)》(중화서국(中華書局) 출판)에서는 "지식분자"를 "광의로는 흔히 교육을 받은 사람을 가리킨다. 협의로는 고등교육을 받고 지식을 삶의 수단으로 삼는 사람, 즉 정신적 노동계급인 사람을 가리킨다. 예를 들어 교원, 변호사, 의사 등이 이에 해당한다"라고 정의한다.²

그러나 이 책에서는 이와 같은 정의를 따르지 않는다. 왜냐하면 1949년 혁명을 기점으로 지식분자의 정의가 바뀌었기 때문이다. 같은 해 10월에 상하이 춘밍서점(春明書店)에서 출판한 《신명사사전(新名詞辭典)》에서는 "지식분자"를 "흔히 읽고 쓸 수 있는 사람"이라고 정의하며, 그 10배에 해당하는 지면을 마오쩌둥의 "이론과 실천의 통일"이 완전한 지식이라는

1 陈明远,〈知识阶级考〉,《人仁任》, 河南人民出版社, 2004, 156-213.
2 舒新城 等 主編,《辭海》(合訂本), 中華書局香港分局, 1947年初版, 1979年重印, 956.

논의에 할애했다. 동시에 "반(半)지식분자" 항목을 새롭게 마련했는데, 이는 대학을 졸업하고 이론에 치우쳐 실천 지식을 갖지 않는 이를 가리켰다. 이 역시 마오쩌둥의 발언에 근거한 것이었다. 이 사전은 상하이 해방부터 1949년 9월 말까지 발행된 신문과 잡지의 기사와 논문을 참고했으므로, 이러한 정의의 변화는 4개월 남짓한 기간의 시대 분위기를 반영한 결과였다.**3**

이 새로운 정의에 따르면, 《사해》에서 협의로 정의된 교원 등은 오히려 "반지식분자"로 간주됐을 가능성이 크다. 그러나 지식분자나 반지식분자 항목 어디에도 구체적인 직업 예시가 없어, 편집자나 독자를 포함한 일반인들 사이에서는 여전히 혼용되고 있었던 것으로 보인다. 왜냐하면 교원이나 의사 등을 지식분자에서 배제하려고 해도 그것을 대체할 수 있는 집단이 사회에 아직 없었기 때문이다. 실제로 혁명 초기인 1948년 5월에 중공중앙이 각지에 보낸 통지문에서는 지식분자를 "교원, 편집자, 신문기자, 사무원, 작가, 예술가 등 두뇌를 쓰는 노동자"로 정의했다.**4** 이는 《사해》에서 말한 협의의 정의와 크게 다르지 않았다. 하지만 1951년 판 《신명사사전》에서는 지식분자를 "일반적으로 청년 학생과 교육, 예술, 매스컴 등 각종 문화 사업에 종사하는 자를 가리킨다"로 확대 정의했다. 이는 1950년 판에는 없던 정의로, 1951년 판이 지난해 5월부터 같은 해 5월까지 발행된 신문과 잡지의 기사를 따르고 있는 점으로 볼 때**5** 1년간의 사회 변화가 반영된 결과라 할 수 있다.

3   胡濟濤·陶萍天 編, 《新名詞辭典》, 上海春明書店, 1949年 10月 30日 再版, 〈其他〉의 516, 〈編輯大意〉 및 〈後記〉.

4   〈中共中央关于一九三三年两个文件的决定〉, 中央档案馆 編, 《中共中央文件选编》第17卷, 中共中央党校出版社, 1992, 176.

5   胡濟濤 主編, 《新名詞辭典》, 上海春明書店, 1951年 6月 20日 第2次增訂本, 5011, 〈編輯大意〉. 胡濟濤 主編, 《新名詞辭典》, 上海春明書店, 1950年 9月 30日 增訂本, 14.

이 시기에 "청년 학생"은 광범위하게 토지개혁 운동에 동원됐으며, 정권은 자신의 지식분자를 육성하기 위해 청년 학생의 "개조"에 주목했다.[6] 이는 나중에 대규모로 "지식 청년"을 농촌 노동에 "하방"시키면서, 한편으로 "노동자, 농민, 병사"로부터 추천받은 사람만 대학에 진학시키는 방법으로 이른바 "노농병학원(勞農兵學員)"을 만들어 내려고 했던 "시도"들의 원형이었다.[7]

당시 사람들은 이미 청년 학생을 지식분자로 여기고 있었다. 1964년에 마오쩌둥은 대학생을 "지식분자"라고 불렀다.[8] 지식분자 학생에는 중등 교육기관의 재학생도 포함됐다. 실제로 저우언라이는 1951년 9월, 베이징과 톈진 지역 대학교원학습회 강연에서 자신은 난카이(南開)중등교육학교를 졸업한 뒤 1년간 대학에 적만 두고 일본과 유럽으로 건너갔다고 말했다. 자신은 대학 문을 통과한 적이 없다면서 "나는 중등 지식분자"라고 고백했다.[9] 그렇다면 그보다 낮은 학력을 지닌 소지식분자(小知識分子)가 당연히 있었을 것이므로 지식분자의 범위는 매우 넓었다고 할 수 있다. 결국 신정권 초기에 자주 언급되던 "지식분자 약 500만 명"이라는 수치는 '교육받은 사람'이라는 광의의 정의를 따른 것이라 할 수 있다. 이처럼 범주가 광범위한 이들을 포괄하기 위해 이 책에서는 '지식인'이 아닌 '지식분자'라는 표현을 유지한다.

6   社評,〈過關-献給準備参加土改的知識分子和同學們〉,《大公報》1950年 8月 10日.
7   물론 그 생각과 실천은 마오쩌둥이 쓴〈청년 운동의 방향〉(1927)과 중일전쟁 시기 청년 학생의 혁명 참로로 각각 거슬러 올라간다. 하지만 여기서 원형으로 삼은 이유는 중국공산당이 전국 범위에서 정권을 장악한 것을 기준으로 파악하고 있기 때문이다.
8 〈和王海蓉的谈话(1964年)〉,《毛沢东思想万岁》, (中国研究资料中心, Oakton, Virginia, USA) 9.〈主席 : 我看你这个人, 学习半天英文, 自己又是知識分子, 不会讲"知識分子"这个词？〉.
9   中共中央统一战线工作部·中共中央文献研究室 編,〈关于知識分子的改造问题(1951年 9月 29日)〉,《周恩来统一战线文选》, 人民出版社, 1984, 208.

제2부에서는 이러한 정의를 바탕으로 해외파병, 원자폭탄, 동맹 관계, 조세 등을 둘러싸고 지식분자들이 어떤 반응을 보였는지를 검토한다. 제1~2장에서는 베이징 지역의 고등·중등교육기관 구성원들과 중국과학원의 한 자연과학자 사례, 제3~4장에서는 난징·상하이·항저우 지역의 고등·중등교육기관 구성원들과 상하이에 사는 한 역사가의 사례를 중심으로 살펴본다. 이 지역들을 선택한 이유는 당시 고등교육기관이 가장 밀집돼 있고 문화·교육 발달 수준이 가장 높았기 때문이다. 1949년의 혼란기에도 고등교육기관의 전임교원은 1만6,100명, 재학생은 11만7,229명이었으며, 중등교육기관의 교원은 8만2,200명, 학생은 127만600명이었다.[10] 이듬해인 1950년 9월에 열린 중국과학원 부원장 주커전(竺可楨)의 강연에 따르면, 그해 여름의 대학 졸업생은 1만7,000명, 전국 고등교육기관 재학생은 13만4,000명 정도였다.[11]

---

[10] 韩进 主编, 《中国教育统计年鉴 2009》, 人民教育出版社, 2010. 10. 13.

[11] 竺可楨, 《竺可楨全集》 제12권, 上海科技教育出版社, 2007, 181. 다음의 통계연감에 있는 숫자는 이 숫자와 거의 일치한다. 国家统计局, 《中国统计年鉴 1983》, 中国统计出版社, 1983, 511, 521.

제1장

정치적 스펙트럼

"빨간색, 주황색, 노란색, 녹색"

"지식분자"들은 항미원조 운동에 대해 다양한 반응을 보였다. 중공 베이징시위원회가 당 중앙과 화베이국(華北局)에 보낸 11월 5일 자 보고서에 따르면, "몇몇 학교에서는 이미 반미 감정이 고조되고 있다. 전쟁에 대해 단순히 '관여할 것인가, 방치할 것인가'가 아니라 구체적으로 어떤 행동을 취할 것인지에 관한 토론 단계로" 나아갔다. 그리고 그 사례로 "허베이의 한 대학생이 참전을 준비하며 밤늦게까지 체력을 단련했고, 칭화(清華) 대학 공산주의청년단원들은 아침 일찍 국기 아래 모여 항미원조에 선서했다"라는 점을 들었다. 이어 "베이징 여자제1중등교육학교 학생들은 미제가 중국과 조선의 국경을 빨리 침공하라는 명령을 내렸다는 사실을 알게 됐고, 일제의 중국 침략사를 보여 주는 사진과 미제가 압록강을 중국과 조선의 국경으로 인정하지 않으려 한다는 발언을 보도한 《인민일보》 기사를 읽었다. 또 만주사변 이후의 참상을 둥베이 출신 학생에게 들은 이후 학급 전체가 격분해서 통곡했다"라고 전했다. 그 뒤 "많은 학생이 조선으로 가 참전하겠다고 자원했다."[12]

[12] 中共北京市委党史研究室 编,《北京市抗美援朝运动资料编》, 知识出版社, 1993, 50. 〈美侵略者公然製造籍口 企圖進犯我國国國境 竟想否認鴨綠江是中朝的國境 李承晚

인민지원군(人民志願軍) 입대를 적극 희망한 학생들 가운데 수십 명의 이름을 그들이 제출한 "지원서" 등에서 확인할 수 있다. 미국 선교 계열의 옌징(燕京)대학에서는 11월 5일, 지원서에 레이충싼(雷崇三), 왕다랑(王大壤) 등 35명이 서명하며 항미원조 참여 의사를 밝혔다. 칭화대학에서는 학생 당원인 장지광(張繼光)과 당원 후보이자 항공학과생인 왕훙정(王鴻正)이 대학의 당 총지부장 앞으로 지원서를 제출했다. 장지광은 참전을 "전 인류의 해방"이라는 국제주의적 관점에서 바라봤고, 왕훙정은 60년 전부터 조선에 이주해 살던 화교의 아들로서 일제의 식민 지배에 따른 망국과 같은 사태가 되풀이돼서는 안 된다고 주장했다. 이 대학에서는 장지광을 비롯한 43명이 참전 의사를 밝혔다.[13]

한편, 베이징시 당위원회 보고서가 인정하듯이 "여전히 뿌리 깊은 친미 감정과 공미 감정을 가진 자가 소수 존재했다." 예를 들어 옌징대학의 한 여학생은 "아무리 해도 미국을 미워할 수는 없다"라고 말했다. 보고서는 이런 사람들을 "낙후분자(落後分子)"로 분류했으며, 특히 교원들 사이에서 다수 발견됐다고 전했다. "교수들과 기타 교원들은 일주일 전까지만 해도 전쟁에 휘말릴까 봐 두려워하고 머뭇거렸다. 하지만 최근 학생들과 신문 보도의 영향으로 적극 행동해야 한다고 말하는 사람이 많아졌다." "진보적"인 학생이 늘어나고 있는 가운데 그러한 분위기에 맞추려는 교원들의 움직임이 있었다. 하지만 "여전히 전쟁에 소극적이거나 학생들의 시사 토론을 꺼리는 교원들이 적지 않았다."[14]

"낙후분자"가 이러한 태도를 보인 데는 친미·공미 감정 외에도 가족의 반대가 한몫한 듯하다. 단적으로, 종군 결의를 보인 진보적 학생들마저

陰謀奪取鴨綠江水電站〉,《人民日報》, 1950년 11월 4일.
13 〈北京大學等校大學生申請抗美援朝的志願書〉001—009—00146, 北京市档案館所藏.
14 中共北京市委党史研究室 編, 위의 책, 50.

가족의 반대에 "시달렸다"라는 데서 알 수 있다. 푸런(輔仁)대학 서양어학과에 다니는 청년단원 한수진(韓書瑾)은 지원서에 이렇게 적었다. "어머니는 제가 막내딸이라 무척 귀여워하십니다. 그래서 조선에 가는 것을 반대하십니다. 그러나 어머니의 사랑이 조국에 대한 제 사랑을 가로막을 수는 없습니다. 수많은 어머니와 형제자매를 위해 저는 지원군에 참가하기를 간절히 희망합니다."

옌징대학에서 레이충싼 등이 서명한 문서는 사실 지원서가 아니라 "어머니께 드리는 편지" 형식이었다. 이 편지에는 다음과 같은 문장이 있었다. 각 민주당파15는 이미 "전력을 다해 조선 인민을 지원하기로 결의했습니다. 하지만 어머니는 어떻게든 제가 집으로 돌아오기를 바라십니다. 그러나 어머니, 미제가 미쳐 날뛰는 이런 상황에서 저는 돌아갈 수 없습니다."16 이처럼 가족의 반대는 학생이 "진보"냐 "낙후"냐에 상관없이 광범위하게 나타났다.

교육기관에서는 지식분자를 사상적으로 "진보"와 "낙후"로 분류했다. 1951년 1월 9일 자 《내부참고》의 보고는 이를 무지개 색깔에 비유해 총 일곱 단계로 나눠 소개했다. 정권의 입장을 구현한 "진보"를 "빨간색"으로 설정하고 그 반대편인 "낙후"로 갈수록 점차 색이 옅어지는 방식이었다.

첫째, "빨간색(赤)"은 정권의 입장을 넘어서는 과격한 대응을 요구하는 이들이었다. 이들은 11월 5일에 발표된 각 당파의 공동선언이 "'박력이 부족하고 태도가 불분명하다'라며 만족스럽지 못하다고 생각했다." 또 "칭화대학에서는 '공산당이 민주당파의 의견을 고려해 (정규군이 아닌) 지원부대로 한 것이다', 베이징대학의 일부 학생은 '민주당파의 선언에는 힘이 없다. 지원부대는 정부 정책의 첫 단계일 뿐이다', '지원부대에 들

---

15 중화인민공화국 건국 무렵에 공산당과 협력한 정당(옮긴이).

16 〈北京大學等校大學生申請抗美援朝的志願書〉 001-009-00146, 北京市档案館所藏.

어가도 인민해방군의 8·1 배지[17]는 달 수 없다", "베이징 시립 제1중등교육학교에서는 '왜 마오 주석 이름으로 선전포고하지 않는가?', 시립 제3중등교육학교에서는 '당당히 파병하면 된다'"라고 말했다. 이들은 정부 방침보다 더 명실상부한 정규군 참전을 요구했다. 이에 대해 보고는 이 같은 과격한 주장이 오히려 문제라고 지적했다.[18]

둘째, "주황색(橙)"은 "남아돌 정도로 열의가 크지만 구체적으로 어떻게 해야 할지 몰라 망설이는" 이들이었다. 예를 들어 "시립 제2중등교육학교 청년단원 중에는 '이번에 전선에 가지 않으면 앞으로는 기회가 없다'라고 말하는 학생이 있었다. 베이징대학 의학원 학생 중에는 참전을 원하지만 '어떻게 절차를 밟아야 할지 몰라' 주저하는 자가 있었고, 공학부 학생 중에는 '인민지원군 이외의 다른 일에 인력이 필요한가?'라고 묻는 자가 있었다. 또 푸런대학 청년단원 중에는 '몸이 약한데 괜찮을까?', '문예 방면에 능한데 전선에 필요할까?'라고 말하는 자가 있었다."[19] 행동 방법을 고민하는 학생들이었다.

셋째, "노란색(黃)"은 "싸워야 한다는 걸 알지만 불안감이 큰" 이들이었다. 예를 들어 시립 제2중등교육학교 청년단원 몇몇은 "싸워야 한다는 건 알지만 행복한 미래를 잃는 건 유감이다"라고 말했다.《내부참고》의 보고는 "훌륭해야 할 미래를 소극적으로 한탄하는 태도로 사실상 죽음을 두

---

[17] '8·1'은 중국인민해방군 창군일인 8월 1일을 가리킨다. 1927년 4월 12일에 장제스 중심의 국민당 우파가 국민당 좌파와 공산당을 상대로 일으킨 상하이쿠데타를 계기로 제1차 국공합작은 사실상 붕괴한다. 7월 13일에는 공산당이 국공합작의 종료를 선언하고 무장봉기 노선으로 전환한다. 공산당은 1924년 1월 제1차 국공합작 뒤 소련의 원조를 통해서 창설된 기존 국민혁명군 내 친공산당 군인 2만 명을 조직해 1927년 8월 1일, 장시성 난창에서 무장봉기를 일으킨다. 공산당은 '난창봉기'를 계기로 조직된 군대를 '중국공농홍군(中國工農紅軍)'으로 명명하고 봉기 당일인 8월 1일을 창군기념일로 삼는다(옮긴이).

[18] 〈"抗美援朝保家衛國"運動中 北京市大中學校師生思想問題尚多〉,《內部參考》1950年 11月 9日.

[19] 위의 일간지.

려워하는 겁쟁이의 사상"이라고 일축했다. "칭화대학 당 총지부의 추산에 따르면, 이 같은 사상이 친미적이거나 유무기론(唯武器論)적 관점보다 더 퍼져 있는 것으로 나타났다."[20] 유무기론은 '전쟁의 승패를 결정하는 것은 무기가 아니라 그것을 사용하는 사람'이라는 마오쩌둥의 사상과 정반대되는 논리다.

넷째, "녹색(綠)"은 인민지원군 파견에 동의하지만, 불안감을 품고 미군의 강점을 인정하는 이들이었다. 예를 들어 칭화대학의 일부 교수는 "파견 부대를 인민지원군이라고 하는 건 좋다. 그렇게 하면 미국으로부터 폭격당하지 않을 것이기 때문"이라고 말했다. 이에 대해 보고는 "소극적 방어의 사상"이라고 비판했다.[21]

"파란색, 푸른색, 검은색"

앞서 살펴본 네 가지 색깔은 정도의 차이는 있지만 해외파병에 동의한다는 공통점이 있다. 그에 반해 다음의 세 가지 색깔은 각기 다른 이유로 파병을 비판한다는 점에서 공통된 흐름이 있다.

첫째, 의식적이든 무의식적이든 정권 정책을 "왜곡"한 것으로 여겨진 사람들이 "파란색(靑)"이다. 《내부참고》의 보고에 따르면, 베이징사범대학에는 "500만 명의 야전부대가 있는데 왜 지원군을 헛되이 죽게 하느냐"라고 말하는 이들이 소수 있었다. 베이징대학에서는 "남이 나를 침범하지 않으면 나도 침범하지 않는다. 무력을 써야 할 필요가 있는가. 사용 방식이 잘못된 거 아니냐"라는 반응이 나왔다. 이 대학의 탕(湯) 아무개 교수는 "정부 동원이 효과가 없으니 각 당파 명의의 선언 형식을 택한 것"이라 했고, 칭화대학의 한 교수는 "파병에 정당성이 없으니 인민지원군

[20] 위의 일간지.
[21] 위의 일간지.

이라는 명칭을 쓴 것"이라고 지적했다. 이러한 비판은 병력 모집 방식으로까지 이어졌다. 푸런대학의 한 교수는 "전쟁터에는 본래 노동자나 농민이 가는 것이며 대학생이 병사가 된다는 건 웃음거리"라 했고, 칭화대학의 한 교수는 "대학생은 주로 국가 건설에 쓰여야 하는" 인재라고 주장했다.²² 모두 해외파병을 비판하는 의견이었다.

둘째, "푸른색(藍)"이다. 이들은 이른바 "친미 또는 공미" 감정에서 파병을 반대했다. 칭화대학의 한 교수는 "미국에서 살아 본 사람은 많든 적든 미국에 호감이 있다. 너희들이 너무 자극하면 그들의 반감만 살 뿐"이라고 말했다. 이 대학의 다른 교수는 자신의 몇몇 미국인 친구들이 "매우 친절했다"라며, 미국이 서울에서 사흘간 약탈과 학살을 자행했다는 보도를 믿지 않았다. 베이팡자오퉁(北方交通)대학 정치경제학 교수 우시융(吳錫庸)은 "미국과 싸우는 건 곧 유엔과 싸우는 것이다. 지금은 유엔 가입을 위해 노력해야 할 때"라고 말했다. 중앙미술학원(中央美術學院) 원장 쉬베이훙(徐悲鴻)은 학교 밖 회의에서는 정권의 방침을 지지하는 "열렬한 발언"을 했다. 하지만 대학으로 돌아와서는 "남이 나를 침범하지 않으면 나도 남을 침범하지 않는다"라고 사적으로 얘기했다. 그는 과거 국민정부 시절에 입법원장과 푸런대학 이사장을 지낸 장지(張繼)에게 그려 준 초상화를 꺼내 벽에 걸기도 했는데, 나중에 남들로부터 지적받고 철거했다. 베이징농업학원(北京農業學院)에서는 "구내에 사는 교수 13가구 중 7가구가 공공연히 〈미국의소리〉 방송을 청취했고", 이 학원의 교무 책임자로 추정되는 이는 "학생들의 애국 행동을 '엉터리 짓'이라며 학장에게 제지할 것을 요구했다."²³

셋째, 자연계에서는 "보라색(紫)"에 해당하지만, 정치적으로는 "검은색

22 위의 일간지.
23 위의 일간지.

(黑)"이라 불리던 이들이다. 항미원조 운동에 냉담하거나 격렬하게 저항한 이들로 푸런대학의 가톨릭 신자들이 대표적이었다. 《내부참고》의 보고에 따르면, 이들은 정치적 "태도를 명확히 밝히지 않고 단지 '공부에만 집중'하려 했으며, 낮에 없던 노래 시간을 만드는 방식으로 집단행동에서 빠졌다. 300여 명의 가톨릭 신자는 진보적 학생들과 상반되는 태도를 보이며 반미 활동에 참여하지 않았고, 오히려 교수들에게 전공과목 학습 과제를 더 내 달라고 요청하기도 했다." 이보다 더 적극적인 저항 사례가 있었는데, 허베이 지역의 한 대학에서는 "30분 정도의 회의에서 반동적인 분자가 15분간 반대 의사를 외쳤다."[24]

정권은 교회계 학교의 이런 사상적 경향을 주목했다. 실제로 위의 보고보다 일주일 앞선 10월 30일 자 베이징시위원회 보고는 교회계 학교만을 따로 다뤘다. 이 보고에 따르면, 당시 한국전쟁과 관련한 교회계 학교의 교원과 학생의 태도는 "관여(理)", "가벼운 관여(少理)", "미루기(緩理)", "불관여(不理)", "무관심"의 다섯 가지로 나뉬었다.

① "관여"의 태도를 보이는 "대다수 교원과 학생은 참전에 찬성했고, 대부분의 당원과 청년단원, 진보적인 학생은 즉시 파병을 주장했다. 일부 학생들은 종군을 원했고, 그중 여학생들은 위생간호 관련 백의전사(白衣戰士) 또는 통신 관련 녹의전사(綠衣戰士)가 되기를 희망했다." 또 많은 학교에서 "비밀리에 의용병 파견을 주장했다." 정권의 지원부대 파견 방침이 사전에 알려졌다면, 이 같은 관여파의 주장은 정권에 호응한 것이었다. 반대로 정권의 방침이 사전에 알려지지 않았다면, 관여파의 주장은 미국과 중국 간 전면전이라는 최악의 국면보다 한 단계 낮은 적대관계를 바란 것이었다. ② 그런 의미에서 전면전이 아닌 한 단계 낮은 "가벼운 관여"를

24 위의 일간지.

선호하는 태도로도 해석할 수 있다.[25]

③ "미루기"는 "파병을 보류"하자는 주장으로 "대부분의 교원"이 보인 태도였다. 그 이유로 "파병에 명분이 없다는 점, 타이완 문제 해결이 우선이라는 점, 남이 나를 침범하지 않으면 나도 침범하지 않는다는 점, 전쟁보다 평화가 유리하고 국내 재건에 집중할 수 있다는 점, 파병은 제3차 세계대전을 부른다는 점, 미국의 공중폭격이 두렵다는 점" 등을 꼽았다. 이들은 "수류탄으로 원자폭탄에 맞서는 건 고생을 자초하는 일"이라고 주장했다.[26]

④ "불관여"는 "소수의 교원과 다수의 낙후한 학생"이 보인 태도였다. 푸런대학 부속 여자중등교육학교의 한 교원은 "제2차 세계대전이 끝난 뒤 소련은 아직 완전히 회복하지 못했고, 중국은 그 이상으로 전쟁의 상처를 많이 입었으므로 인내하며 건설에 집중해야 한다"라고 주장했다. 그리고 그 이유로 "어차피 제국주의는 저절로 붕괴하게 돼 있다"를 들었다.[27] 제국주의를 자본주의의 멸망을 향한 최종 단계로 위치시킨 레닌의 논의를 역이용해 정권의 해외파병이 무의미함을 비판하려는 의도인 것 같다.

⑤ "무관심"은 가톨릭 신자 대다수가 보인 태도였다. 이들은 "시사에 무관심하거나 자기 입장을 밝히지 않았"고, 한 신자는 "'싸우면 반드시 질 것'이라고 말했다." 무관심과 침묵의 형태로밖에는 자기 입장을 표현할 수 없는 대다수 신자의 속내를 대변하는 것 같다. 한 신자가 성공회계인 충더(崇德)중등교육학교의 교회 벽에 붙어 있던 시사 선전용 만화를 훼손하고, 그때까지 신자 활동을 삼갔던 천주교 광화(光華)여자중등교육학

---

25 〈京, 津, 滬, 漢部分群衆對目前時局的反映〉, 《內部參考》 1950년 11월 3일.
26 위의 일간지.
27 위의 일간지.

교에서 벽보를 훼손하는 사건이 발생했다. 공산주의청년단원의 정보 교환 모임을 엿듣고 일반 학생을 자기편으로 끌어들여 단원을 고립시키는 일도 벌어졌다. 그룹 미팅에서는 그때까지 침묵으로 일관하던 신자들이 "갑자기 싸울 것을 일제히 주장하며 파병하라고 선동"했다. 이들의 "노림수는 개전의 책임을 우리에게 돌리려는 데 있었다."[28]

이러한 정치적 무관심은 베이징 도심에 있는 교회계 학교들뿐 아니라 베이징 근교에 있는 퉁현(通縣)의 허베이성립남자사범학교에서도 나타났다. 1월 19일 자〈신화사통신〉허베이지사의 보고에 따르면, 일부 교원은 가르치는 위치에 있었지만 "정치에 무관심하고 신문을 읽지 않으며, 심하면 정치와 관련한 학생의 질문에 대답하지 않고 오로지 전공과목 수업에만 충실했다." 이 학교 역사과 교사 쉬윈쭤(徐雲作)의 발언을 예로 들 수 있다. 10월 8일, 북조선 북동부에서 작전 중인 미군기 2대가 실수로 소련 영공을 침범해 소련 극동 지역 수하야 레치카(Sukhaya Rechka) 공군기지를 기총소사해 공항 시설을 파손시킨 사건이 있었다. 그는 시사 수업 중 "제3자의 입장에 서겠다면서 '미군이 소련 공군기지를 공격한 건 소련이 북조선을 지원했기 때문'이라고 말했다."[29]

"납색"

베이징에 있는 대학들의 사상적 분위기, 이른바 "무지개" 색깔의 비율과 농담은 고정적이지 않고 유동적이었다. 당국의 선전 보도와 동원 공작이 이어지면서 학생과 교원의 태도 표명은 점차 활발해졌고, 그에 따라 "빨

---

28 위의 일간지.

29 〈河北省幹部和群衆對目前時局的反映〉,《内部參考》1950年 11月 24日.〈奧斯汀致函 聯合国　承認襲擊蘇機場〉,《人民日報》1950年 10月 23日.〈ソ連, 米政府に抗議 "米機 ・ソ連飛行場銃擊"〉,《朝日新聞》1950年 10月 11日.

간색"이 "진한 빨간색(深紅)"으로 진화했다. 실제로 앞서 언급한 1월 9일 자 기사에 따르면, "칭화대학에서는 중국과 조선의 국경선을 미국이 부정했다는 보도가 나온 뒤 전교생이 대미 적개심으로 들끓었다." 또한 "전자공학과 관계자들은 '중국인은 압록강의 수력발전소에서 1kW의 전기도 받을 권리가 없다'라는 이승만의 발언을 접하고 격앙된 반응을 보였다." 공소회(控訴會)**30**도 큰 역할을 했다. 11월 6일, 베이징사범대학에서 열린 공소회에서는 "한 둥베이 출신 학생이 미군기 폭격으로 어머니에게 정신이상이 생겼다며 종군 의지를 밝혔다. 그러자 많은 청중이 공감했다." 육영(育英)중등교육학교에서는 공소회 뒤 "전형적인 미국식 도련님으로 자란 학생이 (자신의 결심을 보이는) 혈서를 썼다. 이 학교의 어느 반 전체가 미제 옷을 벗어 던지고 팬티 한 장만 걸치고 집으로 돌아갔다."**31** 민족주의의 고양이 극단에 다다른 사례라 할 수 있다.

당시 선전 공작은 집단생활하는 학생들의 특성을 적극 활용했다. 시 외곽 학교에는 '항미원조하고 집과 나라를 지키는 행동위원회'가, 시립 제3중등교육학교에는 조국보위대가, 육영중등교육학교에는 김일성반과 마오쩌둥반이, 첸먼 일대를 관할하는 제6구 학교에는 '항미원조하고 집과 나라를 지키는 연구팀'이, 시립 제1중등교육학교에는 청년중대가 조직됐다. 그중 청년중대는 교장과 정치 교과 담당 교사의 인솔 아래 교외에서 게릴라전을 훈련했다. 다른 교육기관도 거리에서, 칭화대학처럼 농촌에

---

30 '공소'는 자신의 피해나 억울함을 호소·고발하는 것이다. 한국전쟁 기간 '공소회'는 학생, 노동자, 농민 등이 "미 제국주의의 악행과 죄악"을 고발하고 항미원조를 지지하며 인민지원군 참가를 신청하도록 고무하기 위해, 전국적으로 학교, 공장, 기관, 단체, 길거리 등에서 대중운동의 형태로 진행됐다. 공소회는 중화인민공화국 건국 초기 3대 운동인 '토지개혁', '항미원조', '반혁명 진압'에서 대중 동원을 위해 채택됐다(옮긴이).

31 〈"抗美援朝保家衛国"運動中 北京市大中學校師生思想問題尚多〉,《内部参考》1950년 11월 9일.〈美侵略者公然製造籍口 企圖進犯我國国境 竟想否認鴨緑江是中朝的國境 李承晩陰謀奪取鴨緑江水電站〉,《人民日報》, 1950년 11월 4일.

서 선전 활동을 계획했다. 이러한 동원과 선전 속에서 만화와 가요, 특히 청년 학생에게 환영받는 시 쓰기가 강한 침투력을 보였다.**32** 그 결과 차가운 색은 중간색으로, 중간색은 분홍색으로 변해 갔다.

《내부참고》의 보고에 따르면, 미국 유학을 다녀온 교수나 화교 학생 가운데 일부는 정권의 선전에 적극 협조했다. 이들은 "자신의 체험에 기반해 '미국적 생활양식'과 제국주의적 압박의 실태를 생생히 설명함으로써 많은 자의 사상 문제를 해결하는 데 도움을 줬다." 하지만 협조적이지 않은 사례도 있었다. 미국 유학파 경제학자로 베이팡자오퉁대학 베이징관리학원(北京管理學院) 원장을 지낸 류츠징(劉熾晶)은 "조선에 대한 지지는 시기상조"라고 말했고, 이는 칭화대학 수학과 화뤄겅(華羅庚) 교수의 "진보적"인 대미 비판 발언과 함께 학내 갤러리에 게시됐다. 류츠징은 공개적으로 자기비판에 나설 수밖에 없었다.**33**

화뤄겅의 발언은 1월 17일 자《인민일보》에 실린〈미제가 어떻게 과학자를 다루는가?〉에서 확인할 수 있다. 그는 매카시즘 아래 미국 과학계에서 연구자의 '자유 없음'을 사례로 들어 미국을 비판한 것 같다. 교편을 잡고 있던 미국 일리노이대학에서 귀국하는 배 안에서 쓴 공개편지에서도 그는 재미 유학생들에게 귀국과 신중국 건설 참여를 호소하며 미국의 '자유'에 의문을 제기했다. 이 편지는 귀국 뒤인 1950년 3월 말, 여러 신문에 실렸다.**34**

자기비판은 학생들 사이에서는 비교적 활발했으나 교수들 사이에서는 드물었다. 칭화대학이나 베이징대학의 교수들은 "비판을 받으면 침묵으로

---

32 〈"抗美援朝保家衛国"運動中 北京市大中學校師生思想問題尚多〉,《内部参考》1950年 11月 9日.

33 위의 일간지.

34 顾迈南,《华罗庚伝》, 复旦大学出版社, 1997, 75-78, 83.

돌아서기 때문에" 학교 당국이 실태를 파악하기 어려웠다. 칭화대학 당국은 이를 우려해, 적어도 1950년 11월 6일 밤까지는 비교적 사상의 자유를 허용하는 태도를 유지했던 것으로 보인다.35 이처럼 사상적 분위기는 선전과 동원 공작의 강도에 따라 빨강에서 검정까지 파도치듯 바뀌었다.

해외파병에 관한 대학 교원의 사상을 "진보"와 "낙후"로 명확히 나누기는 어렵다. 그러나 참고할 수 있는 통계가 있다. 1956년 1월 강연에서 저우언라이가 언급한 통계에 따르면, 신정권이 들어선 지 얼마 안 된 때에 베이징, 톈진, 칭다오(靑島)의 4개 대학 교원 141명 중 "진보분자"는 18%, "낙후분자"는 28%, 나머지 54%는 "중간"으로 분류됐다.36

이 무지개에 하나 더 추가해야 할 색이 바로 납색(鉛色)이다. 납색은 종군을 신청했지만 마음속의 무거움을 감추지 못한 젊은이들의 내면을 상징한다. "옌징대학 청년단원의 90%가 종군을 신청"했지만, 앞서 언급한 11월 9일 자 보고에서 지적했듯이 그중 "강제적인 요소는 없었는지 생각해 볼 필요가 있다." 비슷한 상황은 옌징대학을 비롯해 광범위하게 나타났다. 푸런대학에서도 "낙후된" 것으로 알려진 한 청년단원이 "정부가 요청하니 신청할 수밖에 없었다"라고 털어놓았다.37

이처럼 시대 분위기와 권력의 눈치를 보며 신청은 했지만 마음은 무거운 청년들이 적지 않았다. 이는 중국에만 나타나는 현상이 아니었다. 일본 식물생태학자 미야와키 아키라(宮脇昭)는 1945년에 도쿄농공대학(東京農工大學)의 전신인 도쿄농림전문학교(東京農林專門學校)에 입학했다. 당시 그는 매일 운동장에서 퇴역 육군 대좌로부터 미군 상륙에 대비해 "제국

---

35 〈"抗美援朝保家衛國"運動中 北京市大中學校師生思想問題尚多〉,《內部參考》1950年 11月 9日.

36 中共中央統一战线工作部·中共中央文獻研究室 編, 위의 책, 278-279.

37 〈"抗美援朝保家衛國"運動中 北京市大中學校師生思想問題尚多〉,《內部參考》1950年 11月 9日.

의 수도를 지키는 병사로서 폭뢰(爆雷)를 안고 구덩이에 숨어 있다가, 적의 전차가 오면 폭뢰와 함께 뛰어들어 적을 섬멸하는 것이다"라는 말을 들으며 혹독한 훈련을 받았다. 그는 "동급생들은 모두 의욕이 넘친다. 나도 나름대로 각오했지만, 한두 명은 살아남는 자가 있을 테니 가능하다면 그 안에 들고 싶다고 내심 생각하고" 있었다고 회고했다. 도쿄대공습에 따른 참상을 목격한 미야와키가 품고 있던 "나라를 위해서"보다 "목숨"이 제일이라는 생각에는 민족이나 국경이 따로 없었다.[38]

납색은 베이징 인근 허베이성의 4개 직할시였던 바오딩(保定), 스자좡(石家莊), 탕산(唐山), 친황다오(秦皇島)의 학교에서는 공황 상태로 나타났다. 11월 19일 자 〈신화사통신〉 허베이지사의 보고에 따르면, 이들 학교에서 잇따라 열린 항미 선전 주간에 "일부 진보적인 교원과 학생이 적극적으로 시국을 파악하고 우리 쪽에서 파병해야 한다고 생각해 군사훈련을 수업에 도입하자고 제안했다. 하지만 공황 상태에 빠진 교원과 학생이 적지 않았다." 바오딩시의 한 교원은 동료에게 "조만간 도망치자. 시베이(西北) 지역까지 가자"라고 말했고, 퉁현에서는 성립 남자사범학교의 한 학생이 전쟁의 미래를 비관해 짐을 싸려 했다. 어떤 이는 "대전이 터지면 중국은 못 버틴다. 소련도 자기 나라 일로 정신이 없으니 장제스가 권토중래할 것"이라 믿었다.[39]

"난색"

이러한 상황에서 전장에 가까운 둥베이 지역으로 이동하는 것을 꺼리는 분위기가 나타났다. 저명한 인문·사회계 지식분자가 많이 모여 있던 베이징 정부 기관인 출판총서(出版總署)도 예외는 아니었다. 후방지원을 위

---

[38] 宮脇昭,《森の力 植物生態学者の理論と実践》,講談社現代新書, 2013, 150-187.
[39] 〈河北省幹部和群衆對目前時局的反映〉,《內部參考》1950年 11月 24日.

해 중앙정부 기관 소속 2만 명 중 10%인 2,000명을 둥베이로 보내려고 하자, 출판총서에서 11월 6일에 동원을 위한 집회가 열렸다. 이 자리에서 발언자들이 열띤 토론을 벌였고, 모집 인원 400명 중 300명가량이 응모했다. 현장에 있던 쑹윈빈에 따르면, 한 동료는 전날까지만 해도 응모하겠다고 공언했다. 그러나 당일에는 "정말 가고 싶지만 허가를 못 받을 것 같다. 집에서는 반대하지만, 내가 가겠다고 하면 설득할 수 있다"라고 말을 바꿨다.[40] "이미 발을 들인" 상황에서 응모하지 않을 수 없었지만, 끝까지 목소리를 내지 않고 있다가 응모 인원이 초과된 것을 핑계로 응모하지 않겠다고 마음먹은 듯했다. 쑹윈빈은 일기에서 "마음에 없는 말이고 듣기조차 싫다"라고 신랄하게 비판했다.

십수 일 전 쑹윈빈도 둥베이 지역으로 가는 것을 꺼리는 가족들에게 시달렸다. 그는 10월 19일, 선양에 있는 둥베이기계공업관리국에서 근무하는 아들로부터 "근무처 이전으로 아내와 함께 18일에 북만주 치치하얼시(齊齊哈爾市)로 간다"라고 알리는 편지를 받았다. 이를 본 쑹윈빈의 아내는 "하도 펑펑 울어서 아무리 달래도 소용이 없었다." 다음 날 상하이에 있는 딸로부터는 "아들 부부에게 편지를 써서 남쪽으로 돌아가라고 재촉해야 한다면서, 아버지는 자식 생각을 하지 않느냐고 심하게 책망"하는 편지가 도착했다.[41]

둥베이 지역에 대한 불안감은 예감 차원이 아니었다. 11월 21일 자〈신화사통신〉둥베이총지사의 보고에 따르면, 둥베이 지역 남부에서는 지식 분자들이 전쟁 피해를 우려해 그 지역을 벗어나려는 움직임을 보였다. 선양에 있는 중국의과대학에서는 18명의 의대생이 도주했다. 다롄에서는 상하이 등 다른 지역 출신 학생 중 "소수지만 '죽더라도 가족과 함께 죽

---

40 宋云彬, 위의 책, 205, 208-209.
41 宋云彬, 위의 책, 209.

고 싶다'라고 말한 자가 있었다. 이들은 귀향을 준비했고, 보호자가 귀향 경로를 알려줬다." 러시아어전문학교 신입생 중에는 "이미 도주자가 나타났다." 기술자들 사이에서도 비슷한 불안감이 생기고 있었다. "한 공장 기사는 밤에 갑자기 일어나 창문으로 뛰쳐나와서 유리 파편이 머리에 박혔"는데 "국민당이 돌아온 꿈을 꿨"기 때문이었다. 신정권의 실력에 회의적인 사람이 많았고, 이들은 "미국은 종이호랑이라지만 중국은 고양이보다 못하다", "중국의 국제적 위상이 낮아서 유엔 가입조차 허용되지 않았다"라고 비꼬았다. 어떤 사람은 "'우리는 평화 때문에 전쟁을 두려워한 적이 없다'라는 정권의 표현을 '우리는 전쟁을 두려워하지 않고 전쟁을 원하며, 전쟁을 환영한다'라고 오해했다." 이 "오해"라는 말에서 화자의 '전쟁 비판' 메시지를 읽을 수 있다. 장래에 대한 비관과 전쟁에 대한 공포에 더해 극단적인 표현의 하나로 나타난 것은 "가죽 코트를 팔아 폭음·폭식 하기 시작했다"라는 식의 종말론적 사고에 근거한 행동이었다.[42]

학생들뿐 아니라 교원들도 동요하고 있었다. 어떤 교원은 "미국은 소련을 무찌르려는 게 아니라 단지 포위할 뿐"이라 말했고, 또 다른 교원은 "전쟁 위기는 신중국 성립으로 고조됐다"라며 정권에 책임을 돌렸다. 심지어 9월 22일 미군의 B29 폭격기가 압록강 중국 측 영공인 안둥(安東)에 12발의 폭탄을 떨어뜨려 2명의 부상자가 발생하고 28채의 가옥 등이 파괴됐는데도, "미국의 오폭이었다"라고 감싸는 목소리가 나왔다. 한 교원은 전쟁 관련 기사가 실리지 않자 "'또 하루 평화롭게 살 수 있어 다행'이라며 가슴을 쓸어내렸다. 다른 교원은 자신의 의견을 책임지지 않으려고 발언 뒤에 꼭 '그럴까요?'라고 덧붙여 얼버무렸고, 수업하는 동안 108번이나 반복했을 정도였다." 공황 상태에 빠진 교원도 있었다. "다롄 제2중

---

[42] 〈瀋陽, 旅大最近群衆思想動態及敵特活動情況〉,《內部參考》1950年 11月 30日.

등교육학교의 한 교원은 소련군이 시험 발사한 대포 소리와 비행기 소음을 미군의 공습으로 착각해 학생들에게 책상 밑으로 숨으라고 지시했고, 뤼순(旅順) 제1중등교육학교의 한 여교사는 대포 소리에 겁을 먹고 '정권과의 연루로 불이익을 받을까 봐' 사직서를 냈다. 진현(金縣)중등교육학교의 한 교원은 공산주의청년단에서 제적된 것을 오히려 '다행'으로 여겼다."**43**

둥베이 북부에 있는 쑹장성(松江省)**44**도 예외는 아니었다. 이곳의 교직원들과 학생들은 "대체로 시사 문제에 강한 관심을 보였"지만, 당혹감을 감추지 못했다. 이들 중 일부는 "한국전쟁은 내전이고 중국의 파병은 내정 간섭이다. 사리에 맞지 않는다"라고 생각했다. 많은 이가 "자신들은 일개 가난한 교원일 뿐이다. 여느 정권 아래서도 마찬가지다. 정치에 관여하지 않고 수업만 하면 된다"라고 생각했다. 예를 들어 제2소학교 교사 판수쥔(潘樹俊)은 야간시민학교 수업에서 시사 문제를 다뤄 달라는 수강생의 요청에 "문자 습득을 철저히 하자. 시사 문제는 천하와 국가의 일로 나는 잘 모르겠다"라며 회피했다. 《내부참고》의 보고에 따르면, 그는 "'미제가 오면 공산당 동조자로 여겨질까 봐' 퇴로를 남기려 했던 것으로 보인다."

이런 정서적 혼란은 사소한 가정 문제에 영향을 끼쳤다. 제1소학교 계약 교원으로 산하이관 이남에서 초빙돼 온 리화원(李化文)과 마위구이(馬玉桂) 부부는 자주 다퉜다. 아내가 친정으로 가려 했으나, 남편은 "적 앞에서 도망치는 것"으로 오해받을 수 있으니 "그날그날 살아간다는 생각으

---

43 위의 일간지.

44 제2차 세계대전 종전 뒤 국민당 정부가 동북 지역에 설치한 9개 성 중 하나인 빈장성(濱江省)이 1946년 이름을 바꾼 것으로, 당시 수도는 하얼빈이었다. 중화인민공화국 건국 이후인 1954년, 헤이룽장성(黑龍江省)에 합병된다(옮긴이).

로 참고 그 사이 (미군이 오면) 다시 생각하자"라며 달랬다. 제2소학교 교원 장바이허(張柏合)는 당 조직에 가입한 뒤 "가족들에게 '너 하나 때문에 이제 어떻게 하면 좋으냐'라는 원망을 들었다."⁴⁵

전선과 가까운 지역으로 가는 것에 난색(難色)을 드러낸 지식분자는 자연과학계의 뛰어난 연구자들이 모여 있던 중국과학원에도 있었다. 둥베이 지역 행정 부문에서 중국과학원의 몇 개 연구소를 동북으로 이전해 줄 것을 희망했으나, 가족이 상하이나 난징에 있던 연구자들은 관망하는 태도를 보였다. 11월 27일, 하얼빈공업학원 학장이 된 천캉바이(陳康白)는 "둥베이 이전설과 가족 이전설이 유언비어로 퍼지고 있어 많은 이들이 움직이려 하지 않는다"라고 말했다.⁴⁶

베이징에 남아 있다고 해서 불안이 사라진 것은 아니었다. 칭화대학의 한 교수는 "원자폭탄은 두렵지 않지만, 전략폭격은 무섭다"⁴⁷라고 했다. 이는 제2차 세계대전 당시 일본, 독일, 영국, 미국의 공습으로 여러 나라가 입은 피해를 염두에 둔 것 같다. 하지만 그가 원자폭탄의 위험성을 낮게 평가한 이유는 분명하지 않다.

다음 장에서는 당시 지식분자 중 원자폭탄에 대해 비교적 많은 정보를 갖고 있던 한 과학자를 조명한다.

---

45 〈松江省目前幹部, 群衆思想動態〉, 《內部參考》 1950年 11月 30日.

46 쓰커전,《쓰커전전집》 제12권, 上海科技教育出版社, 2007, 229. 11月 26일에는 다음과 같은 기록이 있다. "저녁 식사 뒤에 천캉바이와 중린(鐘林)이 왔다. 다롄철도연구소 이야기가 나왔다. 1920년에 일본의 남만주철도가 창설됐는데, 1945년 8월 15일 일본 항복 뒤에는 모두 폐쇄돼 오늘에 이르기까지 중동창춘철도(中東長春鐵道)가 보관해 왔다고 한다. 천캉바이는 시찰을 다녀와 '우리나라에서 소장과 12명의 실장, 150명의 연구자를 파견해 그것을 접수한다는 협정을 이미 맺어 두었다. 100만V 전압의 설비가 있다'라는 등의 이야기를 했다."

47 〈"抗美援朝保家衛國"運動中 北京市 大中學校師生思想問題尚多〉, 《內部參考》 1950年 11月 9日.

제2장
원자폭탄 문제
주커전의 경우

투하 결정에 관한 관심

한국전쟁 당시 "지식분자"는 원자폭탄의 위협을 어떻게 인식하고 있었을까? 베이징에 거주하던 기상학자 주커전(竺可楨)을 사례로 살펴보자.

주커전은 1890년에 저장성 사오싱(紹興)에서 태어났다. 시난자오퉁(西南交通)대학의 전신인 탕산루쾅학당(唐山路礦學堂)을 거쳐 1910년에 일리노이대학 농학부로 유학하고, 1918년에 하버드대학에서 박사학위를 받았다. 1936년부터 저장대학 총장을 지냈다. 1949년 봄에는 장제스로부터 타이완행을 요청받았다. 그러나 이를 거절하고 대륙에 남아 신정권의 과학 기반 구축에 협력했다. 1950년에 그는 중국과학원 부원장으로서 연구 조직 전반을 총괄하면서 기상지리연구소(氣象地理研究所) 창설에 참여하고 있었다.

주커전의 일기는 일상사를 비교적 상세히 담고 있는데 사실의 기록에 치중하고 시사 문제를 거의 언급하지 않는다. 언급하더라도 한두 마디뿐이다. 한국전쟁 관련 기술도 대부분 간략하다. 예를 들어 1950년 9월 15일 인천상륙작전에 대해서는 "미국이 파병해 인천에 상륙했다. 군함 300척의 엄호 아래 4만 명의 병사가 상륙했다"라고만 적었다. 2주 뒤인 9월 30일에는 "북조선군이 서울에서 철수하면서 미국이 보름 동안 사상자 1만

2,000명의 대가를 치렀다. 인천에서 서울까지 총 30km다"라고 적었고, 10월 2일에는 "남한군(南韓軍)이 북위 38도선까지 전진했다"라고 기록하는 데 그쳤다.[48]

하지만 주커전이 한국전쟁에 무관심했던 것은 아니다. 그는 바쁜 와중에도 원자핵물리학 분야에서의 발견으로 노벨물리학상을 받은 영국 물리학자 패트릭 블래킷(Patrick Blackett)의 《공포·전쟁·원폭(Fear, War and the Bomb)》(초판)을 읽고[49] 그 핵심 내용을 일기에 자세히 정리했다. 제2차 세계대전 때부터 전략폭격 작전을 비판한 블래킷은 이 책에서 원자폭탄의 전략적 역할을 크게 평가하지 않았다. 특히 책의 제10장 〈원자폭탄 투하의 결정〉에 실린 〈프랭크 보고서(The Franck Report)〉가 그의 눈길을 끌었다. 이 보고서는 시카고대학 야금연구소(원자폭탄연구소)의 과학자 7명으로 구성된 '원자력의 사회적·정치적 의의에 관한 위원회'가 1945년 6월에 정리한 것으로 위원장인 제임스 프랭크(James Franck) 박사의 이름에서 제목을 따왔다. 주커전은 10월 12일 일기에 다음과 같이 발췌했다. "〈프랭크 보고서〉의 목적은 분명히 원자폭탄의 일본 투하에 반대하는 조언을 하는 데 있었다. 일본에 원자폭탄을 갑자기 사용함으로써 얻을 수 있는 군사적 이익과 피할 수 있는 미군의 희생이라는 이익은 세계 전체에 퍼질 공포감과 대미 반감에 따른 불이익에 필적할 수 없다."

주커전이 블래킷의 책을 집어 든 이유는 10월 8일, 유엔군이 삼팔선을 넘어 북진하면서 미국과 중국 간 군사적 충돌 위험성이 높아진 상황과 무관하지 않았던 것 같다. 실제로 10월 8일에는 "조선에서 미군은 이미 삼팔선을 넘었다", 10월 10일에는 "저우언라이 총리는 지금까지 중국 인민이 평화를 지키기 위해 침략 전쟁을 두려워한 적이 없으며 앞으로도 두려

[48] 竺可楨,《竺可楨全集》第12卷, 上海科技教育出版社, 2007, 181, 192-193.
[49] P. M. S. Blackett, *Fear, War, and the Bomb*, Whittlesey House, 1948.

위하지 않고 저항할 것이라 말했다"라고 적었다.[50]

주커전은 10월 16일에도 〈프랭크 보고서〉에서 다음 내용을 발췌했다. 10월 15일, 트루먼 미국 대통령과 맥아더의 웨이크(Wake)섬 회담 다음 날이었다. "'거의 있을 수 없는 일이지만, 만에 하나 미합중국이 이 인류의 무차별적 파괴로 이어질 새로운 장치를 처음 사용한다면 전 세계의 지지를 잃고 군비경쟁을 촉발할 수 있다. 미래의 핵 통제에 관한 국제 합의에도 타격을 줄 것이다.' 이 위원회 보고서의 효과를 강화하기 위해 야금연구소의 프로젝트와 관련된 64명의 과학자가 동일한 취지의 탄원서를 트루먼 대통령에게 제출했다. 그러나 프랭크 위원회 교수들의 조언과 경고는 고려되지 않았고, 원자폭탄은 히로시마와 나가사키에 경고 없이 투하됐다."[51] 이 발췌는 "미군이 평양을 점령했다"라고 일기에 적은 19일에서 거슬러 올라간 사흘 전에 이뤄졌다.

사실 주커전은 이 책을 두 번째 읽는 중이었다. 첫 번째 독서는 8월 초, 마침 히로시마 원자폭탄 투하 5주년쯤이었다. 그는 8월 5일 일기에서 책의 앞부분을 이렇게 요약했다. "이 책의 앞 4개 장에서 전시에 원자폭탄의 위력은 상상했던 것만큼 크지 않았음을 논하고 있다. 과거 영국과 미국이 독일 후방 지역을 폭격했지만, 큰 성과를 거두지 못했다. 독일의 생산력은 1944년까지 지속 성장해 영국과 미국 비행기 수백, 수천 대의 폭격을 받아도 큰 영향을 받지 않았다고 한다. 게다가 원자폭탄의 효력은 1발당 통상폭약 2,000t에 불과하다고 한다. 총 300만의 폭약이 사용된 제2차 세계대전과 동등한 효력을 얻기 위해서는 3,000발의 원자폭탄이 필요하다." 다음 날 오후에도 이 책의 앞 4개 장을 읽고 같은 날과 다음 날 일기에 "제2차 세계대전 각국의 사상자 수"와 "독일 병사 사망·행방불명

50　竺可楨, 《竺可楨全集》 第12卷, 上海科技敎育出版社, 2007, 197, 199.
51　위의 책, 201-203.

자 수"를 옮겨 적었다.**52** 그의 관심이 공중폭격에 따른 인적 피해 상황에 있었음을 알 수 있다.

총 톤 수를 단위 톤 수로 나누면 "3,000발"은 오기처럼 보인다. 실제로 블래킷은 환산 결과를 숫자로 나타내지 않고 단지 "매우 많은 양의 원자 폭탄이 필요하다"라고만 적었다. 그러나 숫자에 민감한 주커전이 잘못 썼다고 생각하기는 어렵다. 이 책 제4장에서는 원자폭탄이 2만t의 통상 폭약을 한꺼번에 터뜨렸을 때 내는 위력을 지녔으며, 폭심지(爆心地)에 무의미한 "과잉 파괴"를 주는 부분의 에너지를 빼면 2,000t의 통상폭약과 "동등한 효력"밖에 없었다고 밝힌다. 그러면서 1발의 원자폭탄으로 파괴할 수 있는 면적은 약 8제곱마일(20.7km²)로, 대부분의 유럽 도시가 그보다 작았던 사실을 고려하면 원자폭탄의 상대적 가치가 더욱 떨어진다고 지적한다.**53** 주커전은 이 책 후반부의 핵심 내용을 이해하고 1,500발의 2배에 해당하는 원자폭탄이 필요하다고 자기 나름대로 계산했던 것 같다.

그 뒤로도 주커전은 연일 블래킷의 저서를 조금씩 읽었고, 8월 9일에는 제5장을 읽고 이렇게 옮겼다. "독일의 V1 무기는 총중량이 3t으로 1t의 폭약을 탄두에 달고 시속 350마일로 200km를 비행했다. 평균 조준 오차는 5마일, 즉 사정거리의 40분의 1이다. 프랑스 해안에서 런던을 향해 발사됐다. 하지만 공격을 시작한 지 3개월 만에 전투기나 고사포가 V1의 80%를 격추했다. 독일의 V2 로켓형 무기는 총중량 14t으로 1t의 폭약을 탄두에 달고 200마일을 비행해 4마일의 오차로 박혔다." "슈퍼폭탄이란 우라늄탄의 기폭이 만든 고온을 사용해 수소헬륨 또는 리튬헬륨 반응을 일으키는 것과 같다. (중략) 6t의 리튬을 사용하면 단일 우라늄 폭탄보

---

52 위의 책, 154-155.
53 P. M. S. Blackett, 위의 책, 3, 39-49.

다 1,000배에 상당하는 에너지를 얻을 수 있다."[54] 주커전이 수소폭탄에도 관심을 두고 있었음을 알 수 있다.

주커전이 품은 더 큰 관심은 히로시마와 나가사키에 원자폭탄을 투하한 이유, 즉 미국의 결정 과정을 탐구하는 데 있었다. 주커전은 8월 12일에 이 책의 제10장 〈원자폭탄 투하의 결정〉을 읽고, 인용된 노먼 커즌스(Norman Cousins)와 토머스 핀레터(Thomas K. Finletter)가 1946년 6월 15일 《토요 문예 평론(The Saturday Review of Literature)》에 발표한 다음 논의를 발췌했다. "왜 우리는 원자폭탄을 투하했나? (중략) 그 답이 무엇이든 다음과 같이 말할 수 있다. 즉, 뉴멕시코에서의 실험으로 원자폭탄을 사용할 수 있다는 것을 알게 된 7월 16일부터 소련이 약속한 대일 참전 시한인 8월 8일까지는 실험용 원자폭탄의 극히 복잡한 기계를 조립하거나 수고가 많이 드는 실험 지역의 준비 등에 할애할 만한 시간적 여유가 없었다. (중략) 만약 소련이 참전하기 전에 일본을 격파하는 것이 목적이었다면 어떠한 실험도 불가능했을 것이다."[55]

주커전은 8월 13일, 제10장에 있는 원자폭탄 투하의 영향에 관한 〈프랭크 보고서〉의 인용 부분을 발췌했다. "최초의 원자폭탄이 터지기 훨씬 전부터 미국 원자력 연구자들은 원자력이 가져올 사회·군사적 영향에 대해 열심히 검토했다. 실험용 원자폭탄이 뉴멕시코주에서 작렬하기 한 달 전인 1945년 6월, 시카고에 있는 야금연구소가 임명한 7인 위원회가 육군성 장관 앞으로 보고서를 제출했다. (중략) 이 보고서는 미국의 핵 독점을 계속 유지하는 것이 불가능하다는 사실을 특히 강조하며, '당분간 핵

---

[54] 竺可楨, 《竺可楨全集》 第12卷, 上海科技教育出版社, 2007, 156-157. 주커전은 이 발췌에서 pp. 52-53으로 해야 할 부분을 p. 51이라고 적고 "lithium-helium"을 "he-lithium"으로 줄여 썼다.

[55] 위의 책, 158-159.

공격을 견딜 수 있는 나라는 대국인 러시아와 중국뿐이라고 말했다.'" 이 발췌는 앞에서 이야기한 것처럼 10월 12일 일기에서 이뤄지지만, 이 책의 독서는 8월 30일 난징으로 향하는 출장 여행 기차 안에서도 계속됐다.**56**

주커전은 한국전쟁 발발 다음 날인 6월 26일 "남조선이 북조선에 침입해 격퇴당했다", 6월 28일 "북조선 군인이 한성(漢城)에 들어갔다", 7월 22일 "남한의 대전이 해방됐다"라고만 적었다. 미국 등의 동향에 대해서도 6월 29일 "트루먼은 미 해군에 타이완 해방의 저지를 명령했다", 7월 1일 "호주가 자국 해군에 미국의 타이완과 남한 해방 저지에 협력하도록 명령했다", 21일 "미국이 대전으로부터 철수"라고만 적었다. 이러한 기록들과 비교하면 원자폭탄에 관한 발췌가 압도적으로 많았다. 그는 거의 매일 250~600자 정도, 많은 날은 1,200자에 달하는 분량의 일기를 썼다.**57** 이를 고려하면 발췌가 차지하는 비율은 극히 높았다. 핵 공격 위기에 대한 그의 관심이 특별했음을 짐작할 수 있다.

방사능 피해에 관한 관심

10월 17일 이후 한동안 주커전의 일기에는 《공포·전쟁·원폭》을 읽은 흔적이 보이지 않는다. 그러다 약 한 달 뒤인 11월 12일부터 발췌를 다시 시작한다. 11월 7일 밤에 중국이 지원부대의 조선 파병을 정식으로 발표한 뒤였다.

주커전은 1951년 1월 12일 일기에 다음과 같은 내용을 옮겨 적었다. "1947년 2월 《하퍼스 매거진(Harper's Magazine)》에 실린 헨리 스팀슨(Henry L. Stimson) 전 육군장관의 기고에 따르면, 트루먼 대통령은 '임

---

56 위의 책, 159. P. M. S. Blackett, 위의 책, 114.

57 위의 책, 128-145.

시위원회'의 조언에 의존했다. 이 위원회에는 위원장 스팀슨과 함께 베니버 부시(Vannevar Bush, 육군성 과학연구개발청 장관), 칼 테일러 콤프턴(Karl Taylor Compton, 매사추세츠공과대학 학장), 제임스 B. 코넌트(James B. Conant, 하버드대학 학장) 같은 과학자들이 있었다. '1945년 6월 1일에 임시위원회는 사전 경고 없이 가능한 한 빨리 원자폭탄을 일본에 투하하라고 만장일치로 권고했다.'" 주커전은 이 대목까지는 영어로 발췌했지만, 이어지는 "나중에 한 위원이 경고 없는 사용(권고)에 이의를 제기했다"라는 문장은 중국어로 번역했다. 그 뒤는 다시 영어로 "스팀슨은 '투하된 2발의 원자폭탄이 우리가 갖고 있는 전부였고, 제조 능력이 매우 떨어졌다'"라고 정리했다.[58] 이 "이의를 제기"한 위원은 해군 차관 랄프 바드(Ralph Bard)였다. 그는 한 달여 뒤 인도주의와 페어플레이의 관점에서 최소한 2~3일 전에는 일본에 경고가 필요하다는 의견을 적은 메모를 위원회 사무국장 앞으로 제출했다.

　주커전이 이 책을 다시 집어 든 이유는 중국 본토에 핵 공격이 일어날 수 있다는 불안감 때문이었을지 모른다. 그는 1950년 11월 12일~18일에 거의 매일 중요하다고 생각한 구절을 일기에 옮겨 적었다. 특히 11월 13일에는 콤프턴 박사가 원자폭탄 사용의 정당성을 주장한 논리를 인용했다. 그는 "만약 원자폭탄을 사용하지 않았다면, 내가 채택한 증거가 보여주는 바로는 수개월에 걸친 엄청난 파괴와 사상사가 이어졌을 것이다"라고 말했다. 이 문장은 주커전이 앞에서 발췌한 곳보다 앞쪽에 있는 것으로, 이를 통해 그가 중요한 내용을 여러 번 읽고 음미했음을 알 수 있다.

　주커전은 이 책에서 원자폭탄 투하의 진짜 이유로 "소련 요인"을 지목한 대목에도 주목했다. 그는 다음과 같은 문장을 발췌했다. "콤프턴 박사

58　위의 책, 220. P. M. S. Blackett, 위의 책, 129-130.

와 스팀슨 씨의 논문에는 드러나 있지 않지만, 실제로는 일본을 굴복시키기 위한 연합국의 계획 중 만주에서의 소련 참전이 진짜 이유였다."**59** 또 11월 14일 일기에는 《미국 전략폭격 조사단 보고》의 일본 종전 공작 관련 일부를 인용했다. "모든 상세한 조사와 살아남은 일본 지도자들의 증언에 따르면 원자폭탄을 사용하지 않고, 소련이 참전하지 않고, 미국이 상륙 작전을 하지 않았더라도 일본은 1945년 12월 31일까지 틀림없이 항복했을 것이다." 주커전은 1945년 8월 15일 자 《뉴욕 타임스》의 기사도 인용했다. "〈소련이 전쟁을 끝냈다: 공군장성 클레어 셔놀트, 원자폭탄에도 불구하고 소련의 참전이 대일전에 결정타(CHENNAULT HOLDS SOVIET FORCED END; Russia's Entry Decided War With Japan Despite Atomic Bomb, Air General Says)〉에서 이와 관련한 로마 주재 특파원의 취재 기사를 실었다. 이 기사에 따르면, '소련의 참전이 전쟁 종결의 결정타였으며 설사 원자폭탄이 없었더라도 일본은 항복했으리라는 것이 클레어 셔놀트 장군의 의견'"**60**이었다.

11월 15일에는 이 책에서 인용한 "미국인 논평자" 2명의 의견, 즉 앞에서 언급한 1946년 6월 15일 자 《토요 문예 평론》에 커즌스와 핀레터가 기고한 논문 중 "그들은 '〈프랭크 보고서〉가 당시 공표되지 않고 사실상 미국 국민에게 알려지지도 않았지만, 최근의 가장 중요한 문서 가운데 하나'라고 말하고 있다"라는 부분을 발췌했다. 이 논문의 무엇이 주커전의 눈길을 끌었을까? 11월 17일 일기에 발췌된 논문의 초록을 통해 이를 알 수 있다. "논문은 이렇게 말하고 있다. '왜 우리가 원자폭탄을 투하했나?'" 이 문장으로 시작되는 발췌의 전반부는 앞서 언급한 8월 12일의 발췌, 즉 소련의 참전까지 시간적 여유가 없었다는 기술과 정확히 일치한다. 같은

59 쓰可楨, 위의 책, 221. P. M. S. Blackett, 위의 책, 128, 131.
60 쓰可楨, 위의 책, 221-222. P. M. S. Blackett, 위의 책, 134, 136.

내용을 두 차례나 발췌한 셈이다. 그에 더해 이번에는 다음 부분을 발췌했다. "원자폭탄 투하 결정은 정당했다고 말할 수 있을지 모른다. 시시각각 바뀌는 세계에서 그것은 권력정치의 정당한 행사였다고 할 수 있을지 모른다. 그에 따라 독일이나 이탈리아에서 우리가 겪어 온 점령권을 위한 힘든 싸움과 같은 문제를 일본에서는 피할 수 있었다."[61]

주커전은 이 책의 제10장 〈원자폭탄 투하의 결정〉을 최소한 세 번 이상 읽었다. 미국에서 8년 정도 유학한 주커전에게 아무리 바빠도 이 장을 독파하는 것은 어려운 일이 아니었을 것이다. 이 장은 열여섯 쪽 반밖에 안 되지만, 그는 이 장을 반복해서 음미했다. 이 장에 담긴 문제의식, 즉 원자폭탄 투하의 의도와 결과에 대한 해석에 주커전이 깊이 공감하고 있었음을 알 수 있다.

무엇보다 11월 15일 발췌에 나오는 "미국인 논평자" 가운데 한 명인 토머스 핀레터는 일반 저자가 아니다. 이 책의 주기(注記)와 부록에 있는 것처럼, 1948년 당시 트루먼 대통령으로부터 항공정책위원회 위원장으로 임명받고 보고서 〈항공 시대의 적자생존〉을 작성한 인물이었다. 더구나 한국전쟁 당시 마셜 국방부 장관을 뒷받침하는 현직 공군 장관이었다.

발췌는 18일에도 계속됐다. "커즌스와 핀레터의 이 해석은 우리의 분석을 사실상 확인하는 것이다. 히로시마와 나가사키에 서둘러 원자폭탄을 투하한 것은 모든 정치적 목적을 완전히 실현했다는 의미에서 훌륭한 성공이었다. 미국의 대일 관리는 완벽해졌고, 그 부분에서 소련과 권한을 다투지도 않았다." "이렇게 해서 우리는 다음과 같이 결론 내릴 수 있다. 원자폭탄 투하는 제2차 세계대전의 마지막 군사적 행동이라기보다, 오히려 현재 진행되고 있는 냉랭한 대소 외교 전쟁의 첫 번째 주요 작전이었

---

[61] 쯔可楨, 위의 책, 222-224. P. M. S. Blackett, 위의 책, 136-137.

다."⁶²

주커전은 11월 26일, 베이징세계지식사에서 출판한 마리 퀴리의 사위이자 프랑스의 원자물리학자인 프레데리크 졸리오 퀴리(Frederic Joliot Curie) 등의 글을 실은 《원자 문제가 알고 싶다(我要知道原子問題)》를 읽었다. 그리고 책 속에 있는 〈프랭크 보고서〉의 일부분을 일기에 적었다. "1945년 6월에 제임스 프랭크가 트루먼에게 보고서를 제출했다. 보고서에는 만일 원자폭탄을 사용한다면 세계 여론으로부터 비난받을 것이라는 점, 현재 원자력 무기 공격으로부터 살아남을 수 있는 나라는 중국과 러시아밖에 없다는 점, 히로시마와 나가사키가 선택된 이유는 군사 목표이기 때문이 아니라 인구가 조밀하고 주민이 집중돼 있기 때문이라는 점 등이 쓰여"⁶³ 있었다. 이는 앞서 블래킷의 저서에서 인용했던 내용이지만, 그는 다시 한번 이를 정리했다. 1950년 11월 30일, 트루먼 대통령이 기자회견에서 "원자폭탄 사용 가능성"⁶⁴을 시사했다는 보도가 나온 뒤 그는 12월 3일 밤에 《공포·전쟁·원폭》의 제10장을 다시 읽었다.⁶⁵ 비록 발췌하지 않았지만, 이는 8월 이후 네 번째 독서였다.

이상에서 보듯 주커전은 미국의 핵 공격 가능성에 대해 일관된 관심을 보였으며, 특히 중국 지원부대의 조선 참전이 공식 보도된 11월 중순 이

---

62 竺可楨, 위의 책, 224. P. M. S. Blackett, 위의 책, 137, 139, 229. 〈원자폭탄 투하의 결정〉을 개관하는 문헌으로 西島有厚,《原爆はなぜ投下されたか(新装版)》, 青木書店, 1985.가 있다. 이 책은 트루먼이 "조기 종전·인명 구조"한 이유와 관련해 ① 군사적 필요성(대체 수단인 전략적 폭격, 해상 봉쇄, 심리전, 상륙 작전의 가능성), ② 항복에 관한 일본 측 각 세력의 동향, ③ 평화 공작·포츠담 선언, ④ 과학자의 찬성 여부, ⑤ 소련의 참전 등과 그 상호 관계를 종합적으로 검증하고 있다.

63 竺可楨, 위의 책, 139. 腓特烈·約里奧—居里 等 著, 中国保衛世界和平大会委員会 編譯,《我要知道原子問題》, 世界知識社, 1950년 10월, 15-16.

64 Harry S. Truman, *Years of Trial and Hope*, Vol. 2, Doubleday, 1956, 395-396.

65 竺可楨, 위의 책, 232.

후에는 방사능 피해에 대한 우려가 깊어졌다. 그는 11월 22일에 영국의 원자력 관계지 《원자 과학자 뉴스(Atomic Scientists News)》 1950년 8월호를 읽고 다음과 같은 내용을 발췌했다. "1큐리(curie) 단위의 방사능에는 1초당 3.7×10^{10}의 핵분열이 일어난다. (중략) 경험상 1주에 0.5R(Röntgen, 뢴트겐) 이내의 양이면 인체가 견딜 수 있는 범위 내에 있다고 추정할 수 있다. 1R은 대개 1g의 라듐으로부터 1m 떨어진 거리에서 한 시간마다 받은 방사선의 양이다."[66]

학문의 자유와 보편성

주커전은 자기 연구에만 머물지 않고 연구 환경을 만드는 데 적극적으로 나섰다. 그는 미국의 원자력 관련 학술지인 《원자 과학자 회보(Bulletin of the Atomic Scientists)》와 1년 전 출간된 최신판 《미국 과학자 인명록(American Men of Science)》(제8판) 등을 중국과학원 도서관에서 구매하도록 했다.[67] 그의 주변에는 이미 첸싼창(錢三强), 왕간창(王淦昌), 펑환우(彭桓武), 청카이자(程開甲) 등 원자력 관련 전문 지식을 갖춘 젊은 연구자들을 비롯해 그들의 스승이자 당시 과학원 근대물리학연구소장이던 우유쉰(吳有訓)이 있었다. 우유쉰은 1920년대 초반에 미국 시카고대학에서 훗날 노벨물리학상을 수상한 야금연구소장 아서 홀리 콤프턴(Arthur Holly Compton) 교수로부터 배운 물리학자였다. 10월 2일에 주커전은 미국에서 귀국 중이던 물리학자 자오중야오(趙忠堯)의 상황에 대해 우유쉰과 의견을 나눴다.[68]

주커전은 외국 전문가들과의 교류를 통해 국내 연구 수준을 끌어올리

---

66 위의 책, 226-227.
67 위의 책, 226.
68 위의 책, 162-163, 193.

는 데 큰 관심을 보였다. 1월 3일에는 초창기 근대물리학연구소의 중견 연구자였던 펑환우와 만나 양자물리학 권위자인 막스 보른(Max Born)의 중국과학원 방문에 대해 논의했다. 그는 일기에 에든버러대학 교수 "보른은 유대계 독일인으로 펑환우와 청카이자가 (영국 유학 시절에) 배운 스승이다. 가까운 시일 내에 중국 방문 의향을 갖고 있다"라고 적었다.**69** 막스 보른은 1954년도 노벨물리학상 수상자다.

이러한 주커전의 자세는 학문에 내재한 보편성에 대한 깊은 인식을 반영한다. 그는 8월 8일에 블래킷의 저서에서 다음과 같은 구절을 발췌했다. "물리학자들이 분열돼 각국이 개별적으로 문제를 해결하려 한다면 이러한 중요한 자연현상에 대한 탐구는 필연적으로 지연될 것이다. 이것이야말로 매우 안타까운 일이다. 왜냐하면 문제의 핵심은 이 발견의 군사적 측면이 아니라, 새로운 에너지원이 가진 가공할 힘이 (중략) 언젠가는 문화의 형태까지 바꿔 놓을 수 있기 때문이다."**70**

주커전은 학문의 자유에 대해 뚜렷한 생각을 지니고 있었다. 7월 1일 일기에서 그는 이오시프 스탈린(Joseph Stalin)의 논문 〈언어학에서 마르크스주의의 발전에 관해서〉를 언급하며 다음과 같이 적었다. "누구나 인정하듯이, 상반된 의견을 지닌 사람들 사이에 논쟁과 자유로운 비평이 없다면 어떤 과학도 발전하거나 진보할 수 없다." 이러한 인식은 비단 전체주의 국가에만 해당하는 것이 아니었다. 주커전은 같은 날 미국 안에서 냉전을 계기로 확산된 매카시즘이 학문에 끼친 악영향에 대해서도 우려를 나타냈다. 그는 "미국은 과학의 자유를 제한한다"라고 적은 뒤 같은 해 3월 25일 자《네이처(Nature)》에 실린 〈미국에서 과학의 자유와 안전〉이라는 논문을 발췌했다. 이 논문은 "국립과학아카데미의 앨프리드 N. 리처

69 위의 책, 215.
70 위의 책, 156. P. M. S. Blackett, 위의 책, 165.

즈(Alfred N. Richards) 총재가 트루먼 대통령에게 보낸 보고서가 든 편지의 내용을 인용하며 다음과 같이 경고했다. 법률 수정 조항에 따라 '연구 자금을 받는 연구자들은 FBI(연방수사국)의 사전 조사와 인가를 받아야 하며 이는 과학계에 심각한 영향을 끼칠 수 있다. (중략) 연구 자금 신청자들이 FBI의 조사 방식과 보고서의 내용을 알게 되면서 경계심과 침묵, 의심이 퍼질 수 있다. 이는 과학이 요구하는 진실성과 어긋난다. 결과적으로 연구 자금 신청자들 사이에서는 정부에 대한 과도한 순응 경향과 지적 환경의 악화가 뒤따를 것이다.'" 주커전은 이 글의 대부분을 영어로 발췌했으며, 마지막 문장만 중국어로 "과학이 요구하는 진실성과 어긋난다"라고 적었다.[71]

주커전은 자연과학자로서 냉철한 현실 인식을 지니고 있었다. 중국 사회 전체가 미국에 대한 비판 여론으로 들끓던 9월 15일 강연에서 그는 분위기에 휩쓸리지 않고 과학계 내부의 후진성을 지적하며, 미국의 연구 상황을 비교 대상으로 삼았다. 그날 새벽 시작된 인천상륙작전에 대해서는 여느 때처럼 간단명료하게 사실만 일기에 적었지만, 오후 2시 30분 난징대학 과학관에서 진행된 〈과학 연구와 교육〉 강연에 대해서는 1,000자 가까이 상세히 기록했다.

이 강연의 말미에서 주커전은 중국 자연과학의 낙후 상태를 국제적으로 비교했다. 그는 중국 전역의 고등교육기관 재학생과 1950년 졸업생 수는 적은 편이라면서 "미국은 1947년 이과 학부 졸업자 수가 3만 6,000명으로 우리나라 전체 학부 졸업자 수의 2배 이상이다. 자연과학 박사학위 취득자 수는 1,750명으로 우리나라 이과 학부 졸업생 수와 비슷하다"라고 말했다. 이어 미국의 과학 인력 및 연구비 규모와 관련해 다

---

[71] 쓰可楨, 위의 책, 132, 138-139.

음과 같은 숫자를 제시했다. "미국의 이과 고등교육 졸업자 중 연구기관에 근무하는 박사학위 보유자는 약 5%이며 자연과학 관련 직업 종사자는 75만 명이다. 그중 연구 종사자는 15만 명이며 자연과학 박사만 2만 5,000명에 달한다. 정확한 통계는 없지만, 우리나라는 이(理)·공(工)·농(農)·의(醫)를 포함해도 관련 직종 인력은 10만 명 미만이고 그중 연구자는 1,000~1,200명이다. 연구비도 (중략) 미국은 1930년에 1억6,000만 달러였던 것이 1947년에는 10억 달러로 늘어났고, 그중 국고 지출만 6억 2,500만 달러에 이른다."[72]

이러한 문제의식은 10월 26일 일기에도 이어졌다. 그는 임박한 미국과 중국 간 군사 충돌로 중국을 "건설하는 사업이 타격받을 수 있어 개탄스럽다"라고 적었다.[73]

[72] 위의 책, 181.
[73] 위의 책, 120.

제3장
친미반소

상하이

11월 23일 자 〈신화사통신〉 화둥총지사는 "상하이의 대학과 중등교육학교에서 시사학습을 실시한 뒤 학생의 사상 상황"에 관한 보고서를 작성했다. 보고서에 따르면, 11월 4일에 상하이시 공산주의청년단 공작위원회가 보낸 시사학습에 관한 통지를 받은 뒤 각급 학교 조직은 "항미원조하고 집과 나라를 지키는" 운동을 시작했다. "그 성공 사례 가운데 하나로 사립 탕예(糖業)중등교육학교는 시사학습을 정규 교과와 연계했다. 예를 들어 '국어' 시간에는 시사 해설과 신문 사설, '역사' 시간에는 미국의 대중국 침략사, '물리화학' 시간에는 원자폭탄의 파괴력, '미술' 시간에는 미제국주의를 풍자하는 만화를 공부해 학생들로부터 환영받았다." 그러나 상하이시 전체 교육기관 차원에서는 정권의 의도가 완전히 관철됐다고 보기 어려웠다. 보고서는 "특히 미국에 대한 적개심, 경멸, 불신은 많은 학생의 마음속에 아직 뿌리내리지 않았다"라고 지적했다.[74]

학생들에게는 "괜히 관여했다가 손해만 보는 것 아닐까"라는 두려움이 퍼져 있었다. 화둥인민혁명대학(華東人民革命大學) 러시아어 전공 학생은

---

[74] 〈上海大中學校學生仇美觀念尙未完全樹立〉,《內部參考》1950年 11月 28日.

"마오 선생(마오 주석)은 괜한 일을 저질렀다. 별일 없이 끝났으면 좋겠는데"라며 불만을 드러냈다. 그리고 많은 학생은 "전쟁이 발발하면 생활이 곤란해질 것을 걱정했다." 중국군이 첫 전투에서 승리하자 청년단원들과 적극분자들은 "중국도 미국 못지않게 장래성이 있다며 흥분하고 낙관했다. 하지만 일반 학생들은 제3차 세계대전이 발발할지 모른다고 걱정했다." 학생들은 특히 중소 동맹 관계에 의문을 나타냈다. "왜 소련은 참전하지 않는가?", "왜 중국은 이인자인데 먼저 싸우는가?"와 같은 의문이었다. 상하이의 사립 중궈(中國)중등교육학교 고등부 2학년 국어 교사가 유행 작가인 딩링(丁玲)의 《소련인(蘇聯人)》을 가르치자, 적지 않은 학생들이 "이런 글은 배우고 싶지 않다. 왜 자꾸 소련이 최고라고 말하느냐"라고 반발해 교실이 혼란에 빠졌다. 비슷한 일이 시립 징예(敬業)중등교육학교에서도 일어났다.[75]

딩링의 《소련인》은 당시 국어 교과서에 실려 있었으며, 청소년의 친소 감정을 고취하는 데 활용됐다. 작품에서 딩링은 소련에 머무는 동안 "모스크바와 베이징 중 어느 도시가 더 그리운가 자문했을 때 두 도시에 똑같은 애정을 품고 있다고 느꼈다. 소련을 떠나 그 시절을 떠올릴 때면 언제나 옌안이 함께 생각났다"라고 적었다. 이러한 자문은 그녀의 부족한 러시아어 실력 탓에 생긴 "소격감(疏隔感)"을 해소하려는 장치였다. 딩링은 "소련에 머무는 동안 외국인이라는 느낌을 받은 적이 없었다"라고 쓴 뒤, "만약 내가 중국인이라고 생각한 적이 있다면 그것은 보통 사람들과 비교해 더 많은 사랑과 진정성 있는 지원을 받았기 때문"이라고 덧붙였다. 이처럼 그녀가 표현한 친근감에는 단지 독자에게 소련을 친밀하게 느끼도록 유도하는 데 그치지 않고 시민의 반소 감정을 누그러뜨리려는 의

---

[75] 위의 일간지.

도가 담겨 있었다. 실제로 그녀가 만난 "소련인은 소년개척단(pioneer), 공무원, 병사, 전문가, 집단농장 농민, 남녀노소를 불문하고 삶의 이유와 방식에 대해 자신감과 낙관적인 태도", 적극성과 근면성, 남을 돕는 친절한 마음을 가진 사람, 즉 중국이 신뢰할 수 있는 친구로 그려졌다. 작품 끝부분에 "물론 예외는 있겠지만, 나는 일반적인 소련인의 장점을 이야기하고 있다"라는 문장을 덧붙였는데,[76] 이는 상당히 의미심장하다. 종전 뒤 중소동맹조약에 따라 만주에 주둔했던 소련군의 각종 "민폐 행위"에 대한 시민들의 반감을 의식하고,[77] 그것을 어디까지나 "예외"로 평가하려는 저자의 의도라 할 수 있다.

이처럼 시민들의 반소 정서가 확산되는 한편, 일부 학교에서는 친미 감정이 강하게 나타났다. 교회계 학교인 칭신(淸心)남자중등교육학교와 칭신여자중등교육학교에서는 학교 기념 축제 때 "미국이 뭐가 나쁜가. 중국에 와서 학교도 병원도 지어 줬다. 칭신중등교육학교가 없었다면 지금의 학생회도 청년단 지부나 간부도 없었을 것"이라는 발언이 나왔다. 학

---

[76] 张炯 主编,《丁玲全集》第5卷, 河北人民出版社, 2001, 340-346.

[77] 沈志华,《苏联专家在中国》, 中国国际广播出版社, 2003, 164-169. 마오쩌둥은 1953년 2월 17일 정치협상회의에서 소련의 경험으로부터 배울 필요성을 역설하며 "공산당 안팎에서 선임 간부, 새내기 간부, 기술자, 지식분자, 노동자, 농민과 직업을 불문하고 저항감을 느낀 자가 보인다"라고 말했다. 이 발언에서도 시민들의 강한 반소 감정을 엿볼 수 있다.《毛澤東文選》第6卷, 人民出版社, 1999, 263-264. 또한 소련에 대한 시민들의 반감은 당국의 소련인 대응 방식 때문에 증폭됐다. 1950년 5월, 소련 청년대표단이 창사를 방문했을 때《신호남보》(1950년 5월 26일)는 이렇게 보고했다. "지나친 경계 태세와 경비를 서던 병사의 나쁜 태도는 시민들의 큰 반감을 불러일으켰다. 예를 들어 '소련 젊은이들이 잘난 척하는 것 같다', '공산당은 소련인에게 아첨 떨고 있다', '린뱌오 장군조차 창사에 올 때는 경계 태세를 취하지 않았다. 린뱌오가 이 몇 명의 소련 청년만도 못하단 말인가'라는 말이 시민들 사이에서 터져 나왔다. 한 대학교수는 '고작 몇 명의 애송이가 창사에 왔을 뿐인데 이렇게까지 난리를 피우다니 무슨 일이냐'라고 말했다. 승객을 태운 한 인력거꾼은 길을 지나가려다 경비병의 난폭한 제지에 시비가 붙었다. 결국 길을 지나가지 못하자 그는 '공산당은 소련인의 주구냐'라고 호통쳤다."〈蘇聯青年団到長沙 嚴密戒嚴引起群衆反感〉,《內部參考》1950年 6月 20日.

생회가 혁명 뒤 첫해의 활동을 총괄한 보고서에 대해서는 "칭신은 90년이나 된 학교인데 겨우 1년의 성적으로 평가하느냐"라고 반발했다. 교회도 추수감사절을 계기로 친미 선전을 강화했다. 아메리칸 침례교 계열의 후장(滬江)대학 부속 중등교육학교 교회는 "곧 전쟁이 난다. 신앙을 지키며 중립을 지켜야 재앙을 피할 수 있다"라며 신자 확보에 나섰다.[78]

청년단원 중에는 운동에 적극적인 이들이 있었다. "펑라이구(蓬萊區)의 한 단원은 밤늦게까지 마오 주석에게 편지를 쓰느라 며칠 동안 잠을 이루지 못했고, 구(區) 청년단위원회에 인민지원군 입대를 신청한 사람은 8명에 달했다. 이들은 '언제 출발하나?'라고 매일 와서 물었다." 사립 푸단(復旦)중등교육학교와 상하이재경학원(上海財經學院)에서는 "손가락을 깨물어 혈서를 쓰는 학생이 있었다." 반면 "단원들이라면 솔선수범해 전선에 나가라", "장(제스) 선생이 돌아오면 네 목이 날아간다"라는 식의 도발이 있었고, 공산주의청년단 탈퇴자가 나타났다.

이 과정에서 청년단원들이나 학생들 사이에 불만이 분출되기도 했다. 퉁지(同濟)중등교육학교 화장실에서는 정권 반대 표어가 발견됐고, 민립(民立) 여자중등교육학교와 칭신여자중등학교 화장실에서는 "국민당 휘장이 발견됐다." 《대공보》의 '항미원조하고 집과 나라를 지킨다'라는 표제는 '항소원미(抗蘇援美)[79]하고 나라를 지키지만 집은 지키지 않는다'로, '마오 주석에게 편지를 드린다(上書)'는 '마오 주석에게 하문한다(下書)'로 바뀌었다. 징예중등교육학교에서는 "여러 차례 소란과 방화 기도가 발생"했고, 중궈중등교육학교에서는 한 학생이 "중국 인민의 지도자, 장제

78 〈上海大中學校學生仇美觀念尙未完全樹立〉,《內部參考》1950年 11月 28日. 교회가 신자를 확보하기 위해 노력한 사례는 많았다. 상하이의학원의 종교 간행물《건종(建宗)》에는 "신앙을 가지면 눈이나 귀의 장애가 사라지고 말 못 하는 사람도 말하게 된다"라는 기사가 실리기도 했다.

79 소련에 대항하고 미국을 돕는다(옮긴이).

스 만세"를 외치며 복도를 활보했다. 11월 23일 자 〈신화사통신〉 화둥총지사의 보고에서는 이를 국민당 공작원의 파괴 활동으로 간주했지만, 정황은 그렇게 단순하지 않았다. 《대공보》 표제를 조작한 칭신여자중등학교의 학생 2명은 청년단원이었으며, 퉁지중등교육학교의 한 청년단원 침대 밑에서는 10월 10일 중화민국 국경절을 기념하는 선전물이 발견됐다.[80]

상하이 인접 지역에서도 비슷한 일이 벌어졌다. 1950년 11월 11일 자 《소남일보》는 장쑤 남부 쑹장현(松江縣)과 우시 지역 문화·교육계의 반응을 전하면서, 시사 문제에 관한 관심은 높지만 시국에 대한 "인식 자체에는 문제가 있다"라고 평가했다. 특히 조선의 장래에 대해 비관하거나 제3차 세계대전 발발, 원자폭탄 재투하를 두려워하는 이들이 있었다. 우시의 한 학교에서 시사 토론회가 열렸는데 학생들은 다음과 같은 이유로 "미국은 종이호랑이가 아니라 진짜 호랑이"라고 생각했다. "① 미제는 원자폭탄을 갖고 있다. 만약 소련이 자신이 가진 원자폭탄을 모두 공개한다면 미제가 전쟁을 시작할 리 없다. ② 미제는 유엔을 조종할 수 있다. 60여 개 회원국 중 미국의 제안에 반대한 나라는 5개뿐이다. 이것이 미국의 실력을 증명한다. ③ 미제는 조선에서 승리를 거두는 동시에 베트남에서 프랑스를 지원하고 영국·프랑스와 협력해 서독과 일본을 동원함으로써 유럽과 아시아 모두에서 공격할 준비를 하고 있다. 이것도 미국의 실력을 증명하는 것이다."[81] 이는 "낙후분자"로 분류된 학생들이 주로 드러낸 시각이었다.

그렇다면 "중간분자(中間分子)"로 불린 학생들의 반응은 어땠을까? 《소남일보》는 그들을 "시사에 기본적으로 무관심하며 학업에 집중하고 기술

---

[80] 위의 일간지.

[81] 〈無錫, 松江各階層對時局的反映〉, 《內部參考》 1950年 11月 25日.

을 익히는 것이 중요하다고 생각한다"라고 평했다. 그들 "대부분은 조선 인민군의 첫 승리에 기뻐했다. 하지만 그 뒤의 패퇴를 보고 사회주의 진영의 실력에 의구심을 품었다." 그러면서《소남일보》는 "진보적 학생 중 일부는 '앞으로 2년간의 어려운 시기(세계대전을 의미)를 견디면 학업을 계속할 수 있다'라며 입대를 희망했다. 하지만 미제의 조선 침략이 곧 중국 침략으로 이어진다는 정권의 주장을 쉽사리 받아들이지는 않았다. 토론에 참여한 진보적 학생은 16명이었지만, 실제로 종군을 신청한 학생은 당원 2명뿐이었다"라고 전했다.**82**

난징

1950년 11월 14일 자 난징시공산당위원회의 보고에 따르면, 적극적인 청년 학생들은 "군사훈련이나 간호 강습을 요구하면서" 소극적인 태도를 보이는 가족들을 설득하려 애썼다. 그러면서 "자오이만(趙一曼)분대"와 "타냐(Tanya)대" 결성을 추진했다.**83** "자오이만"은 만주사변 이후 하얼빈 일대에서 게릴라전을 이끌다 관동군에 체포돼 처형되기까지 굴복하지 않은 항일 여성 투사를 가리킨다. 그녀의 일대기를 다룬 동명의 영화가 1950년에 제작·상영됐다.**84** 학생들은 항미를 과거 항일 투쟁과 중첩해 받아들였을 것이다.

"타냐"는 독일의 소련 침공이 시작된 1941년, 고등학교 졸업을 앞둔 18세 여학생이 독일군 점령 지역에서 교란작전에 참여하다 체포됐으나 끝내 굴복하지 않았다는 실화를 바탕으로 제작된 소련 영화의 주인공이다. 그녀의 실제 이름은 조야(Zoya)다. 심문 중 자신을 그녀가 어린 시절부터

82   위의 일간지.
83   〈南京各階層對目前時局的反映〉,《內部參考》1950년 11월 23일.
84   于敏,《趙一曼》, 中國電影出版社, 1959.

동경해 온 혁명 여성 영웅 "타냐"라고 밝힌 것이 이름의 유래가 됐다.[85] 이데올로기 대립을 둘러싼 내전 시절의 영웅을 민족주의를 자극하는 대외 전쟁 시기의 영웅과 중첩한 이 영화는 중국에서 1950년에 상영됐다. 국공내전이 아직 끝나지 않은 상황에서 항미원조 동원에 적합한 선전물이었다. 난징 중등학생들의 타냐대 결성 역시 그러한 영향이었던 것 같다. 조야가 어머니의 만류를 뿌리치고 종군에 나섰듯 이 영화는 난징 청소년들을 자극했을 것이다.

그러나 소극적인 학생들이 적지 않았다. 난징시 제4구의 중고등학생들 사이에서는 다음과 같은 유언비어가 돌았다. "북조선이 한국에 화해를 구걸하지 않는 이유는 소련과 중국이 허락하지 않기 때문이다. 그러니 제3차 세계대전의 책임은 중국과 소련에 있다." "미국은 대기압을 이용해 적을 죽이는 신무기를 개발했다." "김일성은 이미 '총살당했다.' 북조선은 '전멸'했다."[86]

교원들 사이에서도 다양한 반응이 나왔다. 어떤 교사는 국어 시간에 "이번 대조국전쟁(大祖國戰爭)에서는 많은 르포르타주를 쓸 수 있으니, 학생들이 전장 작가가 돼 달라"라고 당부했다. "후딱 해치우면 돼. 어차피 미국과는 물과 기름이니, 상대가 아직 약할 때 차라리 미국 본토까지 진격하자!"라고 호언장담하는 교사가 있었고, "평화를 위해 희생하는 건 괜찮지만, 미국에 반성의 빛이 있다면 조금 더 기다려 보자"라며 완곡하게 표현하는 이가 있었다. 소학교 교사 중에는 "종군하고 싶어서 수업에 집중하지 못하는 자가 극소수지만 있었다." 세계대전 발발 가능성에 대해서도 "의견이 엇갈렸다." "조선과 베트남 문제 모두 대전을 일으킬 만큼 심각하므로 전쟁은 곧 터질 것이다"라고 보는 이가 있는가 하면, "그럴 리

---

[85] 彼·里多夫 著, 佚名 译, 《丹娘》, 东方出版社, 2005.
[86] 〈南京各階層對目前時局的反映〉, 《内部參考》 1950年 11月 23日.

없다. 미제 외에는 감히 그렇게 나설 나라는 없다"라고 말하는 이가 있었다.[87]

다수의 교원은 표면적으로 무관심한 태도를 보였다. 《내부참고》의 보고에 따르면, "난징시 제4구 소학교 교원 중 70%는 시사 문제를 언급하지 않았다. 그리고 다수 학교의 청년단원은 신문조차 읽지 않았다." 제5구역시 비슷했다. 제5구의 한 교사는 "승전 보도라면 읽고 싶지만, 요즘처럼 '참패' 중에는 신문을 펼 용기가 없다", "이미 전쟁이 벌어진 마당에 평화를 바라는 건 헛된 기대다"라고 말했다. 오히려 학생들이 더 솔직하게 속내를 드러냈다. 우타이산(五臺山)소학교의 한 교사는 중일전쟁 당시 왕징웨이(汪精衛) 정권[88]이나 미국 관련 기관에 근무했던 가족을 둔 몇몇 학생들은 "미국과 일본이 다시 와야 고기를 먹을 수 있다"라며 귀환을 바랐다고 말했다.[89]

친미 감정은 교회 관계자들에게서 강하게 나타났다. 난징 YMCA의 총간사 주페이언(諸培恩)은 좌담회에서 "미국의 입장에 서지 말라"라고 주장했다. 하지만 중화기독교회 난징구회 주석 주지창(朱繼昌) 목사는 "조선 파병은 쓸데없는 일이다"라는 생각을 굽히지 않았다. 일부는 "정치는 교회와 무관하다"라며 참여 회피를 정당화했다.[90]

대학에서도 친미 감정은 쉽게 사라지지 않았다. 11월 1일, 난징을 방문 중이던 스탈린의 특사 파벨 유딘(Pavel F. Yudin)의 강연에서 중공중앙 선전부 부장 루딩이(陸定一)가 "미국에는 문화가 없다"라고 말했다. 그러자

---

87 위의 일간지.
88 1940년 3월에서 1945년 8월에 존재했던 중화민국의 국민정부로 일본군 점령지인 난징을 수도로 한 괴뢰정권이었다. 국민당 좌파의 지도자 왕징웨이가 주석이었다(옮긴이).
89 위의 일간지.
90 위의 일간지.

현장에 있던 대학 교원들과 학생들이 격렬하게 반발했다. 강연이 끝난 뒤 일부 학생은 "미국의 문화가 좋지 않다고는 할 수 있어도 아예 없다고 말하는 것은 부적절하다"라고 지적했다. 진링(金陵)여자문리학원에서는 옌안 등 해방구에서 전국으로 퍼지기 시작한 "모내기춤이나 요고춤만이 문화라면 물론 미국에는 문화가 없겠지"라고 비꼬았다. 진링여자문리학원 공산주의청년단지부 부서기조차 "우리는 그동안 미국 인민은 좋다고 말해 오지 않았나. 그렇다면 그들이 만든 문화도 부정하는 셈 아닌가"라며 루딩이의 발언을 비판했다. 학생들은 강연 뒤 이의를 제기했지만, 교원들은 현장에서 항의했다. 루딩이가 "미제 바보 자식"이라고 말하자 진링여자문리학원 교수 4명 중 2명이 자리를 떠났고, "우리는 미제를 적대시하고 멸시하고 경시해야 한다"라고 말하자 나머지 2명도 퇴장했다. 정신병원 부속 예방치료연구소의 한 의사는 "하루 종일 미국을 비난하는 게 무슨 의미가 있나. 차라리 소련보다 미국에 망하는 게 낫다"라고 불만을 토로했다.[91]

저장

1950년 11월 6일 자 《절강일보(浙江日報)》의 보고에 따르면, 저장성 내 교직원들과 학생들의 사상은 매우 다양했다. 그 분포를 앞서 설명한 베이징 교육기관에서의 상황처럼 정치적 스펙트럼으로 나눌 수 있다. 다만 베이징에서는 "진보"와 "낙후"라는 용어로 양극을 표현했지만, 저장성에서는 한쪽 극을 "적극분자"로 정의했다. 따라서 반대편을 "소극분자(消極分子)"로 부르는 것이 더 적절하겠다.

첫째, "빨간색"에 해당하는 사람들은 당연히 적극분자였다. 그들은 "항

---

91 〈南京大專學校部分學生對陸定一同志所講"美國沒有文化"的反映〉,《內部參考》1950年 11月 23日.

의만으로는 충분하지 않다. 행동으로 옮겨야 한다. 마오 주석이 요청하면 반드시 입대하겠다"라고 말했다. 이들은 이른바 "진한 빨간색"에 속했지만, 그 비율은 확인할 수 없다. 다만 "인민의 힘은 강대하다"라는 말을 믿어서 "미국이 감히 강한 인민에게 집적거릴 용기가 없을 것"이라며 긴장하지 않았고, 항미원조 운동에 무관심한 사람들조차 적극분자로 분류되는 경향이 있었다.[92] 이러한 점에서 해외파병을 지지하는 "진한 빨간색"은 오히려 소수였던 것으로 보인다. 즉 사상적으로 정권의 선전을 믿었다고 해서 반드시 행동까지 정권의 기대에 부응한 것은 아니었다. 이를 통해 《절강일보》가 "교사 대부분이 세계대전의 도화선은 서독에 있다고 보고 한국전쟁이 세계대전으로 번지지는 않을 것"이라는 냉정한 의견을 가장 먼저 제시한 이유를 이해할 수 있다.[93] 이는 정부가 시민의 공황을 막고자 하는 바람과 일치했다.

둘째, 중간색과 차가운 색의 경계는 명확하지 않았다. 전쟁 개입과 세계대전 발발 가능성에 대한 인식에 따라 다양한 의견이 있었다. ① 해외파병 자체에 대한 회의적 의견이었다. 어떤 이는 "신중국 건설에 악영향을 끼칠 수 있으므로 전화에 휘말려서는 안 된다"라고 주장했다. 이는 국익 관점에서의 우려였다. 또 다른 의견으로는 〈순종적 신민이 되는 사상〉이라는 기사에서 유래한 "국민당이든, 공산당이든, 일제든, 미제든, 나는 언제나 똑같다"가 있었다.[94] ② 해외파병의 계기 자체를 문제 삼는 의견이었다. 예를 들어 미군기의 둥베이 폭격은 "우리가 조선에 물자와 군인을 조선에 지원했기 때문"이라는 주장이었다. 비슷한 의견으로 "미국은 전쟁을 원할 때 그 의도를 숨기지 않지만, 소련은 그 반대다. 유엔의 여러 국가가 미

---

92 〈抗美援朝高潮中浙江某些群衆的思想情況和謠言〉,《内部参考》1950年 11月 14日.
93 위의 일간지.
94 위의 일간지.

국 편에 선 걸 보면 미국은 종이호랑이가 아니다"가 있었다.**95** ③ 세계대전 발발 가능성에 대한 의견이었다. "미군을 비롯한 유엔군이 둥베이 국경 쪽으로 향하고 있으며 항저우에 있는 인민해방군이 계속 출동하고 있다. 저장 동부의 연해 지방 방어에 재배치되는 것으로 보이며 연내에 세계대전이 발발할 가능성이 있다"라는 것이다. 티베트로의 진군에 대해서는 "어려운 일을 피하고 쉬운 일을 택하는 책략으로 파악하거나 후방의 걱정거리를 해결하기 위한 것으로 평가한 자들이 있었다."**96**

셋째, "소극분자"에 속하는 이들이 있었다. 교사나 학생 가운데 일부는 청년단원이나 적극분자를 풍자하거나 조롱했다. 조선인민군이 잇따라 패배하자 "이게 바로 사회발전 법칙 아니겠나"라며 조롱한 이가 있었고, 신문에서 "조국의 부름에 응하자"라는 구호를 보고 동요해 청년단 가입을 주저한 학생이 있었다.**97** 이처럼 "차가운 색"에 해당하는 이들은 시간이 지날수록 더 강한 냉소로 기울었다. 성도인 항저우시 대학 캠퍼스의 동향을 다룬《절강일보》의 나흘 뒤 속보에 따르면, 대부분의 교수와 학생은 현 시국에 큰 관심을 보이며 세계대전 발발을 우려했다. 항미원조 운동에 대한 반응은 혼란스러웠으며 중소우호협회에 가입한 학생 중 상당수가 "징집이 두려워 일제히 탈퇴를 요구했다." 일부 학생은 전쟁을 꺼리며 평화적 국가 건설의 중요성을 강조했고, 또 다른 일부는 "아직 멀었다. 항저우는 아직 안전하다"라고 말했다. 일부 교수는 정권이 주장한 "자위" 논리에 의문을 제기했다. 항미원조 "운동의 흐름을 보면 미군이 국경을 넘기 전에 오히려 우리가 먼저 진격하려는 것처럼 보인다"라고 말했다.**98**

---

95 위의 일간지.
96 위의 일간지.
97 위의 일간지.
98 〈杭州各界對時局的反映和該市流傳的一些謠言(續誌)〉,《內部參考》1950年 11月 17日.

동맹국인 소련에 대한 강한 불신도 나타났다. 저장대학 수학과 교수 쑤부칭(蘇步靑)과 미국 기독교 장로교회 계열의 즈장(之江)대학 교수 장원창(張文昌)은 조선 문제를 두고 이렇게 말했다. "소련은 유엔에서 기껏해야 공평하고 중립적인 태도를 보일 뿐 지금껏 명확한 태도를 밝힌 적이 없다. 저우언라이 외교부장의 말처럼 '방치해선 안 된다'라는 정도의 태도조차 보이지 않는다. 나는 소련이 중국을 미국과의 전쟁에서 '인신공양' 하듯 희생시킨 뒤 7~8년 지나 미국이 지칠 무렵 과거 대일전처럼 개입할 심산이 아닐까 걱정이다"라고 말했다.[99] 이러한 대소 불신감은 그 무렵 항저우를 방문 중이던 소련 철학자 파벨 유딘의 오만한 태도로 인해 더욱 증폭됐다. 그의 통역사가 회상한 바에 따르면, 저장대학에서 열린 좌담회에서 교수들의 질문에 유딘은 "너희들과는 마르크스주의의 언어로 대화할 수밖에 없지만…"이라며 "표정과 말투에서 경멸을 드러냈다."[100]

[99] 위의 일간지.
[100] 林利,《往事锁记》, 中央文献出版社, 2006, 129-130.

제4장
조세, 동맹
구제강의 경우

조세와 안보

1893년생 구제강은 중국 고대사와 민속학을 전공하고, 제2차 세계대전 뒤 상하이를 거점으로 연구와 교육 활동을 이어가고 있었다. 1950년 11월 3일에 그는 여행지인 시안(西安)을 떠나 집으로 향했다. 화중(華中)을 동서로 가로지르는 간선인 룽하이(隴海)철도를 타고 정저우를 거쳐 11월 5일 이른 아침, 쉬저우에 도착했다. 그곳에서 구제강은 신문 기사를 통해 "우리 군이 미군과의 개전 준비에 들어갔다"[101]라는 사실을 알게 됐다. 그 신문 기사는 같은 날 발표된 11월 4일 자 항미원조에 관한 중국 각 당파 명의의 공동선언 같다. 이 선언은 한국전쟁에서 미국의 "진정한 목적은 중국 침략에 있다"라는 점을 강조하고, 이를 "자위"와 "평화 유지"를 위한 적극적 저항으로 규정하며 "자발적인 행동으로 항미원조를 전력으로 지지"한다고 명시했다.[102]

이 소식을 접한 구제강은 경악했다. 그는 이날 일기에 "모 아니면 도라는 식으로 승부수를 띄우다니 참으로 대담하기 짝이 없다"라며 정권의

---

101 《顧頡剛日記》卷6, 688-689.
102 〈各民主黨派聯合宣言〉,《人民日報》1950년 11월 5일.

무모함을 비판했고,**103** 충격을 감추지 못했다. 그는 "아직 경제 건설 단계에도 진입하지 못했는데…"**104**라고 적었는데, 이는 궁핍한 경제 상황에서 해외파병을 감행한 정권의 결정을 이해할 수 없었기 때문이다. 그의 경제적 감각은 이론이 아닌 생활인의 감각에 기반한 것이었다. 실제로 그의 수입은 계속 줄어 극히 불안정했다. 1950년 봄, 그가 주 3시간 강의하던 청밍학원(誠明學院)의 경영 상황은 계속 나빠지고 있었다. 3월 16일 일기에는 "새 학기가 시작됐지만, 등록한 학생은 30~40명에 불과하다. ① 학생은 학비를 낼 의사가 있으나 돈이 없다. ② 대학이 정상적으로 개학할 수 있을지 불확실해 당분간 관망하는 듯하다"라고 적었다. 이 같은 등록률 감소는 청밍학원만의 문제가 아니었다. "후장대학에는 본래 1,000여 명의 학생이 있었지만, 지금은 300명이 되지 않는다. 결원이 너무 많아 개학이 어려운 상황"이었다.**105** 그가 주 4시간 정도 가르치는 가톨릭계의 전단대학 국문학과도 마찬가지였다. "본래 70~80명의 학생이 있었으나, 새 학기에 학비를 내고 등록한 사람은 고작 13명이었다. 나머지는 전학, 휴학, 또는 (등록하지 않고) 수업만 듣는 식이었다."**106**

반면 가계 지출은 계속 늘어났다. 3월 24일 일기에는 "쑤저우(蘇州)의 토지세가 작년보다 100배 올랐다고 한다. 구치첸(顧起潛) 숙부 집은 작년의 15만 위안이 1,500만 위안으로 될 것이라는데, 우리 집은 1,000만 위안을 부담해야 할 듯하다. 나는 공산당에 반대할 생각은 없다. 하지만 공산당이 기어코 나를 철천지원수로 만들려는 것 같다"라고 적었다. 이는 궁지에 몰린 쥐가 고양이를 무는 심정에 가까웠다. 구제강이 아버지로부

---

103 《顧頡剛日記》卷6, 689.
104 위의 책.
105 위의 책, 611, 624.
106 위의 책, 621, 624.

터 물려받은 쑤저우의 땅은 혁명 이후 경제적 가치를 잃었을 뿐 아니라, 오히려 고액의 고정자산세가 부과돼 큰 부담이었다. 6월 30일 일기에는 "상하이와 쑤저우 양쪽에서 매달 3백만 위안의 비용이 들지만, 수입은 고생해도 2백만 위안밖에 되지 않는다. (중략) 이래서는 평생 학문을 하겠다는 나의 뜻이 헛된 바람에 그칠 뿐 아니라 가족의 생계조차 감당하기 어렵다"라고 한탄했다.[107]

구제강만 무거운 세금에 짓눌린 것은 아니었다. 그는 상하이의 상황을 이렇게 묘사했다. "많은 상점에 '하나 사면 하나 공짜', '한 번 깎고 또 깎는다'라는 식의 대염가(大廉價) 판매 전단이 붙어 있다. 공채 구매 금액 납부 기한이 이달 말까지라서 헐값으로라도 팔아야 버틸 수 있기 때문이다. '폐점 재고 정리'라는 문구도 많다. 무거운 세금과 공채 할당으로 도산에 몰린 것이다."[108]

그의 고향 쑤저우도 마찬가지였다. 6월 말, 2년 만에 고향을 찾은 구제강은 1948년보다 더한 "불황으로 활기가 없다"라는 인상을 받았다. 제2차 세계대전 뒤 장제스의 이름을 따서 중정로(中正路)로 바뀐 간선도로 후룽가(護龍街)는 다시 런민로(人民路)로 바뀌었지만, 그가 본 것은 "문 닫은 상점들"뿐이었다. 일부는 점포 문을 닫고 앞에 노점상용 받침대를 두었는데, "그 방법으로 장사하면 과세 대상에서 빠지기 때문"이었다. 친척들에 따르면, 현지의 중의학 명의 첸보쉬안(錢伯煊)도 "고액의 공채 할당을 견디지 못해 자해를 생각했으며, 지주들과 점주들 사이에서는 자살이 적지 않았다." 혁명의 수혜자로 인식된 무산계급 역시 상황이 어려웠다. "어느 거지가 엎드린 채로 죽어 있었는데 그의 등에 '빈자(貧者)의 몸 뒤집기'라고 적혀

[107] 위의 책, 615, 653.
[108] 위의 책, 615.

있었다."**109** 여기서 '몸 뒤집기'는 말할 것도 없이 "번신(翻身)"을 뜻한다. 번신은 토지개혁을 통해 오랜 세월 억압받아 온 노농대중이 새로운 사회의 주인공이 됐다는 당시의 유행어였다.**110** 이 비꼬는 표현에서 구제강과 그에게 이 이야기를 들려 준 이의 정권 비판적 태도를 읽을 수 있다.

구제강은 같은 날 일기에 "나는 다행히 쑤저우에 없었다. 그렇지 않았다면 같은 곤경에 처했을 것"이라고 적었다. 그는 그날 밤 "잠을 이루지 못해 약을 세 번이나 먹었다."**111** 고향의 궁핍은 한국전쟁 발발 이후에도 나아지지 않았다. 구제강은 8월 4일 일기에 "고향 사람들은 무거운 세금을 견디지 못해 살길을 찾아 모두 상하이로 도망쳐 왔다"라고 썼다.**112**

늘어나는 세금은 구제강의 연구 환경에 악영향을 끼쳤다. 당시 상하이에는 사립 허중(合衆)도서관이 있었다. 1939년, 일본군의 침공으로부터 중국 고전과 지방지 등 귀중한 문헌을 보호하기 위해 프랑스 조계 안에 세운 도서관으로 역사학자인 구제강에게는 최적의 연구실이었다. 그러나 이 도서관조차 "건물세 300만여 위안, 토지세 700만 위안 납부를 요구받았다." 도서관 측은 "시민에게 서비스를 제공하고 있으니 세액을 줄여 달라"라고 탄원했다. 하지만 상하이시 교육국 관계자는 조사차 방문한 자리에서 "당신들은 지금까지 장제스, 쑹즈원(宋子文), 쿵샹시(孔祥熙), 천궈푸(陳果夫) 등 4대 가족**113**에게만 봉사해 왔다"라며, 구제강이 "숙부"라

---

109 위의 책, 647.

110 중국공산당이 실시한 토지개혁에 관해서는 1948년 봄과 여름에 산시성 루청현(潞城縣)의 장좡(張莊)에서 옵서버로 참가한 미국인 윌리엄 힌튼(William Hinton)의 저작 *Fanshen: A Documentary of Revolution in a Chinese Village*, Monthly Review Press, 1966.이 있다. 윌리엄 힌튼, 강칠성 옮김, 《번신(翻身)》, 풀빛, 1986.

111 《顧頡剛日記》卷6, 647.

112 위의 책, 668.

113 중화민국 시기(1912~1949) 정치, 경제, 사회에 큰 영향력을 행상한 네 가문을 가리킨다. 공산당 이론가 천보다(陳伯達)가 쓴 《중국사대가족(中國四大家族)》에서 비롯된 용어다. 장제

고 부르는 도서관 책임자 구치첸에게 앞으로는 "시립도서관을 본받으라"라고 일갈했다. 구제강은 4월 26일 일기에서 "세금을 경감받지 못했을 뿐 아니라 도서관의 성격 자체가 바뀔 것 같다. 이대로라면 허중도서관은 문을 닫을 수밖에 없을 것"114이라고 한탄했다. 그가 출강하던 전단대학도 3억 위안의 토지세 부과로 경영 압박을 받았다. 결국 구제강은 5월 급여를 6월 9일이 돼서도 받지 못했다.115 이 같은 경제적 위기 상황에서 해외파병을 단행한 정권의 결정을 구제강은 도무지 이해할 수 없었다.

그렇다면 구제강은 조세와 안전보장 사이에 어떤 관계를 설정하고 있었을까? 이를 이해하기 위한 중요한 단서를 그의 민속학에 관한 독창적인 연구 성과 중 하나인 〈맹강녀(孟姜女) 고사 연구〉에서 찾을 수 있다. 맹강녀 전설은 기원전 500년경의 이야기를 원형으로 하며 2,000년 넘게 중국 각지에서 다양한 형태로 전해졌다. 근대 중국에서 가장 문화적으로 발달한 지역이었던 장쑤성 남부의 판본은 출판 유통의 중심지인 인근 상하이를 통해 널리 확산되며 다른 지역의 개별적 특색은 희석되고 내용은 표준화됐다. 1927년에 나온 구제강의 논문에 따르면, 이들 가운데 《맹강녀만리심부(孟姜女萬里尋夫)》 판본은 "수천만 부 인쇄됐을 수 있으며 어느 서점에서나 구할 수 있을 정도로" 널리 퍼져 있었다.116

이 판본에서 진시황은 만리장성을 쌓는 데 많은 노동력을 동원하며 백성들에게 막대한 희생을 강요한다. 이에 노역을 꺼린 쑤저우 청년 완시량

스의 부인 쑹메이링(宋美玲)은 쑹즈원의 여동생이자 쿵샹시의 부인인 쑹아이링(宋藹齡)의 여동생이다. 쑹즈원은 국민정부 재정부장과 행정원장 등을 역임했고, 쿵샹시도 재정부장과 행정원장을 역임하며 경제계에 큰 영향력을 행사했다. 장제스의 최측근이었던 천궈푸와 천리푸(陳立夫) 형제는 국민당 내 정치 세력인 CC단을 조직해 정계와 특무기관에서 강력한 영향력을 발휘했다(옮긴이).

114 위의 책, 628.
115 위의 책, 642.
116 顾颉刚, 〈孟姜女故事研究〉, 王煦华 编, 《顾颉刚集》, 上海文艺出版社, 1998, 351-352.

(萬喜良)은 쏭장으로 도망쳐 은신하던 중 양갓집 딸 맹강녀와 기이한 인연으로 결혼한다. 그러나 피로연을 준비하다 신분이 드러나 성 쌓는 노역장으로 끌려가고 신부는 그의 생사를 알지 못한 채 겨울옷을 챙겨 북방으로 찾아간다. 그녀는 남편이 이미 죽었다는 사실을 알고 밤낮으로 통곡한다. 결국 그 눈물로 장성이 무너져 남편의 백골을 마주하게 된다.[117]

구제강은 이 이야기에서 사랑하는 사람의 죽음을 받아들이는 데 필요한 '가시적 근거'의 중요성을 강조했다. 이런 사례를 다른 문화권에서도 찾아볼 수 있다. 미국 남북전쟁 당시 행방불명된 병사의 젊은 아내는 전쟁터에 도착하기 이틀 전에 남편이 이미 매장됐다는 소식을 들었다. 하지만 도저히 그 사실을 받아들일 수 없었다. 남편과의 재회를 강하게 요구한 끝에 동료 병사가 시신을 파내 보여 줬다. 그제야 아내는 남편의 죽음을 '사실'로 받아들이고 비로소 애도했다.[118] 맹강녀의 전설 역시 "백골과의 대면"이 현실을 받아들이는 매개가 된다는 점에서 구조가 동일하다.

맹강녀 남편의 성씨 '완(萬)'은 '많음'을 뜻한다. 구제강에 따르면, 만리장성이 전설에 등장하기 시작한 것은 영토 확장을 위한 무공(武功)을 중시하던 수나라 당나라 시기다. 그는 "장성은 변방의 방어벽이어서 병사나 노역에 동원된 이들의 가족이 느낀 슬픔과 아내의 걱정이 교차하는 지점이었다. (중략) 당시 민중의 감정은 어떻게든 그녀가 장성을 눈물로 무너뜨리게 해야 했다"[119]라고 설명한다. 눈물이 장벽을 무너뜨린다는 이

---

[117] 위의 책. 路工 編, 《孟姜女万里寻夫集》, 上海出版公司, 1955. 이들 자료에 기초해 정리한 일본어 논문으로는 飯倉照平, 〈孟姜女について-ある中国民話の変遷〉, 《文学》, 岩波書店, 1958年 8月號.가 있다. 21세기에 들어 맹강녀 전설은 구제강과 동향인 작가 쑤퉁(蘇童)의 《벽노(碧奴)》(湖南文艺出版社, 2014)라는 제목의 소설로 번안됐다.

[118] ドル━・ギルピン・ファウス, 黒沢真里子 訳, 《戦死とアメリカ 南北戦争六二万人の死の意味》, 彩流社, 2011, 156-157.

[119] 顾颉刚, 〈孟姜女故事研究〉, 王煦华 编, 《顾颉刚集》, 上海文艺出版社, 1998, 323.

저항의 은유는 오늘날 시민들이 말하는 '달걀로 바위 치기'와 통한다.

시민의 생활을 돌보지 않는 정권의 여러 시책에 대해 구제강은 6월 30일 일기에 "인민이 이렇게 고통받는 상황에서 그들(중공)의 정권이 과연 안정될 수 있을까"라고 적었다.[120] 그는 국가 안전의 핵심은 민생에 있으며 민심이야말로 가장 단단한 성벽이라고 생각했다. 이는 니콜로 마키아벨리(Niccolo Machiavelli)가 《군주론》에서 "어떠한 견고한 성이라도 인민의 증오를 받으면 믿음의 대상이 될 수 없다. (중략) 성을 믿기보다 인민을 적으로 만들지 않는 편이 훨씬 안전하다"라고 한 말과 통한다.

5월 17일 밤에 친구의 초대를 받고 연회에 참석한 구제강은 9시 30분에 귀가한 뒤 함께한 8명의 이름을 일기에 적고 나서 이렇게 썼다. "국민당 정부를 남조선으로 옮기고 타이완을 미국의 위임통치 아래 두며, 국민당 정부의 모든 현직 관리를 퇴직시키고 (저장성 앞 바다에 떠 있는) 저우산군도(舟山群島)로부터 철수시킨다." 이 생각이 연회 참석자 중 누구의 것인지, 구제강 자신의 것인지는 알 수 없다. 다만 그가 장제스를 혐오하고 있었다는 사실을 고려하면 장제스 체제를 보존하려는 취지는 아니었을 것이다. 그는 이어 "그러면 화둥 지역의 (군사) 행동은 멈추고 우리가 내는 세금은 좀 가벼워지지 않을까"[121]라고 적었다.

이처럼 조세 부담에 따른 민생 악화를 반대한 구제강에게 조선 파병은 당연히 비판의 대상이었다. 그가 생각하기에 시민의 원성을 사고 민생을 외면하는 정권은 결국 맹강녀가 무너뜨린 만리장성처럼 무너질 수밖에 없었다. 마찬가지로 해외에서 쌓으려는 "완충지대" 또한 시민의 지지 없이는 쉽게 허물어지는 허약한 구조물에 불과했다.

---

[120] 《顾颉刚日记》卷6, 653.

[121] 《顾颉刚日记》卷6, 634.

종속적 동맹

구제강은 개전 준비 소식을 듣기 나흘 전인 11월 1일에 여행지인 시안의 극장에서 전통극 〈고여희(拷如姬)〉를 관람하고 있었다. 이 연극은 인정과 의협심을 찬양하는 작품으로 《사기(史記)》〈위공자열전(魏公子列傳)〉에 실린 신릉군(信陵君)의 고사를 바탕으로 한다. 극의 줄거리는 이렇다. 동방으로 팽창하던 강대국 진(秦)나라가 조(趙)나라를 침공하자 조나라는 위(魏)나라에 군사 지원을 요청한다. 위나라 조정에서는 파병 여부를 두고 논란이 일고, 결국 위왕의 동생 신릉군이 왕비 여희(如姬)의 도움을 받아 10만 대군을 이끌고 가서 진나라 군대를 물리친다.[122]

구제강은 중국 고대사에 정통할 뿐 아니라 전통극을 깊이 사랑해 "이전부터 《중국 희극과 고사》의 편찬을 염두에 두고"[123] 있었다. 같은 해 초여름에 그는 전단대학과 청밍학원의 학생 세미나에서 《사기》와 《전국책(戰國策)》 등의 고전을 비교 연구하고 있었다.[124] 따라서 관람하던 〈고여희〉를 당시의 정치·군사 상황과 연결해 생각했을 가능성이 크다. 항미원조 소식을 접하고 이 연극의 내용과 역사적 유사성에 놀란 사람은 구제강만이 아니었을 것이다. 실제로 경극에서는 이 극을 〈항진원조(抗秦援趙)〉라고도 불렀다.[125]

---

[122] 司马迁, 《史记》 卷77, 〈魏公子列传十七〉, 中华书局, 1998, 2377-2385.

[123] 《顾颉刚日记》 卷6, 698. 또한 구제강이 33세 무렵에 정리한 자서전에 따르면, 그는 베이징대학의 예과에 재학하던 시절 "수업을 빼먹고 연극에 미쳐 버린 2년 남짓"을 보냈다. 그때부터 "재료를 모아 《희극본사록(戲劇本事錄)》을 만들어 각 연극의 출처를 고증하고 그 차이점을 평론하고 싶다고 생각했다." 顧頡剛, 岡武夫訳, 《ある歷史家の生い立ちー古史辨自序》, 岩波文庫, 1987, 39-46.

[124] 《顾颉刚日记》 卷6, 628, 634-635, 638.

[125] 曾白融 主编, 《京剧剧目辞典》, 中国戏剧出版社, 1989, 103. 또한 范民声 徐培均 主编, 《中国古典名剧鉴赏辞典》, 上海古籍出版社, 1990, 314-317.에 따르면, 이 극의 제목은 명나라 장펑이(張鳳翼)가 쓴 《절부기(竊符記)》에서 시작됐고, 근대 경극에서는 《절부구조(竊符救趙)》나 《신릉군》, �촨극(四川劇)과 윈난극(雲南劇)에서는 《동부령(銅符令)》이라고

하지만 구제강은 북조선을 조나라처럼 간주하고 구해야 한다는 태도를 보이지는 않았다. 그는 "전쟁과 평화"를 결정하는 주체는 위정자가 아니라 국민이어야 한다고 믿었다. 이와 비슷한 사고는 고대 그리스에서도 나타난다. 아이스킬로스(Aeschylos)의 비극 《탄원하는 여인들》에서 이집트의 왕 아이깁토스가 자기 아들들과 다나오스의 딸들을 강제로 결혼시키려 하자, 딸들은 그리스 아르고스(Argos)로 도망친다. 다나오스의 딸들은 시리아에 접한 나일강의 모래톱에서 배를 타고 지중해의 파도를 넘어 그리스 아르고스 인근 해안에 이르러 아르고스의 왕 펠라스고스에게 보호를 요청한다. 펠라스고스는 이집트의 딸들을 받아들이고 싶었다. 그러나 다나오스의 딸들이 국법을 어겼다는 이유로 이집트가 송환을 요구했으므로, 딸들을 받아들이려면 이집트와의 전쟁을 각오해야 했다. 전쟁에는 경제적 지출이나 자국의 젊은이가 "대지를 피로 물들이는" 희생이 따르기 때문에 나라 전체에 해를 끼칠지 몰랐다. 고민하던 왕은 모든 시민의 뜻을 물어 다수의 의견에 따라 결정하기로 한다.

이 비극을 희극 애호가인 구제강이 알고 있었는지는 확실하지 않다. 어쨌든 그는 "공수동맹(攻守同盟)"[126]과 같은 국가의 안전과 평화에 영향을 끼칠 수 있는 중요 사안은 몇몇 위정자가 아닌 모든 국민의 의사를 반영해 결정해야 한다고 믿었다. 그는 중소우호동맹호조조약(中蘇友好同盟互助條約)이 체결된 직후인 1950년 2월 18일 일기에 "이미 제3차 세계대전이 눈앞에 닥쳤다. 우리에게 남은 삶이 얼마나 되겠는가"라고 적었다. 그는 동맹 때문에 세계대전에 휩쓸릴 수 있는 만큼, 시민이 받을 수 있는 불이익을 충분히 의식하고 있었다. 다음 날에는 "중국과 소련의 협정은 국가의 중대

도 했다.

[126] 두 나라 이상이 공동의 병력으로 제3국을 공격하거나 상대편의 공격에 대해 공동으로 방어하기 위해 맺은 동맹 조약(옮긴이).

사이자 민주주의라고 말하며, 정치협상회의(政治協商會議)까지 설치한 이상 앞으로 어떻게 심의에 부쳐 시행할 것인가"라고 적었다.**127** 이는 한 나라의 지도자가 집단적자위권 행사와 관련한 동맹 사안을 민의 기관에 자문하지 않고 방문지에서 독단적으로 처리한 데 대한 비판이었다.

그렇다고 해서 11월의 개전 소식을 접한 뒤 일기에 전 국민의 동의를 받아야 한다는 명시적 언급을 남긴 것은 아니었다. 11월 4일에 발표된 중국 각 당파의 공동선언을 전 국민의 의사가 아니라 동맹국의 지시에 따른 것으로 봤기 때문이다. 실제로 11월 5일, 개전 준비 소식에 경악한 그는 "현 정권이 남에게 속박돼 어쩔 수 없이 개전을 단행한 것"이라고 썼다. 다음 날에는 방문한 두 친구가 〈미국의소리〉로부터 얻은 것으로 보이는 정보에 근거해 "이번 전쟁을 둘러싸고 중공에서는 류사오치(劉少奇), 가오강(高崗), 린뱌오 등이 주전파(主戰派)고, 저우언라이, 린쭈한(林祖涵), 둥비우(董必武) 등이 비주전파다. 결국 마오 주석은 동맹국의 압력에 굴복해 참전을 결심할 것으로 보인다. 현재 각급 학교와 공장에서 종군 지원서 서명운동이 벌어지고 있다"라고 썼다. 그러면서 뒤이어 "남을 아버지처럼 섬길 뿐 아니라 남을 위해 목숨까지 바쳐야 한다니 참으로 분하다"라고 썼다. 종속적 동맹이 가져온 굴욕과 불이익을 깊이 한탄한 것이다.**128**

해외파병이 동맹국의 세계 전략 속 일부라는 인식은 구제강 주변에 넓게 퍼져 있었다. 11월 7일에 그는 20여 명의 직장 동료, 친구와 함께 이렇게 이야기했다. "상하이 사람들 대부분은 이번 참전을 소련의 지시에 따른 결과로 본다. 소련은 미국을 아시아에 묶어 두고 자신은 유럽에 집중하기 위해 조선에서부터 불을 붙이고 중국을 끌어들였다. 스탈린은 히틀러처럼 세계 통일의 야욕을 품고 있으며 우방국 시민의 엄청난 희생을 외

---

127 《顧頡剛日記》卷6, 596-597.
128 위의 책, 689.

면하고 있다."**129**

이러한 동맹에 대한 불신은 마오쩌둥이 소련을 방문했을 때부터 이미 존재했다. 2월 19일 일기에 구제강은 조약에 서명했으니 "마오와 저우는 곧 귀국한다. 이미 서명했으니 돌려보낸 것 아니겠는가. 이게 억류가 아니면 무엇인가. (중략) 소련이 한두 사람만 압박해 조인하게 만들었고, 이로써 우리 국민은 소련의 본질을 알 수 있게 됐다"라고 적었다.**130** 아흐레 전인 2월 10일에 구제강은 방문한 친구로부터 홍콩의 신문 보도를 전해 들었다. 그 보도에 따르면, "소련이 중국의 7개 항구를 요구했으나 마오쩌둥이 거절하자 억류됐다. 그 뒤 저우언라이도 소련에 갔다가 붙잡혔다. 소련은 제국주의가 틀림"없었다.**131**

구제강의 소련을 보는 눈은 매우 엄격해서 일기 곳곳에 비판적 기술이 등장한다. 상하이에 주둔하던 소련 병사들의 난폭한 행위에 대해 그는 6월 4일 일기에 이렇게 썼다. "자오저우(膠州)공원 근처에는 많은 공장이 있다. 그 공원에 주둔한 소련 병사들이 여공을 공원으로 끌고가 강간하는 사건이 자주 발생해 노동자들 사이에서 큰 소란이 일었다. 그 일이 진커(金科)중등교육학교에 전해지자, 학생들은 정치 교과 담당 교사에게 과거 미군이 베이징에서 여학생을 성폭행한 선충(沈崇) 사건**132**에 대해 항의 시위를 벌였듯이 지금도 시위할 수 있느냐고 따져 물었다. 담당 교사는 자신이 국민당원이긴 하지만 이 같은 사건에 찬성하지 않으며, 지금 상황

---

129 위의 책, 690.

130 위의 책, 596-597.

131 위의 책, 591.

132 선충은 베이징대학 예과반 학생으로 1946년 12월 24일 밤에 영화를 보러 가다가 둥창안제(東長安街)에서 미군 해병대 병사 2명에게 납치돼 성폭행당했다. 지나가던 행인이 구조를 시도하다 실패하자 경찰에 신고했고, 주범은 체포됐으나 다른 한 명은 도주했다. 이 사건은 베이징 시민의 분노를 불러일으켰고, 전국 각지 학생들이 미군 폭행에 항의하는 시위로 이어졌다(옮긴이).

에서는 시위에 반대할 수 없다고 답했다. 또 상하이 훙차오(虹橋)공항에서는 한 소련 조종사가 중국 조종사의 집에 침입해 아내를 성폭행했다. 이 소식을 들은 중국 조종사는 곧바로 비행기를 몰고 타이완으로 향했다. 이를 막기 위해 두 대의 비행기가 뒤쫓았지만, 무선으로 이유를 전해 듣고는 결국 3대 모두 타이완으로 날아갔다."

6월 9일 구제강은 전단대학에 출강하기 위해 탄 전차 안에서 벽면에 붙은 승차 규칙의 여백에 만년필로 쓰인 "□미 두 제국주의를 타도한다"라는 표어를 봤다. □는 "누군가 찢어낸 흔적이지만, '戈'과 같은 자획이 남아" 있었다. 러시아의 중국어 표기는 '아(俄)'이므로 지워진 글자는 '아'였을 가능성이 크다. 이에 대해 구제강은 "민중의 눈은 본래 날카로운 것이다"라고 평가하며, "국민당의 극단적인 부패 속에서 인민은 자연스레 공산당에 기대를 걸었다. 하지만 설마 상황(上皇)이 있으리라고는 상상조차 못 했다"라고 적었다.[133]

경제적 착취 문제도 구제강의 대소 불신에 한몫했다. 2월 11일, 농촌의 피폐함에 대해 지인과 대화한 뒤 구제강은 그날 일기에 이렇게 적었다. "아! 농촌에 먹을 쌀이 없어진 지 오래다. 부식도 바닥났다. 그런데도 소련으로 가는 쌀과 식량의 양은 계속 늘어나고 있다. 이래서야 모든 중국인을 굶겨 죽인 다음에 공산주의를 실현하겠다는 것인가."[134] 11월 25일에는 주둔 중인 소련군의 생활용품을 조달하기 위해 전략적 요충지인 쉬저우에서 일부러 상하이를 방문한 지인한테서 다음과 같은 이야기를 들었다. "쉬저우에는 수천 명의 러시아 병사와 장교가 있으며, (시 북서부의) 주리산(九里山) 기슭에 공항을 만들 계획이다. (중략) 러시아 장교들과 병사들은 매우 사치스러운 생활을 하며 호화로운 베개 없이는 잠을 자지 않

---

[133] 위의 책, 640-643.
[134] 위의 책, 592.

는다. (중략) 병사 1명당 중국인 병사 3명이 시중을 들고 있으며, 러시아 병사의 월급은 800만 위안이 넘는다."[135]

---

[135] 위의 책, 697.

| 나오며 |

조선에서의 대미 개전이 보도된 1950년 11월을 중심으로 중국의 지식분자들이 해외파병과 원폭 위협, 동맹 관계, 조세 등의 문제를 둘러싸고 보인 반응에 대해 살펴봤다. 이들의 의견이 중국 전체 지식분자의 여론을 어느 정도 대표했는지는 확인할 방법이 없다. 대신 시난 지역의 사례를 여기에 덧붙인다.

둥베이 지역에 근무하던 다른 지역 출신의 한 초빙계약 종업원이 전화를 피하려고 "산하이관까지, 또는 어메이산(峨眉山)까지 도망치려 했다."**136** 다음은 이 종업원을 비롯한 많은 이가 안전하다고 여겼던 어메이산이 위치한 쓰촨성 성도 청두시(成都市)의 사례다. 11월 10일 자 〈신화사통신〉 쓰촨서부지사의 보고에 따르면, 중등교육학교 이상 학생들의 반응을 다음과 같이 세 가지 유형으로 정리할 수 있었다. ① 시국에 대한 인식이 부족한 학생들이 적지 않았다. 예를 들어 "왜 조선이 중국과 밀접한 관계에 있는가? 조선을 지원하면 제3차 세계대전이 일어나지 않을까? 제2차 세계대전의 승리는 소련군의 참전 덕분인가, 아니면 미국의 원자폭탄 덕분인가?" 등의 의문을 제기하며, "공미 감정을 품고 의기소침했다." ② 일

---

136 〈瀋陽, 旅大最近群衆思想動態及敵特活動情況〉,《内部參考》1950年 11月 30日.

부 친미 성향의 학생들은 미국의 "물질문명을 숭배"했고, "유언비어를 퍼뜨리는 수상한 자도 있었다." "수화(蜀華)중등교육학교의 한 학생은 교실에서 〈타이완라디오국〉이나 〈미국의소리〉의 방송 내용을 대대적으로 소개했다." ③ 정권이 펼친 여론 공작의 영향을 받은 공산주의청년단원을 비롯한 "진보적"인 학생들은 미국을 "이길 수 있다는 자신감으로 군사 교과나 간호학의 수강을 요구함으로써 항미원조 의지를" 드러냈다. 그러나 이들조차 "조선과 우리나라의 불가분 관계에 대한 인식은 충분하지" 않았다.¹³⁷

이와 비슷한 반응은 청두시의 이른바 "고급 지식분자들"에게서도 나타났다. 〈신화사통신〉에 따르면, 교육계의 주요 인사들은 "미국의 침략이나 중국과 조선의 관계에 대한 인식이 부족해 전쟁을 두려워하고 중국의 실력에 대해 회의하고 있었다." 변호사 장쉬안유(張宣猶)는 "신중하게 대처해야 한다. 준비가 덜 된 상태에서 행동하면 오히려 미국의 의도에 말려든다"라고 주장했다. 쓰촨(四川)대학 교수 몇몇은 전쟁으로 인한 경제적 어려움을 예상하고 "식량을 비축하며 난세에 대비했다." 화시셰허(華西協和)대학 의학원장을 지낸 차오중량(曹鐘梁) 교수는 "지나치게 개입해서는 안 된다. 제3차 세계대전이 발발하면 중국도 휘말린다"라고 우려했다. 이 대학은 기독교계 대학이며, 학장을 지낸 팡수쉬안(方叔軒)은 그동안 정부가 주도한 종교 혁신 운동에 서명한 뒤 "내용도 모른 채 서명했다"라고 후회했다.¹³⁸

---

137 〈成都各階層對時局的反映〉, 《內部參考》 1950년 12월 4일.
138 위의 일간지.

제3부

상공업자
톈진, 상하이, 홍콩

| 들어가며 |

일반적으로 전쟁에 직면한 상공업자의 최대 관심사는 원료 부족, 조세 부담 증가, 대외무역 단절 등 경제활동 여건의 악화다. 1950년, 중국의 상공업자들도 마찬가지였다. 당시 전국에는 약 "500만 명의 상공업자, 그중 상업 종사자 300만 명"[1]이 있었는데 이는 어디까지나 대략적인 숫자였다. 기업 수에 관한 통계를 보면, 1950년 기준 전국의 민간 공업 기업은 다수의 영세 공장을 포함해 13만 3,018개였고, 자영업 위주의 상업 부문은 416만 2,300개에 달했다.[2]

전국에 흩어져 있는 이 "500만 명"에 다가가기 위해 제3부에서는 상공업이 가장 발달한 톈진, 상하이, 홍콩에 초점을 맞춰 각 장을 구성한다. 1950년, 전국의 민간 공업 기업 중 전체 공장 수와 근대적인 공장 수 기준으로 1~2위를 차지한 지역은 상하이와 톈진이었다.[3] 국제무역의 집결지이기도 했던 이 두 도시의 상공업자들에게 한국전쟁은 국제시장과의 연결 구조를 크게 바꿀 수 있는 중대 변수였다. 한편 홍콩은 비록 영국령 식

---

1 中共中央文獻研究室 編,《毛澤東書信選集》, 中央文獻出版社, 2003, 365.

2 李青等 主編,《中国资本主义工商业的社会主义改造》中央卷(下), 中共党史出版社, 1992, 1327, 1344, 1345, 1354. 여기서 자영업자 숫자는 "사영상업(私營商業)"에 "자본주의 상업"과 "자본주의음식업" 업자를 더한 것이다.

3 盧繼成,《廣東香港澳門工商業袖珍手冊》, 華僑文化服務社, 1951, 26.

제3부 상공업자 / **149**

민지였지만, 중국 내 자본이 혁명 이후 사유재산 침해를 우려하며 대거 유출된 지역으로 국내 상공업자들의 태도를 간접적으로 비추는 거울 역할을 했다.

물론 이 세 도시는 행정구역을 넘어선 영향력을 지녔다. 이들은 국제 항구를 가진 도시의 배후지로서 주변에 도시들이 형성돼 있었다. 제1장에서는 세 도시의 배후지에 거주하던 상공업자들의 시각을 다룬다. 그중 하나인 우한삼진(武漢三鎭)[4]을 중심으로 하는 화중 지역의 한커우(漢口)는 청나라 말 이후 후광(湖廣) 총독 장지동(張之洞) 등이 다예(大冶)의 철광석과 장시(江西) 핑샹(萍鄕)의 석탄을 활용해 제철업을 발전시키면서 일찍부터 상공업이 발달한 곳이었다. 만약 톈진에서 상하이를 거쳐 홍콩까지 이어지는 해안선을 "활"이라고 한다면, 한커우에서 북쪽으로 베이징까지 이어지는 징한(京漢)철도와 남쪽으로 홍콩의 배후지인 광저우까지 연결되는 웨한(粤漢)철도는 "활시위"에 해당한다. 또한 동서 방향으로 충칭에서 한커우를 거쳐 상하이까지 이어지며 바다로 흘러드는 창장은 "화살"이라 할 수 있다. 제3장에서 우한과 그 주변 지역을 해상과 육상, 두 길을 잇는 3대 국제도시의 배후지로 자리매김하는 이유다.

---

4   한수이(漢水)와 창장이 만나는 지점에 형성된 우창(武昌), 한커우, 한양(漢陽)을 가리킨다(옮긴이).

제1장
배후지

톈진 주변

먼저 톈진에서 서쪽으로 100km 정도 떨어진 베이징을 보자. 베이징시 공산당위원회가 당 중앙에 제출한 11월 5일 자 보고서는 항미원조 운동으로 반미 감정이 고조되는 가운데 "상공업 경영자의 태도는 여전히 냉담하며 일반적으로 전쟁을 두려워한다고 말할 수 있다. 진보분자 중 극히 일부만이 조선 지원의 필요성을 공개적으로 주장하고 있다"라고 지적했다.5 그 배경에는 "친미"와 "공미" 감정이 있었다. 일주일 뒤인 11월 12일 자 보고서 역시 이를 지적했다. "일부 시민은 제3차 세계대전이나 미국의 비행기와 원자폭탄, 종군 동원에 대한 두려움으로 불안해했다. 특히 대학 교수와 상공업자 중에 겉으로는 정부의 항미원조 군사행동을 따르면서 속으로는 반대하는 이들이 많았다."6

선박 회사인 민성실업회사(民生實業會社)에 관여했었고, 당시 베이징에 거주하던 저우산페이(周善培)는 국제 환경 악화라는 관점에서 대미 군사 충돌에 의문을 제기했다. 회사 경영진으로서 그와 친한 허베이헝(何北衡)

---

5 〈中共北京市委關於抗美援朝運動向中央併華北局的報告(1950년 11월 5日)〉,《北京市抗美援朝运动资料汇编》, 知识出版社, 1993, 20.

6 《中共中央文件選集(1945년 10月-1966년 5月)》第4冊, 人民出版社, 2013, 266-267.

은 11월 15일에 저우산페이의 견해를 다음과 같이 정리했다.

> 첫째, 미국은 알려진 것만큼 나쁘지 않다. 중국에 우호적인 이들이 많다. 둘째, 신중국은 이제 막 재건을 시작했는데 전쟁을 서두르는 이유를 모르겠다. 셋째, 국경 밖인 조선에 파병하면 국제사회에서 중국이 호전적으로 보일 위험이 있다. 넷째, 만약 미국이 전쟁을 확대하면 연해(沿海) 지역은 버티기 어렵다. 다섯째, 대영·대인도 외교에는 아직 협상의 여지가 있다. 여섯째, 타이완 문제를 우선 해결해야 한다. 일곱째, 정말로 미국과의 전쟁에서 승리할 수 있을까. 여덟째, 필요할 때 소련이 대규모 원조를 한다는 보장이 있는가.[7]

이러한 견해에는 미국에 대한 깊은 친근감과 동시에 두려움, 그리고 동맹국 소련에 대한 불신이 깔려 있었다. 저우산페이는 경제 건설 관점에서도 대미 전쟁을 바람직하지 않다고 봤다. 그는 전쟁을 피하려면 영국이나 인도 등을 중개자로 활용해 국제사회의 협력을 끌어내야 한다고 생각했다. 이러한 견해를 전달한 허베이헝은 당시 홍콩 체류를 마치고 1950년 6월에 막 귀국한 상황이었으므로, 전쟁 회피에 관한 입장을 공유했을 가능성이 크다.

대미 전쟁에 대한 회의는 베이징 인근 허베이성 상공업자들에게서도 나타났다. 11월 19일 자 〈신화사통신〉 허베이지사의 보고에 따르면, 이들은 장사에 끼칠 영향을 우려해 전쟁에 부정적인 태도를 보였다. 성도 바오딩에서는 "흔히 얘기하듯이 상인은 정치에 관여하지 않는다"라는 태도를 보이는 이들이 많았다. 이전까지 신정권과 거리를 두던 한 상인은

---

[7] 黃炎培,《黃炎培日记》第11卷, 华文出版社, 2012, 116.

"누가 와도 장사하는 건 똑같다. 일본인이 왔을 때도 똑같지 않았나"라고 말했다. 반면 한 착유(搾油)회사 사장은 "세계대전이 일어날 것이다. 생산에 전념하고 세금을 많이 내 전선을 지원하겠다"라며 신정권에 적극적인 태도를 보였는데, 이는 "예외 사례였다."[8] 당시 상공업자들이 보인 "나는 상관하지 않는다"라는 태도는 최대한의 피전·반전 의사를 표현한 것으로 보인다.

바오딩 지역 상공업자의 11월 동향에 대한 12월 13일 자 〈신화사통신〉 화베이총지사의 보고에 따르면, 항미원조 운동 이후 정부의 선전에도 불구하고 "일부 상공업자들은 올바르지 않은 생각과 행동을 보였다." 구체적으로 말하면 다수의 유통업자는 전쟁 발발에 따른 물가 상승을 예상하고 사재기나 판매 중지를 택했다. 특히 대형 업체일수록 투기 성향이 강했다. 어떤 이는 "위기에 편승해 한몫 잡으려고 국영기업 통제 목록에 오른 상품을 골라 사들였다. 예를 들어 석탄, 석유, 면사 등을 하루 만에 500~600명이 다투어 사들였다. 다른 사람의 영업면허를 사용해 국영회사로부터 등유를 사들이고 전매해 1배럴당 2만 6,000위안의 이익을 거둔 자도 있었다." 그러나 욕심은 나지만 정부의 대응이 두려워 주저하는 사람 또한 있었다. 한편 지난해 홍수 피해가 심각해 올해 반드시 식량 가격이 오를 것으로 내다보고 투기했다가, 뚜껑을 열어 보니 식량 가격이 오르기는커녕 떨어져 손해를 본 상인들이 있었다. 그리고 "시사 문제에 무관심해 누가 정권을 잡든 세금만 내면 된다는 태도를 보이는 상인들도 있었다."[9]

그 뒤 허베이성 당국은 조선 문제의 중요성과 대미 적개심 고취에 초점을 맞춰 선전을 강화했다. 바오딩, 탕산, 스자좡(石家莊), 친황다오 등 주요

---

8 〈河北省幹部和群衆對目前時局的反映〉, 《內部參考》 1950년 11월 24일.
9 〈保定工商業者的思想情況〉, 《內部參考》 1950년 12월 27일.

도시에서는 어느 정도 성과를 거뒀지만, 상공업자들에게는 여전히 전쟁에 대한 불안과 피전 정서가 남아 있었다. 12월 15일 자 〈신화사통신〉 화베이총지사의 보고에 따르면, 미국과의 전쟁을 두려워하는 감정은 "특히 상공업자들과 시민들에게 광범위하게 퍼져" 있었다. 상공업자들은 "전쟁이 일어나면 생산과 장사가 모두 어려워질까 봐 두려워"했다.**10**

상공업자들은 이러한 피전 감정과 동시에 대미 친근감을 지니고 있었다. "몇몇 고위 직원과 자본가는 미국에 대한 환상과 뿌리 깊은 친미 감정을 품고 있었다." 그들은 "미국은 평화를 지향하고 낙후한 민족을 돕고 다른 나라를 침략하지 않는 '도의의 나라'이고, 미군은 유엔군의 일원으로서 '절도 있게' 압록강 조선 쪽에 머물고 있으므로 중국 본토를 폭격하지 않을 것이다. 혹여 예상치 못한 사태가 발생하더라도 그것은 '어떤 부득이한 사정에 따른 것'"이라고 여겼다.**11** 이러한 친미 감정은 중국이 반식민지였을 때 민족자결을 주창한 윌슨주의(Wilsonianism)가 선포되고 중일전쟁 이후 미국의 원조가 이뤄진 경험에서 나온 것이었다.

비슷한 배경에서, 경영난에 빠진 카이롼(開灤)탄광의 한 고위 직원은 "제3차 세계대전이 일어나더라도 나쁘지 않다. 미국이 들어오면 영국도 따라올 것이다. 그러면 카이롼의 어려움이 해결되고 우리는 미제 밀가루를 먹을 수 있을 것"이라고 말했다.**12** 단순한 친미 감정을 넘어 중국공산당 정권의 "통치 능력"에 대한 깊은 불신과 불만을 읽을 수 있다. 농촌으로부터 도시를 포위해 정권을 획득한 중국공산당의 "통치 능력"은 당시 광범위하게 의심받고 있었다. 카이롼탄광의 이 고위 직원에게 그러한 의

---

10 〈保定, 唐山, 石家莊, 秦皇島等四市群衆在抗美援朝運動中尙存在不少思想問題〉,《內部參考》1950年 12月 21日.

11 위의 일간지.

12 위의 일간지.

심은 추상적인 이념이 아니라 생계와 직결된 문제였다.

카이롼탄광은 의화단사건 이후에는 중국과 영국이 공동으로, 태평양전쟁(1941~1945) 중에는 일본군이 관리했다. 1945년 11월 이후에는 다시 중국과 영국이 공동관리했다. 당시 미군이 탕구(塘沽)에 상륙해 광산을 점령하고 영국인 프라이어(W. Pryor)를 사장으로 하는 경영진 아래서 생산이 이뤄졌다. 하루 석탄 생산량은 종전 직후의 600t에서 1947년 6월에 1만3,500t으로 늘어나 전국 최고 수준을 기록했다.[13]

1948년 12월 말에 인민해방군 군사 대표가 광무국(鑛務局)에 진주했다. 국공내전과 정권 교체라는 혼란 속에서 1949년 겨울, 카이롼탄광은 비축 능력 한도인 130만t의 석탄을 갱도에 저장하고 있었다. 하지만 황폐해진 설비를 보수하고 유지하는 데 필요한 자재를 영국으로부터 사들일 자금이 없었다. 프라이어는 자재 수입에 필요한 30만 영국파운드를 마련할 생각으로 비축해 둔 130만t의 석탄을 팔기 위해 일본을 방문했고, 연합군 최고사령부와 제철 회사를 설득해 7만t을 수출했다. 이어서 추가로 5만t의 대일 수출 상담을 진행했다. 1950년 6월 7일에는 야하타(八幡)제철을 포함한 3개 회사와 연 100만t의 수출 계약까지 체결했다. 하지만 한국전쟁과 조선 파병 이후 미국의 대중국 수출 통제에 막혀 계약 물량의 3분의 1만 수출하고 중단했다. 프라이어는 일본 방문 뒤 중국으로 돌아가지 않고 영국으로 향했으며 카이롼탄광은 다시 심각한 경영난에 빠졌다. 카이롼탄광은 결국 1952년 5월에 중앙정부 연료공업부 소속으로 이관됐다.[14] 이러한 복잡한 사정이 이 탄광 고위 직원 발언의 배경이었다.

---

13 〈今日的開灤煤鑛〉,《觀察》第2卷 第24期, 1947년 8월 9일, 27-28.

14 堀内文二郎·望月勳,《開灤炭礦の八十年》, 啓明交易, 1960, 67, 124-129. 이 책의 핵심 주제는 아니지만, 영국 카이롼탄광의 식민지적 경영에 내재하는 문제점에 관해서도 지적하고 있다. 또한 노동자의 안전과 아동 노동 같은 문제들을 지적한 각주 12번의 〈관찰(觀察)〉 논문과 开滦矿务局史志办公室 編,《开滦煤矿大事记(初稿) 1948-1986》, 1987, 4-21.도

정권에 대한 불신과 생활 중심의 사고방식은 상공업자들과 시민들 사이에 널리 퍼져 있었다. 이들은 "어차피 서비스 제공이나 세금 상납을 해야 하니까 어떤 정권이든 상관없다", "기술만 있으면 누가 와도 먹고살 수 있다", "정권이 바뀌어도 학교는 가야 하고 읽고 쓰는 능력은 필요하다"라고 말했다. 같은 맥락에서, 압록강 인근 안둥시 등에 대한 미군기의 폭격을 두고 한 상인은 "어차피 양보하면 되지 않나. 폭격을 당하더라도 세계대전으로 가는 것보다는 낫다"라고 말했고, 다른 이는 "영토를 할양하고 배상금을 내더라도 '평화'를 얻는 편이 낫다"라고 주장했다.**15**

이러한 평화론의 배경으로 중국인에게 근대적 국민국가 개념이 희박하고, 아편전쟁 이래 열강과의 충돌에서 잇따라 패배하며 영토 할양과 배상이 반복됐던 역사적 기억을 지적하기도 한다. 하지만 근대적 국민국가 개념이 강하고 대외 전쟁에서 불패를 "자랑"하던 일본에도 비슷한 사고가 있었다. 루거우차오사변 직후인 1937년 8월 10일, 효고현(兵庫縣) 쿠게무라(久下村)의 청년단장이자 소방조장이었던 무라카미 하츠시(村上發司)는 면사무소에서 열린 단장 회의에서 다음과 같이 말했다. "일본은 지금 매우 불리한 전쟁을 치르고 있다. 규슈의 절반 정도를 중국에 넘기더라도 전쟁을 중단하는 것이 낫다." 나아가 "황군(皇軍) 장병이 전사하면 '천황폐하 만세'라고 외치며 꽃처럼 산화했다고 신문에 나오지만, 실제로 그런 말을 하는 사람은 없다. 그보다 아버지, 어머니를 부르며 죽는 게 진실일 것"이라고 했다.**16** 무라카미와 허베이성의 상인들은 국가보다 인간의 생존에 더 큰 가치를 두었다고 할 수 있다.

참조할 것.
15 〈保定, 唐山, 石家莊, 秦皇島等四市群衆在抗美援朝運動中尙存在不少思想問題〉, 《內部參考》1950年 12月 21日.
16 內務省警保局保安課, 《特高外事月報》昭和12年10月分, 21. 이 인용문을 읽기 쉽게 구두점을 넣었다.

허베이성 서쪽 차하르성(察哈爾省)**17**의 상공업자들도 비슷한 반응을 보였다. 12월 15일 자 〈신화사통신〉 화베이총지사의 통신 기사에 따르면, "우리 쪽에 비교적 우호적인 일부 상공업자와 그 주변 인물들은 미제의 횡포를 비난하며 한국전쟁을 '방치해서는 안 된다'라는 정부 방침에 찬성했다. 그러나 자신감은 부족하고 적의 공격성과 공습을 두려워하며 눈앞의 평화를 탐하는 경향으로 인해 조선에 대한 실질적인 관여에는 소극적인 태도를 보였다. 예를 들어 장자커우 중화대약국(中華大藥局) 지배인을 지낸 왕완춘(王萬春)은 조선 문제에 대해 '그냥 방치할 수 없겠지만, 타이밍을 봐야 하지 않겠나'라고 말했다." 일반적으로 상공업자들은 정부의 조선 파병에 "곤혹스럽고 낭패"한 기색을 감추지 못했으며, 평화를 희구하는 경향이 강했다. 그러나 정부는 이러한 평화론을 "눈앞의 안일을 탐하는 '평화'", 즉 소극적인 평화로 간주했다.**18** 해외파병을 통한 실력 행사만을 이른바 "적극적 평화"로 분류했다.

실제로 "장자커우시 더이마오(德意茂)의 지배인은 '지금은 나에게 언론의 자유가 없으니 침묵하지만 조만간 태도를 밝히겠다'라며 당원과 공산주의청년단원인 종업원을 협박하거나, 미국 무기의 위력을 강조하며 패배주의를 부추겼다." 또한 많은 상공업자가 "정권 교체"를 예감하고 위안화를 예금하지 않았으며, 상품을 사재기해 일확천금을 노렸다.**19** 이 같은 투기적 행태는 차하르성 서남쪽 산시성에서도 나타났다. 11월 18일 자 〈신

---

17 차하르는 몽골족의 부족 중 하나다. 신해혁명 다음 해인 1912년에 차하르특별구역이 건립되었다가 1928년에 차하르성으로 이름이 바뀌었다. 관할 지역은 오늘날의 랴오닝성, 산시성(山西省), 허베이성, 네이멍구자치구(內蒙古自治區) 등에 걸쳐 있었다. 차하르성은 중화인민공화국 건국 뒤인 1952년 11월에 분할돼 각각 허베이성, 산시성, 네이멍구자치구, 베이징시에 합병된다(옮긴이).

18 〈抗美援朝保家衛国聲中察省各界思想動態〉, 《内部参考》 1950년 12월 20일.

19 위의 일간지.

제3부 상공업자 / 157

화사통신〉 타이위안발 통신에 따르면, 한국전쟁 발발과 중국의 파병 소식에 "지금 재고를 확보하면 개전 뒤 큰 이익을 볼 수 있다"라는 기대가 커졌다. 그리고 약 한 달 사이에 타이위안시 내 25개 품목의 평균 가격이 10% 정도 올랐다.[20]

상하이 주변

1950년 11월 14일 자 난징시 공산당위원회의 보고에 따르면, 난징에서 항미원조에 대한 상공업계의 반응은 전반적으로 조선 파병에 소극적이었다. 화교 자본인 중난(中南)은행의 지배인은 "중국의 참전은 좋은 일이 아니다. 중국은 해안선이 너무 길어 미군이 언제든 상륙할 수 있다. 중공은 곧 미국이 지쳐 물러날 거라 하지만, 정작 지치는 건 인민해방군이 아닐까"라고 걱정했다. 이어 "이번 대전은 미소 간의 문제다. 양쪽 모두 원자폭탄을 갖고 있어 어떻게든 끝이 나겠지만, 봉변당하는 건 우리 중국이다. 아무튼 우리 은행업은 이제 끝났다. 전쟁이 나면 전멸이다"라고 비관했다.[21]

그러면서도 그는 "괜찮지 않을까"라고 덧붙였다. 체념처럼 들리는 이 말은 때로 전쟁을 상업적 기회로 삼으려는 의미로 해석되곤 했다. 실제로 일부 상공업자들은 전쟁에서 이득을 보려 했다. 대표적으로 광시성(廣西省) 난닝시(南寧市) 상회회장이자 대자본가인 라이서우밍(賴壽明)은 "미국과의 개전을 가장 강경하게 주장"하며 미국과 중공의 군사 충돌이 전해진 "요 며칠은 사람을 만날 때마다 그 주장을 전파했다." 정권에 영합하려는 목적이었는지는 분명하지 않지만, 사람들 사이에서는 "라이서우밍 어

20 〈山西抗美援朝運動展開以來各階層思想動態〉,《内部参考》1950年 12月 8日.
21 〈南京各階層對目前時局的反映〉,《内部参考》1950年 11月 23日.

르신은 전쟁으로 이익을 보게 됐으니까"라는 말이 돌았다.**22**

반면 중난은행 지배인은 달랐다. 한 투기 상인이 "전쟁이 나면 우리 장사가 더 잘될 것"이라며 "괜찮다"라고 말하자, 그는 곧바로 "현혹되지 마라. 중공이 그런 달콤한 기회를 그냥 둘 리 없다"라고 반박했다. 이 지배인의 진심은 전쟁으로 생기는 상업적 이익이 아니라 전쟁이 낳을 인명 피해와 시민 생활의 파괴였다. 그는 "정말 전쟁이 터지면 15~16세 아이들까지 군대에 끌려가고 가족은 강제로 전선 지원 활동에 동원될 것"이라며 두려워했다.**23** 또한 그는 "미국이 둥베이와 산하이관 이남의 왕래마저 차단하면 마오쩌둥은 티토(Tito)**24**가 될 것"이라고 덧붙였다. 이는 소련의 영향력이 줄어들면 중국이 중립 외교를 통해 제3의 길로 나아갈 수 있다는 "희망" 섞인 전망이었다. 티토식 중립 노선을 바라는 의견은 다른 상공업자들에게도 있었다. "좀 더 지혜롭게 마오 주석은 중립을 선언해야 했다. 전쟁은 미국과 소련에 맡기고 우리는 실력을 쌓아야 했다." "중국은 조선에 파병해서는 안 된다. 파병하면 우리가 먼저 손을 대는 것이 아닌가. 군사행동으로는 얻을 이익이 없다. 미국은 이미 북극권에서 유럽과 동아시아에 이르기까지 오랫동안 대소 포위망을 만들어 왔으며 중공은 소련에 이용당했다."**25**

---

22 〈抗美援朝運動展開後在廣西南寧的反映〉,《内部参考》1950年 11月 24日. 1월 24일 자 《내부참고》에 실린 이《광서일보》기사에는 "11월 1일 자 통신"이라고 적혀 있지만, 실제로는 11월 5일 "발표된 항미원조 운동 뉴스 뒤" 상공업자들의 반응을 다루고 있다. 광시성 현지에서 조사해 보고서로 정리한 뒤 인쇄하고 〈신화사통신〉본사로 전송해 편집 작업이 이뤄지는 과정을 고려하면 "11~19일"의 어느 날, 특히 "11일"의 오기일 가능성이 높다.

23 〈南京各階層對目前時局的反映〉,《内部参考》1950年 11月 23日.

24 유고슬라비아의 티토 대통령은 스탈린의 소련과 대립하면서 독자적인 사회주의 건설과 비동맹 외교 노선을 추진했다. 건국 이후 중국이 소련과 일정한 긴장 관계를 유지하면서 독자적인 외교 노선을 추진하면 동아시아에서 소련의 영향력이 약화할 것이라 미국은 예측했다. 그러면서 마오쩌둥이 동아시아의 티토가 될 것을 희망했다(옮긴이).

25 위의 일간지.

'미소 전쟁에 휘말려서는 안 되고, 불행하게도 세계대전이 나면 결과적으로 중국의 노선 전환으로 이어질지도 모른다.' 난징뿐 아니라 인근 지역 상공업자들의 생각도 이와 비슷했다. 난징 동쪽 단투현(丹徒縣)의 자본가이자 쑤난(蘇南) 지역 각계인민대표회의의 대표 왕진보(汪金波)는 "세계대전은 이미 시작됐다. 우리는 중간노선을 걸어야 한다", "마오 주석은 좋지만, 중국에는 친소파 3명이 있다"라고 말했다. 그가 지목한 친소파는 류사오치, 리리싼(李立三), 그리고 "둥베이의 왕" 가오강26이었다.27

난징의 일부 상공업자는 "청천백일기(靑天白日旗)가 틀림없이 돌아올 것"이라며 미국 측의 승리를 장담했고, "장제스는 미국의 신뢰를 잃었으므로 리쭝런,28 바이충시(白崇禧),29 장파쿠이(張發奎)30 중 한 명이 대신

26 군인이자 정치인. 1926년 공산당에 입당한 뒤 산시성(陝西省)에서 무장투쟁을 조직했고, 그 뒤 항일전쟁의 근거지인 '산간닝변구(陝甘寧邊區)'의 건설에 중요한 역할을 했다. 1945년부터는 공산당 둥베이국(東北局) 부서기, 서기, 둥베이인민정부 주석, 둥베이군구 사령원 등을 역임하며 둥베이 지역의 실권을 장악하는 한편, 경제 발전과 정치운동에도 탁월한 성과를 거둬 '둥베이의 왕(東北王)'이라 불렸다. 1954년 2월, 공산당 회의에서 "권력 찬탈 음모" 혐의로 공개 비판을 받고 8월에 자살한다(옮긴이).

27 〈無錫, 蘇州等地流傳的謠言及部分幹部群衆對時局的反映〉, 《内部參考》 1950년 11월 11日.

28 군인이자 정치인. 1891년 광시성 구이린(桂林) 출신으로 광시육군속성학교(廣西陸軍速成學校)를 졸업했다. 국민당에 가입한 뒤 1926년 북벌에 참여했고, 광시, 광둥, 후난, 후베이를 세력 범위로 하는 군벌이 됐다. 제1차 국공합작 붕괴 뒤 장제스와 대립했고, 1949년 1월 장제스를 대신해 중화민국 총통 대리로 취임했다. 1949년 12월에 신병 치료를 명목으로 미국에 망명했다가 1965년에 베이징으로 귀국했다(옮긴이).

29 군인이자 정치인. 1893년 광시성 구이린 출신으로 바오딩육군군관학교(保定陸軍軍官學校)를 졸업한 뒤 광시군벌인 계군(桂軍)에 들어갔다. 1923년 이후 리쭝런 등과 함께 기존 광시 군벌을 대체하는 신계군(新桂軍)을 만들었고, 국민혁명군 부참모장으로 북벌에 참여했다. 리쭝런과 함께 장제스와 대립했지만, 1931년 만주사변 발발 이후 장제스의 난징정부(南京政府)에 협력하고 항일전쟁에 참전했다. 국공내전 시기 공산당에게 패배한 뒤 장제스의 요청으로 타이완 타이베이로 가서 행정원장이 됐다(옮긴이).

30 군인이자 정치인. 1896년 광둥성에서 태어나 군사학교를 거쳐 국민당에 가입했다. 1926년 북벌에 참여해 공산당과 국민당 좌파의 연합정부인 우한정부(武漢政府)를 지지했고, 한때 장제스와 대립했다. 1931년 만주사변 발발 뒤 장제스의 난징정부에 협력하고 항일전쟁에

복귀할 것"이라고 봤다. 그러면서 "전쟁이 나도 우리와는 무관하다. 누가 와도 살아가는 데는 큰 차이가 없다"라는 식으로 정권과 일정한 거리를 뒀다. 이런 태도는 상공업계의 실질적인 움직임으로 드러났다. "많은 동업협회(同業協會)의 책임자가 사의를 표했고", "상하이은행의 지배인은 꾀병을 핑계로 자택에 머물며 회의에 대리인을 보냈다." 난징시 견직물동업협회 주임위원 황시런(黃希仁)은 "좌담회에서 의기양양하게 발언"했지만, 기자가 따로 시사 문제를 묻자 "생각해 보겠다"라는 답변만 남겼다.[31]

미군의 승리를 점친 상공업자는 우시에도 있었다. 미곡상이자 당시 우시 식량동업공회(食糧同業公會) 부주임위원이던 자오장지(趙章吉)는 "공산당은 더는 못 버틴다. 미국이 곧 공격해 올 것"이라고 친구에게 말한 것으로 알려졌다.[32] 우시와 쑹장(宋江)의 상공업자들도 비슷한 반응을 보였다. 1950년 11월 11일 자《소남일보》의 통신에 따르면, 이들은 "겉으로는 시사에 관심 없는 척하며 장사에만 집중했다. 하지만 속으로는 많이 불안해하고 있었다. 간부 앞에서는 '미제는 종이호랑이'라는 미사여구로 공손하게 맞장구치다가 사석에서는 전혀 다른 말을 했다. 투기 상인은 오히려 시장 혼란을 기회로 여겨 유언비어의 확산을 반기기도 했다." 또한 "위안화에 대한 신뢰가 약해지며 암거래가 늘고 사재기가 나타났다." 공업 자본가는 본래 "경영 확대나 내전으로 중단된 생산의 재개를 생각하고 있었다. 그러나 전쟁이 일어나면 자본 회수가 곤란해질 것을 예상하고 낡은 기계 등 설비를 갱신하는 데 소극적인 태도를 보였다. 공장 투자보다 오히려 은행과 개인을 상대로 한 돈 거래를 선호했다." 그런 가운데 "미군이

참전했다. 1949년에 중화민국 육군 총사령관으로 임명되지만, 곧 홍콩으로 망명했다. 그 뒤부터 중화민국과 중화인민공화국 모두에 거리를 두는 정치 활동을 했다(옮긴이).

31 〈南京各階層對目前時局的反映〉,《内部参考》1950年 11月 23日.
32 周孜正,《疾風暴雨的年代-1949年前后中共对无锡大资本家的统合》华东师范大学学位论文, 2014年 5月, 364.

아직 우리 국경 안으로 침투하지 않은 지금 파병하면 '전범'으로 취급되는 것 아닌가"라며 불안해하는 사람이 있었다.[33]

장쑤성 남부에 있는 쑤저우에서도 전쟁의 영향은 뚜렷했다. 금융 긴축이 시작된 11월 11일부터 "시 전역에서 30억 위안이나 되는 융자금이 회수"됐고, 가을 대목을 준비하던 상공업자들의 계획은 무산됐다. 상공업자들은 "그동안 은행은 상공업을 돕기 위해 크게 대출해 준다고 했다가 이제 와서 철회"했다고 항의했다. 정부 정책 변화에 대한 불만이 고조됐으며, 다음에 또 새로운 조치가 나오지 않을까 의심했다. 실제로 정부는 식량 매입을 중단하고 그만큼 재정 지출을 줄였다. 동시에 80억 위안의 세금 미납분 회수 목표를 달성하기 위해 납부를 독촉했다. 그러자 상공업자들 사이에서는 "3~4월의 최악의 상황으로 되돌아가는 것 아니냐"라는 우려가 나왔다. 실제로 한 백화점의 매출은 항미원조 운동이 시작되기 전인 "11월 2일에 7,700만 위안에서 11일의 금융 긴축으로 1,700만 위안으로 떨어졌고, 13일에는 740만 위안이 됐다." 상공업자들은 이를 "큰 변화가 일어날 조짐"으로 여겼다.[34]

의식(衣食)과 연료 등의 상황도 심각했다. 식량은 과잉 공급으로 공급량 5만kg 중 절반밖에 팔리지 않았다. 그리고 식량 구매에 관심을 보이지 않던 민간업자들이 추가 구매를 꺼려 "가격이 폭락했고, 앞으로 더 떨어질 것으로 예상됐다." 면사는 "관리 대상이 된 뒤 암시장에서 공정 가격보다 1만 1,000위안 높은 가격에 거래됐다." 면사 제조업자들은 고가에 팔 의사가 없으면서 일부러 높은 가격을 제시해 시세를 끌어올리려 했고, 수요자들은 면사를 공정 가격으로 공급하는 정부로부터 많이 배급받기 위해 산정 기준인 가동 시간, 생산 능력, 제품의 종류 등을 실제보다 더 부풀려 신고했

33 〈無錫, 松江各階層對時局的反映〉, 《内部参考》 1950年 11月 25日.
34 〈蘇州十一月份金融和市場狀況〉, 《内部参考》 1950年 12月 12日.

다. 석탄 공급은 더욱 상황이 심각했다. 11월 말에 "쑤저우시의 석탄 비축량은 불과 1개월분밖에 없었고, 그 명세는 정부 2,000만t, 민간 1만이었다. 업자는 국영회사로부터 1톤당 25만 위안으로 구매한 석탄을 36만 위안에도 팔기 아까워했다."[35] 상공업자들의 불안 심리를 보여 준다.

쑤저우 남쪽에 있는 저장성도 상황은 마찬가지였다. 11월 6일 자 《절강일보》의 보고에 따르면, "상공업자들은 강력한 무기를 가진 미국을 숭배하고 병적일 정도로 두려워했다. 인천상륙작전 이후 서울과 평양이 잇따라 함락된 것을 보며 미제는 더 이상 종이호랑이가 아니라고 생각했다. 앞선 두 차례의 세계대전에서 미국이 참전하면 바로 승리했다는 기억도 영향을 끼쳤다." 이에 따라 상공업자들은 미국을 두려워하면서도 친근감을 느꼈다. 보고에 따르면, 일부 상공업자는 "미국은 일본군처럼 흉포하지 않고 중국을 적지 않게 '원조'했다. 공산당이 소련 일변도의 정책을 취하는 것은 알지만, 그렇다 해도 입 밖에 내거나 호소하면서까지 미국을 자극할 필요는 없다"라고 생각했다.[36]

저장성 상공업자의 관심은 조선 문제를 "방치해서는 안 된다"라는 저우언라이의 성명에 있었다. 구체적으로 말해 "도대체 어떻게 관여할 것인가? 어느 정도까지 관여할 것인가? 교전이 벌어지면 어디까지가 전투 범위인가? 한반도인가, 둥베이 또는 화베이 지역으로 한정할 것인가? 아니면 전국, 나아가 전 세계로 확대할 것인가?"라는 데 있었다. 전쟁에 휘말릴까 봐 걱정한 것이다. 실제로 상공업자들은 신정권이 발행한 "위안화의 수명이 길지 않을 것을 염려해 은행의 예금과 적금 액수를 큰 폭으로 줄이고 면사(綿絲)를 사재기했다. 과거에 투기로 시세차익을 얻었던 사람들은 미국이나 장제스의 복귀가 '그렇게 나쁜 것은 아니다'라고 생각했

---

35 위의 일간지.
36 〈抗美援朝高潮中浙江某些群衆的思想情況和謠言〉,《内部參考》1950年 11月 14日.

다. 하지만 미국이나 장제스의 복귀를 환영하지 않는 사람이 더 많았다. 오히려 전쟁이 길어져 생활이 어려워지고 장사를 못 하게 되는 상황을 걱정하고" 있었다.**37** 이 보고는 11월 6일에 이뤄졌다. 하지만 취재부터 신문 인쇄까지의 시간 차를 생각하면, 각 당파의 항미원조 운동에 관한 공동선언이 발표되는 11월 5일 이전에 상공업자의 반응을 정리한 것 같다.

나흘 뒤, 이 신문에 속보가 떴다. 항저우시 상공업자 대부분은 만일 전쟁이 일어나면 "최후의 승리는 우리 것이 틀림없다"라고 믿었다. 하지만 "대부분은 전쟁이 가져올 고난과 장기화를 걱정하고" 있었다. 몇몇 상공업자의 발언이 소개됐는데 대략 두 종류다. 하나는 미국의 실력을 높게 평가하는 관점에서 한 발언이었다. 상인 왕(汪) 아무개는 "지금 소련이나 동쪽 진영의 다른 나라들은 방법이 없다. 소련은 미국 비행기가 자기네 공항을 폭격했는데도 중국과 마찬가지로 참을 수밖에 없었다. 동쪽 진영의 힘이 미국에 미치지 못하는 것을 알 수 있다"라고 말했다.**38**

다른 하나는 집권당이나 동맹국 소련에 대한 불신을 드러내는 관점에서 한 발언이었다. 옛 정권 관계자로서 상업하는 왕(王) 아무개는 "공산당이 참으로 이런저런 수를 쓰고 있구나. 한반도에서 미국에 격파당했나 했더니 방침을 바꿔 베트남에서 일을 벌이고 있다"라고 말했다. 이와 관련해 "소련이라는 나라도 착하다고는 할 수 없다. 아직도 뤼순과 다롄(大連)을 점령하고 중국에 돌려주지 않는다",**39** "한반도는 소련과 미국이 서로

---

37 위의 일간지.

38 〈杭州各界對時局的反映和該市流傳的一些謠言(續誌)〉,《内部參考》1950년 11월 17일.

39 1945년 8월 14일에 중화민국과 소련은 중소우호동맹조약을 맺고 같은 해 2월, 얄타회담에서 미국, 영국, 소련이 합의한 내용을 승인한다. 이 조약에서 양국은 다롄을 국제 무역항으로 개방하고 뤼순은 중소 양국의 해군기지로 공동 사용할 것을 합의한다. 하지만 소련군은 8월 22일, 다롄과 뤼순에 진주하면서 이 지역 전체에 대한 군사관제(軍事管制)를 실시하고 국민당 군대의 진입을 막는다. 중화인민공화국 건국 뒤인 1950년 2월 14일, 중화인민공화국과 소련은 기존 중소우호동맹조약을 대체하는 중소우호동맹상호원조약(中蘇友好同

빼앗으려 하는 곳으로 지금은 미국과 소련 각각의 식민지가 됐다"라는 발언이 있었고, "몇몇 투기적인 상인이나 보수적인 경영자는 미국인들이 돌아오기를 원했다"라고 《절강일보》는 보고했다.**40**

대배후지

국제항의 대(大)배후지에 해당하는 주요 도시들의 상공업자들은 한국전쟁에 어떻게 반응했을까? 평양 수복 이전인 11월에 이 지역 각 계층의 반응을 수집한 《장강일보(長江日報)》의 보고에 따르면, 한커우(漢口)와 다예(大冶)의 상공업자들은 "전쟁을 두려워하고 미국을 우러르는 감정이 뿌리 깊었다. 미국은 강력한 무기, 특히 원자폭탄을 가지고 있다는 것이 주된 이유였다." 또 "장사를 못 하게 될까 봐 두려워하거나 전쟁에 따른 증세가 제2차 공채 발행으로 이어질까 의심하는 등 이유는 다양했다. 항일전쟁 이후 미국이 중국에 많은 구호물자를 줬는데 왜 미국을 적대시해야 하느냐며, 미제에 환상을 품은 상공업자들도 많았다."**41** 실제로 한 상인은 "지금까지 국민당을 몰아내기 위해 기꺼이 전선을 지원했지만, 항미원조를 위해 다시 전선을 지원하라는 말에는 동의할 수 없다"라고 말했다.

盟互助條約)을 맺는 한편, 뤼순과 다롄에 관한 별도의 협정을 맺고 1952년 말까지 뤼순에서 소련 해군이 주둔하기로 한다. 그 뒤 한국전쟁이 발발하자, 1952년 9월에 양국은 다시 기한을 연장하고 1955년 5월에 소련 해군은 뤼순에서 완전히 철수한다(옮긴이).

40 위의 일간지.

41 〈漢口, 大冶各階層對時局的反映〉, 《內部參考》 1950년 12월 19일. 한커우와 다예 지역 각 계층의 반응에 관한 《장강일보》 기사에는 날짜가 없었다. 《내부참고》에 실린 날짜는 12월 19일이고 여기에 함께 실린 또 다른 톈진 관련 기사의 내용으로 보면, 이 기사는 평양을 탈환한 12월 6일 이후 작성된 것으로 보인다. 그러나 기사 내용을 보면, "평양 상실"에 이르기까지의 반응만 기록돼 있으며, 지원군 출동 이후 시민의 언행은 있으나 평양 탈환 이후의 기록은 없다. 따라서 이 기사는 평양 탈환 이전인 11월을 중심으로 한 이 지역의 반응을 정리한 것으로 보인다.

그들의 실감으로 미국이 중국에 있었을 때는 장사하기 편했다. 지금처럼 규제가 많지 않았다. 전쟁이 벌어지면 대출 중단이나 금융 통제로 자금 사정이 나빠질 것이며, 결국 상공업 전체가 어려워질 것이라 생각했다. 지원부대가 조선으로 건너간 뒤 시장에서는 면화와 면사를 사재기하는 움직임이 나타났고, 일부 상공업자는 사업 의욕을 잃고 영업에 소극적인 태도를 보였다. 소규모 상공업자나 부동산 소유자 중 일부는 도시에서는 전쟁의 영향으로 장사할 수 없을 것이고, 시골로 돌아가면 토지개혁으로 땅과 집을 몰수당할까 봐 걱정하며 갈피를 잡지 못했다.[42]

이 보고는 한커우와 다예 지역의 유력 상공업자를 포함한 "민주인사(民主人士)"의 반응을 상세히 소개하고 있다. 그들 다수는 "전쟁이 나든 말든 단결해야 하며 가능한 범위에서 조선을 지원해야 한다고 주장했다. 그러나 실제 행동과 말에서는 미묘한 온도 차이가 있었다. 예를 들어 회의에서는 항미원조를 지지한다고 했지만, 집에서는 부인에게 상황이 심상찮으니 귀중품을 잘 챙기라고 당부했다. 도시는 불안하니 시골로 이주할 준비를 해야 한다며 현장체험학습을 신청한 자들도 있었다."[43]

〈신화사통신〉 후난지사의 보고에 따르면, 둥팅호(洞庭湖)를 사이에 둔 후난성 "상인들은 대체로 속내를 드러내지 않으며 겉으로는 '어느 쪽이든 상관없다'라는 태도를 보였다. 하지만 실제로는 공포감에 휩싸여 있었다. 창사에서 수로운항업을 하는 후(胡) 아무개는 자택 안에 방공호를 설치했고, 각지의 소매상들은 외상 판매를 중단하며 고객들에게 채무를 모두 갚으라고 독촉했다. 물건을 대량으로 사서 비축하려는 상인들이 늘어나면서 창사의 물가는 불안정해졌고, 은화의 암시장 가격이 1매당 1만 8,000

---

[42] 〈漢口, 大冶各階層對時局的反映〉, 《內部參考》 1950年 12月 19日.
[43] 위의 일간지.

위안에 이를 정도로 급등했다. 어떤 점원은 '둥베이에는 이미 미군이 침입했고, 프랑스군은 베트남을 거쳐 광시까지 들어오고 있다. 아군은 이미 하이난다오에서 퇴각했고, 장제스군이 곧 돌아올 것'이라고 말했다."[44]

미국의 다음 표적은 중국이라고 인식한 정권의 공식 선전은 '불이 난 이웃집을 돕지 않으면 우리 집도 불탄다'라는 식의 논리를 폈다. 하지만 창사의 일부 상공업자는 이에 반기를 들었다. 그들은 한국전쟁을 중국과는 무관한 외부 분쟁으로 보고 "미국과 조선이 싸우는 것이지 중국과의 전쟁은 아니다"라고 주장했다. 또한 "지금 세계대전이 일어나면 안 된다. 신중국은 건설을 위한 몇 년 정도의 시간이 필요하다"라고 말했다.[45] 이는 전쟁 회피를 위한 주장일뿐 아니라, 정권의 "자위" 논리가 더 큰 전쟁의 도화선이 될 수 있다는 우려에서 나온 반박이었다. 물론 겉으로는 정권의 입장에 동조하는 듯한 발언도 있었다. "지금 평화를 원하는 동쪽 진영의 힘이 강하고, 우리는 제국주의를 두려워하지 않으며, 최종 승리는 인민의 것"[46]이라는 말은 전형적으로 "무난한 의견"이었다.

그러나 바로 이어지는 "점원"의 발언을 함께 보면 정권과 동맹국 소련에 대한 불신이 깔려 있었음을 알 수 있다. 이 점원은 "전쟁이 나면 중국은 미국을 이길 수 없다. 그러나 동쪽 진영 전체로 보면 최종 승리는 가능하다"라고 말했다. 얼핏 보기에는 모순 같다. 이 보고에 "노동자·점원"이라는 항목이 따로 있는데도 점원의 발언이 "상공업자"로 분류된 것으로 볼 때 이 사람은 경영자 쪽 사원, 곧 관리직이었던 것 같다.

이어서 보고는 마치 이 발언의 전반부에 주석을 단 것처럼 후난성 각계 대표자회의 대표인 광다(廣大)방적염색회사 덩지메이(鄧濟美)의 비평을 실

---

44 〈長沙各階層對目前時局的反映〉,《內部參考》1950年 11月 22日.

45 위의 일간지.

46 위의 일간지.

었다. 덩지메이는 "일부 상공업자는 전쟁을 돈의 싸움, 자원의 싸움이라고 생각한다. 그들은 미국에 돈이 있다는 것만 보고 미국이 강하다고 믿는다"라고 비판했다. 한편, 일부 상인은 앞서 말한 점원의 발언 후반부와 공통된 견해를 가지고 있었던 것으로 보고됐다. 이에 따르면 이들은 "미국은 소련 영공을 비행기로 침범했을 때 즉각 사과했다. 하지만 우리 영공을 여러 차례 침범하고는 사과하지 않는다. 중국은 미국의 안중에 없기 때문"[47]이라고 말했다. 일어날 수도 있는 세계대전 결과를 예측하면서 약한 중국과 강한 소련을 구별한 것이다. 여기에는 참전해도 이익을 얻는 쪽은 동맹국인 소련(동쪽 진영)이며 피해를 보는 쪽은 중국(우리 쪽)뿐이라는 인식, 다시 말해 동맹국을 위한 해외파병에 대한 비판이 담겼다.

이러한 비판적 인식의 배경에는 단순한 실력 격차나 동맹국에 대한 불신뿐 아니라, 상공업자들의 정권에 대한 불만이 자리 잡고 있었다. 덩지메이는 이에 대해 다음과 같이 평가했다. "평소 공적·사적 관계와 세수 등에 불만이 많았던 일부 상공업자는 기다렸다는 듯이 '세상의 혼란'을 기대하고 있다. 그들은 예전처럼 부유한 생활을 되찾고 싶어 한다." 실제로 한국전쟁 발발 이후 "일부 상공업자는 내심 기뻐하며 '올해 안에 (국민당이) 돌아오지 않겠는가'라고 말했다." 심지어 어떤 경영자는 노동조합 활동하는 점원을 향해 "너희들이 제멋대로 떠들어 봐라. 조만간 목이 날아갈 테니까"라며 협박했다.[48] 하지만 덩지메이에 따르면, 중소기업주들은 대체로 "전쟁을 원하지 않는다. 왜냐하면 끔찍할 정도로 전쟁으로 인한 고난을 겪었기 때문"이었다.

이 같은 현실 인식은 후난의 경제 상황에 고스란히 반영됐다. 창사시 상공업계의 추계 납세평정회의(納稅評定會議) 책임자 중 한 사람은 다음과

47 위의 일간지.
48 위의 일간지.

같이 말했다. "최근 국제 정세가 긴장되면서 상하이에서 금융 압박이 시작됐고, 이는 곧 창사로 이어졌다. (중략) 올해 추계 세수 목표는 하계보다 높게 설정됐는데, 만약 상공업계의 유동성이 약화된다면 국고 수입에 타격이 불가피할 것이다." 이처럼 현실적인 제약 속에서 "사업을 신중하게 조절하려는 상공업자의 움직임이 곳곳에서 나타나기 시작했다."[49]

이런 위기의식 속에서 상업 네트워크를 통해 수집한 정보를 바탕으로 대응하려는 상공업자들이 있었다. 소규모 유통업자 류(劉) 아무개가 그중 한 명이었다. 그는 둥베이 지역에서 입수한 정보에 기반해 다음과 같이 판단했다. "이 지역은 이미 대규모 병력이 집결하고 전쟁 상태에 들어갔다. 공장들은 정부의 소개 방침에 따라 농촌 지역으로 이전했고, 안산제철소(鞍山製鐵所)[50]는 헤이룽장성의 자무쓰(佳木斯)로 이전한다고 한다." 이를 근거로 류 아무개는 한국전쟁의 향방을 다음과 같이 전망했다. "지금은 북조선이 밀리고 있지만, 북조선에는 여전히 수많은 게릴라 부대가 남아 있다. 미국은 이 게릴라를 소탕하지 않고서는 다른 지역으로 진출하지 못할 것이다. 그런 의미에서 중국과의 직접 충돌은 당분간 없을 것이다."[51] 이것은 정권이 내세운 조기 군사 개입론과 달리 개입 시점을 최대한 늦추자는 "피전"에 가까웠다. 즉, 11월에 들어서도 후난 지역의 상공업자들은 군사적 충돌을 피하고자 했다.

중국의 직접 개입을 피하려는 경향은 배후지뿐 아니라 전선에서도 나

---

49 위의 일간지.

50 1916년 랴오닝성 안산에 중국과 일본이 공동으로 철광 채굴회사 전싱철광공사(振興鐵鑛公司)를 설립하고, 1918년에는 철광을 원료로 사용하는 안산제철소를 설립한다. 1929년에 전싱철광공사와 안산제철소는 쇼와제강소(昭和製鋼所)로 합병된다. 쇼와제강소는 국공내전 과정에서 공산당이 동북 지역을 장악한 1948년 12월에 안산강철창(鞍山鋼鐵廠)으로 이름을 바꾼다. 본문에서 안산제철소는 안산강철창을 가리킨다(옮긴이).

51 위의 일간지.

타났다. 조선과 가까운 하얼빈시의 상공업자들은 "전쟁의 성격에는 관심이 없고 파병 자체를 나쁜 것으로 여겼다. 중국의 파병은 제3차 세계대전으로 이어질 것으로 봤다." 만주 남부에서 하얼빈으로 소개된 공장들과 사람들은 공중폭격의 표적이 될 수 있다고 우려했고, 시민들은 이러한 "민폐 시설"을 자신들에게 강요한다며 불만을 드러냈다. 식량과 석탄의 가격은 급등했고, 철도 수송용 화물차량이 부족해지면서 금 매입과 물자 사재기가 광범위하게 발생했다. 실제로 10월 말부터 파병이 이뤄진 11월 초까지의 물가는 9월보다 10% 상승했다.**52** 물자의 부족과 시장 불안은 시민들의 불안 심리를 더욱 자극했다.

조선에서 멀리 떨어진 광시성 난닝 지역도 예외가 아니었다. 상공업자들은 항미원조라는 "중대한 뉴스가 곧 전쟁으로 이어지고 제3차 세계대전이 일어날 것"이라며 불안해했다. 《광서일보(廣西日報)》가 주최한 독자 좌담회에 참석한 한 상인은 "일부 사람들은 비관에 빠져 아무 의욕을 내지 못하고 있다"라고 말했다. 그 이유는 여러 가지였다. 미국은 풍부한 자금력과 원자폭탄을 가지고 있고 다국적군까지 이끌 만큼 "위세가 대단해서, (사람들은) 미국과 싸우는 것은 손해"라고 여겼다. 무엇보다 상인들은 "전쟁 자체를 두려워하고 있었다."**53** 또한 조선에서 멀리 떨어진 광시성은 긴장 상태가 고조되던 베트남과 가까워 언제라도 전선이 될 수 있다고 생각했다.

---

52 〈松江省目前幹部, 群衆思想動態〉,《內部參考》1950年 11月 30日. 공격받을 수 있는 "민폐 시설"에 대한 시민들의 불만은 최근 일본의 오스프리(Osprey)나 육상 배치형 요격미사일 시스템인 "이지스 어쇼어(Aegis Ashore)"의 배치 후보지 주민들의 반발에서도 나타난다.

53 〈抗美援朝運動展開後在廣西南寧的反映〉,《內部參考》1950年 11月 24日.

제2장

톈진

1950년 10월 하순에서 11월 초순, 톈진에는 전운을 예감하는 상공업자들이 있었다. 한 상인은 "최근 톈진-푸커우(浦口)철도와 베이징-랴오닝(遼寧)철도의 군사 수송 시간표가 꽉 차 있는 것으로 볼 때 저우언라이 총리 성명의 실행[54]을 대비하기 위해서일 것"이라고 말했다.[55] 10월 28일경 톈진 시내에 북조선 사람들이 대거 도착했다는 소문이 돌았고, "30일 아침에 8~9명에서 십수 명씩 떼를 지어 시내를 어슬렁거리는 북조선인을 목격했다"라는 말이 나왔다. 한 상인은 "이들은 단순한 피란민이 아니라 북조선의 기술자나 공산당원일 가능성이 크다. 일반 조선 시민이 톈진까지 도망쳐 오는 것은 쉽지 않기 때문"이라고 해석했다.[56]

그럼에도 많은 상공업자는 미국과 중국이 직접적인 군사 충돌까지는 가지 않으리라고 믿었다. 하지만 그 믿음은 며칠 뒤 깨졌다. 11월 7일 밤에 미국과 중국 간의 군사 충돌을 〈신화사통신〉이 공식 보도하자, 톈진 상공업계는 공황 상태에 빠졌다. 다음 날인 8일에 상공업자들은 은행 등

---

54 중화인민공화국 건국 1주년 바로 전날인 1950년 9월 30일, 정치협상회의 보고에서 저우언라이는 "미군이 삼팔선을 넘어 북진한다면, 우리는 좌시할 수 없으며 개입해야 한다"라고 경고했다. 여기서 "실행"은 이 경고를 실제로 이행한다는 뜻이다(옮긴이).

55 〈京,津,滬,漢部分群衆對目前時局的反映〉,《內部參考》1950년 11월 3일.

56 〈上海,天津等地謠言一束〉,《內部參考》1950년 11월 7일.

금융기관에 몰려들어 예금 인출 소동을 벌였다. 11월 11일 자 《톈진일보》의 보고에 따르면, 특히 상인들 사이에서 민간 은행이나 환전소에 예금한 돈을 찾으려는 움직임이 두드러졌다. 상하이은행의 주지산(朱繼珊)과 "첸이(謙義)환전소"의 리모샹(李墨鄉)은 "정부가 지금은 공적 금융기관의 예금과 저금만 동결했지만, 민간 예금도 언제 동결할지 알 수 없다"라며 불안해했다. 보고는 인출 소동의 원인을 "인민은행 본부로부터 예금 봉쇄에 관한 긴급조치를 통보받은 톈진시 인민은행이 충분한 설명 없이 이를 실행했기 때문"이라고 분석했다.[57]

그러나 어떤 설명을 했더라도 소동은 쉽게 진정되지 않았을 것이다. 1월 8일 자 《인민일보》가 "신의주 라디오국 방송"을 인용하는 형식으로 "조선 북부 모 지역발 7일 전보"를 중국 지원부대와 미군·한국군 간의 실제 교전으로 보도했기 때문이다.[58] 이 보도는 "엄청나게 큰 사건"으로 받아들여져, 다음 날인 8일 하루 동안 민간 금융기관에서 100억 위안 넘는 예금이 인출됐다. 그중 은행에서 빠져나간 돈이 90억 위안, 어음교환 뒤 민간 금융기관의 지급 차액이 80억 위안에 달했다. "그 결과 민간 금융기관은 수개월 만에 처음으로 경영 위기에 빠졌다. 다행히 인민은행의 긴급 융자로 간신히 이날 인출 사태를 넘겼다. 9일에는 상황이 다소 진정됐지만 여전히 어음 지급 차액은 컸고, 민간 금융기관들은 8일부터 대출 업무를 모두 중단한 채 예금 인출 대응에 몰두했다."[59]

금융시장이 요동치는 가운데 사채업자들이 운영하는 암(暗)금융시장의 이자율이 급증했다. 평소라면 100위안당 불과 4~5위안에서 7~8위안

---

57 〈津市人民銀行實行凍結存款措施後私營工商業紛紛向私營行莊提取存款〉,《内部参考》1950年 11月 17日.

58 〈在中國人民志願部隊参加下朝人民軍獲重要勝利〉,《人民日報》1950年 11月 8日.

59 〈津市人民銀行實行凍結存款措施後私營工商業紛紛向私營行莊提取存款〉,《内部参考》1950年 11月 17日.

사이에서 움직였지만, 11월 8일 이후 "며칠 동안은 상인끼리 자금을 융통하는 경우라도 최소 6~7위안에서 최고 8~10위안에 달했다. 심지어 인민은행에서 받은 소액 대출을 다른 이에게 되팔아 차익을 남기기도 했다." 한편 앞으로의 원활한 거래를 위해 인민은행이 장려한 저축증권을 일부 업자들은 구매했지만, 다른 업자들은 인민은행이 "원금과 이자를 보증한다 해도 이 증권으로는 방쯔면(棒子麵)**60**을 살 수 없다"라며 매입을 거부했다.**61**

금융기관에서 인출된 자본은 곧바로 면사, 석유 등 통제 물품의 사재기로 이어졌다. 11월 13일 자 《톈진일보》의 보고에 따르면, 톈진시 정부가 면사와 석유를 통제한 이후 "면사가 암시장에서 거래되기 시작했다." 한 면사 유통업자는 "일 년 넘게 경기가 나쁘다가 겨우 최근 두 달 만에 회복세를 보였는데, 정부가 갑자기 거래 금지를 통보했다. 우리에게 남은 길은 실업뿐이다"라며 불만을 터뜨렸다. 그는 "휴업하려면 빨리하는 게 낫다. 그렇지 않으면 하루 단위로 계산되는 상공업세만 올라간다. 어쩌다가 2기 공채 발행 시기와 겹치면, 할당된 공채를 매입하지 않는 이상 휴업하려고 해도 허가가 안 날 수 있다. 게다가 휴업을 핑계로 종업원을 해고하는 것도 쉽지 않다"라고 토로했다.**62**

통제 방식 자체에 대한 불만도 적지 않았다. 톈진시에서는 베이징과 달리 면사 판매를 통제했는데, 이를 "불공평하다"라고 생각하는 사람이 많았다. 이들은 "며칠 전 톈진에서는 20번수 면사**63**를 둥베이로 수출하는

---

60 옥수수면. 옥수수는 밀, 좁쌀 등과 함께 중국 북방 지역, 특히 둥베이 지역의 대표적인 주식 중 하나다(옮긴이).

61 〈天津黑市利息猖獗有獎儲蓄推銷有困難〉, 《內部參考》 1950年 11月 21日.

62 〈津市棉紗石油禁止場外交易後商人的反映及活動簡況〉, 《內部參考》 1950年 11月 18日.

63 번수(番手, yarn count)는 실의 굵기를 나타내는 단위로 일정한 무게의 면에서 뽑아내는 실의 길이를 말한다. 예를 들어 20번수는 1g의 면에서 20m의 실을 뽑아낸 것으로 30번수보

것을 금지했지만, 베이징에서는 금지하지 않았다. 그래서 어떤 업자는 톈진에서 베이징으로 면사를 운반한 뒤 다시 둥베이로 보내는 방법을 썼다. 다른 지역이 동시에 통제하지 않으면 효과가 없다"라고 말했다. 석유제품 통제에 대해서도 비판이 제기됐다. 전통적인 소금 생산지인 한구(漢沽)의 소금 상인은 "등유나 휘발유, 윤활유는 몰라도 중유 통제는 치명적이다. 소금을 만들기 위해 해수를 펌프로 퍼 올리려면 매일 드럼통 10개 분량의 중유가 필요한데, 통제하면 해수 펌프를 가동할 수 없다"라고 호소했다. 투기적인 유통업자들은 면사와 석유의 거래가 어려워지자 남은 자금을 담배 시장에 투입했고, 그 결과 "이틀 동안 담배 가격이 급등했다."[64] 이처럼 전쟁 개시 보도 이후 각 업계에 대혼란이 발생했다.

이런 상황에서 상공업자들은 시사 문제에 어떤 반응을 보였을까? 11월 13일 자 《천진일보》의 보고에 따르면, 톈진 런리(仁立)모직공장 사장 주지성(朱繼聖)은 시 상공업연합회 상무위원회 회의가 열리기 전 취재기자에게 이렇게 말했다. "미국이 압록강을 넘지 않으면 우리도 굳이 그쪽으로 치고 나갈 필요가 없다고 생각했습니다. 그런데 지금은 그 생각이 옳지 않다고 느낍니다. 정부가 지원군 파견이라는 형식으로 조선을 지원한 것은 기술적으로 매우 영리한 판단입니다. 실질적으로는 인민해방군이지만 형식적으로는 인민의 자발적 지원(志願)이었기 때문입니다."[65] 주지성은 칭화학교를 거쳐 1915년에 위스콘신대학에서 경제학 석사학위를 받은 기업인으로, 그의 발언 중 절반은 공적인 맥락에서 이뤄진 것으로 보인다. 따라서 그의 진의는 해외파병을 인정한 앞부분보다 뒷부분,

---

다 실이 두껍다고 할 수 있다. 따라서 "20번수 면사"는 특정한 두께의 실을 가리킨다. 번수는 수(手)라고도 한다(옮긴이).

[64] 위의 일간지.
[65] 〈天津各界對目前時局的反映〉, 《内部参考》 1950년 11월 18일.

즉 현재로서는 미국과 중국 간의 전면전이 아니라 "지원부대"에 머무른 점을 평가하는 것에 있었다.

중난은행 지배인을 지낸 자오위안팡(趙元方)은 한국전쟁의 전개 양상을 세 가지 시나리오로 예측했다. "① 인민지원군의 참전으로 미군은 곤경에 빠져 철수한다. ② 한국전쟁은 지구전(持久戰)으로 전환된다. ③ 미국은 뻔뻔스럽게도 제3차 세계대전을 일으킨다." 그는 이어서 이렇게 말했다. "우리는 첫 번째 시나리오를 희망하고 세 번째는 피해야 한다. 가능하다면 두 번째 시나리오에 머물도록 노력해야 한다. 설령 제3차 세계대전이 발발하더라도, 그것은 중국 한 나라만이 짊어질 몫은 아닐 것이다." 또한 그는 "만약 인민지원군의 참전이 국민당 시절에 이뤄졌다면 시장에 큰 혼란이 일어났을 것이다. 그러나 지금의 톈진 시장은 매우 안정돼 있다. 이 점에서 인민정부에 대한 신뢰가 높아졌다고 할 수 있다"라고 평가했다.**66**

자오위안팡의 발언이 어떤 상황에서 나왔는지는 분명하지 않다. 시장 안정과 관련해 11월 14일에 공포된 〈투기적 상업 활동 단속에 관한 중앙인민정부 무역부의 몇 가지 지시〉를 보면, 시장 질서를 교란하는 투기 행위에는 다음과 같은 조항이 포함돼 있다. "셋째, 인민의 생산 또는 생활필수품을 사재기하고 판매를 거부함으로써 물가 불안정을 초래하고 해당 지역 인민의 생산 또는 생활에 영향을 끼치는 것. 공장의 경우, 폭리를 꾀하기 위해 제품 출하를 거부하고 원료를 사재기한 뒤 되팔아 물가 불안정을 초래하고 해당 지역 인민의 생산 또는 생활에 영향을 끼치는 것. 넷째, 공(空)매매를 통해 투기적으로 폭리를 꾀하는 것. 다섯째, 의도적으로 가격을 올려 물자를 매점·판매하고, 유언비어를 퍼뜨려 인심을 자극하고

---

66 위의 일간지.

물가 불안을 초래하는 것."**67** 이러한 조치는 앞으로 경계해야 할 사항이자 이미 일어난 사태의 대처 방법이었을 것이다. 앞서 언급한 것처럼, 적어도 금융시장에 대혼란이 생긴 것은 사실이었다. 이를 고려하면 자오위안팡의 발언 중 뒷부분은 공적인 성격이 강했던 것 같다. 하지만 전면전보다는 지구전으로 전환되리라는 앞부분의 예측은 어디까지나 희망 섞인 예측이었을 것이다.

반면, 본심을 거침없이 드러낸 사례도 있었다. "낙후분자"로 분류된 상인은 이렇게 말했다. 자신은 "파리 대가리만큼 작은" 눈앞의 이익에만 관심이 있다. "미국과 영국이 우리나라를 침략했다는 사실을 부정하지 않지만, 그 나라들 상인은 우리에게 어느 정도 '성의'를 보였다. 이중담배회사(頤中煙草公司, British and American Tobacco Company)나 메이푸(美孚公司, Standard Oil Company) 같은 업체는 도매 시 일정한 이익을 우리에게 줬다. 그런데 지금의 국영회사는 상품을 할당할 때 그런 배려가 전혀 없다." 또 다른 경영자는 "반미는 항일과 다르다. 미국은 우리나라를 침략한 명백한 사례가 적다. 거짓이었을지 모르지만, 오히려 약간의 인의(仁義)를 보였다. 그래서 일부 시민은 강한 반미 감정이 없다. 지금 미국을 진심으로 적대하라고 해도 쉽지 않을 것이다"라고 말했다.**68**

이처럼 전쟁이 현실로 다가오자 톈진의 일부 상공업자들은 지원병의 숫자가 날로 늘어나는 것을 보며 "언젠가 나도 징집되는 게 아닐까"라고 두려워했다.**69** 전쟁에 따른 증세 불안도 컸다. 11월 27일 자 《천진일보》의 보고에 따르면, 톈진 상인들 사이에서는 1950년도 하반기 상공업세

---

67 〈中央人民政府貿易部關於取締投機商業的幾項指示(1950年 11月 14日)〉, 中共中央文獻研究室 編, 《建國以來重要文獻選編》第1冊, 中央文獻出版社, 1992, 466-467.

68 〈天津各界對目前時局的反映〉, 《內部參考》1950年 11月 18日.

69 위의 일간지.

를 정부가 연내에 앞당겨 징수할 것이라는 소문이 돌았다. 이러한 예상은 "국제 정세가 날로 긴박해지고 항미원조 전쟁을 대비한 군비 확충이 필요하다"라는 인식과 맞물려 있었다.[70]

그렇다면 전쟁에는 실제로 얼마나 많은 자금이 필요했을까? 이를 이해하기 위해 류사오치가 1949년 4월에 톈진 상공업자들에게 한 강연의 한 대목을 참고할 수 있다. 그는 국공내전 당시 톈진 공략전을 예로 들며 이렇게 설명했다. "82mm 박격포 포탄 한 발은 중간 생활 수준의 농가가 1년 동안 벌어들이는 총소득에 상당하고", "병사 한 명을 1년간 유지하는 데는 100~200위안의 은화가 필요하다." 여기에 "식량 상납, 병역, 인부 제공, 전선에 대한 후방지원이나 자녀가 입대한 가족의 농사일 지원 등 여러 부담이 따른다. 주로 농가가 그 짐을 짊어졌다." 이 발언은 농가에 집중된 부담을 도시 상공업자들에게 분담시키겠다는 정부의 의지를 반영하고 있었다.[71]

실제로 정부는 1950년 상반기에 재정 적자를 메우기 위해 공채를 발행했는데, 도시의 상공업자들도 그 대상이었다. 특히 "민족자본가"들은 이미 상당한 부담을 지고 있었지만, 그해 상반기에 좁쌀 10억kg에 해당하는 금액의 공채를 구매해야 해서 "매우 불만이었다." 중앙정부 정무원 재정경제위원회 주임 천윈(陳雲)은 11월 15일에 열린 제2차 전국재정회의에서 이를 인정했다. 그럼에도 천윈은 1951년부터의 "재정 경제 방침은 평화적 경제 회복이 아닌 항미원조 전쟁을 근거로 책정될 것"이라고 강조했다. 이는 곧 "군사비와 전쟁 관련 지출은 늘고 다양한 수입은 줄어들 것"이라는 전망이었다. 대미 전쟁이 초래할 경제적 부담을 정부 스스로

70 〈津市商人紛紛推測政府提前開徵工商税〉,《內部參考》1950年 12月 2日.
71 劉少奇,〈在工商業家座談会上的講話(1949年 4月 25日)〉, 中共中央党校党史教研室 選編,《中共党史参考资料(7) 国民经济恢复时期》, 人民出版社, 1980, 415.

인정한 셈이다.72 이러한 발언에서 볼 때, 톈진 상공업자들이 경제적 부담의 추가 확대를 우려한 것은 단순한 억측이 아니라 매우 현실적인 판단이었다.

한편, 전쟁 발발 직후 미국과의 관계 변화에 희망을 품은 이들이 있었다. 인천상륙작전 직후, 어떤 수출입업자는 톈진 상공업연합회 회의장에 들어서며 "여러분, 좋은 소식이 있습니다. 이제 다시 미국과 거래할 수 있게 됐습니다"라고 말했다.73 이런 말은 미군의 승리와 함께 중국이 소련 일변도 노선을 버리고 친미 정권으로 전환할 수 있다는 예상에서 나온 것이었다.

11월 14일에 톈진 상공업자의 "애국 공약"이 제정됐고, 11월 30일에 톈진의 대표적 상공업자들이 참가한 반미 시위가 열렸다. 이 시위는 마오쩌둥으로부터 높은 평가를 받아 전국 각지 상공업자들의 본보기가 됐다.74 이 반미 시위를 조직하는 데 핵심적인 역할을 한 인물은 톈진시 상공업연합회 비서장 왕광잉(王光英)이었다. 그는 중공중앙 이인자인 류사오치의 처남으로 톈진 상공업계의 윗선에 당 중앙의 의사를 관철하는 역할을 맡고 있었다. 왕광잉은 시위 참가자를 4만2,989명이라 보고했는데, 이는 당시 톈진의 전체 대기업주, 노점상, 행상인, 수공업자를 모두 합친 3만여 명보다 많았다. 실제로는 노동조합이 동원한 민간기업 종업원까지 포함한 수치였다.75 톈진의 유력한 실업가인 리주천(李燭塵)도 빼놓을 수 없다. 그는 마오쩌둥과 같은 후난성 출신으로 제2차 세계대전 직후 충칭

72 陳雲, 〈抗美援朝開始後財經工作的方針(1950년 11월 15日, 27日)〉, 中共中央文獻研究室 編,《建國以來重要文獻選編》第1冊, 中央文獻出版社, 1992, 466-467.
73 王光英, 〈追憶李燭塵〉, 政協湘西土家族自治州委員會文史資料研究委員等 編,《李燭塵資料专辑》, 湘西文史資料編輯部, 1992, 1.
74 中共中央文獻研究室 編,《毛澤東文集》第6卷, 人民出版社, 1999, 110-111.
75 王慧章,《王光英傳》, 人民出版社, 1999, 119-120, 129-130.

에서 열린 국공평화협상(國共平和協商)에서 마오쩌둥과 친분을 쌓았다.**76**

혁명 전 톈진 상공업자들 사이에서 가장 큰 영향력을 지닌 집단은 두 개의 공업재단**77**이었다. 하나는 주다염업회사(久大鹽業公司) 사장 리주천이 이끄는 베이팡화학공업재단(北方化學工業財團)이고, 다른 하나는 치신시멘트회사(啓新洋灰公司) 사장 저우수타오(周叔韜)가 이끄는 베이양공업재단(北洋工業財團)이었다. 이들을 중심으로 대기업 최고경영자들이 결성한 친목 단체인 공업협회는 매주 수요일과 금요일 점심시간에 회의를 열어서 삼오(三五)클럽**78**이라 불렸다. 리주천은 충칭 시절에 전후 평화 건국을 논의한 옛 정치협상회의에 참가해 "국민당에 불만스러운 발언을 하고 있었다. 저우수타오 역시 국민당과 거리를 두고 있었다."**79** 주다염업회사 창업자인 판쉬둥(範旭東)은 위안스카이가 이끈 북양정부(北洋政府)**80**의 교육총장을 지낸 판위안롄(範源濂)의 동생이며, 량치차오(梁啓超) 사법총장과 장후(張弧) 염무서장(鹽務署長)으로부터 지지를 받았다.**81**

12월 24일 자 〈신화사통신〉 톈진지사의 보고에 따르면, 당시 톈진 자본가들은 세 가지 유형으로 나뉘었다. 첫째, 북양정부 유력 인사의 후손

---

76 李燭塵研究中心 編著,《李燭塵传》, 光明日报出版社, 2012, 189-193.

77 여기서 공업재단은 재단법인이 아니라 공업기업집단(工業企業集團)을 뜻한다(옮긴이).

78 중국어로 주삼(周三), 주오(周五)는 각각 수요일과 금요일이다(옮긴이).

79 王文化,〈李燭老在迎接天津解放中的工作〉,《李燭塵资料专辑》, 湘西文史资料编辑部, 1992, 91.

80 신해혁명 다음 해인 1912년부터 1928년까지 존재했던 중화민국 베이징정부(北京政府)를 가리킨다. 북양정부에서는 청말 위안스카이가 만든 북양신군(北洋新軍)에서 시작된 북양군벌인 위안스카이, 돤치루이, 우페이푸(吳佩孚), 차오쿤(曹錕), 장쭤린 등이 차례로 정치적 주도권을 장악했다. 북양정부는 1928년에 난징 국민정부의 북벌 승리로 붕괴된다(옮긴이).

81 師俊山·張鴻敏,〈化学工业的先驱 范旭东传〉, 河北人民出版社, 1995, 10, 28, 42-43. 또한 판쉬둥의 조부는 청나라 직예성(直隸省) 대흥현(大興縣)의 지사를 지낸 관료였다. 4쪽. 全国政協文史资料研究委員会·天津市政協文史资料研究委員会,《化工先导范旭东》 編輯組 編,《化工先导 范旭东》, 中国文史出版社, 1987, 51, 204-205.

으로 구성된 "관료자본계급"이다. 이들은 오랫동안 톈진 상공업계에서 주요한 지위를 차지해 왔다. 대표적인 기업으로 치신시멘트회사, 주안신탁회사(久安信託公司), 탕산화신면사공장(唐山華新綿絲廠), 야오화유리공장(耀華玻璃廠), 단화성냥공장(丹華火柴廠), 베이양면사공장(北洋綿絲廠), 헝위안면사공장(恒源綿絲廠), 카이롼탄광 관련 회사 등이 있었다. 대표적인 인물은 위안스카이 정권에서 재정부 총장을 지낸 저우쉐시(周學熙)의 조카이자 치신시멘트회사 사장인 저우수타오, 위안스카이의 6남으로 야오화유리공장과 장난시멘트주식유한회사(江南水泥股份有限公司)를 만든 위안신우(袁心武), 쉬스창(徐世昌) 총통의 사촌으로 북양정부 교통차장을 지낸 뒤 부동산과 의료·교육 산업에 폭넓게 진출한 쉬스장(徐世章), 톈진조폐공장(天津造幣廠) 부장을 거쳐 중국 최대 무기 수입상이 된 융젠추(雍劍秋)의 아들 융딩천(雍鼎臣), 그리고 안후이(安徽) 독군(督軍)[82]이었던 니스충(倪嗣冲)의 3남으로 단화성냥공장과 톈진리중제산회사(天津利中製酸公司)의 사장인 니수핑(倪叔平) 등이었다. 이들과 함께 활동한 대리 경영자로 주다염업회사 사장 리주천, 헝위안면사회사 대표이사 볜제칭(邊潔淸), 화신면사회사 사장 라오두원(勞篤文), 베이양면사회사 사장 주멍쑤(朱夢蘇) 등이 있다.[83]

둘째, 외국 기업과 깊은 관련을 맺고 있던 "매판 출신" 자본가들이다. 이들은 "아직도 강한 매판 의식이 있어" 경영 방식에서 서구식 자본주의를 채택했다. 대표적 인물로 둥야모직회사(東亞毛織公司)의 쑹페이칭(宋棐卿), 런리실업회사(仁立實業公司)의 주지성, 화선수출입회사(華牲進出口公司)의 비밍치(畢鳴岐)가 있었다. 그 밖에 일본 항복 뒤 국민당 유력자가 추진하던 적산 접수에 협력해 혁명 전에 수출입 무역업이나 기타 상공업으로

82 독군은 신해혁명 이후 총독·순무(巡撫)를 대신한 군정 장관으로, 차츰 성장을 겸임하며 실권을 장악한 군벌 세력을 뜻한다(옮긴이).
83 〈津市資本家的背景〉,《內部參考》1950年 12月 25日.

변신한 관료자본가들이 있었다.[84]

셋째, "지역성과 봉건적 성격이 짙은 구식 상공업 자본가들"이다. 다수가 지주 출신이었고, 자본이 분산돼 있었다. 대표적인 인물은 서우펑면분회사(壽豊麵粉公司) 사장 쑨빙루(孫氷如)로 싼진제분동업공회(三津製粉同業公會)를 통해 톈진의 1,300개 제분 회사를 통솔했다. 그 밖에 곡물 도매상 둥샤오쉬안(董曉軒), 궈야오(國藥)의 류화푸(劉華圃), 화양연초회사(華陽煙草公司)의 양젠안(楊健庵) 등이 있었다.[85]

보고서는 이 자본가들이 정치적으로 뚜렷한 특징이 있다고 지적했다. 즉 북양군벌 세력이 사라진 뒤 톈진시 자본가는 정치 세력을 강화함으로써 자신의 경제적 이익을 안정화하려 했다. 이들은 정권의 변화에 따라 "누구든 실력자가 되면 재빨리 아부한다"라는 자세를 보였다. "예를 들어 일본 항복 직후 중공이 톈진에 연락사무소를 설치하자, 많은 자본가가 앞다퉈 방문해 충성을 맹세하고 협력 의사를 밝혔다. 그러나 국민당이 복귀하자마자 그들은 손바닥 뒤집듯 국민당에 몸을 팔았다."[86] 이 보고서는 한 걸음 더 나아가 다음과 같이 지적했다.

> 그러나 일본 항복 이후 국민당 4대 가족의 관료자본은 다른 집단의 참여를 허락하기는커녕, 오히려 그 집단을 집어삼키려는 듯한 배타적인 존재가 됐다. 따라서 톈진시 사영기업(私營企業) 자본가는 그들에게 몸을 팔고 싶어도 팔 수가 없어 난카이(南開) 동창회를 정치 활동의 중심으로 삼은 장보링(張伯苓)과 깊은 관계를 맺었다. 이들은 공장의 노동자 관리에 기독교와 청년회를 활용했는데, 둥야모직회사와 서우펑면분회

---

84 위의 일간지.
85 위의 일간지.
86 위의 일간지.

사가 그 사례였다. 1948년 초 국민당의 수매 정책이 시행되자, 이들 자본가는 절망해 중공 지하조직과 다시 접촉했다. 현재 정치적으로 활약 중인 자본가는 과거 중공의 정보 수집에 협력하거나, 톈진을 거쳐 해방구로 가는 당 간부의 숙박을 위해 자택을 제공하거나, 혁명 정권 수립 이전부터 중공의 문헌을 적잖이 읽은 경험이 있어서 중공의 정책에 익숙한 이들이었다. 따라서 이들은 중국공산당과의 관계에서 일정한 경험치를 지니고 있었다.**87**

중공 관계자들의 후일담에서도 위 보고서와 통하는 사례를 확인할 수 있다. 1947년에 리추전은 일부러 베이핑군사조정부(北平軍事調停部)**88**의 중공 대표를 찾아가 면회하고, 저우수타오는 마오쩌둥의 《신민주주의론(新民主主義論)》 등을 읽고 찬동한 것으로 전해진다. 그들 주변에는 공산당과 직접 연결된 여러 연락 채널이 있었고, 리추전의 장남과 저우수타오의 조카 역시 공산당원이었다.**89**

이와 같은 사실은 리추전 등 톈진 상공업자 상층부가 항미원조 시위에 참여한 배경을 설명해 준다. 그렇지만 이들이 대미 전쟁을 진심으로 지지했다고 보기 어려운 부분이 있다. 예를 들어 리추전은 국공내전 시기에도 "평화로운 공업 발전"과 "내전을 중지해야 비로소 공업을 육성할 수 있

---

87 위의 일간지.

88 중국어로는 '베이핑군사조처집행부(北平軍事調處執行部, the Executive Headquarters, Peiping)'로, 1945년 12월에 미국 대통령의 특사인 조지 C. 마셜(George C. Marshall) 장군이 "국민당과 공산당의 군사 충돌 조정"을 위해 중국 베이징에 파견된 양당 대표와 함께 설치한 기구다. 군사 충돌 지점에 조정팀이 파견돼 국민당과 공산당 간 조정 업무를 수행했다. 하지만 1946년 6월에 국민당군이 공산당군을 전면 공격하면서 제2차 국공내전이 발발하고 1947년 1월에 미국이 탈퇴함으로써 공식 종결됐다(옮긴이).

89 沈其震, 〈一位艱苦創業的民族工商業家〉 44-46, 李定, 〈回憶李燭老在天津解放前夕的一些情況〉 87-90, 王文化, 〈李燭老在迎接天津解放中的工作〉 91-94, 《李燭塵資料專輯》, 湘西文史資料編輯部, 1992.

다"라는 식의 발언을 했다.**90** 또한 인민해방군이 베이징·톈진 포위전을 벌일 당시, 중공 관계자를 통해 "국민당군 푸쮜이(傅作義) 부대가 철수할 수 있도록 베이징과 톈진에서 탕구항 사이의 길을 열어 이들을 해상으로 도망하게 하도록 하자"라는 제안을 중공중앙에 전달했다. 이는 도시 시민과 공장 시설의 피해를 최소화하려는 의도였다.**91** 항미원조 운동에 참여한 리추전의 속마음은 대미 전쟁이 불러올 피해와 경제적 충격에 있었다고 할 수 있다.

---

90 李定,〈回憶李燭老在天津解放前夕的一些情況〉,《李燭尘资料专辑》, 湘西文史資料編輯部, 1992, 87-90.

91 王文化,〈李燭老在迎接天津解放中的工作〉,《李燭尘资料专辑》, 湘西文史資料編輯部, 1992, 93.

제3장
룽이런과 그 주변

우시에서 창업해 상하이를 거점으로 삼은 룽씨(榮氏) 가문은 혁명 전 방적, 제분, 공작기계, 금융 등 다양한 분야에서 사업을 펼치며, 마오쩌둥으로부터 "중국 민족자본의 으뜸이며 국제적으로도 재벌이라고 할 만한 몇 안 되는 기업 그룹 중 하나"라고 평가받았다.[92] 1950년 9월, 우시·우한과 해외에 있는 방적 설비를 제외하고 상하이에 있는 설비 규모가 39만 8,396추(錘)[93]에 달했다. 이는 상하이 전체 방추(紡錘)의 3분의 1에 해당했다.[94] 혁명 이후 젊은 나이에 선신방적공사 총수가 된 3세대 룽이런(榮毅仁)은 항미원조 운동이 막 시작된 때에 어떤 태도를 보였을까?

그의 태도를 추적할 수 있는 자료로 〈신화사통신〉 선임기자 출신이 쓴 전기 《룽이런》이 있다. 이 전기는 룽이런이 중국 국가부주석의 5년 임기를 마친 이듬해인 1997년에 중앙문헌출판사에서 출판한 정사(正史)다. 그러나 이 전기에는 그의 항미원조 운동 당시의 태도에 대한 언급이 전혀 없다. 룽이런의 태도와 관련한 유일한 자료는 책 첫머리에 실린 사진 한

---

[92] 计泓赓,《荣毅仁》, 中央文献出版社, 1999, 149.

[93] 추=방추(spindle). 방추는 방사(紡絲)를 만드는 방적기의 핵심 부품으로 섬유를 비틀어 실을 만드는 긴 막대 끝의 회전 장치를 말한다. 방추의 숫자는 곧 기업의 생산 규모를 나타낸다(옮긴이).

[94] 〈申新各廠改善了經營方法〉 A4-1-8-35, 上海市档案馆.

장뿐이다. 1950년 12월 16일, 상하이에서 열린 상공업계 주최의 "대규모 항미원조 시위"에서 룽이런이 큰 깃발을 들고 시위대의 앞에서 걷는 모습이다. 또한 전기에는 그가 나중에 반복해서 한 발언, 즉 "항미원조 운동이라는 시련을 비교적 순조롭게 헤쳐 나갔다"라는 정도의 회고만 실려 있다.95 이 발언만 놓고 보면, 룽이런은 항미원조 운동에 적극적이었던 것으로 보인다. 그러나 실제로 그가 초기부터 이 운동에 호응하지는 않았던 것 같다.

당시 룽이런은 중국이 한국전쟁에 직접 개입하리라고 예상하지 못했다. 그는 "우리가 경제 발전에 한창 전념하는 와중에 갑자기 항미원조 운동이 시작됐다"라고 회고하며 개전을 매우 뜻밖의 일로 받아들였다. 여기서 그가 "갑자기"라고 느낀 대상은 한국전쟁이 아니라, 전쟁에 대응해 "항미원조"를 단행한 정권의 판단이었다. 왜냐하면 그는 미국과 중국 간의 군사력 격차를 명확히 인식하고 있었기 때문이다.

이러한 인식은 룽이런만이 아니라, 당시 상하이 상공업계 전반이 공유하고 있었다. 견직물 판매업을 포함한 다각적 경영 그룹 셰다샹(協大祥)의 소유주 쑨자오밍(孫照明)은 "항미원조 운동 초기에 '이 젊은 정권이 세계 최강의 미 제국주의에 맞설 수 있을까?'라는 의문을 가졌다."96 상하이시멘트공장(上海水泥廠)과 장화모직공장(章華毛紡織廠), 중화부두회사(中華碼頭公司) 등을 소유하고 화둥군정위원회(華東軍政委員會)97의 재정경제위원회

95 計泓賡,《榮毅仁》, 口绘, 中央文献出版社, 1999, 217. 榮毅仁,〈毛主席指引社会主义道路〉,《怀缅毛泽东》编辑組 编,《緬懷毛泽东》上, 中央文献出版社, 1993, 40.
96 榮毅仁 等,《在向勞動者過渡的道路中》, 上海人民出版社, 1957, 11, 34.
97 군정위원회는 제1차 국공내전(1927~1937)과 중일전쟁(1937~1945) 시기 공산당이 광범위한 지역의 군대 안에 설치한 공산당 집단 지도 기관을 가리킨다. 1952년 이후 행정위원회로 대체됐다. 1950년 1월, 상하이에 설치된 화둥군정위원회는 산둥·저장·푸젠 등 3개 성, 쑤베이(蘇北, 장쑤성 북부)·쑤난(蘇南, 장쑤성 남부)·환베이(皖北, 안후이성 북부)·환난(皖南, 안후이성 남부) 등 4개 지역, 난징·상하이 등 2개 시를 관할했다(옮긴이).

위원을 지낸 류훙성(劉鴻生)도 "항미원조 전쟁이 발발하자 걱정이 커졌다. 공산당의 역량으로는 미군에 맞설 수 없을 뿐 아니라 큰 화를 부를 수 있다고 생각했다."[98]

당시 상하이 상공업자들의 놀라움이나 회의적인 반응을 가장 생생하게 보여 주는 자료는 1949년부터 상하이 상공업자를 상대로 활동해 온 공산당 화둥국(華東局) 통일전선부 소속 저우얼푸(周而復)의 소설《상하이의 아침(上海的早晨)》이다. 이 책의 주인공인 후장방직공장(滬江紗廠) 사장 쉬이더(徐義德)는 "중국 인민지원군이 압록강을 넘어 항미원조를 위해 참전했다는 이야기를 듣고 밤새 잠을 이루지 못했다. 마치 뱃속에서 비파를 치는 듯한 흥분과 놀라움, 기쁨이 뒤섞인 뭐라 말할 수 없는 기분이었다." 그 "놀라움"은 구체적으로 다음과 같았다. "중국 정부와 공산당이 스스로 불똥을 튕기는 것처럼 보였다. 미국이 조선과 싸우고 있는데, 왜 중국이 이를 외면하지 않고 개입하는가. 압록강 너머의 일에 아랑곳하지 않고 문을 닫은 채 건설에 힘써 튼튼한 나라를 만드는 것이 낫지 않을까. 미국은 세계의 빅보스(Big Boss)로 돈과 실력이 있고 셀 수 없을 정도로 많은 비행기와 대포를 가지고 있다. 그런 존재를 건드려서는 안 된다. 장제스의 군대와 싸우는 것과 차원이 다르다. 미국과 싸운다는 것은 쓸데없이 고생을 자초하는 일"이었다.[99]

한편 "기쁨" 역시 존재했는데, 이는 "공산당의 인민해방군이 호되게 당하는 것도 나쁘지 않다. 미국이 조선에서 둥베이로, 둥베이에서 화둥으로 진격해 오면, 공산당의 천하는 흔들리고 장제스는 분명 미국의 뒤를 따라 돌아올 것이다. 그렇게 되면 나 쉬이더는 다시 한번 시장에서 맹활약

---

98   刘作卿,〈我的祖父刘鸿盛〉, 上海市工商业联合会 編,《上海文史资料选辑(工商聯卷)》, 2008年 第2期总第127辑, 上海市政協文史资料编辑部, 2008, 141.

99   周而復,《上海的早晨》, 作家出版社, 1958, 241-242.

할 수 있다. 후장방직공장의 황금시대가 또 한번 찾아올지도 모르는 것이다. 중국에는 소비에트를 비롯한 사회주의 국가들의 원조가 있다고는 하지만, 미국에 질 게 분명하다. 내 예상으로는 중국의 정세가 조만간 바뀔 것이므로, 이 절호의 기회에 마음껏 한몫 벌기는 절대적으로 가망이 있다"100라는 예측에서 나온 냉소적인 기대였다. 비록 이 소설은 허구지만, 저자가 상공업자들과 날마다 접하면서 모은 기록을 토대로 한 만큼 당시 상하이 상공계의 전형적인 반응을 이해하는 데 유효하다.101

이와 같은 "기쁨"이 룽이런에게도 있었는지는 불분명하지만, 적어도 "놀라움"은 있었다. 미국과 중국 간의 실력 차를 고려할 때 룽이런 역시 한국전쟁에 개입해서는 안 된다고 생각했다. 그는 훗날 "항미원조 운동이 시작됐을 당시 '괜한 일을 하지 않는 것보다 좋은 것은 없다'라는 생각이 확실히 나에게는 있었다"라고 밝혔다.102 이와 관련해 그는 이렇게 말했다. "나는 제국주의, 특히 미제를 미워했다. 미국으로부터 고초를 겪었기 때문이다. 하지만 한편으로는 미국에 여전히 환상을 갖고 있었다. 우리나라는 경제 건설에 힘써야 하며 쓸데없는 일에 개입해 군사비를 낭비해서는 안 된다. 그러다 보면 경제 발전에 큰 지장을 초래하게 된다. 나는 미국이 앞으로 우리나라의 경제 건설에 도움을 줄 수도 있다고 생각했다."103

그렇다면 룽이런은 왜 미국을 "미워했던" 것일까? 그는 그 이유를 명확히 밝히지 않았다. 하지만 그의 회고 속에서 "미움"보다는 "실망"에 가까

---

100 위의 책, 242.
101 周而复,《周而复六十年文艺漫笔》, 中国工人出版社, 1997, 451-454. 周而复,《往事回首录》, 文化艺术出版社, 2004, 91.
102 榮毅仁 等, 위의 책, 11.
103 위의 책.

운 감정을 느낄 수 있는 대목이 두 군데 있다. 첫째는 중일전쟁과 태평양전쟁 시기의 일이다. 그는 일본군에게 접수당하는 것을 피하려고 미국인 상인의 도움을 받아 기업의 명의를 미국 국적으로 바꿨다. 그러나 "기대가 빗나가" 일본군은 태평양전쟁의 발발과 함께 국제조계(國際租界)에 침입했고, 룽이런의 기업은 미국 국적으로 간주돼 그대로 접수당하고 말았다. 둘째는 제2차 세계대전 종전 직후의 일이다. 룽이런이 경영하던 마오신제분(茂新麵粉) 제2공장을 막 재건했을 무렵, 미국이 중국에 원조한 저렴한 미제 밀가루가 시장에 풀리면서 직격탄을 맞았다. 룽이런은 "연합국구제부흥기관(聯合國救濟復興機關)"으로부터 받은 원조가 대부분 밀가루였고, 원료인 밀은 얼마 되지 않았다고 회고했다. 그는 유휴 제분 시설을 활용할 수 있도록 미국 측에 밀가루보다 밀 자체를 늘려 달라고 요청했다. 하지만 미국의 원조 목적은 구제보다 잉여 농산물의 방출에 있어서 그의 요청을 받아들이지 않았다. 룽이런은 이를 두고 "기대가 빗나갔다"라고 표현했다.**104** 그럼에도 그는 항미원조 운동이 시작되는 1950년 무렵까지 미국에 "환상"을 품고 있었다. 이 틈을 이해하기 위해서는 그가 회고하던 1957년 당시 중국 사회의 반미가 일종의 '정치적 올바름(political correctness)'으로 자리 잡고 있었다는 사실을 염두에 둬야 한다. 이러한 맥락에서 룽이런이 숨기고 말하지 않았던 역사의 또 다른 측면을 들여다볼 필요가 있다.

태평양전쟁이 일어난 1941년 말 이후, 일본군에게 기업을 빼앗긴 룽이런 가족은 분주하게 뛰어다닌 끝에 얼마 안 가 기업의 일부를 반환받았다. 나아가 중일전쟁이 일어난 이듬해부터 불과 몇 년 사이에 계열 기업들의 명의를 미국이나 영국 국적으로 바꾸고 조계 안에서 면포와 밀가루

---

104 위의 책, 2-3.

등 생필품을 안정적으로 생산했다. 당시 시장에 물자가 엄청나게 부족했기 때문에 룽씨 기업들은 이를 기회 삼아 "놀라울 정도로 높은 이윤을 거뒀다." 조계에서 "고도(孤島)의 번영"이라 불리던 이 시기, "1938~1941년에 선신면사 제2공장과 제9공장에서는 장부상으로도 5,666만 위안의 이익을 거뒀다. 이를 다년간의 시가를 기준으로 해서 금으로 환산하면 15.5만 량에 달했다. 푸신제분(福新麵粉) 제2·3·8공장에서는 1938~1940년에 장부상으로 800여만 위안에 달하는 이익을 거뒀는데, 이는 다년간의 시가로 금 2만4,000여 량에 상당했다." 세금을 덜 내기 위해 실제보다 낮게 장부에 기록했으므로 실제 이익은 훨씬 컸다고 할 수 있다. 이 돈으로 룽이런 가족은 전쟁 전에 많은 빚을 내 확충한 그 공장들의 부채를 전부 갚았다. 그뿐 아니라 다른 가족들이 운영하는 기업의 부채까지 대부분 갚았다.[105]

한편 미제 밀가루가 끼친 영향은 어땠을까? 상하이사회과학원 경제연구소가 편찬한 《룽가기업사료(榮家企業史料)》에 따르면, 제2차 세계대전 종전 직후 상하이의 제분공장들은 외국 밀가루의 대량 수입과 국산 밀의 부족으로 '연합국구제부흥기관'에 대응하는 업무를 취급하던 국민정부 행정원의 '선후구제총서(善後救濟總署)'로부터 하도급을 받아 미국산 밀을 가공했다. 하지만 "대리 가공 업무는 주로 (룽이런 일가의) 푸신이나 푸펑(阜豊) 같은 몇몇 대기업에 집중됐다." 당시 푸신제분 공장 영업주임 첸사오춘(錢少椿)에 따르면, "애초부터 조건이 매우 좋았다. 제분율을 낮게 설정한 데다 가공비가 비싸서 이익률이 매우 높았다." 그 뒤 국민정부군의 군수용 밀가루를 가공했을 때도 미국산 밀이 원료였기에, 이중장부나 별도의 장부를 만들어 이익을 은닉하거나 분산해야 할 정도로 폭리를 취했

---

105 李占才·张凝, 《荣毅仁的父辈》, 河南人民出版社, 1993, 152-159, 166. 上海社会科学院经济研究所编, 《荣家企业史料》下卷, 上海人民出版社, 1980, 42-48, 68-91.

다.**106** 당시 미국산 잉여 농산물 수입은 적어도 룽이런 일가의 기업들에는 "피해"보다 "이익"이었다.

같은 시기에 제분업뿐 아니라 면사업에서도 룽이런 일가는 큰 이익을 봤다. 제2차 세계대전 종전 뒤 저렴한 미국산 면화의 대량 수입으로 원면 가격이 급락했다. 중국 국내 원면(原棉) 시장은 큰 타격을 입었지만, 방적업은 여기서도 폭리를 취할 수 있었다. 일본 기업들이 패전으로 쫓겨나면서 면포(綿布) 제품의 공급은 감소했지만, 중국과 동남아 지역의 전후 부흥으로 면포 수요가 급증했다. 그리고 실업 증가로 산업예비군이 넘쳐나 원래부터 저렴했던 인건비가 더 낮아지면서 수익이 급증했다. 룽씨 기업은 국민정부 행정원장 쑹즈원(宋子文)과의 친분을 이용해 자오퉁은행 등 국가 소유 금융기관에서 대규모 대출을 받았고, 행정원 선후구제총서가 인수한 방적 관련 미국 측 잉여 물자를 우대 가격에 입수했다.**107**

이처럼 룽이런은 혁명 이후에도 미국이 중국의 경제 발전을 도울 수 있다고 믿었으며, 이는 당시 상하이 상공업계의 공통된 분위기였다. 1949년 8월에 상하이시 군사관제위원회(軍事管制委員會)**108**의 재정경제접수위원회(財政經濟接受委員會) 산하 상공부가 작성한 보고서에 따르면, 상하이 상공업은 "공업 원료와 제품 시장을 해외에 의존하고 있었다. 예를 들어 국민당 지배 아래 대리 방적이 이뤄지는 동안 미국이 원조한 면화가 각 공장 사용량에서 차지한 비율은 최고 60%에 달했고, 1948년 모직물업에서 수입 양모 원료 비율은 85%에 달했다. 당시 상하이 상공업은 국내 농촌보다 국외 시장을 기본 대상으로 삼았으며, 면사의 경우 1948년도에

---

106 上海社会科学院经济研究所编,《荣家企业史料》下卷, 上海人民出版社, 1980, 462, 464-470.

107 위의 책, 430-458.

108 군사관제위원회는 공산당이 군대 주도로 특정 도시의 접수와 관리, 반혁명 세력 진압, 질서 회복 등을 목적으로 1948년 11월 이후 설치한 기구다. 1953년에 폐지된다(옮긴이).

만 밀수분을 제외하고 5,000만 달러 이상을 수출했다. 법랑 제품, 손수건, 보온병 등을 만드는 업계도 마찬가지였다. 금융업은 제국주의 덕분에 존재한 셈이었다." 실제로 약 1년 전 인민해방군이 상하이를 점령한 직후에 은행 관계자를 비롯한 자본가들은 당국자에게 "미국의 눈살을 찌푸리게 해서는 안 된다. 정권의 대미 태도는 너무 지나쳤다"라고 말했다.**109**

이러한 분위기는 시간이 지나도 사라지지 않았다. 1950년 11월에는 한 방적업자가 "방적 공업은 미국산 면화의 혜택을 받았다. 지난 몇 년간 미국산 면화가 없었더라면 500만 추의 면사 기계를 돌리지 못했을 것"이라고 말했다. 같은 달 11일 자 《신민보만간(新民報晚刊)》은 이를 특별 기사로 다뤘다.**110** 이러한 정황을 통해 룽이런이 항미원조 운동 당시에도 여전히 미국에 대한 "환상"을 품고 있었다는 발언의 진의를 파악할 수 있다.

룽이런의 발언에서 더욱 주목해야 할 것은 항미원조에 따른 군사비 증가가 경제 건설에 끼치는 부정적 영향에 대한 우려였다. 1950년 11월 전국재정회의에서 천원은 다음 연도의 경제 건설 방침을 밝히면서, 한국전쟁이 우선이므로 "경제 건설을 미뤄야 한다"**111**라고 분명히 말했다. 재정 적자를 메우기 위한 공채 발행을 고려할 수 있었지만, 룽이런은 이미 상반기에 대규모 공채를 인수한 상황이었다. 사전에 상하이시 부시장으로부터 공채 구매 "모범"을 보일 수 있는지를 제안받았기 때문이다. 그는 선신방적 그룹을 대표해 60만 5,000실물환산단위(1단위≒1.2만 위안)를 구매할 생각이었으나, 경기 불황과 노사 분규로 자금 사정이 나빠져 약 5분의

---

109 李占才·張凝,《榮毅仁的父輩》,河南人民出版社, 1993, 236-239.

110 谷風,〈美棉害得我們好苦〉,《新民報晚刊》1950년 11월 11일.

111 陳雲,〈抗美援朝開始後財經工作的方針(1950年 11月 15日, 27日)〉,中共中央文獻研究室 編,《建國以来重要文獻選編》第1冊,中央文獻出版社, 1992, 466-467.

1인 12만 실물환산단위가 줄어들었다.**112** 룽이런이 작성한 부채 보고에 따르면, 1950년 1월경 룽씨 선신 계열 기업은 732억 위안의 빚을 지고 있을 정도로 형편이 어려웠다.**113**

이상에서 살펴본 룽이런의 생각은 그의 행동에 어떻게 반영됐을까? 룽이런은 1957년 발언에서 이렇게 회고했다. "상하이시 상공업계 주최로 항미원조 시위가 열린 날, 나는 적극 동참해 강풍 속에서 큰 깃발을 들고 난징로(南京路) 끝에 있는 분드(Bund)**114**에서 시장로(西藏路) 인민공원까지 걸어갔다."**115** 당시 신문 보도에 따르면, 1950년 12월 16일에 상하이 시내 330개 업계와 273개 동업공회에서 15만여 명이 시위에 참여해 시내의 다섯 개 방향에서 현재의 인민공원이 자리 잡은 경마장으로 향했다. 룽이런은 융안방적회사(永安紡績公司) 사장 궈디휘(郭棣活) 등과 함께 동쪽

---

112 計泓賡,《榮毅仁》, 中央文獻出版社, 1999, 111-112. 실제로 룽이런은 공언한 금액의 약 5분의 1에 해당하는 12만 실물환산단위의 공채밖에 사지 않았다. 하지만 그는 이를 중국어로 100% 정도를 나타내는 "십분(十分)"을 뛰어넘는 "십이분(十二分)"에 "일만" 배를 곱한 "십이만(十二萬)"이라고 표현했다. 그는 공산당 정권을 옹호하는 "십이만분의 열의"를 나타내기 위해 이 상징적인 숫자를 썼다고 말했다. 榮毅仁 等,《在向勞動者過渡的道路中》, 上海人民出版社, 1957, 9.

113 中國社會科學院·中央档案館編,《中華人民共和國经济档案資料選編：1949-1952(工業卷)》, 中國物资出版社, 1996, 420. '실물환산단위'란 내전기의 악성 인플레이션을 경험한 상하이 시민이 안심하고 저축 등을 하도록 1949년 6월에 고안된 제도다. '1'단위'는 자포니카 백미 1되, 12파운드의 고품질 면포 1중국척(中國尺), 땅콩유 50g과 조개탄 500g으로, 당일의 《해방일보》에 게재된 거래가가 기준이었다." 李青等 主编,《中國資本主義工商業的社會主義改造》上海卷(下), 中共黨史出版社, 1992, 1453-1454. 또 공채 발행 시점의 '실물환산단위'당 1~2만 위안 상당의 가치가 있었다고 한다. 金日英,〈我的丈夫盛丕华〉,《上海工商联专辑》, 2008年 第2期, 121. 환율이 변동해 1950년 9월 28일 현재 상하이에서 1환산단위는 5,000위안이다. 竺可楨,《竺可楨全集》第12卷, 2007, 191.

114 상하이 와이탄(外灘)을 가리킨다. 와이탄은 원래 '물가의 모래톱'이란 뜻인데, 여기서는 상하이 황푸장(黃浦江) 강변의 지명을 뜻한다. 분드는 1843년 상하이 개항 이후 제국주의 열강의 금융 무역 중심지로 발전했다(옮긴이).

115 榮毅仁 等, 위의 책, 11. 나는 현지에서 그 시위 경로를 추체험하기 위해 2016년 9월 15일에 분드와 교차하는 지점에서 출발해 시장중로(西藏中路)와 교차하는 지점, 즉 인민공원 입구까지 걸어갔다. 통상적인 보행 속도로 2분 정도 걸렸다.

분드에서 시위대를 이끌고 난징동로(南京東路)를 행진했다.**116** 그에 따르면, 이 행동은 조선에서의 "위대한 승리가 우리 민족의 자존심과 애국심을 크게 고무시킨" 결과였다. 룽이런은 "중국 인민지원군이 압록강을 건너 승전 소식을 잇따라 전하며 미군을 압록강 강변에서 삼팔선까지 밀어냈다. 그제야 나는 신중국이 과거의 중국과 완전히 다르며, 우리 조국이 마침내 일어섰다고 느꼈다. 100여 년 동안 외세의 침략에 시달리던 민족이 가장 강력한 자본주의 국가인 미국을 물리쳤다고 생각했다"라고 말했다.**117**

12월 중순은 맥아더의 낙관적인 예상이 빗나가 중국 지원군이 제2차 전역으로 평양을 되찾은 뒤였다. 13개국이 제안한 〈한국전쟁 정전 결의안〉이 12월 14일 유엔에서 채택됐고, 유엔군은 16일까지 모든 병력을 삼팔선 이남으로 철수시켰다. 시위를 하루 앞둔 12월 15일 자 《신민보만간》은 상하이 상공업계 시위를 위한 〈행진곡(行進曲)〉 가사를 실었다. 그 가사에는 "오성(五星)의 깃발이 펄럭인다. 청천강 위에, 대동강 위에"**118** 라는 문장이 들어 있었다. 이 노래가 만들어진 12월 초에는 중국 지원군이 평양 부근까지만 탈환했기 때문에 평양보다 남쪽인 임진강이 아니라 평양 인근인 청천강과 대동강이 가사에 나온다. 오성홍기는 실제로 펄럭였다는 뜻이라기보다 상징적 표현이며, 정부가 지원"군"이라는 이름으로 개입을 공식화한 흐름과 맞아떨어진다. 유리하게 역전된 전황이 룽이런 등을 반미 시위 참가로 몰아넣었다고 해도 지나치지 않다.

이러한 상황을 고려하면, 평양 탈환 이전에 룽이런이 항미원조에 대해 명확한 태도를 보였는지는 확실하지 않다. 중국군이 제2차 전역을 시작

116 〈工商界反美大示威 十五万人冒寒遊行〉, 《新民報晚刊》 1950년 12월 16일.
117 榮毅仁 等, 위의 책, 11.
118 朱樸, 〈前進曲-爲工商界大遊行而作〉, 《新民報晚刊》 1950년 12월 15일.

한 직후인 11월 27일 오전, 상하이 다광밍영화관(大光明電影院)에서 열린 상공업계의 항미원조 동원대회 대표자 명단에 룽이런의 이름은 보이지 않는다.

그 이유를 설명할 만한 자료는 없지만, 그 뒤 그가 보인 정치적 태도에서 어느 정도 경향성을 유추할 수 있다. 공산당은 1955년부터 민간기업과의 공동 경영119 정책을 추진했는데, 상하이시 상공업연합회가 정리한 보고서는 룽이런의 정치 수법을 다음과 같이 분석했다. "룽이런은 면방적 업계의 실질적 리더다. 평소에는 무대 뒤에서 다양한 계책을 내놓지만 중차대한 일이 닥치면 동업자들을 이끌고 전면에 나서 정부에 저항한다." 또한 "그는 해방 이후 줄곧 통일전선의 대상자이자 중앙정부급 인사로, (중략) 정책과 연결될 기회가 많아 보통의 자본가들보다 사회주의 개조 정책에 대한 이해가 깊다. 하지만 정부에 저항하는 방법이 많고 그 방법이 악랄하다. 경제적 이익뿐 아니라 정치적 위신을 바라기 때문에 공사합영을 통해 정치적 입지를 강화하고자 했다." 보고서에 따르면, 그는 공사합영을 "거역할 수 없는 흐름이다"라고 표현하면서도 태도를 명확히 하지 않았다. 그러다 당국의 정책 방향이 구체화되자 이를 "정치적인 임무로 판단해 태도를 적극적으로 바꿨다."120 공사합영과 항미원조 운동이 같은 것은 아니지만, 룽이런이 권력과의 관계 속에서 보여 준 기민한 양면성은 둘 다에서 일관되게 드러났다. 이는 보고서에서 룽이런과 함께 언급된 궈디훠를 포함한 주요 상공업자 4명에게 공통으로 나타나는 특징

---

119 공사합영(公私合營)을 말한다. 건국 이후 중국은 민족자본 상공업에 대해 몰수가 아니라 '점진적 개조' 방식을 채택했다. 중국은 1954년부터 개별 기업에 자본을 투자해 국가와 사적 자본가가 공동으로 기업을 경영하기 시작했다. 그 뒤 이 방식을 점진적으로 업종 전체로 확대하고 자본가에게 수익만 배분하다가 1966년에 최종적으로 사회주의 전민소유제(全民所有制)로 전환했다(옮긴이).

120 〈上海市工商業聯合會關於棉紡業合營中榮毅仁, 郭棣活, 唐君遠, 王子建等上層代表人物的思想情況和活動表現〉C 48-1-97-1, 上海市档案館所藏文書.

이었다.

한편 1950년 11월 27일에 상하이 상공업계가 채택한 애국공약(愛國公約)[121]과 관련해 같은 날 《신민보만간》의 칼럼은 분위기를 이렇게 전했다. "싫어도 받아들일 수밖에 없는 상황이다. 여전히 미국에 대한 환상과 공포심이 존재하며, 중간노선이나 임시방편적인 평화를 탐하는 사상이 퍼져 있다. 이러한 경향은 상공업자들 사이에서 두드러진다."[122] 상하이시 상공업연합회는 이미 10월 말부터 시 공산당위원회의 지도로 선전 활동을 시작했고, 그 목표는 "상공업자들 사이에 남아 있는 (전쟁에 대한) 불안과 '공미' 감정을 제거하는 것"[123]이었다. 그럼에도 상하이의 애국공약 제정과 반미 시위 개최는 톈진 상공업계보다 2주가량 늦었다. 룽이런을 비롯한 상하이 상공업자들은 개전 소식을 접한 11월 초순부터 평양을 탈환한 12월 초순까지 입장을 유보하거나 관망하는 태도를 보였다는 뜻이다.

---

[121] 애국공약은 항미원조 시기에 국가가 민중을 동원해 전선을 지원(支援)하는 것을 목표로 공장, 농촌, 학교 등에서 전개한 '대중적인 애국 서약' 운동을 말한다. 1951년 2월에 중공중앙은 애국공약 체결, 지원군(志願軍) 위로 등의 업무를 지시했고, 6월 1일에는 〈애국공약 추진, 항공기·대포 기부 및 열사 가족과 군인 가족 우대에 관한 호소〉를 발표해 전국적인 애국공약 운동의 전개를 알렸다. 이보다 앞서 1950년 11월 27일에는 상하이 상공업계가 전국 최초로 〈항미원조 보가위국 애국공약(抗美援朝保家衛國愛國公約)〉을 제정하고 노동자, 농민, 학생, 가정 등이 애국공약 서약에 참여하고 전쟁에 대한 물질적 지원(항공기·대포 기부, 증산 및 절약)을 실천하는 구체적인 행동에 나설 것을 호소했다(옮긴이).

[122] 〈未晚譚 愛國公約〉, 《新民報晚刊》1950年 11月 27日.

[123] 楊承祁, 〈憶上海工商界抗美援朝示威大遊行〉, 上海市工商业聯合会 編, 《上海文史資料選輯(上海工商聯专輯)》, 2008年 第2期 第127輯, 上海市政協文史資料編輯部, 2008, 221–222.

제4장

홍콩

앞 장에서 살펴본 것처럼 《상하이의 아침》의 주인공 쉬이더 사장은 미국과 중국 간의 전쟁 소식을 듣고 "놀람"과 "기쁨"뿐 아니라, 또 다른 감정이 가슴을 스쳤다. 그것은 바로 "후회"였다. 그는 이렇게 말했다. "공산당이 오래가지 못할 것을 진작에 알았더라면, 6,000추에 달하는 방적 설비를 홍콩으로 옮겨 공장을 새로 짓고 그 많은 자금을 그냥 묵혀 두지 않았을 것이다. 상하이에 그대로 두었더라면 지금쯤 더 큰 이익을 냈을 텐데. 하지만 지금은 기계가 이미 홍콩에서 돌아가고 있어 다시 가져올 수 없다."[124] 한편 한국전쟁 발발 무렵부터 쉬이더와 정반대의 "후회"에 시달린 경영자가 있었다. 칭다오 화신면사공장(華新紗廠) 사장 저우즈쥔(周志俊)은 "생산을 늘리기 위해 홍콩에서 10억 위안의 자본금을 칭다오로 돌린 결정을 후회했다"[125]라고 털어놓았다. 이처럼 두 사례 모두 홍콩과 연관 있었다.

룽이런 일가의 선신방적 계열에서도 신정권 수립을 앞두고 상당한 규모의 자본이 홍콩으로 유출됐다. 유출된 현금만 "212만 7,914.52달러, 514만 8,129.52홍콩달러, 17만 4,857인도루피, 31만 6,534영국파운드, 5만 스

---

[124] 周而復,《上海的早晨》, 作家出版社, 1958, 242.
[125] 〈濟南, 靑島等市各階層對時局的反映〉,《內部參考》1950年 8月 24日.

위스프랑"이나 됐다. 홍콩에 신설된 방적공장은 다음과 같다. 선신방적 제9공장의 자금으로는 3만 8,600방추와 일부 직기를 갖춘 웨이룬(維倫), 선신방적 제1공장에서는 2만 5,500방추를 갖춘 난양(南洋), 선신방적 제6공장과 제7공장에서는 2만 5,000방추를 갖춘 다위안(大元), 선신방적 제4공장에서는 2만 5,000방추를 갖춘 주룽(九龍)이 설립됐다. 그 밖에도 타이완으로 옮겨간 설비로 선신방적 제1공장의 5,040방추와 200대의 직기, 제6공장의 1만 방추와 201대의 직기가 있었다. 홍콩에 총 11만 3,600방추가 이전됐으며, 자산가치는 "1추당 85달러로 계산해 약 1,000만 달러에 달하는 거액"[126]이었다. 참고로 이 액수는 요시다 시게루(吉田茂) 수상이 1952년, 일본의 대미 신용을 담보로 뉴욕 연방준비은행에 예탁한 금액의 절반에 해당한다.[127]

해외로 설비를 이전한 방적 기업은 선신방적만이 아니었다. 일본의 중국연구소 조사부가 1950년 11월 21일 자로 정리한 자료에 따르면, 같은 해 10월 홍콩에는 중국인이 경영하는 방적 기업이 13개 있었다. "설비 대부분은 본래 상하이 방적업자가 발주해 중국 국내에 설치할 예정이었으나 내전으로 홍콩에 전환 설치된 것들이었다. 설치된 방추는 19만 개가 넘었고, 기계는 모두 최신식으로 월 면사 생산량은 1만 5,000베일(bale)[128]에 달했다."[129] 그중 11만 3,600방추가 룽이런 계열의 것이었고, 나머지 약 40%는 본토에서 유출된 다른 기업들의 것이었다.

그렇다면 홍콩의 중국인 상공업자들은 한국전쟁과 항미원조를 어떻

---

126 上海社会科学院经济研究所 编,《荣家企业史料》下卷, 上海人民出版社, 1980, 462, 669-671.

127 津島壽一,〈外債整理と吉田さん〉, 吉田茂,《回想十年》第3卷, 新潮社, 1957, 176.

128 베일은 면화를 압축해 묶은 한 개의 단위로 1베일=181.44kg이다(옮긴이).

129〈香港紡績業の現狀〉,《アジア経済旬報》, 社団法人 中国研究所, 1950년 10월 21일.

게 파악하고 있었을까? 1949년에 상하이에서 홍콩으로 이주한 해운업자 둥하오윈(董浩運)은 한국전쟁 발발일에 신문의 호외를 읽고 일기에 이렇게 적었다. "북한이 오늘 아침 남한을 침범했다는 사실을 알았다. 극동은 또다시 세계대전의 도화선이 되는 것일까."130 둥하오윈은 훗날 홍콩 반환 이후 홍콩특별행정구 초대 장관이 된 둥젠화(董建華)의 아버지였다. 그가 느낀 세계대전 재발에 대한 위기감은 당시 홍콩 상공업자들의 감각이기도 했다. 1951년 2월에 〈신화사통신〉이 정리한 보고서 〈한국전쟁 발발 이후 홍콩 각 계층의 반응〉에 따르면, 전쟁 발발부터 8월 중순까지 홍콩 "상공업계는 전쟁에 대한 두려움을 드러냈다. 가장 투기적이라 여겨지는 화상총회(華商總會) 이사장조차 평화를 호소하는 서한에 서명했다."131

보고서는 이어 8월 중순부터 9월 초순 사이, 즉 전선이 대구와 부산에서 교착상태에 빠지고 북조선군이 미군의 대규모 공중폭격을 받은 시기에 상공업계의 태도가 어떻게 변했는지를 다음과 같이 설명했다.

> 상공업계가 내지(內地) 시찰단을 구성해 둥베이 지역을 방문하고 홍콩으로 돌아와 다양한 활동을 전개한 직후였다. 한국전쟁에 대한 소시민적 시각은 여전했지만, 신중국을 보는 시각은 이전보다 크게 개선됐다. 8월 1일부터 국경절인 10월 1일까지 이어진 활동에서 홍콩섬과 주룽반도(九龍半島)의 모든 상공업 단체(예를 들어 화상총회, 금은거래소, 중화창상연합회(中華廠商聯合會))와 저명한 상공업계 지도자(예를 들어 천자이화(岑載華), 쉬지량(徐季良))를 축하 행사에 끌어들였다. 상공업계의 축하 행사는 다른 업종보다 규모가 컸고(1,300개 단체 대표와 개인이 참가), 획기적으로 화상총회 건물에 오성홍기가 게양됐다. 이번 축하연을 통해 향후 상공

---

130 郑会欣 编注, 《董浩云日记》, 生活·读书·新知三聯书店, 2007, 53.
131 〈朝鮮戰爭爆發以來香港各階層的反應〉, 《内部参考》 1951年 2月 20日.

업계에 대한 통일전선 구축의 비교적 견고한 기초가 마련됐다.[132]

그렇다면 이 인용에서 언급된 홍콩 상공업자가 지니고 있던, 이른바 "소시민적 견해"란 무엇일까? 이에 대해 보고서는 다음과 같이 정리하고 있다. 전쟁 초기에 "조선인민군이 잇따라 승리하자, 정치적으로 낙후냐 진보냐에 상관없이 업계 종사자와 소시민을 포함한 홍콩 시민 대다수는 미국에 대한 생각을 빠르게 바꿨다. 즉 미국처럼 강대한 나라가 조선의 절반도 제압하지 못하는 것은 체면이 서지 않는 일이며, 그런 나라가 제3차 세계대전을 운운할 자격이 있느냐는 것이었다. 홍콩 시민의 미국에 대한 평가는 낮아졌고, 미국의 '위신'은 크게 떨어졌다. 미국과 직간접으로 거래하던 매판 계급조차 이 같은 참패에 놀라움을 금치 못했다."[133]

한편 "소시민들은 미국에 대한 숭배심이 사라지고 공산당의 강력함을 인식하긴 했지만, 동시에 전쟁에 대한 공포심도 커졌다." 즉 북조선 "인민군이 삼팔선을 돌파한 것을 보고 남조선에서 먼저 침공한 것이 아니라, 북조선이 먼저 남쪽으로 진공했다고 판단했다. 그리고 지금은 미국이 패배한 것처럼 보이지만, 지난 세계대전에서 독일을 무찌른 것처럼 결국 승리하리라 생각했다. 이는 당시 홍콩에서 발행되던 반공 성향 신문의 논조와 일치했다." 이러한 생각은 8월 중순에서 9월 초순 사이에 더욱 굳세졌다. "특히 9월 초순에는 진보적인 노동자들과 학생들 사이에서 분위기가 격앙되는 한편, 조선인민군이 왜 더 진격하지 못하느냐며 당혹스러워하는 반응이 나타났다." 소시민들도 "미국의 가치를 이전보다 낮춰 본다는 점에는 변함이 없었다. 하지만 미군의 대규모 공중폭격이 전장에서 이뤄진 데다 반공적인 유언비어가 퍼지면서, 머지않아 미국이 공중폭격을 통

---

132 위의 일간지.
133 위의 일간지.

해 반격할 것으로 생각했다."¹³⁴

  이러한 흐름 속에서 9월 15일 미군의 인천상륙작전이 시작되자, "그때까지 미국을 '종이호랑이'라며 상대적 강대함을 간과했던 진보적인 학생들과 노동자들은 놀람을 감추지 못했다. 반면 소시민들은 진보적 신문보다 오히려 반공적 신문에 더 영향을 받았는데(6~8월에는 미국의 참패로 영향력이 낮아졌음에도 불구하고), 그 이유는 실제 전황이 반공적 신문이 말한 '패퇴-공중폭격-반격'의 시나리오대로 전개되는 듯 보였기 때문이다."¹³⁵

  11월 초 중국의 조선 파병 이후에는 정치적 입장이 "진보든 낙후든" 간에 "조선에서 인민지원군의 승리에 감탄하지 않는 자가 없었다. 인민지원군의 군기나 조선 인민과의 관계, 미군 포로를 인도적으로 대우하는 모습은 최고의 존경을 받았다." 하지만 해외파병 자체에 대한 의견은 엇갈렸다. "진보적" 노동자나 학생은 "미국이 우리나라의 안보를 위협하고 있다면, 왜 대규모 정규군을 파견하지 않고 지원군만 보냈는가. 종이호랑이 미국은 반드시 꺾일 것이니 차라리 지금 해치우는 편이 낫다"라고 주장하기도 했다. 한편, 일부는 동맹국 소련의 태도를 문제 삼았다. "소련은 우리의 맹우(盟友)이자 세계 평화 진영의 지도자다. 미제가 마음대로 조선과 중국을 침공해 중국에서 지원군을 파견했는데 왜 자국 병력을 파병하지 않는가?"라고 의문을 제기했다.¹³⁶

  이에 반해 해외파병에 신중한 의견이 적지 않았다. "조국의 입장에 서면서도 상황 인식이 불명확한 자"는 이렇게 말했다. "우리 중국은 이제야 막 안정기에 접어들어 각 방면에서 부흥을 기다리고 있는데, 다른 나라

---

134 위의 일간지.
135 위의 일간지.
136 위의 일간지.

일에 쓸데없이 참견하는 이유를 모르겠다." 또 "조국의 입장에 서면서도 미국을 두려워하는 자"는 이렇게 말했다. "미국이 조선을 침공하고 있지만, 중국 본토를 공격한 것은 아니다. 지금 파병한다면 도리어 미국에 침공의 명분을 줄 수 있다. 미국은 현대적인 공업과 현대적인 공군·해군이 있으며 무서운 원자폭탄까지 가진 상대다. 우리 같은 신생국이 어떻게 이기겠는가." 그리고 "반동은 아니지만, 낡은 시각에서 사태를 파악하려는 자"는 이렇게 지적했다. "우리 중국은 그동안 외세의 침략과 압박에 시달려 왔다. 그런데 이제 겨우 강해졌다고 해서 다른 나라를 침략한다는 것이 과연 정당한가." 다양한 의견 중에서 신중론은 특히 "일반 소시민이나 낙후한 상공업자 사이에서 비교적 우세했다."[137]

이런 상황에서 홍콩으로 유출된 민족자본의 향방이 주목받았다. 중난지역 참사실 비서 펑쩌룽(彭澤榮)에 따르면, 홍콩 거류 면업(綿業) 상인 우산칭(吳善卿)과 양딩즈(楊鼎志) 등은 한국전쟁 발발 전 "20억 위안의 자본으로 다퉁(大同)회사를 설립하려 했으나 전쟁으로 무산됐다."[138] 1950년 9월 22일, 류사오치 역시 주중 소련대사 니콜라이 로신(Nikolai V. Roshchin)에게 이렇게 설명했다. 지난해 9월 전국정치협상회의 이후 "대자본은 정권의 정치적 삶에 점차 참여하게 됐고, 홍콩에서 본토로의 자금 환류가 시작됐다. 그러나 이번 사건(한국전쟁)의 장기화는 환류 규모를 위축시켰다. 대자본가들은 고민에 빠졌다. 또한 제3차 세계대전이 일어나면 홍콩이 최초로 공격받는 표적이 될 것을 알고 있기에 모든 자산을 홍콩에 두려 하지 않는다. 일부는 외국으로 이주할 생각이지만, 소수에 불과하다."[139]

---

[137] 위의 일간지.

[138] 〈京, 津, 滬, 漢部分群衆對目前時局的反映〉, 《內部參考》1950年 11月 3日.

[139] 〈罗申致斯大林电: 刘少奇谈中国各界对朝鲜战争的看法〉, 沈志华 主编, 《俄罗斯解密

류사오치의 말처럼 주저한 자본가 중에 상하이 융안방적의 궈디휘 일가가 있었다. 이들은 혁명 이전 해외에 발주한 스위스제 700kW의 기선용 발전 유닛, 1만 방추의 설비, 6,000베일의 미국산 면화를 중국 본토로 보낼 계획이었다. 한국전쟁 발발 이후 250만 달러 상당의 이들 생산수단을 "당분간 홍콩에 보관해야 한다는 의견이" 나왔으나, 최종적으로 궈디휘의 주장에 따라 모두 상하이로 옮겼다.140

룽이런 일가도 비슷한 고민을 했다. 1949년, 한때 홍콩으로 이주했던 가족 중 룽이런의 부인은 사태를 지켜보다 상하이로 돌아왔다. 하지만 다른 이들은 계속 홍콩에 체류하거나 타이완, 타이, 브라질, 미국 등지로 투자 이주했다.141 중일전쟁 말에 충칭에서 기업 활동에 참여했던 차남 룽얼런(榮爾仁)은 1944년 봄부터 연합군의 승리를 예상하고 일본군이 점령하고 있는 상하이의 친척들에게 편지를 보냈다. 그는 편지에서 금전보다 생명을 우선시하고 "시골로 돌아가 공기를 바꾸는 것이 상책"이라며 신속하게 상하이를 떠날 것을 권했다. 미국에 체류 중인 다섯째 아들 룽옌런(榮研仁)도 같은 해 6월 상하이에 있는 가족들에게 "이제 더는 지체할 수 없다"라며 피난을 재촉하는 편지를 썼다. 이는 전후 점령지에 머물렀던 것이 "매국노"로 추궁당할 가능성을 고려한 조치였다.142 또한 당시 진행 중이던, 전쟁 막바지 일본군이 점령한 대도시에 대한 공습(도쿄대공습 같은)을 염두에 둔 대비이기도 했다. "큰 난리가 나면 시골에 산다"라는 말처럼 이들은 재빨리 거처를 옮기려 했다.

档案选编 中苏关系(1950·8-1951·8)》第三卷, 中国出版集团东方出版中心, 2015, 61.
140 上海第二九棉纺织印染厂, 〈永安棉纺织印染公司的社会主义改造〉, 李青等 主编,《中国资本主义工商业的社会主义改造》上海卷(下), 中共党史出版社, 1992, 1215-1216.
141 计泓赓, 위의 책, 87.
142 李占才·张凝, 위의 책, 218.

어쨌든 홍콩을 떠나 해외로 피난한 룽이런 일가는 불과 5~6년 전에 경험한 전쟁의 기억을 떠올렸을 것이다. 이들 200명이 넘은 해외 친족은 미국과 중국의 국교 정상화와 개혁개방정책이 추진되고 나서야 중국 대륙에서 재회했다.**143** 한편, 앞서 말한 저우얼푸의 소설《상하이의 아침》도 1979년에 **144** 개정됐는데, 정권은 오래가지 못할 것이라는 쉬이더 사장의 "기쁨"과 "후회"에 관한 구절은 삭제됐다. **145**

---

143 计泓赓, 위의 책, 253-263.
144 1979년부터 중국은 개혁개방기에 들어선다(옮긴이).
145 周而复,《上海的早晨》, 人民文学出版社, 1979, 285.

| 나오며 |

항미원조 운동이 시작되자 중국 각지에서 상공업자의 "애국공약" 제정과 반미 시위가 전개됐다. 그런데 왜 톈진은 상하이보다 2주가량 빨랐을까? 이미 살펴본 대로 톈진에는 마오쩌둥 등과 가까웠던 리추전과 왕광잉이 있었다. 하지만 그 이상으로 구조적 이유가 있었다. 즉, 톈진의 유력 상공업자는 대부분 북양정부 시절에 뿌리를 두고 있었다. 이들은 북벌로 탄생한 국민정부보다 훗날 국공내전에서 승리한 공산당과 비교적 가까운 관계를 맺고 있었다. 반면 상하이 상공업계는 국민정부와 관계가 밀접했다. 이는 각 시기의 중앙정부와 지역 간 공간적 거리 차이뿐 아니라, 권력과 연결된 자본의 뿌리가 서로 달랐기 때문이다.

주다염업 창업 당시 주주로 참여해 정치력을 발휘한 양두(楊度)는 위안스카이의 제제(帝制)**146** 복귀를 적극 지지한 인물로 알려져 있다. 그러나 그는 훗날 전향해, 장쭤린에 붙잡힌 중공의 주요 창설자 중 한 사람인 리다자오를 구출하기 위해 애쓰고 1929년에는 중국공산당에 입당해 지하

---

146 제제는 황제 제도를 말한다. 신해혁명 뒤 1912년 3월에 중화민국 임시대총통이 된 위안스카이는 북양군벌의 강력한 군사력을 기반으로 스스로 황제가 되려는 '제제운동'을 추진해, 1915년 12월 황제에 오르고 국호를 중화제국(中華帝國)으로 바꾼다. 그러나 곧 국내외의 광범위한 반대에 부딪혀 1916년 3월 22일, 제제를 취소한다(옮긴이).

활동까지 벌였다.**147** 이처럼 북양정부 인맥은 공산혁명 이후에도 국민당 인맥과는 다른 대우를 받았다. 예를 들어 1949년 11월 14일, 국민정부 관계자의 부동산 몰수에 관해 중공중앙이 톈진시 당위원회에 보낸 훈령에는 "이미 물러난 북양정부 시대 대군벌·대관료의 부동산은 원칙적으로 건드리지 않는다"라고 명시됐다. 또한 1950년에 중앙재정위원회 사영기업국이 내놓은 관료자본 처리에 관한 임시 의견에서는 북양 관료자본을 국민당과 달리 "추궁하지 않는" 대상으로 규정했다.**148** 이러한 조치들은 공산당의 통일전선 전략의 하나였으며, 한 측면에서는 이른바 시간축(時間軸) 상의 원교근공(遠交近攻)**149**의 정치 역학이 반영된 결과였다.

    그렇다 해도 '전쟁과 평화'라는 관점에서 보면 이 2주 간의 시차는 미미할 뿐이다. 이 부에서 살펴봤듯이, 중국 상공업자들은 지역이나 역사와 관계없이 이 전쟁이 일으킬 수 있는 금융 압박, 증세, 국제시장과의 단절, 세계 전쟁으로의 확산, 인적 피해 등에 대해 강한 우려를 품고 있었다.

---

147 師俊山·张鸿敏, 위의 책, 49-52. 廉曉紅,〈杨度: 从"帝制祸首"到共产党员〉,《炎黄春秋》2016年 第9期.

148 中国社会科学院·中央档案馆 编,《中华人民共和国经济档案资料选编: 1949-1952(工商体制卷)》, 中国社会科学出版社, 1993, 106-107.

149 시간적으로 국민당 관료자본보다 과거(遠)에 형성된 북양정부 관료자본에 대해서는 '현상 유지'와 같은 유화적인 정책을 취하고, 북양정부 관료자본보다 최근(近)에 형성된 국민당 관료자본에 대해서는 '몰수'와 같은 엄격한 정책을 취하는 것을 의미한다(옮긴이).

제4부

노동자, 농가
해외파병, 후방지원, 정권 교체

| 들어가며 |

1949년 5월 기준, 중국 전체 노동자 수는 200~300만 명의 산업노동자를 포함해 약 1,000~2,000만 명으로 추산된다. 인구 200만 명의 톈진시만 보더라도 노동자와 그 가족이 150여만 명에 달했다.[1] 노동자와 사용자는 상호 대응 관계에 있으므로, 노동자에 대한 분석 역시 제3부와 마찬가지로 상공업이 발달한 지역을 중심으로 하는 것이 타당하다. 따라서 제4부의 제1장과 제2장에서는 각각 톈진을 포함한 화베이 지역, 상하이를 포함한 화둥 지역을 다루며, 특히 해외파병 자체를 어떻게 인식했는지에 초점을 맞춘다.

그러나 단순히 상공업자 수만으로 노동자 분석 지역을 한정하는 데는 한계가 있다. 예를 들어 옛 만주(둥베이) 지역은 일찍부터 산업이 발전했지만, 국유화된 기업이 대부분이어서 제3부에서 다루지 않았다. 그럼에도 이 지역에는 국가라는 경영자 아래서 일하는 수많은 노동자가 있었다. 따라서 제3장에서는 이 둥베이 지역의 노동자를 고찰 대상으로 삼는다. 이들은 지리적으로 한반도와 가까웠기 때문에 같은 지역 농가와 더불어 '후방지원(後方支援)'의 주체로 동원되기도 했다.

1 劉少奇,〈在華北職工代表大會上關於工會工作問題的報告(1949年 5月)〉, 方君归 主编,《刘少奇问题资料专辑》,〈中共研究〉杂志社, 1970, 206.

제1~3장에서는 각 지역의 농가 반응을 일정한 지면을 할애해 살펴본다. 하지만 여전히 광대한 농촌 지역에 살고 있던 4억9,027명을 어떻게 분석할 것인가 하는 문제가 남는다.**2** 이 문제를 해결하기 위해 제4장에서는 농가에 귀중한 생산수단이었던 경작용 소에 초점을 맞춘다. 문맹률이 높았던 당시 농민들의 반응을 확인하기 위해서는 그들의 생각이 반영된 일소의 처분 방식을 살피는 것이 적절하다. 1949년 10월에 중국이 중국공산당 정권으로 바뀐 이후 1950년 여름부터 토지개혁이 시작됐고, 이에 따라 일소가 대량으로 처분됐다. 그와 거의 동시에 한반도의 전황이 변하면서 농민들은 다시 "정권 교체(變天)"가 일어나는 것 아닌가 생각했다. 이에 따라 토지개혁에서 이른바 "역(逆)코스"**3**의 가능성이 널리 퍼졌고, 그동안 간신히 살아남았던 일소는 다시 처분 위기에 빠졌다. 처분된 소의 가죽은 도시로 흘러들어 가죽 노동자의 손을 거쳐 군수품으로 가공됐고, 그렇게 만들어진 군수품은 농가 출신 자식들로 구성된 인민지원군 장병에게 지급돼 한반도로 향했다.

---

2 国家统计局, 《中国统计年鉴 2019》, 中国统计出版社, 2019, 31.

3 역코스(逆コース, reverse course)는 제2차 세계대전 패전 뒤 일본에서 나타난 정치·경제·사회적 변화를 지칭하는 용어로, 기존에 추진되던 "일본의 민주화·비군사화" 정책과 반대되는 방향으로 전개된 일련의 변화를 말한다. 패전 뒤 일본을 점령한 연합군 최고사령관 총사령부(GHQ)는 "일본의 민주화·비군사화" 정책을 추진한다. 하지만 1947년 일본공산당 주도의 2·1 총파업에 대해 중지 명령을 내린 것을 계기로 일본을 동아시아 지역 '반공의 보루'로 만들려는 미국 정부 정책에 따라 기존 정책을 폐지하고 사회주의 운동을 단속한다. 기존 정책을 '역행'하는 코스, 즉 "역코스"를 취한 것이다. 본문에서 말하는 역코스는 한국전쟁에 미국이 참전함으로써 '정권 교체(공산당 정권 붕괴, 국민당 정권 귀환)' 가능성이 커졌고, 공산당의 토지개혁 정책이 역전될 수 있다는 것을 가리킨다. 당시 토지개혁 정책의 역전으로, 분배받은 토지 소유권과 가축 등이 다시 지주에게 돌아갈 것을 예상한 농민들은 분배받은 일소를 처분하기 시작했다. 즉 한국전쟁 상황 변화로 토지개혁 역전 가능성이 초래한 불안감이 남은 일소들의 조기 처분을 촉진한 것이다(옮긴이).

제1장
화베이 지역

톈진

1950년 11월 14일 자 《천진일보》의 보고에 따르면, 11월 5일부터 시작된 항미원조 운동에 대해 톈진시 전력노동조합과 시정(市政)노동조합, 그리고 산하 각 조직·기업의 직원들이 보인 반응은 다음과 같다. 첫째, 파병과 참전을 둘러싼 문제. 시 전력국의 한 간부는 "미국은 유엔의 이름으로 출병하고 있는데, 우리가 이른바 지원부대를 조선에 파견하는 건 명분이 없다"라고 비판했다. 화베이수리국(華北水利局)의 한 직원도 "북조선군이 우리 둥베이 지역으로 후퇴하면 그들의 무장을 해제해야 하며, 이것이 국제법에 부합한다. 그렇지 않으면 미군이 그들을 추격해 우리 영토로 들어와 버린다"라고 지적했다.[4]

이러한 국제법과 관련한 인식은 제1부에서 소개한 톈진의 한 상인이 전쟁 발발 직후인 7월 초순에 밝힌 의견과 비슷하다. 두 사람이 어떤 관계였는지는 알 수 없지만, 약 4개월이 지난 뒤에도 다른 직업을 가진 이들이 비슷한 생각을 공유했다는 사실은 당시의 정서를 짐작하게 한다. 또한 지원부대의 참전이 《인민일보》 등에 공식 보도된 11월 중순 이후에도 북조

---

[4] 〈津市電業工會等部分職工對目前時局的反映〉, 《內部參考》 1950年 11月 24日.

선군의 무장을 중국이 제3자로서 해제해야 한다는 주장이 나왔는데, 이는 중국이 전쟁의 당사자가 되는 것을 일부 직원들은 꺼렸음을 시사한다.

일부 직원은 "소련은 조선과 순망치한 관계인데 왜 파병하지 않는가. 중국에만 파병을 요구하는 것은 음흉하다"라고 불만을 토로했다. 또 다른 직원은 "뭐니 뭐니 해도 중국과 조선은 별개의 나라다. 허난성이나 허베이성처럼 자유롭게 병력을 움직일 수 없다. 우리 중국 인민의 해방에 (파병까지 해서) 원조한 나라가 있었는가. 조선을 돕기보다 먼저 타이완을 해방해야 한다"라고 주장했다. "시종일관 평화를 외치던 정부가 아직 미국의 공격을 받지도 않았는데 먼저 공격에 나서는 건 이상하다"라며, 이른바 "전수방위(專守防衛)"[5] 원칙을 넘어선 선제공격을 비판한 사람도 있었다. 또 일부는 정부의 "지원군" 형식을 이해하지 못한 채 "인민해방군의 주력이 남하 작전 중이라 북방 병력이 부족하고, 이를 보충하기 위한 형식적 명칭이 바로 지원군이다"라고 해석했다.

둘째, 원자폭탄에 관한 인식. 한 직원은 "원자폭탄이 두렵지 않다고 선전하면서도 소련의 안드레이 비신스키(Andrey Vyshinsky) 외무장관은 유엔총회에서 원자폭탄 사용 금지를 필사적으로 요구하고 있다"라며 정부의 선전에 의문을 제기했다.[6] 이러한 모순은 동쪽 진영이 직면한 국내 대중 동원과 국제사회 설득이라는 이중 과제에서 비롯된 것이었다. 즉 국내에서는 국민 불안을 잠재우기 위해 미국의 원자폭탄 위협을 축소하면서, 국제사회에서는 핵무기의 파괴력을 근거로 전쟁 반대 여론을 형성하고자 했다.

국내 선전의 한 예로 《인민일보》는 히로시마의 피폭자인 중국인 유학생 유밍저(由明哲)의 기고를 실었다. 그는 1945년 8월 6일 8시 15분쯤, 폭

---

[5] 공격받을 때 방어용으로만 무력을 행사하는 것(옮긴이).
[6] 위의 일간지.

심지에서 약 1.5Km 떨어진 히로시마 문리과대학 연구실에서 엑스레이를 사용하는 실험에 몰두하고 있었다. 그는 섬광을 본 직후에 충격으로 날아가 마루에 쓰러졌다. "직접 쬐지 않았고", 유리 파편으로 피부에 약간의 출혈이 있었다. 하지만 응급 처치를 받지 않고 동쪽으로 십수 킬로미터를 달려갔다. 그 뒤 2주 정도 피로감에 휩싸였다. 5개월 뒤 검사를 받았더니 백혈구가 약간 감소한 정도였다. 비타민제와 호르몬 주사를 십여 차례 맞고 "완전히 회복해" 현재에 이르고 있다. 그는 현지에서 목격한 고온 충격파, 방사선 등으로 인한 사상(死傷)에 대해 추상적으로 언급하면서, 충분히 대책을 마련하면 피해를 최소화할 수 있다고 강조했다.[7]

《인민일보》는 그 밖에도 공포심을 줄이기 위한 많은 기사를 실었다. 그 가운데 하나가 원자폭탄과 칼의 위험성을 기묘하게 비교한 베이징사범대학 천콴짱(陳寬腸)의 기고다. 그는 원자폭탄이 무서운 무기임을 분명하게 인정하면서도, 한 자루의 칼이나 한 발의 폭탄도 사람을 죽일 수 있는데 왜 원자폭탄만 극단적으로 두려워하느냐고 반문했다. 그는 이런 "너무 이상한" 현상이 생긴 이유를 국가의 이익보다 개인의 이익을 우선시하기 때문이라고 주장했다.[8] 천콴짱이 "동등한 효력"이라는 관점을 전제하고 있는 것으로 볼 때, 원자폭탄에 관한 패트릭 블래킷(Patrick Blackett)의 "과잉 파괴"[9]를 근거로 한 것 같다.

이러한 선전이 노동자들에게 얼마나 영향을 끼쳤는지는 분명하지 않다. 하지만 약 일주일 뒤 작성된 톈진 노동자 관련 보고서에 등장한 전차회사 노동자의 발언은 주목할 만하다. 그는 "원자폭탄은 무섭지 않다. 다

---

7 由明哲,〈我所碰到的原子彈〉,《人民日報》1950年 11月 11日.
8 陳寬腸,〈我是這樣認識美帝的"法寶"原子彈的〉,《人民日報》1950年 11月 17日.
9 원자폭탄은 통상 폭탄으로 달성할 수 있는 전쟁 목적(=살상·파괴)을 크게 넘어선 무의미한 파괴("과잉 파괴")를 초래한다고 블래킷이 지적한 것을 가리킨다.

같이 죽는 것이고 깨끗하니까. 오히려 일반 폭탄이 더 무섭다. 누구는 죽고 누구는 살아남기 때문"이라고 말했다.**10** 이 발언은 자포자기처럼 보일 수 있지만, 종교개혁 이전에 일어난 유럽의 전란**11** 속에서 인본주의자 데시데리위스 에라스뮈스(Desiderius Erasmus)가 지적한 바와 맥이 닿는다. 에라스뮈스는 디오클레티아누스(Gaius A. V. Diocletianus)의 말을 인용해 다음과 같이 썼다.

> 아무래도 전쟁을 피할 수 없다면 그 원인을 만든 자의 머리 위에 가장 많은 재앙이 닥치도록 해야 합니다. 그러나 오늘날 군주들은 아무런 해를 입지 않으면서 전쟁을 일으키고, 지도자들은 태연히 사리사욕을 채웁니다. 전쟁과 아무 관련 없고 전쟁 발발에 아무런 원인을 제공하지 않은 농민과 민중의 머리 위에 이루 말할 수 없이 큰 재앙이 내리고 있습니다.**12**

이러한 시각은 1928년 5월에 일본의 산둥(山東) 출병을 비판한 이시바시 탄잔(石橋湛山)의 평론에서도 찾아볼 수 있다. 그는 개전을 결정하는 것은 지도자인데 위험을 감수하는 것은 민중이라는 부조리를 지적한 뒤, "항상 대외관계가 복잡해지면 주전론을 외치는 무리가 있다. 그 면면을 보면 어떻게 해도 전쟁터에 끌려갈 염려가 없는 귀족원의 어떤 남작이라든가, 어떤 박사라든가, 또는 그런 부류의 낭인지사(浪人志士)다. 세계 평화

---

10 〈津市電業工會部分職工對目前時局的反映〉,《内部参考》1950年 11月 24日.

11 517년 마르틴 루터의 95개 조 반박문 발표를 계기로 본격화된 종교개혁 이전에 유럽에서 오스만 튀르크의 콘스탄티노플 점령(1453), 장미전쟁(1455~1485), 플로든 전투(1513) 등 크고 작은 전쟁이 끊이지 않았던 상황을 일컫는다(옮긴이).

12 エラスムス, 箕輪三郎 訳,《平和の訴え》, 岩波文庫, 1961, 70.

를 바라는 자는 (중략) 우선 그 전쟁을 주장하는 자를 남녀노소를 가리지 않고 병졸로서 제일선에 세우는 법률을 만들면 좋을지 모른다. 결국, 우선 우리나라는 다나카(田中) 수상을 지난(濟南)으로 보내 이와쿠라여단(岩創旅團) 같은 곳의 일등병으로 만드는 것이지. 그 밖에 '이제 이렇게 된 이상, 매우 강경하게' 등을 주장하는 무리를 줄줄이 전장에 보낼 것. 다나카 씨가 없다고 해도 수상대리 등은 얼마든지 있어서 쉽지 않다"[13]라고 썼다.

이와쿠라여단이 속한 제6사단이 구마모토(熊本)를 떠나 산둥에 도착하기 전, 톈진에 있던 "지나주둔군(支那駐屯軍)"에서 3개 중대를 먼저 파견했다.[14] 현지 신문에는 일본 안에서 제기된 파병 비판을 포함한 관련 기사가 연일 실렸다.[15] 원자폭탄보다 일반 폭탄이 더 무섭다고 발언한 톈진의 노동자가 이시바시 탄잔의 〈호전론자를 전쟁터로〉라는 신랄한 파병 비판을 접했는지는 알 수 없지만, 착안점이 같은 것은 틀림없다. 즉 통상적인 전쟁에서는 그것을 시작한 권력자는 멀쩡하고 일반 시민만 피해를 보는 부조리가 생긴다. 하지만 핵전쟁 앞에서는 권력자도 강제적이고 철저하게 '평준화'된다. 그것을 생각하면 톈진 노동자의 말은 개전을 결정한 권력자에 대한 통렬한 비판이라고 할 수 있다.

셋째, 미국과 소련에 대한 인식. 한 직원은 "건국 직전 혁명대학(革命大學)[16]에서 근대혁명사를 배울 때 중국을 침략한 나라는 영국, 일본, 프랑스였다고 배웠다. 그런데 지금은 그 책임이 모두 미국에 넘어갔다. 이는 날조다"라고 말했다. 또 화베이수리국의 한 직원은 "미국 노동자의 생활

---

13 石橋湛山, 《石橋湛山全集》 第6巻, 東洋経済新報社, 1971, 480.
14 参謀本部 編, 《昭和三年支那事変出兵史》, 巖南堂書店, 1971年 第2刷, 164-169. 桜井良樹, 《華北駐屯日本軍》, 岩波書店, 2015, 177.
15 예를 들어, 《대공보》의 1928년 4~5월의 관련 기사를 참고할 것.
16 건국 직전 중공중앙이 국가 건설 과정에서 활동할 간부를 양성하기 위해 각 지역에 세운 대학(옮긴이).

수준은 낮지 않다. 미국 자본가는 매일 달걀을 먹고 미국 노동자도 마찬가지다. 미국 노동자는 한국전쟁을 반대하지 않는다. 왜냐하면 전쟁이 군수 관련 생산을 늘려 실업을 줄이기 때문이다"라며 정부의 계급투쟁론에 근거한 선전에 의문을 제기했다. 또 다른 직원은 "미국은 우리를 유엔에 받아들이지 않았고, 소련도 최근 유럽에서 열린 8개국 외교장관 회의에 우리를 부르지 않았다"라고 지적했다.**17** 8개국 외교장관 회의는 1950년 9월 말에 소련을 중심으로 하는 동유럽 국가들이 서독의 재(再)군비를 추진하는 미국, 영국, 프랑스에 대항해 프라하에서 연 행사다.**18**

전황이 나빠지자 톈진의 사영기업과 직원들 사이에서 불안과 혼란이 확산됐다. 11월 12일 자 《천진일보》의 보고에 따르면, 어느 금융기관(錢莊)에서는 기업주가 직원을 향해 "앞으로 말을 듣지 않으면 국민당이 돌아왔을 때 어찌 되겠느냐"라고 협박했다. 또 노동조합 회비를 석 달 동안 내지 않으면 회원 자격을 상실한다는 규정을 이용해 고의로 회비를 내지 않는 이들이 나타났다. 조합원이 모이지 않아 모임을 열지 못하기도 했다. 금융업계 노동조합은 항미원조 선전회를 열기 위해 '이성전장(義勝錢莊)'**19**을 네 차례나 방문했지만, 끝내 협조를 얻지 못해 "회의를 개최하지 못했다."**20**

17 〈津市電業工會等部分職工對目前時局的反映〉,《内部參考》1950年 11月 24日.

18 〈八國外長會議發表的莊嚴聲明是加強和平與國際安全的綱領-真理報社論摘要〉,《人民日報》1950年 10月 25日. 소련, 알바니아, 불가리아, 체코슬로바키아, 폴란드, 루마니아, 헝가리, 동독 등 8개국이 참여했다. 이는 1955년 발족할 당시 바르샤바조약기구의 참가국과 일치한다.

19 '전장'은 근대까지 존재했던 전통적 금융기관으로, 환전, 예금, 대출, 송금 등이 주된 업무다. 이성전장은 1933년 톈진 프랑스 조계에 설립된 대표적인 중형 사영금융기관이다. 1946년에 주식유한회사로 전환된다. 1949년 중화인민공화국 건국 이후 정부가 사영금융기관에 대한 공사합영 방식을 통한 국유화를 실시해, 1952년 3월 이성전장을 포함한 톈진의 모든 사영금융기관의 국유화가 완료된다(옮긴이).

20 〈天津市的時局反映片斷〉,《内部參考》1950年 12月 2日.

국영기업인 톈진제철공장(天津鋼鐵廠), 중국방적, 전신공업소(電信工業所) 등에서도 비슷한 상황이 벌어졌다. 일부 공산당원은 "종군을 자원했다가 '발이 아파서 못 간다'라며 후회"했고, 정치학교로 이동하라는 지시를 "종군 명령으로 오해해 탈당을 고려한" 일이 있었다. 상급 기관의 조사를 받은 어느 공장의 당 조직에서는 "당원 20%가 (실질적 활동이 없는) 명목상 당원이었던 것으로 드러났다."[21]

이러한 이상 징후의 배경에는 조선의 전황에 대해 품고 있던 몇 가지 의문과 불안이 있었다. 한 직원은 "항미원조를 어디까지 할 것인가? 미국을 삼팔선 이남으로 몰아내면 끝인가?"라고 물었고, 또 다른 이는 "삼팔선까지만 회복해야 한다. 그렇지 않으면 미국 인민과 군대의 '애국주의'를 자극할 수 있다"라고 경고했다. 이어 "정부는 선전에만 관심이 있고 방공에 무관심하다. 미군기가 날아오면 어떻게 할 것인가"라며 불안해했다.[22]

베이징

1950년 10월 30일, 베이징시 공산당위원회는 스징산제철공장(石景山鋼鐵廠), 발전소, 전차회사, 창신뎬철도공장(長辛店鐵路工廠), 농기계공장, 칭허모직물공장(淸河毛紡廠) 등 주요 산업 시설 노동자들의 시사 문제에 대한 반응을 보고했다. 보고에 따르면, 대다수 노동자는 미국의 "침략 행위에 분개해 즉시 파병을 주장했다." 그들은 "조선에서 벌어지는 미국의 전쟁 행위는 곧 우리나라에 대한 침략이므로 관여해야 하며, 더 나아가 적을 섬멸해야 한다"라고 말했다. 또 다른 이는 "우리는 수많은 희생 끝에 해방을 쟁취했다. 미국이 국경까지 쳐들어왔으니 싸우지 않을 수 없다"라며,

[21] 위의 일간지.
[22] 위의 일간지.

"조선이 미국에 점령당하면 둥베이 중공업 지대는 마치 집 앞에 적의 요새가 생기는 것과 같다. 이런 상황에서는 건설에 전념하려 해도 그럴 수 없다"라고 덧붙였다.[23] 또한 "미제는 하늘에서 폭격할 수는 있어도 인민의 마음을 폭격할 수는 없다. 폭격만으로는 전쟁에서 이길 수 없다"라는 주장이 있었다.

그 밖에도 "전쟁이 나면 입대하겠다", "필요하면 전선으로 가겠다. 그때까지는 생산에 전념하겠다", "타이완 해방에 군을 출동시켜야 한다", "타이완과 조선, 두 개의 전쟁", "소련에서 원자폭탄을 빌려 미국에 투하해야 한다"라는 식의 다양한 의견이 나왔다. 노동자 중에는 "남이 나를 침범하지 않으면 나도 남을 침범하지 않고, 남이 나를 침범하면 나는 반드시 침범한다"라는 마오쩌둥의 말을 인용한 이가 있었다.[24] 이러한 "적극적" 태도에는 항미원조 "학습 주간"을 통해 주입된 정권의 방침이 깊이 반영돼 있었다. 예를 들어 스징산제철소의 일부 노동자들은 "손가락을 깨물어 그 피로 조선 파병을 요구하는 요망서에 서명했다."[25]

이와 달리 냉담한 태도를 보인 이들도 있었다. "전쟁이 나든 말든 우리와는 무관하다. 우리는 그저 일하고 살 뿐"이라고 말했고, 어떤 이는 "조선 파병은 유엔헌장에 위배되는 것 아니냐?"라며 의문을 제기했다.[26]

이처럼 파병에 대한 의견이 갈리는 양상은 '블루칼라'뿐 아니라 '화이트칼라'에게서도 나타났다. 일부 화이트칼라는 정권의 방침에 동조해 "조선은 중국의 현관문 계단과 같다. 미제가 그 계단을 밟게 해서는 안 된다",

---

23 〈京, 津, 滬, 漢部分群衆對目前時局的反映〉,《内部参考》1950年 11月 3日.
24 위의 일간지.
25 〈中共北京市委关于抗美援朝运动向中央並华北局的报告〉, 中共北京市委党史研究室 编,《北京市抗美援朝运动资料汇编》, 知識出版社, 1993, 50.
26 〈京, 津, 滬, 漢部分群衆對目前時局的反映〉,《内部参考》1950年 11月 3日.

"이웃집에 불이 나면 구하러 가는 건 당연하다", "조선에 대한 미제의 침략은 동쪽 진영 전체에 대한 공격이므로 (중략) 전력을 다해 싸워야 한다"라고 주장했다.[27]

그러나 소극적인 의견은 더 많았다. "조선은 독립국이므로 우리가 파병하면 내정 간섭이 된다. 파병 명분이 없다. 오히려 타이완으로 진군하고, 이를 미국이 막으면 그때 조선 전쟁에 관여하는 게 이치에 닿는다", "좀 더 상황을 지켜봐야 한다", "중국은 해안선이 길고 공업 지대가 대부분 해안에 있어서 미제가 상륙하기 쉽다. 전쟁한다면 공장 소개 등의 준비를 먼저 해야 한다", "3~5년은 대륙 건설에 집중하고 준비가 끝난 뒤 나서는 것이 좋다" 등이었다.[28] 이것은 이른바 "관여의 연기"였다.

"관여하지 않는다"라는 의견도 있었다. "우리 해군과 공군이 육군에 못 미치고 무기도 미국에 못 미치므로 경거망동해서는 안 된다", "'깨지더라도 일단 부딪혀 보는 것'에 인색하지 않지만, 미제가 압록강 넘기를 기다렸다가 참고, 참고, 참을 수 없을 때 행동해야 한다", "남이 우리를 침범하지 않으면 우리도 남을 침범하지 않는다. 미국이 우리를 공격하지 않으므로 그것에 관여해서는 안 된다" 등이었다.[29]

허베이

톈진 인근의 허베이성 노동자들은 당위원회가 진행한 항미원조 선전 주간의 영향을 받아 다양한 반응을 보였다. 1950년 11월 19일 자 〈신화사 통신〉 허베이지사의 보고에 따르면, 과거 공산당의 근거지였던 "옛 해방구에서 온 노동자들은 승리를 자신하고 있었다." 허베이군구(河北軍區) 정

27 위의 일간지.
28 위의 일간지.
29 위의 일간지.

치부 인쇄국 소속의 한 노동자는 "항의를 반복해도 의미가 없다. 그냥 해 버리면 된다. 일단 시작하면 난 곧바로 생산 도구를 내려놓고 전선으로 갈 것이다. 중국은 전쟁 속에서 성장해 왔다. 전쟁을 두려워하지 않고 반드시 이기겠다"라고 말했다.[30] 이런 발언은 당의 방침에 부합하는 '정론(正論)'으로 여겨졌으나, 다른 한편으로는 대미 긴장감을 떨어뜨린다고 지적받았다. 보고에 따르면, "미제의 실력이 낮다고 어림짐작한 노동자들이 일부 있었다." 한 발전소 노동자는 "평화 진영의 힘이 세므로 미제가 굳이 전쟁을 강행하지는 않을 것"이라고 말했다.

또 다른 문제로는 "종일 생산 활동에 바빠서 시사에 어두운 사람이 소수지만 있었다."[31] 다만 정권이 선전과 학습 활동을 한층 더 강화한 한 달 여 뒤의 보고 기사에서도 "노동자가 실업을 두려워하고 있다"라거나 "임시방편적인 평화를 탐하는" 이들 가운데 "연배가 있는 노동자"가 소수 있다고 한 점을 보면,[32] 시사 선전에 대한 노동자의 이해가 떨어지는 원인은 바쁜 일정만이 아니었음을 알 수 있다.

그 배경에는 생활난이 있었다. 실제로 허베이성 정부 광산야금국(鑛山冶金局)에서 초빙 기술자로 일하다 귀국한 한 일본인의 증언에 따르면, 그의 가정은 한 달에 좁쌀 350kg 정도의 수입이 있었다. 하지만 "일반 중국인 노동자는 100kg밖에 받지 못했고 누더기를 걸치고 있었다." 또한 "고된 노동을 하면서 밤낮 가리지 않고 정치 교육이나 문화 학습을 해야" 했다.[33]

---

30 〈河北省幹部和群衆對目前時局的反映〉,《內部參考》1950年 11月 24日.
31 위의 일간지.
32 〈保定, 唐山, 石家莊, 秦皇島等四市群衆在抗美援朝運動中尚存在不少思想問題〉,《內部參考》
33 〈日歸僑捏造我國情形〉,《內部參考》1950年 10月 17日.

소득이 적어 필수품인 소금조차 사지 못하는 일도 벌어졌다. 긴 겨울을 앞두고 노동자와 농민 가정 모두 배추절임을 준비하느라 분주한 것은 허베이 지역의 늦가을 풍경이었다. 그러나 11월 23일 자 《천진일보》의 보고에 따르면, "허베이 각지에서 최근 소금 부족이 심각해졌다. 허베이성과 핑위안성(平原省)34 일대에서는 소금 가격이 1킬로그램당 4,000위안 이상으로 폭등했다. 탕산 일대에서는 농민들이 줄지어 소금을 사들였다." 늦가을에 배추절임용 소금 수요가 급증하는 것은 매년 있는 일이었다. 하지만 이번에 소금이 부족한 이유는 공영(公營) 소금 전매 회사가 여름 동안 배송을 미루다 늦가을이 돼서야 각지로 소금을 보내기 시작했고, 각지의 합작사(合作社)35와 협력이 잘 이뤄지지 않았기 때문이었다. 게다가 "철도국이 특수임무를 수행하느라 지난해처럼 소금을 먼저 수송하지 못했기 때문"이었다.36 여기서 특수임무는 한국전쟁에 파병된 군인과 군수물자의 수송을 말한다.

도시 지역, 특히 신정부가 수립된 지 얼마 되지 않은 지역의 많은 시민은 공황 상태에 빠졌고, 농촌 지역도 마찬가지였다. 해방구의 간부, 당원, 청년단원, 민병(民兵)37 사이에서는 "적극적으로 조선을 지원하고 조기에 파병해 미제의 기염을 꺾어야 한다는 주장과 더불어, 억제할 수 없을 정

---

34 1949년 7월에 설치된 행정구역으로 현재의 산둥성 서남부, 허난성 북부, 허베이성 남부에 걸쳐 있었다. 1952년 취소돼 산둥성, 허난성으로 합병됐다(옮긴이).

35 합작사는 협동조합을 말한다. 중국은 건국 초기인 1950년대에 농업, 공업, 상업의 사회주의화를 위해 생산, 공급, 소비 등 다양한 합작사를 설립했다. 특히, 농업 부문은 반(半)사회주의 성격을 가진 초급 합작사로부터 사회주의적 성격이 한층 강화된 고급 합작사 단계를 거쳐 인민공사로 이행됐다(옮긴이).

36 〈最近華北各地鹽荒嚴重〉,《内部參考》1950년 11월 30일.

37 민병은 생산 활동에서 분리되지 않은 무장 조직을 가리킨다. 정규군 인민해방군 및 지방군 인민무장경찰과 구분되는 무장 조직으로, 일상적인 생산 활동에 종사하면서 유사시에 인민해방군을 보조해 변경 방어, 치안 유지 등에 참가한다(옮긴이).

도의 고양된 분위기"가 감지됐다. 어떤 이는 "미제가 우리 둥베이 지역을 폭격한 이상 선전포고해야 한다. 앞으로 몇 년간 게릴라전을 하고 3년 정도 갱도전을 계속하더라도 오만한 미제를 이대로 놔둬서는 안 된다"라고 말했다.[38]

그러나 이러한 용감한 발언과는 달리 일반 농민들에게는 "평화를 바라는 태평한 분위기"가 널리 퍼져 있었다. "지금 정세가 점점 긴박해지고 있다는 사실을 이해하지 못하고 '괜찮아. 여기까지 오려면 아직 멀었어'라고 말하는" 이가 있었다. 또한 "소극적이고 염전 사상을 지닌 농부들"이 일부 있었으며, "평화만 있다면 군인으로 끌려가지도 않고 부역에 징용당하지도 않는다"라거나 "군자는 소인과 다투지 않는다. 미제가 나를 침략해도 복수하지 않겠다"라고 주장하는 이가 있었다.[39]

이와는 다른 관점에서 해외파병에 이의를 제기한 농민들도 있었다. 바오딩시에서 남서쪽으로 180km 떨어진 위안스현(元氏縣)의 한 농민은 원자폭탄으로 "바오딩을 타격하면 위안스는 버티지 못할 것"이라며 불안해했다. 또 다른 농민은 전쟁의 역사에서 "조선은 과거 일본을 도와 우리를 침략했다. 그런 조선이 미국에 침략당하더라도 중국과는 무관하다. 쓸데없이 참견하지 말자"라고 말했다. 보고서는 이러한 입장을 "협소한 민족주의적 견해"라고 평가했다.[40]

차하르와 산시

차하르성의 많은 노동자는 강경한 태도를 보였다. 〈신화사통신〉 화베이 총지사의 보고에 따르면, 이들은 마오쩌둥과 중앙정부에 파병을 요구하

---

[38] 〈河北省幹部和群衆對目前時局的反映〉,《內部參考》1950年 11月 24日.
[39] 위의 일간지.
[40] 위의 일간지.

는 편지를 잇따라 보냈다. 장자커우 철도국 자재공장의 당원과 청년단원은 직접 조선에 참전하겠다고 나섰다. 사영기업인 위안싱(元興)착유공장의 한 노동자는 "전쟁이 나면, 미국 측에는 원자폭탄이 있는데 그게 두렵지 않느냐"라고 위협하는 사장에게 "우리 노동자는 전쟁을 두려워한 적이 없다. 유언비어를 퍼뜨리는 자는 체포하겠다"라고 맞섰다.[41]

한편, 이 보고서는 다른 양상도 보고했다. 일부 직원과 노동자는 우리 쪽의 실력에 대한 인식이 불충분해 "동쪽 진영의 힘은 역시 약한 것 같다. (유엔에서의) 제안은 모두 부결됐다", "미국의 무기가 뛰어나다는 사실은 다 알고 있다. 실제로 전쟁이 벌어지면 승패를 예측하기 어렵다"라고 이야기했다. 또 일부 사영기업 직원과 노동자는 "사측의 회유와 위협에 영향받아 정권이 곧 교체될 것이라 예상"했다. 심지어 "입당이나 입단을 후회한 당원과 공산주의청년단원도 몇몇 있었다."[42]

정권의 선전이 충분히 침투하지 못한 농촌에서는 또 다른 반응이 나타났다. 보고서에 따르면, "절대다수의 농가는 생산에만 몰두하고 시국에 대해서는 거의 알지 못하며, 조금 알더라도 부정확하다. 안일한 평화나 천하태평을 탐하는 경향이 널리 퍼져 있고, 미국에 대한 적대감이 약하다. 긴박한 정세에 정권 반대 세력의 유언비어가 더해지면서 공황 상태에 빠졌다. 대체로 전쟁을 두려워하고 무원칙하게 평화를 바라는 분위기"였다. 그 이유는 "우리가 이들을 대상으로 한 시사 선전을 소홀히 해 왔기 때문"이었다.[43]

정권의 선전에 영향을 별로 받지 않은 농가에서는 두 가지 뚜렷한 반응이 나타났다. 첫째, '정권 교체'에 대한 기대였다. 기존의 공산당 지배 지

41 〈抗美援朝保家衛國国聲中察省各界思想動態〉,《内部參考》1950年 12月 20日.
42 위의 일간지.
43 위의 일간지.

역인 '구해방구'보다 혁명한 지 얼마 안 된 '신해방구'에서 이러한 경향이 두드러졌다. 반란 세력의 활동이 활발했던 차하르성 북부에서는 농민들의 불안감이 커져 "스스로 나아가 반란 세력에 접근한 자"가 있었고, 장베이현(張北縣)에서는 일부 민병이 총기 휴대로 표적이 될 것을 두려워해 총기를 상급 기관에 반납했다. 토지개혁으로 경작지를 손에 넣은 일부 농민은 "의식 수준이 낮아", 정세가 긴박해지자 전 지주나 옛 정권의 공작원이 퍼뜨린 유언비어에 영향받아 경작을 포기하고 토지를 반납했다. 이런 사례는 북부 캉바오현(康保縣)에서만 21건에 달했다. 남부의 완취안현(萬全縣) 옌자야오촌(閻家窯村)에서는 토지개혁으로 분배받은 옛지주의 논밭을 전혀 일구지 않았고, 제5구 제7둔(屯)과 쉬자장(許家莊) 등에서는 "번신" 농가들이 옛 지주의 "교묘한 협박"으로 인해 분배받은 가옥에서 내쫓기기도 했다.[44]

둘째, 염전 감정이었다. 농민들 사이에서 "승리하기보다 애초에 전쟁하지 않는 편이 낫다", 조선 문제는 "우리와 상관없다. 쓸데없는 참견이다", 미국과의 관계는 "전쟁이 벌어지면 그때 가서 생각하자"라는 의견이 나왔다. 이 같은 농민들의 염전 태도는 "임시방편으로 안전을 추구하고 무원칙한 평화를 바라는 사상"이라고 비판받았다. 그러나 보고서는 "이러한 농민들도 중국의 실력을 믿고 있으며, 중국의 승리에 대해서는 거의 의심하지 않는다"라고 평가했다.[45] 이처럼 중국의 "실력과 승리"를 믿으면서도 염전 감정을 드러낸 농민들의 태도는 언뜻 모순처럼 보일 수 있다. 하지만 사실은 매우 의미심장하다. 여기에는 "승리 전략"과 "안전보장"은 같지 않으며, '권력자의 주된 관심사인 승리에 집중하는 전략은 시민이 바라는 안전보장을 방해하고 희생시킬 수 있다'라는 생각이 깔려 있

44 위의 일간지.
45 위의 일간지.

었다. 이것이 앞에서 말한 "승리하기보다 애초에 전쟁하지 않는 편이 낫다"라는 말의 진의였다.

보고서에 따르면, 농민들의 염전 감정은 이론이 아니라 "10여 년에 걸쳐 매년 계속된 전쟁" 경험에서 비롯된 것이었다. 이런 감정은 신구(新舊) 해방구 구분 없이 널리 나타났지만, 흥미롭게도 "구해방구 농민들 사이에서 더 강하게 나타났다." 보고서는 그 이유를 "어떤 의미에서는"이라고만 말할 뿐 명확히 설명하지 않는다.[46] 아마도 구해방구가 오랜 전쟁의 중심지로서 더 심각한 피폐를 겪었기 때문일 것이다.

원래 구해방구 농가는 오랫동안 공산당의 선전과 교육을 받아서 신해방구보다 정권의 파병 결정을 더 쉽게 받아들일 것으로 보였다. 그러나 실제로는 전쟁에 따른 피해와 부담에 대한 피로감이 훨씬 더 컸다. 예를 들어 차하르성 남부는 중일전쟁 시기 팔로군(八路軍)의 근거지였던 진차지변구(晉察冀邊區)[47]의 일부로 전쟁 피해를 크게 입었다. 1949년 1월 20일에 작성된 한 통계에 따르면, 중일전쟁 동안 차하르 남부를 포함한 "지차구(冀察區)"가 입은 피해(전몰군인 제외)는 다음과 같았다. "사망자 10만 800명, 약탈당하거나 징발된 식량 322만4,629.462t, 파괴된 가옥 39만 500채, 손실된 소·말·당나귀·노새 등 가축 21만5,000마리, 돼지·양 등 80만1,200마리, 농기구·가구 손실 610만 건, 의류 손실 412만5,000벌, 연행된 장정(壯丁)[48] 6만5,000명, 진지·군용도로·참호 등 군사시설에 징발된 토지 약 53km^2, 부역 동원된 연인원 1,200만 명."[49]

46 위의 일간지.
47 진차지는 산시성(晉), 차하르성(察), 허베이성(冀)을 가리킨다. '변구'는 지리적으로는 성의 교계(交界) 지역이며 역사적으로는 전쟁 수행을 목적으로 공산당이 만든 혁명 근거지다. 산간닝(陝甘寧)변구, 진차지변구 등이 있다(옮긴이).
48 군역에 소집된 남자(옮긴이).
49 魏宏运 主编,《抗日战争时期晋察冀边区财政经济史资料选编 (总论编)》, 南开大学出

여기에 더해 일본군의 침공에 맞서 싸운 팔로군과 근거지 정부의 재정 지출과 인적·물적 지원 요청도 감당해야 했다. 이 지역은 산시·차하르·허베이성이 만나는 타이항산맥(太行山脈) 일대로 일본군의 소탕 작전에 저항하는 게릴라전을 벌이기에 적합했다. 그러나 본래 인구가 적고 경제가 낙후해, 신해방구가 된 평야 지역보다 농가의 피해와 부담이 컸다. 두 지역 간의 빈곤 수준 차이는 팔로군 화베이군구 44연대 소속 중대 간부 류룽(劉榮)이 전쟁이 끝난 여름에 쓴 일기에 잘 드러난다. 1937년 입대 이후 주로 근거지에서 활동하던 류룽은 부대와 함께 일본군 점령 아래 있던 차하르성 장자커우 부근의 쉬안화현(宣化縣)을 행군했다. 그는 행군 중인 8월 14일 일기에 "새벽을 알리는 닭조차 근처 마을에 남아 있지 않다. 모두 적에게 잡아먹혔다", 8월 16일에는 "8년 만에 과일을 먹었다"라고 적었다.[50]

1950년 11월 18일 자 〈신화사통신〉 타이위안발 보고에 따르면, 차하르 남서쪽의 산시성에는 종군을 원하는 노동자가 없지 않았다. 하지만 "가장 큰 관심사는 일상생활 문제였다." 이들은 "한국전쟁을 물가 상승의 원인으로 보고 지폐를 불신하며 식량을 사재기하고, 전쟁을 두려워하는 경향을 보였다." 농가도 마찬가지였다. 농민들은 "전쟁을 꺼리고 입대해 참전하는 것을 두려워했으며, 경제적 부담이 늘어나 농업 생산에 전념하지 못하는 상황을 걱정했다." 특히 신해방구의 농민이 구해방구보다 공미 감정을 더 강하게 가진 것으로 나타났으며, 정권 교체를 예상한 일부 농민은 토지개혁으로 얻은 "땅마저 팔아 버렸다."[51] 신해방구에서 공미

版社, 1984, 842.

50 梁山松·林建良·呂建伟 编,《烽火晋察冀　刘荣抗战日记选》, 中国文史出版社, 2015, 297-298.

51 〈山西抗美援朝運動展開以來各階層思想動態〉,《内部参考》1950年 12月 8日.

감정이 더 강했던 이유는 이 지역이 외부 정보에 더 오랫동안 노출돼 있었기 때문인 것 같다.

제2장
화둥 지역

상하이

상하이 국영 면방적회사 제10공장과 인쇄업계 노동조합에서는 "공산당은 미국을 종이호랑이라고 선전하지만, 이제 그 허점이 드러났다. 미군은 북조선에 일격을 가했고, 당장에라도 압록강까지 진군할 것 같다"라고 말했다. 또 우리 군은 "조선에 전투하러 가서 많은 전사자를 내고 패배했다. 본격적인 대미 전쟁이 벌어지면 둥베이 지방은 전쟁터가 될 것이고, 승패와 관계없이 상하이는 공중폭격당할 것이다. 공장도 문을 닫고 생계도 위태로워질 텐데, 마오 주석이 티토처럼 행동해 하루하루 평화롭게 살게 해 주면 좋겠다. 티토처럼 되고 싶지 않다면 차라리 장제스가 돌아오는 편이 낫다. 그렇지 않으면 우리에게 남는 건 파멸의 길뿐"이라고 말했다.[52] 그 밖에도 장제스의 복귀를 바라는 목소리나 제3차 세계대전을 꺼리는 의견이 있었다. 타이완으로 넘어간 국민당이 예전과 달라졌다며, "타이완에서도 '토지개혁'을 시행하고 있으며 장제스는 자기비판을 이해하게 됐다", "인민을 위한다는 점에서 서로 다르지 않다면 전쟁할 필요 없다. 장제스와 마오 주석이 제3차 세계대전에 불참하겠다는 성명을 내면

---

[52] 〈上海, 天津等地謠言一束〉, 《內部參考》 1950년 11월 7일.

좋겠다. 우리 같은 서민은 생활만 유지할 수 있다면 누가 지도자인지는 중요하지 않다"라고 했다.⁵³

이러한 발언들에는 미국의 강대함에 대한 경외감이 자리하고 있었다. 예를 들어 "미제는 휘발유 압축 기술을 개발해 1t의 휘발유를 5파운드의 액체에 해당하는 크기의 고체로 만들 수 있으며, 그 파괴력은 엄청나다. 바닷물에서 각종 광물을 추출할 수 있는 기술이 있어 작전 물자 부족에 시달릴 일도 없다. 이런 상대와 싸우는 것은 어렵다"라고 말했다. 그러면서 "미국은 돈과 무기가 남아돌고 10여 개국의 유엔군이 함께 작전을 벌이고 있는데, 우리가 어떻게 이길 수 있나. 공산당은 게릴라전이나 평화 서명 같은 선전은 잘하지만, 실제로는 아무런 도움이 되지 않는다. 예전에는 부패한 장제스를 상대로 게릴라전으로 천하를 잡았다. 하지만 지금의 미군은 장제스와 차원이 다르다. 이제 게릴라전은 통하지 않는다"라고 평가했다.⁵⁴ 또한 "우리는 계속해서 둥베이 지역으로 군대를 기차에 실어 보내고 있으며 기계 설비를 북쪽으로 옮기고 있다. 그러나 트루먼과 맥아더가 강경한 자세로 일관하고 있어서 전쟁을 피할 수 없을 것이다. 국민당과의 싸움과 달리 이번 전쟁은 수십 개국이 가담했는데, 미국 측에는 40여 개국이 가담한 반면 동쪽 진영은 고작 18개국뿐이다. 숫자로도 비교가 되지 않는다. 싸우면 질 게 뻔하다"라는 비관적인 예측이 나왔다. 이런 발언 끝에는 '적극분자'인 노동자들은 "목이 날아가지 않도록 더 이상 시사 문제 등에 관여하지 않는 것이 좋다"라는 조언이 붙기도 했다.⁵⁵

이런 말들은 예외적인 것이 아니었다. "장제스가 곧 돌아올 테니 이제 노동조합 회비를 낼 필요 없다. 회비를 성실히 내면 낼수록 나중에 심한

53 위의 일간지.
54 위의 일간지.
55 위의 일간지.

꼴을 당할 가능성이 높다", "지금 서독, 조선, 유엔의 상황을 보면 세계대전을 피할 수 없다. 노동조합의 일에는 관여하지 않는 편이 좋다. 중국인은 재수가 없어서 내일 어떤 일이 닥칠지 알 수 없다"라는 말도 나왔다.**56**

저장

1950년 11월 6일 자 《절강일보》의 보고에 따르면, 이 지역 노동자들 사이에서 다음과 같은 발언이 나왔다. "미제의 조선 침략이 점점 거세지고 있다. 우리는 경계를 늦추지 말고 적극적으로 준비해 미제의 모든 침략 행위를 물리쳐야 한다." "미제는 득의양양한 듯하지만, 조선 인민은 (중략) 이미 게릴라전을 전면적으로 전개해 인민의 강력한 힘을 보여 주려 한다." "장제스는 미국의 지원을 받아 둥베이 지역으로 쳐들어가려고 한다. 지금, 정부가 노동자들을 훈련하는 것도 전쟁터로 보내기 위해서다."**57** 이 발언들은 공장 노동자들이 직장에서 나눈 이야기를 노조가 수집한 것으로 보이는데, 여기에는 일상적인 대화나 공장 밖 노동자의 목소리는 들어 있지 않은 것 같다. 당시 저장성 공안국은 "유언비어"에 대해 철저히 발신원을 추적했다. 그 결과 "시민이 유언비어를 퍼뜨리거나 거리에서 시사 문제를 언급하면 잡혀가기 쉬웠고, 낙후한 시민들의 목소리는 진보적인 분자에게 닿기 어려웠다. 시민들의 이야기는 점점 사적인 공간으로 숨어들었다."**58**

그러나 같은 보고서의 공장 "노동자"와 구분된 "시민" 항목에서는 다양한 목소리를 볼 수 있다. 어떤 점원은 "일본의 요시다(吉田) 정권이 제2차 세계대전 이전에 가지고 있던 식민지, 즉 타이완과 조선을 되찾으려 했

56 위의 일간지.
57 〈抗美援朝高潮中浙江某些群衆的思想情況和謠言〉,《内部参考》1950년 11월 14일.
58 위의 일간지.

다. 그러자 미제는 제3차 세계대전이 일어나면 자유롭게 점령해도 좋다고 응수했다. 서독에 대해서도 마찬가지다"라고 말했다.[59] 또한 "타이완에 20만 명의 일본군이 도착했다"라는 유언비어가 돌았다.[60] 하지만 모두 근거 없는 이야기였다. 실제로는 옛 일본군 장교로 구성된 군사고문단이 타이완에서 국민당군의 훈련에 참여하고 있을 뿐이었다.[61] 중일전쟁이 끝난 지 채 5년도 지나지 않아서, 이러한 유언비어가 나돈 것 같다.[62]

나흘 뒤인 11월 10일 자《절강일보》는 항저우 노동자들의 반응을 후속 보도로 전했다. 보도에 따르면, "노동자 중 적극적인 분자는 미제를 이길 수 있다는 자신감에 '일본 제국주의를 물리쳤으니 미국쯤은 한 방이면 충분하다'라고 생각했다. 그러나 낙후분자를 설득할 구체적인 자료가 있는 것은 아니었다. 현재 각 기업에서는 적극적인 분자(당원 포함)들이 낙후분자의 조롱을 받을까 봐 발언을 자제하고 있으며, 현실의 어려움에 굴복해 '시국에 대해 선전하면 대중으로부터 고립될 수 있으므로 차라리 하지 않겠다'라고 말하고" 있었다. 정세가 급박해지면서 공장의 일부 청년단원은 "불안감에 활동을 멈추고 '월급만 받을 수 있다면 누가 오든 상관없다'라고 말했다. 일부 단원은 일반 노동자들에게 외면당해 고립감을 느꼈고, 단원이 모습을 드러내면 일반 노동자들은 밀고를 당하지 않으려고 곧바로 입을 다물었다."[63]

---

59 위의 일간지.
60 〈杭州各界對時局的反映和該市流傳一些謠言(續誌)〉,《內部參考》1950年 11月 17日.
61 陳肇斌,《戰後日本の中國政策》, 東京大学出版会, 2000, 210-211. 野嶋剛,《ラスト·バタリオン 蔣介石と日本軍人たち》, 講談社, 2014.
62 1950년 11월, 후난성에서도 분명히 중일전쟁의 기억을 의식한 "오카무라 야스지(岡村寧次)가 화베이를 침공할 것이다"라는 유언비어가 퍼졌다. 〈長沙各階層對目前時局的反映及流伝一些謠言〉,《內部參考》1950年 11月 17日.
63 〈杭州各界對時局的反映和該市流傳一些謠言(續誌)〉,《內部參考》1950年 11月 17日.

중립적인 태도를 보이는 노동자들은 시사 문제에 무관심해 먼저 말문을 열지 않았으며, 남의 이야기에 별다른 반응을 보이지 않았다. 그리고 노동자 중 "낙후분자"는 "병적으로 미국을 두려워한 나머지 유언비어를 믿고 다시 퍼뜨렸다." 일부는 정권 교체 가능성을 걱정하며 "공산당이 오든 국민당이 오든 나는 똑같이 일할 것이다. 아름다운 나라(미국)든 추악한 나라든, 침략이든 무엇이든 간에 나는 일자리가 있고 생계만 유지할 수 있으면 된다"라고 말했다. 청년단원 중에는 청년단 탈퇴 의사를 밝히는 이가 있었고, 방적업과 견직물업 노동자 중에는 "옛날 작업복을 잘 보관하자. 장제스가 돌아왔을 때 그걸 입으면 겉으로 티 나지 않는다"라고 말하는 이가 있었다.**64**

이 보고서에 따르면, 위와 같은 적극·중간·낙후 가운데 "'낙후'가 다수를 차지했다. 이들은 대부분 읽기와 쓰기를 할 수 없어 다른 사람의 헛소리를 이해하지 못하고 곧이곧대로 믿었다." '적극'이 가장 적고 '중간'이 그다음이었다. "이는 매우 심각한 상황으로, 10월(원문은 10월이라고 돼 있으나 실제로는 11월이 정확) 6일부터 시사학습이 시작됐고, 보고회에서 이야기를 들은 뒤에는 동요가 상당히 진정됐다. 그러나 정보 부족 탓에 시사 토론의 깊이는 떨어졌다."**65**

노동자들의 주요 정보원 중 하나는 아이러니하게도 〈미국의소리〉였다. 시내 많은 기업의 고위직들은 거의 모두 이 방송을 들었고, 밤에 들은 내용을 다음 날 직장에서 다른 노동자들에게 전달하며 의도적으로 '공미병(恐美病)'을 부추겼다. 예를 들어 "〈미국의소리〉는 뉴스가 빠르고 정확하다. 한성과 평양 함락을 일찍감치 보도했는데, 〈신화사통신〉은 뒤늦게 이

---

64 위의 일간지.

65 위의 일간지.

를 인정할 수밖에 없었다"라고 말했다.**66**

미국의 막강한 영향력은 항저우시의 자커우발전소(閘口發電廠)에서도 확인된다. 이 발전소는 1932년 10월에 완공된, 저장성에서 가장 큰 근대식 발전소였다. 수도 난징시의 샤관(下關)발전소, 상하이의 양수푸(楊樹浦) 발전소와 함께 장난(江南) 지역 3대 발전소 중 하나로 꼽혔고, 7,500kW 발전기 2기로 총 1만 5,000kW의 전기를 생산했다.**67** 《절강일보》의 보고에 따르면, 일부 직원은 "우리 발전소의 기계 설비는 모두 미국제이고 소련제는 하나도 없다"라고 말했고, 이는 "미국을 숭배한" 사례로 소개됐다.**68** 그러나 1990년대에 나온《자커우발전창지(閘口發電廠志)》를 보면, 당시 설치된 2대의 분탄(粉炭) 연소 보일러와 관련 설비는 미국제, 증기 터빈 발전기는 영국제였다.**69** 소련제 설비는 없었을 수 있지만, 모두 미국제는 아니었다. 그럼에도 이런 표현을 쓴 이유는 깊은 친미반소 정서가 작용했기 때문인 것 같다.

비슷한 친미반소 정서는 시장의 "노동자"인 행상인들 사이에서도 나타났다. 행상인 야오(姚) 아무개는 "요즘 물가가 오르는 이유는 모두 조선공산당(원문에는 조선공산당이라고 돼 있으나 실제로는 조선노동당이 정확)이 실패했기 때문이다. 각국 공산당은 서로 연결돼 있다. 국민당이 실패했을 때도 물가가 올랐다"라고 말했다. 또 다른 행상인 팡창칭(方長慶)은 "지금 미국은 소련의 함정에 빠졌다. 소련은 미제의 병력을 분산시켜 미국 내부의 경제공황을 심화시키거나 붕괴시킨 뒤 동쪽 진영의 국가들과 함께 미국을 포위하려 한다"라며, "지금 미국은 서유럽에 전선을 열고 제3차 세

---

66 위의 일간지.
67 闸口发电厂志编辑委员会 编,《闸口发电厂之志》, 浙江古籍出版社, 1995, 33-35.
68 〈杭州各界對時局的反映和該市流傳一些謠言(續誌)〉,《内部参考》1950年 11月 17日.
69 闸口发电厂志编辑委员会 编, 위의 책, 33-34, 45.

계대전을 준비하고 있다"라고 말했다. 어떤 노점상은 "미국이 우리를 치려는 건 우리가 소련과 손잡고 있기 때문이다. 소련에서 떨어지면 미국은 절대 공격하지 않을 것이다. 우리는 '오는 자는 모두 친구'라는 자세를 가져야 한다"[70]라고 말했다. 이 발언의 앞부분은 모든 군사동맹이 안고 있는 중대한 문제인 '휘말림론'이라 할 수 있다. 즉, 안보를 위해 맺은 동맹이 오히려 전쟁의 원인이 될 수 있다는 것이다.

그렇다면 이러한 생각을 가진 노동자의 배우자는 어떤 반응을 보였을까? 직접적인 기록은 없지만, 보고서에는 항저우시 여성 시민의 반응이 소개돼 있다. 항저우시의 "대부분 여성은 전쟁을 두려워하고 혐오했으며 평화를 바랐다." 이 문장 앞에 "일부 사람들"은 "항미원조를 재앙을 자초하는 행동으로 여겼다"라는 발언이 있고, 이어 그들은 "미국의 침략에 저항하는 의미를 잘 이해하지 못했다"라는 설명이 덧붙여져 있다. 그러나 이 여성들이 전쟁을 혐오한 구체적인 이유에 대해서는 언급하지 않는다.[71]

마지막으로 "시후구(西湖區) 농민들은 미국과 장제스의 귀환을 두려워하며 그들의 침공을 격퇴하는 정부를 지지한다"라고 밝혔고, 항저우 근교의 농민들은 "일제와 왕징웨이 정권이 지배하던 시절의 박해에 대한 인민정부의 관심에 감사해"하고 있었다. 이러한 태도는 토지개혁을 통해 소작농이 자작농이 된 데 대한 만족감에서 나온 것으로 보인다. 한편 보고서는 근교 농가들이 "대체로 전쟁을 두려워하며 염전 감정을 갖고 있다"[72]라고도 전했다. 이 점 역시 간과해서는 안 된다.

---

70 〈杭州各界對時局的反映和該市流傳一些謠言(續誌)〉,《內部參考》1950年 11月 17日.
71 위의 일간지.
72 위의 일간지.

난징, 장쑤 남부

공산당 난징시위원회의 1950년 11월 14일 자 보고에 따르면, 난징 노동자들의 반응은 다음과 같았다. "일부 진보적인 노동자, 당원, 청년단원은 항미원조 실행 소식을 듣고 기뻐했다." 그러나 이러한 반응에는 온도 차가 있었다. 가장 적극적인 이로는 "인민해방군에 들어가 전쟁 속에서 성장하기를 바라는 청년단원이 있었다." 이처럼 용감한 사람을 제외한 대부분의 적극분자는 "시사 문제에 관심을 두되 상부의 결정을 기다린다"라는 자세였고, "토지개혁 실시 뒤로 참전하길 바랐다."[73] 이는 사실상 한국전쟁 개입을 미루자는 태도였다.

이런 "적극분자"와 달리 "소극적"인 태도를 보인 노동자들이 많았다. 이 보고에 따르면, "많은 노동자가 미국에 대한 공포심으로 파병에 신중한 태도를 보였다." 공포심은 상당히 강해, 애초 "당원 후보였던" 한 철도 노동자는 겁에 질려 "당원이 되기엔 아직 조건이 안 되니 조금 더 상황을 지켜보자"라고 말할 정도였다. 또한 "몇몇 노동자는 참전했을 때의 생활고를 걱정했다." 보고는 그들이 미국에 "환상을 품고" 있다고 평가했다. 하지만 이들은 파병하지 않으면, 미국은 중국을 공격하지 않을 것이며 어쩌면 경제 원조를 해 줄지도 모른다고 생각했다. 나아가 어떤 노동자들은 조선 문제에 "관여해서는 안 된다"라고 주장하며 그 이유로 "남이 나를 침범하지 않으면 나도 침범하지 않는다", "만약 미제가 중국을 침략하면 소련은 파병할 것"이라는 점을 들었다.[74] 전자는 직접 무력 공격을 받지 않은 상황에서 선제공격하는 것에 대한 비판, 후자는 오히려 의지할 수 있어야 할 동맹국이 출병하지 않는 것에 대한 의문이었다. 어쨌든 이들은 정권의 해외파병 정책에 찬성하지 않았다.

---

73 〈南京各階層對目前時局的反映〉,《内部参考》1950年 11月 23日.
74 위의 일간지.

해외파병에 찬성하지 않는 태도는 주로 국민정부 시절부터 근대적 설비를 갖춘 기업의 직원들 사이에서 나타났다. 1936년 말에 준공된 융리제산공장(永利鹼廠)은 미국 기업과 협력해 중국 최초로 질소비료를 생산했다.**75** 이곳의 일부 직원은 "미국은 세계에서 과학기술이 가장 발달한 나라다. 승산이 없었다면 관여하지 않았을 것이다. 중국이 전쟁에 휘말리면 둥베이 지역과 타이완해협 모두를 지켜야 하므로, 전선이 너무 길어져 불리하다"라고 말했다. 한 전신국 직원은 원자폭탄의 파괴력을 언급하며 "최후의 승리는 우리 쪽에 있을지 모른다. 그러나 표적이 되는 화둥 지역은 (시 중심부의) 신제커우(新街口)에 원자폭탄 하나만 떨어져도 전신국은 흔적도 없이 사라질 것"이라고 우려했다. 그는 "나라가 이겨도 내 목숨은 어떻게 될지 모른다"라고 덧붙이며 "전쟁이 나면 급여는 어떻게 되느냐?"라고 물었다.**76**

난징의 샤관(下關)발전소는 1919년에 미국 상사를 통해 수입한 1,000kW의 증기 터빈 발전기로 시작된 난징전등공장(南京燈泡廠)을 기원으로 한다. 발전소는 난징에 수도를 둔 국민정부 시기에 대규모 확장을 거듭했다. 제2차 세계대전 종전 이후에는 미국의 구호물자를 취급하는 부흥 기구로부터 새로 증기 터빈 발전기 3기를 들여와 몸집을 키웠다. 1990년 말까지도 미국의 1935년제 분탄 연소 보일러 2대가 이 발전소에서 돌아갔다.**77** 1950년 11월 14일 자 보고에 따르면, 이 발전소의 일부 기술자들은 "소련을 경시해 소련 전문가의 지도를 '번잡하고 대단치 않다'라고 여겼다." 한 화학 실험자는 "우리는 오랫동안 미국식 교육을 받았기 때문

75　全国政協文史資料研究委員会·天津市政協文史資料研究委員会《化工先导 范旭东》編輯組 編,《化工先导 范旭东》,中国文史出版社, 1987, 113, 119-121.

76　〈南京各階層對目前時局的反映〉,《内部參考》1950年 11月 23日.

77　下关发电厂志編纂委員会 編,《下关发电厂志》,江苏人民出版社, 1994, 6-11, 17, 193-197.

에 갑자기 바뀔 수 없다"라며 소련식 방식에 반감을 드러냈다.

이들은 시사 문제에 관심을 보이지 않았고, 중공 난징시위원회 기관지인 《신화일보(新華日報)》를 읽으려 하지 않았다. 어떤 이는 미국 잡지를 구독했고, 어떤 이는 침묵을 지켰다. 한 비서주임**78**은 매일 밤〈미국의소리〉를 청취하며 "세계대전은 이미 시작됐다", "조선인민군의 승리는 류보청(劉伯承)**79** 부대가 대신 싸워 얻은 것"이라며 동료들과 몰래 정보를 교환했다.**80** 그가 말한 "조선인민군"은 중국군에 적을 두고 싸우다 귀국해 북조선군의 주력부대가 된 4만7,764명 이상의 조선족 출신 장병을 가리킨다. 이들은 주로 린뱌오의 제4야전군 출신이었다.**81** 국공내전 때 제2야전군을 지휘하던 류보청은 당시 난징에 신설된 인민해방군 군사학원 원장을 맡고 있어서 거론된 것으로 보인다.

노동자 중에는 국가와 정권을 구분해 이해하는 사람이 있었다. 이들은 "미국에 지더라도 상관없다. 장제스가 돌아온다고 해서 나라가 망하는 건 아니다"라며, 정권에 대한 충성심과 애국심을 동일시하려는 정부의 선전과 다른 태도를 보였다. 이런 태도가 과거 국민정부 시절에 교육받은 기술직 직원들에게서만 나타난 것은 아니었다. 신정권의 지지자로 여겨진 육체노동자 중에서도 비슷한 생각을 가진 이들이 있었다. 난징시 당위원회는 "하역 노동자 대부분이 과거 '임시수입(臨時收入)'이 많았던 시절에 비해 생활이 더 어려워져 오히려 미제가 오기를 갈망했다"라고 보고했

---

78   비서주임(祕書主任)은 난징 샤관발전소 내 공산당 조직과 행정 조직의 건설과 운용을 책임지는 고위급 직책을 가리킨다(옮긴이).
79   소련 프룬제(Frunze)군사대학에서 유학한 인민해방군 최고위급 군인으로 중일전쟁과 국공내전에서 많은 전공을 세웠다. 인민해방군 원수, 공산당 국방위원회 부주석, 정치국원 등을 역임했다(옮긴이).
80   〈南京各階層對目前時局的反映〉,《内部参考》1950年 11月 23日.
81   선즈화, 김동길·김민철·김규범 옮김,《최후의 천조-모택동 김일성 시대의 중국과 북한》, 선인, 2017, 116-123.

다.[82]

이런 노동자들 주변에 조선의 불리한 전쟁 상황, 병력의 북쪽 이송, 열차 탈선 사고, 식량 가격 변동, 징병 가능성 등을 둘러싼 "유언비어"가 퍼졌다. 그중 전 국민정부의 총통부 앞에 자리 잡고 있던 돌사자에 관한 유언비어가 대표적이었다. "'전 총통부 앞의 돌사자가 걷기 시작했다'라는 얘기가 흘러나와 순식간에 온 시내가 떠들썩해졌다. 낙후된 사상을 가진 시민은 모두 자기 눈으로 확인하려고 현장에 몰려들었다." 돌사자가 눈물을 흘렸다고도 전해졌다. "그 돌사자는 국민당 정부가 무너질 때 한번 움직였다. 지금 다시 움직였으니 다시 정권(天下)이 바뀔 것이다. 돌사자가 눈물을 흘린 이유는 장제스를 그리워하고 있기 때문이다." 보고는 이를 정권 반대 세력의 "공작원이 민중의 미신을 악용해 퍼뜨린 유언비어"라고 평가했다.[83] 난징시 노동자들이 처한 불안한 현실을 단적으로 보여주는 장면이다.

이 같은 동요는 장쑤성(江蘇省) 남부의 우시와 쑹장 지역 노동자들에게서도 나타났다. 11월 1일 자《소남일보》의 보고에 따르면, 노동자들은 봄부터 이어진 세계 평화를 바라는 서명운동과 선전 교육을 통해 "국제 정세에 대한 기본 인식을 공유하고 있었다." 하지만 "유언비어를 듣고도 책임을 추궁당할 것이 두려워 노동조합에 보고를 망설이는" 이들이 있었다. 공영 공장에서 일하는 노동자는 두 부류였다. "승리를 자신하는 자도 있었지만, 시사 문제에 무관심하고 생산에만 전념하는 자도 있었다." 사무직 직원 중에는 "유언비어에 현혹돼, 앞으로 국민당이 돌아오면 처벌받을 것이 두려워 노동조합을 멀리하고 길에서 간부를 만나도 인사하지

82 〈南京各階層對目前時局的反映〉,《內部參考》1950年 11月 23日.
83 위의 일간지.

않는 자가 있었다."**84**

그렇다면 그 지역의 농민들은 어떠했을까? 대부분은 토지개혁을 기쁘게 받아들였다. 그러나 일부는 지주가 퍼뜨린 유언비어를 듣고 "국민당의 복귀가 두려워 정부가 나눠준 논밭을 자기 것으로 만들기를 주저했다." 심지어 소유권을 얻은 뒤에도 보리를 심거나 배정된 가옥에 들어가기를 꺼렸다. 이들은 음력 9월 9일 "중양절(重陽節) 무렵에 이사를 꺼리는 미신을 핑계로 댔지만, 본심은 보복이 두렵기 때문이었다." 이들은 "지주가 반격해 오면 큰일이다"라며 불안해했다.**85** 그해 중양절은 바로 미군이 평양을 점령한 10월 19일이었다. 세계대전과 정권 교체가 예상되는 상황에서 농민들은 토지개혁으로 얻은 성과에 대해 "논밭은 정부가 일방적으로 준 거지 내가 요구한 게 아니므로 상관없다"라는 태도를 보였다. 대부분의 농가는 "시국에 대해 '나와는 상관없다'라는 태도였다."**86**

84 〈無錫, 松江各階層對時局的反映〉, 《內部參考》 1950年 11月 25日.
85 위의 일간지.
86 〈無錫農村幹部無法擊破謠言很苦悶〉, 《內部參考》 1950年 12月 5日.

제3장
둥베이 지역

정권 교체

이 장에서는 랴오닝성과 쑹장성을 사례로 정권 교체에 대한 노동자와 농민의 생각을 살펴본다.

11월 21일 자 〈신화사통신〉 둥베이총지사의 보고에 따르면, 뤼순과 다롄의 일반 시민들, "특히 노동자 대부분은 조선 인민의 침략 반대 전쟁에 공감하며 승리를 확신하고" 있었다. 한편 소수이긴 하지만 "혼란스러워하는 노동자, 농민, 도시 주민도 있었다." 그중 "'일만 하면 누구의 천하가 돼도 먹고살 수 있다'라며 시사 문제에 무관심한" 일부 노동자의 태도는 "낙후분자의 전형"으로 지목됐다.[87]

이 사례는 명백히 정권 교체 가능성을 전제로 한 것으로 뤼순과 다롄의 농가들에서도 비슷한 불안감이 퍼졌다. 보고에 따르면, 이 지역 농민들은 "정권이 바뀌는 게 아닌가"라며 불안해했다. 빈농 류중이(劉忠義)는 토지 개혁으로 손에 넣은 토지를 지주에게 되돌려주길 바랐고, 다롄시 북서쪽 외곽 다신자이(大辛寨)의 한 농가는 "정권이 뒤집히면 지주에게 살해당할 것"이라며 전 지주의 주택에서 이사 나가겠다고 했다. 다롄 북동쪽 진현

---

[87] 〈瀋陽, 旅大最近群衆思想動態及敵特活動情況〉,《內部參考》1950년 11월 30일.

(金縣)의 빈농 리자오구이(李兆貴)는 "지금 공산당은 믿을 수 없다. 마을에서 협력하지 않는 편이 낫다. '좋은 평판'을 남겨 두면 손해 볼 일은 없을 것"이라고 친구에게 말했다.[88]

그다음은 중국과 조선 국경의 북쪽에 해당하는 두만강 유역, 즉 조선족이 집중적으로 거주하는 옌지(延吉)가 있는 쑹장성의 사례다. 11월 30일자 《내부참고》에 실린 둥베이지사의 보고에 따르면, 미군의 인천 상륙 이후 쑹장성 "전역의 각 공장이나 광산, 기업의 노동자들은 더욱 적극적으로 생산에 힘썼다. 일요일에도 출근해 애국주의적 생산 경쟁에 참여하며 시사학습을 강화했다."[89]

그러나 정권의 주된 지지 기반으로 여겨지던 빈농들이나 고농(雇農)들[90]에게서는 강한 동요가 감지됐다. 이 보고에 따르면, 이들은 정권이 발행한 "지폐를 사용할 수 없을까 봐 물품을 사재기하고 폭음·폭식하며 생산 의욕을 잃었고, 전쟁의 향방에 대해 자신감이 없었다." 상즈현(尙志縣)의 빈농과 고농은 이렇게 말했다. "만주국은 철제 양동이처럼 생겼다. 하지만 무너질 땐 한순간이었다. 지금의 정권은 생긴 지 얼마 되지 않았는데 과연 버텨낼 수 있을까."[91] 라린현(拉林縣) 첸치촌(前旗村)의 촌로 다이(戴) 아무개는 다음과 같은 속담을 인용했다. "사람은 임금의 법을 따르고 풀은 바람을 따른다(人隨王法草隨風)."[92] 그러면서 "찾아오는 권력자를 따르는 법"이라고 말했는데, 이는 미군과 장제스를 받아들여야 한다는 뜻

88 위의 일간지.
89 〈松江省目前幹部, 群衆思想動態〉,《內部參考》1950年 11月 30日.
90 고농은 지주나 부농에게 고용된 농민을 말한다(옮긴이).
91 위의 일간지.
92 풀이 바람이 부는 방향으로 휘어지듯 사람은 권력자의 법에 복종한다는 뜻이다. 생존과 안정을 위해 새로운 권력자(미군이나 장제스)에게 순응해야 한다는 농민들의 정치적 현실주의와 상황 적응력을 보여 준다(옮긴이).

이었다. 한샹춘(韓香村)의 바이자툰(白家屯)은 그동안 합작사와 깔개를 짜는 계약 맺기를 희망했지만, 지금은 포기했다. 또 합작사의 판매소에 들어온 술 50L는 "2시간도 채 안 돼 모두 팔렸다." 본래 설날에 쓰기 위해 키우던 돼지를 미리 잡아 배불리 먹고 마신 농가도 있었다. 마구이린(馬桂林) 집안은 솜이 들어간 방한복이 있어 옷감을 살 필요가 없었지만 이익이 나지 않는 식량을 팔면서까지 돈을 마련해 "옷감 200자를 추가로 사재기했다."[93]

또한 보고에 따르면, "개별적인 사례"이긴 하나 지주와 접촉하기 시작한 빈농이나 고농도 있었다. 토지개혁으로 가옥을 배정받은 라린현 한샹춘의 왕차이(王財)는 소유주였던 지주에게 "언젠가 다시 기분 좋게 사실 수 있도록 집을 깨끗하게 정리했습니다. 지금 당장은 돌려드릴 수 없지만…"이라고 말했다. 중농(中農)은 기본적으로 빈농이나 고농과 비슷한 태도를 보였다. 하지만 "마음이 흔들리면서 점차 중립적인 태도를 보이기 시작했다." 이들은 "공산당 아래서는 자신들이 연대의 대상이며, 국민당이 들어온다 해도 어떻게 되지는 않을 것"이라고 생각했다. 토지개혁 당시 공개적으로 비판받았던 중농 가운데 "빈농과 고농을 조롱하며 파괴활동에 나선 자도 있었다."

과거 지주 가운데는 국민당의 귀환과 정권 교체를 기대한 이가 있었다. 아청현(阿城縣) 시가지에 거주하던 옛 지주 왕바이샹(王百祥)은 "지금 나는 공민권이 없지만, 앞으로 며칠만 더 기다리면 바뀔 것"이라며 한국전쟁을 역(逆) '번신'의 기회로 여겼다. 하지만 단순한 계급 대립의 도식으로 설명할 수 없는 사례가 있었다. 토지개혁 이후 '노동개조'를 받고 직접 농사를 지어 "여유롭게 생활하는" 옛 지주로, 라린현 민싱촌(民興村)의 캉궈

[93] 위의 일간지.

팅(康國廷)이 그중 하나였다. 그는 "전쟁이 일어나지 않았으면 좋겠다. 전쟁이 터지면 우리도 휘말릴 수밖에 없다. 가장 먼저 끝장날 사람들은 빈농과 고농일 것"이라고 말했다.[94] 그의 말은 "대의"를 내세운 폭력의 연쇄를 어디선가는 끊어내야 한다는 인간의 비통한 외침처럼 들린다.

노동자와 후방지원

일반적으로 전시에는 전투에 참여하는 병사 외에 보급이나 구호 등 전투를 뒷받침하는 '후방지원' 업무에 시민을 강제로 동원하곤 한다. 한국전쟁 당시 중국에서는 이러한 활동을 "전쟁근무(戰爭勤務)라고 불렀으며, 주로 한반도와 인접한 둥베이 지역 시민들에게 부과됐다. 이 지역에서 한국전쟁 중 39만9,000명이 종군했고(그중 30만 명이 지원군에 편입), 그 약 10배인 394만 명이 후방지원 업무에 동원됐다. 그중 조선 내부로 진입한 인력은 단순노동자(民工)가 74만 여 명, 기술자가 4만여 명에 달했다. 또한 랴오둥(遼東)·[95]랴오시(遼西)[96]·헤이룽장·쑹장에서는 들것(担架) 1만 6,600개, 랴오둥·랴오시·지린에서는 마차 24만8,000량이 추가로 동원됐다."[97]

1950년 가을 후방지원에 동원된 시민이 전쟁 근무의 내용을 상상할 수 있었다면, 그것은 과거 실제로 있었던 국공내전 때의 동원에서 유추했을 것이다. 여기서 당시로부터 2년 반 정도 전에 둥베이행정위원회(東北行政

---

[94] 위의 일간지.
[95] 1949년 4월에 기존의 랴오닝성을 폐지하고 안둥성(安東省)과 합병해 만든 성급 행정구역으로 1954년 랴오시성과 합병해 다시 랴오닝성으로 바꾼다(옮긴이).
[96] 1949년 1월에 기존의 랴오닝성이 랴오둥성과 랴오시성으로 분리되는데, 랴오시성은 랴오닝성의 서부 지역에 해당한다(옮긴이).
[97] 军事科学院军事历史研究所,《抗美援朝战争史(修订版)》上卷, 军事科学出版社, 2012, 194.

委員會)**98**가 제정한 〈전쟁 근무에 관한 조례〉를 살펴보자. 이 조례에 따르면 후방지원 업무의 종류는 다음과 같다. "첫째, 운수 업무. 전방 부대에 탄약, 식량, 군마(軍馬) 사료, 피복, 의약품 등을 수송하고 부상병을 후방 병원으로 이송하는 일로, 주로 차량과 선박을 이용한다. 둘째, 들것 업무. 기차역 등 중계 지점까지 부상병을 운반하고 인계하는 일로, 들것 1대당 6명이 담당하며 주로 장년 남성이 맡는다. 셋째, 간호 업무. 각 병참에 있는 부상병을 간호하고⋯."**99**

한국전쟁에 필요한 후방지원 인력의 동원은 초가을에 일부 시작됐다. 9월 말에는 나중에 참전 "지원군"이 될 둥베이변경방위군(東北邊境防衛軍)**100**의 군 단위 부대에 '민공들것(民工担架)'이 600개씩 배치됐으며, 둥베이변경방위군 전체로는 5,000개에 달했다.**101** 국공내전 때 제정된 후방지원 조례에 따라 계산하면, 이때의 "들것부대"에만 3만 명가량의 단순 노동자가 동원된 셈이다.

본격적인 동원은 10월 이후 시작됐다. 1951년 1월 12일 자 《인민일보》에 후방지원과 이에 대한 둥베이 지역 노동자의 반응을 다룬 보도 기사가 실렸다. 보도에 따르면, "선양에 있는 둥베이기계관리국 산하 제1기계공장의 노동자 상당수는 조선인민군의 작전을 지원하기 위해 자발적으로 조선행을 신청했다. 또한 20여 명의 노동자는 조선에 가서 항미원조 전쟁

---

98 1946년 8월에 공산당 주도로 성립된 둥베이 지역 성시(省市)의 행정 연합 사무 기구로 1949년 8월 둥베이인민정부로 전환된다(옮긴이).

99 東北行政委員會,〈東北解放區人民愛國自衛戰爭勤務例(1948年 2月 13日)〉, 東北解放區財政經濟史編寫組 編,《东北解放区财政经济史资料选编》第四輯, 黑龙江人民出版社, 1988, 509.

100 한국전쟁 발발 뒤 둥베이 지역을 방어하기 위해 기존 인민해방군에서 차출한 부대들로 조직한 군대다. 1950년 10월 8일, 마오쩌둥의 명령에 따라 '중국인민지원군'으로 전환돼 한국전쟁에 참전한다(옮긴이).

101 军事科学院军事历史研究所, 위의 책, 119.

을 지원하기 위해 자동차 운전 기술을 익히기로 결심했다." 이 가운데 이름이 공개된 인물은 "모범 노동자" 류청푸(劉成福)다. 그는 조선으로 가는 이유를 "미국이 조선을 점령한 다음 목표는 둥베이 지역이며, 일본군이나 국민당의 지배 아래서 강요당했던 짐승만도 못한 삶을 다시는 겪고 싶지 않기 때문"이라고 밝혔다. 한편, 국영 넌장성냥공장(嫩江火柴廠)에서 열린 반미 집회에서는 "선진 생산자" 추이광쉬안(崔光軒)을 비롯한 15명의 노동자와 넌장방적공장(嫩江紡績廠)의 노동자들이 조선행을 결의했다.102

이처럼 《인민일보》는 둥베이 지역 노동자들이 "적극적으로" 후방지원을 자원했다고 보도했다. 하지만 실제로 노동자들이 후방지원 동원의 주된 대상은 아니었던 것으로 보인다. 국공내전 당시에도 "도시 지역 노동자는 동원할 수 없다"라는 내용이 1948년 9월, 중공허장성위원회(中共合江省委員會)103가 정리한 보고서에 명시돼 있었다. 그 이유에 대해서는 아무런 설명이 없지만, 1946년 4월 허장성공작위원회(合江省工作委員會)가 각 현에 내린 지시에 "광산 생산에 영향을 주지 않기 위해" 광산 노동자를 종군 동원 대상에서 제외했다는 설명이 남아 있다.104 이러한 정황을 보면, 이미 1948년에 공업 생산의 중요성을 고려해 그 담당자인 공장 노동자를 후방지원이나 종군 동원 대상에서 제외한 것이 분명하다.

1950년 가을에도 도시 지역 공장 노동자는 주된 동원 대상이 아니었는데, 노동력이 매우 부족했기 때문이다. 같은 해 6월까지 불과 반년 사이에 국영기업이 신설되면서 노동자 수가 20만 명 늘었고, 특히 유능한 숙련

---

102 《人民日報》1950年 11月 12日.
103 허장성은 1945년 11월 헤이룽장성 동부의 싼장평원(三江平原) 지역에 설치된 성급 행정 구역으로 자무쓰시(佳木斯市)를 수도로 한다. 1949년 1월 쑹장성으로 합병된다(옮긴이).
104 〈中共合江省工委关于扩充新兵给各县的指示〉, 〈两年来战勤扩军工作调查材料〉, 东北解放区财政经济史编写组 编, 《东北解放区财政经济史资料选编》第4辑, 黑龙江人民出版社, 1988.

공이 부족해 공장 간 인재 쟁탈전이 치열했다. 게다가 기존 직장의 열악한 노동조건과 느슨한 노동 기율 탓에 이직과 전직이 빈번했다. 8월 18일 자 《동북일보(東北日報)》의 보도에 따르면, 둥베이기계관리국 산하 대부분 공장에서 "전국적으로 하루 평균 1,000명 이상이 결근했다. 이는 중간 규모 공장 하나의 인원과 맞먹는 수치였다." 출근율은 "5월 이후 서서히 떨어지기 시작해 7월에 93.8%, 가장 낮았던 제1기계공장은 91%까지 떨어졌고, 8월에 88%로 더 낮아졌다. 결근자 가운데 무단결근자 비율이 33%로 가장 높았다."[105]

이러한 상황은 가을이 돼도 개선되기는커녕, 미군과 한국군이 삼팔선을 넘어 압록강에 다가선 10월 이후에 오히려 더 나빠진 것으로 보인다. 11월 21일 자 〈신화사통신〉 둥베이총지사의 내부 보고에 따르면, 선양시 노동자를 포함한 "절대다수의 시민"은 "우리 인민지원군이 조선 인민의 해방전쟁에 참여하는 것을 정의로운 행동으로 여기며 승리를 자신했다. 법규를 엄격히 준수하고 적극적으로 생산 활동에 종사했다." 그러면서 동시에 "미국의 무기를 두려워하고 전쟁 피해를 염려해 공포와 불안에 빠진 자도 일부 있었다"라고 덧붙였다. 보고서는 특히 "5·1공장에서는 10월 19일부터 며칠간 무단결근자가 1,200명을 넘었고, 공구공장에서는 10월 10일부터 24일까지 직장을 버리고 도주한 자가 450명으로 전체 직원의 28%에 달했다"라고 밝혔다. 그리고 그 원인으로 노동조건이나 공장 간 인력 쟁탈을 언급하지 않고 한국전쟁에 대한 공포를 직접적으로 꼽았다. 이어 "이러한 불안은 의지가 약한 일부 당원과 청년단원에까지 영향을 끼쳐 그들 중 일부는 도주했다. 특히 중국 남부 출신의 직원들에게서 그 경향이 두드러졌다"라고 분석했다.[106]

[105] 《東北日報》 1950년 8월 18일.
[106] 〈瀋陽, 旅大最近群衆思想動態及敵特活動情況〉, 《內部參考》 1950年 11月 30日.

이 보고서는 또 다른 측면에서도 시민의 동요를 지적했다. "소수 시민은 유언비어를 믿고 공황에 빠졌으며, 적기의 공습을 두려워하고 방공시설을 믿지 않았다. 또한 후방지원 동원이나 군대 징집을 꺼리고 정권에 불만을 품었으며, 이 동원과 징집을 과거 괴뢰국 만주국의 강제 연행과 동일시했다."**107** "만주국" 시절에는 행정 당국이 인력과 물자를 강제로 공출·할당하면, "아무도 큰 손해를 보고 싶지" 않아 "탄파이(攤派, 균등분담)라는 위험 분산 방식에 따라서 손해를 떠맡은 사람이 그 덕분에 어려움을 모면한 사람들로부터 대가를 지불받았다." 즉 "마을 사람들로부터 돈을 받고 공출을 대신했다"가 도망치는 "탄파이 돈 벌기 도망"이 있었다.**108** 이러한 "만주국" 시대의 징용 수법은 한국전쟁 시기의 후방지원 동원에서 부활했다. 또, 한 가족 내 남성 노동력 수에 따라 부역이 할당됐기 때문에 이를 피하려고 시민들은 "분가(分家)를 선택하기도 했다."**109**

공장 노동자는 후방지원의 주요 동원 대상은 아니었다. 하지만 전혀 동원되지 않은 것은 아니었다. 앞서 인용한《인민일보》보도에서 보듯이 수송용 차량이나 기관차의 운전사와 수리공 등 일정한 기술을 가진 노동자는 필요했기 때문이다. 그러나 적어도 헤이룽장성에서는 노동자가 "생산에서는 적극적인 자세를 보였지만, 후방지원 협력 요청에는 좀처럼 응하지 않았다. 그 이유는 가족의 반대 때문이었다."**110**

도시 주민의 생활 여건을 고려할 때 공장 노동자를 후방지원이나 종군

---

107 위의 일간지.

108 飯塚浩二,《飯塚浩二著作集10 満蒙紀行》, 平凡社, 1976, 36-37.

109 〈瀋陽, 旅大最近群衆思想動態及敵特活動情況〉,《内部參考》1950年 11月 30日. "부역" 기피와 마찬가지로 "병역"을 피하기 위해 "분가"하는 방법은 메이지 시기 일본에서도 종종 나타났다. 예를 들어 나쓰메 소세키(夏目漱石)는 본적을 도쿄에서 홋카이도로 "송적(送籍)"하기도 했다. 夏目鏡子 述·松岡譲 筆錄,〈漱石年譜〉,《漱石の思ひ出》, 岩波書店, 1982, 5. 菊池邦作,《徵兵忌避の研究》, 立風書房, 1977.

110 〈遼東, 遼西, 熱河, 黒龍江等省各階層對時局的反映〉,《内部參考》, 1950年 12月 18日.

에 동원하는 일은 쉽지 않았다. 1948년 허장성위원회 보고서는 국공내전 당시 공장 노동자를 동원하는 것에 대한 어려움을 다음과 같이 지적했다.

> 상인이나 점원은 후방지원 근무를 꺼린다. 원래 도시에서는 별도의 생계 수단이 없어서, 만약 후방지원의 부담을 도시 빈민에게 지우면 남은 가족이 생계를 유지할 수 없게 된다. 실제로 세 차례의 후방지원 동원에서 도시별로 다른 방식들을 시도했다. 예를 들어 자무쓰(佳木斯)에서는 처음에 호선 방식으로 지원자를 뽑았으나, 당첨된 자들은 모두 거부했다. 두 번째와 세 번째 동원에서는 정원을 각 마을에 배정하고 해당 상가가 금전을 부담해 인력을 고용하는 방식으로 진행했다. 그러나 고용된 자는 일부 빈민을 제외하면 대부분 자영업의 임시 도우미, 실직한 독신자, 신원미상자, 정권의 비판이나 추궁을 피해 도망 다니는 자뿐이었다. 이들은 매번 중도 탈주하거나 꾀병을 핑계로 조기 귀환을 요구하는 사례가 많았다. 세 번의 동원 중 도주 및 조기 귀환자는 222명으로 전체의 22%에 달했다. 푸진현(富錦縣)에서는 제비뽑기 방식을 적용했는데, 당첨된 상인은 예외 없이 돈을 내고 대리인을 고용했다. 이 대리인의 대부분은 불량배였다.[111]

이란현(依蘭縣)에서는 이러한 문제를 해결하기 위해 빈민은 노동력을 제공하고 상인은 후방지원 참가자의 의복과 남은 가족의 생계비를 부담하는 방식을 시도했다. 그럼에도 도시 주민들은 참여를 꺼렸다. "도시 생활은 녹록지 않아 약간의 보조금으로는 한 사람이 벌어들이는 소득을 대신할 수 없고, 농촌처럼 이웃에게 농사를 맡기는 대리 경작을 할 수 없어

---

[111] 〈两年来战勤扩军工作调查材料〉, 东北解放区财政经济史编写组 编,《东北解放区财政经济史资料选编》第4辑, 黑龙江人民出版社, 1988, 512.

서 주요 노동력 한 명만 빠져도 가족의 생계를 유지하기 어렵기 때문"이었다. 이러한 문제를 해결하기 위해 자무쓰와 기타 현에서는 "도시는 민공(民工)112을 직접 동원하지 않고 대신 민공을 고용하는 데 필요한 후방지원 비용을 지급하며, 이 비용을 상공업자의 영업 이익에 따라 누진 과세 방식으로 징수하는 방안을 제안했다."113 이러한 방식들은 국공내전 당시 공산당이 지배하던 도시에서 후방지원 징용 문제를 해결하기 위해 마련된 조치였다. 그러나 2년 뒤 한국전쟁에 개입했을 때도 이러한 조치는 크게 달라지지 않았던 것으로 보인다.

농가와 후방지원

앞서 말했듯이 한국전쟁 기간에 둥베이 지역에서 후방지원에 동원된 단순노동자는 394만 명 정도였다. 그중 대부분은 농촌 주민이었다. 국공내전 당시 제정된 〈전쟁 근무에 관한 조례〉 앞에는 "둥베이 해방구 인민의 자위애국(自衛愛國)"이라는 수식어가 붙어 있었다. 따라서 농민을 비롯한 동원 대상자들은 후방지원에 동원되며 '보가위국(保家衛國)'114을 위한 "항미원조"라는 구호를 들었을 때 2년 반 전의 기억을 떠올렸을 것이다.

1950년 11월 12일 자 《인민일보》는 둥베이 지역 농가가 후방지원 징용에 적극적으로 응했다고 보도했다.115 이에 따르면, "둥베이 지역의 1,000개, 1만 개의 농가가 조선인민군의 수송 작업을 돕기 위해 말을 사고 마차를 수리하는 등 조선으로 갈 준비를 하고 있다. 자신들의 토지와

---

112 사회주의 시기(1949~1978) 지방정부가 도로, 수로, 관개, 댐 등 인프라 건설에 동원한 농민(옮긴이).
113 위의 책.
114 가정과 국가를 지킨다(옮긴이).
115 《人民日報》1950年 11月 12日.

고향을 지키려는 목적이다. 특히 미군기의 기총소사를 받은 압록강 우안(右岸)의 랴오둥성 농가에서는 자발적으로 조선에 가겠다는 열의가 높아지고 있다. 백두산 기슭 여러 현의 농가는 언제든지 강을 건너기 위해 자발적으로 4,200개의 들것을 준비했다. 콴뎬(寬甸)과 안둥, 두 현에서는 고향을 지키기 위해 조선 인민을 도와 미군과 싸우겠다는 농민이 3,000명에 달한다. 안둥공항에서 미군기의 기총소사로 숨진 노동자 리슈궈(李秀國)의 고향인 안둥현 구산즈구(孤山子區) 농가에서 특히 적대감이 강하다. 이 지역의 농민 리훙판(李洪範)은 들것을 일찍부터 준비하며 '미군 놈들의 꿍꿍이속이 훤히 보인다. 압록강 건너편이 점령당하면 우리는 편하게 살 수 없다. 이번에 조선으로 가서 미군 놈들을 물리치기 전까지는 절대 돌아오지 않겠다'라고 말했다." 그 밖에도 지린성의 "저명한 모범 노동자" 판한언(範韓恩)이 "남은 식량을 팔아 말을 살 계획"을 세웠고, 쑹장성 농가는 "자발적으로 1,500개의 들것을 준비했다. 닝안(寧安)현 둥허(東和村)의 농민 쑨전샹(孫振祥) 부자는 앞다투어 동참했다." 선양 교외 신청쯔구(新城子區)의 "농가도 올해 새로 산 말과 마차를 공출했다."**116**

이상의 보도 기사에서는 후방지원에 대한 농가의 적극적인 태도만 보인다. 그렇다면 국공내전 당시 농가를 후방지원으로 징용해 생긴 문제점이 항미원조 시기에는 나타나지 않았을까? 국공내전 당시 농민 동원에서 나타난 문제점은 세 가지였다.

첫째, 정권의 미래를 자신할 수 없었다. 쑹장성 정부의 보고에 따르면, 국공내전 초기에 공산군이 열세에 빠지자 민중은 "우리 당과 우리 군이 과연 정권을 오래 유지할 수 있을까에 대해 큰 의구심을 품고 (중략) 동원에 적당히 대응하며 관망하는 태도를" 보였다. 이것이 농민 동원의 주된

---

116 〈東北農民買馬修車準備赴朝鮮出戰勤〉,《人民日報》1950年 11月 12日.

장애물이었다.[117]

둘째, 후방지원 부담의 형평성 문제였다. 예를 들어 랴오닝성 정부 민정청(民政廳) 무장과(武裝課)의 1948년 12월 4일 자 후방지원 업무 총괄보고서에 따르면, 전장과 인접하거나 교통 요충지에 가까운 지역의 농가는 더 많은 징발 부담을 졌고, 교통이 불편한 지역의 농가는 비교적 부담이 적었다. 그 결과, 부담이 과도했던 농가에서는 말과 수레의 수가 크게 줄어들었다. 이는 농민들이 "말을 팔아 당나귀로 바꾸거나" "말을 파는 것이 금지된 곳에서는 고의로 말을 폐사시켰기 때문이다. 그렇게 하면 마차와 노무를 내지 않아도 됐다." 같은 시기 러랴오군분구(熱遼軍分區)[118]에서 작성된 다른 총괄보고서도 불공평에 관한 비슷한 사례를 보고했다. 이에 따르면, "각 마을에 공평하게 할당하지 않아서 마을 간부는 후방지원을 가지 않았다. 또 후방지원에 나간 뒤 남은 가족을 돌볼 사람이 없어 중도 귀환하곤 했는데, 이는 들것 대원이 도망치는 가장 큰 원인이었다. 말 구매를 꺼리거나 수레를 숨기기도 했다."[119]

셋째, 죽음과 부상이 뒤따르는 전쟁 자체에 대한 공포였다. 1946년 국공내전 당시 후방지원에 동원된 "단순노동자들은 비행기를 보기만 해도 대열이 흐트러졌다. 야간에는 자동차 헤드라이트만 보고 비행기가 왔다며 흩어져 도망쳤다."[120] 전시 중국 시민의 공습 공포에 관해서는 중일전

---

117 松江省政府,〈关于战勤与兵力动员初步总结(节录)〉, 东北解放区财政经济史编写组 编,《东北解放区财政经济史资料选编》第4辑, 黑龙江人民出版社, 1988, 517.

118 1945년 10월, 공산당이 만든 지러랴오(冀熱遼, 허베이·러허·랴오닝)군구의 분구로 화베이와 둥베이 두 지역을 연결하는 군사 전략적 요충지다(옮긴이).

119 辽宁省政府民政厅武装课,〈战勤工作总结〉, 热辽军分区,〈热辽秋季战勤工作〉, 东北解放区财政经济史编写组 编,《东北解放区财政经济史资料选编》第4辑, 黑龙江人民出版社, 1988, 517.

120 松江省政府,〈关于战勤与兵力动员初步总结(节录)〉, 东北解放区财政经济史编写组 编,《东北解放区财政经济史资料选编》第4辑, 黑龙江人民出版社, 1988, 517.

쟁 발발 초기에 예비 육군 군의관 중위로 소집된 가나자와(金沢)의과대학 하야오 토라오(早尾虎雄) 교수가 난징 공략전 직후 1938년 봄에 정리한 전장신경증에 관한 의견서에 잘 나와 있다.

> 그들은 일본 비행기의 습격을 극도로 두려워했으며, 공포로 정신질환이 생긴 자식들이 있었다. 쑤저우시 중국인 정신병원의 조사에 따르면, 전투가 격렬했던 시기에는 환자를 수용할 병원이 모자랄 정도였다고 한다. 지금도 비행기가 나타나면 활동을 멈추고 경계심과 공포심이 가득한 눈으로 하늘을 올려다보는 중국인을 볼 수 있다. 내가 조사한 환자 중에는 난징 부근이 폭격당하던 당시 들판에 나와 있던 젊은 농부가 있었는데, 그는 공포에 질려 도망치다 쑤저우까지 와서 병원에 입원했다. 당시에 대한 기억은 전혀 없었다. 조사 당시에는 완치된 상태였지만, 여전히 기억상실증으로 몸을 떨며 그때를 이야기하곤 했다.[121]

물론 이를 "겁쟁이" 농부라며 비웃을 수는 없다. 하야오 토라오에 따르면, "용맹하다"라고 여겨졌던 일본 제국 군인조차 공중폭격 앞에서 비슷한 반응을 보였다. "어떤 견습사관이 파편에 찔려 쓰러졌을 때 전우들이 그를 구하려 모여들었다. 그러나 공중폭격이 시작되자 이들은 부상자를 버리고 도망쳤다. (중략) 마침 그 자리에 있던 포병 탄약을 운반하는 행렬의 선두는 진퇴를 망설이며 결정하지 못했다. (중략) 이때 침착한 사람은 거의 없었다."[122]

이와 같은 후방지원의 문제점들을 앞서 소개한 한국전쟁 당시《인민일보》의 보도 기사에서는 찾아볼 수 없다. 그러나 비슷한 문제들이 항미원

---

121 高崎隆治 編,《軍医官の戦場報告意見集》, 不二出版, 1990, 13-14.
122 위의 책, 11.

조 시기의 후방지원 동원에서 나타나지 않았던 것은 아니다. 비공개 〈신화사통신〉 둥베이총지사의 보고서는 랴오시성의 사례를 통해 이를 보여준다. 보고서에 따르면, 혁명 이후 풍요로워진 '신식 부농'이나 '상승 중인 중농'은 "공산당이 패퇴하면 귀환한 국민당에 보복당할까 봐 후방지원에 적극 참여"했다. 그러나 많은 농가는 "정권 교체를 예상하고 전화에 휘말리는 것을 두려워했다." 특히 랴오중(遼中)**123** 지역의 농가는 "정권 교체와 전쟁에 더해 지폐가 휴지 조각이 될 것이라는 '세 가지 불안'에 시달리고 있었다." 들것 노무 징용을 꺼린 한 농가는 2,000만 둥베이위안이라는 큰돈을 들여 대리인을 고용했다. 후방지원에 응하기커녕 "일부 농가는 식량과 말을 팔아 버려서 생산 의욕이 크게 떨어졌고, 돼지나 닭 등을 도살해 폭음·폭식했다." 또한 국민당의 복귀를 예상하고 "지주나 부농에 굴복하는 빈농이 있었다."**124** 선양시 교외에서도 "장제스 군대의 반격으로 혁명의 성과가 무너질까 두려운 나머지, 돼지나 양 등의 가축을 처분하고 폭음·폭식하는 농가가 나타났다."**125**

동쪽 랴오둥성도 비슷한 상황이었다. 이곳은 조선에 파견될 제1진의 지원군이 집결한 안둥, 콴뎬, 지안(輯安)이 위치한 성이다. 앞의 보고에 따르면, "일반적으로 민중은 '항미원조해 가정과 나라를 지킨다'를 지지하고 있었다. 그럼에도 많은 농가는 원조에 소극적이었다. 일부 모범 노동자들조차 마찬가지였다." 계속해서 보고는 농가 계층별 반응을 분석했다. "일반적으로 소작농, 중농, 하중농(下中農)은 국민당이 돌아오는 것을 원치 않아 후방지원에 적극적이었다. 그러나 부유한 중농은 '누가 와도 상관없다'라며 소극적이었고, 말과 수레를 팔거나 꾀병과 이사 등을 이용해

---

123 랴오닝성 남부 지역으로 선양과 다롄 등의 도시가 있다(옮긴이).
124 〈遼東, 遼西, 熱河, 黑龍江等省各階層對時局的反映〉, 《內部參考》, 1950年 12月 18日.
125 〈瀋陽, 旅大最近群衆思想動態及敵特活動情況〉, 《內部參考》 1950年 11月 30日.

후방지원을 회피했다. 또한 토지개혁에서 불이익을 본 중농 일부는 지주나 부농의 영향을 받아 국민당의 귀환을 바랐다."**126**

랴오시 서쪽의 러허성**127**에서도 "대부분 농가는 전화를 두려워해 항미원조에 소극적이었다. 임시방편적인 평화를 바라는 경향이 널리 퍼져 있었다." 둥베이 지역 최북단인 헤이룽장성의 농가도 비슷했다. 하지만 "동원된 뒤 다시는 망국의 노예가 되고 싶지 않다는 생각에 후방지원에 적극적으로 나선 자들이 있었다. (그러나) 미국에 대한 공포심이나 염전 감정 때문에 '조금 양보하더라도 전쟁만은 피하고 싶다'라고 생각하는 자들이 있었다." 소극적인 농가 중에는 "'나는 우리나라가 공격받으면 나서 겠지만, 조선의 일이니 관계없다'라며 협소한 민족주의를 드러내는 자가 있었다." 이는 "전수방위"에 해당한다. 아무튼 보고서에 따르면, "후방지원은 긴급한 임무였고, 유언비어가 만연해 (그 영향을 받은) 농가의 생산 의욕은 떨어졌다. 말이나 보리 종자, 식량을 팔아 버리는 일이 발생했으며, 폭음·폭식과 낭비가 확산됐다."**128**

---

126 〈遼東, 遼西, 熱河, 黑龍江等省各階層對時局的反映〉,《内部參考》, 1950년 12月 18일.

127 1928년에 설치된 성급 행정구역으로 청더가 중심지였으며, 1955년 관할 지역이 분리돼 허베이성, 랴오닝성, 네이멍구자치구로 각각 합병된다(옮긴이).

128 위의 일간지.

제4장
소의 운명

일소의 처분

1950년 가을, 시안 부근에서 대량의 일소가 도살됐다. 12월 12일 자 〈신화사통신〉 시베이총지사의 보고에 따르면, "최근 경작용 소를 함부로 도살하는 현상이 심각"했다. 예를 들어 싱핑현(興平縣) 베이류촌(北留村)에 있는 "20여 곳의 도살장에서 하루에 40여 마리의 일소가 도살되고 있었다. 이대로 방치하면 겨울 동안 4,000여 마리의 일소가 도살돼" 다음 해 봄 농사에 큰 차질을 빚을 것이었다. 소는 농지를 일구는 귀중한 동력원이고, 소똥은 퇴비를 만드는 중요한 재료로서 농사에 없어서는 안 될 존재였다. 그러나 "빈농과 고농은 토지개혁으로 소를 배분받지 못하고 겨울철에 소똥을 축적하지 못해 생산에 큰 지장을 받고" 있었다.**129**

이런 현상은 시베이 지역에 국한되지 않았다. 화중 지역인 후난성에서도 가을 무렵부터 일소가 급격하게 줄어들었다. 〈신화사통신〉 중난총지사의 보고에 따르면, 10~11월에 이 행정구 내 대부분 지역(난닝과 광저우(廣州) 제외)에서 물가가 상승했다. 원인으로 겨울철 농촌 지역의 수송 곤란, 새해와 설날을 앞둔 수요 증가 등이 꼽혔지만, 더 큰 "원인은 전쟁의

---

129 〈西安附近乱殺耕牛現象嚴重〉,《內部參考》1950년 12월 20일.

영향"이었다. 즉 "10여 년간 인플레이션의 고통을 겪은 민중이 (중략) 위안화 폭락과 물자 부족을 우려해 생필품이나 금은을 사재기하는 경향이 널리 나타났다."130 급등한 품목은 각종 수입품이나 금은 등 귀금속만이 아니라, 현지에서 생산할 수 있는 면사와 담뱃잎, 그리고 "소가죽"이었다. 일소의 감소는 바로 이 "소가죽"의 수요 증가와 무관하지 않았다.

사실, 소가죽의 수요 증가는 한국전쟁 발발 직후부터 시작됐다. 중공 후난성위원회 기관지 《신호남보(新湖南報)》의 7월 14일 자 보고에 따르면, 7월 초에 천현(郴縣) 덩자탕역(鄧家塘驛)에서 일소를 가득 실은 16량의 열차가 광저우로 향했다. "차량당 23~25마리의 소를 실었다." 또 덩자탕에서 레이양(耒陽)까지 구간에서도 화차와 가축차가 연결된 20여 량의 혼합열차가 다섯 차례나 남쪽으로 내려가는 것이 목격됐다. 이처럼 소가 무더기로 남하한 이유는 생활고에 시달린 농가들이 "빚을 내도 방법이 없어, 보릿고개를 넘기기 위해 건강한 소를 고의로 다치게 해 팔아 치울 수밖에 없었기" 때문이다.131

이러한 행위는 여전히 일할 수 있는 소의 매매를 금지한 정부의 정책을 피하기 위한 것이었다. 물론 예외적으로 농가가 스스로 손을 대기도 했지만, 일소나 역마(役馬)를 가족처럼 여겼던 농가의 정서를 떠올리면 일반적인 현상이라고 보기는 어렵다. 샤오훙(蕭紅)의 명작 《생사장(生死場)》에는 이런 "가족애"가 섬세하게 묘사돼 있다.132 실제로 이 보고의 정보원에 해당하는 "독자의 편지"를 보면 소를 다치게 한 사람은 농민이 아니었다. 편지에 따르면, 소를 매입한 유통업자가 지역 바깥으로 출하할 때 수

---

130 〈中南區最近金融物價情況〉, 《内部参考》 1950年 11月 17日.

131 〈湖南省最近発現大批耕牛外運〉, 《内部参考》 1950年 8月 3日.

132 특히 이 책의 〈밀 타작마당(麦場)〉과 〈도살장 가는 늙은 말(老馬走進屠場)〉에 '가족애'가 두드러진다. 萧红, 《生死场》, 人民文学出版社, 1981, 1-12, 25-28.

송 기관에 제시해야 하는 폐우(廢牛) 증명서를 향이나 구의 관공서로부터 발행받기 위해 여러 가지 "잔인한 방법"을 썼다고 한다.[133]

그런데도 보고서 작성자는 이 점을 무시했다. 그런 일은 보고서의 독자인 상급 권력자에게는 지엽적 말단에 지나지 않는다고 판단했기 때문일까, 아니면 차마 할 수 없는 일까지 하는 농가의 절박함을 호소하려는 의도였을까? 어쨌든 공자의 "가혹한 정치는 호랑이보다 무섭다(苛政猛於虎)"라는 말은 당나라 유종원(柳宗元)의 명문 〈포사자설(捕蛇者說)〉에 인용돼 널리 알려졌는데, 그 무대인 '융저우(永州)'는 바로 이 후난성 남서부 지역이었다.[134] 보고자는 1950년 당시 《신호남보》 사장이자, 사설과 주요 기사의 집필과 편집을 담당했던 리루이(李銳)다. 그는 훗날 마오쩌둥의 비서로 일했으나, 곧 "반당분자(反黨分子)"로 몰려 실각했다.[135]

후난성은 7월 상순부터 조생종 벼의 수확기에 들어간다. 이를 고려하면, 며칠 입에 풀칠하기 위해 아직 일할 수 있는 소를 담보로 맡기고 쌀을 빌리는 것은 그리 어렵지 않았을 것이다.[136] 그러나 귀중한 생산수단인 소를 무리해서라도 시장에 내놓는 배경에는 토지개혁이 있었다. 6월 30일에 공포된 토지개혁법 제2조에는 지주의 "경작용 가축을 몰수한다"라고 명시돼 있었다.[137] 앞서 《신호남보》 보고에도 지주가 "토지개혁이 시

---

133 〈大批耕牛違法外運 牛販殘害壯牛騙取殘廢証〉,《新湖南報》, 1950年 7月 19日.

134 竹内照夫,《礼記(上)》新釈漢文大系27, 明治書院, 1991, 170. 유종원은 〈포사자설〉의 마지막 문장에서 이렇게 밝힌다. "아, 조세 징수의 폐해가 독사보다도 심각하다는 것을 누가 알겠는가. 아무도 모른다. 따라서 나는 이 글을 써서 인민의 모습을 본 위정자가 깨닫기를 바란다." 星川清孝,《唐宋八大家文読本(2)》新釈漢文大系71, 明治書院, 2000, 641-645.

135 丁東(企画·取材記録)·李南央(整理·編集),《李銳口述往事》, 香港大山文化出版社, 2013, 270-277.

136 〈人民的喜迅 早稻即可収穫〉,《新湖南報》1950年 7月 4日. 창사와 샹인(湘陰) 등지에서는 7월 10일 앞뒤에 조생종 벼를 수확할 수 있다.

137 〈中華人民共和國土地改革法〉,《人民日報》1950年 6月 30日.

작되는 것을 보고 소를 몰수당할까 봐 낮은 가격에라도 아까워하지 않고 팔았다"라는 내용이 있었다.**138** 지주들마저 앞다퉈 싼값에 소를 파는 상황에서 빈농이 조생종 벼를 수확할 때까지 담보로 소를 맡기려 해도 받아줄 사람이 없었을 것이다. 예전 같으면 소의 소유권이 빈농에서 지주로 넘어가더라도 계속 현지에서 경작에 이용됐을 가능성이 높았다. 그러나 토지개혁이 급히 추진되면서 이러한 모습은 사라졌다.

게다가 한국전쟁 발발로 군수품 원료인 소가죽의 시장 가치가 높아지면서 일소는 군이 노리는 대상이 됐다. 실제로 일소 유출에 군이 관여한 사례를 확인할 수 있다. 창사의 한 시민이 《신호남보》에 제보한 내용에 따르면, 7월 3일 밤에 "무장 군인 6~7명의 호위를 받으며 창사 시내에서 건장한 물소 90여 마리가 성 밖으로 이송됐다." 조사 결과 "이들 일소는 보충용 신병의 훈련을 담당하던 주저우(株州) 주둔 제2사단 사령부 펑(馮) 과장의 협조 아래 한 유통업자가 판매하기 위해 광저우로 보낸 것이었다."**139** 이 조치가 펑 과장 개인의 판단에 따른 것인지, 아니면 상부의 지시로 이뤄진 것인지는 분명하지 않다. 그러나 농촌에서는 토지개혁의 여파로 소값이 떨어진 반면, 도시에서는 한국전쟁에 따른 수요 증가로 소가죽 가격이 폭등했다는 사실과 무관하지 않다.

두 달 뒤 쓰촨성에서도 토지개혁이 농가의 생활, 나아가 일소의 운명에까지 영향을 끼친 사실이 드러났다. 쓰촨성 농촌 지역에서 지주들은 토지재산 몰수를 피하기 위해 온갖 노력을 기울였다. 예를 들어 지주들은 부농으로 지정받기 위해 그동안 소작농에게 빌려줬던 논밭을 자가 경작용으로 회수했다.**140** 그러나 부농 역시 어느 정도 고용 노동에 의존하고 있

---

138 〈湖南省最近発現大批耕牛外運〉, 《內部參考》 1950年 8月 3日.
139 위의 일간지.
140 토지개혁(1950년 1월~1953년 3월) 과정에서 국가는 대량의 토지를 점유하고 생산 노동에 참

었기에 '착취'로 간주돼 식량 상납 의무를 져야 했다. 그래서 부농들은 중농이나 빈농이 가입하는 '농회(農會) 회원권 취득'을 간절히 바라며 그때까지 고용하던 단기공(短期工)을 해고했다. 쓰촨 남부 루현(瀘縣)에서 약 200호의 농가를 조사한 결과, "26호의 지주가 16호의 소작농으로부터 소작권을 회수했고, 35호의 부농이 25명의 단기공을 해고했다." 또한 상업을 겸하던 지주들 가운데 경제 악화로 상업을 접고 농업에 전념하거나, "식량 부족으로 임금을 지급할 수 없어" 고용을 줄이기도 했다. 결국 이는 단기공의 해고로 이어졌다.[141]

그 결과, 직접 경작에 나선 지주와 부농은 농사 경험이 없거나 부족해 수확량이 줄고 논밭이 황폐해졌다. 반면 소작권을 빼앗긴 소작농들은 경작할 땅이 없어졌으며, "평소 노동력을 팔아 살아온 빈곤 농가의 단기공들은 일자리를 찾지 못하는 심각한 상황에 빠졌다." 앞선 루현 200호 농가 조사에서도 "단기공 54명은 일자리를 찾지 못했다." 이처럼 옛 소작농과 일자리를 잃은 단기공은 "식량은 부족한데 빌릴 길이 없어 종자용 밀까지 먹어 치우고 농기구와 경작용 소까지 팔아 버렸다." 그 결과 노동력과 농기구의 가격이 전례 없이 하락하는 악순환에 빠졌다. "예전에는 4개월 일한 고용공(雇用工)은 2석 남짓한 쌀을 받았다. 하지만 올해는 1석으로 낮춰도 일자리를 구하지 못했다. 그동안 17~18석의 가치가 있던 일소는 이제 4~5석에도 팔리지 않는다."[142]

여하지 않은 계급으로 규정된 지주의 모든 토지와 생산도구(농기구, 축력 등)를 몰수해 빈농과 고농에게 분배했다. 한편, 국가는 자신이 점유한 토지를 임대하면서도 스스로 생산 노동에 참여하는 계급으로 규정된 부농에 대해서는 지주와 달리 임대한 토지만 몰수할 뿐 스스로 생산 노동에 참여하는 토지와 생산도구에 대해서는 보유를 허용했다(옮긴이).

[141] 〈四川農村地主奪佃富農解雇等現象極爲嚴重〉,《內部參考》1950年 9月 20日. 여기서 "200호"는 원문에 있는 "2개보(二個保)"의 번역으로, "보갑(保甲)" 제도에 따라 1개의 "보"를 "100호"라는 표준값으로 계산한 대략적인 숫자다.

[142] 위의 일간지.

논밭 사용권 이전을 둘러싸고 후난성에서는 쓰촨성과 다른 기이한 현상이 나타났다. 이번에는 오히려 소작농이 농지를 지주에게 반환하겠다고 강하게 요구했다. "농가는 하루라도 빨리 논밭을 땅 주인에게 돌려주고 싶어서 안달이었다. 그러나 (정권이) 이를 막자 불만을 품었다." 이는 옛 지주에게 논밭을 빌릴 때 납부했던 고액의 보증금과 관련 있었다. 소작농들은 경작지를 바라지 않았던 것이 아니라, 토지개혁 이전에 냈던 보증금을 돌려받고 정권이 무상 분배할 지주의 땅을 얻고자 했다. 마찬가지로 지주들은 토지개혁 전에 채권을 회수하고자 했다.[143] 이러한 상황 역시 가난한 농가가 소를 담보로 맡기고 식량을 구하는 길을 막는 한 요인이었다.

10월이 되자 후난성 전역에 유언비어가 퍼졌다. "일본군이 쳐들어왔을 때 가물었다. 일본군은 1년이 안 돼 물러났다. 지금 팔로군이 왔는데 또 가뭄이 들었다. 팔로군도 오래 못 갈 것이다", "지금까지 공포된 토지개혁법은 쓸모없어질 것이다. 중앙정부 정무원이 이를 폐지하려 한다. 새 토지개혁법은 부농의 땅을 전부 몰수한다", "가을 징수철이 다가왔다. 간부를 위로하기 위해 농가에서 소를 도살해 바쳐야 한다"가 대표적이었다. 또한 "닭세를 걷는다"라는 소문 때문에 농촌에서 닭을 키우는 농가가 줄었고, "가을 상납 시기가 왔으니 간부를 위로하기 위해 소를 몇 마리씩 바쳐야 한다"라는 말이 돌았다.[144] 물론 현실적으로 소를 기르기 어려운 여건이었다. 후난 북쪽의 후베이성(湖北省)에서는 지주의 반격이 확인됐다. 마청현(麻城縣) 일대 지주들은 "경작용 소를 팔거나 도살"[145]하기도 했다.

이러한 상황에서 일소를 산 채로, 또는 도살해 가죽을 다른 지역으로

---

143 〈湖南省土地改革工作中幾個問題〉,《內部參考》1950年 9月 21日.
144 〈湖南, 湘江, 蘇南, 山東等地謠言彙集〉,《內部參考》1950年 10月 25日.
145 〈湖北土匪特務惡霸活動情況〉,《內部參考》1950年 10月 14日.

출하하는 사태가 후난성과 후베이성을 넘어 광시성, 장쑤성 남부, 쓰촨성 북부 등지에서 발생했다. 10월 무렵, 후난과 광시 사이의 육로를 통해 광저우로 반입된 일소는 한 달간 1,000마리가 넘었고, 광시에서 광저우로 가는 한 열차에는 일소 192마리가 실려 있었다. 장쑤성 남부 자딩현(嘉定縣)에서는 8월 한 달 동안 일소 40마리가 도살됐으며, 쿤산현(崑山縣) 장푸구(張浦區)에서는 상하이 도살장으로 옮겨진 일소가 30마리에 달했다. 쓰촨 북부 난충현(南充縣) 창러향(長樂鄕)은 소의 산지가 아닌데도 장마다 200~300마리의 소가 거래됐다. "쓰촨 북부 곳곳에서 소고기 1킬로그램당 350위안밖에 안 돼 소고기 한 마리 값으로 살아 있는 소 두 마리를 살 수 있었다. 황소 한 마리는 2만여 위안, 물소 한 마리도 5만 위안을 넘지 않아서 새끼 돼지 한 마리나 가죽신 한 켤레보다 싸게 팔렸다."**146** 이는 매우 왜곡된 시장 상황이었다. 참고로 같은 해 12월, 조선 진공 작전 준비 명령을 받은 제3병단 15군의 군장(軍長) 친지웨이(秦基偉)가 휘하 장교들에게 사 주려던 가죽 구두는 "1켤레에 10여만 위안"이었다.**147**

11월에 접어들어 미국과 중국 간의 군사적 충돌이 본격화되자, "정권교체"에 관한 유언비어가 더욱 확산됐다. 그러나 지금까지 소에 높은 관심을 보여 온 《신호남보》의 내부 보고에는 이 시기에 일소를 무더기로 처분한 사례가 나타나지 않는다. 보고에 따르면, 토지개혁으로 분배받은 땅이 나중에 지주에게 다시 환수될 수 있다는 불안이 농민들 사이에 퍼지면서 식량을 비롯한 각종 물자를 "대량으로 낭비하는 현상이 나타났다." "이양현(益陽縣) 닝향(寧鄕) 제5구에서는 이전까지 돼지고기 한 마리 분량이 다 팔리지 않았는데, 이제는 세 마리 분량도 모자랄 정도로 왕성한 구

---

146 〈湖南, 廣西, 蘇南, 川北等地普遍發現宰殺與外運耕牛現象〉, 《內部參考》 1950年 10月 26日.

147 秦基伟, 《秦基伟战争日记》 下, 新华出版社, 2013, 694.

매력을 보였다." 또한 일부 빈농은 밥할 쌀만 남기고 다 팔아 버리거나, 농사가 헛수고로 끝날 것을 걱정해 논밭을 갈고 씨를 뿌리는 일을 중단하거나, 심지어 경작지를 헐값에 팔아 버리기도 했다. 이처럼 비경제적인 행동이 퍼졌는데도 일소를 처분했다는 명시적인 문구는 어디에서도 찾아볼 수 없다. 그나마 확인되는 것은 정권 교체를 예상한 지주가 토지개혁에 저항해 '경작용 소'를 식량 등과 함께 친척이나 지인에게 맡겼다는 정도다.[148]

어쨌든 일소의 외부 반출과 도살이 발생한 원인에 대해 〈신화사통신〉의 보고서는 다음과 같이 지적했다. ① 적대 세력 공작원이 퍼뜨린 유언비어에 따른 피해다. 예를 들어 "정부가 소 한 마리당 100kg에 상당하는 식량세를 부과한다"라거나, "정부는 신규 일소 사육자에게 대출해 준다"라는 등의 유언비어가 퍼졌다. 이에 따라 세금 부담을 꺼리는 농가는 소를 키워도 이익이 없고, 반대로 소가 없으면 정부로부터 대출을 받을 수 있다고 생각했다. ② 지주 측 요인이다. "토지개혁을 무너뜨리려는" 지주는 스스로 일소를 도살하거나 주변 사람에게 처분을 권유했다. ③ 부농과 중농 요인이다. 이들은 자신들의 소가 징발될 것이라 예상하고 갖가지 이유를 붙여 일소를 처분했다. ④ 일부 빈농도 "우리 소를 팔면 토지개혁을 통해 남의 소를 받을 수 있지만, 소를 갖고 있으면 못 받을 것"이라고 생각해 소를 처분했다. ⑤ "오로지 폭리를 노린 일부 상인이나 무슬림이 불법적으로 일소를 도살했다."[149] 그러나 보고서는 농가로부터 헐값으로 사들인 일소가 어떻게 '폭리'로 이어졌는지는 밝히지 않았다.

비슷한 상황은 차하르성에서도 나타났다. 11월 1일 자 〈신화사통신〉

---

148 〈湖南益陽等地不法地主進行奪佃, 逼租, 造謠活動狀況〉, 《內部參考》 1950年 12月 6日.
149 〈湖南, 廣西, 蘇南, 川北等地普遍發現宰殺與外運耕牛現象〉, 《內部參考》 1950年 10月 26日.

차하르지사의 보고에 따르면, 옌베이(雁北) 지역의 링추(靈邱), 웨이(蔚), 훈위안(渾源), 유위(右玉) 등 각 현의 농촌에서 소와 당나귀 등 경작용 가축을 대량으로 팔아 치우는 일이 벌어졌다. 링추현 제1구와 제3구, 청관구(城關區)에서는 8~9월 두 달간 2,815마리가 팔렸으며, 그중 소가 525마리였다. 청관구에 있는 3개의 장터에서만 129마리의 소가 거래됐다. 차하르 남부의 다른 현에서도 비슷한 일이 벌어졌다.

보고서는 그 원인을 다음과 같이 분석했다. ① 투기 상인들이 베이징, 톈진, 둥베이 등지의 "소가죽 가격이 너무 높고" 사료용 풀이 부족한 틈을 타 소를 대량으로 사들였다. ② 농촌 간부가 군인의 유가족을 부조하는 사업의 하나로 대리 경작을 배정할 때 "경작용 가축을 가진 농가에 지나치게 강요하는 등 불합리한 지시를 내렸다." ③ 가을 경작에 간부가 경작용 가축 소유자의 이익 보호에 주의를 기울이지 않고 일소의 노동력 환산율을 낮은 수준으로 억제해서, 소유자는 소를 기르면 경제적으로 손해일 뿐 아니라 정신적으로도 불쾌해 그것을 팔기로 했다.[150]

이 원인 가운데 ①은 조선 파병을 준비하면서 벌어진 군수 수요의 영향이었다. 실제로 중국군이 조선에 개입한 지 3~4주가 지난 11월 27일에 〈신화사통신〉 화베이총지사가 차하르성 내부 정세를 보고한 내용에 따르면, 한국전쟁 참전이 이 지역에 끼친 영향은 심각했다. 차하르성 북부와 옌베이 지역에서는 억눌렸던 지주와 부농이 조선에서 전쟁 국면의 변화에 편승해 반격에 나섰는데, "가을 이후에만 100건 정도의 사례"가 보고됐다. 특히 성 북부 상두(商都)와 캉바오 현의 일부 마을에서 50여 건이 보고됐으며, 옌베이 양가오현에서는 매우 심각한 사태가 발생했다.

지주들의 반격 방식은 다양했다. 지주들은 "제3차 세계대전이 곧 발발

---

150 〈雁北各縣發生大量出賣耕畜現象〉, 《內部參考》1950年 11月 2日.

해 토지를 '원소유주'의 손에 돌려줘야만 한다"라는 유언비어를 퍼뜨려 농가 스스로 토지개혁의 성과를 반환하도록 유도했다. 또 직접 농가에 소작료를 강하게 요구하고 토지개혁으로 탕감된 채권을 다시 요구하면서 "토지와 가축을 탈환했다." 양가오현 샤오자터우촌(蕭家頭村)의 지주 샤오주창(蕭主昌)은 "채권 회수를 이유로 금품을 강요"했고, 지주 슝싼과이(熊三拐)는 "당나귀를 억지로 끌고 갔다." 그러자 일부 농가는 "정권 교체"가 두려워 경작을 포기하고 소작료를 내거나, 어떤 정세 변화에도 대비할 수 있도록 지주와 '이중 보험계약'을 맺었다. 또, 환수 전에 토지를 조기에 팔아 버리기도 했다.[151] 이들이 처분한 자산과 생산수단에는 당연히 '경작용 가축'인 소가 있었을 것이다.

소가죽의 전시 통제

앞서 살펴본 것처럼 일소는 제혁업이 발달한 도시로 흘러가 원료 가죽으로 만들어졌다. 1950년 당시 전국에는 크고 작은 제혁 기업이 4,317개 있었으며, 상하이(393개), 광저우(39개), 톈진(24개)에 몰려 있었다. 전국 제혁업은 소가죽을 한 달에 최대 19만1,000장, 평균 6만4,000장을 사용했다. 본래 전국적으로 연간 최대 700만 장의 소가죽이 공급됐으나, 중일전쟁 8년 동안 절반으로 감소했다. 여기에 더해 계속된 내전과 1949년 9월 새 정권의 경작용 소 살처분 금지 조치로 농촌이 더욱 피폐해지면서, 소가죽의 시장 공급량은 연간 200만 장으로 줄어들었다. 이 가운데 실제로 제혁업의 원료로 쓰인 것은 100만여 장에 불과했다. 소가죽 생산량이 급감하자, 정부는 그동안 허용하던 물소 가죽의 수출을 엄격히 금지했다.[152]

---

[151] 〈美帝侵朝後察省各地地主進行反攻〉,《内部参考》1950年 11月 30日.

[152] 中国社会科学院·中央档案馆 编,《中华人民共和国经济档案资料选编 : 1949-1952(工

화둥 지역에서 소가죽 유통의 중심지였던 상하이를 보면, 1950년 주요 생산지였던 안후이성 북부, 장쑤성 북부, 상하이 제1도살공장에서 각각 24만 장(현지 소비 2만 장), 7,237장(현지 소비 5,789장), 2만902장을 생산했다. 1951년에는 이들 지역에서 각각 20만 장, 7,500장, 1만7,850장이 생산될 것으로 예상됐다. 물소 가죽은 1950년에 각각 15만 장(현지 소비 3만5,000장), 1만2,771장(현지 소비 1만244장), 3만5,284장이 생산됐고, 1951년에는 각각 12만 장, 1만5,000장, 4만2,500장이 생산될 것으로 예상됐다.[153]

1951년도 생산량이 전년도보다 줄어들 것으로 전망된 이유는 1950년 여름과 가을에 안후이성과 장쑤성의 북부를 흐르는 화이허(淮河)가 범람하며 발생한 수해 때문이었다. 안후이성 북부 푸양(阜陽) 행정전구(行政專區)[154]의 타이허현(太和縣)에서는 8월쯤부터 일소들 사이에 심각한 탄저병이 돌았다. 조사에 따르면, 9월 말까지 이 지역에서 일소 4,800마리가 이 병에 걸렸고, 그중 1,741마리가 죽었다. 이 역병은 이웃 현으로 번지며 농촌 사회 전체를 불안에 빠뜨렸다. 발생 초기에 당국은 의료진을 파견해 치료에 나섰고, 9월 초에는 상황이 일시적으로 호전됐다. 그러나 9월 하순부터 다시 심각해지기 시작했다. 이전에도 이곳에서 탄저병이 발생한 적이 있고 탄저균은 흙이나 습한 환경에서 오래 생존할 수 있어서, 1950년 수해로 병원균이 지면 위로 올라와 풀에 들러붙은 것으로 추정됐다. "그 풀을 뜯어 먹고 병에 걸린 일소는 입, 코, 항문에서 출혈을 일으킨 뒤

業卷)》, 中国物资出版社, 1996, 93, 95, 98.
153 〈關於黃牛皮收購會議〉 가운데 〈六, 附表參考〉, 24, B182-1-67, 上海市档案馆所藏.
154 행정전구는 1949~1954년에 존재했던 특수한 행정구역으로 성급 정부의 파출기관(派出機關)이다. 관할 구역 내의 행정, 자원 분배, 정책 실현, 비적 토벌, 토지개혁, 경제 회복 등을 담당했다(옮긴이).

3~4시간 만에 죽었다."**155** 이처럼 피해가 극심해 이듬해에도 회복이 어려울 정도였다.

중국이 한국전쟁에 참전한 11월 무렵에는 군수공업 분야에서 대량으로 소가죽 수요가 발생했지만, 공급은 턱없이 부족했다. 이러한 수급 압박은 화둥 지역뿐 아니라 전국 각지에서 나타났다. 그러자 중앙군사위원회와 중앙정부 무역부는 회의를 열고 소가죽 공급을 통제하기 위한 다음과 같은 방침을 정했다. ① 소가죽 매입은 중국모피공사(中國毛皮公司)가 독점적으로 수행하며, 이를 이 공사의 주된 업무 중 하나로 설정한다. ② 각 대행정구(大行政區)는 관할지를 넘어선 지역에서 소가죽을 매입해서는 안 된다. 다만, 중앙의 허가를 받아 해당 지역의 모피공사를 통해 잉여분을 매입하는 경우는 예외로 한다. "모두 중앙군사위원회가 통일 배분한다." ③ 물소 가죽의 수출을 금지한다. ④ 시장에 대한 관리를 강화한다. ⑤ 각지의 상공업 부문과 중앙공업부(中央工業部) 산하 모피공사는 소가죽 매입이 중단되지 않도록 적절한 대응책을 마련한다.**156**

이에 따라 11월 24일 오후 2시에 화둥군정위원회(華東軍政委員會) 무역부는 중앙공업부, 중국모피공사 화둥구(華東區)지사, 상하이시 상공국과 국외무역국, 화둥군구 후방지원부 등 관계 기관과 부서를 소집해 소가죽 매입에 관한 회의를 열었다. 중앙의 지시가 전달된 뒤 각 기관의 참여자들은 의견을 밝혔다. 우선, 무역부는 생가죽 취급 업체의 존재를 인정하지 않는 "통일적 매입과 판매" 방식과 업체의 존재를 인정하고 그 활동을 파악하는 "통일적 파악" 방식이라는 두 가지 선택지를 제시하고, 화둥 지역과 군수부의 사정에 따라 논의하자고 말문을 열었다. 그러자 모피공사는 "통일적 매입과 판매" 방식의 문제점 세 가지를 말했다. ① 상하이 주

---

155 〈皖北阜陽專區專區牛瘟嚴重〉,《內部參考》1950年 10月 31日.
156 〈海市人民政府工商局工作人員出席局外會議報告〉, 18, B182-1-67, 上海市档案館所藏.

변의 생가죽업자가 제혁공방에 직접 납품하고 있어 이들에 대한 통제가 어렵다. ② 기존에 활동하던 50여 개 모피업자의 처리 문제가 남아 있다. ③ 배정 방식에 문제가 있어 소가죽 분배에 어려움이 예상된다. 그리고 공업부는 이 제도가 도입되면 제혁공업을 충분히 배려해야 하며, 자신들의 관할 아래 있는 생산 부문에 원료를 공급하는 방안을 마련해야 한다고 강조했다.[157] 이에 대해 화둥군구 후방지원부는 "군수물자 공급을 보장하고 생가죽의 역외 유출을 막는 것은 전국 각지에서 공통으로 시행 중인 조치"이며, "매입과 판매도 통일적으로 이뤄지기를 바란다"라고 밝혔다. 이는 곧 중앙정부의 방침이기도 했다. 결국 '통일적 매입과 판매'를 목표로 5개 기관이 준비 조직을 만들고 관련 문제들을 시장, 가격, 기술, 생산, 조직 체계 등 분야별로 검토한 뒤 11월 27일에 제1회 준비위원회를 열기로 했다.[158]

그 뒤 여러 차례 회의가 열렸는데, 주목할 점은 군수 수요를 보장하기 위한 이 통제 흐름에 대해 상하이시 상공국의 참여자가 일시적으로나마 이의를 제기했다는 사실이다. 11월 29일 회의에 참석한 상공국 대표 왕 칭쉐(王靑學)는 다음과 같이 주장했다. "첫째, 소가죽의 역외 유출을 금지하는 것은 각 당파의 〈공동강령〉에 명시된 자유무역 원칙에 어긋나므로, 우리 국에서는 동의할 수 없다. 둘째, 매입 가격은 신중에 신중을 기해야 한다. 무분별한 가격 책정은 농촌의 경작용 소에 영향을 끼쳐 대량 처분을 유발할 수 있다." 그는 임시 "헌법"으로서 대내외에 선언된 정권의 건국공약(建國公約)에 해당하는 〈공동강령〉의 조문에서 "무역의 자유" 원칙을 찾아내 자신의 논거로 삼았다. 더불어 실무 차원에서 인위적인 가격 통제의 어려움과 그것이 일소에 미칠 파급 효과를 지적하며 전국 시장에

[157] 위의 보고.
[158] 위의 보고.

서의 일체성 유지가 필요하다고 역설했다. 무역부 참가자들은 그의 주장에 동의했다.[159]

그러나 전시 상황에서는 이러한 논리가 받아들여지기 어려웠다. 회의의 사회자는 "공영기관을 통한 통일적 매입과 판매의 필요성을 특히 강조하면서, 군의 수요가 매우 시급하므로 이 과제는 매우 중대하다"라고 말했다. 그러자 상공국 대표가 포기하지 않고 다시 "통일적 매입과 판매는 중앙의 방침인가?"라고 물었고, 회의 측은 "중앙의 방침"이라고 명확히 답했다. 그리고 상공국이 제기한 두 번째 문제인 군수의 "절박성과 수량"에 관해서는 "매우 절박하다. 가죽 구두 갑피에 연간 1만9,500단(担)(1단=500kg), 신발용 가죽에 1만5,760단, 허리띠용 가죽에 연간 1만9,000단이 필요하며, 기타 수요까지 합치면 연간 19만5,500장(枚)이 필요하다"라고 말했다. 여기서 1장(枚)은 소 한 마리 분량의 소가죽을 뜻한다. 그것을 무게로 재면 '단'이 되는데, 화둥군구에 해당하는 제3야전군의 보고서에는 모두 '장'으로 기록돼 있다. "반년간 9만9,500장이 필요한데, 지금까지 2~3만 장을 확보했으니 이제 6만 장 남았다."[160]

이러한 차이는 사회자와 야전군 간의 입장 차이에서 비롯됐다. 수요자로서 품질을 중시한 야전군은 무게로 계량하면 자투리 가죽 등이 섞일 수 있어서 '장'을 고집했다. 반면 사회자는 제화 등 가죽 전체가 필요하지 않은 공정이나 공급자의 부담 완화를 고려해 '단'과 '장'을 함께 사용했다. 또한 야전군이 말한 반년간 소요량을 연간 단위로 환산하면 사회자가 제시한 연간 수요량과 "3,500장"의 차이가 발생한다. 이는 계산 방식의 차이일 수도, 단순한 오기일 수도 있다. 하지만 명확한 해석은 어렵다. 여기

---

[159] 위의 보고. 왕칭쉐는 "국가의 통일적 경제계획의 범위 내에서 국내 무역의 자유를 실시한다"라는 이 강령의 제37조의 일부를 따랐다.

[160] 위의 보고.

서 주목할 점은 이 차이가 보여 주는 군수 납기의 긴급성이다. 즉 "1년 단위"로 계산하면 극단적으로는 12개월째 되는 달에 연간 소요량을 납부해도 임무 완료라고 공급자가 주장할 수 있다. 하지만 군수물자의 특성상 생산이나 공급을 '반년 단위'로 진행하지 않으면, 그 절박성에 대응할 수 없다.

군에 필요한 부족분 6만 장은 모피공사와 제3야전군 간 계약을 통해 매입하기로 했다. 모피공사가 가격을 결정하지만, 본사인 총공사로부터 지시가 올 때까지는 "상공국과 연락하면서 합리적인 가격으로 대신 구매"하도록 했다. 구매한 소가죽은 제3야전군에 우선 인도하고, 남는 분량은 총공사로 보내 "통일적"으로 배분하기로 했다. 이것이 29일 회의에서 내려진 결정이었다. 회의 내용을 정리한 왕칭쉐의 보고서에 따르면, 그의 상사인 차오(曹) 아무개는 이 사안과 관련해 두 가지 지시를 내렸다. "① 군수물자 공급을 반드시 보장할 것. ② 소가죽 가격이 오르지 않도록 유의할 것."[161] 상공국 내부에서도 결국 "군수 우선" 원칙을 재확인한 셈이었다.

그러나 구체적인 실행 단계에 접어들자 조정은 순탄치 않았다. 12월 11일에 열린 제4차 회의에서 제3야전군은 "군용 물자는 기한 내에 납품돼야 한다"라며 납기 준수를 강력히 요구했다. 나아가 "군수 조달 물자에 대해서는 비용을 면제해야 한다"라고 주장했다. 이에 대해 모피공사는 군수 공급을 위해 최대한 노력하겠지만, 이미 소가죽이 시장에 나오는 시기의 3분의 2가 지났으므로 "절대적으로 가능한 것은 아니다"라고 답했다. 이어 지금까지 회의에서 해결하지 못한 과제, "예를 들면 제3야전군이 대리 구매를 위탁해 놓고는 끝내 인수하지 않은 사례"를 들고 나왔다.

이날 회의에는 공업부 소속의 이민공사(益民公司)도 참석했다. 이민공

---

[161] 위의 보고.

사는 화둥군구의 군과 정부로부터 제혁 가공 임무를 아직 받지 못했지만, "최근 화베이군구로부터 군수 임무를 인수했으므로 원료를 직접 시장에서 구매하고 싶다"라는 의사를 밝혔다. 이는 사실상 역외 유출 시도로 볼 수 있었으며, 매입과 판매를 통일적으로 담당하는 모피공사와의 관계 조정 문제를 불러일으켰다. 결국 이날 제4차 회의에서도 결론은 나지 않고 심의만 이어졌다.[162]

상공국의 회의 참여자는 이 회의 내용을 상사에게 보고하는 메모에서 "제3야전군은 겉으로는 임무의 긴급함을 말하지만, 실제 행동에서는 수동적이며 그에 걸맞은 조치를 하지 않는다"라고 비판했다. 그는 또 이민공사의 요청과 관련해 이 지역의 제3야전군이 아직 가공 임무를 부여받지 않았다는 점에 주목하면서, 앞으로는 "계획적이고 지속적으로 가공 임무를 부여할 것을 제3야전군에 요청해야 한다. 그래야 절박한 상황에서 갑자기 임무가 떨어져 조악한 제품을 생산하는 일이 없을 것이다"라고 건의했다.[163] 이 대목은 군의 무계획성에 대해 상공국이 비판적인 시선을 갖고 있었음을 보여 주며, 전시 상황에서 군의 논리와 민간의 논리가 본질적으로 양립할 수 없음을 단적으로 드러낸다.

피혁업과 군수

제혁업은 1950년 초부터 전국적으로 어려움을 겪고 있었다. 신정권이 추진한 전국 단위의 재정·경제 제도의 통일로 물가는 어느 정도 안정됐다. 하지만 사치품에 대한 수요가 줄어들면서 피혁 제품의 재고가 급증했다. 피혁업계의 공통 문제는 운전자금이 부족해 원료 가죽을 확보하기 어렵다는 점이었다. 생산비가 판매가격을 웃돌자, 각지의 피혁업체들은 줄줄

---

[162] 위의 보고.
[163] 위의 보고.

이 조업을 중단할 수밖에 없었다. 피혁업이 가장 발달한 지역인 상하이를 보면 "409개 업체 가운데 간신히 조업 중인 곳은 241개에 불과했고, 조업 중단율은 41%에 달했다."**164** 피혁업 경영자들뿐 아니라 노동자들도 어렵기는 마찬가지였다.

같은 해 하반기 들어 각 업계의 형편이 회복됐다. 특히 "군수품 관련 수주 생산"이 이뤄지면서 침체에서 벗어났다. 전국 각지의 제혁 기업들이 잇따라 조업을 재개했다. 피혁 제품은 중혁(重革)과 경혁(輕革)으로 나뉜다. 두껍고 단단한 가죽인 중혁은 신발 밑창, 벨트, 각종 무기나 자동차에, 얇고 부드러운 경혁은 신발 갑피나 피복 등에 쓰인다. 또 용도에 따라 피복 등의 민생용, 방직기계 벨트 등의 공업용, 그리고 군사용으로 나뉜다. 각지의 방직공장이 재가동되면서 공업용 가죽의 수요가 늘고, 한국전쟁에 대비한 군수 특수가 더해지면서 수요는 더욱 증가했다.**165**

상하이시 소가죽 제혁업계는 이러한 특수를 등에 업고 "1949년 402개 사, 직원 2,101명"에서 "1951년 769개 사, 직원 3,170명"으로 급성장했다. 또한 소가죽 제화업을 중심으로 1950년 9월에 창설된 상하이제화업동업공회(上海製靴業同業公會)에는 영세 수공업 공방을 포함한 367개 업체와 3,788명의 직원이 가입했다. 이 공회는 국영 상하이시무역신탁공사(上海市貿易信託公司)를 통해 대량의 군화 가공 임무를 수주했다.**166**

한국전쟁 특수로 전국의 제혁·제화업 노동자들의 생활에 큰 변화가 생겼다. 혁명 전까지 주로 민생용 가죽을 생산하던 업체들은 "1950년 하반기부터 공업용 가죽의 수요가 날로 증가했다. 특히 전국에서 항미원조 운

---

164 中国社会科学院中央档案馆 编, 위의 책, 97.

165 中国社会科学院中央档案馆 编, 위의 책, 97.

166 上海二轻工业志编纂委员会 编,《上海二轻工业志》, 上海社会科学院出版社, 1997, 508, 523. 上海　皮革行业志编纂委员会 编,《上海皮革行业志》, 中国轻工业出版社, 1994, 92.

동이 전개된 뒤 군수 수요가 급증하자 잇따라 공업용 및 군용 가죽 생산으로 전환했다."**167** 상하이만 보더라도 "1950년, 민영 제혁공업 회사들의 생산물 중 55%가 군수용이었다." 화둥군구로부터의 수주뿐 아니라, 앞에서 말한 이민공사처럼 역외에서 수주를 받아 생산하는 회사들이 있었다. 대표적으로 상하이시의 중국제혁공장은 1950년 12월 9~13일에 이뤄진 상공국 조사에서, 같은 달에만 134단의 소가죽을 구매해 "전적으로 화베이 쪽 군으로부터의 수주 생산에 매달리고 있었다."**168**

그러나 제혁업계의 전망이 장밋빛이었던 것만은 아니다. 민수용 가죽 생산은 수급을 기본적으로 시장에 맡길 수 있었지만, "군용 가죽은 오로지 수주 생산에 의존해야 했다. 1950년 한 해 동안 군수 부문의 발주는 계획이나 절차 없이 이뤄졌다. 때로는 많고 때로는 적게, 있을 때도 있고 없을 때도 있었다. 기업들은 분주함 속에서 혼란을 겪으며 정상적인 생산을 유지할 수 없었다." 게다가 "대량 주문이 들어오면 공급이 따라가지 못해 가격이 급등했고, 반대로 주문이 없으면 가격이 급락해 산지 가격보다 낮아지는 기이한 현상까지 벌어졌다." 이러한 군수 발주의 무계획성은 제혁업체의 생산에 혼란을 초래했을 뿐 아니라, 원료 가죽 시장에도 큰 충격을 줬다.**169**

이 문제를 계기로 군수 부문은 1950년 12월 5일부터 열린 제1회 전국 제혁공업회의에서 자기비판하고 업계의 의견을 받아들여, 앞으로는 가공 발주를 최대한 계획적으로 각 지역과 협의하며 진행하기로 했다. 회의에

---

167 中国社会科学院中央档案馆 編, 위의 책, 97-98.

168 〈關於黃牛皮收購會議〉 B 182-1-67, 21, 上海市档案馆所藏. 이 문서에는 "중국피혁창(中國皮革廠)"이라고 적혀 있는데, "중국제혁창(中國製革廠)"의 오기로 보인다.

169 中国社会科学院中央档案馆 編, 위의 책, 97-98.

서 "군수는 전국(戰局)의 변화를 예측하기 어렵다는 특성이 있다"[170]라는 단서가 붙었는데, 이를 통해 군수산업에 내재한 어려움을 엿볼 수 있다.

이러한 어려움은 화둥군구 후방지원 군수부 소속 제혁공장 노동자의 고용 문제에서 단적으로 드러났다. 이 공장은 국민정부군 후방지원 본부(연근총부(聯勤總部))로부터 인계받은 생산시설로 1950년 11월 1일 기준, 직원이 671명이었다. 그중 57.97%인 389명이 비정규 고용 임시공이었다. 10여 명을 제외하고 이들은 모두 제화 현장에서 근무하고 있었다. 임시공은 대부분 1950년 3~4월에 병사용 가죽 구두 생산이라는 제1기 군수 임무를 달성하기 위해 채용됐고, 오랜 실업 끝에 겨우 취직한 경우였다. 이들은 입사 3개월이 지난 6월 무렵부터 노동조합 가입을 신청했다. 그러나 공장 노동조합은 군사공업노동조합의 지침을 이유로 가입을 거부했다. 이어 전(全)상하이시노동조합(총공회(總工會)) 주석에게 문제를 제기했으나 "임시공은 가입할 수 없다. 정중하게 설득하라"라는 답만 돌아왔다.[171]

그렇게 6개월이 흘렀다. 새로운 생산 임무가 시작되자, 임시공들은 정규직 전환을 요구하기 시작했다. 경영진은 이를 검토했으나 결론을 내리지 못했다. 요구는 갈수록 절박해졌지만, 어떻게 "설득"해도 효과가 없었다. 이들은 점차 "경영진과 노동조합은 비정규직 노동자에게 관심이 없고 우리 문제를 해결해 주지 않는다"라고 생각하게 됐다. 그 뒤 10월 중순에 열릴 예정인 화둥군사공업대표자회의에 기대를 걸었다. 그러나 회의는 이 사안을 의제에 올리지 않았다. 회의가 끝난 뒤 임시공들은 공장에

---

[170] 中国社会科学院中央档案馆 編, 위의 책, 98. 산시성에서 12일간 계속된 이 회의는 제혁업의 방침을 "① 군수용, ② 공업용, ③ 민생용"으로 확정했다. 上海二轻工业志编纂委員会 編, 위의 책, 23.

[171] 〈華東軍區後勤軍需部製革廠關於半年来職員的幫助教育與争取及臨時工的組織教育生産情況的報告〉A 39-2-2016, 上海市档案馆所藏.

요구해도 결과를 바랄 수 없다는 실망감과 "이번 생산 임무가 끝나면 일이 계속될지 알 수 없다"라는 불안감에 "공장 측에 아무 말도 하지 않고 대표를 선출해 군사공업회, 상하이시 총공회, 시 노동국에 직접 호소"하기로 했다. 그러나 이 역시 효과가 없었고, "불안감이 커져 더는 차분히 근무할 수 없었다."**172**

그러던 중 10월 하순에 공장 측이 후방지원 군수부 노조과에 임시공의 정규직 전환 문제를 보고했고, 웨이(魏) 과장은 "제3기 생산 임무 개시 시점까지 재직하고 있다면 정규직 전환을 수용할 수 있다"라고 답했다. 이 내용이 10월 26일 시사학습 시간에 전달되자, 비로소 "임시공들은 차분하게 근무할 수 있게 됐다."**173** 10월 8일에 당 중앙에서 조선 파병을 공식 결정한 사실을 고려하면, 오랫동안 미해결 상태였던 임시공의 요구가 갑자기 받아들여진 데는 긴급한 군수 생산에 지장을 주지 않으려는 판단이 있었던 것 같다.

이러한 판단은 최고 군사기밀과 관련된 사안이어서인지 상하이시 총공회에는 공유되지 않은 듯하다. 실제로 10월 28일, 상하이시 총공회는 "지난번 방문한 장스이(張世益), 후원빈(胡文斌), 린커밍(林克明), 위커성(于克勝), 허보장(賀伯章) 등 대표 5명에게 다시 면담하러 오라고" 서면으로 통보했다.**174** 회담 내용은 정확히 알려지지 않았지만, 그 직후 벌어진 소동을 보면 임시공이 만족할 만한 내용은 아니었던 것 같다. 10월 30일 자 시 총공회 기관지 《노동보(勞動報)》에 각급 노동조합은 조직의 등기 절차를 신속히 마치라는 총공회의 통지가 실렸다.**175** 이를 읽은 임시공들은 제

---

172 위의 보고.
173 위의 보고.
174 위의 보고.
175 〈中華全國總工會關於登記各級工會組織的通知〉, 《勞動報》 1950년 10월 30일.

화 작업장에서 다시 노조 가입 문제를 논의하기 시작했다. 점심시간에 반장들이 강당에 모여 회의를 열고 공장 측 노조 책임자인 선진샹(沈金祥)에게 참석을 촉구했다. 이들은 "인원이 많으면 힘도 커진다는 생각으로 반장 35명이 시 총공회를 찾아 청원하기로 했다." 이를 막기 위해 선진샹은 "설득"을 거듭했고, "가고 싶다면 공장 관리 부문으로부터 휴가를 허가받아야 한다"라고 말했다.[176]

회의 뒤 임시공들은 반장 3명을 대표로 선출하고 공장 측에 휴가를 신청했다. 그러나 공장 측은 "이 정도로 많은 사람이 직장을 내팽개치고 진정하러 가는 것은 포위와 시위의 성격을 띠며, 생산에도 중대한 영향을 끼친다"라는 이유로 허가하지 않았다. 그러면서 《노동보》에 실린 "등기"는 노동조합 조직을 말하는 것이지 임시공의 노조 가입 권리를 말하는 것은 아니라고 해명했다. 이를 받아들일 수 없었던 임시공들은 허가를 계속 요구했고, "모든 반장이 함께 가겠다는 요청을 받아들이지 않으면 반원 전체가 가겠다"라고 강경하게 맞섰다. 그러자 공장 측은 "꼭 가고 싶다면 사직서를 제출하라"라고 응수했다. 이 같은 태도에 임시공들은 분노했다. "노조 가입을 요구하면 해고하겠다고 했다"라는 소식이 전해지면서 불만은 더욱 커졌고, 제화 부문이 결국 파업에 돌입했다. 파업은 두 시간가량 이어졌다가, 공장 측의 압력과 회유로 조업이 재개됐다.[177]

이 제혁공장은 제1기 생산 임무에 포함된 "전투원 가죽 구두"부터 조선에 파견될 예정인 육군 제9병단의 "대포 덮개", "장교와 공군 조종사 가죽 구두"에 이르기까지 잇따라 긴급한 생산 임무를 수행했다. 12월 26일 자 공장 측 총괄보고서에 따르면, "제혁 부문의 양장무(楊張木)와 왕중위

---

176 〈華東軍區後勤軍需部製革廠關於半年來職員的幫助教育與爭取及臨時工的組織教育生産情況的報告〉A39-2-2016, 上海市档案館所藏.

177 위의 보고.

안(王忠源)은 5월 생산 경쟁에서 할당량을 60% 초과 달성했고, 중대 임무가 주어진 12월에는 할당량을 150% 초과 달성했다. 제화 부문의 위커성은 할당량을 73% 초과 달성해 동료들로부터 인정받았다."[178] 위커성은 1월 30일 자 《노동보》의 칭찬 기사에 우수 사례로 소개될 만큼 유능한 제화공이었다.[179] 이들의 정규직 전환 요구는 당시 시행 중이던 관계 법령에 근거한 것이었다. 임시공의 계약 기간은 3개월을 넘지 않지만, "근속 6개월이 지나고도 해당 생산 활동에 계속 종사할 경우 정규공으로 전환해야 한다"라는 상하이시 당국의 규정이 있었다.[180]

임시공의 요구가 근거 없지 않다는 사실을 제혁공장은 잘 알고 있었다. 그런데도 후방지원 군수부가 명확한 태도를 보이지 않고 지지부진하게 대응한 이유는 말할 필요 없이 군수 수주의 불안정성 때문이었다. 제화 부문 현장 노동자의 90%를 장기간 임시공으로 유지한 점으로 미뤄볼 때 군수부는 이를 잘 알고 있었다. 실제로 같은 군수부 산하 제3피복공장에서는 생산 임무 종료 뒤 단행된 해고 조치에 대해 같은 해 4월 임시공들이 강하게 반발하는 일이 일어났다. 특히 여름 군복 생산을 줄이라는 지시와 함께 해고 통보를 받은 제3봉제 부문의 임시공들은 크게 동요했다. 이들은 비정규직과 정규직 간 격차에 대해 "공산당은 꿍꿍이가 있어 우리를 해고하고 정규직에 일을 주려 한다"라고 비판했다. 또 "뭐가 해방이냐? 우리 노동자에게 죽으라는 거냐? 모두 먹고살 수 있다는 것은 거짓말이었나?"라며 "노동자나 인민"에 기반한 정권이라는 주장에 의문을 제기

---

[178] 위의 보고.

[179] 〈軍事工業紛傳捷報〉, 《勞動報》 1950년 11월 30일.

[180] 〈上海市委: 上海市私營企業雇用臨時工暫行辦法〉, 中国社会科学院·中央档案館 편, 《中华人民共和国经济档案资料选编: 1949-1952(劳动工资和职工福利卷)》, 中国社会科学院出版社, 1994, 290-291. 이 '판법(判法)'을 상하이의 사영기업뿐 아니라 시내 각 공영기업에도 적용한다고 제14조에 명시돼 있었다.

했다. 이들은 희망이 없다는 이유로 직장의 질서를 어지럽히고 "공장의 규칙을 무시해 싸움이 일상화되기도 했다."[181] 이처럼 노동력의 조정 밸브로 사용된 비정규 고용의 해고조차 쉽지 않았으니 제혁공장은 정규직 확대를 주저했을 것이다. 전쟁 특수로 경기가 좋아졌어도 피혁 노동자들의 고용 안정은 여전히 보장되지 않았다.

---

[181] 〈後方勤務軍需部被服第三廠臨時工解雇工作總結報告〉 A39-2-2016, 上海市档案馆 所藏.

| 나오며 |

1950년 여름부터 안후이성 북부 지역은 광범위한 홍수 피해를 봤다. 앞장에서 말한 푸양 행정전구 타이허현에서 발생한 소의 탄저병이 이 재해와 관련 있다. 10월 27일 자 〈신화사통신〉 화둥총지사의 보고에 따르면, 9월 말 현재 병에 걸린 "소의 고기를 먹은 탓에 3,180명(어린이 2,158명 포함)이나 되는 농민이 사망했다."[182] 43년 뒤인 1993년에 간행된 《타이허현지(太和縣志)》에서는 이 재해를 전혀 언급하지 않았다.[183] 그러나 같은 시기에 간행된 푸양 행정전구 내 다른 《현지》에는 수해의 참상이 비교적 구체적으로 기록돼 있다. 예를 들어 인구 77만 명의 린취안현(臨泉縣)에서는 "7월에 연일 폭우가 쏟아져 강과 호수가 범람했고, 현성(縣城) 안 물이 사람 키를 넘을 정도로 불어나 현 전체의 5분의 3이 수몰됐다. 뤼자이구(呂寨區)에는 귀뚜라미가 떼로 발생해 재앙 수준에 이르렀다. 10월 하순에는 비와 흐린 날이 열흘 남짓 계속됐다."[184] 인구 약 60만 명의 잉상현(潁上縣)에서는 "6월 하순부터 우기에 들어가 21일부터 7월 13일에 걸쳐 연일 폭우나 호우가 쏟아졌다. 6월 26일부터 7월 20일까지 656mm의 강우

[182] 〈皖北阜陽專區專區牛瘟嚴重〉,《內部參考》1950年 10月 31日.
[183] 太和縣地方志編纂委員會 編,《太和县志》, 黄山书社, 1993.
[184] 臨泉縣地方志編纂委員會 編,《临泉县志》, 黄山书社, 1994, 68, 73.

량을 기록했고, 강의 수위가 올라갔다. (중략) 132개의 향진(鄕鎭)을 가진 현은 113개 향진의 1,568개 행정촌(行政村), 40여만 명이 피해를 봤다. (중략) 또 10월 6일부터 25일까지 비나 흐린 날이 계속돼 홍수가 지난 뒤 추가로 뿌린 녹두와 메밀의 씨앗이 발아해 썩고, 현 전체에서 생산량이 1만 2,980t 감소했다."[185] 푸양현, 워양현(渦陽縣), 멍청현(蒙城縣) 등의 《현지》에도 비슷한 내용이 나오는 것으로 볼 때[186] 수해의 규모가 크고 심각했음을 알 수 있다.

동쪽의 쑤현(宿縣) 행정전구 역시 심각한 피해를 봤다. 1988년에 간행된 《쑤현현지(宿縣縣志)》에 따르면, "7월부터 비가 오거나 흐린 날이 이어져 강의 수량이 급격히 늘어났다. 일부 제방이 무너지고 현 전체에서 140만 무나 되는 논밭이 수몰돼 이재민 50여만 명이 발생했다." 가을에 들어 또다시 세 번의 폭우로 "현 전체 270만 무나 되는 가을 농사용 논밭이 수몰됐다. 이 두 번째 수해로 추가 경작한 늦가을 작물이 수몰돼 재해 상황은 매우 심각했다."[187] 1950년 당시 난징시 생산구원위원회(生産救援委員會)[188]도 "쑤현 행정전구 일부 지역에서 연일 내린 비로 밭에 뿌린 메밀이 싹을 틔운 채 썩고, 토란과 무도 뿌리가 썩어 수확이 불가능하다"라고 보고했다.[189]

이러한 "변천(變天, 일기 불순)"이 후난성에서처럼 "정권 교체"와 연결돼

---

[185] 潁上縣地方志編纂委員会 編,《潁上縣志》, 黃山书社, 1995, 70, 80.

[186] 阜阳縣地方志編纂委員会 編,《阜阳縣志》, 黃山书社, 1994, 143. 安徽省渦阳縣地方志編纂委員会 編,《渦阳縣志》, 黃山书社, 1989, 57. 蒙城縣地方志編纂委員会 編,《蒙城縣志》, 黃山书社, 1994, 59.

[187] 安徽省宿縣地方志編纂委員会 編,《宿縣志》, 黃山书社, 1988, 80, 117.

[188] 1949~1954년에 자연재해와 경제적 곤경에 대처하기 위해서 지방정부가 조직한 임시기구 (옮긴이).

[189] 〈皖北災民大量南逃情況嚴重〉,《內部參考》1950年 11月 24日.

유언비어로 떠돌았는지는 명확하지 않다. 진나라를 전복시키는 계기를 만든 진승(陳勝)과 오광(吳廣) 일행 900명이 기원전 209년에 만리장성으로 징집돼 북상하다가 폭우로 가는 길이 막혀 궐기한 곳이 바로 쑤현(옛 이름 치현(蘄縣))의 다쩌향(大澤鄕)이었다. 그래서인지 청나라부터 중화민국, 그리고 신정권에 이르기까지 역대 위정자가 이곳의 재해 피해 구호에 힘을 쏟은 것이 사실이다.[190] 1950년 가을, 현지뿐 아니라 상하이에서도 기부금을 모으는 활동이 일어났다. 상하이시 총공회 기관지《노동보》는 "이재민이 1,000만 명 이상"이고, 가을이 깊어지는데 일부 이재민이 입고 있는 옷이라고는 "더 이상 옷이라고 부르기 어려운 천 조각"이라며 시민들에게 기부를 요청했다.[191]

광범위한 기부 활동이 벌어지는 가운데 29명 규모의 상하이 다화(大華) 피혁공장 노동자들이 11월 8일에 "옷 20벌, 신발 13켤레, 모자 2개와 현금 4만5,000위안을 기부했다."[192] 이듬해 2월 초순에 안후이성 북부의 재해 지역은 각지에서 겨울옷 160만여 벌, 현금 600억 위안을 지원받았다.[193] 그러나 이재민들이 생계를 회복하기에는 턱없이 부족했다. 원래 쑤현 행정전구에서는 화이허 준설 프로젝트를 통해 치수와 구제를 병행할 계획이었다. 그러나 "마을당 30명, 18~35세의 건장한 노동력"이라는 엄격한 조건과 연기된 착공 일정으로, 땅이 얼어붙는 12월에 들어서면 공사가 어려워질 것이 틀림없었다. 재해지의 많은 농가는 고향에 머무르며 공사 참가로 생계를 유지한다는 기대를 버리고, 다른 지역으로 피난할

---

190 安徽省宿县地方志编纂委员会 編, 위의 책, 78. 司马迁,《史记》卷84,〈陈涉世家第一八〉, 中华书局, 1998, 1950.

191〈募集寒衣救災民〉,《勞動報》1950年 10月 28日.

192〈伸出同情的手援助災民弟兄〉,《勞動報》1950年 11月 8日.

193〈華東區及上海市的最近情況〉,《内部參考》1951年 2月 14日.

수밖에 없었다.**194**

남하한 피난민에 대해 난징시 생산구원위원회는 11월 20일에 다음과 같이 보고했다. "난징의 포구에서 창장을 건넌 피난민을 조사한 결과, 하루에 1,200~1,300명이고 11월 15일 하루에만 2,158명에 달해 8월 이래 최고치를 기록했다. 그중 70%는 무리를 지어 난징과 상하이 간 철도 연선과 상하이 등 지역으로 몰려들었다. 피난민의 말에 따르면, 린화이관(臨淮關)에는 1만 명에 가까운 피난민이 남쪽으로 가기 위해 모였다."**195** 린화이관은 안후이성 펑양현(鳳陽縣)에 있으며, 나중에 덩샤오핑의 "제2차 혁명"**196**의 기폭제가 된 농업 생산 모델의 발상지인 같은 현 내 샤오강촌(小崗村)과 매우 가깝다. 이 마을 18명의 농가가 1978년 말에 "인민공사"의 구체제를 견디다 못해 1978년 말에 연판장을 쓰고 "생산청부제(生産請負制)"**197**를 결행했다.

1950년 11월부터 항미원조 운동은 11월 5일 자 신문에 각 당파 명의의 공동선언을 공표하면서 전국 규모로 확대됐다. 홍콩의 《화교일보(華僑日報)》에 따르면, "10월 28일부터 11월 5일까지 약 일주일 동안 난징과 상하이 간 수송은 여객차, 화물차를 가리지 않고 모두 중지되고 군용으로 바뀌었다. 상하이역에서 군인과 군수품을 가득 실은 열차가 잇따라 북쪽을 향해 출발했다. 적게 잡아도 5만 명의 군인이 타고 있는 것으로 보였다."**198** 상하이 쪽에서 입수한 정보에 근거한 이 기사가 사실이라면, 제9병단 장병을 실은 열차는 연선에서 피난민과 스쳐 지나갔을 것이다. 자위(自衛)라

---

194 〈皖北災民大量南逃情況嚴重〉,《內部參考》1950년 11월 24일.

195 위의 일간지.

196 1949년 중국 건국이 제1차 혁명이라면, 1978년 말 개혁개방 선포를 통해 포스트 사회주의로 나아간 것이 제2차 혁명이다(옮긴이).

197 기존 인민공사 체제와 달리 개별 가구가 농업 생산과 경영의 주체가 되는 체제(옮긴이).

198 〈合衆社捏造我華東部隊北調〉,《內部參考》1950년 11월 13일.

고 말하며 멀리 해외에 파견되는 부대를 가득 실은 차량을 재해를 당해 고향에서 쫓겨난 피난민은 어떻게 받아들였을까? 그에 대한 기록이나 연구는 아직 없다.

제5부

장병
대비 감정, 복원, 양심적 병역거부

| 들어가며 |

　인민지원군의 조선 파병은 시간 순서에 따라 크게 세 차례로 나뉜다. 제1진은 주로 허난성에 주둔한 전략기동부대인 제4야전군의 제13병단이었다. 이 병단은 1950년 7월 중순, 중국과 조선 국경에 인접한 지역에 집결하라는 명령을 받고, 병단 본체인 제38·39·40군에 제42·50·66군 등을 추가 편성해 26만 명 정도의 '둥베이변경방위군(東北邊境防衛軍)'을 구성했다. 이 방위군은 10월 19일 해 질 무렵에 차례로 압록강을 건넜다.

　제2진은 본래 타이완 공략을 준비하던 제3야전군의 제9병단이었다. 이 병단은 9월 초에 명령을 받고 병단 본체인 제20·26·27군에 다른 부대의 4개 사단을 더해 15만여 명으로 편성됐다. 병력은 산둥성의 옌저우(兗州) 지역에 집결했다가 제1진이 조선에 들어간 뒤 둥베이 지역으로 이동했다. 11월에 조선으로 들어가 제2차 전역의 동부전선을 맡았다.

　제3진은 시베이와 시난 지역에 배치돼 있던 부대들이었다. 시베이 지역의 제1야전군 소속 제19병단(제63·64·65군, 약 11만 명)과 시난 지역의 제2야전군 소속 제3병단(제12·15·60군)은 제2진이 떠난 산둥 지역의 집결지와 허베이성의 헝수이(衡水), 싱타이(邢台), 창현(滄縣)으로 이동했다. 이들은 소련이 제공한 무기와 장비로 훈련하며 대기하다가, 1951년 4월 22일부터 시작된 제5차 전역에 참여하기 위해 2월 중순부터 차례로 조선에 들어갔다. 그 뒤 베이징과 톈진을 위수 지역으로 하던 제20병단(제67·68군)도 조선으로 향했다. 전쟁 기간에 파병된 병력은 연인원 290만 명에 달했다.[1]

이 병력들은 모두 해외파병의 당사자였다. 제5부에서는 이들의 대미감정, 복원, 양심적 병역거부(탈영, 생사관)를 중심으로 살펴본다. 권력자나 제3자의 "객관적" 시각에서 보면 이들은 각기 다른 시기에 압록강을 건넜다. 하지만 개별 장병의 관점에서 보면 "국경선 너머로의 출동"이라는 감각을 공유했다. 따라서 강을 건넌 시점에 상관없이 이들 사이에는 동질성이 있었다고 할 수 있다.

---

1 军事科学院军事历史研究所,《抗美援朝战争史(修订版)》下卷, 军事科学出版社, 2011, 610.

제1장
대미 감정

조선 파병과 관련해 제1진인 제13병단 장병들의 태도를 살펴보자. 병단 정치부 주임 두핑(杜平)에 따르면, 1950년 8월 중순에 장병들은 "적극분자" 50%, "중간분자" 40%, "동요분자" 10%였다. 정권의 기반이 되는 계급 출신인 "적극분자"는 정치의식이 높고 국공내전을 겪은 장병들이었다. 이들은 "전투에 용감하고 전사를 두려워하지 않았다. 조선에서 미국이 저지른 폭행에 의분을 느끼고 조선 인민을 지원해 미군과 싸울 것을 서면으로 요구했다." 그다음 "중간분자"는 "공격하라고 명령하면 공격하고, 공격하지 않으면 그뿐이다"라는 태도를 보였다. 나머지는 정신적으로 동요하는 부류로, 항미원조의 "의의를 충분히 이해하지 못한 채 평화로운 생활을 그리워하고 고생이나 전쟁을 두려워했다. 이들은 미 제국주의 군대와 싸우는 것을 불안해하고 미군과 원자폭탄을 두려워했다. 어떤 이는 압록강 철교를 '귀문(鬼門)'이라 불렀고, 항미원조를 '쓸데없는 참견'이나 '불똥이 튕기는 것을 자초하는 행위'라고 표현했다." 두핑에 따르면, 조선과 강 하나를 사이에 둔 국경을 따라 부대가 주둔한 탓에 강 건너에서부터 "공미 감정"을 조장하는 갖가지 소문이 퍼졌다. 예를 들어 "미군은 매우 강하고 비행기와 대포가 많아 포탄 한 발에 일개 중대가 거의 전멸

했다"라는 식이었다.**2**

두핑이 밝힌 이러한 분포는 8월 중순 무렵 조사한 수치였다. 그러나 1970년 10월 10일, 마오쩌둥이 중국을 방문한 김일성에게 한 말에 따르면, 둥베이변경방위군 장병을 대상으로 한 조사에서는 각각 20%, 60%, 20%였다. 게다가 이 수치는 장병에 대한 사상 공작을 실시한 뒤의 결과였다. 마오에 따르면, "사상 공작 뒤 조사에서는 20%가 싸울 의사가 있었고, 다른 20%는 싸울 의사가 없었다." 회담에 동석한 저우언라이가 "그것은 초기 수치였다"라고 정정한 것으로 볼 때, 제13병단에서 참전 의지를 끌어올리기 위해 사상 공작과 조사를 반복한 것으로 보인다.**3**

두핑에 따르면, 동요분자는 주로 "국민당군에서 귀순한 병사나 해방된 지 얼마 안 된 지역에서 새로 입대한 젊은이였다."**4** 당시 인민해방군 부대에는 중일전쟁 중 대일협력군(對日協力軍)이나 국공내전 중 국민당군에서 귀순한 병사가 다수 편입돼 있었다. 덩샤오핑이 1948년 9월 6일, 류보청에게 보낸 전보에서 중공중앙은 "병력 자원을 주로 적군으로부터 확보할 것을 강조하며 한 사람의 포로도 낭비하지 말라고" 각 부대에 요구했다.**5** 저우언라이가 이듬해 7월에 말한 것처럼, 지난 3년간 "국민당군은 569만 명을 잃었고, 그중 70%(이상)인 415만 명이 포로가 돼 280만 명이 인민해방군에 편입됐다." 인민해방군 전체에서 포로가 차지하는 비율은 같은 해 4월 "부대에 따라서는 80%에 달하고 적을 때는 50~60%에 달해, 평균적으로 약 65~70%를 차지하고 있었다."**6** 1950년 6월, 한국전쟁 발

2 杜平, 《杜平回忆录》, 解放军出版社, 2008, 15.
3 《建国以来毛泽东军事文稿》下卷, 军事科学出版社·中央文献出版社, 2009, 372-373.
4 杜平, 위의 책, 15.
5 邓小平, 《邓小平军事文集》第2卷, 军事科学出版社·中央文献出版社, 2004, 126.
6 周恩来, 《周恩来选集》上卷, 人民出版社, 1980, 315, 346-347. 江林平, 〈"解放战士" 群体的产生及其规模〉, 《党的文献》, 2012年 第3期.

발 당시에도 인민해방군의 "70~80%가 귀순 장병이었다."**7** 같은 해 8월에는 시난 지역에서 "90만 명이나 되는 국민당군 귀순 병력이 인민해방군으로 재편됐다."**8**

제13병단의 전신인 둥베이민주연군(東北民主聯軍)**9**도 내전 중 다수의 귀순병과 신병을 편입했으며, "중대에 따라 선임과 후임의 비율이 1:3, 심지어 1:4에 이르렀다."**10** 1948년 창춘에서 포위된 뒤 인민해방군의 포로가 된 10만 명에 가까운 국민정부군 중 신(新)7군은 중일전쟁 당시 인도에서 미군으로부터 훈련 받은 이전의 신38사단에 근거해 편성된 부대다. 그리고 국민정부군 60군은 뒤에 인민지원군 50군으로 개편됐다.**11** 인민지원군 제9병단도 마찬가지였다. 예를 들어 26군 88사단 262연대는 조선에 진공한 초기에 제5중대원 135명 중 내전 당시 화이하이(淮海) 전역**12**과 쑹후(淞滬) 전역**13**에서 귀순한 포로가 각각 22명과 23명, 쑤이위안

---

7 金冲及 主編,《周恩来传》第3卷, 中央文献出版社, 1998, 979.

8 〈西南區情況〉,《内部参考》1950년 8월 28日.

9 1933년에 만주 지역 항일 투쟁의 체계화를 위해 중국공산당이 조직한 둥베이인민혁명군(東北人民革命軍)이 전신이다. 1935년, 코민테른의 '반제국주의 인민통일전선' 노선 채택 뒤 둥베이인민혁명군은 다시 둥베이항일연군으로 재편된다. 제2차 세계대전 종전 뒤 둥베이항일연군(東北抗日聯軍)은 둥베이인민자위군(東北人民自衛軍)으로 재편됐다가 만주로 진격한 팔로군 및 신사군(新四軍)과 연합해 1946년 1월 둥베이민주연군으로 조직된다. 린뱌오가 총사령원, 저우바오중(周保中)이 부총사령, 펑전(彭鎭)이 정치위원을 담당한 둥베이민주연군은 1948년 1월에 둥베이인민해방군(東北人民解放軍)으로 이름이 바뀐다(옮긴이).

10 崑岭,《父親杜平》, 上海文芸出版社, 2008, 91~92.

11 郑洞国(郑建邦·胡耀萍 整理),《我的戎马生涯 郑洞国回忆录》, 团结出版社, 1992, 491.

12 화이하이 전역은 랴오선(遼瀋) 전역, 핑진(平津) 전역과 함께 제2차 국공내전(1946~1949)의 3대 전역 중 하나다. 1948년 11월부터 1949년 1월까지 허난, 안후이, 장쑤, 산둥의 교계 지역이 무대였다. 3대 전역 모두에서 공산당이 승리함으로써 제2차 국공내전은 공산당의 승리로 끝난다(옮긴이).

13 제2차 상하이사변이라고도 한다. 1937년 8~11월에 상하이에서 중화민국 국민정부군과 일본군 사이에 벌어진 전투로, 일본군은 상하이와 난징을 함락시킨다(옮긴이).

(綏遠)에서 개편된 둥치우(董其武) 병단14 출신이 33명으로 중대 인원의 57.8%를 차지했다.15

귀순 장병이 파병에 소극적이었던 데는 친미 감정이 있었을 것으로 보인다. 조선 전장에서 유엔군에 투항한 장병이 쓴 편지에 그 일면이 드러난다. 탕쥐성(唐巨昇), 스원다(史文達), 판펑잉(範鵬英), 왕루밍(王麓明) 등 4명이 연명으로 유엔군에 보낸 편지에는 다음과 같은 내용이 있다. "우리는 과거 중국국민당 소속으로 1948년 11월, 둥베이의 선양 전역에서 끝까지 싸웠다. 그러나 전세 때문에 불행히도 포로가 됐다. 오늘날까지 중공 비적군(中共匪賊軍)16 부대에 잠복하며 기회를 엿보다 이번에 넷이 함께 그들이 후퇴하는 틈을 타 민가에 숨어 있었다. 일주일이 넘었고, 비적군은 이틀 전 철수했다. 이제 이곳은 위험하지 않다. 걱정하지 말고 전진하기를 바란다." 이 편지에서 그들은 유엔군을 동지라 부르며 노고를 위로했다.17

이것은 결코 개별 사례가 아니었다. 유엔군을 동지라 부르는 또 다른 편지가 있다.

> 당신은 세계 평화를 위해, 인류의 행복을 위해 싸우고 있는 용사입니다. 당신은 중국의 진정한 친구로, 지금도 앞으로도 중국과 우호 관계를 유지할 것입니다. 나는 당신이 중국의 독립을 위해 더 크게 공헌하실 것이

---

14 둥치우는 푸쭤이 휘하의 국민정부군 장군으로, 중국공산당에 협조해 1949년 9월 19일 쑤이위안성을 "평화적으로 해방"시켰다. 이 부대는 인민해방군 제36군, 제37군으로 재편됐다 (옮긴이).

15 한림대학교 아시아문화연구소 편, 《한국전쟁기 중공군 문서》제2권, 한림대학교, 1996, 69.

16 '비적'은 당시 국민당과 공산당이 서로 멸시할 때 쓰는 표현이었다.

17 한림대학교 아시아문화연구소 편, 《한국전쟁기 중공군 문서》제3권, 한림대학교, 1996, 332.

라고 분명히 생각합니다. 우리 중국의 적은 미국이 아니라 러시아 제국주의이며, 우리의 진짜 적인 러시아와 결사적 싸움을 벌여야 한다고 생각합니다. 동시에 미국인과는 싸우지 않을 것을 맹세합니다. 그래서 나는 일부러 적의 점령 지역인 북조선을 떠나 유엔군이 지배하는 이곳으로 왔습니다. 한 달여 시간을 들여 동분서주하며 방해와 고난을 이겨내고 산과 강을 건너며 모든 어려움을 극복해, 오늘에야 나의 목적을 달성할 수 있었습니다.

이 편지의 주인은 베이징 무혈입성 뒤 인민해방군에 편입된 포로 출신 장병이었다. 그는 편지에서 "나는 공산군의 거짓 평화 호소에 속아 베이핑평화협상[18] 뒤 공산군에 가담했으나, 끝내 사상에서도 정치에서도 투쟁을 포기하지 않았습니다. 공산군은 나를 친미라는 이유로 감시해 왔지만, 마침내 탈출해 유엔군 측으로 돌아올 수 있었습니다. 앞으로 유엔군과 힘을 합쳐 우리의 공통된 적을 섬멸하는 일에 동참하고 싶습니다. 당장이라도 일을 맡아 조선 전장에서 힘을 다해 우리 조국과 유엔군의 기대에 부응하고 싶습니다"[19]라고 썼다.

이 편지는 대미 협력 경력을 밝히기 위해 "멀리 1945년에 이미 국민당 청년군에 참여했다"라는 대목에서 끝난다.[20] 청년군은 중일전쟁 말기에 미국의 군사원조 아래 훈련받은 중국 주인도원정군을 본보기로 해서, 1945년 1월부터 국민정부가 지식 청년 10만 명을 모집해 9개 사단 규모로 편성한 부대였다. 편지의 주인공이 포로가 된 장소로 미루어보면, 그

---

[18] 1949년 4월. 국공내전을 중지하기 위해서 베이핑(베이징의 옛 이름)에서 열린 국민당과 공산당의 평화 협상(옮긴이).
[19] 한림대학교 아시아문화연구소 편, 위의 책, 333.
[20] 위의 책.

는 1948년 10월에 훈련지인 타이완 가오슝(高雄)에서 배에 올라 톈진에 상륙한 뒤 베이핑 방어 임무를 맡다가 포위된 청년군 제205사단 소속이었을 가능성이 높다.**21**

역사적 맥락을 고려할 때, 인민지원군 장병 사이에 친미 감정이 있었다는 사실은 북조선군 장병들이 보여 준 미국에 대한 강한 적대감과 비교하면 더욱 분명해진다. 삼팔선 남쪽에서 미군 통역으로 복무한 황톈차이(黃天才)는 북조선군 포로들을 조사하고는 "그들에게 중공군 포로보다 훨씬 강렬한 대미 적대감이 있다"라는 사실을 발견했다. 그는 그 이유를 이렇게 분석했다. 조선은 제2차 세계대전이 끝날 때까지 "반미적인 일본의 지배를 받으며 일본인으로부터 반미 선전을 많이 들었고, 미국을 좋아하지 않았다. 종전 뒤에는 소련이 둥베이 지역을 거쳐 북조선에 진주했으므로, 북조선 사람들에게 해방해 가져다준 것은 소련이었다"라고 설명했다. 또한 해방 이후 남북 분단과 전쟁 발발의 원인을 "미군이 남한을 점령하고 한국 정부를 지지했기 때문"이라 생각했으며, 부산까지 밀고 가서 통일 실현을 눈앞에 두었다가 하마터면 "망국"할 뻔한 것도 "미군이 개입했기 때문"이라고 여겼다. 이에 비해 불과 5년 전만 해도 미국과 중국은 "어깨를 나란히 하고 생사를 같이한 맹우였고", 정치적 이유로 한반도에서 일전을 벌이고 있지만 "양국 사이에는 불구대천의 원한이 없다"라고 중국인들은 생각했다.**22**

귀순 장병 대다수는 조선 파병에 소극적이었지만, 일부는 오히려 파병을 탈출의 기회로 삼았다. 조선에 들어온 지 두 달도 안 돼 미국 제1해병

---

21 青年军史编辑小组 编, 《青年军史》, 青年军联谊会总会, 1986, 99-258. 全国政协文化文史和学习委员会 编, 《平津战役 原国民党高级将领的战场记忆》, 中国文史出版社, 2019, 408.

22 黃天才, 《我在38°線的回憶》, INK印刻文學生活雜誌出版, 2010, 117-118.

사단의 포로로 잡힌 쓰촨성 출신 병사는 내전 당시 소속 부대가 상관의 배신으로 해체돼 인민해방군에 편입됐다. 1951년 4월 말부터 시작된 제5차 전역 중 홍천 부근에서 포로가 된 것으로 볼 때 그 지역을 담당한 60군이나 15군 병사로 추정된다. 그는 "(편입된 곳에서) 여러 가지 차별을 받았다. 공산당을 좋아하지 않아 도망치고 싶었지만, 중국 전역이 점령당한 상황에서 갈 곳이 없었다. 그러던 중 부대가 '항미원조'로 조선에 간다는 소식과 한반도에 타이완에서 온 참전 부대가 있다는 소문을 듣고 내심 기뻤다. 나라 밖으로만 나가면 도망칠 수 있다고 생각해 빨리 조선에 가기를 바랐다. 조선이 이 정도로 위험하다는 것을 처음에는 몰랐다. 전선에 도착하기도 전에 미국의 공습으로 하마터면 죽을 뻔했다. 구사일생으로 전선에 도착했고, 마침내 도주에 성공했다." 그는 거듭 "나는 '잡힌' 것이 아니라 스스로 '투항해 온' 것이며, 타이완 국민당군으로 '원대 복귀'를 완수하기 위해 온 것"이라고 심문자에게 강조했다.[23] 친미 감정을 직접 표현하고 있지는 않지만, 이 병사가 출동 전 부대의 동원 집회에서 "적극", "중간", "소극" 가운데 어디로 분류됐을까를 충분히 상상할 수 있다. 어쨌든 대미 악감정을 갖지 않았던 것은 분명하다.

친미 감정은 귀순 장병뿐 아니라 팔로군 출신 장병에게도 있었던 것 같다. 중일전쟁 시기 중공계 신문에는 미국을 찬양하는 기사가 많이 실렸다. 충칭에서 발행된 1943년 7월 4일 자 중공중앙 난팡국(南方局) 기관지 《신화일보》에 〈민주를 노래하다〉라는 기사가 실렸다. "우리는 어릴 때부터 미국을 아주 친숙한 나라로 여겨 왔다. 미국은 중국 땅을 강제로 점령한 적이 없고 중국에 침략적인 전쟁을 걸어 본 적이 없어서만은 아니다.

---

[23] 黃天才, 위의 책, 72-73. 1954년 6월 장징궈(張經國)의 보고서에 따르면, 한국전쟁 뒤 타이완행을 선택한 1만4,000여 명의 중국인민지원군 포로 중 66%에 해당하는 9,234명은 원래 국민당군이었다. 周琇環·張世瑛·馬國正,《韓戰反共義士訪談錄》, 台北國史館, 2013, 71, 74, 75.

더욱 근본적으로 중국인이 미국의 국민성에서 나온 민주적인 기질이나 넓은 아량에 매료됐기 때문이다."**24** 또 옌안에서 발행된, 당 중앙 기관지 역할을 한 1944년 7월 4일 자《해방일보》에는〈미국의 국경절-자유민주를 쟁취하는 위대한 투쟁의 날을 경축한다〉라는 사설이 실렸다. 사설은 아시아태평양 전장에서 미국의 공적을 기리며, 전후에도 미국이 세계 평화와 민주화에 중요한 역할을 할 것으로 기대했다. 동시에 자신의 혁명을 미국독립혁명에 비유하면서 미국의 민주정치를 거부한 권력자를 통렬하게 비판했다. "오늘날 일부 지배자는 하필이면 인민의, 인민에 의한, 인민을 위한 정치라는 구호를 무척 싫어한다. (중략) 그들은 미국 민주공화국이 나타나 168년이 지난 오늘날에도 여전히 민주주의의 실시를 거부하고 히틀러의 어조를 흉내 내며 민주주의를 시대에 뒤떨어진 '18, 19세기의 학설'로 배척하고 있다." 그러면서 "7월 4일 만세! 민주적인 미국 만세!"라는 구호로 마무리했다.**25** 마오쩌둥의 정치 비서를 지낸 후차오무(胡喬木)가 이 사설을 쓰고, 글을 발표하기 전 "마오쩌둥이 직접 내용을 심사하고 수정해 대미 친선 문구를 일부 추가했다."**26**

종전 뒤 내전에 돌입하면서 후차오무 등은 미국을 장제스의 후원자로 비판했다.**27** 하지만 당시 인민해방군 장병들에게는 공식적으로 표명된 반미 이데올로기가 충분히 뿌리내리지 못하고, 오히려 미국과 영국 등 서방세계에 대한 친근감이 퍼져 있었던 것 같다. 이를 제3야전군 예하 32군 정치부 장교의 대미 교류 행동에서 엿볼 수 있다. 1950년 5월 9일 이 야

24 〈民主頌-獻給美國的獨立記念日〉,《新華日報》1943年 7月 4日.
25 〈祝美國國慶日-自由民主的偉大鬪爭節日〉,《解放日報》1944年 7月 4日.
26 胡乔木,《胡乔木文集》第1卷, 人民出版社, 1992, 130-133, 269. 丁曉平,《中共中央第一支笔 胡乔木在毛泽东邓小平身边的日子》, 中国青年出版社, 2011, 58-59.
27 胡乔木, 위의 책, 269.

전군 정치부의 보고에 따르면, 정치부는 푸젠성(福建省) 난핑시(南平市)에 있는 미국 감리교계 젠처(劍測)중등교육학교에 진주한 뒤 부장, 과장 등을 비롯한 20명의 간부가 미국인을 포함한 교회 관계자와 접촉했다. 같은 정치부 소속 "문예공작단은 미국인 3명을 통역을 붙여 연극 관람에 초대했다." 이 사건은 중앙군사위원회로부터 중대한 "외교 규율 위반"으로 처분받았다.**28** 전 제13병단 사령관 황융성(黃永勝)도 외교 규율을 위반했다. 그는 무단으로 몇몇 간부를 데리고 영국의 식민지 홍콩을 관광했고, 이 행위는 제4야전군 수뇌부로부터 비판받았다. 그 뒤 제13병단이 둥베이 지역에 배치되면서, 대미전에 적합한 지휘관이 아니라는 이유로 황융성은 제15병단 사령관 덩화(鄧華)로 교체됐다.**29**

황융성 등의 행위는 외부 세계에 대한 호기심에서 비롯된 것일 수 있다. 그러나 그렇게만 단정하기 어려운 친미 감정이 군 관계자 사이에 내재해 있었던 것으로 보인다. 인민지원군 최고 지휘관 후보로 거론되고, 실제로 8월 변경방위군 동원대회에 참석한 샤오진광(蕭勁光)의 사례가 이를 증명한다. 샤오진광의 딸 샤오카이(蕭凱)는 중일전쟁 당시 많은 중공 고위 간부의 자녀들과 마찬가지로, 미국인의 기부로 설립된 옌안의 로스앤젤레스탁아소(Los Angeles Kindergarten)에 다니며 미군기에서 투하한 통조림을 주요 영양원으로 삼았다.**30** 두핑의 지적에서 알 수 있듯, 중국군 장병들이 파병에 소극적이었던 이유는 단지 "공미 감정" 때문이 아니었다. 장병들 사이에 널리 퍼져 있던 "친미 감정"이 크게 작용했다.

---

28 《建国以来毛泽东军事文稿》下卷, 军事科学出版社·中央文献出版社, 2009, 138.

29 杨迪,《在志愿军司令部的岁月里 鲜为人知的真情实况》, 解放军出版社, 1998, 7.

30 王颖,《洛杉矶托儿所》, 解放军出版社, 1996, 17-18. 郭静·周清香 主编,《洛杉磯托儿所延安纪事》, 中国福利会出版社, 2005, 78-79.

제2장
복원 희망
결혼, 농사

많은 중국군 장병의 관심은 한국전쟁보다 대규모 내전이 끝나고 일상으로 돌아온 지금의 삶에 있었다. 제38군 장융후이(江擁輝) 부군장에 따르면, "절대다수의 장병은 토지혁명전쟁,[31] 항일전쟁, 해방전쟁 속에서 자신의 청춘을 바쳐 왔다. 이제 전국적인 범위에서 전쟁이 끝나 어떤 사람은 부대에 머물며 국방군을 건설하는 데 참여하기를 바랐고, 어떤 사람은 복원을 희망했다. 가족이 보낸 편지가 부대에 잇따라 도착했고, 면회를 요청하는 노부모와 처자가 끊임없이 찾아왔다. 장병들은 귀향해 결혼하고 가업을 잇는, '1무의 농지와 두 마리의 소, 아내와 자녀, 따뜻한 침대'라는 평화로운 삶을 원했다."[32]

오랫동안 중공의 군대에는 결혼 허가에 관한 "285단(團)"이라는 규정이 있었다. 28세 이상, 5년 이상의 당원 경력, 연대장(團長) 이상의 장교가 아니면 결혼 허가를 받을 수 없다는 규정이었다. 1949년 말에 중공중앙

---

[31] 1927년 7월 제1차 국공합작 붕괴부터 1937년 7월 항일전쟁 개시 전까지 수행된 전쟁이다. 이 시기에 중국공산당은 지주로부터 몰수한 토지를 분배함으로써 농민에게 혁명에 참가할 동기를 부여했다. 이는 도시 중심에서 농촌 중심으로 혁명 노선을 전환한 것이어서 이 전쟁을 '토지혁명전쟁'이라고 부른다(옮긴이).

[32] 江擁輝,《三十八军在朝鲜》, 辽宁人民出版社, 1989, 2-4.

조직부가 폐지했지만,33 현실적으로 미혼의 하급 장교나 병사가 복원하지 않고 결혼하기는 어려웠다. 종군 전에 결혼한 장병은 하루빨리 귀향해 가족과 함께 살기를 바랐음을 장융후이의 글에서 엿볼 수 있다. 복원은 같은 해 세출 예산의 40%를 차지한 군사 예산을 다음 해 30%로 줄이려는 정부의 방침에 부합했고, 제13병단에서는 "나이가 많고 몸이 약한 상당수 장병을 집으로 돌려보낸다"라는 계획을 7월 초까지 진행하고 있었다.34

장병들의 후방 가족에 대한 걱정은 복원 계획이 중지돼 둥베이 지역에 집결한 뒤에도 이어졌다. 8월 중순, 둥베이변경방위군 사단장 회의 뒤 제38군 114사단장 자이중위(翟仲禹)가 한 〈현재의 정세와 임무〉 강연에서 이를 엿볼 수 있다. 19일에 열린 이 사단 동원대회에서 자이중위는 장병들이 시사학습을 시작한 이후 정확한 인식을 얻게 됐지만, "아직 반대 의견이 있는 것 같다. 임무를 받은 뒤 전쟁에는 끝이 없다"라고 생각하는 이가 있다고 말했다. 구체적으로 "혁명을 그만두었다"라고 말하며, "무리한 난제를 들고나와 불만을 늘어놓"고 있다고 지적했다. 자이중위는 이 같은 파병에 대한 장병들의 소극적인 태도에는 "후방 가족에 대한 걱정"이 깔려 있다고 말했다.35

복원에 대한 간절한 열망은 제3진으로 파병될 제19병단의 주둔지인 산시군구(陝西軍區)의 장병들에게서도 나타났다. 1950년 9월과 10월 두 차례에 걸친 〈신화사통신〉 산시지사의 보고에 따르면, 복원을 기다리는 장병들 사이에 "하루라도 빨리 집에 돌아가고 싶다"라는 분위기가 퍼져

33 黃道炫,〈"二八五团"下的心灵史 战时中共的婚恋管控〉,《近代史研究》, 中国社会科学院近代史研究所, 2019年 第1期.
34 江擁輝, 위의 책, 2-4.
35 한림대학교 아시아문화연구소 편,《한국전쟁기 중공군 문서》제4권, 한림대학교, 1996, 141, 145.

있었고, 일부는 "빨리 귀향해서 모종 심을 밭을 일구고 가을 수확을 돕고 싶다"라는 희망을 밝히기도 했다.36 대부분 농가의 아들이었던 그들은 농사철이 사람을 기다려 주지 않는다는 사실을 잘 알고 있었다. 마을 사람들이 출정 장병 후방 가족의 농사일을 대행하는 제도가 시행되고 있었지만, 만족스럽지는 않았던 것 같다.

많은 장병의 출신지였던 산둥성의 경작 대행 상황을 보자. 1950년 10월 17일 자 〈신화사통신〉 화둥총지사의 보고에 따르면, 지난해부터 대행이 원활하게 이뤄지고 있는 구해방구에서는 남은 가족의 논밭 일부 또는 대부분을 정해진 담당자가 경작을 대행했다. 하지만 개선해야 할 여지가 적지 않았다. 구체적으로 후방 가족 대부분은 농업 생산량의 20%, 일부는 50~60% 정도가 줄어들었다. 원인은 여러 가지인데 경작 대행이 성실하게 이뤄지지 않았고, 비료가 모자랐으며, 대행 정책에 대한 선전이 주민들에게 넓고 깊게 침투하지 못했다. 게다가 경작 대행에 따른 비용을 대행자와 후방 가족이 적절하게 분담하지 않고, 합리적으로 노동력을 배분하지 않고, 오랫동안 장부를 쓰지 않고, 가축을 노동력으로 계상하지 않아서 "경작 대행은 손해 보는 일"이라고 여긴 것도 경작 대행에 악영향을 끼치는 원인 중 하나였다.37

농사는 시기를 놓쳐서는 안 되는데, 제19병단 복원 담당 부서는 쓸데없이 복원을 미뤘다. 서둘러 설치한 각급 복원위원회와 사무소는 "상호 협조가 부족해 사무에 시간이 너무 걸렸다." 복원을 위한 연수 예정 기간이 1개월인데, 연수를 기다리려면 "한 달에서 한 달 반이 걸리기도 해서

---

36 〈陝西軍區及十九兵團復員工作中的幾個問題〉,《内部參考》1950年 9月 30日.〈陝西軍區及十九兵團復員工作的初步情況〉,《内部參考》1950年 10月 27日.
37 〈山東復員工作情況〉,《内部參考》1950年 10月 26日.

병사들의 불만이 컸다."**38**

제19병단 병사들의 불만은 이것만이 아니었다. 앞서 말한 〈신화사통신〉의 보고에 따르면, 복원 예정자의 "절대다수는 상사의 변심이 두려워 '밤이 길어지면 꾸는 꿈도 많다'라며 군대를 믿지 않았다. 사상이 혼란스러워졌고 불만이 터져 나왔다. 일부는 군대와 상사를 비판했고, 집중학습을 못마땅하게 여겨 '학습은 세뇌다'라고 생각했다." 토론하거나 사상 공작을 받은 뒤 대부분의 병사는 상황을 "이해하게 됐고, 복원 뒤 다시 국가가 소집하면 즉시 응하겠다는 의사를 밝혔다."**39** 여기서 주목해야 할 것은 장병들이 상사나 군대를 불신했다는 사실이다.

이를 이해하기 위해서는 적어도 구해방구 출신 장병들이 입대한 경위, 즉 병사 모집의 방법과 제도로 거슬러 올라갈 필요가 있다. 일찍이 중일전쟁 시기부터 종군에 소극적인 농가의 아들을 병사로 모집하는 데는 큰 어려움이 따랐다. 그래서 청년들의 불안을 줄이기 위해 서서히 유인하는 방법을 썼다. 1943년 진수이변구(晋綏邊區)**40** 정권은 1941년부터 정치 동원 방법을 도입해 "장정에게 게릴라 참가를 촉구하고 상당한 교육과 훈련을 거친 뒤 정규군으로 승격시켰다. 이 방법은 직접 입대시키는 방법보다 효과적이었다. 처음에는 지역 게릴라로 참여할 뿐이므로 농가의 불안감이 비교적 적어서 장정의 도망 현상이 줄었다."**41** 그리고 1942년 타이항구(太行區)의 많은 현에서 간부들은 "2년 뒤 제대, 힘든 전투에는 참여하

---

38 〈陝西軍區及十九兵團復員工作中的幾個問題〉,《內部參考》1950年 9月 30日.

39 위의 일간지.〈陝西軍區及十九兵團復員工作的初步情況〉,《內部參考》1950年 10月 27日.

40 1937년 10월에 공산당이 건립한 항일 근거지로 산시성 서북부와 수이위안(綏遠, 현재 네이멍구 자치구 중부와 남부) 동남부 지역에 걸쳐 있었다(옮긴이).

41 齐小林,《当兵》, 四川人民出版社, 2015, 190. 치샤오린의 이 연구는 풍부한 1차 사료에 기초해 화베이 지역의 농가와 공산당 정권 사이에서 병역을 둘러싸고 존재한 긴장 관계에 대해서 실증적으로 고찰한 노작이다.

지 않음, 고향에서 멀리 떨어지지 않음" 등을 신규 입대 청년에게 보증했다.⁴²

진차지(晉察冀)변구는 1942년 1월에 지원의무병역제(志願義務兵役制)를 도입했다. 병역을 지원이자 의무로 규정한 이 제도에 따르면, 장병은 3년간 병역에 복무하면 의무를 다하게 된다. 징병을 피하던 많은 농가의 아들들은 이 규정을 믿고 팔로군에 지원했으며, 1945년 무렵에는 많은 병사가 병역 만기를 앞두고 있었다.⁴³ 진차지군구 소속의 한 중대 간부 류룽(劉榮)이 1945년 1월 15일에 남긴 일기에 따르면, 소속 병사 172명 가운데 51.7%인 89명이 제대를 원했다. 그 이유 중 하나는 "3년 의무 병역이라는 약속을 믿고 아들을 팔로군에 보냈는데, 왜 기한이 돼도 돌아오지 않는가"라는 가족들의 불만이었다.⁴⁴

그러나 기한 만료뿐 아니라 외적의 침략에 맞선다는 대의명분마저 사라진 1945년 여름과 가을 이후에도 복원은 허용되지 않았다.⁴⁵ 이듬해 2월에야 일부 복원됐는데, 그나마 몸이 허약한 병사에 한정됐다. 나머지 다수는 입대 초기의 목적이나 기간과 무관하게 이후 국민정부군의 진공에 맞선 "자위" 명목의 내전에 동원됐다. 이는 항일전쟁에 종군한 애초의 목적을 넘어선 것으로 그 정당성을 의심할 수 있는 문제였다. 1945년 가을부터 이듬해 봄까지 옛 팔로군 병사들 사이에서 대규모 탈영이 발생한 것은 이처럼 권력이 스스로 만든 병역제도를 지키지 않은 결과로 볼 수

---

42 〈太行区九年来参军的经过情况及其主要经验〉, 山西省档案馆 編, 《太行党史资料汇编》第7卷, 山西人民出版社, 2000, 792.

43 孙丽英, 〈晋察冀志愿义务兵役制度述论〉, 《抗日战争研究》, 2005年 第3期.

44 梁山松·林建良·呂建伟 編, 《烽火晋察冀 刘荣抗战日记选》, 中国文史出版社, 2015, 250.

45 孙丽英, 위의 책.

있다.⁴⁶

화베이군구 사령관 녜룽전(聶榮臻)의 보고처럼, 1948년 9월 당시 병사들의 도망은 "전쟁의 가혹함, 인민의 과중한 부담, 농촌 노동력의 결핍이 원인"⁴⁷이었다. 공산당군이 베이징과 톈진을 비롯한 화베이 지역을 지배 아래 둔 1949년 3월에 도망과 대오 이탈 사례는 더욱 빈번해졌다. 특히 제19병단의 보고에 따르면, "군인 가족이 아들 또는 남편을 면회하러 찾아온 일이 많았고, 장병의 도망이나 휴가 신청이 늘어날 정도로 부대에 영향을 끼쳤다." 사태를 심각하게 받아들인 공산당 화베이국은 각지의 당국자들에게 다음 내용을 포함한 다섯 가지 주의 사항을 지시했다. "탈영 또는 휴가 기한을 넘기고도 복귀하지 않은 장병을 설득해 신속하게 복귀시키는 동시에, 그 가족이 겪는 어려움을 해소해 장병이 안심하고 복무할 수 있도록 환경을 조성할 것. 복귀 독촉이나 그 가족이 안고 있는 난제 해결을 각급 당 조직의 일상 업무의 하나로 위치시키고 성과를 내도록 노력할 것."⁴⁸

이 시기에 대규모 도망이 발생한 원인으로는 〈신화사통신〉을 위해 마오쩌둥이 1949년 신년사로 발표한 "혁명을 끝까지 수행하라"라는 호소, 그리고 지배 중인 화베이 지역에서 그해 안에 장난 지역으로 진군하겠다는 선언이 있었다.⁴⁹ 그러나 많은 장병은 국민당군의 공격에 저항하는 "자위"라는 종군 초기의 목적을 달성했다고 생각했기 때문에, 군에서 말하는 "도망"은 병사들이 행동으로 보여 준 사실상의 제대 선언이었다. 제

---

46 齐小林, 위의 책, 289.

47 中国人民解放军政治学院政治工作教研室 编,《军队政治工作历史资料》第12册, 1982, 159.

48 〈華北局關於鞏固部隊克服逃亡及請假現象的指示〉(1949年 3月) D2-0-675-3, 上海市档案馆所藏.

49 毛沢東文献資料研究会,《毛沢東集》第2版 第20卷, 蒼蒼社, 1983, 199-209.

19병단에 조선 출동 준비 명령이 내려진 것은 10월 초였다. 하지만 이미 8월 중순에 이 병단을 제13병단의 후속 부대로 가을 수확 뒤 산둥성과 허난성에 배치한다는 계획이 군 상층부에서 비밀리에 논의되고 있었다.[50] 이 병단의 장병들은 조선에서의 전황에 따라 자신의 복원이 갑자기 중단될 수 있다고 직감했던 것 같다. 실제로 제13병단은 7월 중순에 복원 절차를 중지하고 복원 예정인 인원을 군에 붙잡아 두었다.

당시 장병들의 또 다른 관심사는 결혼 문제였다. 실제로 제19병단의 복원 예정자들은 정치 학습 과정에서 1950년 5월 1일에 공포된 중화인민공화국혼인법에 큰 관심을 보였다.[51] 입대 전 결혼한 배우자와의 관계를 염려했기 때문이다. 혼인법 제19조는 인민해방군 "군인이 본 법률의 공포일로부터 기산(起算)해 가정과 2년간 소식 왕래가 없고 그 배우자가 이혼을 요구하면 이혼을 허가할 수 있다. 이 법 공포 이전에 가정과 이미 2년 이상 소식 왕래가 없고, 또한 이 법 공포 뒤에 가정과 1년간 소식 왕래가 없으며, 그 배우자가 이혼을 요구하면 이혼을 허가할 수 있다"라고 규정했다. 오랜 세월에 걸쳐 전국 각지를 돌아다니며 싸우면서 배우자와 소식이 끊겼던 장병들은 하루라도 지체하지 않고 고향으로 복귀하고 싶었을 것이다. 한편 배우자와 소식 왕래가 있는 병사에 대해서는 "그 배우자가 이혼을 요구하면 해당 군인의 동의를 얻어야 한다"라고 규정하고 있어,[52] 언뜻 보기에는 안심해도 되는 듯했다.

그러나 고향의 현실은 장병들을 완전히 안심시키지 못했다. 산둥성 화둥총지사의 1950년 10월 초 보고는 군인의 후방 가족 사정을 이렇게 적고 있다.

---

50 《建国以来毛泽东军事文稿》下卷, 军事科学出版社·中央文献出版社, 2009, 185.
51 〈陝西軍區及十九兵團復員工作中的幾個問題〉, 《内部参考》 1950年 9月 30日.
52 〈中華人民共和國婚姻法〉, 《人民日報》 1950年 5月 1日.

군인의 후방 가족들 사이에서는 납치되거나 도망치거나 혼외 이성과 관계하는 일이 다수 발생했다. 혼외 관계의 상대는 대개 마을의 간부나 민병이었다. 산둥성 동부의 구해방구에는 종군 인구가 많고 종군시기도 빨라 대부분 마을이 이 문제를 안고 있다. 복원 소식이 전해진 뒤, 혼외 관계가 발각된 군인 가족들이 자살하거나 도망하는 일이 속출하고 있다. 관계 상대인 마을 간부나 민병은 다양한 대비책을 마련하고 있어 상급 간부조차 어찌할 바를 모른다.53

이러한 고향 사정은 크든 작든 장병들에게 전해지고 있었다. 제13병단과 마찬가지로 제4야전군 예하 포병부대의 사례는 이를 잘 보여 준다. 1950년 6월 초 《동북일보》의 보고에 따르면, 둥베이 지역 여성들은 새로운 혼인법을 잘못 이해하고 새로 시집갈 곳을 골랐다. 그러자 고향에 배우자를 둔 장병들은 크게 불안해했다. "제4야전군 특종병(포병·전차부대) 포병 제1사단 47연대 제1대대의 둥베이 해방구 출신 장병 상당수는 아내나 약혼자로부터 이혼 또는 약혼 파기 편지를 받았다. 이들은 중일전쟁이 끝난 8월 15일 이후 입대한 이들로 그간 후방 가족과 소식 왕래를 유지해 왔다. 그러나 투서에 따르면, 고향의 정부 당국이 이를 적절히 처리하지 않아 현역 장병에게 큰 불안을 안겨 주고" 있었다. 군인 독자의 투서가 이 보고 기사의 정보원이었다.

혼인법에 관한 오해로는 랴오시성(遼西省) 창베이현(昌北縣) 4구 허자촌(賀家村) 부인회 주임의 발언이 대표적이다. 그는 부인대회에서 "혼외 관계를 맺은 여성을 건드리면 안 된다. 건드리면 법원으로 보내진다. 남성이 여성의 손가락 하나라도 건드리면 유기징역 3개월, 뺨을 한 번 때리면

---

53 〈山東復員工作中的幾個問題〉,《內部參考》1950年 10月 11日.

유기징역 6개월, 주먹으로 한 번 치면 무기징역에 처한다. 미망인이 자유의사로 집을 나가면 모든 재산을 가져갈 수 있으며, 아이가 있으면 양육비를 내야 한다"라고 말했다. 이에 대해 보고서 작성자는 혼인법의 정신인 "여성해방과 자유연애"의 취지를 오해해 "명백히 과장하고 왜곡했다"라고 논평했다.[54] 이처럼 혼인법 공포가 장병들에게 불안감을 심어 귀향 욕구를 더욱 부채질한 것은 틀림없다.

10월 27일 자 〈신화사통신〉의 보고에 따르면, 복원병이 떠난 뒤 제19병단은 전체적으로 "단결과 안정 측면에서 전례 없이 좋은 상태였으며, 탈영자 수는 줄고 생산 효율은 높아졌다." 당시 부대에 남은 장병은 세 가지로 나뉘었다. "적극적인 자"는 중앙의 복원 결정을 지지한다고 밝혔다. "중간자"는 "복원시켜 준다면 곧 돌아가겠지만, 그렇지 않으면 앞으로 2년 더 복무하고 내 차례를 기다릴 것"이라고 말했다. "좋지 않은 자"는 복원을 강하게 요구했고, 그 요구가 받아들여지지 않으면 불만을 드러냈다. 간부 중에서는 분대장 이상의 "간부는 복원시키지 않는다"라는 규정을 접하고 그동안 열심히 노력해 "간부가 된 것을 후회"하는 이가 있었다. 일부 부대에서는 복원에 관한 사상동원을 할 때 "혁명에서 분업의 우열은 없다"라는 취지를 주지시키지 못해 탈영이 여전히 심각했고, 장병들의 심리가 불안정했다." 복원이 좌절돼 부대에 남은 장병 중 도망까지는 가지 않았지만, "복원 조건이 너무 가혹하다고 불만을 드러내거나", 꾀병을 부리거나, "불평하거나", 자신의 차례가 올 때까지 기다린다는 소극적인 태도를 보이는 이가 있었다.[55]

---

54 〈遼西婦女誤解婚姻法影響生産 部隊家属改嫁引起情緖波動〉,《內部參考》1950年 6月 2日.

55 〈陝西軍區及十九兵團復員工作的初步情况〉,《內部參考》1950年 10月 27日.

제3장
복원 거부

경제적 요인

제13병단의 복원 예정자들은 둥베이 지역으로 배치 변경 명령이 전달되는 7월 중순까지 복원 준비를 마치고 "귀향한다는 생각으로 들떠 있었다." 그런데 갑자기 부대에 잔류하라는 명령을 받고 큰 충격을 받았다. 반면, 어제까지 복원을 완강히 거부하던 장병들은 군에 남을 수 있게 돼 "감격의 눈물을 흘렸다." 1939년에 입대한 113사단 류(劉) 아무개는 1~2년간 중대 취사반을 맡으며, "부대를 자신의 집으로 여기고" 식사에 만족하는 장병의 얼굴 보는 것을 삶의 보람으로 삼았다. 42세라는 나이 때문에 "류 씨 아저씨"로 친근하게 불렸다. 농가 출신인 그는 "일본군이 가족을 몰살해 의지할 곳 없는 신세가 돼" 복원해도 돌아갈 곳이 없다는 이유로 복원을 거부했다. 명령이 바뀐 뒤 복원 예정자를 설득해 잔류시키는 것이 임무가 된 군에 복원 명령을 따르지 않은 류 아무개는 모두의 모범이었다.[56]

복원 뒤 생활에 대한 불안으로 복원을 원치 않는 현상은 제19병단에서도 나타났다. 복원 병력이 부대를 떠난 뒤인 10월 말 〈신화사통신〉 산시

---

56 江擁輝, 위의 책, 4-7.

(陝西)지사의 보고에 따르면, 부대에 남은 장병 중에는 복원하면 "굶을 것이 두려워" 이번에 "자기 차례가 되지 않을까" 불안해하는 이들이 있었다. 특히 "부대 근무에 적합하지 않은 고령자, 허약 체질자, 부상으로 장애인이 된 자"들이 그러했다.**57**

제9병단이 소속된 화동군구·제3야전군의 정리 복원 사업에서도 같은 문제가 나타났다. 이 야전군의 "특종종대(特種縱隊)"**58**에서는 "노약자와 장애인을 도태시킬 것을 강조하며" 오로지 그들을 복원 대상으로 삼았다. 그러나 부대에서는 "이번 정리 재편과 복원 사업을 1942년의 병력 정예화 및 행정 간소화 사업과 동일시하며 성격 차이를 명확히 설명하지 못했다. 그 결과 일부 장병은 복원 뒤 노숙자가 될까 봐 불안해했다." 복원 인원이 과다하다는 비판도 있었다. 대륙 내 국민당군 잔당에 대한 소탕이나 앞으로의 타이완 진공 작전, "제국주의자가 아직 코앞에 있는" 상황 등에 대비하려면 대규모 군사력이 필요하다는 것이 그 이유였다. 동시에 그들의 뇌리를 스친 것은 중일전쟁 뒤인 "1945년과 마찬가지로 복원 직후에 다시 자위전에 소환되지 않을까"라는 의심이었다.**59**

복원에 소극적인 병사들의 불만 중 하나는 정권의 구정권 관계자에 대한 처리 정책과 관련 있었다. 정권은 복원 활동 과정에서 세출을 줄여 국가 재정난을 해결해야 한다는 점을 강조했다. 그러자 병사들 사이에서 "구정권 공무원은 그대로 두면서 인민해방군 병사 몇 명 정도가 그렇게 큰 부담인가"라는 불만이 터져 나왔다. 이는 도시 지역을 접수할 때, 농촌 출신 장병에게는 생소한 생산과 관리 업무를 원활하게 진행하기 위해

---

57 〈陝西軍區及十九兵團復員工作的初步情況〉,《內部參考》1950年 10月 27日.

58 국공내전 과정에서 인민해방군이 국민정부군으로부터 노획한 탱크, 대포, 차량 등 최신식 미군 무기로 편성한 기계화부대(옮긴이).

59 〈華東軍區和第三野戰軍整編復員工作中的若干偏向〉,《內部參考》1950年 8月 18日.

서 구정권 공무원 등의 협력이 필수적이기 때문에 취해진 "유용(留用) 조치"60를 가리킨다. 또 여기서 말하는 "몇 명 정도"는 자신과 같은 반이나 소대에 있던 복원 대상자를 가리키지만, 인원수와 경비를 대비해 그 불만의 정당성을 드러내기 위한 수사이기도 했다. 당시 난징·상하이·항저우 지역 구정권의 유용 인원은 24~25만 명에 달하고, 1인당 생활비는 "4명 남짓한 인민해방군 장병의 소요 경비에 상당해" 거액의 군사비와 함께 인플레이션의 원인이 되고 있었다.61

복원에 소극적인 병사가 가진 또 다른 불만은 간부와 관련한 불공평 문제였다. 간부를 안심시키기 위해 정리 재편의 대상을 주로 병사로 한정한다고 강조하자, 병사들 사이에서는 "피를 흘리고 목숨을 걸 때 우리는 최전선에 있었다. 그러나 승리하면 간부가 그 성과를 누리고 지식분자도 우대받는다. 그들에게는 어떤 공이 있었나. 이럴 줄 알았다면 누가 종군했겠는가"라는 불만이 생겨났다. 실제로 "몇 년 동안이나 생사를 건 싸움 끝에 만신창이로 집에 돌아가야 하는가"라는 반발이 일어났다. 잉여인원(剩餘人員)에 대한 설명이 부족한 탓에 "복원 대상이 된 뒤 받아들일 수 없어 크게 낙담하거나, 심지어 괴로워하다 자살하는 자도 있었다."62

이처럼 복원을 원치 않는 장병들이 여럿 있었던 것으로 보인다. 그러나 이는 복원에 대한 반대라기보다 복원 뒤의 생활난을 고려하지 않는 정권에 대한 불만이었던 것 같다. 실제로 군대로부터 버림받았다고 생각할 만한 일이 장쑤성(江蘇省)과 산둥성 일부 부대에서 일어났다. 성급하고 경솔하게 잉여인원이 확정됐고, 당사자가 충분히 이해하지 못한 상태에서 고

60 건국 초기 공산당은 인력 부족 해소, 사회질서 안정화, 국가 건설을 위해 구정권의 공무원, 기술자, 지식인 등을 그 직위에 그대로 두고 일하게 하는 정책을 취했는데, 이를 유용 정책이라고 한다(옮긴이).
61 위의 일간지. 邓小平, 위의 책, 222.
62 〈華東軍區和第三野戰軍整編復員工作中的若干偏向〉,《內部參考》1950年 8月 18日.

향으로 돌려보내졌으며, "충분한 귀향 여비를 주지 않아" 귀향 도중에 비적이 돼 체포될 때 휘장이 모자와 군복에 남아 있었다. 어떤 이는 구걸을 생업으로 삼았다.[63]

귀향 여비를 충분히 받는다고 해도 귀향 뒤의 생활, 즉 농지를 분배받을 수 있을지에 대한 불안감이 있었다. 이는 6월 30일에 공포된 중화인민공화국토지개혁법이 제19병단 복원 예정자들에게 혼인법과 마찬가지로 정치 학습에서 최대 관심사 중 하나가 된 것으로도 알 수 있다.[64] 이 법 제13조 제3항은 복원한 혁명 군인은 다른 주민처럼 농지와 생산도구, 생산설비를 분배받고, 제14조는 행방이 확인되지 않는 원주민용 농지를 확보해 두어야 한다고 규정하고 있었다.[65] 그러나 산둥성의 상황에서 보듯, 이러한 규정은 제대로 지켜지지 않아서 복원 장병의 주거와 농업 생산에 문제가 발생했다. 왜냐하면 구해방구 토지개혁 때 모든 마을에서 "입대 당시 독신이어서 남은 가족이 없는 자, 대일협력군, 국민당군 장병, 마을에서 타도돼 추방된 지주나 부농 등을 위해서는 땅과 가옥을 남겨 두지 않았기" 때문이다. "이 문제에 대응하는 마을의 간부는 큰 어려움을 느꼈다."[66]

저우언라이가 지적했듯이, 이러한 문제는 구해방구만이 아니라 전국적으로 존재했다. 저우언라이는 1950년 6월 24일 중앙정무위원회에서 귀순 병사 상당수가 "신해방구 출신으로, 국민당에 강제로 징집돼 본적지에서는 이들의 생존 여부를 확인할 수 없었다. 현 단계에서 복원해도, 만약 현지에서 이미 토지개혁을 완료했다면 토지를 분배받지 못할 수 있

---

63 위의 일간지.
64 〈陝西軍區及十九兵團復員工作中的幾個問題〉,《內部參考》1950年 9月 30日.
65 〈中華人民共和國土地改革法〉,《人民日報》1950年 6月 30日.
66 〈山東復員工作中的幾個問題〉,《內部參考》1950年 10月 11日.

다"라고 말했다.**67** 조선으로 건너간 인민지원군 병사 중에는 "정부로부터 우대받는" 후방 가족인데도 토지개혁에서 군적증명서가 없다는 이유로 본인 몫의 토지를 분배받지 못했다는 편지를 고향의 아버지로부터 받은 사람이 있을 정도였다.**68** 귀향 뒤의 농지 유무에 대한 불안이 일부 귀순 장병에게는 복원보다 군대에 머물기를 희망한 이유 중 하나였던 것으로 보인다.

여기서 몇 명의 장병을 통해 그 실상을 살펴보자. 먼저, 제19병단의 복원과 잔류 와중에 있던 65군 195사단 583연대 하급 문화장교**69** 셰차오췬(謝超群)의 사례다. 셰차오췬은 고향에서 생활난을 뼈저리게 겪었다. 어린 시절 부친상을 당한 뒤 안후이성 한산(含山) 현성(縣城)에서 두부 가게를 운영하는 숙부의 양자가 됐다. 숙부의 도움으로 겨우 소학교를 졸업한 뒤 1~2년 사숙(私塾)을 다녔다. 18세인 1938년 4월에 일본군의 침공으로 두부 가게가 불타자 국민정부의 게릴라 부대에 합류했다. 종전 뒤 귀향했는데, 1948년 6월 마을에서 국민정부군이 장정을 모집하는 것을 보고 "10석의 쌀을 본가에 보내는" 조건으로 종군했다. 9월부터 베이핑 보충병 훈련 연대에서 신병 훈련을 받고 2개월 뒤 푸쭤이(傅作義)**70** 휘하 국민당 16군에 배속됐다. 이듬해 1월에 베이핑 무혈입성의 결과로 국민당 16군이 인민해방군 독립 31사단으로 개편됐고, 셰차오췬은 이 사단 제2연대 제6중대 일원으로 2월에 부분대장, 3월에 문서 담당자가 됐다. 5월에

---

67 金冲及 主编, 위의 책, 979.

68 한림대학교 아시아문화연구소 편,《한국전쟁기 중공군 문서》제4권, 한림대학교, 1996, 101.

69 군대 내 문예 창작, 선전 교육, 문화 건설 및 정치 동원을 담당하는 장교(옮긴이).

70 국공내전 말기인 1949년 1월, 베이핑 지구 국민정부군 사령관 푸쭤이가 공산당의 제안을 받아들이고 투항함으로써 인민해방군은 베이핑에 무혈입성할 수 있었다. 푸쭤이는 중화인민공화국 건국 이후 전국정협부주석, 수리부(水利部) 부장 등을 역임했다(옮긴이).

연대 제2기총포(機銃砲)[71] 중대 문서 담당으로 이동하고 연대 선전대 선전원을 거쳐 1950년 4월에 제3기총포중대 문화교원(文化敎員),[72] 조선 파견 직전인 이듬해 2월에 32세로 사단 문화공작대 "조장(組長)", 1952년 1월에 제2대대 제6중대 문화교원 등을 역임했다.[73] 셰차오췬처럼 가족의 생계를 위해 자신을 "장정"으로 군에 팔아넘긴 사례는 국민정부 시기에도 있었다.

신정권 수립 뒤에도 남은 가족의 생활은 크게 달라지지 않았다. 인민지원군 병사 이취안(依全)이 부모로부터 받은 1951년 설날을 3주 앞둔 1월 16일 자 편지에서 그 일면을 엿볼 수 있다. "지금 우리 가족은 매일 땅콩을 볶아 팔아 생계를 유지하고 있다. 동생들은 너무 어려서 도움이 되지 않는다. 엄마와 아빠의 노동만으로 식구 8명의 생계를 꾸리고 있다. 정부로부터 조금 지원을 받고 있지만, 겨우 굶주림을 면할 정도다. 너는 사진을 보내 달라고 하는데 사진을 찍을 여유까지는 없다. 네 뜻에 부응하지 못해 마음이 아프지만, 이 편지로 참아 다오." 지난해 음력 12월과 4월의 편지에 이번 것을 더해서 3통의 편지를 받았는데, 편지지의 위쪽 여백에 아버지가 보낸 총 4통의 편지 중 몇 통이 도착했는지 확인하는 문구가 덧붙여져 있었다. 또 다른 집안의 장남도 종군했는데,[74] 빈곤 농가의 입을 줄이려는 방편이었던 것 같다.

또한 병사와 그 가족의 생활을 보여 주는 것으로 26군 78사단 233연대 8중대 병사들이 1951년 7월 18일 본가에 보낸 송금 기록이 남아 있다. 파병을 앞둔 1950년 여름이나 가을과는 1년 가까운 시간 차이가 있으나,

---

71 기총포는 일반 기관총보다 구경이 큰 기관총을 말한다(옮긴이).
72 건국 초기에 군대 내 문맹 해소, 문화 교육, 정치 선전 등을 담당하던 사병(옮긴이).
73 한림대학교 아시아문화연구소 편, 위의 책, 53-57.
74 한림대학교 아시아문화연구소 편, 위의 책, 95-96.

병사 6명의 출신지가 널리 분포돼 있어 대표성을 띤다고 볼 수 있다. 먼저, 화베이 산둥성 출신 스서우가오(石壽高)가 고향 가오미현(高密縣) 볜구(卞區) 시무좡(西木莊) 샹위자잉촌(鄕于家營村)의 스서우더(石壽德)에게, 같은 산둥성 출신 양완성(楊萬勝)이 고향 신타이현(新泰縣) 가오핑구(高平區) 가오취안촌(高泉村)의 양치량(楊其良)에게 각각 10만 위안을 송금했다. 다음으로, 화중의 허난성 출신 루샹린(魯相林)이 고향 유촨현(洧川縣) 주자향(朱家鄕) 샤오자이촌(小寨村)의 루진라이(魯金來)에게, 같은 허난성 출신 장수징(張書敬)이 고향 웨이스현(尉氏縣) 차이좡향(蔡莊鄕) 아오좡촌(凹莊村)의 장천이(張臣義)에게 각각 20만 위안과 15만 위안을 송금했다. 또, 같은 성 출신 뉴칭산(牛淸山)이 고향인 옌링현(鄢陵縣) 취좡뉴지촌(曲莊牛集村)의 뉴신즈(牛心志)에게 25만 위안을, 화난(華南) 푸젠성 출신 황허우(黃後)가 고향 난안현(南安縣) 훙라이구(洪瀨區) 런자이향(仁宅鄕) 주린관촌(竹林關村)의 황타(黃塔)에게 25만 위안을 송금했다. 양완성과 장수징은 분부대장이고 나머지는 모두 일반 병사였다.[75] 병사와 분대장의 월 수당액이 각각 4만 1,000위안과 4만 5,000위안이었던 것을 고려하면,[76] 한 번에 10~25만 위안을 송금하기 위해서는 3~6개월 가까이 절약했을 것이다. 참고로 제3야전군이 상하이에서 발주한 군용 편상화(編上靴)[77]의 가격은 한 켤레당 약 5만 위안이었다.[78]

한편 귀순한 전 대일협력군이나 전 국민당군 장병 가운데 일부는 귀향 뒤 직면해야 하는 현지 주민과의 관계에 불안을 느끼고 있었다. 과거 서

---

75 한림대학교 아시아문화연구소 편, 위의 책, 47-48.

76 한림대학교 아시아문화연구소 편, 위의 책, 378.

77 군화의 일종(옮긴이).

78 〈承接戰鬪員皮靴合約(1950年 5月 4日)〉 B 189-2-9-36, 上海市档案館所藏. 한 켤레의 가격은 계약서에 "9.98실물환산단위"로 정해져 있는데, 여기서 "1환산단위"는 약 "5,000위안"이다.

로 다른 세력으로 갈라져 사투를 벌이며 생긴 대립 감정이 지역에 뿌리 깊게 남아 있었기 때문이다. 10월 초 산둥성에 관한 〈신화사통신〉 화둥총 지사의 보고에 따르면, 현지 주민들은 대일협력군이나 국민당군으로부터 귀순한 장병들의 복원을 반대했다. 그리고 중일전쟁이나 국공내전 때 서로 격렬하게 적대했던 지역 주민들은 복원해 돌아온 귀순 장병에 대한 복수를 생각했다. 한 주민은 "그는 공적도 없고, 어떻게 죗값을 치렀나. 정부는 그를 용서했을지 모르지만, 우리는 하수인을 용서할 수 없다"라고 말했다.**79** 전쟁의 상흔은 전투가 종결된 뒤에도 오랫동안 남아 있었다.

  이처럼 궁핍한 시민 생활이나 군사 부문에 편중된 자원 배분, 전쟁 중 피해 주민과의 대립 관계에 대한 불안 등을 고려하면, 장병이 조국 방위를 위해 부대 잔류를 열망했다는 안이한 결론을 도출할 수 없다. 인민지원군이라는 명목 아래 사실상의 "경제적 징병제"가 실시됐다고 봐야 한다.

적응 곤란

장융후이에 따르면, 38군의 이미 복원한 장병 중 일부는 소속돼 있던 부대로의 복귀를 적극적으로 요청했다. 그중 한 사람이 114사단 342연대 제1대대장을 지낸 차오위하이(曹玉海)다. 차오위하이는 산둥성 쥐난현(莒南縣)의 채소 재배 농가 출신으로, 6세 무렵에 "흉작으로 소작료를 내지 못한 아버지가 지주에게 두들겨 맞아 죽고" 9세에 지주 집안의 소몰이꾼이 됐다. 할아버지는 "일본군의 소탕 작전 중 총검으로 살해당했고", 그

---

79 〈山東復員工作中的幾個問題〉, 《內部參考》 1950년 10월 11일. 중일전쟁 종결 전후에 많은 대일협력군이 국공 양군에 편입됐다. 張正隆, 《雪白血紅》, 香港大地出版社, 1991.과 劉熙明, 《僞軍 強權競逐下的卒子(1937-1949)》, 台北稻香出版社, 2011.을 참고. 또한 제13병단 38군 114사단 340연대 제2대대 제5중대는 1945년 6월에 산둥성 주청(諸城)에 있는 대일협력군의 한 소대를 기반으로 탄생했다. 翟仲禹·李人毅, 《雄師苦旅》, 解放軍出版社, 2002, 280.

뒤 할머니와 어머니도 병사하자 군에 입대했다. 부대가 후베이성 이창(宜昌)에서 창장 도하작전을 벌이던 1949년 여름에 다쳐 우창의 병원에 입원했다. 회복 뒤 현지에서 복원해 우창 감옥의 장(長)에 취임했는데, 부대가 우창을 거쳐 둥베이로 간다는 소식을 듣고 원대 복귀를 신청해 허가받았다. 안정된 생활을 포기하고, 더욱이 간호사인 약혼자를 남겨두면서까지 원대 복귀를 바란 "자기희생"에 주변의 칭송이 자자했다. 차오위하이는 그렇게 한 이유를 "혁명의 대의를 위해서"와 더불어, "자신은 총으로 살아온 사람이라 (중략) 지방의 일은 재미없으니까"라고 밝혔다.[80] 물론 그가 수도 베이징에서 일하기를 바란 것은 아니다. 여기서 "지방"은 '민간인(civilian)'으로, '군인(military)'의 반대말이다.[81]

차오위하이가 밝힌 이유 중 후자는 복원 군인의 지향을 살펴보는 데 도움을 준다. 당시 우한(武漢)에는 5개의 감옥이 있었는데, 그중 우창 감옥은 국민정부의 후베이 제1감옥을 이어받은 것이었다. 우창 감옥은 일본의 스가모(巢鴨) 감옥을 모델로 해서 만든 중국 최초의 근대적 감옥인 후베이 성청(省城) 모범감옥(模範監獄)[82]을 기원으로 한다. 중일전쟁 뒤 한때 1,300명을 수용했다. 혁명 이후 구정권의 감옥 관리 방법은 그대로 이어지지 않았다. 하지만 중공중앙 사회부가 작성한 "감옥 관리" 규칙에 따르면, "감화 교육 방침에 따라 수업, 신문 읽기, 토론과 반성" 등의 방법을 통해 수감자를 관리해야 하며, 간수는 수감자의 사상 동향을 파악해 "서면 자료로 작성하고" 매일 보고서를 상급 기관에 제출해야 했다. 1948년에 공포된 이 규칙은 1954년, 우한이 있는 중난 지역 사법기관의 집무용 학

---

80 江擁輝, 위의 책, 15-17.

81 "지방"의 반대말을 "중앙"이라고 할 수 없다. 특히 군대가 그것을 사용할 때는 때때로 "민(民)"이라는 뜻이 된다. 전쟁 전 일본에도 같은 용법이 있었다.

82 청나라 말기에 장지동(張之洞)이 주도해 만들었다.

습 자료에 수록됐다.⁸³ 따라서 차오위하이가 장(長)을 맡은 1950년 봄여름에 실제로 적용되고 있었던 것으로 보인다. 전쟁의 기술만으로 평가받아 온 선임 간부에게 감옥의 최고책임자로서 제도와 서류 등에 둘러싸인 관리 중심의 생활은 "재미없는" 것을 넘어 부담이 아니었을까.

한 명의 시민으로서 도시의 사회생활에 적응하는 데 어려움을 느낀 복원자는 차오위하이만이 아니었다. 같은 해 여름 무렵, 우한을 포함한 후베이성의 국유은행(國有銀行) 간부는 "성에 있는 지점들의 지점장 대부분은 초보 수준의 읽고 쓰기에 머물러 있으며 부대로부터 막 복원한 탓에 은행 업무를 이해하지 못하고 있다. 회의에 흥미가 없으며 토론 시간에 졸기 일쑤다"라고 말했다. 어느 현의 지점장은 자신의 군 경력이 길다는 이유로 당에 "생활 처우의 개선"이나 "결혼 활동에 대한 지원" 외에도 다른 업종으로의 "전직"을 요구했다. 광둥성 광저우시 은행의 출장소장, 지점장, 과장, 계장에는 차오위하이같이 인민해방군 부대에서 복원한 선임 간부가 여럿 있었다. 그중 중일전쟁과 국공내전 때부터 선임 간부였던 이는 각각 15명과 3명이었다. "선임 간부 중 은행 업무에 종사한 경험이 있는 자는 2명에 불과했다." 비슷한 현상은 중난 지역에서도 나타났다. 6개 성(허난·후베이·후난·장시·광둥·광시), 2개 시(우한·광저우), 1개 섬(하이난다오)로 구성된 이 지역의 지점 및 사무소의 간부 직원 가운데 선임 간부는 정치적으로 중요해서 많은 직을 겸임했다. 하지만 "전문 능력 수준은 낮았다."⁸⁴

이렇게 사회 복귀에 어려움을 느끼면서도 전쟁 상태를 적극적으로 받아들인 선임 간부들이 적지 않은 것은 사실이었다. 전쟁을 환영하는 듯한

---

83 朱德成 主編, 《湖北近代監獄》, 湖北省勞改工作管理局勞改史志編輯室, 1987, 9-10, 45, 251, 256-257.

84 〈中南地區國家銀行的幹部問題〉, 《內部參考》 1950年 8月 16日.

분위기는 특히 도시 지역에서 나타났다. 베이징, 톈진, 상하이, 한커우 등 대도시에서 일부 간부는 "분위기가 좋아졌다. 개전하면 이동할 수 있고 부대로 돌아갈 수 있다"라고 말했다.[85] 또 한커우와 다예에서는 복원하지 않고 부대에 남아 있는 간부 중에 "다시 우리 시대가 왔다"라며 기뻐한 이가 있었다. 그러나 이는 즉시 전선에 가기를 희망한다는 뜻이 아니었다. 이들은 자신의 존재가치를 증명할 기회로 개전을 환영했으며, "나는 8년이나 싸워 왔다. 다시 싸울 때가 왔다. 이제 다른 사람의 차례가 되는 것이다"라고 말했다. 이는 혁명 이후 자신보다 국가 건설에 필요한 지식을 가진 사람이 중용되는 시대에 대한 불만을 드러낸 것으로 보인다. 이 지역 군인 간부의 또 다른 말이 이를 뒷받침한다. 그는 "지금 지식분자를 중용하니까 그들을 전선에 보내 싸우게 하면 된다. 그들로는 쓸모없다는 게 밝혀진 뒤에 우리가 가면 된다"라고 말했다.[86]

신간부(新幹部)에 대한 불만으로 전쟁 상태를 바라는 듯한 발언을 한 선임 간부들은 우시, 쑤저우, 창저우, 단투 같은 중소도시에도 있었다. 1월 4일 자 《소남일보》의 보고에 따르면, 선임 간부 중에는 "경계감과 긴장감이 없는 자가 소수지만 있"었고, "싸워도 좋다. 신(新)간부에게는 하나의 시련이 될 것이다. 게릴라전이 일어나면 너희들의 '급여제'는 문제가 되지 않을 것"이라고 말하며 신간부를 놀린 이가 있었다. 신간부는 주로 어느 정도 교육을 받아서 도시 지역의 생산과 관리 등에 필요한 지식을 갖춘 인재들이었다. 이들은 읽고 쓸 줄 모르는 농촌 출신의 선임 간부에게 적용되는 제도, 즉 생필품을 현물로 지급하는 "공급제"와 달리 급여제에 따라 현금을 받았다.

선임 간부들은 집단생활에 적합한 공급제보다 개인의 자유를 많이 허

---

85 〈京, 津, 滬, 漢部分群衆對目前時局的反映〉, 《內部參考》 1950年 11月 3日.
86 〈漢口, 大冶各階層對時局的反映〉, 《內部參考》 1950年 12月 19日.

용하는 급여제가 더 후하다고 생각했다. 이에 불만을 느낀 선임 간부들은 "게릴라전이 되면 신간부 대부분은 이탈할 것이다. 따라서 믿을 수 있는 건 역시 우리 시골 사람이다. 지금 지도부는 우리를 무시하지만, 곧 가치를 알게 될 것이다"라고 말했다. 실제로 신간부 중에는 "매우 용감한 태도를 보인 청년단원이 있었고, '만일 전쟁이 나면 총을 들고 전선으로 간다'라고 말한" 이가 있었다. 하지만 시국에 대한 불안으로 정신적으로 동요하며 "조선 인민의 승리에 회의적"인 이도 있었다. 어떤 이는 근무 의욕이 떨어져 태업했으며, "급여제" 간부는 전쟁이 일어나 직장을 잃을까 두려워했다.[87] 이런 신간부들을 보면서 선임 간부들의 불만은 더욱 커졌을 것이다.

내륙에서도 상황은 비슷했다. 12월 15일 자 화베이총지사의 보고에 따르면, 차하르성의 선임 간부는 "파병해서 조선 인민과 어깨를 나란히 하고 싸워 조국의 안전과 세계 평화를 지킬 것을 주장"했다. 일부 교육 수준이 낮은 농가 출신 간부는 "새로운 기능(건설 관련 일)은 몸에 익지 않았지만, 오래된 기능(게릴라전)을 다시 쓸 수 있게 됐다"라며 자랑스러워했다. "우리는 평화적 건설에는 적합하지 않지만 총 쏘는 건 잘한다"라며 건설 지식을 가진 신간부에게 뒤지지 않겠다고 다짐했다. 실제로 화이런청관구(懷仁城關區) 구장(區長)은 원래 퇴직할 작정이었지만, 전쟁에 관한 강연을 들은 뒤 "나를 중용할 시대가 왔다"라고 생각해 퇴직 얘기를 입에 담지 않았다.[88]

신장(新疆) 우루무치에 주둔하던 부대의 선임 간부들도 전쟁을 환영했다. 〈신화사통신〉 시베이총지사의 보고에 따르면, 이들은 항미원조 운동

---

[87] 〈無錫, 蘇州等地流傳謠言及部分幹部群衆對時局的反映〉, 《內部參考》 1950年 11月 11日.

[88] 〈抗美援朝保家衛國聲中察省各界思想動態〉, 《內部參考》 1950年 12月 20日.

에 대해 "강한 전투 의욕을 보이며" "미국식 장비로 무장한 장제스군도 물리쳤는데 두려울 게 뭐냐"라고 말했다. 이들은 "미 제국주의를 철저히 물리칠 것을 요구하면서, 마오쩌둥 주석과 주더(朱德) 총사령관이 명령한 다면 어디든 싸우러 가겠다"라며 기세등등했다. 이들을 이렇게 만든 것은 "사상적인 면에서 근거 없이 낙관적이고 동서 진영의 실력 차이에 관한 지식이 전혀 없기" 때문이었다. 그뿐 아니라 이러한 전쟁 환영론의 배경에는 원격지로 여겨진 신장 주둔 부대 특유의 문제가 있었다. 즉 "신장 근무를 싫어한 일부는 군대의 출동을 기회로 신장을 떠날 수 있다는 생각에서 전쟁을 요구했다."[89]

물론, 선임 간부 모두가 목숨을 생각하지 않고 원래 부대로 복귀를 신청한 것은 아니었다. 실제로 신장 우루무치에서는 "귀순 장병이나 실전 경험이 적은 자는 불안과 공포에 휩싸여 대미 전쟁에서의 승리를 의심"했다. "어떤 자들은 미국과 장제스에 미련을 두고 정권 교체를 생각"했으며, "염전 감정이 있는 선임 간부나 선임병은 '중국의 평화적 건설이 이제 막 시작돼서 참전은 시기상조'라고 말했다."[90] 또한 차하르에서는 "전쟁 발발을 두려워하는 간부가 몇몇 있었다."[91]

한커우와 다예 지역의 선임 간부들도 마찬가지여서 "하늘이 무너져도 마오 주석은 버텨낼 것"이라고 생각했다. 어청현(鄂城縣)위원회 비서 리옌더우(李延斗)는 "전쟁이 일어나면 아내를 얻지 못할까 봐" 인민지원군의 조선 파견 소식을 듣자마자 분주하게 움직였다. 일부 복원 간부는 염전 감정에 기초해 "누가 뭐래도 이제 군에 돌아가지 않겠다. (혁명으로 천)명이 바뀔 줄 알았는데, 아내와 아이를 생각할 시간까지 빼앗겼다. 아직 아

---

[89] 〈抗美援朝聲中 迪化機關部隊幹部思想動態〉,《内部参考》1950年 12月 1日.
[90] 위의 일간지.
[91] 〈抗美援朝保家衛國国聲中察省各界思想動態〉,《内部参考》1950年 12月 20日.

내를 얻지 못했다"라며 분노했다.**92** 어떤 간부는 "한커우에 왔을 때 앞으로 평화적 건설의 시대에 접어드니까 장기 계획을 세워야 한다는 상사의 말을 들었다. 그런데 또 전쟁이라니, 유감이다!"라고 말했다. 다른 간부는 "더 이상 싸우지 않는 것보다 좋은 일은 없다. 태어날 때부터 오늘까지 전쟁이 계속됐는데 언제쯤 끝나는가"라며 탄식했다.**93**

92 〈漢口, 大冶各階層對時局的反映〉, 《內部參考》 1950年 12月 19日.
93 〈京, 津, 滬, 漢部分群衆對目前時局的反映〉, 《內部參考》 1950年 11月 3日.

제4장

탈영

제2차 전역의 동부전선을 담당한 제9병단의 3개 군은 1950년 11월 27일 ~12월 24일에 북조선 북동부에 있는 장진호(長津湖)에서 작전을 펼쳤다. 이 병단의 탈영 장병에 대한 처분 결정 및 판결 자료의 일부가 남아 있어 이를 바탕으로 전장에서 인민지원군의 모습을 살펴볼 수 있다.

27군

27군의 역할은 장진호 동서 양쪽에서 북상하는 미군을 맞아 싸우는 것이 었으며, 동쪽에 80·81사단을 배치했다. 81사단에서는 압록강을 건너는 1950년 11월 중순부터 낙오병과 탈영병이 발생했다. 사단 문화공작대 소속인 23세 주차오난(朱超男)이 그중 한 명이었다. 주차오난은 산둥성 쉬저우시(徐州市) 피현(邳縣)의 상인 집안 출신으로 1949년 5월 상하이 공방전 때 국민정부군에서 귀순했다. 그는 압록강에 인접한 지린성(吉林省) 린장현(臨江縣)에서 출발한 11월 12일 밤에 바로 낙오했다. 그 뒤 본대를 따라잡았으나 다음 날 밤 또다시 낙오해 전진하지 않고 쉬었다. 6일째 되는 날, 북조선군 자동차를 타고 동흥으로 가서 잤다. 이 마을이 미군기 공습을 받자 산으로 갔고, 이곳에서 전쟁이 끝날 때까지 눌러앉으려 했다. 그러나 4~5일 정도 머문 뒤 린장으로 되돌아가기 위해 걸었다. 20여 일 동안 걷고 자고를 반복하다 린장에 있는 잔류 부대로 돌아왔다. 주차오난은 원대 복귀를 명령받고 린장에서 전선으로 가면서 끊임없이 불평을 늘어놓았다. 결국 "정치지도원을 총살해야 한다"라고 떠들며 상사에게 반항했다는 이유로 1951년 2월 28일부터 3개월간의 노역 판결을 사단 군법처로부터 받았다.[94]

다음은 80사단 소속 하급 장교이자 포로 관리 분대 부중대장 완성린(万勝林)의 탈영 사건이다. 25세의 완성린은 장쑤성 수양현(沭陽縣)의 빈농 가정 출신으로, 중일전쟁 중인 1944년 8월에 입대하고 이듬해 8월에 입당했다. 병사에서 통신원, 통신반장, 부소대장, 소대장을 거쳐 부중대장이 됐다. 군 당위원회·기율검사위원회가 시행한 1951년 3월 22일 자 처분에 따르면, 지난해 11월 조선에 들어갔을 당시 "이미 탈영할 생각을 품고 중대 부정치지도원에게 이를 털어놓았"으나 성공하지 못했다. 신흥리 전투가 끝난 뒤 "적의 공습 위협과 엄중한 환경에 동요해" 통신원 등 병사를 데리고 탈영해 린장의 잔류 부대로 돌아갔다. 그곳에서 구속돼 전선으로 송환됐고, 당적 박탈 및 군법처 송치 처분을 받았다.[95]

완성린은 탈영 도중에 270연대 야포 중대 부중대장을 맡을 때 알고 지낸 천자오밍(陳兆明)과 해후했다. 22세의 천자오밍은 사단 야포연대 제2대대 92mm 보병포 중대의 소대장으로 같은 수양현(의 중농 가정) 출신이었다. 중일전쟁이 끝난 뒤인 1949년 6월에 입대해 통신원, 부분대장, 분대장을 거쳐 부소대장, 소대장을 맡았다. 이듬해 10월에 입당해 당의 지부위원을 지냈다.

신흥리 전투가 끝난 뒤 천자오밍은 연대 참모의 지시로 부상병들을 인

---

94 한림대학교 아시아문화연구소 편, 《한국전쟁기 중공군 문서》 제3권, 한림대학교, 1996, 257.

95 한림대학교 아시아문화연구소 편, 위의 책, 296-297.

솔해 신흥리로 향했다. 이들이 신흥리 대교에 도착했을 무렵, 날이 밝았다. 부상병들을 대교 밑 공터에서 쉬게 하고, 자신은 병사 한 명을 데리고 연대 참모를 찾으러 가다가 우연히 완성린을 만났다. 처분결정서에 따르면, 천자오밍은 "부상병들을 방치하고" 완성린과 함께 묵었다. 그러면서 애초 "사상적으로 우경이며 목숨을 건지고 싶은 마음이 강해서 정치적으로 동요하기 시작"했는데, 완성린이 "전쟁은 참혹한 것이다. 도망치자. 이대로는 견딜 수 없다"라고 권유하자 탈영을 결심했다. 천자오밍은 "'자해'를 제안"했지만, 자해는 검사로 발각될 수 있다는 완성린의 말을 듣고 실행하지 않았다. 그 뒤 완성린 등과 상의해 무기를 지니고 5명이 집단으로 탈영했다. 린장으로 돌아갔으나 그곳에서 붙잡혀 원대로 송환됐다. 탈영 도중 "붙잡혀 원대로 돌려보내지면, 기회를 봐서 다시 자해하자"라는 천자오밍의 말에서 "어떻게든 전쟁에서 이탈하고 싶은 강한 의지"를 엿볼 수 있다.[96]

신흥리 전투에서 현대전의 참혹함을 극한까지 경험한 충격으로 무단 퇴각을 꾀한 군인 중에 중대장급 장교 한치(韓啓)가 있었다. 80사단 포병연대의 후방지원을 담당한 25세의 한치는 장쑤성 관윈현(灌雲縣)의 중농 가정 출신으로, 중일전쟁 중이던 1944년 7월에 입당했다. 국공내전이 한창이던 1948년 6월에 입대해 부대의 회계와 감사 업무를 맡았다. 사단의 처분결정서에 따르면, "본인의 우경 보수적 사상으로 아래와 같은 중대한 불상사를 일으켰다."

한치 등 2명은 신흥리 전투 뒤 전진하는 부대의 후방지원을 맡은 부대를 인솔해 원대로 복귀하라는 명령을 받았다. 부대는 복귀 도중에 선두부대와 연락이 끊겨 신흥리 부근에서 숙박했다. 그동안 한치는 통신원 한

---

[96] 한림대학교 아시아문화연구소 편, 위의 책, 301.

명과 식료품을 담당하는 양말원(糧秣員)**97** 한 명을 데리고 부대와 연락을 취하려고 전진하다 적기로부터 공습당했다. 한치는 "두려워 전진하지 않고" 양말원만 앞으로 보냈다. 그리고 자신은 통신원을 데리고 연대의 후방지원 부대의 숙박지로 되돌아갔다. "사단 후방지원부 주둔지에는 적기가 별로 없을 것이라 생각한" 그는 다음 날 양말원과 통역을 데리고 무단으로 연대 후방지원부를 떠나 사단 후방지원부로 갔다. 도착해 보니 후방지원부는 이미 다른 곳으로 이동하고 없었다. 이곳에 있던 26군 포병연대로부터 "27군은 휴식하기 위해 이미 후방으로 철수했다"라는 말을 들은 그는 동행한 63명의 부하를 데리고 후방으로 갔다. 그러나 삼포리에 이르러서도 부대를 따라잡지 못했다. 이때 한치는 점점 생각이 "위축되고 고생스러움과 어려움으로 두려움"이 커져 린장으로 돌아가겠다고 말했다. 마침내 조선 돈 21만5,700원, 식량권 3,150kg, 말권(秣券)**98** 3,200kg을 가지고 통역과 함께 허가 없이 린장으로 돌아갔다. 한치는 면직 처분을 받았다.**99**

탈영은 장진호 서쪽 유담리 전투를 담당한 27군 휘하 94사단에서도 발생했다. 280연대 제2대대 기총중대 황젠탕(黃鑑堂)이 그중 한 명이었다. 26세의 황젠탕은 산둥성 라이양현(萊陽縣)의 빈농 가정 출신으로, 중일전쟁이 끝난 뒤인 1946년 1월에 입대하고 그해 말에 입당했다. 병사에서 부분대장, 분대장을 거쳐 부소대장이 됐다. 유담리 전투 뒤인 12월 4일에 소속 부대가 덕동산을 향해 진격했다. 처분결정서에 따르면, 이때 그는 "목숨을 아끼는 우경적 사상에 지배돼" 전투를 회피하기 위해 출발지로 돌아가 식료품 자루를 찾겠다고 중대장에게 건의했다. 중대장이 허

---

97 군대 내 식량, 사료(말, 소 등)의 구매, 비축, 분배를 담당하는 군인(옮긴이).
98 인민해방군에서 식량과 물자를 교환할 수 있는 표(옮긴이).
99 한림대학교 아시아문화연구소 편, 위의 책, 492.

락하지 않자, 병사 한 명을 꾀어 탈영해 린장에 이르렀다. 이곳에서 수용된 뒤 원대로 송환됐다. 근신 기간에, 똑같이 탈영한 또 다른 부소대장을 시켜 보초로부터 총을 빼앗아 다시 탈영을 시도했으나 뜻을 이루지 못했다.[100]

같은 연대 3중대 문화간사[101] 왕궁탕(王公堂)도 탈영으로 당적을 박탈당해 군법기관에 송치됐다. 27세의 왕궁탕은 산둥성 핑둥현(平東縣)의 중농 가정 출신으로, 내전 중이던 1947년 4월에 현지 정부 기관에서 입대했다. 문서 담당, 문화교원, 서기, 문화간사를 역임했다. 입당한 것은 입대 전인 1946년 1월이었다. 처분결정서에 따르면, 왕궁탕은 유담리 전투가 끝난 뒤 "힘들고 어려운 환경에 직면한 탓에 정신적으로 동요해" 통신원에게 "너무 추워서 못 견디겠다"라고 말했다. 통신원이 "도망갈까요?"라고 제안하자 함께 탈영했다. 지린성 지안(集安)까지 돌아갔으나, 단속이 엄격해 도망칠 수 없다는 사실을 깨닫고 "자수할 수밖에 없었다." 그러나 진심으로 "뉘우친 것이 아니"었다. 원대로 보내지는 도중에, 같은 연대를 탈영한 어느 부소대장으로부터 권유받고 한 명을 더해서 3명이 도주했다. 결국, 지난번과 마찬가지로 도망칠 수 없음을 깨닫고 다시 자수해 원대로 송환됐다. 왕궁탕의 탈영은 개인의 욕망을 극한까지 추구하는 "프티부르주아 사상에 따른 것"으로 단죄됐다.[102]

같은 연대 4중대의 왕펑차이(王鳳彩)도 당적 박탈과 군법기관 송치 처분을 받았다. 23세의 왕펑차이는 산둥성 라이양현의 빈농 가정 출신으로, 1946년 1월에 입대해 12월에 입당했다. 병사에서 부분대장, 분대장을 거

---

100 한림대학교 아시아문화연구소 편, 위의 책, 298.

101 문화장교와 문화교원 사이의 직위로 군대 내 문예 창작, 선전 교육, 문화 건설 및 정치 동원을 담당한다(옮긴이).

102 한림대학교 아시아문화연구소 편, 위의 책, 300.

쳐 부소대장을 지냈다. 처분결정서에 따르면, 왕펑차이는 행군하던 11월 28일에 낙오병을 찾으러 간다는 이유로 부대를 이탈했다. 병사 한 명을 데리고 총을 휴대한 채 린장까지 탈영했다. 그러나 "도망칠 수 없음을 깨닫고 어쩔 수 없이 낙오했다고 주장하며" 사단의 잔류 부대로 돌아왔다. 사단으로부터 원대로 돌아가라고 종용받았으나 따를 생각이 없어, 12월 11일 밤에 다시 도주했다. 린장 북서쪽으로 약 7.5km 떨어진 곳에서 민병에 체포돼 원대로 송환됐다. 처분결정서에서 "힘들고 어렵고 긴장된 전쟁 환경에서 개인의 안일과 전투에서의 이탈, 자기 보전을 꾀하며 정치적으로 동요했다"라고 비판받았다.[103]

이 사단 282연대 위생대의 뤄푸청(羅福成)도 탈영으로 당적 박탈과 군법기관 송치 처분을 받았다. 23세의 견습 의무원인 뤄푸청은 산둥성 펑라이현(蓬萊縣)의 중농 가정 출신으로, 중일전쟁 말기인 1945년 1월에 입대해 1947년 9월에 입당했다. 간호원에서 위생원, 부위생분대장, 위생분대장을 역임했다. 그는 압록강을 건넌 뒤 "힘들고 어려운 상황에서 몇 번이고 탈영을 생각하다가" 행군 중인 12월 4일 밤에 견습 의무원과 위생분대장, 위생원을 한 명씩 불러 체온계와 청진기 각 1개, 위생대 증명서 2장을 가지고 탈영했다. "린징과 퉁화(通化)로 가는 통행증명서를 위조해 퉁화나 선양으로 가서 4명이 작은 약국을 열려고 계획"했다. 하지만 린장에서 민병에 체포돼 원대로 송환됐다.[104]

같은 연대 윤번(輪番) 훈련대의 장중하이(姜忠海)도 탈영 사건으로 처분받았다. 37세의 장중하이는 산둥성 푸산현(福山縣)의 빈농 가정 출신으로, 1947년 1월에 입대하고 2년 뒤 입당했다. 병사에서 부분대장, 분대장을 거쳐 부소대장을 지냈다. 처분결정서에 따르면, 장중하이는 조선에 진

---

103 한림대학교 아시아문화연구소 편, 위의 책, 303.
104 한림대학교 아시아문화연구소 편, 위의 책, 299.

공한 뒤 "힘들고 어려운 환경과 적기의 위협에 직면해" 동요하며 탈영을 생각했다. 12월 10일, 분대 간부 2명에게 접근해 탈영 때 만날 집합 장소를 정하고, 이날 밤 실행에 옮겼다. 분대장에게는 소변을 보러 간다고 하고 약속한 지점에 합류한 뒤 3명이 탈영했다. 이들은 "부대에 발견되더라도 계속 도망칠 수 있도록" 예비 집합 지점까지 정해 놓았다. 삼포리에서 군대의 검문을 받고 수용됐지만, 틈을 타 3명이 탈영했다. 그러나 그날 밤 다시 검문을 받고 수용됐고, "개전의 의사 없이 기회를 봐서 세 번째로 도망쳤다." 민가에 들어가 사복으로 갈아입고 탈영을 이어갔다. 귀국해 어디선가 일자리를 찾아 1~2년 일한 뒤 귀향할 생각이었으나, 파출소원의 호적 방문 검사에서 발각돼 원대로 송환됐다. 처분결정서는 장중하이를 "우경화돼 목숨을 건지고 싶은 사상이 강했다"라고 비판했다.[105]

탈영의 배경

앞에서 말한 탈영 사건들은 처분 대상이 진술한 자료가 없어서 처분 주체가 제기한 사유에 의존할 수밖에 없다. 그러나 작전을 함께한 중대나 사단에서 해당 인물이 처한 환경을 보면 그 행동의 의미를 더 깊이 이해할 수 있다. 80사단 정치부가 작성한 1951년 3월 1일 자 보고서 〈조선 진공 작전 당시의 정치 공작에 관한 총괄〉을 이용해 살펴보자.

우선, 제2차 전역이 끝난 뒤 장병의 정신 상태다. 보고서에 따르면, "이번 조선 진공 작전은 전에 없이 힘들고 어려워 사상자 수가 많고 참혹했다. 신흥리 전투를 겪으며 간부와 병사 상관없이 사상이 흔들리고 우경화돼 목숨을 아끼고, 위축돼 전진하지 않고, 전장에서 도주하고, 경상인데도 진지를 이탈하고, 심지어 포로로 잡혀 정보를 누설하는 일이 끊임없

---

[105] 한림대학교 아시아문화연구소 편, 위의 책, 302.

이 일어났다. 장병 대부분은 귀국해 장비를 보충하며 쉴 것을 요구했고, 다시 싸우기를 원하지 않거나 싸우더라도 단지 기다리는 소극적인 태도를 보였다. 그리고 다른 부대와의 교체나 장비의 기계화에 환상을 품었다."106

부대는 쉬면서 장병들에게 "설명, 동원, 사정, 장려·징벌, 교육 등을 통해" 한국전쟁에 대한 "올바른 인식"을 심어 주었다. "그런데도 일부 동지는 전쟁의 참혹함을 되새기면서 우경화되고 타락해, 개인의 이익과 전체의 이익 간의 모순을 올바르게 처리하지 못하고 자해·자살하거나 도망쳤다. 왼쪽의 숫자가 이를 뒷받침한다." 즉, 병사부터 중대장급 장교까지 "도망" 95명, "자해" 2명, "자살" 4명, "진지 이탈" 33명이 발생했다.107

80사단에서는 통상적인 "탈영"에 해당하지 않는, 형태를 바꾼 탈영 행위가 낙오자들 사이에서 나타났다. 보고서에 따르면, 이번 조선 진공 작전에서 전투하지 않아 생긴 인원 감소는 2,000명에 달해 사단 전체 인원 감소의 절반을 차지했다. 이는 80사단 사상 전례 없는 규모로 "놀라운 숫자였다." 인원이 줄어든 주된 이유는 출동 준비 시간이 짧고 날씨가 춥고 물자 준비가 충분하지 않아서였지만, 지도 경험이 부족해 대책을 충분히 세우지 못한 것도 있었다. 보고서는 다음과 같이 보고했다.

그 밖에 낙오자들의 문제가 있다. 건강상 이유로 낙오가 불가피했던 자, 그중 전투 이탈이라는 우경적 사상에 따라 낙오한 자가 적지 않다. 특히 전 둥치우(董其武) 병단에서 편입된 귀순 병사와 일부 선임자가 눈에 띈다. 이번 작전은 외국에서 실시된 까닭에 탈영이 어렵다는 점에서 중도

106 한림대학교 아시아문화연구소 편, 《한국전쟁기 중공군 문서》 제2권, 한림대학교, 1996, 257쪽 참고.
107 한림대학교 아시아문화연구소 편, 위의 책, 102-103쪽 참고.

낙오는 과거 국내 작전 때의 탈영에 해당한다고 할 수 있다. 지금도 일부는 타이완 진공 작전이라면 배를 탄 상태에서 싸워야 하지만, 육상인 조선에서는 낙오하는 방법이 있으므로 조선 파병이 낫다고 생각하고 있다. 즉 행군에서 낙오했다가 전투가 끝난 뒤 따라잡으면 된다고 꼼수를 핀다. 그렇게 해도 비판이나 경고 처분을 받는 정도에 그치므로 "별거 아니다"라며 우쭐댄다. 그래서 이들은 대량 인원 감소 상황에서 마음대로 행군 위치에서 이탈하고도 보고하지 않는다.**108**

　장병들이 조선에서 맞닥뜨린 현대적 장비로 무장한 미군의 전투력과 그동안 군에서 배운 내용은 크게 달랐다. 조선으로 건너가기 전, 장병에 대한 군대의 캠페인은 "미제를 깔보는 교육"이 중심이었다. 미군은 "겉만 번지르르하고" "종이호랑이"일 뿐이었고, 더 나아가 "죽은 호랑이"였다. 마침, 북조선군이 연전연승하면서 "장병들에게는 근거 없이 적을 경시하는 사상이 생겨" 미군의 힘을 낮게 평가했다. 그 뒤 인천상륙작전으로 조선의 전황이 나빠진 것을 본 장병들은 180° 바뀌어 비관하기 시작했고, "이번에는 미군의 힘을 지나치게 높이 평가하기 시작했다." 항미원조 출동 임무를 부여받은 뒤 현대적 미군을 상대하는 것이 처음이고 그 특징을 알 수 없는 데다 비행기의 위협도 커서 "장병들 사이에서는 공미 감정이 널리 나타났다."**109**

　그러나 제13병단의 서부전선 제1차 전역**110** 승리 소식이 전해지자, 상황은 완전히 바뀌었다. 이 승전보에 더해 군의 동원 공작에서는 장병들

---

108 한림대학교 아시아문화연구소 편, 위의 책, 130쪽 참고.
109 한림대학교 아시아문화연구소 편, 위의 책, 101쪽 참고.
110 1950년 10월 25일~11월 5일, 청천강 이북에 있던 인민지원군이 한국군을 기습해 청천강 이남으로 격퇴시킨 전투로 한국군과 인민지원군 사이의 첫 전투다(옮긴이).

의 의욕과 자신감을 키우기 위해 미군이 근접전, 야간전투, 수류탄을 두려워한다는 점을 일방적으로 강조했다. 부대에 따라서는 적이 근접전을 두려워한다는 점을 "접근하면 바로 항복한다"라고 해석하기도 했다. 장병들의 자신감이 높아졌지만, 적을 경시하는 분위기가 생겨나서 "전투식량 한 봉지를 다 먹기도 전에 조선 전역을 해방할 수 있다", "며칠이면 미군을 반도에서 몰아낼 수 있다. 내가 가면 혼자 두 사람 몫의 일을 하겠다", "조선 다음은 일본"이라는 말까지 꺼내는 이가 있었다. 그 결과, 신흥리 전투에서 지위고하를 따지지 않고 적을 경시하는 사태가 발생했다. 문제점을 예상하지 못한 탓에 "적의 동태 파악부터 병력의 배치 사용, 전술상 지휘에 이르기까지 모든 점에서 실수가 발생했다." 하룻밤 사이에 전투가 끝날 것이라 믿었으나, 실제로는 오랜 교착상태에 빠져 많은 사상자가 생겼다. "그 뒤 자신감을 잃고 공포심이 커져, 심지어 승리했다고 말해도 믿지 않았다."[111]

보통, 장병의 사기는 승전과 패전에 따라 정반대로 갈린다. 인민지원군 장병들도 마찬가지였다. 신흥리 전투에서 이긴 부대에서는 "적이 패퇴한 사실을 듣고, 들판에 쓰러져 있는 적의 시체를 보고, 승리와 그 의미에 대한 선전을 들으면 기분이 조금씩 좋아졌다. 적극적으로 전투를 요구하면서, 일전을 벌이기도 전에 조선은 해방될 것이고 미군은 역시 약해서 국민당군만도 못하다고 생각했다." 그러나 전투가 순조롭지 않고 사상자가 많은 부대에서는 "미중 공멸'이나 '수지가 맞지 않는 전쟁이다', '승리의 구호는 들려오지만 포로의 그림자는 없지 않은가'"라는 얘기가 나왔다. "비행기나 포병을 보내 공동으로 작전하지 않은 것이나 준비되지 않은 전쟁을 시작한 것을 원망했고, 심지어 마오 주석까지 원망했다."[112]

---

[111] 한림대학교 아시아문화연구소 편, 위의 책.
[112] 한림대학교 아시아문화연구소 편, 위의 책, 102.

장병들 사이에서 생겨난 비행기 참전에 대한 기대와 마오쩌둥에 대한 비판은 주목할 만하다. 비행기 참전에 대한 기대는 사전 동원 때 들은 정보에서 비롯한 듯하다. 제13병단 38군은 사전 동원에서 적기에 대한 장병의 공포심을 없애기 위해 인민지원군을 공중 투하로 보급할 수 있는 것처럼 이야기했다. 이는 둥베이변경방위군에서 계획하는 4개 비행연대와 3개 전차여단의 설립을 염두에 둔 발언이었다. 그래서 조선 진공 뒤 후방에서 습격하는 미군기의 엔진 소리를 들으면 "우리 비행기다"라고 기뻐한 병사가 있었다.113 제9병단 80사단에서도 이른바 소망이나 미래형을 현재완료형으로 표현하는 사전 동원이 있었던 것으로 보인다. 또한 신흥리 전투가 끝난 뒤 일부 간부가 "귀국해 기계 장비를" 갖춘 다음 "제3차 전역에서는 기계화 부대를 보내 싸운다"라고 말했고, 병사들은 그 말에 기대를 걸었다.114

회상록에서 장융후이 부군장은 38군 병사들의 "오해"는 중대와 소대 소속 하급 장교의 과대 선전 때문에 생긴 것이라며 오로지 현장의 책임으로 돌렸다. 동맹국인 소련 요인은 언급하지 않았다. 북조선 지원과 관련해 중국과 소련은 "중국 측이 지상 병력을 담당하고, 이에 대한 공중 엄호의 책임을 소련 측이 부담한다"라고 합의한 상태였다. 그러나 파병 직전인 1950년 10월 초순에 스탈린은 준비가 늦어진다는 이유로 "당장은 중국군에 대한 공중 지원을 할 수 없다"라고 통보했다. 공중 엄호가 없는 출동 명령은 제13병단 고위 장교들의 강력한 저항에 부딪혔다. "하늘만큼 큰 어려움이 있더라도 인민지원군이 강을 건너고 조선을 지원한다는 계획을 바꾸지 않겠다"라는 마오쩌둥의 최종 결정을 받은 펑더화이(彭德懷)

---

113 江擁輝, 위의 책, 28, 29, 39, 40.

114 한림대학교 아시아문화연구소 편, 《한국전쟁기 중공군 문서》 제2권, 한림대학교, 1996, 102, 105.

가 예정대로 출동 명령을 휘하의 제13병단 부대에 내렸다. 펑더화이는 인민지원군 최고사령관인 자신의 이름이 아닌 "마오쩌둥의 지시를 받아 마오 이름으로" 명령을 내렸는데, 그 이유는 출동부대의 "항명 사건"이라고 할 만한 일이 있었기 때문이다.[115] 이와 관련해 부대에는 "2개월 뒤 소련의 공군 지원군이 도착하고 6개월 뒤에는 소련에서 화포와 전차가 오니까 훈련을 마치는 대로 미군을 공격할 것"[116]이라는 소식이 전달된 것 같다.

동부전선에서 제9병단이 2차 전역을 끝내지 않은 12월 초, 서부전선에서 평양을 탈환한 제13병단 장병들은 현지에서 잠시 쉬기를 바랐다. 참전 이후 많은 사상자가 발생하고 보급이 제대로 이뤄지지 않았기 때문이다. 펑더화이는 마오쩌둥에게 보낸 전보에서 삼팔선 이북 수십 킬로미터 지점에서 신병 6만5,000명의 보충이 필요하다고 호소했다. 그리고 공습에 노출되는 철도 수송의 어려움을 줄일 목적으로 "평양과 안주까지 수송로를 엄호하기 위해 전투기를 일부만이라도 먼저 파견하라"라고 강하게 요구했다. 그러나 마오쩌둥은 이를 받아들이지 않고, 국제정치의 관점에서 가급적 빨리 삼팔선을 넘어 남진하라고 명령했다. 이는 "당분간 휴양하기를 바랐던 펑더화이를 포함한 각급 장교"의 희망에 반하는 것이었다. 12월 15일, 펑더화이는 서부전선 인민지원군 부대에 남진 명령을 내리면서 또다시 "마오 주석의 명령에 따르라"라는 문구를 사용하지 않을 수 없었다. 각급 장교의 저항을 의식했기 때문일 것이다.[117]

제9병단 80사단 장병에게서 나타난 부대의 기계화에 대한 기대와 마

---

[115] 张希,〈彭德怀受命率师抗美援朝的前前后后〉,《中共党史资料》31号, 1989, 124-159. 朱建栄,《毛沢東の朝鮮戦争》, 岩波現代文庫, 2004, 402.

[116] 苏维民,《杨尚昆谈新中国若干历史问题》, 四川人民出版社, 2011, 28-29.

[117] 彭德怀传记组 著,《彭德怀全传(3)》, 中国大百科全书出版社, 2009, 919-923.

오쩌둥에 대한 비판도 이러한 맥락에서 이해해야 한다. 사단 총괄보고서에 따르면, "모두 불평불만을 말하는데 정치 공작 담당 간부는 제지는커녕 부화뇌동해 상급 기관의 작전 지도를 비난했다. 심지어 마오 주석까지 원망하며 '사람 목숨보다 비행기의 가치가 더 크다'라고 덧붙였다."[118] 앞서 말한 "미중 공멸" 등과 종합해 생각하면, 동맹국의 이익에만 도움이 되는 해외파병 결정을 내린 마오쩌둥에 대한 비판을 장병들이 공유했으며, 정치장교를 비롯한 장병들은 자신들의 생명을 최고 권력자가 경시하고 있다고 여기고 있었음을 알 수 있다.

80사단 장병들이 직면한 현실은 현대적 장비로 무장한 미군의 위협만이 아니었다. 그들은 온난한 창장 이남 지역에서 방한 대책을 마련하지 못한 채 올라와 영하 20~30°의 강추위에 떨어야 했다. 준비가 미흡했던 이유는 파병 결정 뒤 출동까지 시간이 부족했기 때문이다. 더불어 80사단을 제2진 파병 부대로 결정한 "베이징 회의"의 취지가 부대에 전달된 뒤에도 "많은 간부뿐 아니라 일부 연대 간부나 후방지원 담당 간부가 이를 믿지 않아 충분한 준비를 하지 않았기" 때문이다.[119] 예를 들어 비(非)전투에 따른 인원 감소 방지의 성공 사례로 소개된 240연대 제2중대는 린장에서 출발한 첫날, 부대에 동상 환자가 발생하자 "행군하면서 100여 개의 솜 양말과 솜 장갑을 봉제로 만들었다." 그 결과 중대 전체에서 인원 감소가 단 한 명도 안 나왔다.[120] 성공 사례에서조차 사전 방한이 이 정도였으니 다른 부대들의 사정이 어떠했는지를 쉽게 짐작할 수 있다. 어떤 대대에서는 "발에 동상이 걸린 수많은 병사가 마땅한 처치를 받지 못해 출발지 린장에서 전투 시작 전까지 150명 정도의 낙오자가 발생했

[118] 한림대학교 아시아문화연구소 편,《한국전쟁기 중공군 문서》제2권, 한림대학교, 1996, 92.
[119] 위의 책, 103.
[120] 위의 책, 127.

다."¹²¹

　인민지원군 장병이 직면한 또 다른 어려움은 배고픔이었다. 1951년 3월 25일에 인민지원군 후방지원부가 펴낸 〈중국인민지원군 1951년도 육군 공급 기준〉을 보면, 야전군 병사 1인에게 1일당 쌀 1.4kg을 공급했다. 거기에 더해 매달 사단장 이하 장병에게 "돼지고기 500g, 비누 2/3개, 칫솔 1/6개, 치약 2/3팩, 쌀 2kg, 흰 천 4방척(方尺)¹²²"을 배급했다. 그리고 담배는 병사에게 엽연초(葉煙草) 500g, 중대장과 소대장에게 지연초(紙煙草) 5팩, 대대장과 연대장에게 지연초 10팩, 사단장에게 15팩을 배급했다.¹²³

　그러나 서류상의 규정일 뿐 실제는 전혀 달랐다. 수송 수단이 부족해 병사 1인당 7일분의 보존식을 각자 휴대했고, 그 뒤로는 보급이 이뤄지지 않았다. 미군 제8기병연대가 1951년 2월 6일에 노획한 제13병단 39군 정치부 통지에는 현지 정부와 주민으로부터 식량을 조달하는 규정이 자세히 적혀 있다. 이 통지는 "현재 교통이 불편해 수송에 어려움이 있는 데다 공습 위험에 노출돼 식량을 제때 부대에 보급하기 어렵다"라고 밝히고 있다.¹²⁴ 이 통지가 나온 날짜(1950년 10월 31일)에서 알 수 있듯이, 제1진 파병 부대가 압록강을 건넌 직후부터 이들은 식량난에 빠졌다. 80사단도 마찬가지였는데, 특히 신흥리 전투 이후 식량난이 심각해져 현지에서 조달할 수밖에 없었다.¹²⁵

121　위의 책, 91.
122　방척은 중국의 전통적인 면적 단위로, 약 33.3cm×33.3cm=약 0.11㎡이다. 4방척은 0.44㎡ 정도의 크기다(옮긴이).
123　한림대학교 아시아문화연구소 편, 《한국전쟁기 중공군 문서》 제3권, 한림대학교, 1996, 92.
124　위의 책, 391.
125　한림대학교 아시아문화연구소 편, 《한국전쟁기 중공군 문서》 제2권, 한림대학교, 1996, 108.

유담리와 신흥리에서 공격받은 미군의 퇴로를 차단하기 위해 하갈우리와 그 주변을 공격하고 점령하는 임무를 맡은 20군의 병사 류궈창(劉國昌)의 일기에서 식량난을 확인할 수 있다. 그는 후난성 출신 같다. 58사단 포병연대의 류궈창은 1949년 1월 10일에 인민해방군의 포로가 된 전 국민당군 병사로, 3개월간 학습을 거쳐 지금까지의 "죄를 갚겠다"라는 마음으로 인민해방군에 들어갔다. 1950년 10월 12일에 기차로 상하이에서 산둥성 옌저우(兗州)에 도착했고, 다음 달 2일 포병연대에 편입됐다. 조선으로 출동하기 위해 11월 5일 기차로 북상해 10일 지안에 도착했고, 그곳에서 압록강을 건넜다. 일기에 따르면, 류궈창은 1월 22일부터 남방 출신자에게는 낯선 "감자를 먹기 시작했다." 그동안 식량 부족에 시달리면서 "다리를 만들고, 도로를 고치고, 진지를 지키고, 들것을 메고, 전장을 정리"하다가, 한 달여 지난 "12월 27일에야 보급이 이뤄져 정상적인 식사로 돌아왔다." 다시 말해 장진호 전투 시기를 포함한 11월 말부터 한 달 정도는 정상이 아니었다. 이곳에서의 "정상" 식사란 북방 지역의 "수수(高粱)"에 불과했지만,[126] 굶주림보다는 나았다.

류궈창은 "수수"와 함께 솜 모자와 솜 신발을 받고 "앞으로 굶주림과 추위로부터 위협받지 않을 거라 생각"[127]했다. 그러나 그 뒤로도 배고픔을 피할 수 없었다. 그로부터 65년 뒤, 58사단 173연대에 있었던 어느 병사는 삼팔선 이남으로 진격한 당시를 이렇게 회상했다. "며칠째 먹을 것이 없는 날이 계속돼 여러 현지 주민의 집을 뒤졌다. 하지만 쌀 한 줌밖에 발견하지 못했다. 그걸 죽으로 만들어서 중대장을 포함해 몇 명이 나눠

---

[126] 한림대학교 아시아문화연구소 편, 《한국전쟁기 중공군 문서》 제4권, 한림대학교, 1996, 249-251.

[127] 위의 책.

먹었다. 병사들에게는 알리지 않았다."¹²⁸ 어떤 부대의 1951년 1월 9일 자 통지도 이런 상황을 뒷받침한다. 이 통지에 따르면, 부대가 삼팔선을 넘고 나서는 북쪽에 있을 때처럼 현지 정부로부터 지원을 기대할 수 없었다. 그래서 "현지 주민에게서 무리하게 식량을 조달하거나, 주민이 없는 틈을 타 함부로 식량을 뒤지거나, 식량권을 지급하지 않거나 적게 지급하는 등의 규율 위반 사례가 발생"했는데, 부대는 이러한 행위를 엄격히 금지했다.¹²⁹ 이 통지는 서부전선을 담당한 50군 150사단 450연대의 것으로 보인다.

그 뒤 식량난은 서서히 개선됐으나 말끔하게 해결되지는 않았다. 1953년 봄부터 저장성에서 조선으로 들어온 21군 63사단 189연대 제1대대 기총중대 천진파(陳金法)의 말이 이를 증명한다.

> 산속에 갇힌 부대는 대엿새 동안 먹을 것이 없어서, 목숨을 이어가기 위해 때로는 소량의 말 사료로 굶주림을 견딜 수밖에 없었다. 심지어 마실 물조차 없어서, 목이 마르면 동굴의 암벽 사이로 스며 나오는 수분을 핥을 수밖에 없었다. 이런 상황에서 아사(餓死)는 흔한 일이었고, 어떤 동굴 안에 있던 병사 전원이 굶어 죽었다는 이야기도 들었다. 다만, 적의 봉쇄를 뚫고 식량이 공급됐을 때는 가끔 소고기 통조림 하나를 통째로 먹을 수 있었다.¹³⁰

이들은 제공권이 없는 가운데 수송선이 공중폭격으로 끊어져 한국전

---

[128] 20군의 Y·H는 1932년생으로 중졸 학력을 인정받아 중대의 문화교원으로 일했다. 나는 2016년과 2018년에 모두 3회에 걸쳐 그를 취재했다.

[129] 한림대학교 아시아문화연구소 편, 《한국전쟁기 중공군 문서》 제3권, 한림대학교, 1996, 2.

[130] 陈金法 口述, 〈吃一颗糖就要消灭一个敌人〉, 张大华 主编, 《我在朝鲜战场》, 新华出版社, 2013, 10-12.

쟁이 끝날 무렵까지 만성적인 식량난에 시달렸다.

장진호에서 류궈창이 실감한 추위는 어떤 것이었을까? 그에게 방한구가 지급되기 며칠 전인 12월 24일까지 계속된 2차 전역 때 장진호 전선에서 구호를 맡은 어떤 사단의 위생대들에 관한 통계에서 그 일면을 엿볼 수 있다. 통계에 따르면, 제1~5대가 수용하거나 병원으로 이송한 부상 환자의 숫자는 각각 353명, 2,602명, 1,004명, 2,322명, 1,304명이었으며, 위생대에서 처치를 받은 부상 환자는 연인원 7,585명에 달했다. 위생대 간 상호 이송에 따른 중복 계상 숫자를 빼면 6,411명인데, 그 가운데 동상이 절반에 가까운 "47.3%, 3,032명"이었다.[131] 영하 20~30°라는 혹한을 실감할 수 있는 숫자다. 마오쩌둥이 1950년 12월 17일에 인정한 것처럼, 제9병단 전체로는 "날씨가 춥고 보급이 부족한 데다 전투가 격렬해 인원 감소가 4만 명이나 됐다."[132] 자세히는 "전투에 따른 사상자 1만9,202명, 추위와 기아에 따른 인원 감소 2만8,954명(그중 동사 1,000명, 동상 뒤 치료의 효과 없이 사망한 자 3,000여 명), 인원 감소 총수는 4만8,156명"이었다. 이는 제9병단 병사의 32.1%에 해당한다.[133] 이러한 가혹한 상황에서 앞서 언급한 장병들이 탈영한 것이다. 이들은 개인의 뜻에 따라 이른바 "단독강화(單獨講和)"[134]했다고 할 수 있다.

---

[131] 한림대학교 아시아문화연구소 편,《한국전쟁기 중공군 문서》제3권, 한림대학교, 1996, 345-346.

[132] 《建国以来毛泽东军事文稿》上卷, 军事科学出版社·中央文献出版社, 2009, 410.

[133] 双石,《开国第一战》上卷, 中共党史出版社, 2006, 189.

[134] 여기서 "단독강화"는 개인 차원에서 전쟁이나 군사행동으로부터 자신을 철수시킨 행위를 외교적 용어로 비유한 것이다. 나는 탈영을 단순한 도주가 아닌 개인적 결단으로 판단한다 (옮긴이).

26군

27군과 20군의 후속 부대가 된 26군은 지친 선발 부대들을 대신해 12월 6일부터 하갈우리 동쪽에서 남하해 함흥까지 미군을 추격했다. 전력 회복을 위해 선발 부대들이 함흥과 원산 부근에 머무는 동안, 이듬해 2월 17일부터 4월 12일까지 제4차 전역 제2단계 전투에 참여했다. 다음은 그 기간에 발생한 탈영 사건이다.

1951년 3월 15일에 26군 77사단의 문제 장교에 대한 처분 결정이 내려졌다. 처분결정서는 서두에서 "용감한 간부가 적잖았다"라고 밝힌 다음, 그러나 "개인주의적"이고 항미원조의 "위대한 의의에 대한 충분한 인식이 부족"하며 "우경화돼 삶을 탐하고 죽음을 두려워한" 간부가 적잖았다고 비판했다. 이 간부들은 229·230·231연대 소속이었다.

먼저 229연대 제1대대의 사례부터 살펴보자. 처분결정서에 따르면, 제1대대 제1중대장 양더루이(楊德瑞)는 "전투에 소극적이고 적당히 지휘하며, 작전을 연구하지 않고 어려움만을 강조함으로써 뿌리 깊은 우경 보수적 사상을 드러냈다." 수위리 전투에서 공격을 개시했을 때 그는 대대 지휘관이 전사했으니 지휘를 맡아 전투를 계속하라는 명령을 연대로부터 받았다. 하지만 할 수 없는 이유를 강조하며 임무를 회피하려고 했다. 제3중대가 양더루이 근처에 있었는데도 전투를 지휘하지 않아 부대에 손해를 끼쳤다. 제3소대가 두 차례나 적의 전차를 발견하고 공격을 개시하자고 요구했지만, 그는 자기 위치가 드러나는 것이 두려워 묵살했다.[135]

제2중대장 리핑수(李平書)는 전투에 소극적이고 명령을 진지하게 실행하지 않아 처분받았다. 처분결정서에 따르면, 수위리 전투 때 그는 "위축돼 전진하지 않았고, 적의 포화가 시작되자 지휘 위치에서 중대의 맨 뒤

---

[135] 한림대학교 아시아문화연구소 편,《한국전쟁기 중공군 문서》제3권, 한림대학교, 1996, 55.

줄로 도망쳐 혼란한 부대를 방치했다." 전투에서 철수한 뒤 적의 움직임을 감시하기 위해 제2중대를 수위리로 돌려보내라는 명령을 연대로부터 받았지만, 무단으로 철수했다. 대안동에서는 한 소대를 이끌고 가 산 위의 다른 부대와 연락하라는 대대 명령을 받았다. 그러나 산 위에는 방공 조치가 없다는 이유로 토치카(tochka)에 숨어 온종일 꼼짝 안 했다. 그는 "그 중대한 규율 위반을 부끄러워하지도 않고, 오히려 '내가 임기응변으로 행동하지 않았다면 목숨이 세 개라도 버티지 못했을 것'이라고 자랑"했다. 결국 인사 파일에 "행정상의 과오를 기록한다"라는 처분을 받았다.[136]

제3중대장 천이청(陳義成)은 "긴박한 상황에서 수위리 전투를 이탈하고, 전진하지 않고, 지휘 위치를 버리고 부대를 방치한 채 중대의 맨 뒤에서 안전한 곳을 찾아 숨었다"라는 이유로 처분받았다. 그는 방공 때마다 부대에서 2~3km 정도 떨어져 있으면서 간부로서의 책임을 다하지 않았다. "방공 시에는 각자 행동하고 서로 상관하지 말라"라고 말했다. 부대 이동이 늦어져도 대책을 세우지 않았을 뿐 아니라, "이렇게 먹을 것도 마실 것도 없는 상황에서 낙오해도 어쩔 수 없지 않느냐"라고 말했다. 결국 그는 "강한 우경 사상의 영향으로 전투를 계속하는 것을 싫어했으며, 무단으로 낙오해 후방으로 도주했다."[137]

제3중대 부중대장 치진파(齊金發)도 "지휘를 연구하지 않고 전투에서 전진하지 않았으며, 명령을 집행하지 않고 제멋대로 전투에서 이탈했다"라는 이유로 처분받았다. 그는 수위리 전투에서 제3소대를 지휘했다. 그러나 전투가 시작되자마자 소대장이 전사한 것도 모른 채 참호 안에 머물렀다. 대안동에서는 한 소대를 이끌고 산 위를 경계·정찰하라는 대대의

[136] 위의 책.
[137] 위의 책.

명령을 받았지만, 부대를 보내는 데 그치고 식사조차 제공하지 않아 소대원들이 종일 굶는 일이 벌어졌다. 고룽(高龍) 공격을 준비할 때는 발 동상을 이유로 토치카에 숨었고, 무단으로 후방에 휴양하러 갔다. 치진파는 인사 파일에 "행정상의 과오를 기록한다"라는 처분을 받았다.[138]

제2대대 기총포 중대장 천푸차이(陳福財)도 "우경 보수적 사상이 뿌리 깊어" "명령을 집행하지 않았다"라는 이유로 "행정상의 큰 잘못을 기록한다"라는 처분을 받았다. 수위리 전투에서 부대가 돌격을 시작했는데도 엄호 사격하는 지휘 위치에서 벗어나 숨어 버렸다. 대대가 여러 차례 연락했지만 찾을 수 없었다. 기총포 소대와 연락하기 위해 후방으로 갔다는 것이 그의 변명이었다. 상부로부터 직접 1개 소대를 이끌고 제1대대의 공격을 엄호하라는 명령을 받았지만 따르지 않았다.[139]

제3대대에서는 의사 류하오(劉浩)가 "우경 보수적 사상이 뿌리 깊어 명령을 집행하지 않고 전투에서 이탈해 개인의 안위를 도모했다"라는 이유로 처분받았다. 처분결정서에 따르면, 류하오는 하갈우리 전투 때 위생소의 모든 인원을 이끌고 낙오했다. 또 "대안동에서는 임무 수행을 준비하는 모든 위생소원이 대대 지휘소 옆 방공호에 있었다. 대대장이 세 차례나 통신원을 보내 방공호 밖으로 나오라고 명령했으나 따르지 않았다. 함께 있던 부대대장이 출발을 명령해도 듣지 않았고, 나중에 통신병으로부터 대대의 명령을 전달받고도 집행하지 않았다." 다음 날 명령 전달자의 재촉을 받고서야 비로소 움직였다. 그는 "부상자의 불필요한 고통과 유혈을 초래했다"라고 처분받았다.[140]

다음으로 231연대 관계자의 사례를 살펴보자. 처분결정서에 따르면,

138 위의 책.
139 위의 책.
140 위의 책.

제5중대 부정치지도원 장자오윈(張召雲)은 "우경 보수적 사상이 뿌리 깊어 고의로 낙오해 전투에서 이탈했다." 그는 조선에 들어간 뒤 "복무 태도가 소극적이고 부대의 일에 관심을 두지 않"고 자기 잘 곳을 찾는 데만 신경썼다. 낙오한 병사에게 인내심을 보이지 않고 질책했으며, 어떤 전역에서는 몇 번이나 낙오해 전투에 참여하지 않았다. 방공 작전 때는 부대에서 멀리 떨어져 종일 연락이 닿지 않기도 했다. 고룡에서 적을 추격할 때 제3소대를 이끌고 산 위에 오르는 임무를 받았으나, "올라간 부대 뒤에서 쓸데없이 물건을 주우며 이탈했다." 고성장(高成莊) 저격전에서는 산 위에서 제1소대를 지휘하던 중 적기의 폭격을 받고 "하산해 '통조림으로 밥을 짓겠다'라며 떠나 돌아오지 않았다." 장자오윈은 "행정상 강등 처분"을 받았다.[141]

제7중대 정치지도원 뤄완진(羅万金)은 "삶을 탐하고 죽음을 두려워하는 정도가 지나쳐" 두 번이나 진지를 이탈했다. 11월 29일, 1350고지에서 임무 수행 중 산 위에서 적군과 접촉하자 한 개 분대를 이끌고 되돌아가 버렸다. 그러고는 대대 정치교도원(政治教導員)의 질문에 "산 위에 적이 사라졌다"라고 대답했다. 다음 날 밤에 같은 임무를 맡았지만, 돌격 지점에 도달하기도 전에 또다시 1개 분대를 데리고 돌아왔다. 연대 정치위원의 질문에는 "대대의 귀환 명령이 있어서"라고 대답했다. 뤄완진은 면직 처분을 받았다.[142]

같은 제7중대 중대장 천주(陳柱)도 면직 처분을 받았다. 처분결정서에 따르면, 천주는 전투에 소극적이고 명령을 성실히 집행하지 않았으며 안일한 대응으로 때를 놓쳤다. 1350고지 공략 때 정면공격하라는 임무를 받았으나, 분대를 이끌고 적에 접근하고는 발포하지 않았다. 후속 부대와

141 위의 책.
142 위의 책.

연락도 하지 않았다. 새벽에는 인원 부족을 이유로 싸우지 않고 되돌아왔다. 다음 날 같은 임무를 받았지만, 발 동상을 이유로 가지 않았다. 그는 추위와 굶주림에 시달리는 상황에 관심을 기울이지 않아 부대를 와해시켰다고 비판받았다.[143]

이상은 77사단장의 명령에 따른 처분 결정이었다. 그러나 230연대에서는 앞선 1월 29일에 5명의 탈영 하급 장교와 병사에 관한 처분 결정을 연대 당 기율위원회 명의로 내리기도 했다. 첫 번째 사례는 연대 제2대대 기총중대 소대장 천싱성(陳興勝)이다. 그는 안후이성 링비현(靈璧縣) 출신으로 1947년 1월에 국민정부군에서 귀순해 입대하고 같은 해 6월에 입당했다. 병사에서 부분대장, 분대장, 소대장을 거쳤으며, 당내에서는 기초 조직인 "소조(小組)"의 장을 지냈다. 처분결정서에 따르면, 천싱성은 "조선 진공 후 복무 태도가 소극적이고 의욕이 떨어졌으며, 주간 공습 대책이나 야간 행군 등의 피곤한 상황에 불평불만이 많았다. 부하들의 사기를 진작시키거나 정신적 안정을 도모하는 조치를 하지 않았고, 경하리(京下里) 전투를 준비하다가 많은 적기를 보고서는 여기서 죽는 것은 의미 없다고 생각해 소대를 이끌고 고의로 낙오했다." 상관의 연락에도 전진하지 않고 반대 방향으로 향했으며, "230연대가 아니라 독립대대라고 사칭했다." 패배주의를 퍼뜨리고 지휘를 소홀히 해 임무 수행에 나쁜 영향을 끼쳤을 뿐 아니라, 같은 소대의 전우가 적기의 공격으로 부상당하게 했다. 그는 "당내 공개 경고 처분"을 받았다.[144]

두 번째는 같은 연대 제1대대 제3중대 기총분대장 허충(何崇)이다. 허충은 쓰촨성 다현(達縣) 출신으로 1947년 4월에 귀순 입대해 약 2년 뒤인 1949년 2월에 입당했다. 병사에서 시작해 부분대장, 분대장을 역임했다.

---

[143] 위의 책.
[144] 위의 책, 292-294.

처분결정서는 그를 "정치적 향상심(向上心)이 약하고 타락해 사상이 부패했다"라고 단죄됐다. 허충은 "가족을 생각하는 마음이 지나쳐 전투를 두려워했다." 구체적으로는 "부대가 북상했을 때 산둥성 텅현(滕縣)의 제허역(界河驛)에서 귀향하기 위해 총을 휴대한 채 탈영했다"가 26군 후방지원대에 체포돼 원대로 송환됐다. 귀대 뒤 "교육을 받고 뉘우치는 태도를 보여" 당적 박탈보다 가벼운 "당내 관찰"을 처분받았다.**145** 다른 사례들과 달리 허충은 출국 전에 탈영을 시도했다.

이 처분결정서에는 연대 특무중대 멍구이화이(孟瑰懷) 부소대장과 왕쭤란(王作蘭) 분대장의 탈영 사례도 있다. 멍구이화이는 산둥성 이베이현(沂北縣) 출신으로 중일전쟁 중인 1945년 3월에 "자원입대"하고 이듬해 8월에 입당했다. 병사에서 부분대장, 분대장을 거쳐 부소대장을 지냈고, 당내에서는 "소조"장 및 지부위원을 지냈다. 왕쭤란 역시 산둥성 멍산현(蒙山縣) 출신으로, 멍구이화이와 경력이 비슷하다. 중일전쟁이 끝난 1945년 8월에 "자원입대"하고 다음 해 9월에 입당했다. 병사에서 부분대장, 분대장을 지냈고, 당내에서는 "소조"장 및 지부위원을 지냈다. 처분결정서에 따르면, 이들은 조선 진공에서 "고난을 견디지 못하고 죽음과 고통을 두려워했다." 특히 경하리 전투 이후 "전쟁의 참혹함을 보고 목숨을 아끼는 생각이 강해져" 군무(軍務)에 소극적이었다. "특무중대가 제3대대와 합병해 전투 준비에 들어가자, 단체로 탈영해 전투를 이탈했다." 두 사람 모두 당에서 제명됐다.**146** 당시 많은 사상자가 발생해 전투력을 상실한 부대를 통폐합하는 임시 재편이 이뤄졌는데, 이 특무중대와 제3대대의 "합병"도 그런 취지였다. 멍구이화이와 왕쭤란이 탈영할 당시의 치열한 전장 상황이 떠오른다.

145 위의 책.
146 위의 책. 농가가 "자원입대(自願參軍)"하는 실태에 대해서는 치샤오린의 책을 참조.

지금까지 살펴본 탈영 처분 결정은 대상자를 거의 예외 없이 "우경 보수"적이고 "죽음이 두려워 목숨을 아꼈다"라고 비판한다. 하지만 자살을 시도한 사례는 그런 설명이 논리적으로 성립되지 않는다. 그런데도 다음에 볼 230연대 제1대대 기총중대 병사 차오훙유(曹洪友)의 처분결정서는 여전히 "목숨을 아낀다"라는 표현을 쓰고 있다. 앞서 말한 천싱성, 허충, 멍구이화이, 왕쥐린과 나란히 처분받은 그는 산둥성 페이현(費縣) 출신으로 1943년 10월 입대와 동시에 입당했다. 부분대장, 분대장, 소대장을 거쳤고, 당내 "소조"장 및 지부위원을 지냈다. 처분결정서에 따르면, 1950년 4월에 복무 의욕이 없고 상관에 반항한다는 이유로 면직됐다. 당내에서는 경고 처분을 받았다. "조선 진공 이후에는 복무 태도가 더욱 소극적으로 됐고, 적기의 위협으로 목숨을 아끼는 경향이 더욱 강해졌다. 상관을 함부로 욕하고 원망을 늘어놓았으며, 거만한 태도로 일관하고 일할 의욕을 보이지 않았다. 삽으로 소조장을 세 차례 폭행하기도 했다. 행군 중 꾀병을 부렸고, 20군의 모젤(Mauser) 권총을 빼앗아 전투에서 이탈하려 했다. 상관에게 저항할 목적으로 외투를 머리에 쓰고 도랑으로 굴러떨어지는 방법으로 자살을 시도했다." 그는 당에서 제명 처분을 받았다.[147] 당에서는 그의 자살 시도를 진심이 아니라고 봤을 수 있다.

이와 달리, 자살을 시도한 230연대 병사 저우환구이(鄒煥貴)에 대한 77사단 정치부 군법처의 판결서는 소극성과 "우경적 사상"이라는 표현을 사용하면서도 "목숨을 아낀다" 대신 "혁명에 대한 변절"이라는 "죄명"을 적용했다. 26세인 저우환구이는 쓰촨성 안현(安縣)의 빈농 가정 출신으로, 중일전쟁 중인 1944년에 국민정부군에 징병됐다가 4년 뒤 화이화이(淮海) 전역에서 귀순했다. 상하이 전역 때는 일시적으로 국민정부군 복귀

147 위의 책.

를 시도했으나 "발각돼 (사상) 교육을 받은 뒤 부대에 편입됐다." 처분결정서에 따르면, 저우환구이는 "정치적으로 낙후해 타일러도 듣지 않았다. 지난 전역에서는 전투에 가담하지 않으려고 의도적으로 대열에서 이탈했다. 이번에 26군이 영광스럽고 어려운 저격 임무를 맡자, 우경적 사상이 더욱 강해져 자살을 통해 혁명에서 변절하려 했다." 자살 미수에 그친 그는 징역 1년을 선고받았다.[148]

자살한 장중슈(張忠秀)의 처분결정서에는 "우경 보수"나 "죽음이 두려워 목숨을 아낀다"라는 표현은 없고, 대신 "개인주의적"이라는 비판이 적혀 있다. 이는 개인의 생사 결정권이 개인이 아닌 당에 있다는 조직 논리에 따른 것이었다. 230연대의 것으로 보이는 그 결정서에 따르면, 제2대대 제4중대 제6분대 부분대장을 지낸 31세의 장중슈는 산둥성 이위안현(沂源縣) 중농 가정 출신으로 1946년 12월에 "자원입대"해 병사를 거쳐 부분대장으로 승진했다. 2년 뒤 12월에 입당해 당내 "소조"장을 맡기도 했다. 처분결정서에는 "향락을 즐기고 지위에 집착하는 경향이 있다"라고 적혀 있다. 처분 사유는 "설날이 엊그제였는데 또 행군이라니! 걷기 시작하면 열흘은 걸릴 것이다. 나는 1949년에 이미 부분대장이 됐는데, 이 연대로 옮긴 뒤에도 여전히 부분대장이다. 나에겐 고향에서 기다리고 있는 약혼자가 있다"라는 발언과 "가족의 편지를 받을 때마다 정서가 불안정해지고 복무에 태만했다"라는 평가였다. 또한 "장기간 교육을 받았으나 문제에 주의를 기울이지 않았다"라는 지적이 있었다.

설날로부터 열흘이 지난 2월 16일 새벽에 장중슈는 다른 이를 대신해 야간 보초를 섰다. 그는 취사반에 들러 취사반장에게 "이제 교대할 시간이다. 이제 노병은 구원받는다"라는 말을 남기고 나갔다. 그 길로 분대가

---

[148] 위의 책, 256.

머물던 가옥에서 동쪽으로 10m 떨어진 곳에 있는 구부러진 나무 아래에서 "낙하산 끈으로 목을 매 자살했다."[149] 고향의 약혼자를 비롯한 가족을 걱정하던 장중슈가 혹한 속에서 야간 보초를 마친 뒤 얼어붙은 몸을 녹이려 들른 취사반에서 마주한 것은 무엇이었을까? 얼마 안 되는 하루치의 초라한 식사였을까? 아니면, 공습을 막기 위해 "낮에는 연기를 금하고 밤에는 불을 금한다"라는 규정에 따라 취사를 새벽까지 끝내야 해서 [150] 잔불조차 남지 않은 아궁이였을까? 자료만으로는 그를 짓누른 "마지막 한 가닥의 지푸라기"를 특정할 수 없다. 다만, 혹한 속에서 전우를 대신해 새벽까지 보초를 섰다는 점에서 자살에 이를 만큼 고된 업무에 직면한 중간 간부의 비애를 엿볼 수 있다. 또한 보초 임무를 마친 직후에 최후를 선택했다는 점에서 그의 강한 책임감 역시 읽을 수 있다.

---

[149] 위의 책, 295.
[150] 위의 책, 62.

제5장
양심적 병역거부

앞 장에서 살펴본 것처럼, 자살한 26군 병사 장중슈에게는 "삶을 탐하고 죽음을 두려워한다"라는 식의 "죄명"이 들어맞지 않는다. 이는 인민지원군 장병의 양심적 병역거부 가능성을 생각하게 한다. 양심적 병역거부란 보통 기독교도, 특히 퀘이커(Quaker) 신자가 "사람을 죽이지 말라"라는 신의 가르침에 따라 병역을 거부하거나, 종군하더라도 위생병처럼 생명을 구하는 업무에만 종사하는 것을 뜻한다.[151]

1950년 당시 중국에는 약 370만 명의 기독교 신자가 있었다.[152] 전쟁과 평화에 관한 그들의 목소리 중 하나를 기자가 기록했다. 한국전쟁 발발 직후인 1950년 6월 28일 자 《소남일보》의 보고에 따르면, 장쑤성 가오춘현(高淳縣) 솽산향(雙山鄉) 농민협회의 한 간부는 동서 진영 간 평화공존을 촉구하는 서명을 국공내전 종식 서명으로 오해하고 "정말 다행이다. 인민해방군은 장제스와 평화를 이뤄 영원히 전쟁하지 않게 됐다"라며 기뻐했다. 그러면서 "인민해방군의 총포는 곧 우리의 생산을 위한 낫으로

---

151 일본에서 양심적 병역거부의 사례에 대해서는 이와나미신서로 간행된 阿部知二, 《良心的兵役拒否の思想》, 1969., 稲垣真美, 《兵役を拒否した日本人》, 1972., 稲垣真美, 《仏陀を背負いて街頭へ》, 1974.를 참조.

152 제7부 429쪽 관련 내용과 각주 36 참고.

다시 만들어질 것"이라고 기대했다.**153** 이는 《구약성서》〈이사야서〉 제2장 제4절에 있는 "그들은 칼을 쳐서 보습을 만들고 창을 쳐서 낫을 만든다. 이 나라와 저 나라가 다시는 칼을 들고 서로 치지 아니하며, 다시는 전쟁을 연습하지 아니하리라"**154**에서 따온 말이었다.

기독교 관계자의 것으로 보이는 이런 목소리가 군대 내 양심적 병역거부로 어느 정도 이어졌는지는 알 수 없다. 이를 파악하려면 우선 인민지원군 내 기독교 신자 수를 추정해야 한다. 370만 명의 신자를 1950년 당시 인구수 5억5,196만 명으로 나누면 0.67033%가 된다.**155** 성별과 연령 등을 고려하지 않고 그 비율을 인민지원군 병사 290만 명에 적용하면 약 1만9,439명이다. 그중 기록을 확인할 수 있는 인물은 두 명이다. 한 명은 1951년 1월에 종군한 장정파(張正發)라는 천주교 신자다. 장정파는 1월 19일 일기에 "인간은 불사불멸의 영혼인가?"에 대해 적고, 밤 기도 뒤 지난해 나온 교회 월간지를 넘기다 "디스마스(Dismas)의 참회"**156**에 대한 소회를 남겼다. 일기장은 종군에 즈음해 교우 리이리(李義立)가 송별 기념으로 준 것이다. 주소지로 볼 때 두 사람의 고향은 허난성 난양(南陽) 전구(專區) 탕허현(唐河縣)인 것 같다.**157** 천주교는 탕허현에 오랜 역사가 있다. 1885년에 이탈리아 선교사가 지금의 후양진(湖陽鎭)에서 교회를 세운 것을 시작으로 중일전쟁 발발 전인 1936년에 이르기까지 15개의 교회당과

---

153 〈蘇南高淳縣農會幹部誤解和平簽名爲"講和"〉,《內部參考》1950年 7月 4日.

154 《구약성서》〈미카서〉 제4장 제3절에도 같은 문구가 있다.

155 国家统计局,《中国统计年鉴 2019》, 中国统计出版社, 2019, 31.

156 골고다의 언덕에서 예수와 함께 십자가에 못 박힌 두 명의 죄수 중 한 명인 디스마스가 예수에게 자신의 죄행을 참회하고 구원을 간구한 것을 가리킨다. 기독교에서 회개와 구원에 관한 상징적 사건이다(옮긴이).

157 한림대학교 아시아문화연구소 편,《한국전쟁기 중공군 문서》제4권, 한림대학교, 1996, 342-346.

지역구교회(堂口)가 만들어졌다. 제2차 세계대전이 끝난 뒤 1946년에는 5,359명의 신자, 혁명 뒤인 1949년에도 4,447명의 신자가 있었다.[158] 그중 한 명이었던 것으로 보이는 장정파는 일기장 표지에 "주님의 영광을 찬양하며"라 쓰고, 주소란에 천주교회당 이름인 "성 요셉"을 적었을 정도로 독실한 신자였다.[159]

다른 한 명은 성명 미상의 제3병단 병사로, 1950년 11월에 쓰촨성을 떠났다. 그는 11월 중순에 충칭시(重慶市) 차오톈먼(朝天門) 부두에서 기선을 타고 내려와 후베이성 이창(宜昌)에서 하루 쉰 뒤 다시 기선으로 갈아타고 한커우에 이르렀다. 11월 21일, 한커우에서 징한(京漢)철도[160]를 타고 북상해 "23일 자정, 무사히 허베이성 스자좡(石家莊)에 도착했다. 한 달 남짓 휴양하고 양력 새해를 그곳에서 보냈다. 음력 12월 25일(양력 2월 1일)에 스자좡에서 출발하고 27일, 랴오시에 있는 진시현(錦西縣)에 도착해 임시 재편을 기다렸다. 포병사단 2020196중대에서 이동과 관측 관련 포병술을 배웠다." 그는 설날 직후 출동 명령을 받고 진시현에서 출발해 "2월 9일에 선양시를 거쳐 쑤자툰(蘇家屯)에서 휴식하고, 아침을 먹고 10일 아침 9시에 랴오둥 펑황청(鳳凰城)에 도착해 휴식했다. 아침을 먹고 12일에 안둥, 13일에 조선에 도착했다." 그는 삼팔선 남쪽에 있는 경기도 포천군에 이르기까지 "여행 도중 성모께서 지켜 주셔서 평안 무사했다"라고 일기에 적었다.[161] 흐트러진 필체에서 공습을 피해 이리저리 옮겨 다니며 싸우는 긴박한 일상이 엿보인다.

---

158 唐河縣地方史志編纂委員会 編,《唐河县志》, 中州古籍出版社, 1993, 635.

159 한림대학교 아시아문화연구소 편,《한국전쟁기 중공군 문서》제4권, 한림대학교, 1996, 342-346.

160 베이징과 후베이성 한커우를 잇는 철도(옮긴이).

161 위의 책, 347-348.

이 두 사람이 남긴 몇 쪽 분량의 일기에서 신앙을 병역과 연결해 생각한 흔적은 찾아볼 수 없다. 만약 "사람을 죽이지 말라"라는 계명 자체에 주목한다면 불교도의 "불살생(不殺生)"도 양심적 병역거부의 근거가 될 수 있다. 불교는 많은 인민지원군 장병에게 기독교보다 더 친숙했다. 실제로 중일전쟁 때 적지 않은 불교도가 종군했다. 불교의 성지 우타이산(五臺山)에서는 전쟁 발발 당시부터 1,000여 명의 승려 중 40여 명의 청년 승려가 항일전쟁에 참여했다.162 또 1941년 초, 정토종(淨土宗)의 시조 혜원(慧遠)이 깨달음을 얻은 헝산(恒山)에서 20km 정도 떨어진 리서우현(靈壽縣)의 한 사찰에 출가한 승려는 허베이성 중부를 흐르는 후퉈허(滹沱河) 강변의 한 마을에서 행해진 신병 훈련에 참여했다. 같은 해 1월 15일 자《진찰기일보(晋察冀日報)》의 기사에 따르면, 종군 동기에 관한 기자의 질문에 그는 이렇게 답했다. 군인이 되는 것은 근거지 "주민의 의무"이며 "일본군을 몰아내지 않으면 살 수 없다."163 이는 자기보존과 사회적 의무의 관점에서 모범적인 답변이었다.

이 두 가지와 "불살생" 계율 사이에서 생기는 갈등을 그가 어떻게 극복했는지는 기사에 나오지 않는다. 그러나 800~900명가량의 훈련병 가운데서 특히 승려를 지목한 이유는 그에게 반드시 지켜야 할 "불살생" 계율이 있었기 때문일 것이다. 즉 계율에 엄격하게 얽매이는 출가 승려조차 종군했으니, 승려가 아닌 일반 독자에게는 더욱 종군하지 않을 이유가 없다는 의도였을 것이다. 또한 이러한 논리가 독자를 설득할 수 있을 것이라 판단한 이유는 불교도라면 누구나 "불살생" 계율을 알고 있다는 전제가 있었기 때문일 것이다.

---

162 李隆海 等,〈五台山和尚的抗日爱国事迹〉, 政協河北省委員会 編,《晋察冀抗日根拠地史料汇编》(下), 河北人民出版社, 2015, 2210-2211.

163 江波,〈一個新兵團〉,《晋察冀日報》1941年 1月 15日.

다만 승려 본인이 그 갈등을 간단히 극복했으리라 상상하기는 어렵다. 대승불교에는 통계적·공리주의적 관점에서 한 사람을 죽여 다수를 살린다는 "일살다생(一殺多生)" 논리가 있다.**164** 그러나 이 기사는 계율과의 관계를 직접 언급하지 않는다. 이는 지면 제한 때문이기도 하겠지만, 부주의하게 그 점을 부연하면 병력 자원 개척을 위해 노력하는 이 신문의 편집 의도와 달리 재가불교도를 비롯한 일반 독자가 종군에 부정적인 이유를 떠올릴 수 있다는 우려 때문이었을 것이다. 오히려 눈길을 끄는 것은 기사 속 한 문장이다. 기사는 그가 소속된 중대 정치지도원의 말을 인용해 "스님은 업무에 매우 적극적이고 읽고 쓸 줄 알아 매일 문서 등록 업무를 돕고 있다"라고 소개한다.**165** 계율과의 갈등을 피하는 한 방법으로 전투 이외의 업무에 종사하는 길이 있음을 암암리에 독자에게 전하고 있는 셈이다.

미야 슈지(宮柊二)는 우타이산 서쪽의 산시성(山西省) 북부에서 "북지 파견 요시자와부대(北支派遣吉沢部隊)"의 일개 병졸로 팔로군의 소탕에 가담했다. 그는 1940년 10월 1일 자《단가연구(短歌研究)》에 기고한〈한 사람의 팔로병(一人の八路兵)〉에서 바위투성이 산악지대의 "치열한 전투"가 끝난 오후에 패주하는 팔로군의 모습을 기록했다. 팔로병들은 "다섯, 여섯 명씩 모여 능선에서 골짜기로, 다시 비탈진 경사면으로 걸어가면서 때로는 일본군을 아군으로 착각한 듯 가까이 다가왔다가 사살되기도 했다."

어느 팔로병은 갈라진 땅바닥에 몸을 숨겼다. 계곡을 내려가면서 적을 찾던 일본군이 그에게 다가가 총을 겨눈 순간, 팔로병이 숨은 곳에서 굉

---

164 불교에서 살인의 정당화에 대해서는 ポール·ドミエヴィル (林信明 訳),〈仏教と戦争-殺生戒の根本問題〉,《禅学研究》第65号, 花園大学, 1986, 78-80.을, 그리고 중일전쟁 중 중국 불교도의 "일살다생"에 대해서는 學愚,《佛教, 暴力與民族主義》, 香港中文大學出版社, 2011.을 참조.

165 江波, 위의 논문.

음과 흰 연기가 일었다. 그가 수류탄으로 자폭한 것이다. 미야 슈지는 조금 떨어진 곳에서 그 모습을 바라보고 있었다. "적은 발견되자 양손을 모았다. 도움을 받고 싶다는 표현 같았다. 그러나 이미 많은 전우를 잃은 군인은 도저히 타협할 생각이 없었다. 총을 겨눈 자신 또한 머리를 들면 사살되고 손을 들어도 사살되는 탄환의 폭풍우 속에 있었기 때문이다. 그는 절박한 증오로 '아니오' 하고 고개를 저었다. 그러자 적은 가지고 있던 수류탄으로 자폭해 버렸다." 나중에 그 말을 들은 미야 슈지는 "자폭할 정도라면 왜 두 손을 모았을까?"라고 의문을 품으며 "그 순간 그에게 일어난 정신의 동요"에 대해 상상의 나래를 폈다.**166**

팔로병이 두 손을 모은 것은 투항 의사도, 목숨을 구걸하는 의사표시로서 이마를 땅에 조아리는 "고두(磕頭)"도 아니었을 것이다. 그런 점에서 승려가 입적할 때 집중하기 위해 손을 모으는 자세가 떠오른다. 팔로병의 유품에는 "수류탄 3개, 체코제 탄창과 탄약 ○○○발, 청룡도(青龍刀), 물병, 배낭 등"이 있었다.**167** 탄약이 충분했지만, 그는 다가오는 일본군에게 그것을 사용하지 않았다. 수류탄을 던질 수 없을 정도로 다쳤을 수 있다. 하지만 "죽는다면 적과 함께"라는 생각으로 상대방이 더 가까이 다가왔을 때 자폭하는 방법을 선택하지 않았다. 이 군인은 전직 승려이거나 불교의 영향을 많이 받은 사람이었던 것 같다.

일반적으로 팔로군에는 무기와 탄약이 매우 부족했다고 알려져 있다. 청룡도를 휴대하고 있는 것을 보면 이 부대 또한 마찬가지였던 것 같다. 그러나 "치열한 전투"의 끝에도 그는 4발이나 되는 수류탄과 세 자리 숫

---

166 宮柊二, 《宮柊二集6》, 岩波書店, 1989, 9-11. 宮柊二, 《宮柊二集 別卷》, 岩波書店, 1991, 120-138. 인용문 속 한자 읽기는 원문 그대로다. 미야 슈지의 단가에 나타난 전장에서 "살인에 대한 저항감"에 관해서는, 鹿野政直, 《兵士であること 動員と從軍の精神史》, 朝日新聞社, 2005, 25-49.를 참조.

167 宮柊二, 《宮柊二集6》, 岩波書店, 1989, 10.

자의 총탄을 가지고 있었다. 1950년 여름부터 3개월간 훈련받은 제13병단 39군 116사단 346연대의 허중광(何宗光)이 10월 말에 압록강을 건널 때 휴대한 수류탄이 4발 정도였다. 그렇다면 이 팔로병은 전투 초기부터 적진을 향해 수류탄을 던지거나 총을 쏘지 않았다는 뜻이다. 그는 탄약을 공급하는 보조요원이었던 것 같다.

또 그의 배낭에는 고등소학교(高等小學校)**168** 지리 교과서, 소학교 초급용 국어독본과 습자첩, 《항일군인독본(抗日軍人讀本)》과 같은 해 1월에 발표된 마오쩌둥의 《신민주주의론(新民主主義論)》을 일부 발췌한 등사판 인쇄물이 들어 있었다. 문맹률이 매우 높았던 팔로군 부대에서 고등소학교 학력을 "지식분자"로 여긴 것을 고려하면, 그는 전투 요원보다 문서·통신 연락책이었을 가능성이 높다. "체코제 탄약은 매끈하게 윤이 났"지만, 최후에는 복수나 미움이 아니라 가급적 상대방에게 해를 끼치지 않고 "성불(成佛)"하기로 한 것이다.**169**

자기보존과 사회적 의무, 그리고 "불살생" 계율 사이에서 발생한 불교도의 갈등은 중일전쟁 중 불교계의 대응에서도 나타났다. 루거우차오사변 직후 불교계의 지도적 존재였던 태허법사(太和法師)는 국내외 불교도를 상대로 다음과 같이 호소했다. 그는 침략국이 폭력을 멈추도록 기도하는 것과 함께 "부상병 구호, 난민 수용, 사망자 안장, 민중에 대한 방공과 방독 등 전시 상식의 보급" 등을 호소했다. 실제로 제2차 상하이사변**170** 때

---

168 건국 초기 중국에서 시행된, 초등소학(1~4학년)과 중등교육을 이어주는 중간 단계의 교육과정으로 소학교 5~6학년에 해당한다(옮긴이).

169 위의 책. 등사판 인쇄의 제목은 《신민주주의적 헌정(新民主主義的憲政)》이다. 마오쩌둥의 《신민주주의론》의 제5절만 빼내 인쇄한 것으로 보인다. 고등소학교 정도의 학력을 "지식분자"라고 생각한 사례는 徐光耀, 《徐光耀日记》第1卷, 河北教育出版社, 2015, 352.에 있다. 何宗光, 《那年, 那月, 鸭绿江那边的记忆》, 长征出版社, 2011, 45.

170 쑹후(淞滬) 전역이라고도 한다. 289쪽 각주 13 참고(옮긴이).

상하이 불교계는 "승려 구호대" 깃발을 들고 8,273명의 부상병과 난민을 구조했고,[171] 이듬해 2월에는 전란 속에서 반년이나 상하이 교외에 방치된 채로 있던 6,187구의 전사자를 매장했다.[172] 그러나 전투에는 참여하지 않았다.

종군은 불살생 계율에 어긋난다는 인식은 1947년 1월 1일에 공포된 중화민국헌법의 병역 의무 조항을 둘러싼 논란에서도 확인된다. 중화민국헌법 제20조는 "인민은 법률이 정하는 바에 따라 병역에 복무할 의무를 진다"라고 규정하고 있었다. 이에 대해 칭다오 불교분회 등의 불교도들은 성명을 통해 한족 승려도 몽골·티베트 승려처럼 병역을 면제하라고 요구했다. 이는 "국민의 의무를 다하지만 불살생 계율은 어기지 않겠다"라는 뜻이었다.[173] 이 선언 이후 3년이 지나 한국전쟁에 직면한 불교도에게 "불살생" 계율이 사라졌을 리 없다.

이러한 불교의 영향이 인민지원군 장병의 뇌리에 남아 있었다는 흔적을 38군 114사단 340연대 가오룬텐(高潤田) 소대장의 행동에서 찾을 수 있다. 그는 출동 전 개인 소지품을 부대 보관소에 맡기라는 규정을 따르지 않고, 방수 시트로 감싼 뒤 집결지였던 랴오닝성의 옛 카이위안성(開原城)[174] 교외 사찰 경내의 오래된 탑 근처에 묻었다. 장융후이 부군장은 이를 두고 "가오룬텐은 곧 돌아올 줄 알았다. 장제스를 쉽게 꺾었듯이 미국 놈들 역시 중국 인민지원군 앞에서 패장이 될 것이라 믿었기 때문이

---

171 樂觀, 〈佛敎在抗戰期間的表現〉, 張曼濤 主編, 《中國佛敎史論集(7)-民國佛敎篇》, 大乘文化出版社, 1978, 233-317.

172 範成·彗開 口述, 〈佛敎掩埋隊實寫〉, 上海佛學院 主編, 《妙法輪》第3卷 第1至9期 合刊, 1945년 10월 1日, 75-78.

173 〈爲漢僧服兵役宣言〉, 上海印光大師永久記念会, 《弘化月刊》 1947년 第73期.

174 926년 요(遼)나라 때 군사 요새로 만들어진 성(옮긴이).

다"**175**라고 회고했다.

    장융후이의 말은 나관중의《삼국지연의(三國志演義)》의 고사 "관우가 화웅을 베다"를 떠올리게 한다. 조조 등 18로(路)의 제후는 원소를 맹주로 천거하고 동탁을 토벌하기 위해 반기를 들었다. 이에 맞서 싸우는 동탁 측의 무장인 화웅은 선두에서 연합군 측 장군 몇 명을 연달아 벴다. 위축된 분위기가 팽배한 원소 진영에서 무명의 관우가 출마를 요청해 허락받았다. 조조에게서 술을 따끈하게 데운 "장행주(壯行酒)"를 건네받았으나 "위로주"로 맡겨 놓고 출전했다. 얼마 뒤 관우는 화웅의 목을 들고 귀환해 "장행주"를 마셨다. 술은 아직 따뜻했다.**176** 이 고사는 오랫동안 주목받아 경극의 상연 목록에도 올랐다.**177** 회고록을 쓴 장융후이와 회고록 작업을 도운 사람들이《삼국지연의》로부터 이 고사를 알았는지,**178** 아니면 38군 소속 제13병단 사령관 덩화(鄧華)가 병단 직속 단체로 경극단을 두었을 정도의 경극 애호가여서 이 고사를 알았는지는 확인할 길이 없다.**179** 중요한 것은 자기 실력에 대한 자신감과 간단히 승리할 수 있다는 자신감이 큰 상황에 대한 묘사에서 양자가 매우 비슷하다는 점이다.

    《삼국지연의》는 문학작품이지 역사 사실이 아니다. 화웅을 벤 장수는 관우가 아니라 손견(孫堅)이었음이 역사서《삼국지(三國志)》를 통해 잘 알려졌다. 하지만 그것은 문제가 안 된다. 여기서 문제는 같은 자신감의 강도를 나타내는 데 따뜻한 술이 식기까지 걸리는 짧은 시간과 불탑이 의미

---

175 江擁輝, 위의 책, 34.

176 羅貫中,《三国志演義》第五回.

177 曾白融 主編,《京劇劇目辞典》, 中国戏剧出版社, 1989, 195-196. 이 극은〈참화웅(斬華雄)〉이외에〈온주참화웅(温酒斬華雄)〉또는〈사수관(汜水關)〉이라는 별명이 있다.

178 江擁輝, 위의 책, 582-583.

179 杜平,《杜平回忆录》, 解放军出版社, 2008, 23.

하는 영원한 시간이라는 정반대의 참조물을 사용한 점이다. 가오룬텐은 출동 뒤 생명의 덧없음을 의식하고 자신을 영원성이 있는 사물과 일체화하고자 했던 것 같다. 그의 행동을 윤회전생(輪迴轉生), 즉 영원을 약속하는 불교에 신뢰를 보낸 것으로 해석하지 않으면 논리가 성립되지 않는다.

가오룬텐의 자신감에 대한 장융후이의 해석을 나중에 군사 작가 왕수쩡(王樹增)이 답습했다. 그러나 '왜 불교 사찰인가?'라는 필연성은 설명할 수 없다는 듯이 "모든 것은 변할지 모른다. 하지만 이 오래된 탑은 이곳에 수백 년 동안 우뚝 서 있었으므로 미국 놈들을 토벌하는 이 며칠 사이에 사라지지는 않을 것"이라고 썼다.[180] 왕수쩡의 부연 설명은 뜻밖에도 장융후이의 해석에 내재한 모순을 더욱 두드러지게 했다. 논리적으로 생각하면 바뀔 수 있는 "모든 것" 안에는 군 조직도 당연히 포함된다. 장융후이와 왕수쩡은 자기 해석으로 인해 딜레마에 빠진 셈이다.

그들이 이렇게까지 문장의 논리를 무시할 수밖에 없는 이유는 이념상 인민지원군 장병의 의식 속에 존재했던 종교성을 인정할 수 없었기 때문이다. 이 같은 정권 측의 공식 입장을 앞에서 말한 제3병단의 가톨릭 신자의 일기장에서도 확인할 수 있다. 자신의 무사함을 성모 마리아의 비호로 돌린 문구를 기록한 일기장의 아래 여백에는 "인간의 계급성은 계급사회에서 인간의 본성이며 사회의 본질이다"라는 류사오치의 말이 인쇄돼 있었다.[181] 불교는 신앙고백을 요구하지 않는 종교이며, 당시 정권은 종교성 자체를 부정했다. 따라서 인민지원군 안에서 양심적 병역거부 사례를 찾아내기는 쉽지 않았다.

지금까지 기독교와 불교의 관점에서 인민지원군 내 양심적 병역거부

---

[180] 王树增,《极东 朝鲜战争》,解放军文艺出版社, 2005, 129.

[181] 한림대학교 아시아문화연구소 편,《한국전쟁기 중공군 문서》제4권, 한림대학교, 1996, 347-348.

상황을 살펴봤다면, 이제는 "인간성"의 관점에서 살펴보도록 하자. 종교와 무관하게 인류는 아주 오래전부터 "동포"인 인간을 죽이는 것에 대한 저항감이나 혐오감을 지니고 있었다. 프로이트(Sigmund Freud)가 아인슈타인(Albert Einstein)에게 보낸 편지에서 인간의 파괴적 충동에 대항할 수 있는 수단으로 언급한 것이 바로 이러한 "전쟁 혐오"였다.[182] 마오쩌둥 등은 "종교성"뿐 아니라 "인간성"도 "계급성"에 종속된다고 생각했다. 마오쩌둥은 1942년 5월, 옌안에서 열린 "문예 좌담회"에서 이렇게 말했다. "(사람에게는 추상적인 인간성은 없고) 구체적인 인간성밖에 존재하지 않는다. 계급사회의 인간성은 계급성을 지니며 계급을 초월하는 인간성은 없다. 우리는 프롤레타리아의 인간성을 주장하고, 부르주아나 프티 부르주아 계급은 그들 계급의 인간성을 주장한다."[183] 즉 보편적 인간성의 존재 자체를 부정한 것이다.

따라서 중국 측의 당대 자료만으로 이 문제에 정면으로 접근하기는 어렵다. 대신, 조선에서 인민지원군과 맞선 미군 장병의 "사람을 죽인다"라는 것에 대한 감정을 살펴봄으로써 인민지원군 장병의 인식을 간접적으로 추정해 볼 수 있다. 한국전쟁 당시 미군 병사의 실제 "발포율(發砲率)"은 55%였다. 살인에 대한 병사의 저항감을 줄이고 살인의 효율을 높이기 위해 "과학적"으로 훈련하기 이전의 비율은 그보다 훨씬 낮았다. 예를 들어 제2차 세계대전 때 일본군·독일군과 근접전을 벌인 400개 이상의 보병 중대를 대상으로 미군 마셜(S. L. A. Marshall) 준장 등이 실시한 조사에 따르면, "전투에서 미국 소총수는 불과 15~20%밖에 적을 향해 발포하지 않았다. (중략) 일본군의 필사적인 집단 돌격에 맞섰을 때조차 그들은 역

---

[182] 알베르트 아인슈타인·지크문트 프로이트, 지서우 옮김, 《아인슈타인 vs 프로이트-우리는 왜 전쟁을 할까?》, 새터, 2021, 21-55.
[183] 毛沢東文献資料研究会 編集, 竹内実 監修, 《毛沢東集》第8巻, 北望社, 1971, 139-140.

시 발포하지 않았다."184

이 비율은 그리스도와 석가모니를 가리지 않고 그 장점을 자신의 사상에 흡수해 인간에 대한 비범한 통찰력을 보여 준 톨스토이(Leo Tolstoy)가 합법적 살인을 자행하는 나폴레옹 군대의 병사를 묘사할 때 상상했던 낮은 "발포율"과 비교해도 크게 다르지 않다. 참 신기한 일이다. 1812년 가을에 일어난 모스크바 대화재의 방화범으로 지목된 사람을 처형하는 데 나폴레옹 군대 병사 8명이 동원됐다. 불과 여덟 걸음밖에 떨어지지 않는 거리에서 발포했는데, 주인공 피에르는 사형수의 몸에서 2개의 출혈밖에 확인할 수 없었다. 4분의 3의 병사가 일부러 표적을 비껴나 사격했다는 뜻이다.185 즉 합법적인데도 75%의 병사는 "살인 거부"를 택함으로써 일종의 변형된 군대 내 양심적 병역거부를 실천한 셈이다.

마오쩌둥이 이 수치를 알고 있었는지는 알 수 없다. 그는 톨스토이의 작품에 담긴 휴머니즘에 대해 〈옌안문예좌담회〉에서 이렇게 비판했다. "이른바 '인류애'에 대해 말하자면, 인류가 계급으로 분열된 이후 그런 통일된 사랑 같은 것은 더 이상 존재하지 않는다. 지배계급이 그런 것을 제창했고, 공자와 톨스토이가 그런 것을 제창했지만, 누구도 진정으로 그것을 실천한 예는 없다. 계급사회에서는 그것이 있을 수 없기 때문이다."186

그러나 중국군 장병이 지니고 있던 '사람을 죽이는 것에 대한 저항감'이라는 인류 공통의 생득적 감정은 마오쩌둥이 부정한다고 해서 바로 사라지지 않았을 것이다. 미군만큼 "과학적"이고 "효율적"으로 살인 훈련을 받지 않은 인민지원군 장병의 발포율은 기껏해야 15~25% 수준에 머물

---

184 데이브 그로스먼, 이동훈 옮김,《살인의 심리학》, 열린책들, 2023, 43-45.
185 레프 니콜라예비치 톨스토이, 박종소·최종술 옮김,《전쟁과 평화》상, 을유문화사, 2019, 360-363.
186 毛沢東文献資料研究会 編集, 竹内実 監修, 위의 책, 140.

렀을 것이다. 그것을 뒷받침하는 직접적인 통계 숫자는 없다. 그러나 인민지원군의 뿌리에 해당하는 조직들에서 자신의 목숨을 끊으면서까지 병역을 거부한 사례는 많다. 항일전쟁 중인 1940년 겨울에 우타이(五臺) 제14구의 어느 마을에서 청년 한 명이 목을 매달았다가 미수에 그쳤고, "어떤 마을에서는 종군을 꺼리는 청년 한 명이 스스로 목을 맸다." 1941년 지루위(冀魯豫)군구 제3분구에서는 감소한 인원 1,008명 가운데 0.2%가 자살자였다. 국공내전 중인 1947년에 산둥성 보하이(渤海) 제1분구에서는 "정신착란자 11명, 자살자 36명, 자해자 98명이 발생했다."[187] 1949년 4월에 지루위군구 당위원회가 작성한 문서에 따르면, 남하 준비를 위한 신병 모집을 피해 도망친 청년이 적지 않았고 산둥성 둥아현(東阿縣)에서는 병역을 피하려 목매달거나 익사한 이가 3명 있었다.[188]

물론 이들이 모두 양심적 병역거부로 자살했다고 단정할 수 없다. 그러나 "죽이거나, 죽임을 당하거나"라는 이분법 속에서 그 어느 쪽도 택하지 않고 자살을 통해 '부전 내지 반전'을 지향한 이들이 존재했을 가능성은 충분하다. 그렇다면 지금까지 용기 없다고 치부된 행동에는 오히려 "죽이지 않는 용기"가 있었다고 말할 수 있다. 그리고 지금까지 "삶을 탐하고 죽음을 두려워하는" 행동으로 여겨진 "탈영·자해"에 대해 적어도 부분적 또는 일시적인 양심적 병역거부가 포함돼 있다고 볼 수 있다. 이는 단순한 이기심"이 아니라, 인류라는 동포를 죽이기를 거부하는 "이타성(利他性)"의 발현이라는 관점에서 다시 생각해 볼 필요가 있다.

---

[187] 齐小林,《当兵》, 四川人民出版社, 2015, 199, 285.
[188] 〈冀魯豫區黨委擴大會議總結報告(1949年 4月)〉, 中共冀魯豫边区党史工作组办公室 编,《中共冀魯豫边区党史资料选编》第3辑 文献部分(下), 山东大学出版社, 1989, 524.

| 나오며 |

마지막으로 해외파병 인민지원군 장병에게 국경선인 압록강을 건너는 것은 어떤 의미였을까를 생각해 보자.

제13병단 사령부 정치부 주임 두핑은 1950년 10월 23일 저녁, 안둥에서 압록강 북안을 따라 창뎬(長甸) 하구까지 북상한 뒤 강을 건넜다. 두핑은 미군을 과거 러일전쟁을 치른 일본군에 빗대 "1904년 일본군은 신의주에서 압록강을 건너 이 길을 따라 랴오양(遼陽)으로 다가와 우리 둥베이 지역을 분할하기 위해 러시아군과 전쟁을 벌였다"라고 회고록에 썼다.**189** 역사적으로 수많은 군대가 이 강을 오갔다. 1590년대에는 명나라가 도요토미 히데요시(豐臣秀吉)의 조선 출병에 맞서기 위해 파견한 원군이 이 강을 건넜다. 근대만 보더라도 1894년에 일어난 청일전쟁 때 야마가타 아리토모(山県有朋)가 지휘한 제1군이 의주에서 안평 하구를 건넜고, 1931년 9월 만주사변 이후에는 관동군 증원을 위해 일본의 "조선군(朝鮮軍)"이 월경했다. 두핑이 자기를 성공 사례로 띄우려 했다면 명나라 사례가 더 적당했을 것이고, 적개심을 강조하려 했다면 청일전쟁의 사례가 어울렸을 것이다. 특히 야마가타 제1군의 사토(佐藤) 지대(支隊)가 강을 건넌

---

189 杜平, 위의 책, 32.

날짜는 10월 24일로,**190** 두핑이 도강한 23일과 하루 차이였다. 1908년 생인 두핑에게 명나라와 청나라는 시대적으로 너무 멀었지만, 그가 23세 였던 1931년의 "조선군" 사례는 가까웠다. 그러나 그가 역사의 지층에서 발굴한 사례는 그 어느 것도 아닌 러일전쟁과 관련한 한 장면이었다. 이러한 점에서 압록강에 대한 두핑의 역사 인식은 회고록을 쓴 1980년대 중반에 이르기까지 무의식적으로 소련의 영향을 강하게 받고 있었던 것 같다. 그러나 여기서는 두핑이 파병될 때 사용한 지도 등 작전 자료의 일부를 동맹국 측이 제공했을 가능성이 높다는 점만 지적하기로 한다.**191**

강을 건너면서 장병들은 저마다의 방식으로 특별한 마음을 표현했다. 65군 194사단 580연대장 우훙(武宏)은 번시(本溪) 남역에서 기차를 타고 안둥에서 이틀 정도 쉰 뒤 강을 따라 주롄청(九連城)까지 행군해 얼어붙은 강을 건넜다. "하늘이 어두워 시계를 보니 1951년 2월 24일 저녁 7시였다."**192** 도강 시각을 의식한 장병은 그만이 아니었다. 어느 부대의 전보 통신원을 지낸 야오치밍(姚啓明)도 앞을 걷고 있는 여성 전우 장즈쥐안(蔣志娟)에게 시각을 물었다. 시계를 보고 있던 장즈쥐안은 "볼 것도 없어. 18시 30분이야"라고 대답했다. 귀한 시계가 없는 많은 병사는 걸음 수로 거리를 재며 "중국에서 조선까지는 1,500보밖에 안 된다"라고 말했다.**193**

제19병단 사령관 양더즈(楊得志)는 출동 전 집결지인 산둥성 옌저우에서 현지 주민으로부터 "압록강은 창장만큼 폭이 넓지 않고 물살이 빠르지 않다"라는 말을 들었다.**194** 제3병단 12군 34사단 100연대 리쥔(李俊)

---

190 参謀本部 編纂,《明治二十七八年日清戰史》第2卷, 東京印刷, 1904, 297-302.

191 沈志华 主编,《俄罗斯解密档案选编 中苏关系》第3卷, 中国出版集团东方出版中心, 2015, 116-117.

192 武宏,《军旅生涯 武宏回忆录》, 中国文史出版社, 2007, 171.

193 田艺 编,《朝鲜战场亲历记》, 长江文艺出版社, 2011, 718.

194 杨得志,《杨得志回忆录》, 解放军出版社, 2011, 414.

의 1951년 일기에 따르면, 강을 건넌 직후인 4월 3일 총괄회(總括會)에서 리이더(李一德)는 "상관으로부터 압록강을 건너라는 명령을 받고 특별히 위화감을 느끼지 않았다. 건너면서 뒤돌아보지도 않았다. 별일 아니라고 마음속으로 생각했다"라고 첫 번째로 발언했다. 또 스광화(史光華)는 "압록강은 창장만큼 폭이 넓지 않고 중국과 조선의 관계도 그에 비할 수 있다"라고 발언했다.**195** 옌저우 현지 주민의 말은 평상시 그들의 거리 감각을 반영한 것이며, 양더즈는 군사 작전이라는 "객관적"인 시점에서 파악했을 것이다. 그리고 리이더와 스광화의 발언은 "총괄회"에서 나왔다는 점에서 어딘가 "공식적인" 느낌이 있다. 적어도 제5부에서 살펴본 탈영 장병, 특히 출동 전 탈영을 시도하다 붙잡혀 원대로 송환된 허충 같은 병사가 어떤 심정으로 강을 건넜을까에 대한 답을 이 표현들에서는 읽어낼 수 없다.

당시 많은 장병은 이 강을 건너면 영원히 돌아오지 못할 것이라 여겼다. 인민지원군 사령관 펑더화이도 생환 가능성이 작다고 봤다. 그는 정식으로 파병이 결정된 10월 5일 자정을 넘긴 10월 6일 1시쯤, 비서 장양우(張養吾)에게 "조카들이 보고 싶어졌다. 날이 밝으면 그들이 다니는 학교에 전화해서 이틀 동안 휴가를 내 놀러 오라고 하라"라고 지시했다. 자식이 없던 펑더화이는 조카들을 친자식처럼 아꼈는데, "이번 이별 뒤 다시 만날 수 있을지 가늠하기 어렵다고 생각했기" 때문이었다.**196**

인민지원군은 북조선군의 옷을 입고 성명과 본적지는 물론 중국과 관련한 모든 흔적을 소지품에서 없애야 했다. 그들은 조선 진공 뒤 가능한 한 대화를 삼가라는 명령을 받았다. 압록강을 건널 때 장병들의 행동에

---

195 한림대학교 아시아문화연구소 편, 《한국전쟁기 중공군 문서》 제4권, 한림대학교, 1996, 278-279.

196 张希, 위의 논문, 139. 彭梅魁, 《我的伯父彭德怀》, 中央文献出版社, 2009, 41, 45-47.

대해 당시 15군 29사단 소속인 정스원(鄭時文)은 흥미로운 일화를 남겼다. 1951년 3월 25일 저녁, 같은 사단의 87연대와 동행한 푸옌썬(傅嚴森) 부사단장은 부대가 강을 건너는 모습을 시찰했다. 그는 강을 향해 큰 소리로 "푸옌썬이라고 합니다. 쓰촨성 출신입니다. 어릴 적 소를 키웠고, 1932년에 홍군에 참가해…"라고 외쳤다. 부하들에게도 도강하기 전에 하고 싶은 말을 남기도록 지시했다. 그러자 사단 군무과장은 "장옌원(張彦文)이라고 합니다. 허베이성 우안현(武安縣) 출신입니다"라고 외쳤다. 이어서 "허우잉제(侯英傑)라고 합니다. 군 기수입니다", "어머니, 이제 연세가 있으시니까 너무 일 많이 하지 마세요. 장작 패기와 모내기는 며느리에게 시키고…", "어머니, 보고 싶어요"와 같은 다양한 외침이 조용한 강에 울려 퍼졌다. 전국 각지의 사투리를 비롯해 민요와 희곡 멜로디가 더해졌다. 중일전쟁 때 입대한 마부 웨이(魏) 아무개는 "지금까지는 이름 있는 사람이었지만, 내일부터는 이름도 없는 영혼이 될지 모르니까"라고 정스원에게 설명했다.**197** 이것은 해외에 파병되는 장병들이 국경선 안쪽에 남겨 두고 떠나는 "유언"이었다.

---

197 郑时文, 《我心有歌》, 世界知识出版社, 2007, 56-57.

제6부

쉬광야오의 전쟁

직업관, 생사관

| 들어가며 |

제6부에서는 제20병단 정치부 소속 중급 문화장교였던 쉬광야오의 직업관과 생사관을 중심으로 그가 한국전쟁에 어떻게 반응했는지를 살펴본다.[1]

쉬광야오는 1925년 허베이성 슝현(雄縣)의 중농 가정에서 태어났다. 루거우차오사변이 일어난 이듬해에 소년병으로 팔로군에 입대했으며 어려서부터 문예에 친숙했다. 19세가 지났을 무렵, 자신의 문학적 재능을 자각하고 전쟁이 끝나 평화가 회복되면 진학할 작정이었다. 군에서 틈틈이 단편을 써 신문에 투고했다. 1947년 1월에 화베이연합대학(華北聯合大學)[2] 문학부에서 학업을 시작했지만, 국공내전의 격화로 중단해야만 했다. 화베이 지역에 다시 평화가 찾아와 신정권 수립을 목전에 둔 1949년 7월쯤에 소속 병단 정치부는 톈진에 주둔하고 있었다. 이곳에서 쉬광야오는 전업 작가가 되기 위해 창작에 전념했다. 그해 말, 1942년 5월 일본

1 쉬광야오에 관한 전기로는 闻章, 《小兵张嘎之父 徐光耀心灵档案》, 河北大学出版社, 2011.이 있다.
2 1937년 7월에 공산당이 간부 양성을 목적으로 만든 대학인 산베이공학(陝北公學)이 1939년 7월 루쉰예술학원, 옌안공인학교(延安工人學校) 등과 합쳐져 만들어졌다. 화베이연합대학은 1948년 8월에 베이팡(北方)대학과 합쳐져 화베이대학이 되고, 1950년 10월에 중국인민대학으로 바뀐다(옮긴이).

군의 대소탕 작전 당시 자신의 부대 경험을 바탕으로 한 장편소설을 완성했다.

1950년 초여름은 병단사령부와 정치부의 재편과 해산이 진행되던 시기였다. 쉬광야오는 데뷔작의 출판을 기다리면서 중앙인민정부 정무원 문화부 산하에 신설될 예정인 중앙문학연구소(中央文學研究所) 연수생으로 선발되기를 기대했다. 문학 이론을 포함해 다양한 지식을 흡수하기 위해서였다. 중일전쟁과 국공내전으로 번번이 가로막혔던 문예의 길이 겨우 궤도에 오르는 듯했다. 그러나 한반도에서 전쟁이 발발하고, 특히 가을 무렵부터 정권이 파병 개입을 결정하면서 그 길은 또다시 끊길 위기에 처했다.

제1장
직업관

복원 희망

1950년 여름, 톈진에 있던 쉬광야오가 일기에서 한국전쟁을 처음 언급한 것은 발발 이틀 뒤인 6월 27일이었다. 그는 "어제 신문에 천하의 중대사가 실렸다. 조선에서 큰 전쟁이 일어났다고 한다"라고 적었다. 베이징에 있던 기상학자 주커전이나 상하이에 있던 역사학자 구제강은 모두 전쟁 발발을 26일의 일기에 적었다. 이와 비교하면, 이틀 뒤라는 시점은 병단 안에서 〈신화사통신〉 지사의 기자 역할을 맡고 있던 쉬광야오에게는 늦은 감이 있다. 그 뒤 8월 8일에 쉬광야오는 중소우호협회에서 프랑스 공산당 중앙위원이자 《위마니떼(L'Humanité)》의 기자로서 전쟁 발발 초기 한반도를 취재한 마니앙(Magnien)의 조선 정세 관련 강연회를 들었다. 서툰 "통역 때문에" 소득은 적었다. 8월 28일에는 《천진일보》에서 미국 "비행기가 우리나라 둥베이 지역의 린장(臨江)과 지안 등을 폭격했다"라는 기사를 읽었다. 약 2주 뒤인 9월 10일에는 중궈대극장(中國大劇場)에서 조선으로부터 돌아온 궈모뤄(郭沫若)³의 강연회에 참가했다. 궈모뤄가

3   중국 현대문학의 개척자 중 한 사람. 일본 유학 뒤 귀국해 북벌 당시 국민혁명군 총정치부 비서장으로 참가하고 1927년 중국공산당에 입당했다. 1949년 중화인민공화국 건국 뒤에는 전국문학예술계연합회 부주석, 전국인민대표대회 상무부위원장, 전국정협부주석 등을 역

제시한 "1인당 10통의 편지를 써서 농촌 지역 주민의 서명을 받는다"라는 북조선 응원 방식에 실효성이 있다며 감탄했다.[4]

전쟁 발발부터 10월 3일까지 3개월여 동안 쉬광야오가 일기에 한국전쟁을 명시적으로 기록한 것은 이 네 차례뿐이다. 그 밖에는 8월 17일 일기에 딱 한 번 "정세"라는 간접 표현이 나온다. 전세를 대역전시킬 수 있는 미군의 인천상륙작전에 대한 언급조차 없는 것을 보면 한반도 정세에 적극적인 관심이 거의 없었던 것 같다. 톈진은 1885년 청일 양국이 조선을 둘러싼 긴장 관계를 조율한 "천진조약(天津條約)"의 체결지였다. 그리고 쉬광야오 소속 병단의 정치부와 선전부가 주둔했던 해광사(海光寺)는 의화단사건 이후 〈베이징최종의정서〉에 따라 주둔한 일본의 이른바 "톈진군(天津軍)"의 병영이었다.[5] 인근에는 조선 갑오농민전쟁으로 촉발된 청일전쟁 당시 청군 지휘관이자 6년 뒤 8개국 연합군의 침공에 맞서 싸우다 전사한 직예제독(直隷提督) 섭사성(聶士成)의 공적비가 있었다.[6] 그러나 이러한 사실들을 쉬광야오가 알고 있었다는 흔적을 일기나 작품 어디에서도 찾아볼 수 없다.

제20병단 사령부와 정치부가 9월 10일 정식 해산된 사실을 고려하면 그의 관심 부족이 무리는 아니었다. 병단이 해체·재편될 것이라는 이야

임했다(옮긴이).

4 《徐光耀日记》(이하《徐日记》로 약칭) 第3卷, 河北教育出版社, 2015, 299, 331, 348, 357. 마니양의 조선 취재에 대해서는 李庄, 〈一个中国记者看朝鲜战争〉,《社内生活》, 人民日报社, 2000年 11月 5日.을 참조.

5 海光寺会 編,《支那駐屯歩兵第二聯隊誌》, 河原隆雄(非売品), 1977, 79. 〈海光寺日本駐屯軍司令部〉(口絵写真), 清国駐屯軍司令部 編,《天津誌》, 博文館, 1909. 쉬광야오가 해광사 병영에 거주하고 있던 때는 톈진에 도착한 1949년 6월 28일부터 9월 5일까지다.《徐日记》第2卷, 405, 第4卷, 56.

6 〈聶士成公殉難記念碑(在城南八里台)〉(写真), 宋蘊璞 編,《天津誌略》, 1931. 成文出版社有限公司의 1969년 영인본 17쪽.

기는 그해 봄부터 있었으며, 9월에 화베이군구 등에 흡수·합병될 예정이었다. 실제로 쉬광야오는 7월 1일, 양청우(楊成武) 병단 사령관이 참가한 사령부와 정치부 요원들의 연회를 "해산 잔치"라고 생각하고 있었다. 이 시기에 그의 일기는 결혼과 취업 준비 이야기가 대부분이었다. 이는 동료들에게서도 공통적으로 나타난 현상이었다. 같은 병단 선전부에서 편집과 임시 책임자를 맡은 야오룽루(姚溶爐)는 〈신화사통신〉 본사로 옮기기 위해 먼저 화베이군구로 이동했고, 쉬쿵(徐孔)은 톈진시 경비사령부, 자오중싼(趙仲三)은 중앙인민정부 정무원 공안부(公安部), 웨이즈빈(魏質彬)은 톈진의 중국방적공사에 복원하기로 돼 있었다.**7**

그렇다면 쉬광야오가 꿈꾸던 이상적인 복원지는 어디였을까? 한국전쟁 발발 3주 전인 6월 3일에 병단 정치부 사무실에서 정리·재편에 대한 토의가 열렸다. 쉬광야오는 이 자리에서 자신은 이전부터 "평생 문학에 종사하기로 결심했고 이 꿈은 흔들리지 않을 것이며", 군에 남으라면 남겠지만 "군과 민간 중에서 선택하라면 복원을 택하겠다"라고 말했다. 가장 큰 이유는 "군대 생활의 답답함" 때문이었다. 그러면서 "중앙문학연구소가 만들어지면 들어가 연수를 받고 직업으로 문학 창작에 전념하겠다"라고 밝혔다.

그러나 전날 은사 천치샤(陳企霞)에게 보낸 편지에서는 복원보다 "군에 남는 것이 낫다. (중략) 문학연구소에 진학하지 못한다면 기자로 군에 남겠다"라고 썼다. 이는 중앙문학연구소 창설까지 시간이 필요하니 당장은 군무에 전념하라는 천치샤의 조언을 따른 것이었다. 그날 일기에서 "절반 이상은 진심"이라고 쓴 표현이 이를 뒷받침한다.**8** 결국, 다음 날 토의에서 밝힌 의사가 쉬광야오의 "본심"이었던 것 같다. 어쨌든 문학연구소

7 《徐日记》第3卷, 308, 335, 351, 356-358. 제4권, 9.
8 《徐日记》第3卷, 282-283.

가 만들어지기 전까지 군에 머물 것인가, 아니면 복원해 기다릴 것인가를 고민했을 뿐 전업 작가가 되기 위해 문학연구소에 진학한다는 목표에는 변함이 없었다.

6월 내내 병단 사령부와 정치부의 재편이 진행됐다. 전쟁 발발 사흘 전인 22일, 쉬광야오의 직속상관인 선투(沈圖) 정치부 선전부장은 취업 활동 끝에 중소 합병 항공회사의 부지배인으로 자리를 옮겼다. 전우로부터 소식을 들은 쉬광야오는 지금이 이적하기 좋은 때라고 생각했지만, "문학연구소는 지지부진하고 창설될 기미가 없어" 한층 초조해졌다. 그러다 7월 7일, 화베이연합대학 시절 학우로부터 받은 편지를 통해 천치샤가 참여하는 문학연구소 준비위원회가 작성한 40~50명 정도의 연수생 후보자 명단에 자신이 포함됐다는 내부 소식을 들었다. 개학까지 아직 2~3개월이 남아 있었지만, 쉬광야오는 "만세, 만세, 만만세!"라며 기뻐 날뛰었다. 이틀 뒤인 9일에는 꼭 1년 전에 쓰기 시작한 소설의 출판 광고가 6월 8일 자 《인민일보》에 실린 것을 우연히 발견하고 작가의 꿈을 향해 첫걸음을 내디뎠다는 성취감을 음미했다.[9]

그러나 그의 글재주는 오히려 불리하게 작용했다. 대규모 복원이 진행되는 와중에도 유능한 쉬광야오를 군대가 놓아주지 않으려 했기 때문이다. 7월 23일, 문학연구소에 갈 뜻을 상관 웨이쩌난(魏澤南) 선전부장에게 전달했을 때 웨이쩌난은 병단 사령부와 정치부 해산 뒤에도 쉬광야오와 같은 인재는 "군단 또는 화베이군구에 필요할지 모른다"라는 의미심장한 말을 남겼다. 쉬광야오는 오직 문학연구소 생각뿐이었으나, 조직부 과장 둥펀(董奮)은 "자네의 결의는 굳건하고 위쪽의 뜻도 확고하니 결국 대립하게 될 것"이라고 말했다. 그는 "그렇다면 이번에는 불복종으로 처분될

---

[9] 《徐日記》第3卷, 295, 305, 307.

위험을 무릅쓰고라도 내 뜻을 관철하고 싶다"라고 맞받았다. 그는 "자신의 운명을 결정하는 중대한 기로에 섰다"라고 인식하고 끝까지 싸우기로 마음먹었다고 일기에 적었다.**10**

그로부터 일주일 가까이 지난 7월 29일에도 문학연구소 창설 소식은 없었다. 2주일여가 지난 8월 9일 아침이 돼서야 《천진일보》에서 문학연구소가 10월 중에 정식으로 개학한다는 기사를 접했다. 쉬광야오는 '2년 학업을 마친 뒤 원래 직장으로 돌아간다'라는 규정**11**에 "불쾌감을 느꼈"지만, 어쨌든 희소식임은 분명했다. 둥펀 과장을 비롯한 동료들도 기뻐했다. 쉬광야오는 서둘러 소속 선전부장과 조직부 과장 앞으로 문학연구소에 가기를 희망한다는 편지를 보냈다. 그러나 이것만으로는 불확실하다고 판단해, 상급 기관인 화베이군구 란마오(藍矛) 부부장을 비롯한 관계자들을 떠올리며 군구 측과 사전 교섭할 필요를 느꼈다.**12**

아니나 다를까, 일주일 남짓 지난 17일에도 복원 허가는 나오지 않았다. 그동안 동료 쉬쿵이 베이징에서 가져온 정보를 종합하면 화베이군구, 특히 담당자 란마오 부부장은 쉬광야오를 잡지 《화북해방군(華北解放軍)》의 편집 담당자로 앉히려는 의도가 있었던 것 같다. 이날 둥펀 과장의 설명에서 '군구의 명령이 없기 때문'이라는 이유가 나왔다. 게다가 동료 웨이즈빈의 복원 예정지에서 보낸 인재 양도 요청을 군구가 거부한 사실이 전해졌다. 다른 동료의 해석에 따르면, "정세가 너무 긴박"해 쉬광야오의 진로 희망은 "심대한 위험에 노출"될 수 있다는 우려가 있었다.**13** 일기에

---

10 《徐日记》第3卷, 309, 318, 319.
11 문학연구소에서 2년간의 연수를 끝낸 뒤에는 원래 직장인 군대로 복귀해야 한다는 규정(옮긴이).
12 《徐日记》第3卷, 323, 332.
13 《徐日记》第3卷, 335, 337.

직접 쓰지 않았지만, 여기서 "정세"란 한국전쟁을 가리킨다. 당시 북조선군은 낙동강 부근에서 유엔군에 막혀 기세가 꺾이고 있었다 이는 병단 통폐합 계획에 영향을 끼치지 않았지만, 쉬광야오의 복원에는 불리한 환경이었다.

같은 날, 그는 병단 상사를 건너뛰고 군구에 직접 호소했다. 란마오 부부장 앞으로 "무례할 정도의 격한 말로 간청하는 마음을 담아" 편지를 보냈고, 이 목표를 위해 "당적이 박탈되기 직전까지" 싸우겠다고 결심했다. 25일에도 복원 결정 진행 상황을 묻는 편지를 란마오에게 보냈다. 다음날 일기에는 이렇게 토로하고 있다. "문학연구소에서의 일은 언제나 내 마음속 깊은 곳에서 격렬한 열정을 불러일으킨다. 나는 한 사람의 미래를 생각한다면 그 삶의 방향을 가볍게 결정해서는 안 된다고 믿는다. 나는 스스로 작가가 될 가능성이 있다고 생각하며, 그 가능성이 경솔하게 다뤄지는 것을 절대 용납할 수 없다. 이 길은 내가 온 힘을 다해 수많은 어려움을 뚫고 스스로 개척해 온 것이다. 그런 길을 가로막는 것은 곧 내가 가는 길을 끊는 것이나 마찬가지다. 만약 그런 일이 벌어진다면 나는 분명히 맞서 싸울 것이다."[14]

이처럼 1950년 6월 초부터 9월 하순까지 쉬광야오의 최대 관심사는 문학연구소 진학이었다. 한국전쟁은 그의 복원에 영향을 끼칠 수 있는 하나의 변수일 뿐 기본적으로 먼 해외에서 벌어지는 일이었다. 이 시기에 그가 복원의 진정한 장애 요인으로 여긴 것은 상관의 몰이해로 상징되는 군대 조직의 경직성과 개성 억압이었다.

---

[14] 《徐日记》第3卷, 337, 346.

천직

애초부터 쉬광야오는 직업군인으로 일생을 보내고 싶지 않았다. 산시성 타이위안 공략전을 앞둔 1949년 4월 5일, 그는 동료 쉬쿵에게 조직의 논리를 최우선으로 하는 군대와 작가의 개성을 최대한 주장하는 문예의 부조화에 대해 말했다. "안타깝게도 우리는 글에 뜻을 두고 있다. 그러나 상관은 그것을 인정하지 않는다. 그래서 여러 가지 고뇌가 생긴다." 그날 일기에 이렇게 적었다. "며칠 전 둥펀 과장이 조만간 군에 간부 직업화를 도입한다고 했는데, 매우 무섭다는 생각이 들었다. 누가 이대로 직업군인이 되길 바라겠는가. 나는 빠져나가기 어려울 것 같다는 생각이 든다. 점점 더 향수병이 깊어진다. 고향의 전원생활, 그 풍부하고 아름다운 어휘 표현, 인간관계, 여러 에피소드에 담긴 더없이 풍부한 문예 창작의 원천이 그리워진다." 4월 17일, 혁명 승리 뒤 당 활동의 중점을 생산으로 옮기고 병단이 화베이 지역에 머물 것이라는 말을 들었다. 그는 "화베이에 머물 것 같으면 군에 복원을 요구하고 싶다"라고 결심했다.[15]

쉬광야오가 자신의 "적성"이 문예에 있다고 명확하게 자각한 것은 19세가 지난 1944년 12월 무렵이었다. "나는 원래부터 문예를 좋아했다. 학교 다닐 때는 국어 성적이 제일 좋았다. 어릴 때부터 소설을 즐겨 읽었고, 지금도 특히 글쓰기를 좋아한다. 음악을 좋아하고 그림을 좋아하며, 각종 문학·예술 책 펼치는 것을 즐긴다. 문학자를 숭배하고 극단 사람들에게 다가가는 것을 좋아해서 마치 그것에 홀린 듯한 기분이 든다." 또한 그는 "항일전쟁 초기부터 문예 일에 종사했다면, 지금쯤 상당한 발전을 이루었을 것이라고 혼자서 자주 생각한다. 그러나 지금은 제간(除奸) 업무만 하고 내세울 만한 것이 하나도 없어서 안절부절못하고 있다. 이런 생

---

15 《徐日記》第2卷, 304, 312.

각이 들 때마다 항일전쟁 승리 뒤에는 반드시 진학을 신청하고 싶다는 생각을 새로이 한다"**16**라고 썼다. "제간"이란 일본군에 협력한 관계자(한간(漢奸))를 제거하는 것이다.

쉬광야오가 이러한 부조화를 느끼기 시작한 것은 이전부터였다. 1944년 12월 28일 일기에 따르면 빠르게는 1941년, 심지어는 입대한 이듬해인 "1939년까지 거슬러 올라갈 수 있다. 당시 마음에 갈등이 있었지만, 올해만큼은 아니었다. 전업할 마음은 있었지만, 지금처럼 결심이 확고하지 않았다. 아직 제간 일에 종사하려는 의지가 강했다." 그러나 19세가 지난 1944년 말에 역시 마음은 문예의 길로 나아가는 것에 크게 기울었다고 자각했다.**17**

그의 진학 의지를 1944년 3월 12일 일기에서 확인할 수 있다. "지식이 늘어갈수록 배움에 대한 열망은 강해진다. 항일전쟁에서 하루빨리 승리해 학교에 가서 공부하고 싶다. 전쟁 뒤 나의 진학 희망을 상급 기관에서 인정하지 않는다면, 이 문제를 적절히 해결해 주지 않는다면 나는 크게 불만을 품을 것이다." 비록 즉시 진학할 수 없었지만, 그는 막연히 기회를 기다리지 않고 스스로 공부할 환경을 만들고자 했다. "당분간은 자발적으로 타인을 도우면서 그들의 지식을 어떻게 흡수할지가 문제다"라고 자신을 설득했다.**18**

그는 문예 서적을 구해 독학에 힘썼다. 그해 초에 5세기 말 남조(南朝) 양(梁)나라 유협(劉勰)이 쓴 전 10권 50편으로 된 문학이론서《문심조룡(文心雕龍)》을 손에 넣었다. 그러나 1월 3일, 일본군의 습격에 대비해 부대 이동이 결정되자 행군에 불편한 책이 적의 손에 넘어가지 않도록 처분하거

---

16 《徐日記》第1卷, 39.
17 《徐日記》第1卷, 41.
18 《徐日記》第1卷, 19-20.

나 확실히 숨겨야 했다. 모두가 출발 준비에 몰두하는 가운데서도 "이처럼 두껍고 큰 책을 끝까지 읽고 나서 확실하게 숨길 생각이었다."[19] 즉 머릿속에 책의 내용을 새겨 넣으려 한 것이다. 1945년 5월 16일, 대일협력군의 거점을 포위해 전투가 계속되는 중에도 그는 《현대문규범(現代文規範)》을 얻어 읽으며 무료함을 달랬다."[20]

쉬광야오는 "문화공작대(文化工作隊)"처럼 조금이라도 문예에 가까운 곳으로 옮기기를 꾸준히 희망했지만, "개인은 집단에 복종해야 한다"라는 이유로 번번이 거절당했다.[21] 중일전쟁이 끝난 뒤 국민당과 공산당이 미국의 군사 조정을 받아들여 일시적인 평화가 찾아온 1946년 5월이 돼서야 그는 각본 창작 담당으로 극단에 파견됐다. 6개월 뒤에는 극단 인근에 있는 화베이연합대학 수업을 청강하며 상관의 반대를 무릅쓰고 문학부 진학 기회를 잡았다.[22] 그러나 국공내전이 격화돼 1년 반 만에 학업을 중단할 수밖에 없었다.

종군기자로 일하며 번민하던 그는 1949년 2월 1일, 베이징 무혈입성을 앞두고 군 극단의 출품작을 보며 "한 가지 재주로 먹고살" 생각을 했다. "인간은 자신의 이상에 따라 살고 자신을 기쁘게 할 만한 재주를 하나 익히면, 그러한 일생에 만족해야 한다. 가장 슬픈 것은 멍하니 살다 멍하니 죽고, 고통도 즐거움도 없는 삶이다."[23] 같은 해 10월 23일, 톈진에서 "민주청년문화공작단"의 연기를 봤을 때도 마찬가지였다. "인간은 살아가면서 하나의 전문적 기능을 가져야 한다. 그렇지 않으면 재미없는 인생

---

19 《徐日记》第1卷, 2.
20 《徐日记》第1卷, 82.
21 《徐日记》第1卷, 41, 49, 53, 61-62.
22 《徐日记》第1卷, 139-140, 146-147, 238-244, 254-256.
23 《徐日记》第2卷, 255.

이 된다."**24**

이때 쉬광야오에게 "한 가지 재주"란 곧 작가가 되는 것이었다. 1949년 6월, 그는 "만약 인간이 죽어서 다시 태어난다면 나는 다음 생에도 문학 창작에 뜻을 두겠다"라고 친구에게 말했다. 그러나 당의 문예 정책은 해방구 내 문학청년을 속성 교육으로 길러도 큰 성과를 기대하기 어렵다고 보고, 새로이 지배 아래 들어온 구정권 지배 지역의 지식 청년 중에서 인재를 선발해 작가를 양성하는 쪽으로 기울기 시작했다. 전자에 속한 쉬광야오는 그 말을 듣고 "마치 버림받은 것 같은 느낌에 사로잡혀" 온몸의 혈액이 한꺼번에 머리로 몰린 듯 흥분했다. 하지만 하늘을 원망하기보다 먼저 자신의 노력으로 작가로 불릴 만한 실적을 만들어 내야 인정받을 수 있다**25**고 생각했다.

그는 오랫동안 자료를 모으며 품어온 구상을 장편소설로 완성하는 데 전념했다. 톈진 진주 직후인 1949년 7월 7일부터 집필을 시작해 두 달 만에 초고를 완성했다. 그 뒤 가필과 수정을 거듭한 이 작품은 문단 선배이자 스승인 천치샤의 긍정적인 평가를 얻어 출판 기회를 잡았다. 출간을 기다리던 중, 1950년 3월 3일 자 신문에서 올해 안에 실무 경험이 있고 글쓰기를 잘하는 문학청년을 모집해 그들의 수준을 끌어올리기 위해 "중앙문학연구소"를 창설한다는 기사를 접했다. 그는 일기에 "아, 하늘과 땅에 감사합니다! 이것이야말로 천지신명이 보고 있는 것이다. 빨리 그 용과 같은 둥근 눈을 더 크게 떠서 저를 눈여겨봐 주시고, 저를 그곳으로 옮겨 주시기를 기도합니다!"라고 썼다. 다음 날 그는 해당 신문사와 천치샤에게 자신을 추천하는 편지를 보냈다. 편지에는 '과거에도 대학에 돌아가 공부하고 싶은 마음이 강했지만, 아직 전쟁 중이라 참았다. 그러나 지금은

24　《徐日記》第3卷, 90.
25　《徐日記》第2卷, 383, 403.

평화의 시대가 돼 군에 남아도 큰 도움이 될 것이 없으며, 이 연구소 창설을 기회로 진학하고 싶다'라는 간절한 마음이 담겨 있었다.**26** 1950년 여름부터 가을에 걸쳐 쉬광야오가 한국전쟁에 대해 보인 반응은 지금까지 살펴본 그의 인생관과 직업관에 깊이 연관돼 있었다.

26 《徐日记》第3卷, 194-195.

제2장

갈등

전쟁의 먹구름

쉬광야오가 한국전쟁을 절실한 문제로 의식하기 시작한 것은 제20병단을 떠나 베이징의 화베이군구 정치부로 옮긴 지 며칠 뒤인 1950년 10월 4일이었다. 그는 중앙문학연구소로 나아가는 첫걸음, 즉 병단에서 군구 정치부로의 이동이 허용돼 9월 30일에 관련 서류를 가지고 상경했다. 이 이동은 형식적인 절차에 불과했고, 그 직후 중앙군사위원회 총정치부를 거쳐 복원한 뒤 문학연구소에 들어갈 작정이었다. 하지만 상경 뒤에도 여전히 군구 측으로부터 복원을 승인받지 못했다. 10월 4일에 군구 담당자로부터 얻은 정보에 따르면, 총정치부의 방침은 "문학예술에 종사하는 간부를 연수에 내보내는 것에는 찬성하지 않고 경험이 적은 초급 작가에게 글쓰기 지식이나 능력을 익히게 하는 경우에만 찬성한다"라는 것이었다.²⁷

10월 1일, 국경절 퍼레이드에서 정무원 문화부 대열에 합류했을 만큼 이미 문학연구소의 구성원이 된 듯한 기분이던 쉬광야오는 군구 담당자로부터 실망스러운 소식을 듣고 "매우 초조했다." 즉시 문학연구소 측이

---

27 《徐日記》第2卷, 384-385.

해자 중 한 명인 학우 천먀오(陳淼)를 찾아가 상담했다. 천먀오 역시 이 소식을 연구소 책임자에게 보고한 뒤 상황이 좋지 않다는 것을 깨닫고 비관적으로 변했다. 낙담한 쉬광야오는 이날 일기 끝에 "참 어렵구나"라고 탄식하며, 자신의 운명에 영향을 끼치는 결정적 요인으로 "총정치부"와 함께 "국제 정세"를 꼽았다.[28] 이를 보면 그와 군구 담당자 사이에 한반도 전쟁 상황의 급변이 화제로 올랐을 가능성이 높다. 한국전쟁을 뜻하는 "정세"라는 표현이 그의 일기에 등장한 것은 앞서 "8월 17일"에 이어 두 번째였다. 인천상륙작전 이후 유엔군의 반격으로 북조선군은 계속 패퇴하고, 10월 2일에 한국군은 동해안에서 삼팔선을 넘어 원산을 향해 북진하기 시작했다. 이러한 상황을 고려하면, 그 심각성은 지난번과 비교할 수 없을 정도였다.

쉬광야오의 문예에 대한 꿈은 또다시 전쟁으로 무너질 것처럼 보였다. 게다가《화북해방군(華北解放軍)》편집부 전우로부터 상관이 그를 군구에 남길 계획이라는 이야기를 듣고 불안감은 더욱 커졌다. 그는 10월 19일에 총정치부 문화부의 류바이위(劉白羽) 부부장에게 편지를 보내 문학연구소 입소에 대한 희망을 밝히고 간곡히 승인을 요청했다. 그 앞뒤로는 연구소 창설자 딩링(丁玲)과 중화전국문학예술계연합회(이하 문련(文聯))가 군대에서의 연수생 모집에 대해 총정치부와 협상을 시도했으나 거부당했다. 문련은 포기하지 않고 마오쩌둥의 비서이자 당 중앙선전부 부부장인 후차오무(胡喬木)를 중개자로 세워[29] 입소 인원을 줄이는 방안을 제시했다. 문련은 쉬광야오와 장즈민(張志民)을 비롯한 4~5명의 후보자에 대한 입소를 요청했고, 총정치부는 이를 거절하기 어려운 상황이 됐다.

---

28 《徐日記》第2卷, 385.

29 딩링과 후차오무는 가까운 관계였고, 후차오무는 마오쩌둥의 비서로서 강한 권세를 휘둘렀다. 徐慶全,《革命吞噬它的兒女》, 香港中文大學出版社, 2008, 44-57.

10월 21일 밤, 쉬광야오는 천먀오로부터 "즐겁고 행복한 뉴스"를 들었다. 시베이군구 예하 제19병단에서 파견된 정즈(鄭智)라는 연수생이 이미 총정치부의 허가를 받아 "문학연구소에 도착"했다는 뉴스였다. 선례가 생기자 쉬광야오의 "마음은 다시 날아오르기 시작했다." 그는 같은 날 일기에 "하늘은 뜻이 있는 자를 끝내 버리지 않았다!"라고 썼다.**30**

한편, 먹구름이 한반도 쪽에서 더욱 가까이 다가왔다. 앞에서 말한 기쁨과 감사의 구절에 이어 쉬광야오는 이렇게 썼다. "그러나 둥베이 지역의 정세는 매우 긴박하다. 어제 선양에서 온 사람의 말에 따르면, 여성과 아동의 소개(疏開)를 3일 이내에 완료하라는 명령이 떨어졌다. 그리고 산하이관을 통해 내지로 들어가는 열차는 상상을 초월할 정도로 혼잡하며, 일부 공업시설의 소개가 시작됐다." 화베이군구 정치부 문예과장에 따르면, 상급 기관으로부터 "앞으로 일요일 휴식을 반납하고 근무시간을 8시간 늘리라"라는 명령이 내려왔다. 전우 "장즈민은 아침부터 당황했다. 조선에서 큰일이 났다고 떠들어댔다. 지도 한 장을 펼쳐 보이며 미군이 평양 근처까지 다가와 평양도 버티지 못할 것"이라고 말했다. 실제로 평양은 10월 19일에 이미 함락됐으므로 이들이 입수한 정보에는 약간의 시차가 있었다. 하지만 급변하는 정세에 군구 정치부원들이 크게 동요했음을 알 수 있다. 문학연구소로의 복원 계획이 무산될까 봐 걱정하던 그는 "자신의 명운은 결국 국제 정세에 따라 결정되는 것인가"라며 불안을 감추지 못했다.**31**

다음 날인 22일, "시국은 점점 긴박해져 곳곳에서 전쟁이 화제가 됐다." 군구 정치부에서 진행 중이던 당내 사상·조직 정비 활동에 한국전쟁 관련 내용이 새로 추가됐다. 주된 의제는 "무관심하고 임시방편적인 평화

30 《徐日記》第4卷, 27, 29.
31 《徐日記》第4卷, 30.

를 선호하는 사상이 있는가?"였다. 쉬광야오는 자신의 문학연구소 "입학은 정말로 긴박한 시국의 영향을 받게 되는 것일까"라며 점점 더 불안해했다. 그의 관찰에 따르면, "사람들은 전쟁 이야기가 나오면 모두 공포스러운 표정을 짓는다. 적어도 사람들이 크게 환영하지 않는 것으로 봐서 일반적인 염전 감정을 알 수 있었다."**32** 여기서 말하는 "사람들"은 그가 몸담고 있던 화베이군구 정치부원을 말하는 것으로 보인다.

쉬광야오는 자신의 진학이 한국전쟁으로부터 영향받을 것을 우려했지만, 다른 한편으로 주변의 염전 감정을 "안타까운 일"로 받아들였다. 그것도 같은 날의 일기에서 말이다. 선뜻 이해하기 어렵다. 이에 대해 그는 "실제로 전쟁이 싫든 좋든 눈앞에 닥치면, 우리는 정면으로 맞서야 한다"라고 적었다.**33** 전업 작가를 목표로 진학을 원하며 전쟁을 피한 한 개인으로서의 쉬광야오 A와, 군인이자 당원으로서 명령에 따라 전쟁에 맞서야 한다고 믿는 쉬광야오 B 사이에서 그의 마음은 격렬하게 요동치고 있었다.

그는 실제로 자신을 북돋우기 위해, 첫눈에 반한 연인이 떠오르도록 브라질 작가 조르지 아마두(Jorge Amado)**34**의 말에서 유래한 듯한 문장을 10월 4일 일기에 인용했다. "사랑에 죽음의 그림자가 드리워져 있다. 우리는 약혼한 사람들, 남편과 아내를 지켜야 한다."**35** 일반적으로 전쟁을

---

32 위의 책.

33 위의 책.

34 브라질 동북부 바이아주의 역사와 문화를 기반으로 불의에 맞서는 인물들을 사회주의 사상의 관점에서 그려낸 작품들로 유명하다(옮긴이).

35 위의 책. 조르지 아마두의 작품이 중국 대륙에서 처음 번역·출판된 것은 문화공작사에서 간행한 《무변의 토지(無邊的土地)》(Terras do Sem Fim)였다. 우잉(吳英)이 영어판을 중역해 1953년 3월 출간했다(騰威, 《边境之南》, 北京大学出版社, 2011, 158). 한편, 쉬광야오의 일기에는 아마두의 이름이 "阿馬多"로 표기돼 있다. 1950년대 중국어 번역본들에서 대부분 "亞馬多"로 표기한 점을 고려하면, 그가 참고한 발언이나 기사 출처는 당시 통용된 번역본과는 달랐던 것으로 보인다. 다만 그 정확한 출처를 아직 확인할 수 없다.

지지하는 사람은 자기 행위에 의미를 부여하기 위해 "사랑하는 사람을 위해"라거나 "사명을 위해"라는 이유를 자주 든다. 쉬광야오도 마찬가지였다. 아마두의 말을 인용한 뒤 그는 이렇게 덧붙였다. "사랑의 신이 내게 막 다가왔다. 하지만 전쟁의 신도 곧 올 것이다. 만약 전쟁이 일어난다면 나는 그것을 소재로 위대한 작품을 창작할 것이다. 그 기회와 시간을 주시기를 신(상제)께 기도하고 싶다."**36**

쉬광야오의 일기에는 그때까지 볼 수 없었던, 마치 기독교의 신에게 기도하는 듯한 표현이 불쑥 등장한다. 물론 그가 쓴 "상제"가 기독교의 "God"를 가리키는 것인지, 아니면 일본어의 "카미(神)"로 상상되는 존재인지는 여전히 불확실하다. 실제로 19세기 중반에 기독교의 'God'를 중국어로 옮길 때 "신"과 "상제" 중 어떤 표현을 쓸지를 두고 선교사들 사이에서 격렬한 논쟁이 벌어졌으며, 끝내 통일된 용어를 정하지 못했다. 이 논쟁은 에도 막부 말기 일본의 번역어에 영향을 끼쳤고, 한자의 "神"과 가나 표기의 "カミ" 사이의 차이까지 더해져 더 큰 문화적 충돌로 이어졌다.**37** 여기서 나의 번역은 당시 선교사들이 직면했던 번역의 난제와는 반대로 "상제"를 "God"로, 다시 그것을 일본어의 "카미(カミ)"로 옮기는 과정에서 발생하는 이중의 괴리를 안고 있다. 나아가 20세기 중반 화베이 사회의 일반적인 종교적 상상이나 쉬광야오 개인의 종교관의 차이까지 고려하면 3중, 4중의 의미 차가 발생할 여지도 있다. 이는 사상사나 문화교류사 측면에서 매우 흥미로운 문제다. 그러나 이 글의 맥락, 특히 아마두의 문장을 인용하는 방식과 "사랑의 신", "전쟁의 신"과 연결되는 표현을 고려할 때 쉬광야오가 말한 "상제"는 기독교의 "God"로 번역하는 것이 타당할 것이다. 쉬광야오는 전쟁을 피하고자 하는 내면의 작가적 열망

36 위의 책.
37 柳父章,《"ゴッド"は神か上帝か》, 岩波現代文庫, 2001, 117-129.

을 설득하기 위해 다소 서사적으로 무리한 장치를 동원하고 있었던 것으로 보인다.

망설임

10월 23일, 누군가의 연구소 입소 신청이 허가됐다는 정보가 전해졌다. 그러나 다음 날에는 그와 정반대로 정치부에 대한 문련의 요청이 "지명 이적이 아니라 문의 정도"라는 소식이 들려왔다. 희비가 엇갈리는 소식에 어쩔 줄 모르던 쉬광야오는 총정치부 담당자에게 직접 확인해야 할지를 "주저하고 망설이다가 마침내 '더욱 용감한 쪽'이 이겼다." 25일에 그는 직접 총정치부 문화부를 찾아가 류바이위 부부장으로부터 "가도 좋다"라는 구두 지시를 받았다. 이날 일기 제목에는 "길일(吉日)"이라고 적었다. 다음 날 다시 찾아가 깊이 있는 의견을 나눈 뒤 화베이군구에 보내는 류바이위의 친필 의뢰서를 받았다. 쉬광야오는 3일 안에 연구소로 옮겨갈 것이라 기대했다. 그러나 의뢰서를 군구 정치부의 웨이제런(魏介人) 문화부장에게 제출했을 때, 그는 일단 지지를 표하면서도 인사 정책 전반에 관한 총정치부의 "의도를 확인한 뒤 답하겠다"라고 말했다. 쉬광야오는 자신의 이동 건을 볼모로 삼아 조건부 협상을 벌일 의도가 군구 측에 있다고 보고 불길한 예감에 휩싸였다. 의뢰서를 제출하기 전에는 연구소 측에 방을 마련해 달라고 전화했지만, 제출 뒤에는 "아무래도 시기상조인 것 같다"라는 전언을 남길 수밖에 없었다.[38]

 쉬광야오의 운명은 10월 29일 오후 7시 39분, 군구 정치부 문화부에서 걸려온 전화로 최정 확정됐다. 정식 허가가 내려진 것이다. 그는 이날 일기 제목에 "광희(狂喜)"라고 적고 그 순간을 기리기 위해 시를 한 수 읊었

---

38 《徐日记》第4卷, 32-40.

다. 다음 날 이직 절차를 밟기 위해 사무실에 갔을 때 웨이제런 문화부장으로부터 "가도 좋다"라는 말을 들었다. 쉬광야오는 마음속으로 "아미타불!"을 외쳤다. 공산당원으로서 원칙적으로 무신론자여야 하는 그가 불과 일주일 남짓한 기간 동안 여러 종교에 귀의한 듯한 표현을 일기에 반복적으로 한 것에서 그 환희의 정도를 엿볼 수 있다. 10월 30일 일기 제목은 "황금 같은 날", 각 기관의 절차를 모두 마친 31일은 "더욱 찬란한 황금 같은 날", 그리고 염원하던 입소 첫날인 11월 1일은 "충실한 하루"였다.[39]

그러나 전국(戰局)이 더욱 긴박해지자, 쉬광야오는 한국전쟁에 관계하는 방식에 대해 계속 고민했다. 항미원조 운동이 진행되면서 마음의 동요는 점점 더 커졌다. 11월 5일 일기에 "오후에 마음이 뒤숭숭하고 편치 않았는데, 올해 들어 처음 있는 일이었다. 2~3년 전으로 거슬러 올라가 봐도 없던 일이었다"라고 적었다. 그 이유로 제일 먼저 든 것은 "학습할 기회는 얼마나 얻기 어려운가"라는 불안이었다.[40]

그 학습 기회를 위협하는 것은 같은 날 공표된 항미원조에 관한 중국 "각 민주당파의 공동선언"과 그에 따라 조선이나 둥베이로 가서 지원 활동을 벌이자는 요청이었다. 입학 첫날인 나흘 전만 해도 〈반미원조창작운동좌담회〉처럼 "반미"였지만,[41] 이날부터는 적극적인 행동으로 옮겨 갈 것을 뜻하는 "항미"로 바뀌었다. 쉬광야오는 이에 응할지 말지를 두고

---

39 《徐日记》第4卷, 42-49. 쉬광야오가 일기에서 "아미타불"을 쓴 것은 그때까지 네 차례뿐이었다. 첫 번째는 1949년 6월 16일에 시베이 지역으로의 전개를 준비하며 산시성에 대기 중이던 부대가 톈진에 주둔하게 됐다는 "큰 낭보"를 들은 날(《徐日记》第2卷, 393), 두 번째는 같은 해 9월 10일에 소설 《평원열화(平原烈火)》의 첫 원고를 완성한 날(第3卷, 59), 세 번째는 그 원고를 은사 천치샤에게 보낸 12월 20일(第3卷, 136), 마지막 1950년 9월 5일 해산 중인 부대의 역사를 집필하는 별 의미 없는 임무를 끝낸 날이었다(第3卷, 345). 네 경우 모두 기쁨, 안도, 또는 일종의 기원을 표현하는 맥락이었다.

40 《徐日记》第4卷, 56.

41 《徐日记》第4卷, 55.

갈등했다. 이날 일기를 대화 형식으로 정리하면 다음과 같다.

> 쉬광야오 A: (드디어 잡은 연수의 기회다.)
> 쉬광야오 B: 하지만 조선에 가서 새롭게 전투를 체험하고 조선 인민의 위대한 국제주의 정신을 체험하며, 전 세계 공산당이 한 가족이라는 위대한 마음을 체험하는 것도 긍정적인 일 아닌가.
> 쉬광야오 A: 다만 입대한 지 10여 년이 된 대대장급 간부이니 냉정해야 하고 일시적 충동으로 지원해서는 안 된다. 당에 필요한 것과 그 전체의 의도를 생각해야 한다.**42**

그날 식탁에 둘러앉은 학우들은 모두 "차분했고, 아무도 지원에 대해 말하지 않았다." 그러나 쉬광야오는 "먹어도 맛을 모르고 앉아 있어도 마음이 안정되지 않아 더없이 마음이 무거웠다." 일단 지원하지 않는 쪽으로 기울었지만, 마음은 여전히 요동쳤다.

> 쉬광야오 B: 한 명의 공산당원으로서 책임과 군 경력에 따른 의무를 느낀다.**43**

쉬광야오는 또 이날 일기에서 마음이 편치 않은 이유 중 하나로 "군적(軍籍)의 불안"을 언급했다. 이는 연수생이 되는 것을 총정치부로부터 인정받을 때 류바이위 부부장이 수료 뒤 군으로 복귀하는 조건을 달아 군적을 남겨둔 것과 관련 있다.**44** 이것이 그의 "의무감"을 더욱 강하게 만든

---

42 《徐日记》第4卷, 56.
43 위의 책.
44 《徐日记》第4卷, 38.

것 같다. 그러나 이 문장 뒤에는 갈등에서 벗어난 듯한 내용이 보인다.

> 쉬광야오 A: 마음이 무거워진 것은 내 내면의 순결함과 당원으로서의 자각을 보여 준다. 냉담한 태도를 보이는 주변과 비교하면 아직 평가할 만한 것이 있다. (중략) 농가의 아들이었는데도 (중일전쟁 때) 내 스스로 입대를 신청한 것은 대단한 행동이었다.

이 자기 평가는 언뜻 뜬금없어 보인다. 쉬광야오는 "이른바 인간의 내면적 갈등이란 참으로 복잡하고 구체적이다. 사람의 마음에 들어가 그 속을 이해하는 것은 역시 어렵다"라고 적었을 뿐이다.[45] 의식했는지 모르겠지만, 지금까지의 공헌을 언급한 것은 지원하지 않으려는 본심에 따른 가책을 상쇄하려는 일종의 심리적 보상일 가능성이 있다.

어쨌든 상황은 달라지지 않았다. 명확한 결론은 나지 않고 점점 더 궁지에 몰리면서 초조함만 커졌다. 밤이 되자 문학연구소원들 사이에 다양한 의견이 오갔다. 문학계의 유력 인사 사커푸(沙可夫)[46]가 문학연구소에서는 인원을 파견하지 않는 것이 좋겠다는 견해를 밝혔다는 말이 전해졌다. 둥베이 지역에는 일부 후방지원 인력만 필요할 뿐 자신들이 가더라도 도움이 되지 않을 것이라는 의견도 나왔다. 반면 천먀오는 어떻게든 파견되기를 바란다는 뜻을 강하게 내비쳤다. 계속 흔들리던 쉬광야오는 "내일 다시 상황을 보자"라며[47] 결론을 미뤘다.

다음 날인 6일, "연구소가 창립된 지 얼마 되지 않아 본래의 계획이 무

---

[45] 《徐日記》第4卷, 56.
[46] 예술교육자이자 극작가로 옌안루쉰예술학원 부원장, 화베이연합대학 문예학원 원장, 중앙희극학원 당위원회 서기 등을 역임했다(옮긴이).
[47] 《徐日記》第4卷, 56-57.

너질 우려가 있다. 현 단계에서는 문학연구소에서 둥베이로 지원 인원을 보내지 않는다"라는 사커푸의 최종 결정이 전달됐다.[48] 이제 모든 것이 끝난 듯했다. 그런데 닷새 뒤인 11일 오전, 시사학습이 끝날 무렵에 연구소 측은 조선에 갈 경우를 대비해 제2진인 "원조지원대(援朝志願隊)"에 지원할 것을 연수생들에게 다시 요청했다. 쉬광야오는 일기에 이렇게 썼다. "나는 또다시 극심한 갈등에 빠졌다. 그러나 마침내 이렇게 결심했다. 만약 당이 요구한다면 흔쾌히 가겠다. 문학연구소 전체가 함께 행동한다면 나는 당연히 두 배 이상으로 환영할 것이다. 그러나 그것이 단순한 일반 호소라면 개인 사정상 지원하지 않는 것이 적절하다고 생각한다."[49]

당장은 지원하지 않기로 했지만, 갈등이 완전히 사라진 것은 아니었다. 사흘 뒤 친구가 어떤 모임에서 상영하는 영화를 보러 가자고 초대해서 그러자고 했다. 그러나 곰곰 생각하니 "가지 말아야 하고 가기 어려워" 취소했다. "둥베이로 가는 관계자를 송별하는 자리에 내가 가면 어색할 것"[50]이라고 생각했기 때문이다.

---

[48] 《徐日记》第4卷, 57.
[49] 《徐日记》第4卷, 66.
[50] 《徐日记》第4卷, 70.

제3장
생사관

"생리활별"

쉬광야오는 생명의 위험이 따르는 후방지원이나 전선 근무에 응모할지를 결정할 때 "전사(戰死)"를 어떻게 받아들였을까? 앞서 살펴본 11월 5일과 11일의 심리적 갈등을 기록한 일기에는 이에 관한 직접적인 언급이 없다. 약 1년 반 뒤, 그는 실제로 조선에 간다. 그 직전인 1952년 봄의 일기에는 죽음을 두려워하기는커녕 의식조차 하지 않는 듯한 내용이 많다. 같은 해 3월 14일 일기에서 상하이로 출장을 떠나는 친구가 다음 만남은 쉬광야오 등이 조선에서 돌아오는 반년 뒤가 될 것이라고 말했다. 그러자 쉬광야오는 "처음으로 이 이별의 중대함을 의식했다"라고 적었다. "그렇다. 이것은 중대한 이별이다. 조선에 가기 직전의 이별이다. 그러나 나는 그런 중대함의 감각을 전혀 느끼지 않는다. 이것은 내가 전사를 전혀 생각하지 않았다는 명백한 증거가 아닌가. 전쟁터에 가는 것은 나에게 집에 돌아가는 것과 같다." 다음 날 누나에게 보낸 편지에서도 "조선에 가려는 자신의 기쁜 마음"을 전했다.[51]

한편 그는 조선에 가기 전, 예정된 "연말에 돌아오지 못할" 경우를 대비

---

[51] 《徐日记》第5卷, 172-173.

해 인세로 모은 800만 위안이 들어 있는 통장을 누나에게 맡겼다. 돌아오지 못할 가능성을 고려한 듯하다. 다만 조선행을 "새로운 생명의 시작"이라고 표현한 당시의 일기에는 불안감을 내비치는 문구가 거의 없다. 대체로 고양된 상태였던 것 같다.[52]

그러나 전선으로 나설 때마다 쉬광야오가 항상 이런 침착한 태도를 보인 것은 아니다. 국공내전이 격화되던 1948년 5월 초에 그는 "전사"를 강하게 의식하며 침울해 있었다. 당시 재학 중이던 화베이연합대학에서 학업을 이어가기를 희미하게 기대했지만, 대학 방침에 따라 종군기자로서 야전부대에 참가해야 했다. 군인으로서 명령에 따르는 것밖에 다른 선택이 없었던 그는 개인 물품을 한 상자에 담고, 나중에 그 상자를 열어볼 사람에게 보낼 메모를 준비했다. 그 메모에 전사 시 유품의 발송처로 아버지와 누나의 이름과 주소를 적었다. 쉬광야오는 "그것을 다 쓴 뒤 형언할 수 없는 비애감에 휩싸였다. 상자 틈으로 메모를 넣으려 했지만, 왠지 잘 들어가지 않았다. 순간적으로 한 가지 방법이 떠올랐다. 죽는 일이 없으면 안 들어가고, 죽는 일이 있으면 들어간다고. 그렇게 생각하는 순간, 메모가 스르 상자 안으로 들어가 버렸다. 점점 더 마음이 천 갈래, 만 갈래로 흩트러졌다."[53]

쉬광야오가 "문학적"으로 쓴 이 이야기를 "논리적"으로 정리하면, 처음부터 전사를 피하고 싶은 마음이 강했기에 뚜껑을 열고 넣는 평범한 방법 대신 상자 틈으로 넣는 어려운 방법을 택한 셈이다. 손이 떨리지 않았다면 무의식적으로 메모가 "들어가지 않게" 했을 것이다. 그러나 그렇게 해서는 준비가 끝나지 않는다는 것을 의식했는지, 자기 뜻을 뛰어넘는 우연의 힘에 맡기기로 하고 생각을 바꾸자 간단하게 "들어가 버렸다."

[52] 《徐日记》第5卷, 186, 198.
[53] 《徐日记》第2卷, 71-73.

그 뒤 전사와 관련한 비관적인 기분은 적어도 이틀 동안 계속됐다. 쉬광야오는 "폭음·폭식의 충동에 사로잡혀 무엇인가를 남기고 싶은 마음이 전혀 없었다. 그동안 절제하고 절약해 왔지만, 그 습관을 버리기로 했다." 5월 10일 일기에서 그는 이렇게 자문자답하며 반성했다. "그것을 진보했다고 할 수 있을까? 그것은 '좌경적'인 형태로 나타낸 '우경적' 감정임이 틀림없다."54 즉, "퇴로를 끊는 만용"이라는 전자의 모습으로 후자의 "절망감"을 드러낸 것이다.

그렇다면 4년 뒤인 1952년에 그가 전사에 대한 불안감을 잠재운 이유는 무엇일까? 객관적으로 볼 때 조선 전국의 일시적 안정이 주요 요인이었다. 미군기의 공중폭격으로 끊겼던 보급이 크게 개선됐고, 1월 2일 "조선에서는 낮에도 자동차를 타고 달릴 수 있다"라는 기사가 났다. 3월 16일에 쉬광야오가 전선에서 일시 귀국한 사람으로부터 들은 말에 따르면, 인민지원군 장병들은 국내 인민해방군 중급 장교 수준 이상의 식사를 하고 있었으며, "삼시 세끼는 쌀이나 밀가루로 만든 밥이고 고기도 푸짐하게 먹는다. 부족한 건 채소 정도. 모두 혈색이 좋고 살이 쪄서 호랑이같이 건장"했다. 미군의 생물학 무기 사용 문제도 "모두 예방접종을 받았고, 그다지 두려워하지 않는다. 충격은 전선에서보다 압록강 이쪽에서 더 크게 느껴"졌다. 전쟁이 곧 끝날 것이라는 예상이 나돌았고, 4월 13일 조선에 가는 친구들과의 대화에서 이 예상이 화제로 올랐다.55

그렇다 해도 쉬광야오가 가게 될 곳이 죽음과 맞닿아 있는 전선이라는 사실에는 변함이 없었다. 그는 조선에 하루라도 빨리 가고 싶은 이유로 네 가지를 꼽았다. 첫째와 둘째―병사들과 동고동락하며 정신을 단련하고 창작 의욕을 북돋우는 것―는 이미 4년 전에도 제시한 동기였지만, 내

---

54 《徐日记》第2卷, 74.
55 《徐日记》第5卷, 105, 174, 200.

전 당시에는 불안을 이길 만큼 강력하지 못했다. 셋째 이유인 '국제주의에 대한 이해'는 너무 추상적이어서 사후적으로 덧붙인 인상이 있다. 마지막 넷째 이유는 이미 조선에 종군 중이던 애인 선원을 하루빨리 만나고 싶다는 개인적인 바람이었다.**56** 그에게 "국제주의"는 조선에 있는 연인의 존재를 통해서만 비로소 구체적인 의미를 띠었다.

사실 1년 전인 1951년 2월 27일, 귀국한 인민지원군 장병들의 보고회를 들으러 간 쉬광야오는 일기에 "그것도 주로 (선)원의 생활 조건을 상상하기 위해 조선 환경을 알고 싶었서였다"**57**라고 적었다. 그가 조선에 품고 있던 관심의 방향이 어디에 있었는지를 알 수 있다. 같은 해 3월 13일 일기에는 "(전날 밤) 미군을 상대하기 위해 조선으로 가는 꿈을 꿨다. 곧 원을 다시 만날 수 있어 너무 기뻤다. 아쉽게도 (깨어나) 그다음을 볼 수 없었다"**58**라고 했다. 이 두 기록을 보면 연인에 대한 그리움—말 그대로 일일여삼추(一日如三秋)의 심정—이야말로 전사의 위험 앞에서도 잠시나마 그의 시야를 좁히고, 동시에 감정을 고양시킨 가장 큰 이유였음을 알 수 있다.

전사에 대한 불안은 한동안 주로 전쟁 속 연인의 안위를 걱정하는 형태로 나타났다. 선원이 소속 부대를 따라 조선에 가기로 한 1951년 2월쯤 쉬광야오는 "원이 곧 조선에 가서 전쟁에 참여하려 한다. 잔혹하고 파괴적인 위험을 무릅쓰려 한다. 그녀는 어둡고 축축한 동굴에 살며 밤중에 분주하게 움직이다가, 포탄과 파편이 날아갈 때 나는 마찰음을 듣고 피투성이가 된 희생자를 목격하게 될 것"이라고 적었다. 그는 "그녀가 죽는 것을 상상할 때도 있었다." 하지만 어떤 설명 없이 곧바로 선원이 "부상"당

56 《徐日记》第5卷, 198.
57 《徐日记》第4卷, 211.
58 《徐日记》第4卷, 232.

한 상황으로 건너뛰었다. "내 머릿속에 이런 질문이 떠오른 적이 있다. 만약 그녀가 다리나 팔 하나를 잃는다면 나는 여전히 그녀를 사랑할 수 있을까? 만약 상처가 심각해 한쪽 눈이 망가지거나 입술이 찢어진다면 내가 여전히 그녀를 사랑할 수 있을까?"라면서 긍정적인 답변을 이어갔다.[59]

연인의 전사에 대한 명시적 언급은 단 한 차례뿐이었다. 쉬광야오는 사별을 암시하는 상황조차 떠올리지 않으려 했다. 이는 조선으로 떠나기 전에 학우 란잔쿠이(蘭占奎)가 남긴 "불길한 말"이 부인의 마음에 어두운 그림자를 드리운 것에 대해 그가 부정적인 반응을 보인 데서도 확인할 수 있다. 쉬광야오에 따르면, 란잔쿠이는 만두를 먹으며 "이게 연구소에서 먹는 마지막 만두일지도 몰라"라거나, 물건을 정리하며 "내가 죽으면 이건 이렇게 처리해 줘…"라고 하곤 했다. 이런 말은 부인의 마음속에 남아, 떠올릴 때마다 감당할 수 없는 불안을 안겼다. 반면, 출정을 앞둔 연인 원은 그런 '결별의 언사'를 의도적으로 피했고, 쉬광야오 역시 원에게 보내는 편지에서 비슷한 태도를 보였다. "나는 대부분 '마지막'이라는 말을 쓰지 않는다. 원도 어떤 편지에서 '생리사별(生離死別, 살아서 헤어지고, 죽어서 이별함)'이라는 말을 '생리활별(生離活別, 살아서 헤어지고, 살아서 이별함)'로 바꿔 쓴 적이 있다. 이것 역시 같은 마음에서 비롯된 행동이었다." 쉬광야오는 이러한 회피가 단순한 "미신" 때문이 아니라, "민족의 전통적 스타일"에 따른 마음의 표현이라고 이해했다.[60]

쉬광야오는 선원과의 사이에서 "전사"라는 말을 피했을 뿐 아니라, 제삼자에게서 듣는 것을 싫어했다. 1951년 12월 30일, 귀국 중인 제19병단 구매 담당자로부터 "조선 상황이 매우 안 좋아서 죽음은 일상인데, 전선

59 《徐日记》第4卷, 204.
60 《徐日记》第4卷, 431.

이나 후방을 가리지 않고 모두 그렇다"라는 이야기를 들었을 때도 마찬가지였다. 그는 사태의 진위를 확인하기보다, "어조에 비애감이 너무 강하다"라는 이유로 "이 구매 담당자는 나쁜 놈일 것"이라고 결론지었다.[61]

그러나 "전사"라는 현실은 쉬광야오의 마음속에서 완전히 사라진 것이 아니었다. 단지 의식 위로 떠오르지 않도록 억눌려 있었을 뿐이다. 어떤 생각을 억누르기 위해서는 오히려 그것을 의식하고 있어야 한다는 점에서 이러한 억압은 논리적으로 모순이다. 그러나 바로 그 모순이야말로 쉬광야오가 겪은 내면의 갈등이 얼마나 강렬했는지를 가장 분명하게 보여 준다. 앞서 살펴본 것처럼, 1950년 11월 5일 일기에서 그는 마음이 불편했던 기억을 더듬으며 "2~3년 전"까지 거슬러 올라갔다. 이때 그가 의식적으로 기억의 범위를 설정한 방식 또한 억눌린 감정의 흔적을 단적으로 드러낸다. 실제로는 2년 6개월 전인 1948년 5월 무렵의 낙담한 기억을 떠올리면서도, 그것이 포함되지 않도록 '그 직전까지'를 기억의 범위로 설정했을 가능성이 크다. 적어도 1950년 늦가을 당시 그가 한국전쟁에 대해 품고 있던 감정은 1952년의 그것과 분명히 달랐다. 그렇다면 그가 느꼈던 암담함은 어떤 심상을 통해 드러났을까? 지금부터 쉬광야오가 체험한 전쟁의 실상을 살펴보고자 한다.

전쟁의 참상

1950년 늦가을 이전에 쉬광야오가 겪은 전쟁의 참상을 물리적 파괴와 인적 사상(死傷)이라는 두 측면으로 나눌 수 있다. 그의 전쟁 체험이 전쟁과 평화를 보는 눈에 영향을 끼친 사례는 국공내전 때도 있었다. 1947년 6월에 화베이연합대학에서 국공내전의 장래에 관한 토론이 있었다. 쉬광야오는

---

[61] 《徐日记》第5卷, 94.

무력을 통한 대결보다 조정이나 타협을 통한 해결을 주장했다. 6월 3일 밤에 문학부의 몇몇 학우와 내전 종결 방안을 논의하며 "① 장제스를 철저히 타도하는 것은 어렵다. ② 평화 교섭에서 국공 쌍방이 크게 양보하거나 제3자가 개입해 평화를 실현할 가능성이 높다"라는 점을 명확히 밝혔다. 여기서 말하는 제3자는 보통 미국이나 소련 가운데 하나라고 볼 수 있지만 실제로는 미국을 가리켰을 것이다. 미국이 중재했던 베이핑군사조정부가 1947년 1월 말에 해산되고 내전이 격화되는 상황에서도 그는 제3국의 조정을 통한 평화 가능성을 버리지 않았다. 그러나 이러한 ②의 관점은 학우 쉬쿵(徐孔)의 반대에 부딪혔다.

6월 5일에도 학우들 사이에서 하루 종일 시사 논쟁이 벌어졌다. 쉬광야오는 또 다른 학우와 조를 이뤄 내전의 향방을 주제로 다른 조의 학우와 격론을 벌였다. 그의 예상과 다르게 곧 "자신들은 소수의견이 돼 절대다수를 상대편으로 돌리게 됐다." 그럼에도 그는 "자신의 주장을 정론이라 믿고 강하게 주장했다." 비록 일기에는 구체적인 논쟁 내용이 남아 있지 않다. 하지만 "어쩌면 상대에게 상처를 줬을지도 모른다"라고 반성한 것으로 볼 때 [62] 상대를 상당히 격렬하게 논박한 것 같다.

소년병 출신인 쉬광야오와 학교생활밖에 모르는 다수의 학우를 나누는 결정적 차이는 제1선에서의 전쟁 체험 유무였다. 이는 그가 어느 "보고회"에서 들은 전장 일화를 받아들이는 태도에서 드러난다. 1947년 10월 2일에 그는 산둥성 전투에 관한 보고회에 참가했다. 첫머리에서 해방군의 엄정한 군기에 관한 일화가 소개됐다. "행군을 계속하던 많은 병사가 배고픔의 한계에 다다랐을 때 대추 한 바구니를 발견했다. 내심 심하게 갈등했지만 끝내 아무도 손대지 않았다. 그 뒤 다른 부대가 그곳을 지

---

62 《徐日記》第1卷, 340-341.

나갔지만, 대추 한 바구니는 그대로였다. 모든 부대가 지나갔지만 대추는 그대로였고, 맨 위에 있던 상한 대추 3알도 변함없이 그대로였다." 이 이야기에 행사장은 찬탄의 목소리로 가득 찼다. 그러나 그는 "과장된 부분이 분명히 있다. 전선에 간 적이 없거나 종군 경험이 없는 자는 혹시 믿을지 몰라도, 나는 조금 에누리해서 들었다"라고 적었다.**63**

실제로 불과 2주 전인 9월 중순, 국민당군에 쫓기던 쉬광야오의 부대는 전혀 다르게 행동했다. 빗속을 행군하던 중 그가 태어난 마을 근처에서 쉬게 됐는데, 마을 사람들은 모두 피난 가서 없었다. "어쩔 수 없이 적당히 민가에 들어가 빨래를 하고 모포를 말렸다. 곡식 가루를 찾아 밥을 지어 먹었다. (중략) 이 일대 마을들은 모조리 큰 봉변을 겪었다. 다들 닥치는 대로 뒤져서 찾은 걸 먹었다. 민가의 손실이 너무 커서 그걸 본 나는 말할 수 없이 괴로웠다."**64** 이 대목에서 그는 문학부 학우와 벌였던 시사 논쟁을 떠올리며 다음과 같이 결론지었다.

> 모두 장제스를 철저히 섬멸해야 한다고 주장했다. 주장이나 시각 자체는 옳다고 할 수 있지만 젊은이들의 열정만으로 내뱉은 말에 불과했다. 그들은 사물을 종합적으로 파악하지 않고 신문에 실리는 전승(戰勝) 뉴스만을 보고 있었다. 전쟁이 가져오는 고난과 막대한 피해를 경험한 적이 없었기 때문이다.

쉬광야오는 그해 여름과 가을 내내 행동을 함께한 쉬쿵이 이전에 들었던 보고회와 비교하면 "이번에는 믿는 정도가 다르지 않을까"라고 생각했

---

63 《徐日记》第1卷, 375-376.
64 《徐日记》第1卷, 362.

다.**65** 아마 넉 달 전 자신의 주장에 쉬쿵이 반대했던 일이 떠올랐기 때문일 것이다. 당시 쉬쿵을 포함한 많은 학우는 전혀 실전 경험이 없었고, 파괴나 사상 등 전쟁이 초래하는 참상을 상상할 힘이 부족했다. 반면 루거우차오사변 이듬해 팔로군에 참여한 쉬광야오는 이미 10년 가까운 군 경력을 가진 "노병"이었다. 그는 전쟁의 "대의명분"과는 무관하게 시민이 겪는 막대한 피해를 포함한 전장의 실상을 잘 알고 있었다.

쉬광야오는 시민의 전쟁 피해에 대해 1949년 4월 타이위안 공략전에서 보고 들은 것이 있다. 전투가 끝난 28일에 그는 남문을 통해 입성해 옌시산(閻錫山)**66**의 거처인 성 정부로 향했다. 성 정부에서 남쪽으로 멀리 떨어지지 않는 곳에 거대한 고루(鼓樓)가 있었다. "베이징의 고루보다 높았으며, 누문(樓門) 통로 층을 넣으면 5층이나 됐다. 역사가 오래되고 웅장했다. 그러나 포탄을 많이 맞아 누문의 일부가 크게 무너지고 상층부에 있던 문과 창문이 쏟아져 내려 참혹한 모습으로 변해 있었다." 이어 시내에서 가장 번화한 거리 중 하나인 차오터우가(橋頭街)로 향했다. "마을이 너무 많은 포탄을 맞아 건물에는 거의 예외 없이 포탄 흔적이 남아 있었고, 벽이 무너진 집이 적지 않았다. 눈에 들어온 것은 실로 황폐한 참상뿐이었다." 그는 "우리 군 포병의 위력은 이토록 강력하고 맹렬해 어떤 시설도 감당할 수 없었다"라고 감탄했다. 하지만 무혈입성한 베이징을 떠올리며 타이위안에서 무의미하게 저항한 옌시산 부대를 비난했다.**67**

쉬광야오는 타이위안 시민이 입은 전쟁 피해를 목격하고 충격을 받았다. 일기에 따르면, 타이위안은 인구나 공장이 많아 번창했지만 "안타깝게도 근래 시민의 생활이 너무 힘들어 길을 가는 사람은 예외 없이 뼈와

---

65 《徐日記》第1卷, 376.

66 중화민국 시기 산시성(山西省)을 기반으로 한 군벌이자 정치인(옮긴이).

67 《徐日記》第2卷, 321.

가죽만 앙상하고 얼굴색이 나빴다." 피해는 시민의 정신세계로까지 번져 일상의 인사 문화를 바꾸어 놓았다. "전쟁은 타이위안 시민에게 무서운 공포감을 준 것 같다. 지인끼리 인사할 때 '오죽이나 무서웠겠어요?'라고 물으면, 상대는 바로 '덕분에요. 그쪽도 건강하신 것 같네요'라고 대답하거나 '아뇨, 건강해요, 건강해요. 모두 건강해요'라고 대답한다. 마치 설날 시골의 신년 축하 인사 같았고, 다른 세계에서 이 세계로 들어오거나 한번 죽은 자가 살아 돌아온 듯한 기분이었다."**68**

이런 생생한 묘사는 쉬광야오가 과거 병사들 사이에서 본 광경을 연상시키기도 했다. 1948년 7월, 화베이야전군 제2병단이 허베이성 딩싱현(定興縣)을 탈취하는 전투에서 엄청난 사상자가 발생했을 때 쉬광야오는 정치부 선전부 기자로서 현장을 취재했다. 그는 전투가 끝난 7월 20일 일기에 딩싱성에 쳐들어가 "희생이 비정상일 정도로 컸다"라고 썼다. 이 추상적인 표현에 피를 통하게 하려는 듯 22일 일기에는 이렇게 적었다. "오랜 세월 소식을 듣지 못했던 옛 전우를 뜻밖에 다시 만났을 때 그 놀라움 속에는 슬픔과 기쁨이 함께했다. 이 세월을 견디고 살아 있었다는 생각에 그 재회는 참으로 귀중하게 느껴졌다. 딩싱성 안에서 거우쯔(狗子) 군을 만났을 때 큰 기쁨을 느낀 것도 그 때문이었다." 거우쯔는 쉬광야오의 중일전쟁 때 전우다.

성을 공격한 제3중대의 피해 상황만 봐도 참혹함이 드러난다. 전투 첫날인 7월 17일 일기에 "성벽 위에서 폭탄에 중대장의 다리가 날아가고 쉐(薛) 부정치지도원이 전사했으며, 중대 병력의 절반이 사상했다"라고 적었다. 같은 중대의 9분대는 사상률이 70%를 넘었다. 살아남은 분대장은 참담한 심정을 "이 열 명 남짓한 병사를 키우는 게 얼마나 어려운 일인

---

68 《徐日记》第2卷, 322-323.

데…. 밭농사처럼 날마다 신경 써 가꿔 이제야 사람 구실을 하겠구나 싶었는데, 갑자기 우박 맞은 것처럼 두세 명만 남고 다 죽었다. 너무 슬프다"라고 토로했다. 쉬광야오는 같은 일기에서 제3중대 장교 중 무심결에 눈물을 흘린 이들이 많았다고 썼다.**69**

화베이 지역은 원래 우박 피해가 잦았다. 딩싱현만 해도 전투 당시 대부분 20대였던 병사들이 어린 시절부터 1948년까지 큰 규모의 우박 피해를 두 차례 겪었다. 1938년에는 "우박으로 인해 구청(固城) 일대 면화가 흉작을 겪고 일부 지역에서는 농작물이 전멸했"고, 1946년에는 "봄철 심각한 가뭄과 더불어 우박이 덮쳐 밀 농사가 큰 피해를 입었다." 이 성 공략전 전사자 중에 딩싱현 현성 서남쪽 둥처샹촌(東冊上村) 출신인 겅원룽(耿文榮)이 있었음을 지방지를 통해 확인할 수 있다.**70**

트라우마

앞서 살펴본 이러한 전쟁 체험의 기억들이 1950년 가을과 겨울 무렵, 한국전쟁 후방지원 응모를 결정할 당시 쉬광야오의 마음속에서 되살아났을까? 이에 대한 직접적인 언급을 이 시기 그의 일기에서는 확인할 수 없다. 그러나 중일전쟁 당시의 경험이 종전 뒤에도 악몽으로 반복되었다는 점만은 분명하다. 예를 들어 1946년 4월 7일 밤부터 8일 새벽에 걸쳐 그는 4년 전인 1942년 5월 1일부터 시작된 일본군의 대소탕 작전 당시의 악몽에 시달렸다. 그는 수백 명의 일본군에게 포위된 상황에서 부대 정치위원 웨이쩌난(魏澤南)을 엄호하며 포위망을 4~5차례 뚫으려 시도했고, "그 과정에서 비범한 용기와 과감함을 발휘했다." 하지만 갑자기 꿈에서 깨어났고, 온몸이 땀으로 흠뻑 젖은 채 거칠게 숨을 몰아쉬며 극심한 두

---

69 《徐日记》第2卷, 118, 122, 125, 127.

70 河北省定兴县地方志编纂委员会 编, 《定兴县志》, 方志出版社, 1997, 112-114, 689.

근거림에 휩싸였다. 쉬광야오는 이 경험에 대해 "일본군이 나에게 얼마나 깊은 인상을 남겼는지를 이 꿈으로도 알 수 있다. 바로 《도보(導報)》[71]의 어느 필자가 썼듯이 '일본군은 내 마음을 너무나 깊이 다치게 했다'"라고 썼다.[72]

1950년 가을과 겨울에서 1년 남짓 지난 1952년 2월의 사건에서도 쉬광야오의 전쟁 체험이 트라우마로 남아 수시로 되살아났음을 알 수 있다. 2월 26일에 그는 중앙문학연구소 소장 딩링과 잡담을 나눴다. 딩링은 "부모님은 건강하신가? 베이징에 가족이 있는가? 계모를 어머니라고 부를 수 있는가?"라고 물은 뒤 "사람을 죽인 적이 있는가? 그것에 크게 괴로워해 본 적이 있는가? 아니면 그냥 작은 괴로움 정도인가?"라고 물었다. 쉬광야오는 일기에 "크게, 크게 괴로워해 본 적이 있는가 하는 질문에 어떻게 대답해야 할지 정말 망설였다. 생각은 해 봤지만, 대답할 방법이 없었다. 그녀도 더 이상 깊이 묻지 않고 그만두었다. 이런 질문을 한 의도는 무엇일까?"라고 썼다.[73]

딩링이 이런 질문을 던진 이유는 문학가로서 도스토옙스키의 《죄와 벌》과 같은 작품의 영향을 받았기 때문일 수 있다. 또는 팔로군 시베이전지복무단(西北戰地服務團)[74]의 책임자로서 중일전쟁에 참여했을 때, 전장에서의 행위가 사후에 깊은 고통을 남기는 사례들을 직접 보고 들었기에 눈앞의 젊은이에게 그것을 확인하고 싶었던 것일지도 모른다. 딩링은 쉬광야오가 쓴 소설 《평원열화》를 높이 평가했다. 당시 반쯤 신성시되던 소

71　1935년 4월 상하이에서 창간된 사회과학 성격의 반(半)월간 종합 잡지로, 2기 발행 뒤 1935년 5월 정간했다(옮긴이).

72　《徐日记》第1卷, 144.

73　《徐日记》第5卷, 158.

74　1937년 8월 옌안에서 조직된 팔로군 정치부 직속 종합 문예 선전 단체로 군인과 일반대중을 대상으로 항일을 고무하는 문예 선전 활동을 했다(옮긴이).

련 작가 콘스탄틴 시모노프(Konstantin M. Simonov)의 소설《밤이나 낮이나》와 비교하며, 주인공 저우톄한(周鐵漢)이 다소 전형적인 인물이라는 점을 제외하면 시모노프의 작품에 필적할 만하다고 봤다.[75]

그 작품에 대한 딩링의 평가가 옳고 그르냐를 떠나 그녀가《평원열화》를 읽었다는 사실에는 의심의 여지가 없다. 딩링이 쉬광야오에게 던진 "계모에 대한 호칭"에 관한 질문은 소설 속 설정, 즉 팔로군 중대장 출신인 저우톄한이 일본군과 협력한 지주 계급의 '양부'에 대해 품는 감정과 작가 자신의 실제 감정 사이에 어떤 연관이 있는지를 물은 것으로 보인다.[76] 또한 소설 속에는 또 다른 인상적인 장면이 등장한다. 일본군과 대일협력군의 포위 속에서 변절을 시도하던 팔로군 대원이 저우톄한의 손에 처형당하며 일그러진 표정을 남기고 최후를 맞는 장면[77]은 극적인 묘사를 통해 강렬한 현실감을 전달한다. 독자의 마음을 뒤흔드는 이 리얼리티가 과연 실제 체험에서 비롯된 것인지, 아니면 순전히 상상력으로 구축된 것인지도 딩링의 관심사였을 것이다.

쉬광야오가 대답하기 어려웠던 지점은 단순히 "살해 경험이 있는가?"가 아니라, 그것을 전제로 한 "그 일이 남긴 괴로움이 있었는가, 있었다면 어느 정도였는가?"라는 질문이었다. 특히 딩링이 살해 대상자를 "적"이 아닌 "인간"으로 표현했다는 점이 중요하다. 전시에는 "적"이나 "배신자"에 대한 제재가 대의 아래 정당화될 수 있다. 하지만 시간이 흐르고 평화

---

[75] 《徐日記》第4卷, 62. 딩링이 쉬광야오를 시모노프와 비교한 이유에 관해서는 딩링이 쓴〈西蒙诺夫给我的印象〉, 张炯 主編,《丁玲全集》第5卷, 河北人民出版社, 2001, 362, 364.에서 그 일단을 엿볼 수 있다.

[76] 이 지주의 양자라는 설정은 쉬광야오의 일기(제2권 377쪽)에서 짐작되는 계모에 대한 감정보다, 그가 전통극《참경당(斬經堂)》을 본 뒤 떠올린 토지개혁 시기의 실제 사건에서 비롯된 것으로 보인다.

[77] 徐光耀,《平原烈火》, 人民文學出版社, 1954, 13-14. 또 하나 박진감 있는 묘사는 이 소설의 240쪽에 보이는 저우톄한의 동생이 적을 교살한 장면이다.

가 회복되면 그 정당성은 흐려지고, 오히려 죽은 대상자가 하나의 '생명'이자 '개인'으로서 남은 자들의 마음속에 선명히 떠오른다. 그때마다 되살아나는 것은 대상자가 죽기 직전 남긴 눈빛, 표정, 목소리, 그리고 냄새 같은 감각적 기억이다.

적뿐 아니라 전우에 대해서 91세의 고고학자 오츠카 하츠시게(大塚初重)가 18세 때 체험을 회상하며 쓴 "촉감"도 그중 하나다. 1945년 4월, 그가 상하이 제2기상대로 근무 명령을 받고 사세보(佐世保)에서 승선한 해군 징용 수송선이 항행 도중인 14일에 미국 잠수함의 공격을 받았다. 적재하고 있던 항공어뢰가 터져 선창에서 갑판으로 올라가는 계단이 날아가 버렸고, 찢어진 크레인의 와이어로프(wire rope)가 눈에 들어왔다. 그는 로프에 달려들어 필사적으로 오르려 했지만, "내 허리와 다리에 여러 명이 매달렸다. 미끄러지듯 떨어져 내린다. 이대로는 죽고 말 것이다. 그렇게 생각했을 때 그 손들을 발로 걷어차고 있었다. 그 발의 감각은 지금도 잊히지 않는다."[78]

쉬광야오의 발에도 중상을 입은 아군의 "촉감"이 남아 있었던 것 같다. 1949년 6월 7일, 산시성 다퉁시(大同市)에 주둔하던 그는 병단 병원에서 발의 티눈 절제 수술을 받았다. "그 발을 보면서 생각에 잠겼다. 문득 딩싱의 현성을 공략했을 때 남문 부근에서 본 부상병이 떠올랐다." 그 병사는 붕대 구급소에 업혀 와 문밖 흙 무더기 근처에 놓였다. 처음에 몇 번 약하게 신음했으나, 의료진이 모두 구급소 안의 수많은 부상자를 돌보느라 아

---

[78] 大塚初重, 〈語る-人生の贈りもの〉, 《朝日新聞》, 2018년 6월 12일. 大塚初重・五木寬之, 《弱き者の生き方》, 毎日新聞社, 2007, 42-48. 오츠카가 도스토옙스키의 《카라마조프가의 형제들》에 나오는 그루센카의 "한 뿌리의 파" 우화를 떠올렸는지는 분명하지 않다. 그러나 아쿠타가와 류노스케의 〈거미줄(蜘蛛の糸)〉은 분명히 의식되고 있었던 것으로 보인다. 또한 어뢰에 피격된 함선에서 탈출한 이들 사이에 벌어진 치열한 생존 경쟁의 양상에 대해서는 吉田裕, 《日本軍兵士》, 中公新書, 2017, 46-47.를 참조.

무도 눈치채지 못했다. 오랜 시간이 지나도록 그는 흙 무더기 위에 누워 한마디도 하지 않았다. "이제 틀렸나"라고 생각하며 쉬광야오가 병사에게 다가갔다. 병사는 인기척을 눈치챈 듯 한 번 신음했다. "놀란 나는 그에게 '동지, 동지'라고 말을 걸었다. 그는 물을 마시고 싶다고 말했다. 다쳤을 때는 물을 마시면 안 된다고 말했더니 그는 아무 말을 하지 않았다. 얼굴도 들지 않고 흙 무더기에 머리를 늘어뜨린 채 죽은 듯이 움직이지 않았다. 나는 달걀을 찾아줄까 생각했지만, 달걀이 있을 리 없었다. 한참 뒤 의사가 나타나 그를 대문 안으로 메고 들어갔다."**79**

티눈 수술을 받은 쉬광야오는 자신을 격려하기 위해 1년여 전에 목격했던 부상병의 모습을 떠올리며 이를 상세하게 일기에 썼다. 그러나 공략전이 있었던 1948년 7월 16과 17일의 일기에는 그런 내용이 없다. 오히려 남쪽 성문에서 겪은 "발의 감촉"에 대한 또 다른 이야기만 남아 있다. 16일 해 질 무렵에 쉬광야오는 뚫린 성의 남문 통로를 빠져나가려 했다. 그때 많은 사람의 대열이 지나가자, 몸을 피하다가 구덩이에 빠졌다. "발 밑에 뭔가 부드러운 것을 느낀 순간, 아야, 아야 신음이 들려왔다. 급히 발을 빼고 그 자리를 떠났다." 나중에, 그곳에 있던 이는 "부상으로 움직이지 못해 혼자 구덩이 속에서 소리도 내지 못하고 몇 시간 동안 그대로 누워 있던" 아군 병사였다는 사실을 알게 됐다.**80** 쉬광야오가 티눈 수술 당일 일기에 이 일을 적지 않은 이유는 단순히 기억나지 않아서라기보다, 중복 서술을 피하고 공략전 당시 기록하지 못한 사건들을 보완하는 편이 낫다고 판단했기 때문일 수 있다. 그런 점에서 구덩이 속 부상병의 기억은 적어도 한 차례는 그의 머릿속에 선명하게 되살아난 셈이다.

어쨌든 "살인"에 따르는 고통의 유무와 그 강도에 대한 딩링의 질문은

---

79 《徐日記》第2卷, 377.

80 《徐日記》第2卷, 120.

질문자의 의도와 무관하게 단순한 소설 창작론을 넘어 인간성 일반에 관한 물음으로 확장될 수밖에 없다. 그러나 아직 젊었던 쉬광야오는 그 질문의 본뜻을 깊이 이해하지 못했던 것 같다. 그럼에도 영웅주의가 지배하던 시대를 살았던 그조차 "고민하지 않았다"라고 단언하지 못했다는 사실은 주목할 만하다.

쉬광야오가 느낀 "괴로움"은 1979년 봄에 그가 40년 전의 사건을 회상했다는 사실으로도 짐작할 수 있다. 1939년 겨울에 그는 방첩뿐 아니라 탈영 등 군기 위반 사건까지 다루던 "제간과(除奸課)"에서 기록 담당으로 일하며 송치된 관련자들의 등록 업무를 맡고 있었다. 당시 일본군의 소탕작전에 대응해 전개되던 게릴라전의 특성상 안건 처리는 "간략·속결"이 원칙이었다. 부대는 분산·잠행 중이었고, 수감 시설조차 없어 용의자를 며칠간 구금한 뒤 석방하거나 처형하는 수밖에 없었다. 어느 날 밤, 강행군 중이던 특무중대는 중죄를 지은 류(劉) 아무개를 포함한 십여 명을 구속한 채 동행하고 있었다. 그중 한 명은 중병으로 대열을 따라가지 못해 말에 실려 가다가 낙마해 이름을 불러도 대답조차 못 하는 위중한 상태에 빠졌다.[81]

특무중대가 포위망을 뚫고 벗어나려면 우창(武强) 현성 바깥쪽을 스치듯 지나가야 했다. 성안에는 "수백 명의 일본군"이 주둔하고 있었다고 쉬광야오는 회상했다.[82] 일본 측 문헌 기록을 살펴보면, 1939년 겨울 허베이성은 타다 하야오(多田駿) 육군 중장이 지휘하는 "북지나방면군(北支那方面軍)"이 "치안숙정(治安肅正)"[83] 작전 중이었다. 그리고 우창 현성 안에 배

---

81 徐光耀,《昨夜西風凋碧樹》, 北京十月文艺出版社, 2016, 44-46.

82 위의 책, 45.

83 중일전쟁 시기 일본군이 중국 점령지에서 실시한 군사 작전. 일본군은 공산당과 국민당 세력을 소탕하고 '치안'을 확보하기 위해 항일 무장세력과 민간인을 무차별적으로 학살하고 약탈했다(옮긴이).

치된 일본군은 제110사단 보병 제163연대(마츠에(松江))의 요시자와 쇼타로(吉沢正太郎) 대대장이 이끄는 제1대대 소속 제3중대(중대장 구와타니 츠네오(桑谷恒夫) 중위)의 부대였다.[84]

현성에 접근하자 부대의 긴장감은 단번에 고조됐다. 쉬광야오는 급히 류 아무개의 신원 확인을 위해 과장에게 불려 갔다. 성안의 적병이 눈치채지 못하도록 등을 성 쪽으로 돌린 채 총을 감싼 녹색 인견 조각으로 헤드를 덮은 손전등을 짧게 깜빡였다. 캄캄한 어둠 속에서 순간 드러난 것은 "녹색의 일그러진 얼굴"이었다. 류 아무개와 한 번밖에 만난 적이 없는 쉬광야오는 '본인이 맞나?'라는 질문에 "조금 닮은 것 같습니다만…"이라고 대답했다. 그 한마디로 그의 운명이 결정됐고, 즉시 처형됐다. 그러나 다음 날 아침에 쉬광야오는 사람을 잘못 봤다는 사실을 알게 됐다.[85]

이 사건은 딩링의 질문 앞에서 당황했던 쉬광야오의 마음속에 되살아났을 가능성이 크다. 그는 25년이 지난 1979년에 이를 다시 떠올렸고, 그로부터 20년 뒤인 2001년에 출간한 수필집에서도 회상했다. 수필집에서 그는 이렇게 썼다. "그 녹색 얼굴을 한 사람이 만약 저승에서도 의식이 있고 게다가 처형당할 정도의 죄가 아니었다면, 앞으로 반드시 나에게 무언

---

[84] 防衛庁防衛研修所戦史室,《北支の治安戦⟨1⟩》, 朝雲新聞社, 1968, 144, 152, 183. 步兵第百六十三聯隊史編集委員会 編,《步兵第百六十三聯隊史》, 步兵第百六十三聯隊史刊行委員会, 1988, 130-131, 136-137, 158-159. 중일전쟁 중 화베이 지역을 포함한 중국 대륙에서 이뤄진 일본군의 "치안전"에 관해서는 笠原十九司,《日本軍の治安戦》岩波書店, 2010.을, 화베이에서 보병 제163연대의 소탕 작전에 관해서는 NHK〈戦争証言〉プロジェクト,《兵士たちの戦争⑥》, NHK出版, 2011.의 제3장〈島根県·步兵第一六三連隊〉, 105-134.을 각각 참조.

[85] 徐光耀,《昨夜西风凋碧树》, 北京十月文艺出版社, 2016, 46. 중일전쟁 중 진차지변구의 사법 정황에 관해서는 리진밍(李金明)의 회상에서도 확인된다. 李金明,「没有监狱的司法机构」, 政协河北省委员 編,《晋察冀抗日根据地史料汇编》(下), 河北人民出版社, 2015, 2495-2496.

가를 요구해 올 것이다…."⁸⁶ 이 글에서 쉬광야오는 다음 날 그 사람을 잘 못 봤다는 사실을 알게 된 뒤, 처형 시 죄상을 공표해야 한다는 규정에도 불구하고 비밀리에 처형한 일로 괴로워하던 동료들의 모습을 회상하며 '점점 자기 죄의 심각성을 느꼈다'라고 적었다. 그러나 글의 끝에서는 여전히 '처형당할 정도의 죄가 아니었다면'이라는 조건절을 덧붙이고 있다. 그는 깊은 죄책감에 시달렸으며, 그것은 오랫 동안 지속됐다.

쉬광야오는 당시 사건이 중일전쟁이라는 가혹한 상황 속에서 벌어진 일이었음을 알았다. 하지만 고희를 넘긴 시점에도 그 윤리적 부담을 쉽게 내려놓지 못했다. 이처럼 언어화하기 어려운 괴로움과 참혹한 전장의 체험은 1950년 가을과 겨울, 한국전쟁으로 인해 중앙문학연구소 진학이라는 숙원이 좌절될 위기에 처했던 상황과 맞물려 그가 10월 21일 일기에 다음과 같은 탄식을 쏟아내게 했다. "중화민족의 재난은 실로 무겁구나!"⁸⁷

---

86 徐光耀, 《昨夜西风凋碧树》, 北京十月文艺出版社, 2016, 50.
87 《徐日记》第4卷, 30.

| 나오며 |

전쟁과 문예는 본래 양립할 수 없는 성질을 가지고 있다. 그 부조화는 쉬광야오에게 '생명 중단'이라는 위기, 문학가가 되기 위해 필요한 평화로운 환경이 전쟁으로 파괴될 위기로 나타났다. 국공내전이 격화되던 1948년 5월, 화베이연합대학에 남기를 원했던 그의 바람은 끝내 이뤄지지 않았다. 종군기자로 나가라는 명령에 따라 전사를 각오해야 했고, 문학에 대한 꿈은 무너져 내렸다. 멀리 배웅해 준 대학 친구들과 헤어진 뒤 그는 깊은 슬픔과 고독에 사로잡혔다. 5월 9일에 허베이성 정딩현(正定縣)의 다오차오(彫橋)라는 마을을 지나며 그는 "잉크병을 길가의 나무 위에 걸었다. 그리고 이것을 매우 특별한 행동으로 평가했다."[88] 전쟁을 멈추는 것을 중국어로 "과자(掛甲)"라고 한다. 쉬광야오는 나무에 문학을 상징하는 잉크병을 거는 "과핑(掛甁)"[89] 행위를 통해 문학의 길을 멈출 수밖에 없는 안타까움을 드러냈던 것이다.

이틀 뒤인 5월 11일, 쉬광야오는 일기에서 이 일을 좀 더 자세히 기록

---

[88] 《徐日記》第2卷, 73.
[89] 중국어에서 과자는 "갑옷(甲)을 벗어 걸어 두다"라는 뜻으로 전쟁을 그만두고 무기를 내려놓는다는 뜻이다. 본문에서 과자와 발음이 비슷한 과핑은 잉크병을 걸어둔다는 뜻으로 문학 활동을 그만둘 수밖에 없는 상황을 상징한다(옮긴이).

했다.

> 대학을 떠난다는 소식을 듣고 지금까지 불안과 격분이 뒤섞여 마음이 몹시 불쾌하다. 정신이 위축되고 식사와 보행에 모두 기운이 없다. 뭔가 자극이 필요하지만, 무엇이 자극이 될 수 있을까. 편지를 써도 쓸 내용이 없고 논다고 해도 갈 곳이 없다. 이루지 못한 사랑의 대상을 잠시 떠올려보지만, 흥미도 없고 도움도 되지 않는다. 오후에 어휘 정리에 몰두해 쓰고 정리하는 과정에서 마침내 마음이 안정됐다.**90**

10여 년 뒤 쉬광야오는 다시 글을 써서 구원받았다. 1957년 "반당분자(反黨分子)"**91**로 비판받아 희망을 잃었을 때 그는 이대로 가면 정신착란 상태에 빠질 수 있고, 가족과 사회의 부담을 생각하면 차라리 자살하는 것이 낫지 않을까 생각했다. 괴로움에서 "해탈"하는 방법을 날마다 생각했지만, 묘안은 떠오르지 않았다. "밤에 전구 불빛을 쳐다보며 자살해도 죽는 건 마찬가지다. 글을 쓰고 책상 위에 피를 토해도 마찬가지다"라는 생각 끝에 그는 문학 창작에서 활로를 찾기로 했다.**92** 자신의 천직에 모든 것을 바치는 삶, 곧 《논어》에서 말하는 "사이후이(死而後已, 죽을 때까지 그치

---

90 《徐日記》第2卷, 74.

91 1956년 12월에 쉬광야오는 당시 "반당집단"으로 조사 중이던 딩링, 천치샤에 관한 의견을 묻는 중국작가협회의 서신에 답장을 쓴다. 그런데 '반우파(反右派) 투쟁'이 진행되던 1957년 7월에 그 답장이 딩링을 변호했다는 이유로 "반당 반사회주의 우파분자"로 비판받는다. 1984년에 딩링, 천치샤, 쉬광야오 모두 복권된다(옮긴이).

92 徐光耀, 《昨夜西风凋碧树》, 北京十月文艺出版社, 2016, 162-168. 1957년 겨울, "반당분자"로 지목된 쉬광야오가 고군분투하고 있던 시기에 노벨 문학상은 알베르 카뮈(Albert Camus)에게 돌아갔다. 주인공 뫼르소를 몰아붙이는 세상의 "부조리"를 그린 《이방인》과 희망을 잃지 않고 거대한 바위를 산 정상까지 밀어 올리는 행위를 반복하는 《시시포스 신화》를 그가 그때 접할 수 있었다면 어땠을까?

지 않는다)"**93**의 자세는 쉬광야오의 행적에서 드러난다. 이는 20세기 중국 사상계를 이끈 후스(胡適)가 말한 이상적 지식인의 삶의 방식과 연결된다. 후스는 '덕(德, worth), 공(功, work), 언(言, words)'을 세움으로써 삶을 '불후(不朽)'로 만드는 것이야말로 중국 지식인이 추구해 온 이상이라고 했다. 진정한 직업관은 그 사람의 생사관에서 비롯되며, 쉬광야오도 예외가 아니었다.

쉬광야오는 소년병 시절의 경험을 바탕으로, 특히 깊은 인상을 남긴 장면들을 메모하며 하나의 이야기로 엮기 시작했다. 1957년 12월 29일에 그는 "밤 10시가 넘도록 작업을 계속해 15건의 소재를 메모했다. 돌발적이고 흥미로운 일화가 많아 이 정도면 1~2막짜리 재미있는 극을 쓸 수 있을 것 같다"라고 적었다. 이듬해 1월 18일에는 그 메모를 다시 읽다가 문득 이야기가 떠올랐고, "이야기 속에 뛰어들었다. 떠오르는 게 있어 문장의 첫머리, 즉 도입 부분을 쓸 수 있을 것 같았다. 마음이 조급해질수록 오히려 기분은 고양됐고, 앞 장면을 그려가며 낙관적인 감정에 휩싸였다."**94** "쓰면 쓸수록 재미가 더해져 무심코 손이 춤추고 발이 들썩였으며, 마치 하늘로 올라가는 듯한 기분에 실내를 빙빙 돌기도 했다. 이는 마치 다른 의미의 미치광이가 된 듯한 모습이었다."

이 작업은 그 뒤 중국에서 모르는 이가 없을 정도로 유명한 영화《소병장가(小兵張嘎)》**95**의 원작으로 결실을 맺었다. 쉬광야오는 이 작품의 주인공 소년을 자신의 "생명의 은인"이라 부르며, 이 창작 과정이야말로 자살

93 金谷治 訳注,《論語》,〈泰伯第八〉, 岩波文庫, 2002, 156.
94 《徐日記》第8卷, 297, 309.
95 이 영화는 1961년에 출판된 쉬광야오의 소설을 원작으로 한다. 작품은 항일전쟁 시기 소년 가즈(嘎子)가 인민해방군 유격대에 들어가 여러 경험을 거치며 팔로군 정찰병으로 성장해 가는 과정을 그린다. 이 이야기는 1963년부터 2023년까지 여러 차례 영화와 드라마로 만들어져 큰 인기를 끌었다(옮긴이).

충동을 견디게 한 힘이었다고 회상했다.⁹⁶ 그는 이 과정을 통해 마음의 평정을 되찾고 다시 삶의 기쁨을 발견했다.

그러나 항미원조 운동이 본격화되던 1950년 가을과 겨울, 글쓰기는 쉬광야오에게 전혀 다른 감정을 안겨 주었다. 중앙문학연구소에 입학한 첫날인 11월 1일 오전에 그는 〈반미원조창작운동좌담회〉에 참석해 최소 한 편 이상의 반미 문학작품을 집필하라는 과제를 부여받았다. 이튿날 단편소설 〈카빈총〉을 구상했으나, "작풍과 형식이 중국적인 것이 아니라 오히려 소련적인 것 같다"⁹⁷라는 위화감을 떨칠 수 없었다. 11월 7일에는 미국 관련 지식을 쌓기 위해 하루 종일 신문을 뒤졌지만 "창작의 동기를 불러일으킬 만한 계기로 이어지지 않았다. 기존 구상 역시 진전되지 않아 도무지 글을 쓸 마음이 나지 않았다"라고 적었다. 15일부터 본격적으로 집필을 시작했으나 좌담회와 정치 학습 등으로 자주 중단됐다. 23일에야 약 5,000자 분량의 초고를 완성할 수 있었다. 그러나 그는 "만일 이것도 창작이라고 할 수 있다면 실로 부끄러울 따름이다. 제목은 그럴듯하지만, 이런 수준이라면 중국 문예의 참상을 입증하는 셈"이라며 낙담했다. 무리하게 수정을 거듭했지만 끝내 만족하지 못했다. 그는 "도대체 왜 이렇게 사고 회로가 막힌 것인가? 왜 실생활의 원천이 고갈돼 버린 것인가? 왜 감정이 이토록 냉랭해진 것인가? 악마에게 홀린 것인가? 누군가 내 재능을 앗아간 것인가?"라며 자문했다.⁹⁸

이러한 막힘의 원인은 미국에 대한 지식 부족과 더불어 조선에서 맞서야 할 대상이 과거 항일전에서 동맹이었던 미군으로 바뀌면서 생긴 인식

---

96 徐光耀, 《昨夜西风凋碧树》, 北京十月文艺出版社, 2016, 166-167. 铁凝, 〈碧樹蒼生(序)〉, 闻章, 《小兵张嘎之父 徐光耀心灵档案》, 河北大学出版社, 2011, 4.

97 《徐日记》第4卷, 49-51.

98 《徐日记》第4卷, 58, 72, 74, 77, 80-83.

의 혼란에 있었을 가능성이 있다. 그러나 쉬광야오의 일기에 그러한 인식이 직접적으로 드러난 부분은 없다. 12월 14일, 그는 정치 학습에 한 시간 반을 할애한 것을 제외하고 종일 〈카빈총〉의 수정 작업에 몰두했다. 그러나 단락 구분용 별표를 몇 개 추가한 것밖에는 성과가 없었다. 상사의 의견을 참고해 일단 수정안을 작성했으나, "다시 쓸 생각은 도무지 들지 않았다. 아무리 해도 지금 상태보다 나아질 것 같지 않았다. 오히려 더 나빠질 것이라는 생각뿐이었다." 결국 몇 군데 자구만 고친 원고를 제출하고 그날 일기 끝에 다음과 같이 적었다. "위험하다고 느끼는 것은 원고를 제출하고 나서 마음이 무거워지기는커녕 오히려 일종의 안도감을 느꼈다는 사실이다. 이것이야말로 타락의 징조가 아닌가."**99**

---

99 《徐日記》第4卷, 110-111. 이 작품의 게재 여부에 대해 나는 2018년 12월에 평전의 저자 원장(聞章) 선생을 통해 쉬광야오에게 문의한 적 있다. 이에 대해 쉬광야오는 "《카빈총》을 쓴 적은 있으나 단편 습작에 불과하며 발표하지 않았다"라고 답했다. 성심껏 응답해 주신 두 분께 깊이 감사드린다.

제7부

전국의 전환

태도 변경, 경제제재, 종군

| 들어가며 |

1950년 12월 6일에 인민지원군이 평양을 탈환했다. 이어 유엔군을 다시 남쪽으로 밀어내고 이듬해 1월 4일에는 서울을 점령했다. 전국(戰局)은 역전됐고, 그 뒤 양 진영의 치열한 쟁탈전은 일진일퇴를 거듭하다 결국 삼팔선 부근에서 교착상태에 빠졌다.

인민지원군이 세력을 만회하고 승리하면서, 파병 초기부터 소극적인 태도를 보였던 이들을 포함해 상당수 중국 시민이 항미원조 운동을 적극 지지하기 시작했다. 그러나 처음의 입장을 끝까지 바꾸지 않는 시민들도 있었다. 이들은 파병 문제뿐 아니라 정권에 대한 태도, 대미 관계, 종교 문제 등 다양한 사안에서 논란의 대상이 됐다. 제1장에서는 이러한 정치적 태도의 변화를 요구받는 각지 시민들의 대응을 살펴본다.

1950년 12월부터 미국은 잇따라 대중국 경제제재 조치를 단행했다. 12월 2일에 미 상무부는 미국 국적 선박 등의 중국 대륙 기항을 금지했고, 16일에는 미 재무부가 중국의 미국 내 자산을 동결하고 전략물자의 대중 수출을 금지한다고 발표했다. 이에 따라 중국의 수출입업자와 관련 물자를 취급하던 상공업자들은 큰 타격을 입었다. 제2장에서 이 문제를 다룬다.

같은 해 12월 1일에 중국 정부는 〈청년 학생과 청년 노동자의 각종 군사간부학교 참가에 관한 공동 결정〉을 발표했다.[1] 같은 시기에 청년 일반을 대상으로 한 병사 모집이 함께 이뤄졌다. 전자는 간부후보 양성을 목적으로 한 것으로, 이는 대부분 문맹이었던 농촌 출신 병사들로 구성된 기존 군대[2]에 더욱 높은 교육 수준을 갖춘 인력을 보강하려는 시도였다. 이러한 배경에서 중학교 2년 이상 교육을 받은 청년 학생이나 소학교 고학년 이상의 교육 경력을 지닌 청년 노동자들이 모집 대상이 됐다. 정부는 이를 통해 군의 현대화를 꾀하고자 했다. 제3장에서는 이에 대한 청년들의 반응과 농가 청년들의 종군 실태를 살펴본다.

---

[1] 中共北京市委党史研究室 編,《北京市抗美援朝运动资料汇编》, 知识出版社, 1993, 161-162.

[2] 中共中央文献研究室編,《毛泽东文集》第6卷, 人民出版社, 1999, 88-91. 1950년 8월 1일에 이미 마오쩌둥이 장병의 낮은 교육 수준 향상을 지시한 바 있다.

제1장

태도 변경

톈진

평양이 탈환되자, 시민들은 안도하는 기색이 역력했다. 1950년 12월 9일자 《천진일보》의 보고에 따르면, 톈진 시민들은 "미군의 취약함과 강대한 인민의 힘에 대한 인식이 더욱 깊어졌으며 승리에 대한 자신감도 높아졌다." 한 점원은 "이번 참패로 미군이 후방과 멀어져 지원이 어렵다는 사실이 드러났다. 이는 앞으로 전쟁 확대에 치명적인 약점이 될 것이다. 반면 우리는 지형과 인적 구성에서 유리하므로 반드시 미제를 물리칠 수 있다"라고 말했다. 한 하역 노동자는 "미국은 아시아에 있는 병력을 총동원해 조선에서의 전쟁을 전승으로 이끌고 우리 대표 우슈취안(伍修權)을 위협하려 했다. 하지만 위세를 떨치기는커녕 체면만 구겼다. 이제 중국과 조선의 용사들이 미국을 다시 부산으로 몰아내길 바란다. 미국이 그때 가서 어떻게 큰소리치는지 보고 싶다"라고 했다. 한 시민은 "이번 조선에서의 승리는 전국(戰局)을 전환시켰을 뿐 아니라, 후방 민심을 안정시키고 우슈취안 대표의 발언에 힘을 실어 줬다. 침략자와 협상하려면 권총을 들고 가야 이길 수 있다"라고 주장했다.³ 이러한 반응은 당시 신문의 논조

---

3 〈解放平壤後天津市民反映〉,《内部參考》1950年 12月 14日.

와 일치했다. 우슈취안의 발언은 11월 28일에 유엔 총회에서 중국 대표로 나서 "미국의 타이완과 조선에 대한 침략"을 규탄한 것이었으며, 중국 언론은 이를 연일 보도했다.[4]

이런 분위기에서 당국의 파병 결정과 그 결과를 "주어진 현실"로 받아들이는 시민들이 늘어났다. 한 상인은 "조선도 나쁘지만 미국도 선량한 무리는 아니다. 이제 와서 누가 옳고 그른지를 따져 봤자 소용없다. 항미원조로 결정된 이상 온 국민이 하나 돼 방침을 따라야 한다. 그렇지 않으면 미제의 폭격을 누구나 똑같이 당할 것이다. 미제의 침략이 승리하면 모두 망국의 노예가 되기 때문"이라고 말했다.[5]

그러나 시민들에게 "공미 정서와 올바르지 못한 인식은 여전히 남아 있었다." 보고에 따르면, "대다수 상인은 우리 지원부대의 힘이 강하고 미군은 일격에 버티지 못할 정도로 약해 곧 서울이 탈환될 것이라 생각한다. 그러나 항구 같은 교두보까지는 진군이 어렵다고" 봤다. 이는 전쟁 발발 초기에 파죽지세로 남진했던 북조선군이 끝내 부산을 함락시키지 못한 상황에 빗댄 것이었다. 또한 "일부 상인은 이번 대패를 설욕하기 위해 미군이 앞으로 우리나라 침공을 강화할 것이라고 봤다. 당장 침공할 만한 힘은 없을 수 있지만, 해군을 내세워 연해 지역을 위협하거나 비행기를 날려 대도시에서 소요를 일으킬 수 있다. 따라서 정부가 시민의 방공 대책을 잘 지도해야 한다고 말했다." 구정권 시대부터 일해 온 인민은행의 한 종업원은 "조선에서 승리했을지 모르지만, 미국이 격분해 비행기를 날려 대폭격을 감행하지 않을까. 공장이나 주택이 폭격당하면 생산과

---

[4] 〈安理會討論控訴美國武裝侵台案 我代表伍修權嚴厲提出控訴 向安理會提出制裁美國侵略台灣朝鮮罪行等三項建議〉,《人民日報》1950年 11月 29日.〈首都工人教職員學生 熱烈擁護伍修權發言 要求安理會立即接受我三項建議〉,《人民日報》1950年 12月 1日.

[5] 〈解放平壤後天津市民反映〉,《內部參考》1950年 12月 14日.

생활을 어떻게 해야 하나. 역시 평화적인 방법으로 조선 문제를 해결하는 것이 좋다"라고 말했다. 정권에 대한 불신도 엿보였다. 한 상인은 "신문에서는 미국을 숭배해서도 친근하게 느껴서도 안 되고 적대시해야 한다고 매일 선전한다. 하지만 간부들은 미제 가죽 코트를 입고 파커(Parker) 만년필을 사며 (미제) 방수 손목시계를 찬다. 이런 게 경제적 이적행위 아니냐"라고 꼬집었다.**6**

이 보고가 있은 지 닷새 뒤에 속보가 나왔다. 평양 탈환 뒤 "톈진 각계는 열렬한 축하 활동을 벌이며 항미원조에 대한 자신감을 더욱 높였다." 이성(義生)담요공장 노동자 마원커(馬文科)는 "평양 해방에 이어 우리가 적극적으로 조선 지원을 강화하고 미제를 본거지까지 쫓아가 해치우면, 전세계 인민이 기뻐할 것"이라고 말했다. 일부 노동자는 "철저히 승리할 수 있도록 생산에 더욱 힘써 우리 군을 지원하겠다"라고 다짐했다. 또한 단순한 승리의 기쁨뿐 아니라 그동안의 불안이 해소됐다는 반응이 이어졌다. 위싱순(玉興順) 사장 장(張) 아무개는 전쟁을 빨리 끝내고 평화로운 삶을 살기 위해 "조선을 지원하겠다"라며 "평양 해방을 보고 나니 근심병이 다 나은 것 같다"라고 말했다. 융싱위(永興玉)공장 장위팅(張玉亭) 사장은 "신의주까지 미제가 접근했을 땐 불안해서 어쩔 줄 몰랐는데, 평양이 해방돼 한시름 놓았다"라고 했다. 이런 안도감은 정치적 태도의 변화로 이어졌다. 후이족(回族) 음식점 언위더(恩玉德)의 부사장 탕(湯) 아무개는 "우리는 파출소 통보를 기다릴 것도 없이 자발적으로 국기를 게양했다"라며 정권 지지 의사를 분명히 밝혔다.**7**

정권 안정의 효과는 시장에서 가장 직접적으로 나타났다. 12월 23일자 〈신화사통신〉 화베이총지사의 보고에 따르면, 톈진을 포함한 화베이

6 위의 일간지.
7 〈平壤解放後天津各界反映(續誌)〉,《內部參考》1950年 12月 19日.

지역의 주요 도시에서 석탄과 식염(食鹽) 같은 생필품 가격이 안정됐고, 등유, 성냥, 담배 등 일부 품목은 소폭 변동에 그쳤다. 혼란기에 강세를 보이던 금 가격은 "평양이 해방되면서 계속 떨어졌다." 미군이 삼팔선 이남까지 밀려난 가운데 12월 14일에 톈진, 베이징, 장자커우의 금값은 평양 탈환 소식이 보도되기 전날인 12월 6일보다 각각 3.2%, 7.6%, 4.5% 하락했다. 반면 투자자의 심리를 반영한 "주가는 연일 올라" 12월 13일, 톈진과 베이징의 주식시장에서 치신의 주가가 6일보다 각각 20.9%, 20% 상승했다.**8** 치신 주가는 12월 하순에도 계속 올라서 13일보다 8.6% 상승했다. 이는 정부의 민간기업 자산 재평가로 회사의 자산가치가 대폭 상승할 것이라는 전망과 시장 안정, 그리고 상공업세 납부 시기를 앞두고 상품보다 주식 투자하려는 업체의 움직임 때문이었다.**9** 그러나 주식시장에 낙관론을 불러일으킨 가장 큰 요인은 역시 조선의 전국 전환이었다.

톈진시 경찰국 간부들도 낙관적이었던 것 같다. 그들은 전쟁의 향방을 ① 평화적 해결, ② 미군의 강경 대응 시 제3차 세계대전 발발, ③ 지구전 교착이라는 세 가지 시나리오로 전망했다. 일부 초임 간부들은 결국 "평화적 해결이나 제3차 세계대전 중 하나가 될 것이다. 조선에서 지구전이 이어질 가능성은 없다. 우리가 미군을 철저히 소멸시키지 않는 것도 평화의 여지를 남기기 위해서다"라고 봤다. 또 "우리는 이렇게 쉽게 평양을 손아귀에 넣고, 미제는 이렇게 두려워하니, 평화적 해결은 어렵지 않을 것"이라고 말했다.**10**

하지만 낙관론을 경계하는 목소리가 "좌우" 양쪽에서 나왔다. 군인 가

---

8 〈華北區一二月份上半月物價情況〉,《内部參考》1950年 12月 26日.〈社論：慶賀平壤光復〉,《人民日報》1950年 12月 7日.

9 〈華北區一二月份下半月物價情況〉,《内部參考》1951年 1月 8日.

10 〈平壤解放後天津各界反映(續誌)〉,《内部參考》1950年 12月 19日.

족인 위안(袁) 아무개는 평양 탈환을 반기면서도 "앞으로 타이완, 티베트, 조선이 모두 해방돼야 비로소 진정한 승리다. 지금은 자만할 때가 아니다"라고 말했다. 이것이 "좌"로부터 나온 "이겼다고 방심하지 말라" 식의 신중론이었다면, 구정권 시절부터 경찰병원에 근무했던 한 사람은 "이번 승리는 제국주의 음모 같다"라며 "우"의 관점에서 쓴소리했다. 그는 "과거 조선인민군이 대구까지 진격했지만, 결국 미군이 인천상륙작전을 벌였다. 이번에야말로 함정에 빠지지 않도록 경계해야 한다"라고 주장했다.[11] 보고자는 이 사람이 여전히 "공미 감정"을 버리지 못한다고 파악했다.

난징

이전 정권의 수도였던 난징 시민들의 한국전쟁에 대한 인식은 크게 바뀌기 시작했다. 12월 24일 자 〈신화사통신〉 난징지사의 보고에 따르면, "미국이 중국을 공습하지 않을까"라고 불안해하는 노동자가 일부 있었다. 하지만 대다수는 그동안의 "비관과 실망이 흥분으로 바뀌어 인민의 힘을 믿기 시작했으며, 근로 의욕이 솟아났다. 그중에는 아무 근거 없이 지나치게 낙관하는 이들까지 나타났다." 일반 시민들도 "공미 감정이 완전히 사라졌다고는 할 수 없으나 예전처럼 (중략) 비관적이지는 않았다." 난징의 학생 중에는 아직 확신하지 못하고 "평양 해방을 대대적으로 축하하기에는 시기상조라고 여기는" 이들이 있었다. 하지만 대체로 "크게 흥분해 경쟁적으로 위문 활동에 참여"했다.[12]

12월 2일 국립난징대학(國立南京大學)의 교직원과 학생 1,000명가량이 30여 개 그룹으로 나누어 시내와 교외에서 강연, 만담, 노래 등 다양한 방식으로 항미원조 운동을 벌였다. 12월 6일에는 난징시의 대학, 전문학교,

---

11 위의 일간지.
12 〈平壤解放後南京各階層的思想情況〉,《內部參考》1950년 12월 29일.

중등교육학교를 포함한 15개 교육기관에서 7,000여 명의 학생과 교원이 진링대학에 모여 반미 집회를 열고 진링여자문리학원(金陵女子文理學院)의 미국인 교수 헬렌 페리스(Helen Ferris)를 규탄했다.[13] 11월 13일, 학생 리윈번(李芸本)이 영어로 쓴 "미국이 조선에 출병했다"라는 문장을 페리스가 "유엔이 조선에 파병했다"로 고쳤기 때문이다. 다음 날 리윈번은 이 일을 대학 학생회에 편지로 보고했고, 학생회는 중공 난징시 당위원회의 지시에 따라 이를 공표했다. 소식을 들은 학생들은 크게 분노했다.

이에 자극받은 듯 학생 리전쿤(李振坤)과 주원만(朱文曼)은 페리스의 발언을 정리해 각각 학생회에 보냈다. 두 사람의 편지에 따르면, 페리스는 "사회제도"를 가르치면서 "히틀러와 장제스를 찬양하고" "스탈린과 마오쩌둥을 비방·중상"했다. 더불어 미국의 제도를 민주와 자유의 체제로 규정하고 "신민주주의 중국의 교육을 악의적으로 비판"했다. 또한 "전쟁은 발견·발명이나 문화 교류를 촉진한다"라며 "전쟁꾼을 두둔했다." 이에 대해 페리스는 "미국을 유엔으로 고친 것은 '나'의 입장이 중국 인민의 입장과 다르기 때문"이라고 해명한 것으로 알려졌다.[14] 조선에서 미국과 중국 간의 군사 충돌이 "대의명분"을 둘러싼 사제간의 대립으로 나타났다고 할 수 있다.

첫 비판 집회는 12월 2일 오후에 진링여자문리대학에서 열렸다. 여기에 전 교직원과 학생 200여 명뿐 아니라, 교회계 학교인 후이원(匯文)·홍광(弘光)·밍더(明德)·중화(中華)여자중등교육학교, 진링대학, 공립 약학전문학교, 제2여자중등교육학교, 국립난징대학의 교직원과 학생 등 총

---

13 中共南京市委党史工作办公室·南京档案馆·南京中共党史学会抗美援朝研究分会 编,《南京抗美援朝运动》, 中共党史出版社, 2002, 503.

14 위의 책, 347. 〈南京私立金陵女子文理學院美籍教授費睿思歪曲事實誹謗中國人民與學生〉,《内部参考》1950年 12月 4日.

1,500여 명이 참여했다.[15] 12월 6일에는 더 큰 규모의 집회가 열렸다. 진링대학과 진링여자문리학원 학생들은 합동대표단을 구성하고 화둥 지역 학생들에게 "제국주의의 본질"을 알리기 위해 상하이와 항저우로 향했다.[16]

푸저우, 칭다오

12월 21일 자 〈신화사통신〉 푸젠지사의 보고에 따르면, 국공 대립의 최전선에 위치한 푸젠성 푸저우(福州)에서는 평양 탈환 이후 각계 시민들이 "전쟁에 대한 불안에서 벗어나 승리를 확신했다." 미국을 "종이호랑이"로 더욱 확실하게 규정했고, 조선에서 "인민지원군이 수행한 작전과 '나라와 집을 지킨다'라는 의미에 대한 이해가 깊어졌다." 농민들은 대체로 "매우 기뻐"했지만, "평양을 둘러싼 쟁탈전이 반복되면 고통받는 건 시민뿐"이라며 우려하는 이들이 있었다. 중등교육학교 이상 학생들은 시사"학습을 통해 미제가 중국과 조선 인민의 적이라고 인식하게 됐고, 선전 활동에 적극 참여하거나 군사학교에 들어가려 했다." 12월 중순에는 인민지원군에 보내는 위문편지를 쓰고 돈이나 현물을 헌납하는 운동이 벌어졌다.[17]

일반 상인들 사이에서도 "정권 교체" 가능성에 대한 전망이 줄어들면서 재고를 처분하고 보충하지 않는 행위가 줄어들었고, 시장은 점차 안정을 되찾았다. 대형·중형 상공업자 대부분은 애초에 "조선 파병은 화를 자초하는 일이라며 반대했다. 평양 해방 이후에도 미국과 영국이 제안한 평화안의 본질을 간파하지 못한 채, 삼팔선을 넘지 않고 정전하면 전쟁을

---

15 위의 일간지.
16 中共南京市委党史工作办公室·南京档案馆·南京中共党史学会抗美援朝研究分会 编, 위의 책, 503.
17 〈平壤解放後福州, 青島各界一般思想情況〉, 《内部参考》1950年 12月 23日.

끝낼 수 있다고 믿었다." 민주당파 관계자는 "제국주의를 두려워할 필요는 없으며 전쟁을 막는 힘이 인민에게 있다는 인식이 깊어졌다"라고 평가하면서도 "미국이 전쟁을 확대하는 것을 막기 위해 경계를 늦추지 말고 실력을 길러야 한다고 강조했다." 한편, 일반 시민들은 여전히 "적기의 공습"을 두려워했다.[18] 푸저우 시민들이 안정감을 되찾았다고 해도 불안을 완전히 떨칠 수 없었던 이유는 이곳이 국공 분쟁의 최전선인 타이완해협의 서안(西岸)에 위치한 지리·정치적 사정 및 특수성과 관련 있었다.

실제로 이 지역은 국민당군의 공습뿐 아니라 상륙작전에 대비한 긴장 상태에 놓여 있었다. 1951년 2월 초순에 열린 푸젠성 당위원회의 긴급회의에서는 해상 방위 강화의 필요성을 강조하며, 당과 정부는 "어려움을 극복하고 철저한 승리를 위해 군의 전투 임무를 전력으로 지원"해야 한다고 촉구했다.[19] 한반도 전국이 일시적으로 호전됐지만, 푸저우 시민들은 공습 공포에서 완전히 벗어나지 못했다.

한반도와 황해(黃海)를 끼고 마주한 산둥성 칭다오의 분위기도 비슷했다. 12월 21일 자 〈신화사통신〉 칭다오 기자반의 보고에 따르면, "대다수 칭다오 시민은 조선에 지원부대를 파견했을 때 미국을 이길 수 없고 골치 아픈 일만 생길 것이라 봤다. 그러나 평양 해방 이후에는 지원부대가 미국을 격퇴할 힘이 있으며, 미국은 종이호랑이에 불과하다고 여기기 시작했다." 노동자들과 "지식분자"들은 "미국이 중국 대륙을 침공하는 것은 불가능하며, 중국이 북조선의 한반도 해방을 도울 수 있다"라고 믿었다. "산둥 성립 제2중등교육학교 교원들과 학생들은 서울 해방을 축하하는 행사를 음력 설과 함께 치를" 준비를 하고 있었다. 칭다오의 "일부 상인들은 (중략) 유엔에서 13개국이 정전 결의안을 채택한 사실에 주목하며, 미

---

18 위의 일간지.
19 〈福建最近時期工作情況〉,《内部参考》1951年 3月 14日.

국의 '평화에 대한 성의'를 믿고 이제 평화가 찾아올 것이라 기대했다."[20] 보고서는 이를 "부정확한 대미 인식"으로 평가했지만, 시민들이 조기 평화를 바랐던 것은 틀림없다.

그러나 바닷길로 인천과 가까운 칭다오의 지리적 특성 탓에 시민들의 불안은 완전히 가시지 않았다. 특히 상인들이 그러했다. 보고에 따르면, "일부 사람들의 뇌리에는 여전히 뿌리 깊은 반미 감정이 남아 있었다." 칭다오의 대표적 찻잎업체 루이팡차장(瑞芳茶莊)의 지배인 탄저칭(譚哲卿)은 제2차 세계대전에 비유하며 "평양이 해방됐다고 안심하긴 이르다. 과거 일본군의 진주만 기습처럼 미국이 반격할 수 있다. 원군이 도착하면 또다시 물러나야 하지 않겠는가"라고 경계했다. 그는 또 "미국이 쉽게 실패를 받아들일 리 없으며, 13개국의 제안은 조지 C. 마셜(George C. Marshall) 미 국방장관의 시간 끌기 계략일 뿐이다. 결국, 직접 중국 대륙을 침공하지 않겠는가"라고 의심했다. 마찬가지로 칭다오의 신사(紳士) 녜쯔펑(聶子峯)은 "미국이 군사력을 집중해 인천상륙작전처럼 중국의 칭다오나 상하이에 상륙한다면 어떻게 하겠는가"라며 우려했다.[21]

중난 지역

중난 지역 시민들 사이에서도 평양 탈환 이후 뚜렷한 변화가 나타났다. 12월 18일 자 〈신화사통신〉 중난총지사의 보고에 따르면, 우한에서는 11월부터 전개된 항미원조 운동으로 인민지원군 입대 지원자가 8,000여 명, 군사간부학교 진학 신청자는 7,000여 명에 달했다. 각 공장에서는 애국주의 생산 경쟁이 활발히 벌어져 성과를 거뒀다. "어난(鄂南)전력회사는 11월에 이미 연간 할당량을 조기 달성하고 수력발전 설비의 무사고

20 〈平壤解放後福州, 青島各界一般思想情況〉, 《内部参考》 1950年 12月 23日.
21 위의 일간지.

운전을 유지했다. 석탄 소모율을 5% 정도 절감했다." 자본가들도 점차 안정을 되찾았다. 파병 초기에 마오 주석의 결정을 지나친 모험으로 보던 이들이 평양 해방 이후에는 오히려 효과적인 방식이었다고 평가했다. 이들은 8만 명 규모의 지지 시위를 벌였고, 투기적 거래를 하지 않겠다는 등의 '애국공약(愛國公約)'을 작성했다.[22]

그러나 성과와 함께 문제점도 드러났다. 항미원조 운동이 파급력과 침투력 측면에서 여전히 "적극분자에 한정되어 있다"라는 지적이었다. 일부 공장에서는 대다수의 노동자가 운동의 주변부에 머물렀고, 항미원조가 무엇인지조차 제대로 알지 못했다. 시사 시험 결과, 제1방직공장 정방부(精紡部) 갑반(甲班)에서 일하는 공산주의청년단원 15명 중 12명이 조선에서 전쟁이 벌어지고 있다는 사실조차 몰랐다. 이러한 무관심의 원인은 크게 두 가지였다. 첫째, 당국의 선전이 주로 보고회나 전달 회의 같은 상명하달식 방식에 그쳐 "사람들이 이런 방식에 질려 있었다." 실제로 한 노동자는 "'항미원조', '삼장일단(三長一短)' 같은 구호는 이제 지긋지긋하다"라고 말했다. '삼장일단'은 마오쩌둥이 미국군의 특성을 "일장삼단(一長三短)"이라 정리한 데 대응해[23] 중국군의 특성을 부각하는 정치 구호였다. 둘째, 우한시 당위원회가 선전 공작을 선전부의 전담 업무로 간주한 결과, 인력과 역량이 부족한 선전부가 효과적으로 대응하지 못했다.[24]

그 뒤 중난 지역에서는 "애국주의 선전 활동이 폭넓게 전개됐다." 우한과 창사 등 주요 도시는 물론 노동자 가족과 지역 사회, 허난·후베이·장

---

22 〈武漢市時事宣傳運動 目前主要的問題是不夠廣泛和深入〉,《内部參考》1950年 12月 26日.

23 中共中央文獻研究室·中国人民解放军军事科学院 編,《建国以来毛泽东军事文稿》上卷, 军事科学出版社·中央文獻出版社, 2009, 202.

24 〈武漢市時事宣傳運動 目前主要的問題是不夠廣泛和深入〉,《内部參考》1950年 12月 26日.

시 등의 일부 진(鎭)²⁵ 단위에서는 농촌 지역까지 선전 활동이 확산됐다. 1951년 2월 〈신화사통신〉의 보고에 따르면, "마오 주석의 권위와 정권에 대한 신뢰가 크게 높아지면서 정책 집행이 수월해졌다. 그리고 이러한 분위기 속에서 인민지원군과 조선인민군 장병을 위문하고 조선 인민을 돕기 위한 기부 활동이 활발히 전개됐다. 기부액은 62억 위안에 달했다. 또 우한시에서 애국주의적 생산 경쟁에 참여한 기업 수는 30개에서 50개로, 참여 인원은 3만 명에서 5만 명으로 늘어났다."²⁶

〈신화사통신〉은 도시 지역의 변화 사례로 다음을 들었다. "우한, 창사, 카이펑(開封) 등지의 민주당파 인사, 민주 인사, 상공업자, 일부 종교계 인사와 교회계 교육기관 교수는 과거에는 인민의 힘을 과소평가하고 미국을 두려워했다. 그러나 지금은 뚜렷하게 달라졌다. 미군이 압록강에 접근했을 때 '인내'를 촉구하며 '화를 자초해서는 안 된다', '그렇게 한다면 마오 주석은 참으로 큰 용기와 지혜를 지닌 인물'이라고 말하던 이들이 지금은 '인민지원군 파병이야말로 진정한 용기와 지혜의 발현'이라며 한목소리로 마오 주석을 칭송하고 있다." 과거에는 "미 제국주의를 적대시해야 한다는 것을 이론적으로는 이해하지만, 심정적으로는 그렇게 할 수 없다"라고 말하던 교회계 교수들도 태도를 바꿨다. 화중(華中)대학의 한 교수는 이제 "미국의 행태는 도를 넘었다. 이로 인해 국민감정이 자극됐으며, 이를 도저히 용납할 수 없다"라고 밝혔다.

이러한 분위기에서 그동안 "좀 더 지켜보자", "너무 앞서 나가지 말자", "퇴로를 남겨 두자"라던 이들이 점차 정치적 입장을 분명히 했다. 우한시

---

25 건국 초기(1949~1952) 중국 농촌의 행정단위로, 위에서부터 아래로 대행정구(大行政區)→성(省)→현(縣)→향(鄕)/진(鎭)으로 이어진다. 촌(村)에는 향정부(鄕政府)/진정부(鎭政府)가 설립한 자치 조직인 촌민위원회(村民委員會)가 있었다. 향은 농업인구 위주이고, 진은 상주인구 2,000명 이상으로 비농업인구가 50% 이상을 차지하는 지역이었다(옮긴이).

26 〈中南區二月份情況概要〉, 《內部參考》 1951年 3月 3日.

상공업연합회 부주석을 지낸 허헝푸(賀衡夫)는 "나 같은 경력을 가진 사람까지 공산당이 받아주긴 어려울지 몰라도 내 아들만큼은 입당시켜 주면 좋겠다"라고 말했다.**27**

둥베이 지역

1951년 1월 3일 자 〈신화사통신〉 둥베이총지사의 보고에 따르면, 평양 탈환 이후 러허, 지린(吉林), 쑹장(松江), 헤이룽장(黑龍江) 등 둥베이 각 성의 시민 대다수는 "승리에 대한 자신감을 갖게 됐고, 미국을 허울뿐인 종이호랑이로 인식하게 됐다." 학생들은 앞다퉈 군사학교에 지원했고, 농민들은 "공미 감정"에서 벗어나 자발적으로 식량을 상납했다. 노동자들은 생산 의욕이 크게 높아졌다. 그동안 "공미 감정"이나 "무기 결정론"**28**에 사로잡혀 있던 이들에게 이번 사태는 세계관에 큰 변화를 일으킨 계기였다. 물론 전쟁의 향방이나 파병의 타당성을 여전히 회의하는 시각이 있었다. "미국이 일시적으로 철수했을 뿐 머지않아 다시 돌아올 수 있다"라거나, 중국 인민지원군의 참전은 "결국 소련의 책략에 휘말려 우리의 힘만 소모하게 될 것"이라는 비판이었다.**29** 그러나 이러한 회의론은 점차 소수로 밀려났다.

전장에서의 승리는 시민들 사이에 "속전속결에 대한 기대, 지나친 낙관, 그리고 긴장의 이완을 불러왔다." 중공러허성위원회(中共熱河省委員會) 당 학교의 일부 훈련생들은 전쟁이 끝나면 "다음은 일본이나 타이완, 베트남 문제를 해결해야" 한다거나, "미제에 숨 돌릴 틈을 주지 말고 미국

---

27 위의 일간지.
28 전쟁의 승패는 무기의 양과 질이 결정한다는 주장(옮긴이).
29 〈平壤解放後東北熱河等地人民開始滋長速勝和麻痹思想〉,《内部参考》1951年 1月 13日.

본토까지 진격해야 한다"라고 주장했다. 성도 청더시(承德市)의 시사 선전 활동에서 이런 이완된 분위기가 감지됐고, 전국적으로 "이겼다, 이제 안심해도 된다. 평화로운 일상이 돌아왔다. 방공호는 더 이상 필요 없다. 적은 이미 멀리 떠났다"라는 낙관적 분위기가 퍼졌다. 하얼빈의 청년 노동자와 학생 중에는 전세 역전에 고무돼 "조선인민군을 깔보는" 이가 있었다.[30]

이러한 분위기에서 "애국주의 생산 경쟁"이 도시 지역에서 대대적으로 벌어졌다. 국가 생산계획의 수행과 시급한 과업의 달성 등 일정한 성과가 있었지만, 문제점이 적지 않았다. 첫째, 무계획성이었다. 노동자의 기술 수준, 기계 성능, 원재료 공급 상황, 노동 조직 여건 등을 충분히 고려하지 않고 행정 주도로 할당량을 정해, 어떤 부문은 원료가 없어 대기하는데 다른 부문은 연일 잔업이 이어지는 등 생산 불균형이 발생했다. 둘째, 생산량에만 집중한 나머지 품질이 무시됐다. "예를 들어 선양 제3기계공장은 공작용 정밀기계를 생산하는 곳이었다. 그러나 군용 삽 생산 임무를 맡으면서 간단한 기술로도 만들 수 있다고 안일하게 판단했다. 생산한 3만 자루 중 1만 2,000자루는 수리가 필요해 반품됐고, 1,700자루는 불량품으로 폐기됐다." 셋째, 현장 간부와 노동자의 높은 생산 의욕이 오히려 과도한 잔업을 불러왔다. 현장에서 공짜 잔업이 자주 요청됐고, 노동조합 간부들이 이를 제지하지 않아 "기계 손상이나 노동자 사상 같은 사고가 발생했다." 넷째, 생산 경쟁의 범위가 국유기업에 치우쳤다. 선양시 전체 종업원의 38%를 차지하는 민간기업 중 참여율은 0.5%에 불과했고, 무단장(牡丹江)과 진저우의 민간기업은 거의 참여하지 않았다. 국유·공유기업 중에서도 철도, 기계, 광산 등 대형 산업이나 공업이 집중된 대도시에 있는 기

30 위의 일간지.

업들은 적극적이었지만, "소규모 현청 소재지의 기업들은 거의 참여하지 않았다."**31**

1951년 1월 25일 자 〈신화사통신〉 둥베이총지사에 따르면, 둥베이 지역 농촌은 "1950년 9월 인천상륙작전 이후 한때 혼란에 빠졌다. 12월 이후 점차 나아지기 시작했다." 12월 6일, 인민지원군의 평양 탈환이 전환점이었으며, 12월부터 농촌에서 "겨울철 부업 생산"과 "애국주의 생산 경쟁"이 본격화됐다. 그러나 참전이 이 지역 농촌에 가져온 문제가 있었다. "현재 직면한 주요한 과제는 봄 경작 준비를 얼마나 빨리할 수 있을지와 여성 노동력을 어떻게 농업 생산에 동원할지"였다. 보고에 따르면, "여성 노동력 동원을 특별히 강조하는 것은 남성 노동력 감소에 따른 농업 생산에 차질이 없도록 하기 위해서다. (중략) 여성을 어떻게 농업 생산에 참여시키느냐는 올해 농업 생산 지도에서 매우 중요한 과제로 떠올랐다."**32** 남성 노동력이 감소한 이유는 조선 파병에 따른 종군과 후방지원으로 많은 청장년 남성이 동원됐기 때문이었다.

1951년 3월 5일 자 보고서 〈둥베이 각 성의 최근 활동 상황에 대해〉에 따르면, 지린성에서는 "7만 9,000여 명의 청년이 자발적으로 입대를 신청했다. 3만 명은 들것부대 등 수송 업무에, 6,000여 명의 학생과 기술자는 각종 군사기관 및 후방지원 업무에 참여했다." 랴오둥성도 "예정된 신병 충원 및 경찰 보충 인원 할당량을 20% 조금 넘게 달성했다. 그중 당원과 청년단원은 10%를 차지해 어느 정도의 정치적 질을 확보했다."**33**

다만 "일부 마을에서는 강제나 명령으로 입대시키기도 했다." 사람을 때리거나 얼리거나 뜨거운 온돌로 화상을 입히는 "제병(擠兵)", 입대자의

---

31 〈東北區主要工作情況〉, 《內部參考》1951年 3月 5日.
32 위의 일간지.
33 〈東北區各省最近時期的工作情況〉, 《內部參考》1951年 3月 5日.

채무를 떠맡거나 집을 사 주거나 좋은 땅으로 바꿔 주는 "매병(買兵)", 입대라고 밝히지 않고 광산·철도 경비나 지역을 떠나 현 밖으로 가지 않는다고 속이는 "편병(騙兵)" 등이었다. 징병을 피하려고 "손가락이나 발가락을 자르거나, 일부러 다리를 다치거나 자살을 기도한 일도 있었다." 이 과정에서 신병의 "낮은 질"과 "지나치게 불필요한 지출" 문제가 발생했다. 전자는 본의 아니게 지원할 수밖에 없었던 신병의 의식을, 후자는 자발성이 낮은 청년을 동원하는 데 들어간 경제적 비용을 가리킨다. 특히 대대적인 장행회(壯行會)34개최가 불필요한 비용에 포함됐다.35

랴오시성 농촌에서도 농가를 후방지원 인력으로 동원했다. "농가 부업과 겨울철 시사학습을 통해 인민지원군과 조선인민군의 미제 침략에 대한 저항 전투를 지원하는 데 초점을 맞췄"으나 농민노동자, 즉 "민공"의 이탈률이 높았다. "통계에 따르면 3분의 1이 이탈했으며, 부담이 고르게 분담되지 않아 일부 지역에서는 '중농을 짜내'(중농에게 과도한 부담을 지우)는 현상이 나타났다. 정세가 바뀌면서 구나 촌의 간부들 사이에는 '사전에 양해를 구하지 않고 먼저 행동한 자가 이긴다'라는 인식이 퍼져, 강제적이고 명령 위주의 고압적인 지시 방식이 강화됐다." 긴급사태라는 명분 아래 토론이나 합의 없이 일방적이고 독단적인 행정 집행이 확산됐다.

기독교 관계자

혁명 이전의 통계에 따르면, 중국의 기독교 신자는 가톨릭 약 300만 명, 개신교 약 70만 명이었다.36 혁명 이후인 1950년 7월 28일에 발표된 〈신

---

34 출정 군인의 앞날을 축복하고 송별하기 위한 모임(옮긴이).

35 위의 일간지.

36 〈中共中央关于天主教, 基督教问题的指示〉, 中共中央文献研究室 编, 《建国以来重要文献选编》第1册, 中央文献出版社, 1992, 409.

중국 건설에서 중국 개신교가 가야 할 노력의 길에 관해〉라는 선언과 이에 따른 서명운동은 정권의 의도를 반영한 기독교계 내부의 "적극분자"들이 주도한, 이른바 "삼자(三自)운동=자치(自治), 자양(自養), 자전(自傳)"이었다. 이 운동은 외국 교회와의 관계를 단절하고 교회의 운영, 재정, 선교를 독자적으로 수행할 것을 요구하는 "혁신 운동"이었다. 그 결과 기독교 세력은 강한 내부 압력에 직면했다.**37** 여기에 더해 미국의 대중 경제제재는 신자들의 처지를 더욱 악화시켰다. 미국이 중국 내 자산을 동결하자, 중국 정부는 이에 맞서 재중 미국계 교회가 운영하던 교육 시설을 접수했다. 1950년 12월 31일에 마오쩌둥은 "미국이 우리나라의 재미 자산을 동결했다. 하지만 우리는 하루아침에 16개 대학, 25개 중등학교, 1,600개 소학교를 접수함으로써 국가 교육 사업을 수호할 수 있었다"**38**라고 평가했다. 이는 교회 소속 교원들과 학생들에게 정치적 태도 변화를 요구할 수 있는 절호의 기회로 여겨졌고, 정권은 이를 환영했다.

이런 분위기에서 기독교 관계자들은 종파와 국가를 가리지 않고 태도를 바꿀 것을 강하게 압박받았다. 1950년 12월 22일 자 〈신화사통신〉 상하이지사의 보고에 따르면, 상하이에서는 공산주의청년단의 외곽 단체인 민주청년연합회(民主青年聯合會) 주최로 12월 20일에 가톨릭교회 학교 관계자의 항미원조 좌담회가 열었다. 이보다 3주 정도 앞선 11월 30일에 쓰촨성 광위안현(廣元縣)의 가톨릭 신부 왕량쭤(王良佐)를 비롯한 500여 명의 신자가 〈가톨릭의 자립 혁신 운동에 대한 선언〉을 발표했다. 좌담회에서 상하이징더(上海景德)중등교육학교 교장 류원빈(劉文彬)은 광위안의 사

37　刑福增,〈反帝愛國與宗教革新 論中共建國初期的基督教〈革新宣言〉〉,《中央研究院近代史研究所集刊》(第56期), 台北·中央研究院近代史研究所, 2007, 91-142. 이 논문은 주로 개신교 신자에 초점을 맞추고 있다.

38　杨尚昆,《杨尚昆日记》上卷, 中央文献出版社, 2001, 66-67.

례를 따라 상하이 가톨릭도 "삼자운동"을 벌여야 한다고 주장했다. 그러나 이더(一德)중등교육학교의 교장은 〈선언〉 속 "삼자의 새로운 교회를 만든다"라는 표현을 문제 삼으며, "삼자 자체는 좋다. 하지만 새로운 교회란 무엇인가? 새 교회를 만든다면 기존 교회에 반하는 것으로, 나는 가톨릭을 분열시키는 일은 할 수 없다"라며 반대했다.**39**

류원빈이 주최 측의 뜻을 대변했다면, 이더중등교육학교의 교장은 총론은 찬성하면서도 각론은 유보한 셈이었다. 두 사람 모두 좌담회장에서 "많은 참가자의 박수를 받았다." 그러나 민주청년연합회 관계자는 이더학교 교장의 발언이 "조직적인 대응이었다"라고 평가했다. 실제로 가톨릭 관계자들 사이에서 "삼자운동"에 대한 저항은 거셌다. 전단(震旦)중등교육학교 학생회 부주석은 류원빈에게 "종교는 사회단체이므로 정치에 경솔하게 개입해서는 안 된다"라고 비판했다. 이어 "누가 당신을 이 회의의 대표로 뽑았는가? 왜 우리는 그것을 몰랐는가?"라고 다그치며 대표 자격을 문제 삼았다. 이에 당황한 민주청년연합회 연락부 저우리싱(周力行) 부장은 "미국 종교 시설의 침략 행위를 비판하고", "교회학교의 활동 역사를 모두 파악하고 있다. 죄를 반성하는 자에겐 기회를 줄 것"이라는 고압적 태도를 보였다. 그의 발언 뒤 시간을 이유로 좌담회는 끝났다.**40** 하지만 반미 선전은 교회계 학교 관계자의 강한 저항에 부딪힌 것 같다.

다음 해 1월, 상하이 개신교 교회에서는 "애국 운동을 전개"했다. 그러나 가톨릭은 "이미 움직이기 시작한 항저우 등과 달리 상하이에서는 별다른 변화가 없었다." 상하이시 민정국(民政局)의 통계에 따르면 상하이 가톨릭은 교회 14개, 신자 5만여 명으로, 지도 기관은 가톨릭상하이주교구와 전국 기관인 가톨릭교무협진회였다. 개신교에 비해 가톨릭 지도 기

39 〈滬天主教學校抗美援朝座談會的情況〉,《內部參考》1950年 12月 25日.
40 위의 일간지.

관은 "구조가 단순하고 지도가 고도로 집중되며, 제도가 매우 엄격했다. 상하이는 이 지도 기관의 소재지였기에 동원이 더 어려웠다." 신자들은 개인적으로 애국 운동에 참여할 의사가 있어도 "가톨릭 전체를 대표해 발언하려 하지 않았다." 상하이 가톨릭 신자 중 중국 국적의 "민주인사"는 20여 명이었다. 교수나 의사와 같이 사회적 지위가 있었으나, 교회 안에서는 지위가 낮았다. 이에 상하이 민주청년연합회는 "가까운 시일 안에 종교계 민주인사를 불러 좌담회를 열어 추가 동원을 시도하기로 했다."**41**

태도 바꾸기를 둘러싼 압력과 저항은 상하이뿐 아니라 중난 지역에서도 나타났다. 우한, 창사, 광저우, 난창 등지의 교회계 학교에서 "애국주의 운동이 대대적으로 전개됐다." 우한시 고등·중등교육기관 중 교회계 학교는 18개(고등 3개, 중등 15개)였다. 그중 파한(法漢)중등교육학교를 제외한 17개 학교에서 미국의 "문화 침략"을 비판하는 "반모욕·반비방" 운동이 전개됐다. 운동은 화중대학을 중심으로 퍼져 나갔다. 전반적으로 개신교 학교에서는 운동이 순조롭게 진행됐으나, 가톨릭 학교에서는 초기 단계에 머물렀다. 운동이 전개된 학교의 학생들은 각성했고, "우리 민족에 대한 자존감과 자신감이 높아졌다." 한양(漢陽)**42**에 있는 파한중학교의 한 학생은 "예전에는 미국인과 함께 있는 걸 영광으로 여겼다. 하지만 이제는 간부와 함께 있는 게 더 자랑스럽다"**43**라고 말했다.

---

41 〈華東區及上海市的最近情況〉,《內部參考》1951年 2月 14日.

42 후베이성의 도시로 우창, 한커우와 함께 한수이가 창장에 합류하는 지역에 있다. 예로부터 한커우·한양·우창은 창장 중류의 수운 요충지로서 상업이 크게 발달해 '우한 삼진(三鎭)'이라 불렸다. 근대에 들어서는 공업이 성장했고, 베이징과 광저우를 잇는 징광선(京廣線)이 이곳을 통과했다. 이 세 도시는 여러 차례의 합병과 분리를 거쳐 1949년 5월 '우한'으로 최종 통합됐다(옮긴이).

43 〈中南區一月份基本情況〉,《內部參考》1951年 2月 10日.

이러한 상황은 1951년 1월 15일과 2월 10일 자 〈신화사통신〉 중난총지사의 보고에서 확인된다. 보고에 따르면, 우한의 교회계 학교에서 "제국주의에 반대하는 운동"이 전개됐다. 학생들은 "제국주의의 죄상을 고발"하며 "노예가 되는 교육을 받던 과거와 달리 민족적 자존심과 자신감을 높이는 첫걸음을 내디뎠다."

〈신화사통신〉의 보고는 교회 측의 저항에 대해서도 다음과 같이 전했다. 교회 측은 이 운동을 최대한 억누르고 어떻게든 그 영향력을 줄이려 했으며, "심지어 제국주의를 변호하거나 진보 세력을 공격하기도 했다." 칸트 철학 연구자이자 오랫동안 화중대학 학장을 지낸 웨이줘민(韋卓民)은 글과 강연에서 "삼자" 방침에 적극적인 자세를 보였다. 하지만 사석에서는 화중대학의 자금은 "제국주의"가 아니라 "미국 인민의 것이다. (미국에서 직접 송금할 수 없게 됐지만) 앞으로는 영국, 인도, 홍콩을 거쳐 송금될 것"이라고 말했다. 그는 또 미국의 "힘에 의존해 대학을 경영할 생각을 여전히 강하게 품고" 학교 폐쇄나 감봉을 암시하면서 교직원을 압박했다. "표면상으로는 학생들의 군사학교 응모를 요구했지만, 실제 목적은 적극분자를 대학에서 배제하는 동시에 학생들의 주의를 분산시키는 데 있었다."[44]

가톨릭 후베이교구 부주교이자 상즈(上智)중등교육학교 교장 류허더(劉和德)는 "자신은 바티칸의 지휘를 받는 정통 가톨릭 신자이며, '중국이 모스크바에서 이탈하지 못하는 것과 마찬가지로' 바티칸에서 이탈할 수 없다"라고 말했다. 그러면서 "가톨릭은 미제와 무관하고 가톨릭교회의 입장이 있다. 삼자운동을 실시할 필요가 없다"라고 주장했다. 일부 신자는 "기독교도 '국제주의'이므로 외국인 선교사의 중국 방문을 거부해서는 안

---

[44] 〈武漢各教会学校反対帝国主義運動情況〉,《内部参考》1951年 1月 17日.〈中南區一月份基本情況〉,《内部参考》1951年 2月 10日.

된다"라고 했고, 일부 교회학교는 미국 자산을 조사하라는 중앙정부 정무원의 통지가 나오자 "다양한 방법으로 관련 재산을 분산·은닉했다."**45**

난징시도 마찬가지였다. 가톨릭 홍광(弘光)중등교육학교의 한 미국인 신부는 자산 은닉을 시도하고 "트루먼과 맥아더의 침략적 행동을 옹호했다." 미국 자산에 관한 정무원의 통지가 나오자 그는 학교 비품을 몰래 팔아 치웠다. 이 학교 교장은 매일 밤 학생들과 당국의 압력에 대한 대책을 상의했다. "삼자운동" 제창 이후 여기에 호응하려는 신자가 나타나자 교장은 "가톨릭에 혁신 따위는 필요 없다. 나는 어느 국가에도 속하지 않고 오직 바티칸 교황에 속한다. 혁신을 요구하는 사람은 배교자"라고 단언했다. 그러나 학생 대다수는 이미 정권 쪽으로 기울어 있었다. 재학생 3백여 명 가운데 30여 명의 신자를 제외하고는 학교 측의 저항에 "극히 분개해 학교의 정부 접수를 요구"했고, 미국인 신부의 추방을 촉구하며 교직원과 학생이 운영하는 "학교수호위원회"를 조직했다.**46**

마침내 교회 내부에 분열이 일어났다. 톈진에서는 교회 상층부와 일반 신자 사이에, 그리고 각 종파 사이에 대립이 나타났다. 1월 8일 자 〈신화사통신〉 톈진지사의 보고에 따르면, 톈진의 개신교 일반 신자 중 정치적 태도를 바꾸는 이들이 늘어나 "제국주의 지배에서 벗어나길 간절히 원했다. 상층부는 더 이상 일반 신자를 좌지우지하기 어려웠다." 그러나 상층부는 다양한 방식으로 "삼자운동"에 대항했다. 예를 들어 개신교 상층부는 "삼자운동" 선언 지지 서명운동에서 "거짓으로 서명하고 삼자운동을 내부 통합의 계기로 삼으려 했다." 당시 톈진의 개신교회는 "미션"과 "비미션"으로 나뉘었는데, 미션은 "미영 제국주의를 배경으로 하고" 비미션

---

45 위의 일간지.

46 〈南京天主教弘光中學美籍神甫誹謗中國人民轉移盜賣校産〉,《內部參考》1951年 1月 18日.

은 "건달, 상인, 관료정치꾼 등 봉건 세력이 주된 구성원이었다." 이들 사이에 대립이 있었는데, 정무원의 교회 단체 등록에 관한 통지가 내려오자 "'비미션'계는 정부에 '미션'계의 재산 몰수를 요구하며 자신들이 관리하겠다고 주장했다."**47**

톈진의 가톨릭도 "삼자운동"으로부터 압박을 강하게 받았다. 가톨릭 상층부는 "장자커우처럼 신자가 반미 시위를 해도 되지만, 삼자운동만은 해서는 안 된다"라며 저항했다. 당시 톈진의 가톨릭은 활동 범위가 넓고 30만 명의 신자를 두고 있다고 공언했다. 이들은 주로 유럽의 프랑스, 네덜란드, 벨기에, 이탈리아, 독일 등 과거 추축국과 관계를 맺고 있었다. 그 "배경에는 미제의 그림자가 있어 미제의 제6열, 즉 사상작전부대(思想作戰部隊)에 참여해 유언비어를 퍼뜨리고 군사 첩보에 종사하는 사람도" 있었다.**48** 정권은 미국으로부터 경제원조를 받은 문화·교육기관, 구제 시설, 종교 단체에 대한 처분 방침을 결정하며 가톨릭교회를 포함한 이들 기관이 과거 미국의 "문화 침략"을 담당해 왔을 뿐 아니라, 혁명 이후에도 반정권 활동에 이용됐다고 단죄했다.**49**

이어 정권은 삼자운동을 교육·종교기관에서 기타 조직으로 확대하고 각지의 당이나 공산주의청년단 내부에 있는 기독교 관계자에 대한 조사에 나섰다. 베이징시 교외에 있는 먼터우거우(門頭溝)탄광의 당위원회가 조사 담당자에게 보낸 1951년 1월 19일 편지에서 그 일부 내용을 확인할 수 있다. 편지는 "개신교나 가톨릭에 과거에 참가하거나 긴밀한 관계가 있는 당원과 공산주의청년단원에 대한 조사표를 동봉하고, 이를 바탕으

47 〈天津基督教和天主教內部分化 上層部分子對抗三自運動〉, 《內部參考》 1951年 1月 22日.

48 위의 일간지.

49 郭沫若, 〈關於處理接受美國津貼的文化教育救濟機關及宗教團體的方針的報告〉, 《人民日報》 1950年 12月 30日.

로 당 총지부위원과 공산주의청년단 총지부위원의 협조를 얻어 조사할 것"을 지시했다. 다음 날 베이징시 당위원회 앞으로 결과를 제출할 예정인 이 조사의 목적은 "종교계의 현황을 파악하고 관련 당원과 공산주의청년단원을 활용하기 위한 것"이었다. 조사표에는 "당원과 공산주의청년단원에게 보여 주지 말 것"과 조사 자체를 "당장은 공개하지 말 것"이 주의 사항에 포함됐다.[50] 관계자의 동요를 피하기 위한 비밀 조사인지 아닌지를 떠나 신자들의 처지는 더욱 엄혹해지고 있었다. 이러한 환경에서 일반 신자의 정치적 태도 변화가 진행된 것이다.

평양 탈환 무렵부터 이러한 변화는 폭넓게 나타났다. 그 단적인 예가 "삼자운동" 선언에 서명한 신자 수의 급증이었다. 개신교의 경우, 1950년 7월 28일 선언 발표 이후 12월 7일까지 넉 달 간 2만6,727명에 불과했던 서명자가 3주 뒤인 12월 31일, 약 3배 늘어난 "7만8,596명"에 달했다.[51]

---

[50] 〈中共門頭溝煤鑛委員会關於深入開展抗美援朝運動了解宗教界情況給張佃富的函〉 225-0001-00377-00051, 北京市档案馆.

[51] 吳耀宗, 〈基督教革新運動的新階段〉, 《人民日報》 1951年 1月 15日.

제2장
상공업계

"적극적 태도"

평양 탈환 이후 각지의 상공업계는 항미원조에 "적극적인 태도"를 보이기 시작했다. 타이위안의 상공업자들은 항미원조 운동 초기에 "사상이 매우 혼란하고 전쟁과 미국을 두려워하며, 전쟁으로 부담이 커지는 것을 우려"했다. 그러나 12월 11일에는 4,000명의 상공업자가 시위를 벌이며 "항미원조에 대한 결심을 표명했다." 1951년 1월 2일 자 〈신화사통신〉 화베이총지사의 보고에 따르면, 이러한 변화는 "시사학습과 토론을" 거친 뒤 "물가 안정과 상공업을 진심으로 지원하는 정부의 여러 시책을 체감"한 결과였다.52 이처럼 평양 탈환 등 전세 호전이 결정적인 역할을 했다. 우한에서의 사례가 이를 뒷받침한다. 파병 초기만 해도 일부 상공업자는 "마오 주석이 너무 모험적이다"라고 평가했다. 하지만 평양 해방 이후에는 "마오 주석이 잘했다고 평가하면서 8만여 명이 시위에 참여해 애국공약을 작성했고, 투기 활동을 하지 않겠다고 서약했다."53

난징의 상공업자들 사이에서도 원자폭탄에 대한 공포가 완전히 사라

52 〈太原市工商業者的思想動態〉,《內部參考》1951年 1月 6日.
53 〈武漢市時事宣傳運動 目前主要的問題是不够廣泛和深入〉,《內部參考》1950年 12月 26日.

진 것은 아니었지만, "인식 면에서 큰 변화"가 일었다. "평소에 적극적인 자세를 보인 사람은 더욱 적극적으로 변하며 정권에 가까이 다가가려 했다." 유헝(有恒)제분공장 사장이자 난징시 상공업연합회의 주임위원 대리를 맡은 천다헝(陳達衡)은 체납세금 추징과 상공업계의 반미 시위에 "적극적으로 참여했다." 정권의 정책이나 여당의 장래를 확신하지 못해 그동안 소극적이었던 "중간분자"들도 태도를 바꿨다. 견직물업공회 주임위원으로 난징시 상공업연합회 부주임위원을 지낸 황시런(黃希仁)과 한방약업공회 주임위원으로 난징시 상공업연합회 상임위원을 지낸 선주천(沈鑄臣)은 미군이 압록강에 접근했을 당시 "희망이 없다고 느껴 난징시 상공업계 회의에도 거의 참석하지 않았고, 기자의 취재도 피했다. 그렇지만 지금은 회의에 빠짐없이 참석하고 있으며, 시위를 준비하기 위해 밤을 새우기까지 한다. 한때 유언비어를 퍼뜨리거나 전국의 악화를 '더할 나위 없이 좋은 것'으로 기뻐하던 자가 오명을 벗기 위해 애쓴 것이다."[54]

12월 24일 자〈신화사통신〉톈진지사의 보고에 따르면, 톈진의 상공업자들도 "전국 호전으로 이전에 비해 정신적으로 안정됐다. 다만 정치 활동은 대부분 자본가 본인보다 대리인이 주도했다. 대리인들은 정치와 경영에서 적극성을 보이면 정치적 지위를 높이고 이익을 공고히 할 수 있다고 판단했다. 이들은 배당보다 경영 재투자를 선호했다." 그래서 이익을 확대 재생산에 투입해 경영을 개선하는 것에 전향적이었다. 상당수 중소업체도 "생산을 잘해야 정치적 지위가 높아진다"라고 인식했다. 화양(華陽)연초회사 사장 양젠안(楊健庵)은 "경영 실적이 좋아져, 톈진시 상공업연합회 상무위원이 되고 싶다는 뜻을 공개적으로 밝혔다."[55]

이 보고에 따르면, 톈진시 상공업자들은 평양 탈환 전인 11월 30일에

54 〈平壤解放後南京各階層的思想情況〉,《内部参考》1950年 12月 29日.
55 〈天津資本家目前思想情況〉,《内部参考》1950年 12月 25日.

열린 업계 주도의 "대규모 반미 시위에 대해 자신을 '선진적인 상공업자'라고 자임할 만큼 만족스러워했다. 현재는 명예와 실적 강화에 힘을 쏟고 있다. 예를 들어 과거에는 서로 대립하던 대자본가들도 협력 분위기가 조성돼, 공업계 대자본가의 친목 단체인 공업협회는 경멸하던 수출업자 비밍치(畢鳴岐)를 회원으로 영입했다."[56]

이처럼 상공업자들이 "적극적으로 협력"하게 된 데는 몇 가지 배경이 있었다. 첫째, 민간 상공업이 전례 없는 성장을 이뤘기 때문이다. 예를 들어 "혁명 이후 전기기재업체 수는 40개에서 100여 개로 늘어났고, 나동선(裸銅線), 변압기, 절연전선, 탄갱용 전기기기 등의 생산량은 1~18배 증가했다."[57]

둘째, 상공업자들은 "생산부터 경영에 이르기까지 모든 단계에서 국·공영기업과 협력하지 않을 수 없음을 잘 알고 있었다. 그들은 정권과의 관계를 모색하고 있었다." 톈진에서는 국·공영기업과 사영기업의 비중이 5:5 정도였는데, 전자가 상대적으로 집약적이고 현대화돼 있었던 반면 후자는 분산적이고 낙후돼 있었다. 방적업만 보더라도 국·공영기업은 27만 추를 보유한 데 비해 사영 기업은 4만 추에 불과했다. 게다가 국·공영기업은 성냥, 담배, 착유, 제분, 고무, 기계, 화학공업 등 "각 업종에서 무역공사를 운영하고 있어 사영 자본이 독점적 지위를 갖기 어려웠다."[58]

셋째, 혁명 이후 정권이 추진한 정치·경제 정책이 "대자본가 공작에 효과적"이었기 때문이다. 당국은 자본가의 "봉건적·매판적 성격을 개조하면서도" 이익을 낼 수 있는 환경을 조성했다. 특히 장래성이 있다고 여겨진 세 가지 정책은 상공업자들에게 깊은 인상을 남겼다. ① 상공업자들

---

56 위의 일간지.
57 위의 일간지.
58 위의 일간지.

이 정치적 지위를 확보할 수 있었다. 당국은 "문제를 해결하기 위해 상공업자들과 협의를 거듭했고, 상공업자들은 곤란한 문제가 생기면 당국을 비판하고 제언할 수 있었다." 톈진시의 최고 간부는 평소 그들과 자주 접촉했으며, 상공업연합회나 경제인들의 정치 결사인 민주건국회(民主建國會) 같은 조직을 통해 자본가들을 정치적으로 교육했다. 예를 들어 "'민주건국회'가 주최한 다섯 차례 정도의 〈신세기좌담회(新世紀座談會)〉는 자본가들 사이에서 큰 호평"을 얻었고, 정치·경제 관련 대규모 강연회도 거의 매주 열렸다. ② 기업이 경영난에 빠지면 노동자들이 자발적으로 임금 삭감을 제안하는 등 사용자에게 협조했다. ③ 노동조합이 헝위안(恒源)과 베이양(北洋) 등 공장의 경영 개선을 지원하고 노동자 간 생산 경쟁을 조직해 공장을 크게 활성화했다. ④ 정부의 공사(公私) 관계의 조정**59**이나 시장과 물가의 조정은 상공업자들의 경영에 대한 자신감을 높였는데, "특히 수출입업체들이 혁명 이후 많은 돈을 벌었다."**60**

넷째, 과거 국민당 치하에서 착취와 이간책으로 고통받던 기억이 작용했다. 국민당은 "자본가들이 단결해 세력화하는 것을 막기 위해" 억압과 통제를 일삼았다. 예를 들어 "과거 톈진시의 동업공회들은 모두 국민당 관계자들이 좌지우지했고, 난징의 각 업종 총회로부터 직접 지도를 받았다. 또 일부 대자본가와 자본력 있는 업종에만 '공업협회' 결성을 허용했는데, 이는 협회로부터 자금을 '착취하기' 위한 수단이었다."**61**

---

59 1949~1953년에 중국은 국민경제의 부흥과 국영 경제의 지도적 지위 확립을 목표로 "공사겸고(公私兼顧: 공적인 것과 사적인 것을 모두 고려한다), 노자양리(勞資兩利: 노동자와 자본가 모두 이익을 거둔다)"라는 원칙에 따라 일련의 정책을 시행했다. 구체적으로는 세금 감면, 국영기업 경영 범위 축소, 주문생산 확대, 금융 지원, 노자 협상 등을 통해 사영기업에 대한 지원을 확대하고 생산력 회복을 도모했다(옮긴이).

60 위의 일간지.

61 위의 일간지.

다섯째, "공산당이 중국의 국제적 위상을 높인 것도 민족자본가들에게 강한 인상을 줬기" 때문이다. 이는 곧 한반도에서 세계 최강 미군을 상대로 전세를 뒤집은 사실을 가리킨다. 보고에 따르면, 상공업자들은 정권이 점차 안정돼 가고 있다고 봤으며 장려와 처벌을 명확히 구분한 정책을 진심으로 이해했다. 한 석탄업자는 "정권으로부터 처벌받은 직후에도 항미원조 시위에 열렬히 참여했다." 그는 "예전에 국민당에 당하면 뇌물을 쓰지 않을 수 없어 파산에 내몰리는 게 상례였는데, 인민정부는 규칙에 따라 조치하고 성실한 상인에게는 장려책을 베푼다"라고 말했다.**62**

그러나 "소극적"인 태도는 여전했다. "이들 자본가는 정부 정책과 이익이 충돌하면 자신의 이익을 우선했다. 경영난일 때는 정부 매입을 요구했고, 경영이 순조로우면 정부의 위탁 가공이나 발주를 꺼렸다. 자본가 비밍치는 봄에 톈진시 상공국이 실시한 48개 업종에 대한 조사를 적극 반대했는데, 4명 명의로 나누어 등록한 재산이 발각될 것을 우려했기 때문이다. 또한 정부에 손해를 끼치면서까지 돈을 벌려고 한 사람도 있었다. 가성소다를 생산하는 리주천(李燭塵)의 융리(永利)공장은 인민은행에서 대출을 받으면서 정부에 외국산 가성소다 수입 정지를 요청했고, 자사 제품의 출하 시기를 늦춰 가격을 끌어올렸다." 보고서는 "여전히 낡은 태도를 지닌 자본가, 특히 정권에 접근하지 않는 이들이 미제에 환상을 품거나 정권 교체를 예상하고 있었다"라고 지적했다.**63**

경제제재의 영향

그런 가운데 톈진의 수출입업자들은 미국의 대중 경제제재로 대외무역이 큰 타격을 입자 12월에 "대책 마련을 위한 좌담회"를 잇따라 열었다.

62 위의 일간지.
63 위의 일간지.

이들은 12월 7일, 트루먼과 클레멘트 애틀리(Clement Attlee)의 미·영 정상회담 이후의 국제 정세를 다음과 같이 전망했다. ① 영국과 미국은 정치적으로는 협력할 수 있으나 경제적으로는 충돌을 피할 수 없을 것이다. ② 정상회담 뒤 영국이 대공산권 경제 관계에서 미국에 어느 정도 양보하겠지만, 이는 어디까지나 "정치적 압력에 따른 것으로 오래가지 않을 것이다." ③ "앞으로 영국이 미국의 정책을 따를지도 모른다." ④ 두 나라가 "공식적으로 입장을 같이하더라도 밀수 등을 통해 무역은 여전히 가능할 것이다." 12월 23일 자 〈신화사통신〉 톈진지사의 보고에 따르면, 톈진의 업계 관계자들이 한자리에 모여 지혜를 모으고 국외 거래처들도 속속 전보로 타개책을 보내 와 "분위기는 매우 전향적이었다."[64]

그러나 현실적으로 톈진의 상공업자들은 경제 환경 악화를 크게 우려하고 있었다. 특히 무역업자들은 12월 2일에 미국 상무부가 중국에 대한 전면 금수 조치를 발표하자 직격탄을 맞았다. 이를 뒷받침하듯 12월 18일 자 《천진일보》는 미국의 경제제재로 "일부 수출입업자들이 불안해하고 있다"라고 보고했다. 특히 대규모 수출 물자를 재고로 안고 있거나, 아직 항구에 도착하지 않은 대량의 수입 물자를 안고 있는 업자들은 "손실과 자금 회전율 저하를 우려하며 정부에 해결책을 요구했다."[65]

대외무역의 장래에 대해 많은 수출입업자, 특히 중소 규모 업자들은 매우 비관적이었다. 그들은 "미국과의 무역 루트가 차단되고, 홍콩이나 일본에 대리상(代理商)[66]이 없어 힘들어 보였다." 그중에서도 수출 대신 착유에 쓰면 80%의 손실이 나는 호두나 시간이 지나면 부패하는 소시지 껍

---

64 〈津市進出口商思想動態〉,《内部参考》1950年 12月 26日.

65 〈美帝宣布我出口物資管制後津市出口商感到不安〉,《内部参考》1950年 12月 22日.

66 특정 상인의 영업 거래를 계속해서 대리하거나 중개함으로써 그 상인의 활동을 보조하는 상인(옮긴이).

질을 취급하는 업자들은 "특히 의기소침했다." 이들은 융자나 정부 매입과 같은 구제책을 요구했다. 그리고 수송업자나 농촌에서 톈진으로 수출 물자를 실어 온 영세 자영업자들은 정부에 긴급 대책을 호소했다. 일부 민간 수출업체는 "수출 업무 일부를 국영 무역공사에 위탁하기로 하고도 이익이 줄어들까 봐" 실행을 망설였다.**67**

어려움에 직면한 수출업자들은 정부에 구제 조치를 탄원하는 것뿐 아니라 국내 시장에서 활로를 찾으려 했다. 그러나 이 과정에서 상공업계 내부의 부정적 행태가 드러났다.《천진일보》의 보고에 따르면, "수출입업자들은 국가의 외화 부족을 고려하지 않은 채 당장의 자금 회수를 위해 국내 시장에 물건을 서둘러 출하하려 했다."**68**

수출업체의 국내 판로 개척은 정부 방침과 어긋났다. 미국의 대중 경제 봉쇄는 단순한 수출입 제한을 넘어 결제 수단인 미 달러화 사용까지 제한하는 조치를 포함하고 있었다. 당국은 "미국이 물자 수출을 통제하면서 중국의 외화 사용이 사실상 미국의 지배 아래 놓이게 됐다. 미국 달러가 세계 경제의 절반 이상을 장악하고 있어 자본주의 국가라면 어느 나라든 미국의 압력을 피할 수 없다"라는 점을 명확히 인식하고 있었다. 이러한 현실 인식을 바탕으로 당국은 "미국 달러의 지배에서 최대한 벗어나야 한다"**69**라고 판단하고, 대안으로 영국 파운드화의 제한적 활용을 검토했다. 그러나 더 근본적인 해법은 "구상무역(barter trade)"**70**이었다. 이를 위해서는 특산물을 국내 소비 대신 대외 수출용으로 전환해야 했다. 하지만 민간 수출업자들의 입장은 달랐다. 그들은 경제제재에 따른 손실을 줄

---

67 〈津市進出口商思想動態〉,《内部參考》1950年 12月 26日.

68 〈美帝宣布我出口物資管制後津市出口商感到不安〉,《内部參考》1950年 12月 22日.

69 위의 일간지.

70 돈의 사용 없이 상품이나 재화를 교역하는 물물교환(옮긴이).

이기 위해 원래 수출용으로 마련한 물자를 국내 시장에 판매하려 했다.

그러나 국내 판로 개척은 쉽지 않았다. 당시 수출용 특산물이었던 땅콩, 복숭아씨, 대두유 등은 국내 시장에서 인기가 없어 거래량이 크게 감소했다. 톈진 시장에서 땅콩 거래는 75% 정도 줄었고, 복숭아씨는 1만 5,000~2만kg에서 50kg로 줄어 99.67%나 급감했다. 가격도 계속 떨어져 땅콩과 복숭아씨는 모두 30%가량 폭락했고, 심지어 생산지보다 낮은 가격에 거래되기도 했다. 1951년 2월 6일 자 〈신화사통신〉 화베이총지사는 이 같은 상황을 전하며, 앞선 12월 18일 자 《천진일보》의 보고와 같은 내용을 다시 확인했다. 즉 "수출 물자를 잔뜩 재고로 쌓아 두고 자금을 회수하지 못해 초조해진 수출업자들은 정부에 문제 해결을 간청했다"라는 것이다. 이 문제는 적어도 한두 달 정도 계속된 것으로 보인다.[71]

경제제재로 피해를 당한 지역은 톈진만이 아니었다. 상하이를 비롯한 화둥 지역 업체들도 마찬가지였다. 수출 금지와 자산 동결에다 미국 선적 선박 및 항공기의 중국 기항 금지까지 더해지면서, "상하이의 국·공영기업과 민영기업의 수입 무역은 이미 발주했거나 운송 중인 물자를 포함해 총 900만 달러의 손실을 봤다. 미환금 수표 등을 포함하면 수십만 달러에 달했다." 화둥 지역 전체에서 관공민(官公民)을 포함한 수출입 무역 손실액은 약 1,500만 달러였다.

대외무역관리국은 "발급된 수출허가증까지 취소하며 모든 수출을 중단시켰다." 이는 공식 발표가 아닌 "대외 무역 동업자공회와의 의사소통을 통한" 비공식 조치였다. 또한 미국에서 출항한 화물을 "마닐라 등 미국의 지배 아래 있는 항구에 하역할 경우, 손해가 발생하지 않도록 중국행이 싱가포르와 같은 적절한 기항지로 하역할 수 있게 외국 기관과 접촉

---

71 〈美帝對經濟封鎖後部分出口土産受到很大影響〉, 《内部參考》 1951年 2月 9日.

중이었다."⁷²

이러한 정부의 대책이 어느 정도 효과를 거뒀는지는 불분명하다. 12월 2일에 대중 금수 정책을 발표한 뒤 미국은 샌프란시스코, 시애틀, 호놀룰루 등의 항구에서 금수 물자를 적재한 선박의 출항을 차단했다. 〈AP통신〉에 따르면, 12월 9일까지 홍콩행 또는 홍콩을 경유하는 중국 대륙행 물자를 실은 화물선 14척이 이들 항구에서 억류됐다. 일본에서 출항한 지 8시간밖에 안 된 화물선 야스요시마루(安慶丸)는 도쿄의 연합군 총사령부의 명령으로 회항했다. 12월 중순에 마닐라에서도 홍콩행 화물선 최소 2척이 출항 정지됐고, 적재 물자는 회수됐다. 일본에서는 10여 척의 화물선이 비슷한 조치를 당했으며, 덴마크, 노르웨이 등 북유럽 국적 선박이 미국과 일본 항구에서 억류됐다.⁷³

이미 홍콩에 기항한 선박도 미국 영사에 의해 하역이 저지당하는 일이 벌어졌다. "홍콩 업계는 한때 큰 혼란에 빠졌다. 하지만 온갖 수단을 동원해 협상을 거듭한 끝에 겨우 물건을 인도받았다." 12월 23일에 미국공보원(USIS) 홍콩 주재 사무소는 제3국으로의 재수출이 아닌 홍콩 또는 마카오를 최종 수요처로 할 경우에만 일부 비전략 물자를 수취인에게 인도할 수 있다고 발표했다. 다만 홍콩에 기항한 모든 미국 선적 선박은 미국 총영사관 소속 경제 담당 영사가 직접 화물을 검사한다고 덧붙였다. 그러나 곧이어 12월 하순, "해리슨호"를 포함한 두 척의 미국 선적 선박이 총영사관의 지시로 하역을 금지당했다. 선박 소유주에 따르면, "적재된 원료는 하역이 금지됐고, 미국 본국으로부터 회항하라는 전보를 받았다." 총영사관과 선박 회사는 일부 하역을 허용하는 조건으로, 선박 소유주가 홍

72　〈美帝國主義凍結我在美資金 華東公私進出口貿易損失資金約一千五百萬美元〉,《內部參考》1950年 12月 26日.

73　〈美國宣布禁運後的香港工商業情況〉,《內部參考》1951年 2月 20日.

콩을 최종 수요처로 명시한 "서약서"와 그 효력을 증명하는 현지 "치안판사(Justice of the Peace)"의 인증서를 제출하도록 요구했다. 그러나 전략물자에 대해서는 이 모든 조건을 충족해도 인도를 허용하지 않았다. 결국 두 선박의 화물 중 고작 20% 정도만 하역이 허용됐고, 나머지 전략물자는 해리슨호에 실려 도쿄로 반송됐다.[74]

1951년 1월 9일에 일본의 철물업자가 홍콩의 한 상사에 보낸 전보에 따르면, 연합군 총사령부는 1월 5일 종료 예정이던 수출금지령을 다시 연장했다. 이에 따라 이전에 발주했던 금속재료 계약은 모두 거부 처리됐다. "취소밖에는 다른 방법이 없어 홍콩의 업자는 취소 관련 전보를 차례차례 발송했다."[75] 이는 앞서 톈진의 한 업자가 "일본이나 홍콩에 대리상이 있으면 미국의 대중 경제제재를 회피할 수 있다"라고 했던 낙관적 전망과 전혀 다른 상황이었다.

수출입 통제뿐 아니라, 관련 업자들은 경제제재에 따른 외화 부족으로 타격을 받았다. 12월 18일부터 중국은행은 미국·캐나다·필리핀 통화와 관련된 외환 구매, 예·적금 지급, 환전을 포함한 모든 거래를 전면 중단했다. 이 조치는 곧바로 외화 예금자와 화교 가족들 사이에서 "예금을 찾을 수 없다"라는 불만을 불러일으켰고, 경제활동은 물론 일상생활에 심각한 지장을 초래했다. 이러한 제한 조치의 여파로 시장에서 미화 1달러당 환율은 "2,000~3,000위안가량 하락했다."[76]

외화 가치 하락의 주요 원인 중 하나는 정부의 환율 조작이었다. 대중 경제제재가 시작된 1950년 12월 이후 불과 두 달 만에 중국 위안화는 4분

74　위의 일간지.
75　위의 일간지.
76　〈美帝國主義凍結我在美資金 華東公私進出口貿易損失資金約一千五百万美元〉, 《內部參考》1950年 12月 26日.

의 1 이상 절상됐다. 국내에서는 물가 하락과 시장 안정이 절상의 배경이었지만, 국제 시장에서는 오히려 물가가 급등하고 있었다.[77] 이에 대해 톈진시의 민간 수출업자인 비밍치, 주지성(朱繼聖), 탄즈칭(譚志淸) 등은 상공업연합회 상무위원회에서 강하게 불만을 드러냈다. 탄즈칭은 "통화 절상은 수출입업자의 어려움을 더욱 심화시켰다"라고 비판했고, 비밍치는 "중국은행이 우리를 기만했다. 일부 무역상에게 수출 대금을 미리 결제하도록 해야 했는데 이를 미루다가 환율이 절상된 뒤에야 결제를 강요했다"라고 불만을 터뜨렸다. 비밍치는 또한 "외화는 정부가 통제하지만, 그 결과 동결된 것은 우리의 자금"이라며 "정부가 어떻게든 조치해야 한다"라고 요구했다. 상무위원회 참석자들은 하나같이 수출업의 장래를 비관했다. 결국 정부와 교섭할 기구로 "국제무역촉진위원회(國際貿易促進委員會)"를 구성하고 리주천을 주임위원으로 추천했다. 비밍치나 탄즈칭 등 불만이 많은 수출업자들이 있었는데도 리주천을 위원장으로 선출한 이유는 "그가 상공업계를 대표하는 인물로서 정부와의 교섭에서 명분을 세우기 쉽다고 판단했기 때문"[78]이었다. 이 모임은 앞서 제기된 낙관적 전망과는 사뭇 다른 현실을 보여 준다.

경제제재의 여파는 연해 지역을 넘어 내륙 배후지의 특산물업계에도 미쳤다. 시난 지역에서는 특산물 수출이 급감했다. 1951년 1월 12일 자 〈신화사통신〉 시난총지사의 보고에 따르면, "미국과 영국이 경제봉쇄를 단행한 이후 시난 지역의 특산물 수출량은 크게 줄어들었다." 특히 생약용 오배자(五倍子), 생칠, 비단 스카프 등이 직격탄을 맞았다. 충칭시의 오배자 가격은 1단(50kg)당 36만 위안에서 19만 위안으로, 비단 스카프는 단

---

77 夏鳴,〈資本主義國家的貨幣貶值和我國的外匯牌價問題〉,《人民日報》1951年 3月 24日.

78 〈外匯牌價掛低後津市私商叫嚷很厲害〉,《內部參考》1951年 1月 3日.

위당 235만 위안에서 170여만 위안으로 떨어졌다. "그런데도 거래는 거의 이뤄지지 않았다." 수출 실패로 과잉재고를 떠안은 수출업자들은 진퇴양난에 빠졌고, 운송업자들은 충칭, 상하이, 광저우 등 막힌 판로를 고려해 물품 매입을 중단했다. 이러한 불황은 특산물에 부과되는 임시 상업세의 세수에 그대로 반영돼, 1950년 12월에 2억 6,000여만 위안이었던 세수가 1951년 1월 10일에 2,700여만 위안으로 급감했다. 이에 충칭시 특산물수출업시장관리위원회는 1월 11일 좌담회를 열어, 많은 업자가 소련과 동유럽 등 사회주의권 국가를 새로운 수출시장으로 개척할 것을 요청했다.**79**

중난 지역 역시 경제제재의 여파를 피하지 못했다. 도료의 원료인 동유(桐油)는 창사에서 1950년 12월 20일 기준 1단당 54만 위안에서 51만 위안으로 떨어졌다. 후난성에 있는 주요 산지별로 보면 창더(常德)는 50만에서 48.5만 위안으로, 위안링(沅陵)은 46만 위안으로 떨어졌다. 이는 11월 7일에 국영 무역기구가 자금을 동결한 이후 위안링 10.5%, 창더 8.7%, 창사 8.5% 하락한 데 이어 추가로 떨어진 수치였다. 수출량도 급감해 11월에는 300t에 불과했고, 12월 중하순에는 구매자 자체가 사라졌다. 유지공사(油脂公司)에 따르면 창더의 강변 부두에는 1,000단의 과잉재고가 쌓여 있었다. 동유 가격이 폭락하자 농가는 판매를 중단했고, 농가의 구매력이 위축되면서 도시와 농촌 간 유통이 막혔다. 그 여파로 창사시의 옷감 판매가 60% 줄었고, 이를 생산하는 공장의 90% 이상이 휴업에 들어갔다. 방적업과 염색업도 절반 가까이 휴업 상태였다.**80** 경제제재의 여파

---

79 〈最近西南土産出口量大減〉, 《内部参考》 1951年 1月 13日.

80 〈湖南各地糧食及土産價格下跌甚巨影響城鄉交流及城市工商業〉, 《内部参考》 1951年 1月 13日. 동유와 관련된 1950년 12월 13일 자 〈인민일보〉의 공개 보도는 이와 정반대의 인상을 주기도 했다.

는 특정 업종을 넘어 경제 전반으로 확산되고 있었다.

전쟁의 행방

1950년 12월 초순 이후 상공업계의 반응을 정권과의 관계, 그리고 경제제재와의 관계라는 두 가지 관점에서 살펴봤다. 여기서는 이를 "전쟁의 행방"이라는 관점에서 다시 살펴보고자 한다. 우선 톈진시 상공업연합회 부주임위원 비밍치의 견해를 보자. 12월 18일 자《천진일보》의 보도에 따르면, 미국이 중국에 대해 금수 조치를 발표한 뒤 일부 업자들은 "수출입업의 앞날에 희망이 없다"라며 "미국이 격분해 전쟁을 키울 것"이라고 우려했다. 비밍치 역시 이에 공감하며 "내륙의 시베이 지역으로 옮겨 새로 공업을 일으킬 각오를 하고 있다"라고 밝혔다. 반면 싱룽양행(興隆洋行) 지배인을 지낸 가오유산(高幼珊)과 탄즈칭 등은 비교적 냉정하게 "미국 외 자본주의 국가들과는 여전히 교역이 가능하고 정부가 어떻게든 현 상황을 타개할 것"이라고 기대했다. 이처럼 무역의 장래나 전쟁 확대 가능성에 대해 비밍치는 뚜렷한 불안감을 드러냈지만, 일부 인사들은 신중하면서도 낙관적인 태도를 유지했다.[81]

그러나 닷새 뒤인 12월 23일〈신화사통신〉톈진지사의 보고에 따르면, 비밍치의 태도에 미묘한 변화가 일어났다. 그는 더 이상 수출입업의 미래를 전적으로 비관하지 않는 듯한 발언을 내놓았다. 또한 톈진의 수출입업자들은 대체로 "조선에서의 승리로 제3차 세계대전 발발이 일시 연기됐다"라고 봤다. 외국과 긴밀히 연결돼 있고 외국계 은행의 지원을 받는 대형 업자들, "예를 들어 비밍치나 가오유산 같은 인물들은 설령 전쟁이 일어나더라도 여전히 장사는 할 수 있다"라고 인식했다. 비밍치의 이런 자

---

81 〈美帝宣布我出口物資管制後津市出口商感到不安〉,《內部參考》1950年 12月 22日.

신감은 그가 과거 독일 자본의 대리상으로 성공한 경험에 근거해 "미국이 아닌 일본이나 유럽에 새로운 대리인을 찾을 수 있다"라고 판단했기 때문일 수 있다. 또 "비밍치는 혁명 초기부터 신정권에 자발적으로 협력하며 공채를 사고 납세를 솔선수범해 온 인물"이라는 보고 내용처럼 그의 정치적 입장과도 관련이 있었을 것이다. 그러나 전쟁 발발에 대한 불안이 완전히 사라진 것은 아니었다. 실제로 〈신화사통신〉 톈진지사의 보고서 말미에는 비밍치에 대한 다음과 같은 내용이 덧붙어 있다.

> 작년에 공장 3개를 인수했고, 최근에는 시베이 지역에 공장을 새로 세우고 싶다는 뜻을 밝혔다. 그는 내년 4~5월쯤 세계대전이 발발할 가능성이 높다고 본다. 그 이유는 ① 미국이 군비를 광적으로 확장하고 있고 ② 각국에서 제2차 세계대전 직전과 유사한 경제 조치가 이뤄지고 있기 때문이다.[82]

물론 시베이 지역으로 공장을 옮긴다고 해서 반드시 안심할 수 있는 것은 아니었다. 이 지역 서쪽 끝에 있는 신장 우루무치의 경제 관계자들 역시 세계대전에 대한 불안감에 휩싸여 있었다. 1951년 1월 20일 자 〈신화사통신〉 시베이총지사의 보고에 따르면, 우루무치시 상공업연합회 주석이자 후이족(回族)인 마원샹(馬文祥)은 "우루무치가 공습을 당할까 두려워 시골로 이주하는 방안을 고려하고 있"[83]었다. "대란이 일어나면 시골에 가서 살겠다"고 말한 것을 보면, 그는 시베이 지역조차 결코 안전지대로 여기지 않았던 것 같다. 아무튼 비밍치가 세계대전 가능성을 염두에 두고 있었음은 분명하다.

---

82 〈津市進出口商思想動態〉,《內部參考》1950년 12月 26日.
83 〈抗美援朝聲中 迪化機關部隊幹部思想動態〉,《內部參考》1950년 12月 1日.

비밍치가 이처럼 세계대전의 발발을 우려한 것은 무리가 아니었다. 비밍치는 주변의 톈진 주재 외국인 상인들과 시민들이 점차 톈진을 떠나는 모습을 목격했다. 미국의 대중국 경제봉쇄 이후 톈진의 외국인 상인들은 "현 시국과 장사의 앞날이 암담하다"라고 느꼈다. 한국전쟁의 전국 변화와 중미 관계 악화가 사업에 큰 타격이 될 것이라 판단했고, 일부는 미국의 수출 금지와 자산 동결에 이어 다른 국가들도 유사한 제재를 시행할 가능성을 우려했다. 미국뿐 아니라 모든 국가와의 거래가 끊길 수 있다는 위기의식이 커졌고, 그에 따라 부동산을 시장에 내놓는 외국인 상인이 나타났다. 외국인 거류민 대다수는 제3차 세계대전의 발발을 원치 않았다. 전쟁이 시작되면 "장사를 계속할 수 없다"라고 판단했기 때문이다.[84]

실제로 당시 외국인 거류민들은 장사를 지속하기 어려웠다. 톈진시에 등록된 미국 기업은 총 23개였다. 하지만 실질적인 자산을 보유한 곳은 석유회사 텍사코(Texaco)와 스탠다드(Standard), 융단회사 1곳, 자동차 판매회사 1곳뿐이었다. 나머지는 사실상 "페이퍼 컴퍼니(paper company)"에 불과했다. 이들 외국계 회사는 당국을 찾아가 "수입해도 되는가?", "상품을 판매할 수 있는가?", "채권이나 임대료는 어떻게 처리해야 하는가?" 등을 끊임없이 문의해야 했다. 그들은 "대미 자산 동결이 상호주의 차원에서 이뤄진 것이라면 이해할 수 있다. 그러나 앞으로 어떻게 경제활동을 이어갈 수 있느냐?"라고 물었지만, 당국은 명확한 대응 방침이 없어 혼란스러워했다. 당국의 방침은 "영업은 허용하되 자산은 동결한다"라는 식으로 이율배반적인 측면이 있었기 때문이다.

더욱 복잡하고 민감한 문제는 "합작"이었다. 당시에는 소련 국적 거류민 중 일부가 미국 국적의 형제와 함께 중국에서 공동 출자한 사례가 적

---

[84] 〈平壤解放後津市英, 美, 法等國僑民很恐慌準備集中撤退〉, 《內部參考》 1950年 12月 26日.

지 않았다. 그러나 "이런 경우에는 어떻게 처리해야 하는가?"에 대한 명확한 기준이 없었다.[85] 당국은 동맹국 국민의 경제활동을 보호해야 하지만, 적대국 국민의 경제활동을 억제해야 하는 상반된 과제를 안고 있었다. 이런 상황에서 나타난 현상이 이른바 '합종연횡'이었다. 국가 권력의 개입은 혈연과 경제적 이해관계마저 흔들었고, 시민사회는 이에 대해 조용하지만 분명한 방식으로 항의하기 시작했다.

1950년 12월 23일 자 〈신화사통신〉 톈진지사의 보고에 따르면, 톈진에 거주하던 영국·프랑스·미국 시민 24명은 "평양 해방 이후 공황 상태에 빠져 집단 철수 준비에 착수했다." 영국 시민들은 스탠다드차타드(Standard Chartered)은행에서 회의를 열고, 가능한 모든 인원을 철수시키되 가족부터 우선 대피시키기로 했다. 인근 베이징 주재 네덜란드공관도 본국 외무성으로부터 "철수를 원하는 네덜란드 거류민은 우선 철수하라"라는 지시를 받았다. 톈진에 거주하던 대부분의 선교사 또한 철수 준비에 나섰으며 철수 이후 교회 운영을 위한 대책을 마련했다. 톈진과 다구(大沽) 등지의 감리교회에는 베이징총회를 통해 미국 보스턴 본부로부터 철수 명령이 공식 전달됐다.[86] 이처럼 혁명 이후에도 중국에 남아 있던 외국인 시민들이 철수를 결행한 것은 한반도 전국의 급변과 미국의 대중국 경제봉쇄가 맞물린 시점과 일치했다. 이러한 일련의 움직임은 비밍치를 비롯한 톈진의 경제 관계자들에게 세계대전 발발 위험에 대비한 사전 대피 조치로 받아들여졌을 가능성이 크다.

미국과 중국 간 군사 충돌이 세계대전으로 비화하는 것 아니냐는 우려는 내륙 지역인 충칭시의 상공업자들과 일부 "민주인사" 사이에서도 강

---

85 〈天津管制凍結美國財産資金情況〉,《內部參考》1951年 1月 5日.
86 〈平壤解放後津市英, 美, 法等國僑民很恐慌準備集中撤退〉,《內部參考》1950年 12月 26日.

하게 나타났다. 이들은 평양 탈환으로 승기를 잡은 지금이야말로 전쟁을 "적절한 시점에서 멈출 기회"라고 봤다. 그들에게 "중국은 파병했는데 왜 소련은 하지 않는가"라는 의문이 여전히 남아 있었다. 그리고 "장기간 전쟁의 상처를 안고 있는 중국에 지금 가장 필요한 것은 건설"이라는 인식에 따라, 오히려 "소련이 중국 대신 파병하는 것이 더 나았다"라는 의견이 퍼져 있었다. 그만큼 해외파병에 대한 부정적 시각은 여전히 강했다.

전국이 호전된 12월 이후에도 겉으로는 친미나 공미 감정을 드러내지 않았지만, 속에는 여전히 그러한 감정이 남아 있었다. 일부는 시간이 지날수록 "중국이 과연 미국을 이길 수 있을까"라고 회의적인 태도를 보였다. 또 "미제를 친다는 명분 아래 생산 활동까지 지장을 받는 것은 오히려 미제의 노림수일지 모른다"라는 식으로 전쟁 개입에 대한 소극적 입장을 완곡하게 표출했다. 일부 민주인사는 "미국의 조선 침략이 반드시 중국 침공을 의도한 것은 아닐 수 있다"라고 주장했다. 이들은 "국공내전 당시에도 미국은 중국에 파병하지 않았는데, 이제 와서 조선을 거쳐 중국까지 점령하려 한다는 말은 다소 과장된 것이 아닐까"라며 정부의 대외 인식에 의문을 제기했다.[87]

이는 미국이 중국 침공을 목적으로 조선을 침략했다는 정권의 공식 선전과 상반되는 입장이었다. 흥미로운 점은 이들 "민주인사"가 오히려 과거 정권이 내세웠던 미국 파병 불가론을 거꾸로 활용했다는 사실이다. 1949년 4월에 중공중앙 선전부가 발송한 내부 통지 〈미제의 침략에 반대한다〉에는 그해 1월 중앙정치국 회의의 지시 사항으로 "미국은 결코 과거 일본처럼 대규모 군대를 중국에 파견하지 않을 것"이라는 내용이 담겨 있었다.[88] 이 같은 입장은 류사오치가 1948년 12월 14일, 당 간부를

---

87 〈重慶市群衆對朝鮮戰爭尚有些思想問題没有解決〉,《内部參考》1951年 1月 11日.

88 〈中央宣傳部關於第三次世界大戰問題解釋的指示〉D2-0-675-3, 上海市档案館所藏.

양성하기 위해 설립한 마르크스-레닌주의학원(馬列學院) 제1기 학생을 대상으로 한 강연에서 더 구체적으로 나타났다. 당시 중공은 베이징과 톈진 등 화북 지역을 장악한 뒤 이듬해 창장을 건너 남하할 계획이었다. 그러자 미국이 내전에 간섭하기 위해 대규모로 파병할 가능성을 우려하는 목소리가 일부에서 제기됐다. 그러나 류사오치는 "그럴 일은 없다"라고 잘라 말하며 이렇게 설명했다.

> 미국은 10만~20만 명을 파병해 중국 혁명에 간섭할 용기가 없다. (중략) 미국은 우리와의 전쟁을 두려워하고 있다. 만일 교전 중 미군 일부가 포로로 잡히거나 수천 명, 많게는 1만 명이 전멸하면 미국은 어떻게 대응하겠는가. 전쟁을 포기하면 제국주의의 체면이 손상되고 계속하자니 감당할 수 없다.[89]

1949년 9월 12일, 덩샤오핑 역시 미국의 파병 개입 가능성에 대해 우려할 필요가 없다고 말했다. 그는 충칭을 포함한 시난 지역으로 진군할 예정인 제2야전군 군정대학(軍政大學) 간부들을 대상으로 한 강연에서 미국이 국공내전에 직접 개입할 가능성은 작다고 역설했다. 이 자리에서 덩샤오핑은 미국 국무부가 발간한 《중국백서(The China White Paper)》 속 딘 애치슨(Dean G. Acheson) 국무장관의 발언을 인용하며, 미국의 세 가지 선택지 중 "직접 파병해 장제스를 지원하는 방법은 위험 부담이 너무 커서 현실적으로 채택할 수 없다"가 결론이었다고 말했다.[90]

이러한 인식은 앞서 언급한 중앙선전부의 내부 통지문 끝부분에도 나

---

[89] 刘少奇, 〈对马列学院第一班学员的讲话(1948年 12月 14日)〉, 《刘少奇选集》 上卷, 人民出版社, 1981, 409.

[90] 邓小平, 《邓小平军事文集》 第2卷, 军事科学出版社·中央文献出版社, 2004, 254-261.

타난다. 이 통지문은 미국의 파병 가능성을 부정하면서 이 입장을 "구두로만 설명하고 문서화하지 말 것"이라는 주의 사항을 덧붙였다.**91** 이는 일종의 이중 전략이었다. 국민의 지지를 동원하기 위해서는 외부의 적, 즉 "미국의 대중국 침략"이라는 위협을 강조해야 하지만, 과도한 공포는 오히려 동원을 어렵게 할 수 있었기 때문이다. 따라서 당국은 한편으로는 대중국 침략을 경고하면서, 다른 한편으로는 "미군 병사가 직접 들어올 일은 없다"라는 식으로 안심시키는 구두 설명을 덧붙였다. 이는 정권이 선전 논리의 모순을 스스로 인식하고 있었음을 보여 준다.

한국전쟁과 관련한 동원 과정에서도 문서와 구두 전달 방식은 분명히 구분됐다. 예를 들어 1950년 11월 5일에 발표된 항미원조 관련 각 민주당파의 공동선언과 다음 날 《인민일보》 사설은 "미국의 조선 침략의 주된 목표는 중국"이며, 미국은 전략의 두 번째 단계로 "'중국에서의' 직접적인 군사 간섭에 미군을 투입할 것으로 보인다"라고 밝혔다.**92** 그러나 같은 시기 구두 연설에서는 전혀 다른 내용이 전달됐다. 예를 들어 11월 4일 오후에 베이징 화베이공학원(華北工學院)에서 열린 과학계 항미원조 집회에서 정치협상회의 전국위원 후위즈(胡愈之)는 미국의 전략적 목표는 유럽에서 소련을 견제하는 것이기에, 한국전쟁으로 제3차 세계대전이 일어날 "가능성은 작다"라고 말했다.**93** 공동선언과 사설의 논리대로라면, 미군이 중국 본토로 진격할 경우 중소 동맹조약이 발동돼 소련이 개입하고 이는 곧 세계대전으로 이어질 수 있다.

당시 베이징대학 법학원 교수들과 학생들은 이를 인식하고 있었다. 10월 28일에 법학원의 정치·법률·경제학과가 공동으로 연 "파병 문제" 합

91 〈中央宣傳部關於第三次世界大戰問題解釋的指示〉D2-0-675-3, 上海市档案馆所藏.
92 《人民日報》1950年 11月 5日, 6日.
93 竺可楨,《竺可楨全集》第12卷, 上海科技教育出版社, 2007, 216.

동토론회에서 이러한 전망이 공유됐다. 토론회 내용을 정리한 소책자에 "미군이 연해 지역을 통해 중국에 침투하고 소련이 동맹조약에 따라 군사 지원에 나서면서, 제3차 세계대전이 미제의 침략으로 발발할 가능성이 있다"라는 분석이 실렸다.[94] 그런데도 후위즈의 발언은 예상과 다른 인식을 전달했다. 물론 이는 중소 동맹의 신뢰성을 부정하려는 의도는 아니었다.

   이러한 태도는 마오쩌둥에게서도 확인된다. 한국전쟁이 발발하기 약 3주 전인 1950년 6월 6일, 중공 제7차대회 제3차 중앙위원회 전체회의에서 그는 중소 동맹 체제를 통해 국내 평화 건설에 전념할 수 있게 됐으며, 새로운 세계대전이 임박했다는 소문은 "국민당 일당이 퍼뜨린 터무니없는 유언비어"라고 일축했다.[95] 전쟁 발발 이후에도 마오의 인식은 크게 바뀌지 않았다. 중공중앙 판공청(辦公廳) 주임 양상쿤(楊尙昆)이 1951년 1월 13일에 쓴 일기에 따르면, 마오는 당시 선전 문안 중 "제국주의가 세계전쟁을 일으키려는 오만한 계획은 큰 타격을 받았다"라는 문장을 삭제하고, 그 대신 "현시점에서 미국은 세계대전을 일으킬 의사가 없다"라는 문구를 삽입했다.[96] 또한 같은 달 24일, 동남 연해 지역 방어 공사에 관한 지시에서 마오는 "침공해 올 적은 장제스 군대뿐이며 외국인은 없을 것"이라고 단언했다.[97] 여기서 미군 대신 "외국인"이라는 표현을 사용한 것은 점령 아래 있는 일본인을 재무장시켜 중국 침공에 "의용병"으로 동원할 가능성까지 부정한 것으로 해석할 수 있다. 이처럼 마오는 중국 본토가 외국 세력의 침공을 받을 가능성은 없다고 확신했다. 하지만 선전의

---

94 〈法學院各系联合討論出兵問題〉,《北京大學抗美援朝運動特輯(第1輯)》, 28.

95 中共中央文献研究室·中国人民解放军军事科学院 編, 위의 책, 147.

96 杨尚昆, 위의 책, 71.

97 中共中央文献研究室·中国人民解放军军事科学院 編, 위의 책, 452.

차원에서 여전히 "미국의 군사적 위협"을 해외파병을 정당화하는 핵심 논거로 활용했다.

앞서 언급한 충칭의 "민주인사"들은 바로 이러한 과거 정권 내부의 발언을 근거로 당시의 전쟁 동원 논리에 비판적 의문을 제기했던 것이다.

제3장

종군

공통 문제들

1950년 12월 1일, 중앙정부는 청년 학생과 노동자의 군사학교 진학에 관한 결정을 공포했다. 이 결정에 따라 이듬해 초 각지에서 청년 학생과 노동자가 동원됐으며, 모집 과정에서 다양한 문제와 특징이 드러났다. 여기서는 그중 주요한 몇 가지를 다룬다.

첫째, 종군에 대한 학생, 학부모, 학교의 반응은 열광과 소극성이 동시에 존재했다. 열광적인 반응은 주로 학생들 사이에서 나타났다. 항미원조 운동이 "매우 열렬한" 단계에 접어든 광저우시의 학생들이 대표적이었다. 이 지역에서 군사학교에 지원한 학생 수는 1월 초에 "이미 1만 명에 달했다." 특히 1888년 장지동 양광(兩廣) 총독이 창설한 광야서원(廣雅書院)의 후신인 광야중등교육학교에서는 "800명에 달해 전교생의 70%를 차지했다." 이러한 열기는 정권의 동원 공작, 특히 기독교 학교에 대한 정치적 압력이 작용한 결과로 보인다. 실제로 "화난의 가장 완강한 친미의 보루"로 불리던 미국 장로회계 링난대학(嶺南大學)조차 항미원조 운동 앞에서 무릎을 꿇었다. "링난대학이 우뚝 서면 미제가 쓰러진다"라는 학생들의 구호처럼 항미원조 운동은 "착실히 진행돼 매우 감동적이었다."**98**

학생들의 높은 참여 열기는 내륙의 시안에서도 나타났다. 1950년 12월 21일 자 〈신화사통신〉 시베이총지사의 보고에 따르면, 시안의 군사학교 모집 정원은 700명이었으나 지원자는 3,400여 명에 달했다. 그중 "중학생이 가장 적극적이었고, 공산주의청년단원이 큰 역할을 맡았다." 그러나 고등학교 3학년생과 대학교 1학년생의 지원은 매우 적었다. 원인은 세 가지였다. ① "부대에 가면 고생한다. 대학에 들어가 학문을 계속해 전문가가 되는 편이 더 명예롭다"라는 인식이었다. 이는 "현재 대학과 중등교육학교에서 일반적으로 나타나는 사상적 경향이었다." ② 지원에 대한 "보호자의 반대"였다. ③ 학교의 불안이었다. 특히 사립학교는 "학생이 떠나면 학교를 운영할 수 없다"라고 우려했다.**99**

연해 지역인 톈진의 명문 사립 난카이(南開)중등교육학교에서도 비슷한 양상이 나타났다. 교무위원회 주석 양젠바이(楊堅白)에 따르면, 학생들은 이를 애국의 기회로 여기며 지원 의사를 밝혔다. 그러나 현실적으로 몇 가지 장애가 있었다. ① 보호자들이 자녀를 보내지 않으려 했다. 보호자들은 졸업 뒤 "좋은 직업을 얻어 가계에 빨리 보탬이 되기를 바랐고", "전사할까 봐 두려워했다." ② 대부분의 학생이 전문직을 지향해 대학을 졸업하고 전문가가 되는 것을 목표로 삼았다. 그런데 "군사간부학교에 가면 일반 직원 정도밖에 될 수 없다"라고 여겼다.**100** ③ 사립학교라는 특성상 학교 운영과 관련한 고려가 있었겠지만, 정권의 역린을 건드리지 않기 위해 이를 직접 드러내지 않고 학생과 학부모의 입장만 강조한 것으

---

98 〈廣州抗美援朝運動熱烈　伍修權聯大發言在香港影響極大〉,《內部參考》1951年 1月 9日.

99 〈西安各校學生參加軍校情況〉,《內部參考》1951年 12月 23日.

100 〈津市工人, 學生投考軍事幹部學校中的問題〉,《內部參考》1950年 12月 15日.

로 보인다.

둘째, 생활고 문제였다. 경제적 이유에서 비롯된 어려움은 청년 노동자 동원에서 더욱 두드러졌다. 톈진에서는 일반 노동자보다 공산당원이나 공산주의청년단원, 적극분자의 지원 비율이 높았다. 예를 들어 톈진시 방적관리국 산하 공장들에서는 일부 "청년단 간부들"이 "자발적으로" 지원했지만, 일반 노동자의 지원은 저조했다. 특히 중궈방적 제1공장에서는 지원자가 12명에 불과했고, "그중에는 정치적으로 부적격한 인물도 있었다."[101]

이러한 학생과 노동자 사이의 온도 차는 학교가 "가장 자각한 민족주의의 투사"[102]를 길러내는 장소라는 일반적인 인식과 관련이 있다. 노동자가 더 소극적이었던 이유는 가족 부양의 책임과 경제적 궁핍 때문이었다. 실제로 톈진 방적관리국 산하 공장의 "지원자들은 군사학교 입학 뒤 가족의 생계 대책 마련을 요구했고, 형제자매를 공장에 취직시켜 달라고 요구하기도 했다."[103] 이와 같은 노동자의 생활고 문제는 허난성에서도 나타났다. 12월 21일 자 〈신화사통신〉 허난지사의 보고에 따르면, "일부 공장에서는 노조 간부가 노동자에게 월급 일부 기부와 종군을 독려했으나 결과는 바람직하지 못했다. 많은 노동자가 생활난으로 기부나 종군이 불가능한 상태였기 때문이다. 그러나 정치적으로 뒤처진 사람으로 보일까 불만이 쌓였다."[104]

셋째, 적극적인 지원 분위기에 휩쓸린 문제였다. 앞서 말한 허난성지사의 12월 21일 자 보고에 따르면, 허난성의 모집 목표 인원은 총 8,000명

---

101 위의 일간지.
102 E. J. Hobsbawm, *The Age of Revolution: Europe 1789-1848*, Cardinal, 1988, p. 167.
103 〈津市工人, 學生投考軍事幹部學校中的問題〉, 《內部參考》 1950년 12월 15일.
104 〈目前河南省的主要工作情況〉, 《內部參考》 1950년 12월 27일.

으로 세 차례에 나누어 달성할 계획이었다. 1차 모집 인원은 1,000명이었으며, 12월 말까지는 목표를 달성할 수 있을 것으로 예상됐다. 당시 허난성 각지의 학생들은 군사학교에 "용감히 지원"했고, 여러 학교에서는 정원의 5~10배에 달하는 지원자가 몰렸다. 예를 들어 카이펑시(開封市)는 이미 12월 18일부터 지원자 심사를 시작했으며, 24~25일경에는 정식 편대를 구성했다. 또한 "정치적 정서를 안정시키기 위해 여러 차례 강습회를 열었고, 27~28일에는 각 학교에서 성대한 장행회를 개최할 예정"이었다.

그러나 이러한 낙관적 분위기 이면에는 학생에게서 공통적으로 드러난 또 다른 문제가 자리하고 있었다. 보고서는 "아직 동원 과정에서 큰 문제는 발생하지 않았다"라고 전제하면서도 "광범위하게 나타난 결점"을 지적했다. 즉 "동원 당시 활동은 세심하다고 보기 어려웠고, 많은 학생이 집단적 분위기에 휩쓸려 충동적으로 지원하는 경향이 강했다. 흥분 속에 앞다퉈 지원했지만, 그것은 어디까지나 사상적 인식 수준을 넘어선 행동이었다." 이에 따라 당국은 활동의 초점을 "동원 성과를 확실히 정착시키는 단계"로 전환하고 있다고 보고했다.[105] 이는 곧 집단적 열광 속에서 일시적인 감정에 휩싸여 지원했다가 뒤늦게 철회를 요청하는 상황이 발생할 가능성을 당국이 우려하고 있었음을 보여 준다.

넷째, 뿌리 깊은 "공미·친미 감정"은 12월에 접어들어서도 완전히 해소되지 않았다. 1월 8일 자 〈신화사통신〉 구이저우(貴州)지사의 보고에 따르면, 구이양(貴陽)에서는 군사학교 모집에 "적극적으로 응하고 있었다. 하지만 일부 학생은 여전히 미국을 숭배하는 관념을 버리지 못하고 있었다." 인민지원군이 평양을 탈환하고 삼팔선 인근까지 진격한 이후에도 미국의 강

---

[105] 위의 일간지.

대함에 대한 인식은 학생들의 의식 속에 여전히 자리 잡고 있었다.

구체적으로 "항미원조라 해도 인민지원군까지 파견할 필요는 없었다. 표어나 벽보를 붙이는 정도로 충분했을 텐데, 괜히 미국을 자극하면 큰일 난다"라는 반응이 있었다. 또 어떤 학생은 "과거 미국으로부터 받은 작은 은혜조차 잊지 못하고 이를 '미중 우호의 위대한 증거'로 받아들이며", 미국의 침략적 "문호 개방 정책"조차 "중국의 독립을 보장한 것으로 평가했다. 그것이 없었더라면 중국은 이미 제국주의 열강에 의해 분할됐을 것"이라고 주장했다. 심지어 "미군이 압록강을 넘지 않는 한 우리가 관여할 필요는 없다"라거나, "군사학교 지원 동원은 젊은이들을 대포의 먹잇감으로 내모는 것이며, 시사학습은 이를 위한 세뇌작업일 뿐이다"라는 말도 나왔다. 이에 대해 청년단과 학생연합회는 "사상 교육에 큰 힘을 기울이며 지속적으로 대응하고 있다"라고 보고했다.[106] 이러한 사례들을 종합해 보면, 이를 단순히 소수 학생의 이탈적 사상 경향으로 치부하기는 어렵다. 12월 당시에도 학생들 사이에 강한 공미·친미 감정이 여전히 뿌리 깊게 남아 있었던 것은 분명하다.

우한(중난 지역), 베이징

1950년 12월 18일 자 〈신화사통신〉 중난총지사의 보고 기사에 따르면, 중난 지역 우한시에서는 학생의 군사학교 진학 동원을 "기간 내에 달성하는 것은 별문제 없다"라고 낙관했다. 그러나 학교 측의 운영 불안, 가족의 반대, 학생 개인의 망설임 등은 여전히 존재했다. ① "일부 사립학교는" 학생이 떠나면 학교를 폐쇄할 수밖에 없어 교원들은 실업에 내몰릴까 두려워했다. ② 일부 보호자들은 "이들을 하루빨리 결혼시키거나 집

---

[106] 〈貴陽學生對抗美援朝及參加軍校的反映〉,《內部參考》1950년 1월 11일.

에 붙잡아 두었고, 심지어 학교로 몰려가 대성통곡하며" 지원을 막기도 했다. ③ 학생 중에는 "평화로운 건설에 이바지하는 인재가 되고 싶지만 군 장교는 되고 싶지 않은 자, 가족과의 관계를 끊고 싶지 않은 자, 죽음을 두려워하는 자가 적지 않았다."[107] 이는 앞서 본 시안이나 톈진의 상황과 비슷했다.

열흘 뒤인 12월 28일 자《장강일보》의 보고에 따르면, 우한시 공산주의청년단원들은 군사학교 지원 운동에서 "조국의 부름에 응한다"라는 적극적인 태도를 보였다. 많은 단원이 결의서와 행동계획서를 작성해 청년단 지부에 제출했다. 이러한 "적극분자"는 청년단의 80% 이상, 전체 학생의 20% 정도를 차지했다. 애국심이 강한 다수 지원자는 "어떤 군대든 상관없이 국가의 필요에 따르겠다"라고 밝혔다. 그러나 그렇지 않은 경우도 있었다. "주목받고 싶어서, 조종사가 되면 명예로울 것 같아서 지원했다. 공군이 안 되면 해군, 해군도 안 되면 그만두겠다"라는 식이었다.[108] 이러한 공군과 해군을 선호하는 태도는 우한에서만 나타난 현상이 아니었다. 앞서 언급한 광저우 학생들의 관심도 "공군과 해군에 가장 집중돼 있었다."[109]

《장강일보》가 보고한 두 번째 "순수하지 못한" 지원 동기는 "학교 성적이 좋지 않아 공부를 계속해도 십수 년이 지나야 성과를 내지만, 군사학교에 가면 몇 년 안에 출세할 수 있을 것 같아서"였다. 반면 지원하지 않은 학생 중에는 "종군은 원하지 않지만, 현재 정세를 보면 앞으로 학업에 안정적으로 전념할 수 있는 환경이 아닐 것 같다. 그렇다고 군에 가자니

---

107 〈武漢市時事宣傳運動 目前主要的問題是不够廣泛和深入〉,《內部參考》1950年 12月 26日.

108 〈武漢各校學生參加軍校運動中的思想情況〉,《內部參考》1951年 1月 6日.

109 〈廣州抗美援朝運動熱烈 伍修權聯大發言在香港影響極大〉,《內部參考》1951年 1月 9日.

성격과 맞지 않고 가족이 걱정할 것 같아 망설여진다"라고 털어놓은 이도 있었다. 한 기독교 신자는 명확한 태도를 밝히지 않은 채 "반대하지는 않는다"라고 했고, 일부 "낙후분자"들은 군사학교 지원자들에게 "그래, 너희는 가라. 학문은커녕 추위에 시달리기나 할 것이다. 너희가 가면 우리는 편히 공부해 나중에 소련으로 유학 가겠다"라며 빈정거렸다. 또 일부는 "죽거나 고생할까 두렵다. 비행기나 군함에서 죽으면 시신조차 찾을 수 없다"라며, 가능하면 종군 대신 무기 공장에서 돕고 싶다고 밝혔다.110

1951년 1~2월에 인민지원군이 삼팔선을 돌파하고 서울을 점령하는 등 전국이 빠르게 전개되자, 군사학교 진학 독려와 선전 교육이 한층 활발해졌다. 이에 학생들 사이에 변화가 나타나, "의식이 크게 높아졌다"라는 평가와 함께 "국방의 최전선이 아니라면 가지 않겠다"라는 경향이 나타났다. 이런 분위기에서 우한시 정부가 후방 업무에 1,500명의 학생을 동원하려 했으나 큰 어려움을 겪었다. 학생들은 "국방 건설에 참여하면 몇 년 뒤 전문가가 될 수 있지만, 후방 업무는 몇 년이 지나도 나아질 게 없다"라며 협조를 꺼렸다. 군사학교 지원이 불허된 학생들은 하나같이 불만을 드러냈고, 학교들은 설날 뒤 시작된 신학기에 재학생들의 "정신적 안정"과 "수업 보강"을 최우선 과제로 삼았다. 이는 당시 학교마다 정치 활동이 지나치게 많아 학업에 몰두하기 어려웠기 때문이다. 학생들은 "학생도 힘들다"라고 말하거나, 청년단·학생연합회 관계자들을 향해 "너희가 입을 움직이면 우리는 다리가 마비될 때까지 뛰어다녀야 한다", "너희가 회의하면 우리도 그만큼 회의를 해야 한다"라고 말했다. 그러면서 이런 상황에서는 "공부에 전념할 수 없다"라고 불만을 표시했다.111

110 〈武漢各校學生參加軍校運動中的思想情況〉,《內部參考》1951年 1月 6日.
111 〈中南區二月份情況概要〉,《內部參考》1951年 3月 3日.

우한시에서는 2월 "22일까지 군사학교 1·2기 모집이 완료되고 광둥, 광시, 장시, 허난 등도 차츰 마무리될 것"112으로 예상됐다. 인근 후난성은 이미 1951년 1월에 모집을 마친 상태였다. 중난 지역 각지의 모집 완료 시점에는 차이가 있었지만, 모집 과정에서 나타난 문제점은 대체로 비슷했다. 〈신화사통신〉이 정리한 보고서 〈중난 지역의 1월 기본 상황〉에 따르면 다음과 같다. "운동 초기에 일부 지방에서는 지원자 중 여성이 남성보다 많고 적령자보다 비적령자가 많았으며, "강제로 징병한다", "대포의 먹잇감이 된다"라는 유언비어가 돌았다. 그러나 그 뒤로 열기가 고조되면서 보호자는 기뻐했고, 유언비어는 사라졌다. 그 배경에는 적의 만행을 이야기하는 모임이나 보호자 좌담회를 열어 사회 여론을 형성하고 사람들의 의식을 고취한 활동이 있었다. 청년위원회에 따르면 중난 지역의 지원자는 총 8만 명, 그중 우한시는 1만여 명이었다."113

모집 인원 목표를 달성했지만, 입대자 수용이 순조롭지 않아 매우 혼란스러웠다. "현재까지도 3,000~4,000명가량이 수용되지 못하고 있다." 문제는 수용에만 그치지 않았다. 송출 과정에서 예상치 못한 문제가 발생했다. 또한 고등학생의 군 입대가 대학 진학 구조에 영향을 끼치는 문제도 발생했다. 우한에는 "시 전체에 7,000여 명의 고등학생이 있었다. 제1·2기 군사학교 모집을 통해 2,010명이 입대했고, 다가오는 여름방학에 2,000명이 추가로 입대할 예정이었다. 이렇게 되면 고등학생은 3,000명가량으로 줄고 여성 비율이 높아져, 대학교와 고등학교 간 수요와 공급의 불균형이 발생할 수 있다."114 전쟁이 사회 전반의 구조적 왜곡을 초래한 셈이었다.

112 〈中南區一月份基本情況〉,《內部參考》1951年 2月 10日.
113 위의 일간지.
114 위의 일간지.

베이징의 상황도 비슷했다. 군사학교 제2기 모집 마감 하루 전인 12월 29일에 베이징시 공산주의청년단위원회는 "현재 베이징시 중등교육학교의 상황을 고려할 때, 제3기 모집이 추가되면 학교 교육과 학생 대상 업무 전반에 중대한 영향을 끼칠 수 있다"라는 내용의 편지를 썼다. "왜냐하면 일부 중등교육학교에서 고학년 학생 수가 크게 줄어 경영상 어려움을 겪는 사립학교가 문을 닫을 수 있고, 내년 대학 입시에 차질이 생겨 장기적인 인재 양성에 악영향을 끼칠 수 있기 때문"이었다. 또한 "제1·2기 모집 학생 대대수가 당원, 청년단원, 적극분자였다. 이들의 이탈은 앞으로 중등교육학교 내 정치·조직 활동에 심각한 영향을 끼칠 수" 있기 때문이었다.[115]

이미 제1기 모집이 완료된 베이징시에서는 학생과 노동자 2,183명이 공군과 해군 등 군사학교에 지원해 채용됐다. "노동자는 총 143명으로 그중 당원이 39명, 청년단원이 74명, 일반인은 30명이었다. 대학생은 총 405명으로 그중 인민대학 학생이 150명이었다. 대학생 중 당원은 52명, 청년단원은 221명, 일반인은 132명이었다. 중등교육학교 학생은 1,635명으로 그중 당원은 20명, 청년단원은 723명, 일반인은 892명이었다. 전체 채용자 가운데 당원과 청년단원은 총 1,129명으로 전체의 약 52%를 차지했다. 여성은 총 366명이었다."[116]

베이징시의 각 대학, 공장, 중등교육학교는 각각 12월 24일, 25일, 27일에 군사학교 채용자 명단을 공표했다. 베이징시 공산주의청년단위원회의 편지에 따르면, "채용된 노동자들과 학생들에게 붉은 꽃을 달아 주

---

115 〈團市委等關於動員青年參加軍校工作的報告及小學抗美援朝活動綜合報告〉 001-009-00143, 北京市档案馆.
116 위의 보고. 제2기와 합친 채용 인원에 관해서는 中共北京市委党史研究室 編, 위의 책, 169.를 참조.

고 연회를 열었으며, 장행회에서는 폭죽을 터뜨리고 모내기춤[117]을 췄다. 채용자 대부분은 굳은 결의를 보였으나, 일부는 가정사로 마음이 흔들리기도 했다." 위원회는 편지에서 "명단 공표 뒤 철회를 신청하는 사람이 매일 몇 명씩 나오고 있어 수용까지의 기간이 길어질수록 문제가 커질 수 있다"라며, 군구 측에 "채용자들을 하루빨리 한곳에 집결시켜 달라"라고 요청했다. 이 편지의 초안에는 "기간이 길어지면 학생들 사이에 광범위한 불안이 생길 수 있고, 시민들이 정신적으로 피로를 느끼고 있다"라는 우려가 담겼지만, 최종본에서 삭제됐다. "현재 공군과 해군 측이 건강검진 재실시를 요구하고 있어 수용 일정이 연기될 수 있다"라는 문장도 함께 빠졌다.[118]

삭제된 문구는 군구 측을 직접 책망하는 인상을 줄이려는 조치였다. 하지만 군구 측에 어느 정도 책임이 있다는 입장은 유지됐다. 위원회는 편지에서 이렇게 밝혔다. "모집 과정에서 우리는 건강검진 문제에 대해 총정치부에 다시 한번 지시를 요청했고, 총정치부로부터 신문에 공표된 기준(시력·청력 정상, 전염병 없음 등)을 적용하라는 지시를 받았다. 그런데 공군 측에서는 채용된 대학생 전원이 비행기를 타게 될 예정이라며 다시 건강검진을 해야 한다고 요구하고 있다. 우리는 이 조치가 관련자들에게 큰 혼란을 일으킬 수 있다고 판단한다. 따라서 먼저 이들을 군구에 집결시킨 뒤 필요할 때 건강검진을 추가 실시하는 것이 바람직하다고 본다."[119] 이상에서 살펴본 것처럼, 군사학교 진학을 둘러싼 학생 모집 과정에서 대학교육에 대한 영향, 지원자의 후회와 철회, 수용 기관과의 갈등 등 다양한

---

[117] 앙가무(秧歌舞)를 가리킨다. 앙가무는 모내기 작업의 리듬과 동작을 형상화한 중국 북방 농촌 지역의 춤으로, 한국전쟁 시기 전선에 파견된 문예공작단이 군인의 사기 진작을 위해 공연했다(옮긴이).

[118] 위의 보고.

[119] 위의 보고.

문제가 발생했다. 이런 현상은 우한 등 중난 지역에 국한되지 않고 베이징을 포함한 각지에서 공통적으로 나타났다.

타이위안

내륙에 있는 타이위안에서는 군사학교 지원 초기에 지원자의 대부분이 당원이나 청년단원뿐이었고, 일반 청년들까지는 모집 분위기가 확산되지 못했다. 이는 모집 통지를 받은 각 학교가 직접 권유를 피하고 관련 활동을 학생회나 청년단에만 맡겼기 때문인 것 같다. 이러한 경향은 12월 16일 자 〈신화사통신〉 산시지사의 보고에서 확인할 수 있는데, 이를 통해 당시 이 지역 청년 학생들의 종군에 대한 태도를 엿볼 수 있다.

첫째, 지원자들 사이에서 특정 군에 대한 선호가 뚜렷하게 나타났다. 육군에 관한 관심은 거의 없었고, "공군과 해군은 사회적 지위가 높고 대우도 좋다"라는 인식이 일반적이었다. 타이위안사범학교의 사례를 보면, 지원한 80명 가운데 약 3분의 2가 "공군이나 해군에 들어가야 장래가 보장된다", "좋은 생활을 할 수 있다", "이상적인 배우자를 만날 수 있다"라고 기대했다. 그래서 공군이나 해군만 희망하고 다른 병종은 기피하는 현상이 두드러졌다. 실제 등록자 명부에도 "약 90% 이상이 공군과 해군을 희망했다"라고 기록돼 있다.[120]

둘째, 일반 학생들의 종군에 관한 관심이 낮았다. 타이위안사범학교의 많은 학생은 군사학교 지원을 "당원이나 청년단원이 하는 일"로 생각하고 자신들과 무관하다고 여겼다. 당원이나 청년단원이 나서서 선전하면 "당원이나 청년단원인 당신들이 하는 말을 믿을 수 없다"라는 반응이 돌아왔다. 그 결과 이 학교의 지원자 중 일반 학생의 비율은 낮았고, 지원자

---

[120] 〈太原大, 中學生報考軍幹校中的思想情況和問題〉, 《内部參考》 1950年 12月 21日.

의 약 3분의 2가 당원과 청년단원이었다. 학교 당 지부의 보고에 따르면, 교사들 또한 종군 동원에 별다른 역할을 하지 않았다. "이 활동을 공산당의 '계략'으로 보는 교원들도 있었다." 타이위안국민사범학교(太原國民師範學校)에서는 일부 "낙후된" 학생들이 "당신은 진보적이니까 지원해라. 앞으로 공산당이 높은 자리를 줄지도 모르니까"라며 비꼬았다.[121]

셋째, 뿌리 깊은 구시대의 병사관(兵士觀)이 작용했다. 많은 학생은 중일전쟁 당시 국민정부가 군대의 현대화를 위해 학생을 모집했던 '청년군' 사례를 떠올리며 군사학교 지원에 소극적이었다. 여자사범학교의 학생회 주석은 "지원하면 '다빙(大兵)'이 돼 버리고, 지원하지 않으면 청년단원으로서 어울리지 않는다며 손가락질당한다"라며 며칠째 고민하다 끝내 울음을 터뜨렸다. "다빙"은 혁명 이전 "병사"를 낮춰 부르는 말로, 이를 통해 당시 학생들이 군인의 사회적 지위를 낮게 평가했음을 알 수 있다.[122]

넷째, 가족의 반대가 컸다. 이는 "간부나 진보적인 가정을 제외하면" 광범위하게 나타났고, "해결해야 할 매우 중요한 과제였다." 학생이 지원의사가 있어도 가족의 "절대적인 반대"에 부딪혔다. 이를 예상하고 아무 말 없이 "일단 들어가 버리자"라며 지원하거나, 반대를 무릅쓰고 강행하는 학생들이 많았다. 일부는 가족과 상의하기는커녕 오히려 가족을 "위선적"이라고 비판했다. 여자사범학교의 한 학생은 지원을 기정사실로 한 뒤 "동의하지 않으면 반동분자"라며 아버지를 비난했다. 물론 부모들도 쉽게 물러서지 않고 직접 학교로 몰려갔다. 보고에 따르면, "타이위안시 학교들에서는 연일 아들을 찾는 아버지와 딸을 찾는 어머니의 모습을 볼 수 있었다." 국민사범학교 한 학생의 아버지는 아들의 입대를 막기 위해 "하루에 무려 네 차례나 교장을 찾아갔다." 일본 유학생 동창회의 기부로

---

[121] 위의 일간지.

[122] 위의 일간지.

설립된 청청(成成)중등교육학교나 타이위안사범학교에서는 일부 학생이 귀가해 부모의 동의를 구하려 했다. 그러나 "집에 갇혀 학교에 돌아오지 못하거나 퇴학을 강요"당하기도 했다.[123] 조선에서 승리 소식이 전해지는 시기에도 타이위안 시민들 사이에는 여전히 강한 종군 기피 정서가 자리하고 있었음을 알 수 있다.

농가의 종군

지금까지 군사학교에 진학할 학생이나 노동자의 모집 상황을 살펴봤다. 이제는 주로 농가를 대상으로 한 병사 모집의 실태를 살펴보고자 한다. 12월 26일 자 〈신화사통신〉 중난총지사의 보고에 따르면, 후난성 이양(益陽)지구(위안장(沅江), 이양, 창닝(常寧), 샹샹(湘鄉), 창더(常德), 한서우(漢壽), 유(攸) 등의 현)에서는 "농가가 병사 모집에 적극 호응해 각 현의 지원자와 입대자가 이미 2,000명을 넘어섰으며, 일부 지역에서는 종군이 열렬한 대중운동으로 확산됐다." 샹샹 제5구에서는 항미원조와 지주 계급의 파괴 활동에 반대하는 투쟁을 주요 안건으로 한 농민대표회의가 폐회된 직후에 대표 50여 명이 입대를 신청했고, 이양 제9구에서는 200명 이상, 위안장에서는 350여 명이 지원했다. "지원은 각지에서 계속 이어지고 있다"라고 보고됐다.

이양지구 당위원회는 이러한 상황의 원인을 다음과 같이 분석했다. ① 이들 지역에서는 이전부터 당 활동이 활발했고, 이번 선전 활동도 주의 깊게 진행됐다. ② 토지개혁이 시행되면서 농민들이 그 성과인 토지를 지켜야 한다는 절박한 인식을 갖게 됐다. ③ 지주의 파괴 활동에 반대하는 투쟁이 시작되자 "불법 지주들을 다수 체포함으로써 농가의 계급의식이

---

[123] 위의 일간지.

높아졌고, 과거 지주에게 억눌렸던 원한을 갚으려는 자들도 생겨났다."
④ 경제적인 이유, 즉 "먹고 살기 위해" 지원하기도 했다.**124** ④는 명목상 "지원" 형식을 띠었으나 실질적으로는 "경제적 징병제"에 가까웠다.

《신호남보》의 보도에 따르면, 1950년 11~12월에 후난성 각지의 농가에서는 항미원조 운동과 관련해 "열렬한 종군 운동이 벌어졌다." 많은 젊은 농민은 "병사가 돼 제국주의를 물리치고 하루빨리 토지개혁을 실현해 변신하며, 지주의 억압으로부터 해방되자"라는 생각으로 적극 지원했다. 각지에서는 "자식이 아버지를, 아내가 남편을 배웅하는 감동적인 장면"이 목격됐고, 대중은 종군에 매우 적극적이었다. 이전과 달리 "이제는 미제국주의를 두려워하는 사람이 없다. 이것이야말로 미제를 소멸시키는 인민의 힘"이라고 말하기도 했다.**125** 그러나 "사상 교육이 충분하지 못한 지역도 있었다." 남겨진 가족의 생산 활동과 관련한 어려움을 제때 해결하지 못한 데다 "적대 세력의 공작원이 유언비어를 퍼뜨리"면서 종군 운동에 여러 문제가 발생했다. 예를 들어 리셴진시(澧縣津市)에서는 집회에서 입대를 신청한 농민 10여 명이 집회가 끝난 뒤, 곧바로 "병사로 가면 곧 조선에서 뼈를 묻게 될 것이다. 공산당에게 속았다"라며 후회했다. 이러한 발언은 시민들 사이에 공포와 불안을 불러일으켰다.

이러한 분위기는 일반 농가에만 국한되지 않았다. 일부 공산주의청년단원은 "종군이 두려워 청년단 탈퇴를 신청"했고, 입대한 신병 중에는 "먼 곳에 배속되는 것을 두려워하는 자들"이 있었다. 위안장현 제2구의 통계에 따르면, 신병 중 "조선에 가도 괜찮다는 자는 약 3분의 1"이었다. 또 다른 3분의 1은 "가족이 안고 있는 문제를 해결해 준다면 가겠다"라고 말했다. 나머지 3분의 1은 "토지개혁이 끝나면 곧바로 귀향하겠다"라고 밝혔

124 〈湖南沅江, 湘鄉等地農民熱烈要求參軍〉, 《內部參考》1950年 12月 29日.
125 〈湖南各地參軍運動的情況和問題〉, 《內部參考》1951年 1月 11日.

다. 위안장에서 입대한 신병 중에는 "이미 탈영한 자도 있었다."**126**

반대 세력은 이런 불안을 더욱 부추겼다. 그들은 병사로 떠난 이들의 가족이 사는 집 앞에서 "당신 아들은 병사가 돼 내일이면 현청에 도착하고 모레는 조선이나 타이완으로 가서 미국과 싸울 것"이라고 떠들어댔다. 이를 들은 가족들은 공황 상태에 빠져 "아들과 남편을 데려오겠다"라며 신병 집결 중대로 몰려갔고, 신병들은 크게 동요했다. 이에 위안장현 당국은 "유언비어"에 대응하는 선전 캠페인을 벌였다. 그리고 가족들을 상대로 회의를 열어, 그들이 안고 있는 절박한 문제들의 해결에 앞장섰다. 그 결과 "남은 가족들은 이전보다 다소 안정을 되찾았다."**127**

1950년 12월 말까지의 후난성 신병 모집 상황을 《신호남보》는 다시 보고했다. 보고서는 시사 선전과 계급 교육을 폭넓고 깊게 전개함으로써 대중의 의식을 고취하고 "자발적 지원을 유도했다"라고 긍정적으로 평가하면서 몇 가지 문제점을 지적했다. 보고서는 "일부 지역 간부들이 군 확대의 정치적 의의나 병사의 질을 고려하지 않고 단순히 숫자만 추구했다"라며, 병사를 모집하면서 "속이거나, 이익으로 유도하거나, 가구 수에 따라 균등하게 할당하거나, 매수하는 등의 수법"을 썼다고 전했다. 그 결과 "입대 뒤 탈영하는 사례가 적지 않았고", "악행을 일삼던 비적, 구정권 시절의 향장(鄕長), 과거 군대의 악질 선임병, 심지어 내전 시대에 좌파 진영의 요인을 암살하는 조직의 참여자까지 부대에 섞여 들어왔다." 이러한 문제는 "대중의 종군 태도에도 부정적인 영향을 끼쳤다."**128**

---

126 위의 일간지.
127 위의 일간지.
128 〈湖南部分地區擴軍發生偏向己發現有慣匪及壞分子混入部隊〉, 《内部参考》 1951년 2月 3日.

| 나오며 |

앞서 언급한 난징시의 반미 항의 집회는 공산당의 지도 아래 이뤄졌다. 당 중앙에 제출된 난징시 당위원회의 보고에 따르면, 이 운동의 "직접적인 목적은 군사학교 진학을 위해 800명의 학생을 동원하는 임무를 달성하는 것"이었다.[129] 당시 평양 탈환의 소식에 흥분한 난징시 학생들은 "향후 전쟁의 참혹함과 장기성에 대한 인식이 매우 부족했다. 군사학교에 들어가는 것은 단순히 강의를 듣는 일일 뿐, 실제 전장에 나가는 것은 아니"라고 생각했다.[130]

군사학교 지원 운동에 나선 청년 학생 중에는 난징 중앙대학(中央大學) 부속 중등교육학교 초등부 3학년생 청간위안(程幹遠)과 그의 학우들이 있었다. 청간위안에 따르면, "캠퍼스는 마치 축제처럼 북소리와 징소리가 하늘을 찔렀다." 제1진 20여 명은 대부분 공군에, 제2·3진은 주로 해군이나 화학방호병학교에 지원했다. 이들은 이름이 며칠 동안 게시판에 게시되며 대대적인 표창을 받았고, 그 속에는 초등부 3학년생들의 이름도 있었다. 이를 본 청간위안은 마음이 들썩였다. 당시 학생들은 군사학교 지

[129] 〈南京市委關於南京市反美帝控訴運動的經驗報告〉, 《黨的工作》第74期, 1951年 1月 11日.
[130] 〈平壤解放後南京各階層的思想情況〉, 《內部參考》1950年 12月 29日.

원을 "혁명에 투신할 좋은 기회"로 여겼고, "3년간 고등학교 생활을 계속하는 것보다 군사학교를 졸업하고 곧바로 군대에 들어가는 편이 낫다"라고 판단했다. 그러나 청간위안은 학급에서 가장 나이가 어렸다. 우리 나이로 15세도 채 되지 않아 모집 요건인 "17세 이상"에 한참 못 미쳤다. 그는 반의 리더여서, 담임교사 리예광(李夜光)은 학급 활동에 끼칠 영향을 고려해 그의 지원을 만류했다. 처음에는 청간위안과 다른 "적극분자" 4~5명이 담임의 설득에 물러서는 듯했다. 하지만 같은 학급의 다른 8명이 이미 지원 허가를 받자 담임에게 강하게 요청했다. 결국 담임은 열의를 꺾지 못하고 동의했다.[131]

1950년 12월 20일에 청간위안과 동급생 3명의 이름이 나란히 실린 수송학교 배정 비준 명단이 학교 게시판에 게시됐다. "군복을 입고 혁명의 전사가 될 수 있다면 더할 나위 없이 만족스럽다"라고 느낀 그들을 기다리고 있는 다음 과제는 입대까지 일주일도 남지 않은 상황에서 가족의 반대를 넘는 일이었다. 청간위안의 아버지는 국민정부 시절 난징시 교육국의 관료이자 중앙대학 교육학부 교수 및 교무주임이었다. 그러나 한국전쟁 당시에는 안후이성의 한 고등학교에서 역사를 가르치고 있었다. 그는 근무 태도를 인정받아 모범 교사로 선정되고 제1회 난징시 인민대표에 선출될 만큼 신정권에 협조적이었다. 하지만 아들의 군사학교 지원 의사에는 "중학교도 졸업하지 않아 천박한 지식밖에 없는 사람이 '혁명'이라는 공론(空論)을 떠들어봤자 소용 없다"라며 강하게 반대했다. 청간위안은 더 이상 설득은 무리라고 판단하고 모집사무소에서 나이 때문에 거절당하지 않도록 "16세"라고 신고해 입대 수속을 밟았다.[132]

외아들이 작별 인사도 없이 입대한 사실을 알게 된 아버지는 큰 충격을

---

131 程幹遠, 《親歷韓戰-中國軍人回憶錄》, 明鏡出版社, 2013, 19, 30.
132 위의 책, 33-34.

받았다. 그는 아들을 되찾기 위해 대학 시절 동급생이자 화둥구(華東區) 당위원회 서기였던 커칭스(柯慶施)에게 "부끄러움을 무릅쓰고" 편지를 보내, 나이 미달인 아들이 학업을 이어가도록 설득해 달라고 간청했다. 그러나 돌아온 답변은 자녀의 혁명 참여를 지지하라는 훈계뿐이었다. 훗날 고희를 넘긴 청간위안은 "그때 비로소 부모님의 깊은 사랑을 깨달았고, 결코 갚을 수 없는 불효를 저질렀다. 그 참담함은 견디기 힘들었다"라고 회상했다.[133]

군대에서는 이런 행동을 오히려 청소년의 "적성"으로 받아들였고, 이는 동서고금을 막론하고 권력자의 관심을 끌었다. 독일군 장교 콜마르 폰 데어 골츠(Colmar von der Goltz)는 《국민개병론(國民皆兵論)》에서 이렇게 적고 있다.

> 생명에 집착하지 않고 죽음을 맞이할 수 있는 것은 청년뿐이다. 그들은 아직 인간 사회의 번거로운 구속에 얽매이지 않았고 속세의 때에 물들지 않았다. 인생의 모든 수수께끼가 지닌 불가해함을 스스로 풀고자 열망하면서도 아직 실망하지 않았다. 오직 산을 오르는 것만 알 뿐 그 앞에 이어질 내리막길의 길고 짧음을 헤아리지 않는다. 그 왕성한 호기심은 본능적으로 그들을 호전적으로 만든다. (중략) 그들은 태연히, 걱정 없이, 용감하게 전장으로 나아간다.[134]

이 인용문은 1926년 일본군 장교들의 친목 단체인 카이코샤(偕行社)에서 펴낸 일본어 번역본에 실린 것이다. 일본군 원수 스기야마 하지메(杉山

---

[133] 위의 책, 37.
[134] コルマル・フォン・デル・ゴルツ著・フリードリッヒ・フォン・デル・ゴルツ増補(日本陸軍大学校訳),《国民皆兵論(現代の軍制と統帥)》, 偕行社, 1926, 25-26.

元)의 장서 가운데 1896년판 일본어 번역본이 남아 있으며, 해당 부분을 독자가 붉은 펜으로 방점을 찍은 흔적이 있다.**135**

마오쩌둥이 골츠의 저서를 읽었는지는 확인할 수 없으나, 그 역시 "전민개병론"을 주장하며 청년의 특성에 주목했다. 1960년, 그는 중국을 방문한 일본인 작가에게 이렇게 말했다. "전 세계의 많은 일을 젊은이들이 하고 있습니다. 이들에게는 몇 가지 공통점이 있습니다. 젊고 잘 알려지지 않았으며, 지위가 낮고 돈이 없습니다. (중략) 이름이 알려지지 않고 지위가 낮으며 재산이 없는 사람들이 인류의 발명과 창조의 70% 이상을 이뤘습니다."**136** 이처럼 마오는 청년의 "창조력"을 높이 평가했다. 하지만 불과 6년 뒤 "문화대혁명"에서 "홍위병"으로 동원된 청년들이 주목받은 것은 그들의 "창조력"이 아니라 "파괴력"이었다.

---

135 《杉山元文書》国会図書館憲政資料室所蔵. 이 장서는 카이코샤에서 1896년 간행된 사쿠라이 세이(桜井精)의 일본어 번역본이다. 加藤陽子,《徵兵制と近代日本 1868-1945》, 吉川弘文館, 1996, 166.

136 竹内実,《毛沢東ノート》, 新泉社, 1971, 60.

결론

이 책의 첫머리에서 베이징의 반미 학생 시위에 대해 노동자 쑹샹우가 보인 부정적 의견을 소개했다. 그로부터 한 달 뒤인 12월에 베이징대학에서는 약 400명의 학생이 군사간부학교에 지원했다. 이 가운데 45명이 선발돼 같은 달 25일에 베이징대학 "민주광장"에서 성대한 장행회가 열렸다.[1] 그렇다면 베이징대학의 전 총장 후스(胡適)는 이러한 학생들의 행동을 어떻게 봤을까? 후스는 대체로 학생운동에 대해 깊은 이해를 보였다. 예를 들어 5·4운동 1주년을 기념해 쓴 글에서 그는 중국 한나라 말과 송나라의 태학생(太學生), 명나라 말의 결사(結社), 무술변법 이전의 공차상서(公車上書),[2] 신해혁명 이전 유학생 중심의 혁명당과 러시아 혁명당, 독일혁명 이전의 학생운동, 인도와 조선의 독립운동까지 거론하며 이렇게 말했다. "비정상적인 사회와 나라에서는 정치가 너무 부패하고 국민에게 그것을 바로잡을 수 있는 장치(가령 민의를 대표하는 국회 같은)가 없어서 정

---

1 王学珍 等 主編, 《北京大学纪事(1898-1997)》 上冊, 北京大学出版社, 1998, 427.
2 공차상서는 한나라 때 시작된 제도로 공식적인 관청 절차를 거쳐 황제에게 올린 상소문을 말한다. 여기서 말하는 공차상서는 1895년 청일전쟁 패배 이후 캉유웨이(康有爲)와 량치차오(梁啓超) 등이 굴욕적인 시모노세키조약의 비준 반대, 수도 이전, 정치·사회 개혁 단행, 부국강병 추진 등을 주장하며 작성한 상소문을 가리킨다. 이 상소는 전국 18개 성의 거인(擧人) 1,300여 명이 연명해 광서제(光緖帝)에게 올린 것이었다(옮긴이).

치에 관여하는 운동이 청년 학생에게서 비롯될 수밖에 없다."[3]

그러나 후스는 동시에 학생들에게 본업에 전념하는 것이야말로 사회에 대한 최대의 공헌이라고 거듭 강조했다. 예를 들어 "괴테(Johan Wolfgang von Goethe)는 국가에 큰 혼란이 일어날 때마다 시국과 전혀 관계없는 학문의 과제에 전념해 외부의 혼란에 마음이 흔들리지 않도록 했다. 나폴레옹 군대가 독일을 극심하게 압박할 때도 매일 중국 문물을 연구했고, 라이프치히전투 한복판에서 문을 걸어 잠그고 훗날 명작이 된 《에섹스(Essex)》의 에필로그 집필에 몰두했다"라고 소개했다.[4] 1938년 2월, 중일전쟁 중 민간사절로 미국을 방문했을 때도 후스는 괴테를 언급하며 재미 중국인 유학생들에게 미래를 위해 학업에 집중하라고 당부했다.[5]

---

[3] 〈我们对于学生的希望〉, 欧阳哲生 主编, 《胡适文集》第11卷, 北京大学出版社, 1998, 48.

[4] 〈愛國運動与求学〉, 欧阳哲生 主编, 위의 책, 631. 1947년 5월, 베이핑 학생들의 "반기아(反飢餓)·반내전(反內戰)" 시위 때도 후스는 당시 국민정부 최고행정장관 화베이 대표(北平行轅主任)였던 리쭝런이 소집한 대학 총장 다과회와 학생 집회에서 같은 뜻의 발언을 했다(〈胡適义正词严〉, 《观察》第2卷 第14·16號). 이어 그는 다음 날인 6월 2일에 〈청년의 고민〉이라는 글을 발표하면서 "일이야말로 고민을 즐거움으로 바꾸는 마법사이며, 위기의 벼랑 끝에 존재하는 유일한 활로는 일하는 것밖에 없다"라는 말을 인용했다(《胡适文集》第11卷, 801-804). 후스의 이러한 가르침이 제자 구제강에게 실천으로 이어졌다는 사실은 구제강의 《자서전(自敍傳)》에 실린 다음과 같은 대목에서 확인할 수 있다. "이 한 편의 서문을 기초(起草)한 때는 북방의 전운이 고조되던 시기였다. 베이징은 하루 종일 공포 분위기에 휩싸여 있었다. 아침에는 비행기의 폭격을 목격하고 저녁에는 포성이 끊임없이 울려 퍼졌다. 나의 거처는 베이하이(北海)와 징산(景山) 사이에 있었는데 평소에는 그곳의 봉우리와 탑이 아름다운 풍경을 이루었다. 하지만 이때만큼은 비행기의 폭탄 목표물이 될 뿐이었다. 폭탄이 베이하이에 떨어지면 푸른 연못 물이 치솟아 백탑(白塔)의 높이에 이르렀고, 우리 집 창살은 지진이 난 듯 흔들렸다. 비행기가 나타날 때마다 마치 저승사자가 머리 위를 맴돌며 떠나지 않는 듯한 두려움이 엄습했다. (중략) 인쇄소조차도 교통 두절과 종이 부족으로 원고를 재촉하지 못했다. 나는 그 틈을 즐기며 종일 서재에 틀어박혀 차분히 글을 썼다. 마음에 떠오르는 것은 무엇이든 적어 내려갔고, 꼬박 두 달 만에 생애 처음이자 가장 길고 자유롭게 쓴 이 장문을 완성할 수 있었다." 顧頡剛(平岡武夫 訳), 《ある歴史家の生い立ち》, 岩波文庫, 1987, 190-191.

[5] 曹伯言 整理, 《胡適日記全集》第7卷, 聯經出版事業, 2004, 487.

예전에 후스는 베이징대학 "민주광장"이나 그곳에서 남쪽으로 도로 2개 건너 둥창후퉁(東廠胡同)에 자리한 자택 앞에서 청원하는 학생들에게 응대한 적이 있었다. 하지만 이번에는 그곳이 아닌 멀리 태평양 너머에서 상황을 관망하고 있었다. 그는 베이징 함락을 한 달 앞둔 1948년 12월에 베이징을 떠나 프린스턴대학 동방도서관장으로서 중국 고전 연구에 몰두하고 있었다. 이번 반미 학생 시위에 대해 후스는 부정적이었던 것 같다. 애초에 후스는 한국전쟁 발발 자체를 매우 부정적으로 받아들였다. 미국 동부 시각으로 1950년 6월 24일 자정에 라디오를 통해 "북조선이 대규모로 남조선을 진공했다"라는 소식을 우연히 들은 그는 다음 날 일기에 "그 소식을 듣고 나도 모르게 한숨을 쉬었다. 예상했던 대로 마침내 미치광이가 미쳐 버린 것이다"라고 적었다.⁶

후스는 정치적 강압 속에서 정권을 옹호할 수밖에 없는 현실에 매우 비판적이었다. 1950년 9월 22일 자 《대공보》(홍콩판)에 베이징에 남아 있던 그의 대학생 아들이 쓴 〈나의 아버지-후스 비판〉이 실렸다. 아들은 후스를 "반동적"이고 미국 "제국주의의 도구"이며 "인민의 적"이기 때문에 "나의 적"이기도 하다고 비난했다.⁷ 후스는 이를 중공 측의 반격으로 해석했다. 자신이 쓴 논문 〈스탈린의 전략에서 중국〉이 《포린 어페어즈(Foreign Affairs)》 7월호에 실릴 예정이라는 사실이 사전에 알려졌기 때문이라고 본 것이다. 그는 친구가 보내온 《대공보》에 실린 아들의 비판문을 발췌해 일기에 끼워 넣었다.

그 밖에도 후스의 태도는 그 무렵의 일기에 끼워진 세 개의 영문 기사

---

6 위의 책, 第8卷, 499, 561. 1951년 새해 첫날, 후스는 지난해를 돌아보며 한국전쟁을 세계사의 중대한 전환점으로 규정했다. 특히 "중공의 참전은 제2의 전환점"이라고 평가했다. 중국의 개입을 일본의 진주만 공격에 비견되는 사건으로 이해한 듯하다.

7 胡思杜, 〈對我父親-胡適的批判〉, 《大公報》(香港) 1950年 9月 22日.

의 발췌에 나타난다. 하나는 "우리는 공산주의 국가에 표현의 자유가 없다는 사실을 잘 알고 있다. 그러나 침묵의 자유도 없다는 사실을 아는 사람은 적다. 공산국가 주민들은 충성과 신앙에 관한 적극적인 의사를 표명하도록 강요받고 있다"라는 후스의 발언이었다. 또 다른 기사에도 "'<u>침묵의 자유' 또한 없음이 이 성명으로 명백해졌다</u>"라는 후스의 발언이 있었다. 세 번째 기사에는 후스 비판 글의 "<u>저자는 한 번이 아니라 두 번씩이나 '학생 대표 선거 전 비판 집회'를 경험할 수밖에 없었음을 인정했고, 이는 첫 번째 '자백'이 요구 기준을 충족하지 못했음을 시사했다</u>"라는 기자의 지적이 있었다. 밑줄은 모두 후스가 그은 것이다.⁸ 이처럼 후스는 학생들의 항미원조 시위를 민의의 표출이 아닌 정권의 선동에 대한 추종으로 봤다.

1949년 이후 대륙에 남은 청년 학생들뿐 아니라 저명한 "지식분자"들 역시 자의든 타의든 잇따라 정권 지지 발언을 내놓았다. 그러나 이에 저항한 이들이 있었는데, 대표적인 이가 옌징대학 철학과 교수 장둥쑨(張東蓀)이다.⁹ 장둥쑨은 정치결사체인 중국민주동맹(中國民主同盟)¹⁰의 중앙

---

8 欧阳哲生 主编, 위의 책, 第8卷, 514-527.

9 장둥쑨에 관한 대표적 연구는 戴晴, 《在如来佛掌中 : 張東蓀和他的時代》, 香港中文大學出版社, 2009. 杨奎松, 《忍不住的"关怀"》, 广西师范大学出版社, 2013. 左玉河, 《张东荪年谱》, 群言出版社, 2014. 등이 있다. 또 일본어 문헌으로서는 野村浩一, 〈近代中国における「民主・憲政」のゆくえ(下)〉, 《思想》, 2013年 10月. 森川裕貫, 《政論家の矜持》, 勁草書房, 2015. 등이 있다.

10 중국민주동맹은 제2차 국공내전 시기 국민당에 반대하고 공산당에 협력한 8개 정당 가운데 하나로, 주로 문화·교육계 지식인들이 중심을 이뤘다. 1939년 10월 충칭에서 선쥔루(沈鈞儒), 저우타오펀(鄒韜奮), 량수밍 등이 통일건국동지회(統一建國同志會)를 결성한 뒤 중국청년당, 국가사회당, 중화민족해방행동위원회, 구국회, 중화직업교육사, 향촌건설협회 등이 합류하면서 1941년 3월 충칭에서 중국민주정단동맹(中國民主政團同盟)으로 발전했다. 1944년 9월 현재의 명칭으로 개칭됐다. 1949년 9월에 주요 지도자 장란(張瀾)이 중앙인민정부 부주석, 선쥔루가 중국인민정치협상회의 부주석 겸 최고인민법원 원장으로 임명됐다. 1957년 반우파투쟁에서 우파로 비판받고 문화대혁명 시기에 활동이 중단됐다(옮긴이).

위원이었고, 국민당과 공산당의 베이징 무혈 입성을 중재한 공로로 마오 쩌둥이 주석을 맡은 중앙인민정부위원회(中央人民政府委員會) 위원 56명 중 한 명으로 선임되기도 했다. 옌징대학 졸업생으로서 정치적으로 장둥쑨과 가까웠던 예두이(葉篤義)의 회고에 따르면, 1949년 이후 많은 사람이 신정권을 예찬하는 글을 신문에 발표했다. 하지만 장둥쑨은 그런 글을 전혀 쓰지 않았다. 1951년 7월 1일, 중국공산당 창당 30주년을 기념하는 글을 쓰라고 예두이가 권했을 때도 "침묵의 자유"를 고수했다. 다만 예두이가 거듭 권하자 "억지로 한 수 해학적인 칠언절구를《광명일보》에 발표하는 것으로 어물쩍 넘어갔다."[11] 그 칠언절구는 다음과 같다. "사나운 폭력에 대항해 이웃을 도우니, 온 세상이 놀라다."[12] 이는 한국전쟁 개입을 앞두고 그 역시 일반인과 마찬가지로 경악했음을 보여 준다.

　1950년 여름과 가을 동안 장둥쑨은 동지이자 민주동맹 중앙위원인 뤄룽지(羅隆基), 저우징원(周鯨文), 예두이 등과 함께 자주 모여 시국을 논의했다. 뤄룽지는 위스콘신대학, 컬럼비아대학, 런던정치경제학원에서 정치학을 공부했으며, 저우징원 역시 미시간대학과 런던대학에서 정치학을 공부했다. 이 모임은 주로 미국 노스웨스트대학 생물학 석사과정을 수료하고 여성운동가로 활동하던 류왕리밍(劉王立明)의 집에서 이뤄졌다. 어느 날 모임에서 뤄룽지는 전 국무장관 조지 C. 마셜이 국방부 장관으로 임명된 사실을 근거로 "미국이 제3차 세계대전을 준비하고 있는 것 같다"라고 말했고, 저우징원은 "미국이 둥베이를 점령할지도 모른다"라고 내다봤다. 장둥쑨 역시 "제3차 세계대전은 곧 발발할 것이다"라고 예측했다.[13]

11　叶笃义,〈我与张东荪〉, 中国人民政治協商会议全国委员会文史资料研究委员会 編,《文史资料选辑·增刊》第2辑, 中国文史出版社, 1987, 65.

12　《光明日報》1951年 6月 26日.

13　〈看羅隆基反共集團的内幕〉,《人民日報》1957年 8月 28日. 류왕리밍은 본래 이름이 "왕리밍(王立明)"이었다. 그러나 1938년 4월, 일본의 공작원에 의해 암살된 남편 류잔언(劉湛

예두이의 증언과 비슷한 이야기를 민주동맹 중앙위원인 추투난(楚圖南)과 첸자쥐(千家駒)도 전하고 있다. 추투난에 따르면, 장둥쑨과 뤄룽지는 "항미원조 전쟁에서 중국이 승리할 가능성은 없으며 장제스가 다시 돌아올 수도 있다. 그러니 그 '변화를 관망할' 필요가 있다"라고 봤다. 첸자쥐 역시 장둥쑨과 뤄룽지가 한국전쟁을 틈타 미국과 장제스가 대륙을 공격하고 국공 대치 국면이 조성될 것이라 판단했다고 증언했다. 그렇게 되면 "국민당과 공산당 이외의 제3세력인 민주동맹이 활동할 공간이 열릴 것"이라고 내다봤다는 것이다. 실제로 1950년 8월 2일에 뤄룽지가 상하이에 있던 동지 자오원비(趙文璧)에게 쓴 편지에 이러한 기대가 구체적으로 드러나 있다.

> 요사이 여러 차례 장둥쑨, 판광단(潘光旦), 쩡사오룬(曾昭倫) 제형(諸兄)과 자세히 상의해 보니, 우리가 계획을 세워 전국 범위에서 한 걸음씩 활동을 전개해 나갈 필요가 있다는 데 의견이 일치했다. 이는 민주동맹의 장래에 대한 우당(友黨)의 바람이자, 우리가 민주동맹 안에서 기반을 다질 수 있는 유일한 방법이기도 하다. 서남쪽에서는 이미 현지로 돌아가 대책을 마련하는 사람들이 있다. (중략) 여름방학을 이용해 장둥쑨, 판광단, 쩡사오룬이 상하이로 가서 민주동맹의 사업 전개 계획을 상하이 제형들과 상의하고, 아울러 상하이, 쑤저우, 난징 등 인근 지역에서의 활동 조정 방안을 협의하기로 했다.[14]

恩, 당시 후장대학 학장)을 기리기 위해 성을 복성(復姓) "류왕(劉王)"으로 바꿨다.

14 〈羅隆基張東蓀反共集團被揭露〉,《光明日報》1957年 8月 28日. 여기서 "우당"은 중국 공산당을 가리킨다. 저우언라이는 한국전쟁 발발 이후 어느 보고에서 "필요에 따라 우리는 후퇴를 준비하고 있다. 연해 각 성에서 오지로 퇴각해 시베이와 시난 지역을 장기전 계획의 기지로 삼는다"라고 말했다. 이른바 "우당의 바람"이란 이것과 관계있을 것이다.

장둥쑨은 어떤 당과 조직이 어떤 정치적 상황에서 어떤 역할을 할 수 있다고 봤을까? 이를 이해하려면 그가 3년 전에 발표한 논문을 되짚어볼 필요가 있다. 1947년 3월 20일 자 논문에서 그는 중국이 나아가야 할 이상적 길을 다음과 같이 제시했다. "① 중국을 미국과 소련의 가교로 삼아 동아시아의 긴장을 완화하고 세계의 안정을 도모할 것. ② 독립적 입장과 상당한 영향력을 지닌 제3세력을 국공 양당의 중재자로 세워 국공 양당이 올바른 길로 나아가도록 압력을 가하면서 상호 합작을 유도할 것." 그는 두 항목이 서로 연결돼 있다고 봤다. 왜냐하면 국공이 합작해야 중국이 통일될 수 있고, 중국이 통일돼야 미소 간 대립을 조화시키는 역할을 할 수 있기 때문이었다. 중국을 그런 역할을 하는 나라로 만들기 위해서는 우선, 중국 정부를 연합정부(聯合政府)로 만들어야 했다. 다시 말해 연합정부를 통해 국제사회에서 중간적 입장을 제시하는 것이 장둥쑨이 생각하는 길이었다.[15]

장둥쑨은 논문에서 "만약 불행하게도 단독 정권이 수립된다면 어떻게 되겠는가?"라고 물었다. 그는 "국민당이 완전히 승리한다면 소련이 불안해할 것이고, 공산당이 집권한다면 미국이 안심하지 못할 것이다. 연합정부가 아닌 모든 상황은 국제적 분규와 우려를 불러온다"라고 지적했다. 그는 당시 중국의 선거 활동이 집권당의 독점적 조작에 따라 헌법을 형식적인 껍데기로 전락시키는 반민주적인 행위라 비판하면서, "서로 다른 각 당이 견제하고 균형을 이루는 것이야말로 진정한 민주주의"라고 주장했다. 구체적으로는 관료자본을 대표하는 국민당과 노농계급을 대표하는 공산당을 사회의 중간 계층을 대표하는 민주동맹이 제3자로서 중재해야 한다고 봤다. 중간 계층은 "대학교수, 중등교육기관의 교원, 변호사, 회

---

[15] 張東蓀, 〈追述我們努力建立"聯合政府"的用意〉, 《觀察》 第2卷 第6期, 觀察週刊社, 1947年 4月 5日.

계사, 의사, 신문기자, 민간 상공업의 경영자 등"**16**을 가리킨다. 즉 장둥쑨의 구상에는 다당제가 전제돼 있었다.

이러한 이상에 따라 장둥쑨은 민주동맹 활동에 헌신했다.**17** 전면적인 내전 상황에서도 자신의 주장을 논문으로 발표했고, 1950년 여름과 가을에도 그 신념을 굳게 유지했다. 실제로 민주동맹의 조직 강화에 대해서는 앞서 뤄룽지의 편지에 나타난 바와 같았으며, 미중 관계에 대해서는 1952년 11월에 "나는 시종일관 중국공산당과 미국이 협력하길 바랐다. (중략) 해방 이후 '대소 일변도' 정책이 선언된 뒤에도 내 의견을 고수했고, 제3차 세계대전이 발발하면 어쩌면 내 이상이 실현될 기회가 올 수 있다고 생각했다."**18**

장둥쑨은 자신의 이상을 실현하기 위해 마오쩌둥에게 간언을 시도하고자 했다. 예두이에 따르면, 1950년 여름이나 가을 어느 날에 민주동맹의 전직 비서장 량수밍(梁漱溟)**19**으로부터 "장둥쑨 선생이 마오 주석을 만나 외교 정책에 대해 진언하고 싶어 한다"라는 말을 듣고 곧바로 장둥쑨을 찾아갔다. 그러나 장둥쑨은 "아직 마오쩌둥을 만날 생각이 없다. 당분간 싸움이 계속되기를 기다렸다가 더 이상 싸울 수 없을 때가 오면 그때 가서 이야기하겠다"라고 밝혔다. 그가 하려던 진언은 "대소 일변도" 정책을 포기하고 중간노선을 택하자는 것이었다.**20**

---

16 위의 글.

17 장둥쑨은 경험과 성격으로 볼 때 당무에 분주한 "조직가"가 아니라 기본적으로는 "사상가"였다. 俞頌华, 〈论张东荪〉, 葛思恩·俞湘文 編, 《俞頌華文集》, 商務印书馆, 1991, 318-325.

18 杨奎松, 위의 책, 87.

19 철학자. 베이징대학 교수로 재직하며 1940년 중국민주동맹에 가입해 향촌건설운동(鄕村建設運動)에 매진했다. 정치협상회 위원으로 마오쩌둥의 자문 역할을 했다(옮긴이).

20 마둬义, 위의 글, 64-65.

장둥쑨이 곧장 마오쩌둥을 설득하려 하지 않았던 이유는 그동안의 모든 노력이 무위로 돌아간 데 대한 좌절 때문이었다. 마오의 확신을 꺾으려면 적절한 시점이 필요하다고 판단했던 것이다. 첫 번째 시도는 1월 중순, 중공의 초청으로 다른 세 명의 대학교수와 함께 허베이성 시바이포(西柏坡)의 중공중앙 서기처를 방문했을 때 이뤄졌다. 이미 1948년 4월 하순부터 마오쩌둥은 "홍콩, 상하이, 베이징, 톈진 등 각지의 중간당파 및 민중단체의 대표적 인물들을 해방구로 초청해" 임시중앙정부 수립 문제를 협의하는 방안을 당내에 제안했다.**21** 이에 따라 신정치협상회의(新政治協商會議) 초청자 명단이 작성됐으며, 민주동맹 지도자였던 장둥쑨도 그 명단에 포함됐다. 장둥쑨의 방문은 그 일환이었다.**22**

그러나 마오쩌둥과 장둥쑨은 정치체제와 대외 정책에서 입장이 일치하지 않았다. 장둥쑨은 미국과 소련 양쪽의 장점을 받아들여 새로운 민주정치를 수립해야 한다고 주장했다. 하지만 마오쩌둥은 이를 "장둥쑨 선생, 당신이 말하는 새로운 민주란 결국 미국식 민주일 뿐이다. 서방 정치에서는 집권당과 반대당을 나누지만, 앞으로 만들어질 중국의 혁명정권은 공산당과 제3자가 이룬 공동 성과다. 자신이 자신을 반대할 필요가 어디 있는가"라며 일축했다.**23** 당시 회담에 동행했던 다른 인사의 회상에 따르면, 마오쩌둥은 신정권의 수립 과정에서 "민주 당파가 인민대중의 입장에 서서 중국공산당과 보조를 맞추고 성실히 협력하며, 도중에 결별하거나 '반대파'를 만들거나 '중간노선'을 걷지 말 것을 요구했다."**24**

21 中共中央文獻研究室 編, 《毛澤東年譜(1893-1949)》下卷, 人民出版社·中央文獻出版社, 1993, 304.

22 金冲及 主編, 《周恩来传(2)》, 中央文献出版社, 1998, 940.

23 左玉河, 위의 책, 456.

24 雷洁琼, 〈一次难忘的幸福会见-毛泽东和民主党派人士在西柏坡〉, 邵康 編, 《毛泽东和党外朋友们》, 团结出版社, 1993, 37.

장둥쑨 가족의 회상에 따르면, 출발 전 그는 신정권이 취해야 할 정책에 대해 자신의 견해를 마오쩌둥에게 밝히겠다는 열의에 차 있었다. 하지만 실제 회담에서 "마오쩌둥이 장래의 외교 정책으로 대소 일변도를 채택하겠다"라고 말하자, 중간노선을 주장해 온 장둥쑨은 "의견이 맞지 않아" 매우 실망했다.[25]

반년 뒤인 1949년 7월 1일에 마오쩌둥은 〈인민민주독재(人民民主獨裁)에 대해〉라는 논문에서 "대소 일변도" 노선을 공식적으로 선언했다. 이어 다음 달에 미국 국무부가 발표한 《중국백서》에 대한 반론을 계기로 9월까지 6편의 대미 비판 정론을 연이어 발표하면서 "친소비반미(親蘇非反美)"라는 선택지는 사실상 사라졌다. 언론뿐 아니라 외교 현장에서도 반미 정책은 구체적으로 드러났다. 1948년 말부터 선양 주재 미국 총영사관 직원이 구금돼 재판에 회부됐고, 1950년 1월에는 베이징 둥자오민샹(東交民巷)의 옛 미군 병영 부지를 의화단사건 이후 불평등조약으로 부여된 특권을 철폐한다는 명분으로 회수한 뒤 그 건축물까지 징발했다. 미국 측은 조약에 따라 일부 건물이 총영사관 시설이라고 주장했지만, 중국은 이를 인정하지 않았다.[26] 더 나아가 1950년 2월에는 사실상 미국을 가상의 적국으로 규정한 중소우호동맹상호원조조약이 체결되면서 법적·제도적 차원에서 "친소반미" 노선이 굳어졌다. 결국, 같은 해 4월에 미국 총영사 올리버 에드먼드 클럽(Oliver Edmund Clubb) 등은 베이징에서 철수할 수밖에 없었다.

이런 상황에서도 장둥쑨은 신정권의 정치협상회의 대표이자 중앙정부 위원 자격으로 난징 주재 미국 대사 스튜어트(John L. Stewart), 베이징 주

---

25 戴晴, 위의 책, 45.

26 〈北京東交民巷的外国兵營〉, 《人民日報》 1950年 1月 19日. 〈美國務院宣布我接收前美駐北京領事館産業〉, 《內部參考》 1950年 1月 16日.

재 총영사 클럽 등과의 개인적 관계를 활용해 미국과 중국 간 비공식 채널 역할을 자임했다. 그는 관계 악화를 막기 위해 꾸준히 노력[27]했으나, 미중 관계가 급속히 악화되면서 신정권 내 입지는 점차 좁아졌다. 1949년 11월 23일, 클럽에게 장둔쑨은 이렇게 말했다. "정부 안에서는 주요 정치 문제에 대해 어떤 토론도 하지 않았다. 공산당 지도자도 소련인 고문도 주요 정책에서부터 현재의 주요 수입 문제에 이르기까지 '우리'(자유주의자)에게는 일절 말하지 않았다."[28] 그는 점차 자신이 정권 안에서 단지 '장식품'에 불과하다는 사실을 절감하고 있었다.

특히 중소동맹조약 체결 이후 장둥쑨의 마오쩌둥에 대한 인식은 근본적으로 달라졌다. 그는 한때 마오가 "티토화(Titoization)"될 가능성을 언급하며 중소 간 균열의 여지를 강조했지만, 1950년 4월 귀국을 앞둔 클럽 총영사에게는 이렇게 말했다. "마오쩌둥과 공산당은 공산주의 진영에서 파문당하는 것을 두려워해 소련에 중립적인 태도를 취할 수 없다. 미·중 관계 개선은 미소 관계 개선이나 대소 전쟁에서 미국이 승리할 때만 가능하다. (중략) 적어도 2~3년 내에 마오가 정책을 대전환할 가능성은 없다." 클럽이 귀국 전 중공 고위층과 회견을 원했을 때도 장둥쑨은 "중공이 응할 가능성은 매우 낮다. 그런 접촉은 어떤 건설적 결과도 낳지 못할 것"이라며, "요즘은 내가 먼저 그들을 찾아가지 않는다. 그쪽에서 요청할 때만 만난다"라는 소극적 태도를 보였다.[29] 이렇듯 장둥쑨이 마오쩌둥을 직접 설득하기를 미뤘던 데는 분명한 이유가 있었다.

그러나 문제는 "전쟁과 평화"라는 중대 사안이었기에 장둥쑨은 마냥

---

27 林梦熹,《司徒雷登与中国政局》, 新华出版社, 2001, 166-181.

28 Foreign Relations of the United States, 1949, *The Far East: China*, Vol. VIII, pp. 612-613.

29 Foreign Relations of the United States, 1950, *East Asia and Pacific*, Vol. VI, pp. 327-328.

손 놓고 있을 수만은 없었다. 결국 그는 미 국무부와의 비공식 접촉 채널을 다시 열기 위한 포석을 마련하려 했다. 그는 왕정보(王正伯)이라는 자칭 무역상을 중개자로 내세웠다. 왕정보는 1946년, 장둥쑨이 잡지를 발행할 당시에 자금을 지원한 인물이었다. 한동안 연락이 끊겼다가, 왕정보가 1949년 이후 베이징의 장둥쑨을 찾아가 톈진에서 금수 상품 수입을 다루는 장사에 종사하고 있다며 미국의 정책 등을 포함한 국제 정세에 대해 장둥쑨과 가끔 의견을 교환했다. 한국전쟁 발발 직후 그는 미국 측과의 접촉이 가능하다며 장둥쑨에게 중개를 제안했다.

왕정보와의 접촉은 훗날 장둥쑨이 실각하는 결정적 계기가 됐다. 장둥쑨은 오랫동안 정권 측의 의향을 따른 민주동맹 집행부의 처분 결정에 따라 재판도 없이, 기밀 정보를 누설하고 "국가를 배신한" 사건으로 단죄됐다.30 그러나 1990년대 이후 학계에서는 이를 "원죄사건(冤罪事件)"으로 규정하고 있다. 특히 2009년 홍콩에서 출간된 한 연구서는 1953년 제1회 중앙정부 주석 선거에서 576표 가운데 유일한 반대표가 장둥쑨의 것이었다고 추정하며, 정권이 이에 대한 보복 차원에서 사건을 조작했다고 주장한다. 이 연구에 따르면, 정권은 장둥쑨의 대미 접촉 의지를 역이용해 공작원을 접근시켰다. 그가 누설했다는 기밀은 의회민주주의 국가라면 공개 대상에 해당하는 예산안의 세수 수치 정도에 불과했다.31 이에 대해 중국 대륙의 한 연구자는 장둥쑨을 정치적으로 "나이브"했다고 평가하면서도, "국가를 배반한 죄"에 대해서는 직접 언급을 피하고 있다.32

이 "나이브"라는 평가는 아마도 불관용적인 정치체제에 대한 인식 부족을 지적한 것으로 보인다. 결국 장둥쑨이 지키고자 했던 "침묵의 자

---

30 千家駒,《七十年的經歷》, 香港鏡報文化企業有限公司, 1986, 212-214.

31 戴晴, 위의 책.

32 杨奎松, 위의 책.

유"는 "사상 개조"라는 고압적 분위기 속에서 무너져 갔다. 그는 1951년 11월 15일 자《광명일보》에 자기비판 글을 실었고,**33** 1952년 2~9월에는 대학에서 학생들과 동료들의 비판을 받으며 다섯 차례나 자기비판서를 썼다. 그러나 필적으로 볼 때 대부분을 자녀가 써 준 것 같다.**34** 또한 1930년대에 친구에게 보낸 저서 속표지에 남긴 "공산주의와 파시즘 중 하나를 고르라는 것은 총살형과 교수형 중 선택하라는 것과 같다"라는 글귀도 고발의 빌미가 됐다. 이는 그가 끝내 "침묵의 자유"를 지키려 저항했던 흔적이라 할 수 있다.

1952년 8월 7일에 마오쩌둥은 베이징시 당위원회 서기 "펑전(彭眞)으로부터 량수민에 관한 상세 보고를 받았다. 펑전은 체포를 건의했으나, 나는 문인의 모반은 대수롭지 않은 일이니 그럴 필요 없다고 말했다. 하지만 앞으로는 그를 만나고 싶지 않다. 우리와 함께 회의할 수는 없다. 조만간 우리에게 자기비판을 할 것이다. 그 태도에 달렸다"라고 말했다.**35** 이 기록은 장둥쑨 "사건"의 전모와 자기비판 과정이 마오쩌둥에게 보고되고 있었음을 보여 준다. 이렇게 장둥쑨은 정치 무대에서 사라졌다.

미국에서도 장둔쑨이 의지했던 대화 창구는 무너져 갔다. 미·중 채널 재개의 열쇠로 여겨졌던 스튜어트 대사는 1949년 11월 30일에 뇌졸중으로 쓰러져 요양에 들어가야 했다. 그는 트루먼 행정부 임기 만료까지 주중대사 직함을 유지하며 요양을 위해 외교 현장을 떠나 있었다. 또한 클

---

33 張東蓀, 〈讀了梁漱溟先生的文章 談談知識分子思想的改造〉,《光明日報》1951年 11月 15日. 일본어 번역은 張東蓀,〈梁漱溟先生の文章を読んで〉, 中國研究所 編訳,《人間革命 中國知識人の思想改造》, 中國資料社, 1952, 41-59.을 참조.

34 戴睛, 위의 책, 374-400.

35 〈一九五二年八月七日的谈话纪要〉, 中国文化书院学术委员会 编,《梁漱溟全集》第7集, 山东人民出版社, 1993, 451. 梁漱溟 口述(艾愷 取材),《这个世界会好吗》, 天津教育出版社, 2011, 244.

럽 총영사는 귀국 직후인 1950년 7월에 국무부 중국과장으로 임명됐다. 하지만 매카시즘 광풍 속에서 다른 중국통 외교관들과 마찬가지로 "충성심"을 의심받았다. 그는 오랜 조사 끝에 무고가 밝혀졌다. 그러나 클럽은 1952년 2월 12일, 23년에 걸친 외교관 경력을 마감해야 했다.**36**

한편 한국전쟁에서 미군과 직접 교전한 마오쩌둥은 "미국조차 두렵지 않다면 이 세상에 두려울 상대는 없다"**37**라는 말에서 드러나듯이 자신감 과잉 상태로 변해 갔다. 그 뒤 그가 "인정승천(人定勝天)"을 말한 것은 이러한 자신감의 산물이었다. 사마천의 《사기(史記)》〈오자서 열전(伍子胥列傳)〉에 있는 원문의 뜻은 "선악을 막론하고 사람이 많이 모이면 일시적으로 하늘의 뜻(天道)을 이길 수 있다. 하지만 시간이 흘러 하늘의 뜻이 자리를 잡으면 하늘의 정도(正道)가 사람을 이긴다"**38**이다. 그러나 마오쩌둥은 이를 정반대로 해석해 민의로서의 "하늘"뿐 아니라 대자연으로서의 "하늘"에까지 도전하는 의미를 부여했다. 이는 "사람은 반드시 하늘을 이긴다(人定勝天)"로 이어져 "대약진" 등의 인재를 일으켰다.

1953년 9월, 한국전쟁 정전협정 체결 직후 중난하이에서 회의가 열렸다. 그때까지 저명한 지식인들의 반대 의견에 대한 불쾌감을 어느 정도 자제했던 마오쩌둥은 정부 계획의 세부 내용을 요구한 량수밍을 장둥쑨과 같은 부류로 비난하며 세부 내용을 기밀로 묶어 버렸다.**39** 1957년에는 장둥쑨의 동지 뤄룽지마저 정권으로부터 "권력에 도전한다"라는 이유

---

36 林梦熹, 위의 책, 181, 182. E. J. Kahn, Jr, *The China hands: America's Foreign Service officers and what befell them*, Viking, 1975, pp. 226-243. O. Edmund Clubb, *The Witness and I*, Columbia University Press, 1974, pp. 249-280.

37 张伟瑄·刘五一·肖星 主编,《共和国风云四十年》上, 中国政法大学出版社, 1989, 4.

38 《史记》,〈伍子胥列传第六〉, 中华书局, 1998, 2167. 水沢利忠,《史記(新釈漢文大系88)》, 明治書院, 2001, 130. 원문은〈人衆者勝天, 天定亦能破人〉.

39 〈略記九月九日至一八日的一段経過〉, 中国文化书院学术委员会 编, 위의 책, 14-18.《毛泽东选集》第5卷, 人民出版社, 1977, 107-115.

로 "우파분자"로 몰려 55만여 명이나 되는 시민과 함께 부당한 탄압을 받았다.⁴⁰ 그로부터 2년 뒤인 1959년에는 인민지원군 최고사령관이었던 펑더화이가 루산회의(廬山會議)에서 마오쩌둥의 "대약진" 실패를 지적했다는 이유로 국방부장 자리에서 쫓겨나 베이징 서교(西郊) 밖 우자화원(吳家花園)에 연금됐다.⁴¹ 우자화원은 과거 옌징대학, 1952년 이후에는 베이징대학 서문에서 길 하나를 사이에 둔 서쪽에 있었다.

장둥쑨은 베이징대학 구내 자택에서 일련의 정치운동을 관망하며 한동안 별다른 일 없이 지냈다. 그러나 아무런 제약을 받지 않게 된 권력은 곧 폭주하기 시작했다. 1966년 여름에 "문화대혁명"이 일어나자 "홍위병"들이 그의 집을 수색했다. 셋째 아들 부부는 톈진에서 비판투쟁을 당한 뒤 자살로 내몰렸고, 아들은 "반혁명 등의 죄명"으로 15년 형을 선고받았다. 1968년 1월에 82세의 장둥쑨과 베이징대학 교수인 장남은 체포돼 "정치범" 수용소인 친청(秦城)감옥에 갇혔으며, 물리학자인 차남은 중국과학원 숙소에서 자살했다. 그 뒤 5년 동안 가족들조차 장둥쑨의 행방을 알 수 없었고, 옥중의 장남은 심각한 정신이상 증세를 보였다. 장남의 아들 또한 1963년 베이징사범학원(北京師範學院)에 재학 중 학우들과 정치를 논의한 일로 체포돼, 3년간의 "노동개조"⁴²를 마친 뒤에도 계속 "반혁명의 죄명"으로 수감됐다.⁴³ 당시 펑전 등도 류사오치 노선을 따른다는 이유로 실각했다.

---

40 〈文匯報的資産階級方向應當批判〉, 《人民日報》1957년 7월 1일. 谢泳 編, 《罗隆基 我的被捕的经过 与反感》, 中国青年出版社, 1999, 310-322.

41 王焰 主编, 《彭德怀年谱》, 人民出版社, 1998, 750. 루산회의에 관해서는 李锐, 《庐山会议实录(增订本)》, 河南人民出版社, 1995.을 참조.

42 1950년에 제정된 형벌 집행 방식으로 유기징역을 선고받은 이들을 강제노동과 사상 개조를 통해 사회주의적 인간으로 개조한다는 목적을 지니고 있다(옮긴이).

43 左玉河, 위의 책, 486-506.

장둥쑨에게 감옥살이는 태평양전쟁 발발 직후 일본군 헌병대에 체포돼 6개월 정도 구금된 이후[44] 두 번째였다. "신문을 받으며 입원 치료를 받던" 그는 1973년 3월에야 비로소 부인과의 면회를 허락받았다. 그는 "고생을 시켰네"라고 위로했고, "태연자약하고 매우 차분한" 태도를 보였다.[45] 그는 언젠가 이렇게 썼다. "내 행동이 오해받고 있다는 것은 알지만, 남들이 이해해 주길 바라는 마음은 없다. 인간은 자기 마음이 편안할 수 있도록 행동하면 그것으로 충분하다. 조급히 남에게 알리고자 하는 것은 현대인들의 방식일 뿐이다. 중국 유자(儒者)의 정신에서는 그런 일을 하지 않는다."[46] 이는 곧 "남이 알아주지 않아도 성내지 않는다면 그 또한 군자답지 않은가"[47]라는 심경이다. 물론 그것은 중국의 전통적인 유자에 국한된 생각은 아니다. 애덤 스미스(Adam Smith)가 말했듯이, 인간은 동시대 사람들에게 이해받지 못하더라도 후세의 분별 있는 이들로부터 평가받을 것이라는 희망을 품는다. 그런 경지에 장둥쑨은 도달했을 것이다.[48]

정치적 변화는 장둥쑨이 예상한 것보다 빨리 찾아왔다. 1972년 닉슨(Richard M. Nixon)의 방중 전후부터 미중 관계가 개선을 향해 크게 움직이기 시작했다. 그 덕에 가족과의 면회를 허락받을 수 있었다. 닉슨의 중국 방문 "뉴스"를 들은 장둥쑨은 "미국과 중국은 대립해서는 안 된다. 역시 내가 옳았다"라고 흥분하며 중얼거렸다. 달관하고 있었다고는 하지만, 자신이 이상으로 간주한 상황의 적어도 일부분이 현실화되고 있는 상황

---

[44] 張東蓀,〈獄中生活簡記〉,《觀察》第2卷 第13, 14, 15, 16, 17期.

[45] 左玉河, 위의 책, 506.

[46] 張東蓀,《理性與民主》, 商務印書館, 1946,〈序論〉.

[47] 金谷治 訳注,《論語》, 岩波文庫, 2002, 19. 원문은〈人不知而不慍, 不亦君子乎〉.

[48] 아담 스미스, 김광수 옮김,《도덕감정론》, 한길사, 2016, 379-414.

을 보고 자기도 모르게 기분이 고조된 것 같다.**49**

　이듬해인 1973년 6월 2일 밤에 장뚱순은 병원에서 생을 마감했다. 화장 당시 사용된 이름은 "장더성(張得勝)"이라는 가명이었다.**50** 장뚱순의 생전 뜻을 헤아린 그의 부인이 이 이름을 붙였을 가능성이 있다. 마오쩌둥은 국공내전 당시 국민정부군에 의해 옌안에서 쫓겨났을 무렵, 자신을 고무하기 위해 옌안을 떠나도 승리를 얻겠다는 강한 의지를 담아 "리더성(李得勝)"이라는 가명을 사용했다.**51**

　만약 마오쩌둥에게 장둥쑨의 사망 관련 서류에 그 가명이 사용됐다는 사실을 접할 기회가 있었다면, "한방 먹었다"라는 쓰라린 심정이 들었을까? 《사기》〈오자서 열전〉에는 이런 이야기가 전한다. 오자서가 월나라 정책에 관해 오왕(吳王)에게 세 번이나 간언했지만 받아들여지지 않았다. 오히려 자살 명령을 받았다. 죽음을 앞둔 그는 가신에게 이렇게 말했다. "내 무덤에 반드시 가래나무를 심어 훗날 오나라가 멸망했을 때 왕의 관을 만들게 하라. 또 내 눈알을 도려내 오나라 동문 위에 걸어 두라. 월나라 군대가 쳐들어와 오나라가 멸망하는 광경을 볼 수 있도록."**52**

49　左玉河, 위의 책, 507.

50　위의 책. 1974년 말에 76세로 사망한 펑더화이도 "외국과 통하고 은밀히 권력의 찬탈을 기도한 반당 집단의 두목"이라는 오명을 뒤집어쓴 채 "왕촨(王川)"이라는 가명으로 화장됐다. 王焰 主編, 위의 책, 852.

51　《建国以来毛泽东文稿(1956年 1月 - 1957年 12月)》第6冊, 中央文献出版社, 1992, 38. 여기서 "리(李)"는 "리(離)"와 같은 발음에서 따온 것으로 마오쩌둥의 부인 장칭(江青)의 본명인 "리윈허(李雲鶴)"와 관련 있는 것으로 보인다.

52　《史記》,〈伍子胥列传第六〉, 中华书局, 1998, 2180. 水沢利忠,《史記(新釈漢文大系 88)》, 明治書院, 2001, 139. 원문은 〈必樹吾墓上以梓° 令可以爲器. 而抉吾眼縣吳東門之上, 以觀越寇之入滅吳也〉.

| 옮긴이의 말 |

 알려진 대로, 한국전쟁 발발 뒤 중국이 인민지원군이라는 이름으로 참전하는 과정에서 군인과 민간인의 대규모 동원이 전국적으로 이뤄졌다. 중국은 한국전쟁 참전을 '항미원조 운동'이라 부른다. 이 운동은 '반혁명 진압 운동(1950~1953)', '토지개혁 운동(1950~1952)'과 함께 건국 초기의 '3대 운동'으로서 중국의 국민국가 건설(nation state building)에 매우 중요한 역할을 했다.

 기존의 한국전쟁 연구는 대부분 한국에 강조점을 둔 '내전' 혹은 '국제전'의 시각에서 전쟁의 발발, 기원, 전개를 다뤘다. 물론, 한국전쟁 참전을 중국의 건국 초기 '국민국가 건설'의 계기로 주목한 연구가 일부 있다. 이들 연구는 국가에 초점을 맞추거나 참전을 계기로 중국의 대외적 위상이 제고되었다는 내용이 대부분으로, 동원된 군인과 민간인은 국가의 결정에 따라 참전한 것으로 묘사되는 경향이 강하다. 또 다른 계열의 연구는 한국전쟁 관련 영화, 연극, 문학 등 문예 작품을 소재로 해서 항미원조 서사의 변동과 국가의 기억소환을 살펴보는 문화연구다.

 기존 연구들과 달리 이 책은 분석의 초점을 국가가 아니라 '시민'에 맞춘다. 지은이는 다양한 '직업'과 지역'의 중국 시민들이 '친미'와 '반미'뿐 아니라, 전쟁에 관한 '염증', '반대', '회피' 등 다양한 생각과 감정(affect)을 가지고 행동했던 사정에 주목한다. 1차 사료를 바탕으로 베이징만이 아니라, 톈진, 칭다오, 난징, 상하이, 푸저우, 우한, 충칭, 광저우, 홍콩, 선양, 창춘 등 주요 지역 도시의 사례를 통해 중국 시민들의 구체적인 반응을 발굴한다.

이러한 시도는 어떠한 효과를 낳을까? 바로, 기존 연구들에 대한 '도전'이다. 이 책은 한국전쟁 참전을 '미 제국주의의 불법적 북한 침공에 대항해 북한을 도운 정의로운 전쟁'으로 규정한 종래의 지배적인 '국가 서사(state narrative)'에 대한 도전이자, 한국전쟁 참전과 건국 초기 중국의 국가 건설을 바라보는 기존 연구의 '위로부터의 시각'에 대한 도전이다. 《중국 시민의 한국전쟁》은 중국 시민이 체감한 한국전쟁을 '아래로부터의 시각'에서 조명한 역작이다.

이 책의 주인공인 '시민'은 지식인, 상공업자, 노동자, 농가, 장병 등으로 다양하며, 그 거주 지역과 도시는 전국에 걸쳐 있다. 독자는 특정 지역에서 특정 직업의 중국 시민이 한국전쟁 참전에 대해 어떻게 인식하고 행동했는지를 생생하게 엿볼 수 있다. 특히 제6부에서는 제20병단 정치부 문화장교로 한국전쟁에 참전한 군인이자 작가인 쉬광야오를 통해, 전쟁과 참전이 개인에게 끼친 영향을 절실히 느낄 수 있다.

나는 평소 '지역'이라는 렌즈를 통해 중국을 연구하는 일이 중요하다고 느껴 왔다. 가장 많은 민간인이 동원된 동북 지역(만주) 시민들이 경험한 한국전쟁은 홍콩이나 서남 지역 시민들의 경험과 다를 수밖에 없었을 것이다. 이는 당시 다양한 지역의 평범한 시민들은 한국전쟁을 실제로 어떻게 받아들이고 행동했는지를 살펴보면 제대로 드러난다. 이 책은 바로 이렇게 드넓은 중국 땅 다양한 지역의 시민들이 한국전쟁과 참전을 실제로 어떻게 인식했는지를 생생하게 전달함으로써, '지역'이 경험한 전쟁이 무엇이었는지를 보여 준다. 한국전쟁을 통해서 본 건국 전후 중국 사회사

연구이기도 한 셈이다.

   국가 간의 갈등으로 전쟁 발발이 현실화되는 시대다. 이 책이 독자들에게 역사의 밑바닥에서 건져 올린 '목소리 없는 사람들의 목소리'를 발견하고, 언제라도 닥칠 수 있는 전쟁의 비참과 귀한 평화의 가치에 관해 다시 생각할 기회가 되기를 바란다.

2025년 11월 11일

박철현

초출일람

1. 〈中国市民と朝鮮戦争-「毛沢東の朝鮮戦争」の陰翳から〉, 首都大学東京《法学会雑誌》第56巻 第2号, 2016年 1月(이 책의 제1부).

2. 〈中国"知識分子"と朝鮮戦争-海外派兵・原爆・同盟・租税をめぐって〉, 首都大学東京《法学会雑誌》第57巻 第1号, 2016年 7月(이 책의 제2부).

3. 〈中国商工業者と朝鮮戦争-天津・上海・香港を中心に〉, 首都大学東京《法学会雑誌》第57巻 第2号, 2017年 1月(이 책의 제3부).

4. 〈中国の労働者, 農家と朝鮮戦争-海外派兵・後方支援・政権交代〉, 首都大学東京《法学会雑誌》第58巻 第1号, 2017年 7月(이 책의 제4부).

5. 〈朝鮮における戦局の転換と中国市民-転向・経済制裁・従軍〉, 首都大学東京《法学会雑誌》第58巻 第2号, 2018年 1月(이 책의 제7부).

6. 〈徐光耀と朝鮮戦争-職業観・死生観を中心に〉, 首都大学東京《法学会雑誌》第59巻 第2号, 2019年 1月(이 책의 제6부).

7. 〈中国軍将兵と朝鮮戦争-対米感情・復員・脱走を中心に〉, 首都大学東京《法学会雑誌》第60巻 第1号, 2019年 7月(이 책의 제5부 제1~제4장).

8. 〈中国軍将兵と朝鮮戦争(続き)-良心的兵役拒否を中心に〉, 東京都立大学《法学会雑誌》第61巻 第1号, 2020年 7月(이 책의 제5부 제5장).

찾아보기

인명

ㄱ

가오강(高崗) 160
가오루이란(高瑞蘭) 51
가오룬텐(高潤田) 352
가오유산(高幼珊) 449
거우쯔(狗子) 397
겅원롱(耿文榮) 398
골츠(Colmar von der Goltz) 475, 476
공자(孔子) 257, 356
관우(關羽) 353
괴테(Johann Wolfgang Goethe) 478
구와타니 츠네오(桑谷恒夫) 404
구제강(顧頡剛) 48, 49, 51, 69, 132~143, 367, 478
귀디휘(郭棣活) 192, 194, 202
귀모뤄(郭沫若) 367
그루셴카 401
김일성(金日成) 98, 126, 237, 288

ㄴ

나가이 카후(永井荷風) 79
나쓰메 소세키(夏目漱石) 247
나카자와 케이지(中沢啓治) 58
녜룽전(聶榮臻) 301
녜즈펑(聶子峯) 423
노먼 커즌스(Norman Cousins) 110
뉴신즈(牛心志) 311
뉴칭산(牛淸山) 311
니수핑(倪叔平) 180
니스충(倪嗣沖) 180
니콜로 마키아벨리(Niccolo Machiavelli) 138
닉슨(Richard Nixon) 492

ㄷ

다나카(田中) 215
다이(戴)(농가·라린현) 241
덩샤오핑(鄧小平) 281, 288, 454
덩지메이(鄧濟美) 168
덩퉈(鄧拓) 35
데시데리위스 에라스뮈스(Desiderius Erasmus) 214
도스토옙스키(Fyodor Mikhailovich Dostoevsky) 399, 401
도연명(陶淵明) 59
도요토미 히데요시(豊臣秀吉) 358
동탁(董卓) 353
돤치루이(段祺瑞) 23, 24, 179
두핑(杜平) 287, 288, 295, 358, 359
둥비우(董必武) 141
둥샤오쉬안(董曉軒) 181
둥젠화(董建華) 198
둥펀(董奮) 370, 371, 373
둥하오원(董浩雲) 198
디오클레티아누스(Gaius A. V. Diocletianus) 214
딘 애치슨(Dean Acheson) 454
딩링(丁玲) 121, 379, 399, 400, 402, 404, 407

ㄹ

라오두원(勞篤文) 180
라이서우밍(賴壽銘) 158
란마오(藍矛) 371, 372
란잔쿠이(蘭占奎) 392
량수밍(梁漱溟) 480, 484, 490
량치차오(梁啓超) 179
레닌(Vladimir Ilich Lenin) 78, 96, 454
레이충싼(雷崇三) 90, 91
루딩이(陸定一) 127, 128
루샹린(魯相林) 311

루진라이(魯金來) 311
룽얼런(榮爾仁) 202
룽옌런(榮硏仁) 202
룽이런(榮毅仁) 184, 185, 187~195, 196, 197, 202, 203
뤄룽지(羅隆基) 481, 482, 484, 490
뤄완진(羅万金) 339
뤄푸청(羅福成) 324
류(劉) (유통업·후난) 169
류(劉) (취사반·38군) 305
류(劉) 아무개 (추정 중죄인·허베이) 403
류궈창(劉國昌) 333, 335
류룽(劉榮) 226
류바이위(劉白羽) 379, 383, 385
류보청(劉伯承) 237
류사오치(劉少奇) 141, 160, 177, 201, 202, 354, 453, 454, 491
류왕리밍(劉王立明) 481
류원빈(劉文彬) 430, 431
류잔언(劉湛恩) 481
류중이(劉忠義) 240
류청푸(劉成福) 245
류츠징(劉熾昌) 99
류하오(劉浩) 338
류허더(劉和德) 433
류화푸(劉華圃) 181
류훙성(劉鴻生) 186
리(李) (짐꾼·선양) 69
리다자오(李大釗) 25, 26
리루이(李銳) 257
리리싼(李立三) 160
리모샹(李墨薌) 172
리예광(李夜光) 474
리옌더우(李延斗) 317
리윈번(劉芸本) 420
리윈허(李雲鶴) 493
리이닝(厲以寧) 59~62
리이더(李一德) 360
리이리(李義立) 346
리자오구이(李兆貴) 241
리전쿤(李振坤) 420

리주천(李燭塵) 178~180, 441, 447
리쥔(李俊) 359
리진밍(李金明) 404
리쭝런(李宗仁) 39, 160, 478
리처즈(Alfred N. Richards) 117
리프먼(Walter Lippmann) 38
리핑수(李平書) 336
리화원(李化文) 104
린뱌오(林彪) 52, 65, 122, 141, 237
린쭈한(林祖涵) 141
린커밍(林克明) 274

ㅁ

마구이린(馬桂林) 242
마니앙(Magnien) 367
마리 퀴리(Marie Curie) 115
마셜, S. L. A.(S. L. A. Marshall) 355
마셜, C. 조지(George Catlett Marshall, Jr.) 114, 182, 423, 481
마원샹(馬文祥) 450
마원커(馬文科) 417
마위구이(馬玉桂) 104
맥아더(Douglas MacArthur) 62, 108, 193, 229, 434
맹강녀(孟姜女) 136~138
명구이화이(孟瑰懷) 341
모리 오가이(森鷗外) 58
뫼르소 407
무라카미 하츠시(村上發司) 156
미야 슈지(宮柊二) 349, 350
미야와키 아키라(宮脇昭) 100
미타니 타이치로(三谷太一郞) 9

ㅂ

바드(Ralph Bard) 112
바이충시(白崇禧) 160
벤제칭(邊潔淸) 180
보른(Max Born) 117
부시(Vannevar Bush) 58
블래킷(Patrick Blackett) 107, 109, 115, 117, 213
비밍치(畢鳴岐) 180, 447, 449~452

비신스키(Andrey Januaryevich Vyshinsky) 212

ㅅ

사마천(司馬遷) 490
사커푸(沙可夫) 386, 387
샤오주창(蕭主昌) 264
샤오진광(蕭勁光) 295
샤오카이(蕭凱) 295
샤오훙(蕭紅) 256
선윈(沈芸) 26, 391, 392
선주천(沈鑄臣) 438
선진샹(沈金祥) 275
선충원(沈從文) 60
선투(沈圖) 9
섭사성(聶士成) 368
셔놀트(Claire Chennault) 113
셰차오췬(謝超群) 309
손건(孫堅) 353
수신청(舒新城) 85
수싱베이(束星北) 52, 54
쉐(薛) (군인·화베이야전군) 392
쉬베이훙(徐悲鴻) 94
쉬스장(徐世章) 180
쉬스창(徐世昌) 180
쉬윈쭤(徐雲作) 97
쉬이더(徐義德) 186, 196, 203
쉬지량(徐季良) 198
쉬쿵(徐孔) 369, 371, 373, 394~396
슝싼과이(熊三拐) 264
스광화(史光華) 360
스미스(Adam Smith) 492
스서우가오(石壽高) 311
스서우더(石壽德) 311
스원다(史文達) 290
스탈린(Joseph Stalin) 55, 117, 127, 141, 159, 329, 420, 479
스팀슨(Henry Stimson) 111~113
시모노프(Konstantin Mikhailovich Simonov) 400
신기질(辛棄疾) 9
신릉군(信陵君) 139
쑨빙루(孫氷如) 181

쑨자오밍(孫照明) 185
쑨전샹(孫振祥) 250
쑹샹무(宋祥木) 23, 24, 477
쑹윈빈(宋雲彬) 33, 102
쑹쯔원(宋子文) 135, 190

ㅇ

아이스킬로스(Aeschylos) 140
아인슈타인(Albert Einstein) 355
알베르 카뮈(Albert Camus) 407
야마가타 아리토모(山県有朋) 358
야스기 사다토시(八杉貞利) 33
야오(姚) (행상인·항저우) 233
야오치밍(姚啓明) 359
양더루이(楊德瑞) 336
양더즈(楊得志) 359
양두(楊度) 204
양딩즈(楊鼎志) 201
양완성(楊万騰) 311
양장무(楊張木) 275
양젠바이(楊堅白) 459
양젠안(楊健庵) 181, 438
양치량(楊其良) 311
예두이(葉篤義) 481, 482, 484
옌시산(閻錫山) 396
오자서(伍子胥) 490, 493
오츠카 하츠시게(大塚初重) 401
오카무라 야스지(岡村寧次) 231
완시량(万喜良) 136
왕(汪) (상인·항저우) 164
왕(王) (상인·항저우) 164
왕(王) (은행원·선양) 68
왕(왕) (탁아소장·상하이) 69
왕간창(王淦昌) 116
왕광잉(王光英) 178, 204
왕국유(王國維) 9
왕궁탕(王公堂) 323
왕다랑(王大壤) 90
왕량쭤(王良佐) 430
왕루밍(王麓明) 290
왕바이샹(王百祥) 242

왕수쩡(王樹增) 354
왕완춘(王万春) 157
왕정보(王正伯) 488
왕중위안(王忠源) 276
왕진보(汪金波) 160
왕쭤란(王作蘭) 341
왕차이(王財) 93
왕칭쉐(王靑學) 268, 269
왕펑차이(王鳳彩) 323, 324
왕훙정(王鴻正) 90
오광(吳廣) 280
요네쿠라 마사카네(米倉齊家年) 58
요시다 시게루(吉田茂) 197
요시자와 쇼타로(吉澤正太郞) 404
우산칭(吳善卿) 201
우셰만(吳協曼) 79
우슈취안(伍修權) 415, 416
우시융(吳錫庸) 94
우유쉰(吳有訓) 116
우잉(吳英) 381
웨이(魏) (과장·군수부) 274
웨이(魏) (마부·15군) 361
웨이제런(魏介人) 383
웨이줘민(韋卓民) 433
웨이즈빈(魏質彬) 369
웨이쩌난(魏澤南) 370, 398
위안(袁) 아무개(군인가족·톈진) 419
위안수이파이(袁水拍) 80, 81
위안스카이(袁世凱) 23, 179, 180
위안신우(袁心武) 180
위커성(于克勝) 274, 276
유딘(Pavel Fyodorovich Yudin) 127, 131
유밍저(由明哲) 212
유종원(柳宗元) 257
유협(劉勰) 374
융딩천(雍鼎臣) 180
융젠추(雍劍秋) 180
이리에 아키라(入江昭) 11
이승만 38
이시바시 탄잔(石橋湛山) 214, 215
이취안(依全) 310

ㅈ

자오원비(趙文璧) 482
자오위안팡(趙文方) 175
자오이만(趙一曼) 125
자오장지(趙章吉) 161
자오중싼(趙仲三) 369
자이중위(翟仲禹) 297
장(長) (위싱순·톈진) 417
장둥쑨(張東蓀) 11, 480~493
장바이허(張柏合) 105
장보링(張伯苓) 181
장수징(張書敬) 311
장쉬안유(張宣猶) 146
장스이(張世益) 274
장양우(張養吾) 360
장옌원(張彦文) 361
장원창(張文昌) 131
장원톈(張聞天) 56
장위팅(張玉亭) 417
장융후이(江擁輝) 296, 297, 312, 329, 352~354
장자오윈(張召雲) 339
장제스(蔣介石) 38, 55, 62, 63, 65, 66, 92, 101, 106, 134~136, 138, 160, 163, 164, 167, 186, 228, 230, 232, 234, 237, 238, 241, 253, 294, 317, 345, 352, 394, 395, 420, 454, 456, 482
장중슈(張忠秀) 343~345
장중하이(姜忠海) 324, 325
장즈민(張志民) 379, 380
장즈쥐안(蔣志娟) 359
장지(張繼) 94
장지광(張繼光) 90
장지동(張之洞) 150, 313, 204
장쭤린(張作霖) 25, 179, 204
장천이(張臣義) 311
장파쿠이(張發奎) 160
장후(張弧) 179
저우리싱(周力行) 431
저우산페이(周善培) 151, 152
저우수타오(周樹韜) 179
저우쉐시(周學熙) 180

저우언라이(周恩來) 21, 47, 50, 76, 87, 107, 131, 141, 142, 171, 288, 308, 482
저우얼푸(周而復) 186, 203
저우즈쥔(周志俊) 196
저우징원(周鯨文) 481
저우톄한(周鐵漢) 400
저우환구이(鄒煥貴) 342, 343
정스원(鄭時文) 361
조르지 아마두(Jorge Amado) 381, 382
조야(Zoya) 125, 126
조조(曹操) 353
조지 오웰(George Orwell) 78
졸리오 퀴리(Jean Frederic Joliot-Curie) 115
주더(朱德) 317
주명쑤(朱夢蘇) 180
주원만(朱文曼) 420
주원보(朱文波) 69
주지산(周繼珊) 172
주지성(周繼聖) 64, 180, 447
주지창(周繼昌) 127
주차오난(周超男) 319, 320
중린(鐘林) 105
진승(陳勝) 280
진중헝(金中恒) 74
쩡사오룬(曾昭倫) 482

ᄎ

차오(曹) (상공국·상하이) 269
차오위하이(曹玉海) 312, 314
차오중량(曹鐘梁) 146
차오훙유(曹洪友) 342
천다헝(陳達衡) 438
천먀오(陳淼) 379, 380, 386
천싱성(陳興勝) 340, 342
천윈(陳雲) 177, 191
천이청(陳義成) 337
천자오밍(陳兆明) 320, 321
천주(陳柱) 339
천진파(陳金法) 334
천치샤(陳企霞) 369, 370, 376, 384, 407
천캉바이(陳康白) 105
천콴창(陳寬腸) 213
천푸차이(陳福財) 338
청간위안(程幹遠) 473~475
청카이자(程開甲) 116, 117
쳰보쉬안(錢伯煊) 134
쳰싼창(錢三强) 116
쳰자쥐(千家駒) 482
추이광쉬안(崔光軒) 245
추투난(楚圖南) 482
치진파(齊金發) 337, 338
친지웨이(秦基偉) 261

ᄏ

카지 노부(加地信) 66
캉궈팅(康國廷) 242
커바이녠(柯柏年) 37
커칭스(柯慶施) 475
콤프턴, 아서 홀리(Arthur Holly Compton) 116
콤프턴, 칼 테일러(Karl Taylor Compton) 112
클럽(O. Edmund Clubb) 486, 487, 490
클레멘트 애틀리(Clement Attlee) 442

ᄐ

타냐(Tania) 125, 126
타다 하야오(多田駿) 403
탄저칭(譚哲卿) 423
탄즈칭(譚志清) 447, 449
탕(湯) 아무개(교수·칭화대학) 93
탕(湯) 아무개(연위더·톈진) 417
탕쥐성(唐巨昇) 290
태허법사(太虛法師) 351
톨스토이(Lev Tolstoy) 356
트루먼(Harry S. Truman) 47, 48, 50, 54, 62, 108, 111, 114, 115, 118, 229, 434, 442, 489
티토(Tito) 159, 228, 487

ᄑ

판광단(範光旦) 482
판수쥔(範樹俊) 104
판쉬둥(範旭東) 179

판위안롄(範源濂) 179
판펑잉(範鵬英) 290
판한언(範韓恩) 250
팡수쉬안(方叔軒) 146
팡창칭(方長慶) 233
펑(馮) (군인·주주) 258
펑더화이(彭德懷) 329, 330, 360, 491, 493
펑전(彭眞) 289, 489, 491
펑쩌룽(彭澤榮) 201
펑환우(彭桓武) 116, 117
페이시비(裴錫碧) 75
푸옌썬(傅嚴森) 361
프라이어(W. Pryor) 155
프랭크(James Franck) 107, 115
프로이트(Sigmund Freud) 355
피에르(Pierre) 356
핀레터(Thomas K. Finletter) 110, 113, 114

ㅎ

하야오 토라오(早尾虎雄) 252
한수진(韓書瑾) 91
한치(韓啓) 321, 322
허베이헝(何北衡) 151, 152
허보장(賀伯章) 274
허우잉제(侯英傑) 361
허중광(何宗光) 351
허충(何崇) 360
허헝푸(賀衡夫) 426
헬렌 페리스(Helen Ferris) 420
혜원(慧遠) 348
화뤄겅(華羅庚) 99
화웅(華雄) 353
황시런(黃希仁) 161, 438
황젠탕(黃鑑堂) 322
황타(黃塔) 311
황톈차이(黃天才) 292
황허우(黃後) 311
후스(胡適) 408, 477, 480
후원빈(胡文斌) 274
후위즈(胡愈之) 455, 456
후차오무(胡喬木) 379

히틀러(Adolf Hitler) 420
힌튼(William Hinton) 135

사항

ㄱ

가죽신 261
《거미줄(蜘蛛の糸)》 401
경제봉쇄 447, 451, 452
경제적 징병제 312
고농(雇農) 241
공동강령 267
공동선언(각 당파) 19, 21, 91, 132, 141, 281, 384, 455
공업협회 179
《공포·전쟁·원폭》 111, 115
과잉 파괴 109, 213
국민정부(國民政府) 63, 73, 94, 127, 136, 179, 189, 190, 204, 205, 236, 237, 273, 289~291, 309, 310, 313, 469, 474, 478
국민정부군(國民政府軍) 189, 273, 289, 290, 300, 306, 309, 319, 340, 342, 493
기독교 42, 127, 131, 146, 181, 345, 346, 348, 354, 382, 429, 430, 433, 458, 464
긴급사태 27, 429

ㄴ

나폴레옹 군대 356
낙오(落伍) 319, 324, 326, 327, 331, 337~339, 340
낙후(落後) 51, 61, 91, 96, 100, 118, 128, 154, 199, 200, 201, 226, 230, 232, 238, 343, 439, 469
낙후분자(落後分子) 23, 90, 100, 124, 176, 231, 232, 240
난징대학(南京大學) 419, 420
난징대학살 59
난카이중등교육학교(南開中等教育學校) 87, 459

《노동보(勞動報)》 274, 275, 276, 280
《논어(論語)》 407
농민협회(農民協會) 345

ㄷ
다당제 484
《대공보(大公報)》 71, 81, 87, 123, 124, 215, 479
〈도화원기(桃花源記)〉 59
둥자오민샹(東交民巷) 25

ㄹ
러일전쟁 358, 359
로스앤젤레스탁아소 295
루거우차오사변(盧溝橋事變) 24, 156, 351, 365
룽하이철도(隴海鐵道) 132

ㅁ
《마판퉈의 산가(馬凡陀的山歌)》 81
만주사변(滿洲事變) 89, 125, 160, 358
매사추세츠공과대학 112
맥아더 193, 229
먼터우거우탄광(門頭溝炭鑛) 435
문련(文聯) 379, 283
문명의 충돌 18
문화공작대/단(文化工作隊/團) 310, 319, 375
물소 258, 261, 264, 265, 266
〈미국의소리(Voice of America)〉 48, 55, 94, 141, 146, 232, 237
미일안보(美日安保) 8, 20
미국 총영사관 20, 486
민주동맹(民主同盟) 480~485, 488
밍더여자중등교육학교(明德女子中等教育學校) 420

ㅂ
반당분자(反黨分子) 257, 407
발전소 98, 217, 220, 233, 236, 237
발포율(發砲率) 355, 356
《밤이나 낮이나》 400
베이만여자중등교육학교(貝滿女子中等教育學校) 37

베이징최종의정서(北京最終議定書) 368
베이징대학(北京大學) 10, 20, 22, 37, 59, 61, 62, 91~93, 142, 455, 477, 479, 484, 491
베이징-랴오닝(遼寧)철도 171
베이징사범대학(北京師範大學) 93, 98, 213
베이징사범학원(北京師範學院) 491
베이핑 291, 292, 309, 478
《변성(邊城)》 60
변천(變天) 10, 210, 279
병역 70, 177, 247, 299, 300, 348, 352, 357
복지 70
부농(富農) 241, 253, 24, 258~260, 262, 263, 308
북양정부(北洋政府) 179, 180, 204, 205
북조선군(北朝鮮軍) 18, 71, 76, 106, 198, 211, 237, 292, 319, 327, 360, 379, 416
북지나방면군(北支那方面軍) 403
분가(分家) 247
불교 348~352, 354
불살생(不殺生) 348, 351, 352
비정규 273, 276
빈농(貧農) 240, 241, 242, 253, 255, 258, 259, 262, 320, 322~324, 342

ㅅ
《사기》〈오자서열전〉 490, 493
《사기》〈위공자열전〉 139
산하이관(山海關) 68, 104, 145, 159
삼국동맹 8
삼자(三自) 430, 431, 433, 435, 436
삼팔선 39, 41, 42, 52, 55, 107, 193, 199, 217, 246, 292, 330, 333, 334, 347, 379, 413, 418, 427, 486, 495
상감령 전역(上甘嶺戰役) 10
《상하이의 아침(上海的早晨)》 203
《생사장(生死場)》 256
서울 5, 76, 94, 106, 107, 163, 413, 416, 422, 464
선양(瀋陽) 40, 65, 67, 70, 81, 102, 244, 246, 250, 253, 290, 324, 347, 380, 427, 486, 495
성 유셉 347

소개(疏開) 58~60, 164, 169, 170, 219, 380
《소련인》 121, 122, 487
소작농 234, 253, 258~260
수하야 레치카(Sukhaya Rechka) 97
스징산제철공장(石景山製鐵工場) 217
쓰촨대학(四川大學) 146
시모노세키조약 477
《시부에 추사이(渋江抽斎)》 58
《신호남보(新湖南報)》 122, 256~258, 261, 471, 472
《신화일보(新華日報)》 237, 293, 294

ㅇ

안전보장 16, 63, 136, 224
압록강 57, 64, 70, 89, 98, 103, 154, 156, 174, 186, 193, 219, 228, 246, 250, 285, 287, 319, 324, 332, 333, 351, 358, 359, 360, 390, 425, 438. 462
양수푸(楊樹浦) 233
양심적 병역거부 286, 345, 346, 348, 354, 356, 357
어메이산(峨眉山) 145
영일동맹(英日同盟) 8
옌안(延安) 56, 121, 294, 295, 355, 356, 399, 493
〈옌안문예좌담회(延安文藝座談會)〉 356
옌징대학(燕京大學) 90, 91, 100, 480, 481, 491
왕징웨이(汪精衛) 정권 234
우창(武强) 150, 313, 403, 432
우타이산(五台山) 127, 348, 349
우파분자(右派分子) 407, 491
원교근공(遠交近攻) 205
원자폭탄 22, 39, 42, 55~58, 63, 68, 71, 72, 76, 88, 96, 105~115, 120, 124, 145, 151, 165, 170, 201, 212, 213, 215, 218, 223, 236, 287, 437
웨한철도(粤漢鐵道) 150
윌슨주의 154
의화단사건 155, 486
《이방인(異邦人)》 407
285단(285團) 296

인민대학(人民大學) 466
《인민일보(人民日報)》 18, 21, 81, 89, 99, 172, 211~213, 244, 245, 247, 249
일본군 23, 24, 59, 65, 67, 71, 73, 74 81, 127, 135, 155, 163, 188, 202, 226, 231, 245, 260, 289, 305, 309, 312, 348~350, 355, 358, 374, 398~400, 403, 404, 423, 475, 492
일소(役牛) 210, 255, 256, 258~265, 267
163연대 404
임시공 273, 274, 275, 276

ㅈ

자오퉁대학(交通大學) 52
자위(自衛) 63, 64, 130, 167, 281, 300, 301
자커우(閘口) 233
장진호(長津湖) 319, 322, 333, 335
적극분자 23, 51, 121, 128, 130, 229, 235, 287, 424, 430, 460, 463, 466, 474
전단대학(震旦大學) 48, 133, 136, 139, 143
전수방위(專守防衛) 212, 254
전장(錢莊) 216
전쟁과 평화 11, 16, 69, 140, 205, 356, 487
정권 교체 55, 58, 155, 157, 210, 223, 226, 232, 239, 240, 242, 253, 261, 264, 279, 317, 421, 441
정치협상회의(政治協商會議) 21, 122, 141, 171, 179, 201, 480, 486
제13병단 285, 287~289, 295, 297, 302, 305, 327, 329, 330, 332, 353, 358
제19병단 285, 297~299, 301, 302, 305, 308, 309, 359, 380, 392
제20병단 286, 365, 368, 378, 495
제3병단 10, 261, 285, 347, 354, 359
제9병단 275, 281, 285, 289, 306, 319, 329, 330, 335
조선군(朝鮮軍) 358, 359
조세(租稅) 88, 132, 136, 138, 145, 149, 257
《죄와 벌》 399
중간노선(中間路線) 160, 195, 484~486
중간분자(中間分子) 124, 287, 438
중국과학원(中國科學院) 9, 88, 105, 106, 116,

찾아보기 / **505**

117
《중국백서(中國白書)》454, 46
중궈(中國)중등교육학교 121, 123
중농(中農) 242, 253, 254, 262, 320, 321, 324, 343, 365, 429
중소동맹 8, 70, 122, 487
중앙문학연구소(中央文學硏究所) 366, 369, 378, 399, 405, 409
중화민국헌법(中華民國憲法) 352
중화인민공화국토지개혁법(中華人民共和國土地改革法) 257, 308
중화인민공화국혼인법(中華人民共和國婚姻法) 302, 303, 304, 308
즈장대학(之江大學) 131
지나주둔군(支那駐屯軍) 215
지루위(冀魯豫) 357
지주 51, 134, 181, 210, 224, 239~242, 253, 254, 257~264, 296, 308, 312, 400, 401, 470, 471
진링대학(金陵大學) 60, 420
진링여자문리학원(金陵女子文理學院) 128, 420, 421
진수이(晋綏) 299
집단적자위권 8, 41, 70, 141
징병 27, 70, 238, 300, 312, 342, 429, 465, 471
징한철도(京漢鐵道) 150, 347

ㅊ

창장(長江) 58, 60, 74, 150, 281, 313, 331, 359, 360, 432, 454
청년군(靑年軍) 291, 292, 469
청밍학원(誠明學院) 133, 139
청일전쟁 358, 477
청청중등교육학교(成成中等教育學校) 470
치신(啓新) 33, 43, 179, 180, 418
침묵의 자유 480, 481, 489
칭신여자중등교육학교(淸心女子中等教育學校) 123, 124
칭화대학(淸華大學) 89, 91, 93, 94, 98~100, 105

ㅋ

《카라마조프가의 형제들》401
카이롼탄광(開灤炭鑛) 154, 155, 180
가톨릭 48, 95, 133, 354, 429~435
케임브리지대학 53

ㅌ

《탄원하는 여인들》140
탕예중등교육학교(糖業中等教育學校) 120
테러와의 전쟁 18
톈안먼(天安門) 20, 21, 24
톈진-푸커우(浦口)철도 171
토지개혁(土地改革) 50, 51, 87, 98, 135, 210, 224, 226, 228, 234, 235, 239, 242, 254, 255, 257, 258, 260~262, 264, 265, 308, 309, 400, 470, 471, 494
통일전선 186, 194, 199, 205, 289
퇴역 100

ㅍ

평양 18, 19, 40, 65, 71, 108, 163, 165, 193, 195, 232, 239, 330
《평원열화(平原烈火)》384, 399, 400
평화 서명운동 36, 37, 62, 68
포사자설(捕蛇者說) 257
표현의 자유 480
푸런대학(輔仁大學) 91, 92, 94~96, 100

ㅎ

하버드대학 77, 106, 112
학문의 자유 79, 116, 117
합법적 살인 356
항일전쟁(抗日戰爭) 160, 165, 296, 300, 348, 357, 373, 374, 408
해광사(海光寺) 368
《해방일보(解放日報)》47, 48, 192, 294
허베이성립남자사범학교(河北省立男子師範學校) 97
헝산(恒山) 348
화베이연합대학(華北聯合大學) 365, 370, 375,

386, 389, 393, 406
화시셰허대학(華西協和大學) 146
화이허(淮河) 265, 280
화중대학(華中大學) 432, 433
후방지원 101, 177, 09, 243~254, 266, 26, 273, 274, 276, 321, 322, 331, 332, 341, 386, 388, 398, 428, 429
후이원여자중등교육학교(匯文女子中等教育學校) 420
후이족(回族) 450
후장대학(滬江大學) 123, 133, 482
휘말림론(論) 8, 234

중국 시민의 한국전쟁

1판 1쇄 발행 2025년 11월 26일

지은이 천자오빈 | **옮긴이** 박철현 | **디자인** 신병근 황지희
펴낸이 임중혁 | **펴낸곳** 빨간소금 | **등록** 2016년 11월 21일(제2016-000036호)
주소 (01021) 서울시 강북구 삼각산로 47, 나동 402호 | **전화** 02-916-4038
팩스 0505-320-4038 | **전자우편** redsaltbooks@gmail.com
ISBN 979-11-91383-62-1(93910)

• 이 저서는 2021년 대한민국 교육부와 한국연구재단의 지원을 받아 수행된 연구임
(NRF-2021S1A5C2A02088553).

• 책값은 뒤표지에 있습니다.